Michael Sailer • Was ist passiert?

FSC
www.fsc.org
MIX
Papier aus verantwortungsvollen Quellen
Paper from responsible sources
FSC® C105338

Michael Sailer

Was ist passiert?

periphere Notate aus Zeiten von Lüge und Krieg
Band 1: 2020/21

serie schatten

Die Texte in diesem Band erscheinen erstmals in Buchform und wurden für diese Ausgabe durchgesehen, stellenweise überarbeitet, behutsam gekürzt beziehungsweise um gekürzte Passagen erweitert.
Viele Internet-Links und Quellen zu den einzelnen Beiträgen finden sich in der Onlineversion meines Blogs (sailersblog.de), dazu viel mehr Bilder als in diesem Buch.

Verlag: BoD · Books on Demand GmbH,
Überseering 33, 22297 Hamburg,
bod@bod.de
Druck: Libri Plureos GmbH,
Friedensallee 273, 22763 Hamburg
ISBN: 978-3-8192-7869-3
www.sailersblog.de

Inhalt

Inhalt

Zum Geleit

Ich versuche mal, was zu sagen, ungeordnet nach Worten suchend, denn ich habe so etwas noch nicht in den Händen gehabt, und das hat sowohl historische Gründe als auch welche, die in deiner, Michis, Arbeitsweise bzw. dem Wesen der Online-Kolumnen und ihrem Publikationsrhythmus liegen. Es ist die furchtbarste Lektüre, die ich mir vorstellen kann. Es ist nämlich ein umfassendes Kompendium des Geschehens, man kann das nur mit Klemperer vergleichen. Es katapultiert einen in den völligen Irrsinn zurück. Ich frage mich, ob noch wer anderes so gesammelt und gesammelt hat, man kann sich ja quasi an jeden Tag, mindestens in jede Woche dieses Irrsinn zurückbegeben – und hält es erneut nicht aus. Die Kolumnen bekommen übrigens einen völlig anderen Charakter als bei der Online-Veröffentlichung. Bei letzteren war klar, du, Michi, haust das auf deine elegant-intelligente Weise raus, weil du unbeirrbar bist und weil es ein Ventil war. Viele werden dich für halbverrückt gehalten haben: O, was will er jetzt wieder, kann er nicht mal halblang machen ... Daß du währenddessen auch gern in der Sonne lagst und dir diese auf den Bauch scheinen ließest, war uns allen, die dich kennen, dagegen ja klar. Kurz, es war ja alles auch mit Lust geschrieben.

Jetzt, mit „Abstand“ (mutatis mutandis, die Zeit ist längst nicht vorbei), wird zumindest mir erst klar, was das für eine irre, irre Leistung gewesen ist, eine akribische Begleitung der ganzen Epoche aus einem Klemperschen Beobachtungs-Abgeschiedensein heraus.

Ein handelsübliches Buch ist das m. E. nicht, denn man kann es zum Beispiel nicht lektorieren. Man kann nicht aus dem Manuskript auswählen, man kann nichts an den Texten ändern, keine Themengruppen auswählen, isolieren. Das heißt, man sollte das dann auch nicht zu einem handelsüblichen Buch machen wollen, also schlanker, eleganter, auf verschiedene Kernzonen gebracht. Man kann dieses Buch, kurz gesagt, nicht zu einem lesbaren Buch machen. Es ist kein Essay und auch keine Ansammlung solcher. Es muß völlig klar sein, daß dieses Buch ein Zeugnis ist, ein epochales Zeugnis, ein Kompendium für zukünftige Menschen, als Zeugnis ein Standardwerk, getragen von einer Autorenstimme, bei der es scheint, daß sie alles, alles draußen Gesagte neu durchdenken, durchleuchten, überführen und Satz für Satz verfolgen will und muß, um in einer über Jahre währenden Denk- und Aushalt- und Bewältigungsleistung der Nachwelt zu zeigen, was war, damit es dem Vergessen nicht mehr anheimfallen kann. Das Buch hat etwas derart Heroisches, und so etwas kenne ich nicht, weil ich ein solches Geschehen nicht kannte. Aber jede Geschichte schafft ihre Helden. Und diese wissen es oftmals selbst nicht von sich.

Ich schrieb eben: Eine Stimme, bei der es „scheint“. Und das kommt aus dem seltsamen Sachverhalt, daß du ja genau dieses eine niemals im Sinn hattest: die Nachwelt informieren. Du hast stets für die Gegenwart geschrieben. Auch deshalb hat das jetzt einen völlig anderen Charakter.

Das wird es dem Buch als Buch nicht leicht machen. Erst wenn die Dominosteine alle fallen, dann wird es zum Jahrhundertbuch, und du, Michi, bist dann entweder längst tot oder Bundespräsident.
Das sind so meine ersten Gedanken zu diesem schrecklichen, notwendigen, unhintergehbaren Ungetüm. Jeder mag für sich entscheiden, ob er sich diese Qual als Literatur in homöopathischen Dosen gibt, ob er es als Historiker auswertet, aber erst muß die Epoche wechseln. Mai 45 ist hier längst nicht erreicht, Klemperer noch im Unsicheren, und wer dich anschließend feiert und zum Klemperer machen wird – das werden auch wieder die Falschen sein.
Noch eines fällt mir auf, nämlich daß die so intensive, polemische, sehr ideosynkratische Sprechweise der Kolumnen, also die Sailer-Stimme, in dem Riesending plötzlich hinter die Fakten/Informationen/Erlebnisse zurücktritt. Plötzlich bist du, Michi, nur noch ein Medium. Man scheint nur noch Zeitzeugnishaftes zu lesen, atemlos festgehalten von einem Menschen in Not. Das ist ganz erstaunlich.
Andreas Maier

Ich bin Andreas dankbar, sehr, daß er etwas – und etwas Gewaltiges – vorgelegt hat, an das ich vielleicht anzuschließen vermag.
Vor etwa zwei Jahren saßen Andreas und ich auf einer Bierstraßenbank in Frankfurt, und ich sagte: „Ich komme nicht mehr hinterher." Andreas sagte: „So ist es. Ich komme auch nicht mehr hinterher."
Michael Sailer kommt hinterher, und ich würde den Gedanken, daß das etwas mit Hegels berühmtem Diktum zu tun haben könnte, nicht als verfehlt abtun.
Ich habe zum Sailer Michi mal gesagt, per Mail: „Was du da tust, ist das, was Karl Kraus getan hat, mit seinem Monumentalstück, das er einem Marstheater zugedacht hatte."
Diese Sammlung ist nicht weniger als „Die letzten Tage der Menschheit" in dieser und für diese Zeit. Vielleicht wird sie Musk dereinst auf dem Planeten da oben oder da hinten hinterlegen lassen, im roten Staub.
Die katastrophale Erfahrung, die der Michi gemacht hat, ist jene, daß die (angeblich) Linke, der wir uns immer zugehörig fühlten, keine solche ist, sondern eine faschistische Formation. Heute las ich einen ungehaltenen Kommentar auf sailersblog.de, der die Hitlerei des Herrn Sailer bemängelte.
Man muß ausgesprochen dumm sein, um die Parallelen zu Hüttl nicht zu sehen. Und weil das solche Leute spüren (daß ebendiese Parallelen nicht zu übersehen sind), schlagen sie zu, „rattenhaft" wütend (so ähnlich der Steinklotz).
In Deutschland ist kein Auskommen, kein Leben, und trotzdem sind wir noch hier, der Sprache wegen, die uns auf der Haut klebt und durch die wir atmen.

Ich hoffe, daß sich der Michi nicht geschlagen geben und nicht vernichten lassen wird. Ich habe ihm wiederholt per Telephon zu verstehen geben versucht (ich bin kein Mensch der Mail, sondern eher einer des stimmlichen Austauschs), daß alles, was er denkt, fühlt und schließlich niederschreibt, ein unendlicher Trost für mich ist; daß er mir das Glück der Freundschaft, der intellektuellen Verbundenheit schenkt oder spendiert, wie eine tägliche vierte labende Maß.

Dies ist ganz gewiß das bedeutendste Buch, das seit 2020 geschrieben wurde, in Etappen und in der Etappe. Es zeichnet nach, wie der Raum des Politischen vernichtet und wie dergestalt alles, was wir mit einem halbwegs menschlichen Umgang zu verbinden gedenken (oder gedachten), zerstört, zerbombt, zerfaselt wurde. Es ist ein Dokument der Fassungslosigkeit, der Depression und des Trotzes, ein Zeugnis der Unbeugsamkeit.

Gerade fiel mir der Vergleich mit der Bergpredigt ein, aber es wäre vielleicht zu aufdringlich, dies so zu sagen.

Nein, doch: Es hat nur eine Form des Zorns eine Gültigkeit: die des heiligen Zorns, die eine des ganz profanen Zorns ist.

Wer den Michi kennt, weiß, daß ihm dergleichen Regungen zutiefst zuwider sind. Wie weit hat es diese kapitalistisch zerschredderte Welt im Furor von Lug und Trug getrieben, um einen Schwabinger Anarchisten mit dem allerwärmsten Gemüt zu nie versiegenden Invektiven zu zwingen, die nichts anderes sind als: das Aussprechen der Wahrheit, dessen, was ist.

Ich frag' mal rum, ob man ein Tresorfach in einem Atombunker mieten kann. Dann lege ich dieses Ding hier dort hinein.

Und einstweilen lachen wir, hoffentlich. Lachen sie aus, die Verbrecher und Vernichter.

Danke, Michi.

Jürgen Roth

Ein paar Worte vorab

Now what's the message there? The message is that there are no ‚knowns'.
There are known knowns: There are things we know that we know.
There are known unknowns: That is to say, there are things that we now know we don't know.
But there are also unknown unknowns: There are things we do not know we don't know.
And each year we discover a few more of those unknown unknowns.
Donald Rumsfeld

Nein, ich hatte nie Angst vor „Corona". Nein, ich habe nie an „Corona" „geglaubt".

An einem Vormittag im März 2020, als es verboten war, ohne „triftigen Grund" das Haus zu verlassen, radelte ich in meinen Garten und wurde dabei von einem Jogger überholt, der wegen der Kälte beim Schnaufen dicke Dampfwolken ausstieß. Ich dachte, ohne zu denken, so etwas wie: „Muß das sein, daß du mich ansteckst?"

Und da hielt ich sofort inne, entfernte mich von mir selbst, mir wurde schwindlig. Wie einem Dreizehnjährigen, der unerwartet auf die Frau seines Lebens trifft und feststellt, daß sie dreißig ist. Der nächste Gedanke lautete: Jetzt reicht's, sonst werde ich verrückt. Ich reagiere sehr empfndlich auf Manipulation, und ich stellte fest, daß ich dabei war, manipuliert zu werden, mich in ein absurdes Narrativ einzufügen oder vielmehr zuzulassen, daß das Narrativ in mir keimt und wächst, bis es „Ich" ist. Eine solche Störung beginnt immer unmerklich. Aber sie kann einen Menschen sozusagen exponentiell über erstaunlich kurze Zeit so vollkommen verändern, daß man ihn nicht wiedererkennt (er sich aber schon, zumindest manchmal, wenn er sich bemüht).

Das war dabei, zu geschehen, massenhaft, angepeitscht von Meinungsmache, Panikmache und moralischer wie militärischer Propaganda. Und mir fiel es auf, weil das so ziemlich das einzige ist, wovor ich mich wirklich fürchte und deshalb sehr empfindlich bin.

Einen „PCR-Test" habe ich jedoch gemacht, ein einziges Mal, am 24. November 2021, weil ich zu einer Lesung nach Ingolstadt reisen sollte. Veranstaltungsorte durfte man damals nicht ohne den Nachweis einer modRNA-Einspritzung betreten, aber die Veranstalter hatten beim Gesundheitsamt für mich eine Sonderregelung erbettelt, der zufolge ich lediglich einen „tagesaktuellen" (also höchstens achtundvierzig Stunden alten) „Test" vorweisen mußte.

Ich wollte mich nicht ohne jeden Sinn mit einem Stab im Rachen oder der Nasenhöhle verletzen lassen; deshalb vereinbarte ich für den 23. November einen Termin für einen „Lollitest" in einer Apotheke am Stachus in München. Dort führte man mich in eine Lagerkammer, gab mir ein Wattestäbchen, wies mich an, fünf Minuten daran zu lutschen und es dann in ein Röhrchen zu stecken. Die Mitarbeiterin verließ derweil die Kammer. Als sie zurückkehrte, übergab ich ihr das Stäbchen, das ich nur kurz in den Mund genommen hatte, weil es widerlich ist, an einem Wattestäbchen zu lutschen (genaugenommen geht das gar nicht). Das Ergebnis, sagte sie, werde mir binnen vierundzwanzig Stunden per Mail und SMS mitgeteilt.

Nach vierundzwanzig Stunden war keine Mitteilung angekommen, auch am Nachmittag nicht. Ich stieg in den Zug nach Ingolstadt, durfte dort das Lokal betreten, weil noch kein Publikum da war, das ich umbringen hätte können. Allerdings konnte mir nicht gestattet werden, den Backstage-Bereich zu verlassen, was ein Problem aufwarf. Man ließ daher das Publikum vor der Tür in eisiger Kälte ausharren, und alle warteten wir auf das Testergebnis. Das nicht kam.

Ich fuhr also unaufgetreten wieder nach Hause. Es wäre mein erster „echter" Auftritt nach mehr als einem Jahr gewesen, allerdings mit reduzierter Möblierung und Besucherzahl sowie dem Verbot (für die Zuschauer), ohne Staubschutzfilter vor dem Gesicht zu atmen. Das Testergebnis („negativ") kam am folgenden Nachmittag, verbunden mit einer Rechnung über etwa achtzig Euro, die ich ignorierte. Irgendwann kam eine Mahnung, auf die ich antwortete, ich sei auf keinen Fall bereit, Geld für eine nicht erbrachte Leistung bezahlen. Danach kam nichts mehr. Der Auftritt durfte im April 2022 nachgeholt werden, wiederum unter strengen Auflagen, aber ohne „Test" und modRNA-Spritzung. Es war sehr schön, und es war einer meiner letzten Auftritte als „richtiger" Bühnenkünstler. Inzwischen werde ich als „Schwurbler" nirgendwo mehr eingeladen, wo „Seriosität" (und folglich Regimetreue) gefragt ist; und es fällt mir schwer, mich aufzudrängen.

Die gesamte „Pandemie" war (und ist) mit großem Abstand das Absurdeste, was ich in meinem ganzen Leben je erlebt habe. Auch in Geschichtsbüchern (von denen ich viele gelesen habe) finde ich wenig und höchstens entfernt Vergleichbares. Die fanatische Hysterie, die Deutschland ab 1933 zur Hölle und zugleich zum mörderischen Massenkarneval machte, wäre ein Beispiel, an dem sich viele (auch ich) in den „blinden Jahren" 2020/21 abarbeiteten, aber das Ende dieser Episode macht den ansonsten durchaus legitimen Vergleich anrüchig.

Er erweist aber etwas Entscheidendes: den Unterschied zwischen einem auslösenden (und weiterhin verstärkenden) Faktor und seiner Wirkung. Die „Pandemie" muß, um den Gesamtkomplex begreifen zu können, streng von den „Maßnahmen" getrennt betrachtet werden. Daß sie von Anfang an ein Fake war, wußten die meisten nicht und konnten es nicht wissen. Manche ahnten es. Ich hatte zumindest ein sehr starkes Gefühl, verarscht und beschissen zu werden. Auch die Einsicht, daß es „tödliche Pandemien" nur in Hollywoodfilmen geben konnte (und in den Jahren zuvor in erstaunlicher Zahl gab), dämmerte mir sehr früh.

Vielleicht glaubten Teile der deutschen Regierung(en) an den Schwindel. Das wäre niemandem vorzuwerfen, allerdings nur ein paar Tage oder Wochen lang. Dann konnte jeder wissen, was vor sich ging. Zumindest hätte man kurz innehalten müssen, die Situation betrachten und zwischen Nutzen und Schaden abwägen. Die Entscheidung wäre eindeutig gewesen. Manche Regierungen haben so entschieden (ausgerechnet in Weißrußland, was etwas über das Verantwortungsbewußtsein beteiligter Politiker aussagen mag oder auch nicht), andere waren zumindest vorsichtig (Schweden), in den meisten Ländern gelang es nicht beziehungsweise nur mit brutaler Gewalt, die „Maßnahmen" durchzusetzen – die dann, nachdem der Tragödie die Farce und noch eine Farce der Farce gefolgt waren, endlich europaweit nur noch in Deutschland galten. Und zwar, da ist wieder der Vergleich, ohne daß den Deutschen das bewußt geworden wäre. Inzwischen amtierte ein offensichtlich Wahnsinniger als Minister mit praktisch totaler Ermächtigung über die gesamte Staatsgewalt. Und hier hört der Vergleich auf.

Wie es zu diesen Aufzeichnungen kam, ist schnell erzählt: Nachdem mir die Möglichkeit genommen war, mich spontan öffentlich zu äußern (auf der Bühne und am Kneipentisch), gelang es mir nicht, die Notwendigkeit des Äußerns zu unterdrücken. Ich äußerte mich also in „sozialen Medien", vor allem auf Facebook, und gab meiner Fassungslosigkeit darüber Ausdruck, daß niemand auch nur die geringste Lust zeigte, sich zu informieren. Kein Mensch wollte etwas wissen; es war, als wäre Information über Nacht durch einen Geheimbefehl verboten worden, der mich nicht erreicht hatte (und den ich sowieso nicht befolgt hätte).

Zugleich begann schon im März 2020 das digitale Brüllen: Egal, was ich äußerte, ob es Fakten, Zahlen, Studien, Meinungen, Witze, abfällig-sarkastische Bemerkungen oder Geschimpfe waren, sofort folgte ein „Shitstorm". Selbst vermeintlich klügere und für gewöhnlich scheinbar gelassene Menschen erklärten mir in schärfstem Kasernenton, das Verbreiten „solcher" Informationen „töte andere". Was die Dümmeren und Dümmsten so alles „erklärten", erspare ich mir. Das meiste davon hat jeder, der nicht bedingungslos mitlief, irgendwann erlebt oder gesehen.

Ich schwankte in diesen ersten zweieinhalb Jahren des neuen Zeitalters zwischen den unterschiedlichsten Gemütszuständen. Wenn die Informationen in schneller Folge klarer und eindeutiger wurden, schien sich etwas zuzuspitzen, und ich wurde optimistisch bis euphorisch. Manchmal stürzte ich in zweierlei Verzweiflung: eine innere, weil die Einsamkeit zeitweise wirklich unerträglich wurde, und eine sozusagen äußere über die anhaltende, sich verstetigende Dummheit, Blindheit, die sture Verweigerung der Realität. Dann wieder wurde mir alles gleichgültig. Und erneut keimte Hoffnung. Und wurde erstickt. Und zerfloß in Gleichgültigkeit.

Inzwischen ist klar, daß sich die Welt schlagartig und dauerhaft verändert hat und das weiterhin tut: Die Kontrolle, Unterdrückung, Unterwerfung, Entwürdigung, Ausgrenzung, Diskriminierung, Beleidigung, Bedrohung, Entrechtung, auch der Gehorsam, die fanatische Wut, der religiöse Eifer und die tatsächlich nazihafte Massenhysterie und Realitätsverweigerung waren kein Ausnahmezustand, sondern sind gewachsene und bewußt erzeugte Wirklichkeit und eskalierende Normalität und werden das bleiben, bis es knallt und der Schwindel zusammenbricht, sich noch einmal aufbäumt und schließlich total zerfällt. Wie 1945, nur diesmal möglicherweise um einiges schlimmer, weil nicht auf Deutschland begrenzt.

Nachdem es mir auf Facebook zu heiß geworden war, weil mir die entfesselten, hemmungslosen Beschimpfungen und Bedrohungen zu viel wurden und mehrere Beiträge nach Denunziationen gelöscht wurden, zog ich mich im Frühjahr 2021 auf meinen Blog zurück. Dort, in dieser Nische mit durchschnittlich etwa zweihundertfünfzig Lesern am Tag, herrschte himmlische Ruhe. Nur alle paar Wochen verirrte sich der eine oder andere „Querdenker"-Jäger dorthin, kotzte sich aus, drohte mit Meldungen bei diversen „Stellen" und verzog sich wieder – was mir mal wieder frappierend vor Augen führte, was die Wandlung einer Minderheit zur Mehrheit (und umgekehrt) bewirkt, obwohl sich die einzelnen überhaupt nicht verändern. Hitler ohne (erst) Partei und Bewunderer, ohne (dann) Volk wäre höchstens Faschingsprinz geworden. Jeder einzelne Beteiligte war genauso böse oder schlimm wie er, und alle wären sie einzeln ausgelacht worden.

In dieser Ruhe konnte ich besser denken, daher und wegen der erwähnten Stimmungen, der zunehmenden Hoffnungslosigkeit im Frühjahr 2021 und der ganz zu Beginn kurz aufblitzenden, später wiederkehrenden und klarer werdenden Erkenntnis, daß es bei dem ganzen Circus nicht im geringsten um eine Erkältungskrankheit, sondern um Krieg ging, wurden die Texte länger, verloren zeitweise an Ironie, veränderten sich so wie ich selbst oder mein Gemüt.

Ich hoffe, dieses Buch wird gelesen. Man muß es nicht ganz lesen, „am Stück", das kann man vielleicht gar nicht. Vieles wiederholt sich, zwangsläufig. Aber man kann darin blättern, hier und da etwas finden, weiterlesen, weiterdenken. Damit sich das, was darin steht, niemals wiederholen kann.

Mehr sei dazu nicht gesagt. Es war die Zeit.

Präludium („Social Media“ und anderes bis März 2020, random choice)

Ich habe soeben in der SZ gelesen, die Böhsen Onkelz seien „Skinhead-nah“ und „verfemt“ gewesen. Was bin ich froh, daß ich dieses Abo gekündigt habe. *(22. November 2012)*

Daß ich bis an mein Lebensende wegen einer Erderwärmung „besorgt“ sein soll, an der ich sowieso nichts ändern kann, ist irgendwie ein fieser Trick. *(12. Januar 2013)*

Die neueste Erfindung der „Grünen“: Kriegsdienst aus Gewissensgründen. *(24. November 2014)*

Ich wünschte, manche von diesen Schauspielern würden wieder mehr Mimik lernen. Dann müßten sie nicht dauernd kotzen. *(27. November 2014)*

Fragen eines naiven Radiohörers: Die Meldung „Viele Passagiere haben kein Verständnis für den Streik“ bedeutet doch: Viele andere Passagiere haben Verständnis für den Streik, nicht wahr? Wenn man also die Meldung genau umgekehrt verläse, nämlich „Viele Passagiere haben Verständnis für den Streik“, ist das doch im Grunde genau die gleiche Meldung, nicht wahr? Wieso wird die Meldung dann nicht wenigstens zwischendurch mal so verlesen? Weil das zwar die gleiche Meldung, aber eine ganz andere Botschaft wäre? Für wen ist denn dann die Botschaft gedacht, und was soll sie bewirken?

Der bayerische Rundfunk meldet: „Südamerika trauert um Fidel Castro.“ Na gut. Könnte aber sein, daß Mittelamerika mehr betroffen ist und sogar mehr trauert. Aber klar, „Südeuropäer“ interessiert so was nicht. Hauptsache, wir haben noch mal lauthals „Diktator“ gesagt, ohne den Pfarrgemeinderat zu meinen. *(27. November 2016)*

Wie jetzt? Die Russen filmen den US-Präsidenten dabei, wie er sich in einem Moskauer Hotel vollstrullen läßt, und erpressen ihn dann, damit er keinen Krieg gegen sie anfängt? Das ist die skurrilste Form von Friedenspolitik, von der ich seit langem gehört habe. *(12. Januar 2017)*

„Veränderung gibt es nur wenn Menschen sich engagieren, mitmachen und zusammen dafür einstehen.“ Sagt ein US-Präsident, und die deutschen „Grünen“ machen damit Wahlkampf. Daß dieser Spruch für das Nazireich, den 2. Weltkrieg und den Holocaust ohne Zweifel zutrifft, daß die von Hitler beschworene „Bewegung“ sogar der Inbegriff dessen war, was Obama beschreibt, kann man solchen Leuten nicht klarmachen. Wer „Veränderung“ generell und grundsätzlich für etwas Positives und Erstrebenswertes hält, dem kann man von Haus aus nichts mehr klarmachen. Dem kann man vor allem nicht klarmachen, daß das gesamte Elend, die gesamte Scheiße auf unserer heutigen Welt ausschließlich das Ergebnis von „Veränderung“ ist, bei der jemand mitgemacht hat. *(13. Januar 2017)*

In den Bereichen des extrem „Kleinen“ und des extrem „Großen“, des extrem „Schweren“ und „Leichten“ versagen die Möglichkeiten von Mathematik und Physik. Zum

Verständnis der Vorgänge dort wäre nicht etwa eine neue Form der Wissenschaft nötig, weil „Wissen" hier etwas anderes ist als landläufig. Wir bräuchten eine andere Art des Zugangs zu Verständnis, die im Verständnis selbst enthalten ist. *(28. April 2019)*

Der EU-Vertreter in Deutschland soll „den Menschen die EU so verkaufen, daß sie sie verstehen". Klar, deswegen heißt er ja auch so. *(28. November 2019)*

Früher gab es in den Weihnachtsferien oft klassische Kriegsfilme. Als moderne Alternative empfiehlt sich die „Diskussion" auf Wikipedia-Seiten zu beliebigen Themen, die irgendwas mit Putin/Rußland zu tun haben. Das ist nicht so gemütlich wie „Krieg und Frieden", aber recht erhellend, auch was den Begriff „Eskalation" angeht. *(27. Dezember 2019)*

Wikipedia wirkt: Man gilt jetzt selbst der SPD (genauer gesagt: Mitgliedern der SPD) als „rechtsextremer Verschwörungsideologe", wenn man zum Beispiel die Machenschaften der NATO untersucht. *(1. Februar 2020)*

Ich fand die Geschichte der thüringischen Landtage schon immer interessant, vor allem zwischen 1920 und 1933. Immerhin bleiben ihnen diesmal Militäreinmarsch und Reichsexekution erspart. Haben halt auch was gelernt.[1]
Ach, und vielleicht können wir jetzt dann in den nächsten Tagen – wenn das Geschrei abgeklungen ist – doch mal über den Begriff „Demokratie" reden, ohne im zweiten Satz „Verschwörungstheorie" zu sagen.
Und der letzte Gedanke für heute: Mir fallen spontan drei Länder ein, bei denen gewisse Medien einen entsprechenden Wahlausgang erleichtert zur Kenntnis nähmen und sofortige NATO- oder EU-Beitrittsverhandlungen befürworten täten. Sorry :-)
(5. Februar 2020)

Bleibt die Frage, ob sich so ein Landtag besser in Wasser oder in Salpetersäure auflösen läßt. Probiert's mal. *(8. Februar 2020)*

Ich habe soeben erfahren, daß neuerdings sehr (!) lange (und sicherlich täglich länger werdende) Listen mit Wörtern kursieren, die man nicht mehr verwenden darf, damit die Vielfältigkeit der Menschen respektiert oder niemand abgewertet wird (oder so ähnlich). Daher ist es mir ein Anliegen, darauf hinzuweisen, daß man (zum Beispiel) Syrien fröhlich weiter bombardieren darf, solange man die getöteten Menschen „SyrerInnen" nennt (oder was halt gerade gültig ist). Das gilt entsprechend für sämtliche AusgebeutetInnen, EntrechtetInnen und VerdammInnen dieser Erde. Willkommen in der neuen Welt! *(20. Februar 2020)*

---

[1] Diese Notiz bezog sich auf die Wahl von Thomas Kemmerich (FDP) zum Ministerpräsidenten, die auf Befehl von Bundeskanzlerin Merkel rückgängig gemacht wurde, weil dazu auch Stimmen aus der AfD-Fraktion beigetragen hatten.

„Obwohl Biden bisher einen mäßigen Wahlkampf hatte, gelang ihm diese Woche die Auferstehung. Doch seinen Erfolg verdankt er nicht sich selbst, sondern vor allem einem: der Angst vor Bernie Sanders." Schreiben die transatlantischen Propagandisten heute.
Wir fügen hinzu: Außer euch hat niemand Angst. Ihr meint lediglich eure Angst – davor, daß Sanders tatsächlich gewinnen könnte, so wie das letzte Mal. Da ist euch dann zur Not sogar der Trump noch lieber. Gelt? Ihr müßt schon ganz schön kalte Füße haben, ihr armen Kerle. *(7. März 2020)*

Daß wegen dieser nach wie vor recht obskuren „Seuche" so ziemlich alle Großveranstaltungen abgesagt werden, außer dem NATO-Manöver „Defender 2020", legt den Verdacht nahe, daß die ganzen Absagen Teil des NATO-Manövers sind. Oder die 38.000 Soldaten sind alle immun. Oder weiß jemand eine bessere Verschwörungstheorie? *(8. März 2020)*

Gelten jetzt eigentlich die Notstandsgesetze beziehungsweise Kriegs- und Standrecht, oder bleibt das Grundgesetz einstweilen noch in kraft?
Nächste Frage: Gibt es aktuelle Erhebungen über Todesfälle durch streßbedingte Krankheiten (Infarkt, Schlaganfall etc.)? Ich wüßte gerne, wie viele Menschen mehr wegen Corona sterben als an Corona.
Und Frage Nummer drei: Wer hat das ganze Klopapier? *(12. März 2020)*

Wenn dieser ganze Hype für etwas gut ist, dann vielleicht für einen ansatzweisen Mentalitätswandel. In Deutschland (und selbstverständlich nicht nur da) sterben jedes Jahr hunderttausende Menschen an Krankheiten, Mißhandlung, Vernachlässigung, Einsamkeit, Ausbeutung und so weiter, einige tausend auch im Straßenverkehr. Sich um Menschen zu kümmern, sie zu unterstützen, Rücksicht zu nehmen, sie aufzumuntern, ihnen zu helfen, sie zu begleiten, zu trösten, zu pflegen, zu heilen, ihnen ein Bier auszugeben, überhaupt mal wieder an sie zu denken und sie wahrzunehmen, ist gut und richtig und wichtig. Ob das im einzelnen dazu führt, daß Pflegepersonal menschenwürdig behandelt und bezahlt wird oder daß die Durchstarter und Überflieger mit und ohne SUV ihr Ego ein bißchen zurückschrauben oder daß wir alle ein paar Sachen, die uns soooo arg wichtig erscheinen, mal zwischendurch vergessen, spielt dabei nicht die entscheidende Rolle. *(14. März 2020)*

Übrigens wurden bei der Abschaffung der Sklaverei in den USA die Sklavenhalter entschädigt, die Sklaven hingegen nicht. Wen das wundert, der denke mal mehr systemisch. *(15. März 2020)*

Der Mensch und die Corona der Schöpfung *(11. März 2020)*

Hach, der Frühling! Da schwellen die Herzen, erblüht das Gemüt, und der Mensch hüpft hinaus aus seinen Betonkisten, um unter blauem Himmel im Märzsturm zu schwelgen, fröhliche Lieder zu trällern und die Maßkrüge klirren zu lassen.
Oder nein, diesmal nicht. Diesmal kauert er in den Betonkisten, schlotternd und bibbernd vor Panik, lauscht den Updates des Notstandsfunks, läßt sich vom Internet mit schreckensteigernden Zahlen berieseln und zuckt zusammen, wenn ihm die Zeitungskästen die aktuellen Horrorbefehle entgegenkreischen und -bellen. Die erblickt er allerdings nur, wenn er sich zwischendurch mit Gasmaske und Schutzanzug doch mal hinauswagt, um dreihundert neue Rollen Klopapier zu kaufen. Dann steht er ratlos verzweifelt vor dem leeren Regal und möchte brüllen: Wir brauchen Klopapier! Weil wir alle sterben müssen!
Es ist ein absurdes Theater, das sich da abspielt. Schuld sei, so habe ich gehört, ein Virus, das dem transatlantischen Propagandablog Wikipedia zufolge vermutlich von chinesischen Fledermäusen in die Welt gehustet wurde und sich nun zur Pandemie ausgewachsen hat.
Es geht allerdings nicht um die historisch schlimmsten Pandemien der Weltgeschichte – den Industrie- und den Finanzkapitalismus, die Jahr für Jahr hunderte Millionen Menschen vorzeitig dahinraffen. Ebenfalls nicht gemeint ist der Autoverkehr, dessen Rasen und Toben in Deutschland jährlich dreitausendfünfhundert Menschen das Leben kostet, ohne daß es deshalb zum panischen Notstand oder zu Fahrverboten käme.[2]
Reden wir nicht vom Krebs, reden wir nicht vom Herzinfarkt und sonstigen Kreislaufseuchen – die sind schließlich Begleiterscheinungen der erwähnten Kapitalpandemien. Schweigen wir selbst von der fürchterlichen Influenza, den hundertzwanzigtausend klinisch Grippekranken und 202 Toten allein in diesem Jahr allein in Deutschland.
Oder nein, von der Grippe müssen wir reden, oder vielmehr von ihrer (mal wieder, wie jedes Jahr) neu dahermutierten Schwester, im Volksmund Corona genannt und offenbar das Schlimmste, was der Menschheit in ihrer langen Geschichte zumindest seit dem Zweiten Weltkrieg je passiert ist. Zum Zeitpunkt, da dieser Text entsteht, sind in Deutschland tausenddreihundert Menschen daran erkrankt und zwei gestorben. Das ist im Vergleich zur Grippe lächerlich, aber es werden ja immer mehr! Die meisten sind zwar schon wieder gesund, aber Schluß mit der Verharmlosung!
Und deshalb: werden sämtliche Veranstaltungen und Versammlungen mit mehr als neunhundertneunundneunzig Teilnehmern verboten (weil das Virus offenbar erst ab tausend Menschen wirkt), finden Fußballspiele in leeren Stadien statt, werden „Fridays for Future“ und sogar das zentrale bayerische Volksbeschwichtigungsereignis (der Nockherberg) abgesagt. Deshalb: schließen Firmen, Büros und ganze Konzerne, brechen die Börsen zusammen, sitzen die Führer der Völker freiwillig in Heimquarantäne, fliegen

[2] Gemeint sind selbstverständlich nur die unmittelbaren Unfalltoten.

keine Flugzeuge und schippern keine Schiffe mehr, werden Grenzen abgeriegelt. Wann „es" zu Ausgangssperren, Evakuierungen und Einbunkerungen „kommt", ist wohl eine Frage der Logistik. Und derweil wird das Klopapier offenbar so wirksam rationiert, daß es nirgendwo mehr eine Rolle gibt, obwohl niemand mehr davon daheim hat als sonst.

Die Aufzählung ist unvollständig, ließe sich aber fortsetzen, bis diese Seite voll wäre. Mit einer Ausnahme: Das Manöver „Defender 2020", mit dem die NATO im osteuropäischen Osten gerade den Überfall auf Rußland probt, das darf stattfinden. Ein paar Befehlshaber, so hört man, hätten sich „vorsorglich" in ihre Bunker begeben, aber da wollten die ja sowieso hin, weil da die Planungs- und Steuerungsmaschinerie für die Schlachtungsvorgänge steht, oder nicht? Ihr 38.000 Mann starkes Menschenmaterial hängt derweil an der russischen Grenze rum, übt das Schießen, Bomben und Massakrieren und versammelt sich feierabends an der Gulaschkanone, wie man das bei Manövern halt so macht.

Wir nehmen mal an, daß die Mordhandwerker der NATO nicht gegen Corona geimpft sind, weil es einen Impfstoff noch nicht gibt. Durch Roboter ersetzt hat man die Soldaten wahrscheinlich auch noch nicht. Man darf des weiteren vermuten: Wenn überhaupt jemand eine Gefahrenlage realistisch einschätzen kann, dann sind das die Militärführer – die können ihre lebendige Munition schließlich nicht so einfach ersetzen wie man das bei einem leeren Maßkrug tut.

Und da fragt man sich doch zwangsläufig, ob die massenhaften Aufschreckungs- und Schocklähmungsmaßnahmen, denen man uns zur Zeit unterzieht, nicht ein Teil des Manövers sind. Ob da vielleicht schon mal geprobt wird, wie man die Leute an der Heimatfront organisiert, kontrolliert, steuert, zähmt, zäumt, füttert und vor allem ablenkt (und wie sie darauf reagieren), wenn unsere Jungs dann doch mal wieder hineinmüssen (vorläufig: -müßten) zum Russen.

Schon klar, das ist eine bloß so eine windige „Verschwörungstheorie". Aber solange niemand eine plausiblere Erklärung für die medial und politisch mit allen Mitteln geschürte Massenpanik findet, bleibt uns eh nichts zu tun als abzuwarten. Und zu hoffen, daß der ganze Schmarrn als „Panik-Pandemie 2020" in die Geschichtsbücher eingeht und danach vielleicht doch noch der Frühling kommt.

Sehr geehrte Bundesregierung (dies ist keine Bitte!) *(15. März 2020)*[3]

Das Propagandamotto der deutschen Kriegsarmee (Bundeswehr) lautet: „Wir.Dienen.Deutschland."

[3] Die provokativ gedachte Ironie dieses ersten Blogeintrags zum Thema „Covid-19" (der vorangegangene erschien erst am 18. März parallel zur gedruckten Version) verpuffte leider schon nach wenigen Tagen – daß Bundeswehrführer bereits zu diesem Zeitpunkt an entscheidenden Stellen des „Covidregimes" saßen und wirkten, war mir leider entgangen.

Wir wollen heute nicht über Orthographie und Grammatik diskutieren. Laut Auskunft der regierungsnahen Medien befindet sich Deutschland derzeit in einer außergewöhnlichen Krisen- und Gefahrensituation. Der Covid-19-Virus ist, so hört man, eine Bedrohung, die weit über die üblichen alljährlichen und unregelmäßig wiederkehrenden Grippewellen hinausgeht.
Aus diesem Grund werden bundesweit flächendeckend Veranstaltungen abgesagt, Menschenansammlungen unterbunden, Quarantänen veranlaßt. Besonders bedroht, so erfahren wir, sind ältere sowie kranke und vorgeschädigte Mitbürger.
Die Kapazitäten des durch Privatisierungen und Profitablisierungsmaßnahmen kastrierten Gesundheitssystems sind, so hören wir, schon jetzt überfordert und werden dies in naher Zukunft erst recht sein.
Inwiefern „dient" in dieser Situation die Bundeswehr Deutschland?
Laut Eigenauskunft „beobachtet" sie „die Lageentwicklung" und „bereitet sich in enger Abstimmung mit den zuständigen zivilen Behörden auf weitere Fälle vor". Und nimmt derweil an dem Manöver „Defender 2020" teil, bei dem im östlichen Osteuropa ein Krieg gegen Rußland simuliert und geprobt wird. Und gibt im Jahr 2020 laut Eigenauskunft 177,3 Millionen Euro für diese und andere Kriegsübungen aus.
Notwendig wäre etwas ganz anderes. Zu fordern ist: der sofortige Abbruch des Manövers „Defender 2020" und aller ähnlichen Kriegsvorbereitungsübungen.
Statt dessen muß die Bundeswehr:
Behelfskrankenhäuser, Intensivstationen und Notunterkünfte für die erwarteten Millionen von Kranken errichten,
aktive und ehemalige Ärzte und Sanitätssoldaten zur Betreuung und Versorgung der erwarteten Kranken bereitstellen,
Beatmungsstationen und -geräte beschaffen und betreiben und
die durch die Absage der Kriegsmanöver freigewordenen Geldmittel in die gesundheitliche Versorgung der Bevölkerung umleiten.
Geschieht all dies nicht umgehend, ist davon auszugehen, daß sämtliche Bekenntnisse und Mahnungen der Bundesregierung zur Gefährlichkeit der aktuellen Situation nicht zutreffend und auch nicht ernstgemeint sind, sondern die Lage künstlich überspitzen.
Falls die Bundesregierung der Meinung ist, daß derzeit von Rußland eine größere Gefahr ausgeht als von dem Covid-19-Virus, muß dies umgehend öffentlich verlautbart werden. In diesem Fall sind auch alle derzeit geltenden Einschränkungen von Veranstaltungen und Versammlungen sofort aufzuheben.
(Salvatorische Klausel: Dies ist eine Einzelmeinung ohne Vertretungsanspruch.)

(Meldung: „Deutschland macht die Grenzen endgültig dicht – Seehofer verkündet Details.“) Wenn „endgültig“ endgültig heißt, kann er sich die weiteren „Details“ sparen. #journalismusundsprache *(16. März 2020)*

Hoppla, die nächste Stufe noch vor dem Ausgehverbot? Die haben’s ja eilig. (Selbstverständlich Fake News, aber man kann die Leute ja schon mal vorbereiten auf das, was sie dann ganz logisch und zwangsläufig finden.) *18. März 2020)*

„Mein ganzer Haß geht an die, die man noch draußen sieht in Gruppen. Die morden schwache Leute mit ihrem Verhalten.“ *(Charlotte Roche, Medienmensch)*

Das sind aber jetzt schon dieselben Politiker, die es für Irrsinn halten, wegen 3.500 Toten und 600.000 Verletzten wenigstens ein Tempolimit einzuführen? Vielleicht erinnert ihr sie daran, hinterher, dann hat die Sache doch was Gutes, so yes-we-can-mäßig. *(20. März 2020)*

„Bleibt bitte zu Hause! Und wenn ihr rausgeht: Wascht euch die Hände. Geht nur raus, wenn ihr unbedingt raus müßt. Gerade habe ich im Radio gehört, daß auf einen, der rausgeht und der sich infiziert, später 4.000 Infizierte kommen. Von diesen 4.000 Infizierten sterben aller Wahrscheinlichkeit nach mindestens 40. Ich glaub, wir alle wollen dafür nicht verantwortlich sein. Ich mein, ihr sitzt doch auch sonst immer alle vorm Computer. Bleibt zu Hause, bitte!“ *(Hape Kerkeling, Medienmensch, 21. März 2020)*

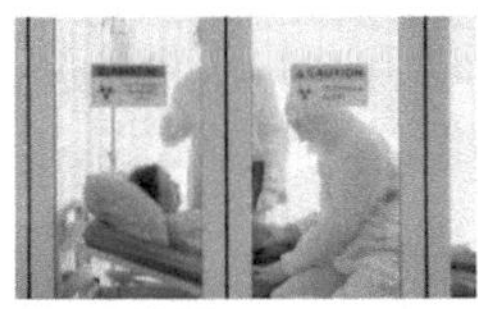

Risikopatientin! 95-Jährige von Corona geheilt
Endlich ein Hoffnungsschimmer während der Corona-Krise: In Italien hat sich eine 95-jährige Corona-Patientin von dem Virus erholt. Sie gilt als bislang älteste Corona-Erkrankte, die sich von Covid-19 erholen konnte.

Jetzt kommen endlich die *ganz* relevanten Meldungen (siehe links). *(24. März 2020)*

Irgendwie idyllisch, daß jetzt alle Straßen und Parks voll sind mit Menschen deutlich über siebzig, die fröhlich herumflanieren. Man sieht ihnen die Freude an, weil sie sich sonst meistens nicht heraustrauen, aus berechtigter Sorge, totgefahren oder über den Haufen gejoggt zu werden. So hat alles irgendwie seine guten Seiten. *(26. März 2020)*

Der Film „Profiteure der Angst“ hat nichts mit COVID-19 zu tun, er ist zehn Jahre alt, aber er ist nach wie vor hochinteressant. (WARNHINWEIS: Es kommen Personen zu Wort, die aus den aktuellen Debatten bekannt sind, und eine oder einige davon gelten mittlerweile als diskreditiert und verfemt. Eine Version des Films, bei der sie herausgeschnitten sind, gibt es wohl noch nicht.) *(27. März 2020)*

Offenbar habe ich eine Zusatzregelung der Ausgangsbeschränkungen übersehen: Wem es daheim langweilig wird, der ist verpflichtet, durch den Eggarten und um den Lerchenauer See zu spazieren.

Dies ist kein Witz: Ein Führer der Transatlantiker (Präsident des „Atlantic Council") fordert Donald Trump auf, wegen COVID-19 den NATO-Verteidigungsfall auszurufen. *(28. März 2020)*

Wir sind allerdings mittlerweile an einem Punkt angelangt, wo es offenbar weniger neue Informationen und Argumente als Veröffentlichungen und FB-Posts gibt. Dadurch wiederholen sich die Dinge, sie sammeln sich und bilden Fronten. Vielleicht wäre es eine gute Idee, mal ein bißchen zu destillieren. Es geht nicht darum, die „Ehre" diffamierter Wissenschaftler wiederherzustellen, und es geht auch nicht darum, andere Wissenschaftler zu diffamieren. Wenn man das ganze Gelaber außenrum mal wegläßt, könnte sich aus den konzentrierten Darstellungen aller wesentlichen Beiträge („offiziöser" wie „alternativer") irgendwann ein stringentes Bild dessen ergeben, was geschieht. Ich rate daher: einen Gang runterschalten, nicht mehr jeden neuen Ab- beziehungsweise Aufwiegelungsbeitrag lesen, sondern erst mal genau durchschauen, was schon gesagt wurde. Wir haben bei dem Tempo, in dem die Debatte läuft, sicher viel übersehen.
(29. März 2020)

„Es ärgert mich, wenn auf dem Rücken verunsicherter Menschen Profite gemacht werden." *(Ursula von der Leyen, EU-Führerin)*

Es wäre sicherlich auch aus „amtlicher" Perspektive mal hilfreich, den Menschen „offiziell" zu erklären, daß wir nicht die Steigerung der Zahl der Infizierten messen, sondern die Steigerung der Zahl der (positiv) „Getesteten". Es ist durchaus möglich, daß bereits vor zwei Wochen siebzig Prozent der deutschen Bevölkerung „infiziert" waren. Oder früher/später/mehr/weniger, das kann niemand sagen. Der Anstieg der Zahl der positiven Tests sagt nichts über die tatsächliche Verbreitung des Virus. (Sondern höchstens viel später im nachhinein über den Anteil der schweren Krankheitsverläufe.)
(31. März 2020)

„Diejenigen unter uns, die durch den sanften Zwang in die Unterwerfung getrieben wurden, halten uns alle für machtlos, passiv und depressiv; sie geben sich nicht selten der Meditation hin. Diejenigen, die sich gegenüber den Autoritäten dem Widerstand verschrieben haben, werden immer argwöhnischer und kritischer. Wir glauben, daß ‚sie' tatsächlich existieren und sich gegen uns verbündet haben. ‚Sie' sind zu unserem Feind geworden. Aber sie sind es nicht. Als einer der Menschen, die dafür bezahlt wurden, sich neue Strategien der Manipulation auszudenken, kann ich Ihnen versichern: Sie sind einfach wir." (Douglas Rushkoff) *(1. April 2020)*

„Nichts wird so sein, wie es war! (reloaded)“ oder: Im Wirbelsturm der Panikzahlen *(1. April 2020)*

Willkommen in der Welt der Zahlen! Seit der Coronakrieg „ausgebrochen“ ist (die Gänsefüßchen klären wir eventuell später), sitzt gefühlt die gesamte Weltbevölkerung vor Bildschirmen und Verlautbarungstafeln und läßt sich das Leben vorrechnen: Im Tagesrhythmus erfahren wir aus weißbekitteltem Munde, daß jeder zehnte, jeder vierte, jeder hundertste, jeder achtundvierzigste, jeder zweitausendste, jeder millionste, jeder zwanzigste oder beziehungsweise überhaupt fast jeder von uns sterben wird, wenn wir den Virus nicht rechtzeitig niederringen.

Dazu kommt, daß auf 28.000 Intensivpflegeplätze bald 50.000 oder 2.000.000 oder 1.600 oder 398 oder jedenfalls ungeheure Massen von Dahinsiechenden kommen werden, von denen wiederum die Hälfte stirbt oder neunzig Prozent oder fünfundsiebzig Prozent überhaupt keine Symptome spüren oder nur ein Drittel der vorgeschriebenen Symptome, die aber zu früh oder zu spät oder irgendwann anders.

Gebannt starrt man auf die internationalen Sterbeziffern, auf Kurven und Diagramme, auf winzige Häkchen nach oben beziehungsweise unten, verrechnet Tendenzen und Prognosen, stellt Mischkalkulationen zu Durchseuchung und Vorerkrankungen an, stellt die Haare zu Berge angesichts von Bildern platzender Krankenhäuser, konsultiert Intensivstationstatistiken und stellt fest, daß die Krankenhäuser gar nicht platzen – höchstens einige kaputtgesparte in Norditalien, die jedes Jahr zur Grippesaison zuverlässig platzen.

Der eine Weißkittel versichert, es würden nur „bestätigte“ COVID-19-Tote in die Statistik aufgenommen. Der andere betont, das sei grundsätzlich unmöglich, weil man einem neunzigjährigen Menschen, der an Lungenkrebs, Herzschwäche, Diabetes und Demenz leide und sich nun auch noch den Virus einfange, nicht ansehe, woran genau er gestorben sei. Der dritte zählt Gehirnblutungen, Herzinfarkte, Verkehrsunfalltote und Suizide in der Badewanne selbstverständlich dazu, solange er nur das Virus findet. Der vierte zeigt auf den Friedhof und meint, da sei sicher eine ganz schöne Dunkelziffer unerkannt durchgerutscht, die Gefahr also noch viel größer. Und der Normalmensch, also jeder von uns, schaut aus dem Fenster und weiß genau: Die Zahlen sind alle da draußen, aber wir sind drin! Oder ist schon das Virus in uns drin? Oder schon wieder draußen?

Ein „reputabler“ Mediziner – also einer, den Wikipedia, Facebook und Tagesschau (zumindest noch) nicht geächtet haben, sondern (noch) zitieren – berichtet, er führe seit vier Wochen Antikörpertests durch. Ein anderer „reputabler“ Mediziner prophezeit, es werde demnächst Antikörpertests geben. Ein dritter behauptet, sämtliche Tests seien fehlerhaft und unzuverlässig, und wird prompt mit einem Kacksturm niedergemacht und medial angeprangert – „Bitte nicht anklicken! Das ist gefährlich und kostet tausende Menschenleben!" flehen Bewegte in Kommentaren unter seinen und seinesgleichen Videos.

Einer erklärt, wenn man in einer Woche 10.000 und in der nächsten 100.000 Menschen teste, sei ein Anstieg der „neu Infizierten" von zehn auf 100 vollkommen logisch, weil es sich gar nicht um neu Infizierte handle, sondern der Anteil der anscheinend Infizierten an der Masse der Getesteten exakt gleich bleibe. Auch ihn trifft der Bann des Social-Network-Kreuzzugs. Hausärzte, die der eine oder andere noch besuchen darf, flüstern hinter vorgehaltener Hand von Schwindel und Blödsinn, erzählen von vermutlichen COVID-19-Fällen schon im letzten Herbst und Winter, die niemand bemerkt habe, weil es noch keine Tests gegeben habe; sie wollen sich aber lieber nicht näher äußern, weil alles, was vom offiziellen Seuchenexpansions- und -bekämpfungsdirektiv abweicht, eine strafbare „Verschwörungstheorie" sein muß, der inhärenten Logik zufolge. Es zählt nur der Test, und der sagt: Der Tod kommt! immer schneller und immer massiver!

Sowieso testet jeder anders. Der Deutsche testet von Symptomen Befallene, der Italiener Tote, der Iran vermutlich Ungläubige; der Engländer testet mit Tests, in denen der Virus schon drin ist, der Chinese testet angeblich mehr Menschen, als überhaupt „Testkits" auf Erden vorhanden sind, und der Ami testet nur Privatversicherte. Der Isländer macht repräsentative Testreihen, deren Ergebnis niemand hören möchte, weil es nicht zur Panikmache taugt; der Japaner testet vorsichtig, weil er keinen Ärger haben möchte, der Nordkoreaner testet gar nicht, weil es dann auch keine Infizierten gibt, und wer oder was in Kenia, Guatemala, Turkmenistan und im Südsudan getestet wird, weiß niemand.

Sowieso braucht man erst einmal: noch mehr Zahlen! Die ändern sich jeden Tag, weil sich die Zählweisen jeden Tag ändern. Bekannt ist das exponentielle Wachstum der „Infizierten", weil man neuerdings auch „Verdachtsfälle" dazuzählt (Personen mit leichtem Husten und solche, die vor drei Wochen jemandem begegnet sind, dessen Tante später positiv getestet wurde). Hingegen vollkommen unbekannt ist die Zahl der Getesteten und wie sie getestet wurden und warum. Das brächte nur Verunsicherung, und Sicherheit ist in Deutschland das oberste Gebot!

Das Robert-Koch-Institut, das seit 1994 ersatzweise die Aufgaben des von Horst Seehofer (wegen einem Virus!) versehentlich kaputtgemachten und nie ersetzten Bundesgesundheitsamtes übernimmt, kennt keine Zahl der Getesteten. Auf fünfmaliges Nachfragen eines beharrlichen Investigativjournalisten kennt es so eine Zahl plötzlich doch, allerdings weiß die eigene Pressestelle nichts davon. Am nächsten Tag ist die Zahl plötzlich wieder verschwunden. Zahlen? Ja bitte, aber die richtigen, die der Sicherheit dienen!

Sicherheit: heißt, daß man an der Isar als Einzelgestalt nur zehn Minuten lang an einer Stelle liegen darf. Dann kommt die Polizei (ohne Schutzkleidung und Gesichtsmaske!)

und scheucht einen weg. Sicherheit heißt auch: keine Kommunikation! Erlaubt ist nur der elektronische Austausch, weil bei dem sichergestellt ist, daß man alle drei Sekunden eine amtliche Warnung erhält, auf keinen Fall ein Video der Hockertz-Wodarg-Bhakdi-Mölling-Ioannidis-Bande anzuklicken, das möglicherweise von den Wachtrupps bei Youtube noch nicht gelöscht wurde.
Sicherheit heißt: nicht auf die Straße! nicht in die Kneipe! nicht zu sterbenskranken, einsamen, verlassenen, verzweifelten Mitmenschen! nicht in die Kirche, nicht auf den Fußballplatz, überhaupt nirgendwohin, wo man feststellen könnte, daß eigentlich alles ganz normal und nichts Schlimmes passiert ist! Daß da überhaupt nichts Wesentliches ausgebrochen ist, daß es zumindest nicht einfach so „ausgebrochen" ist – einfach weil exekutiv deklarierte Notstände das nicht tun.
Das ist die Grundregel des Ausnahmezustands: Die Illusion der unfaßbaren, alle und alles jederzeit und überall bedrohenden und angreifenden Katastrophennotlage darf unter keinen Umständen in Frage gestellt oder gar angekratzt werden! Logik, gesunder Menschenverstand, Verständigung, Überprüfung, eigene Meinungsbildung, Diskurs, Debatte, Beobachtung und unabhängige Einschätzung müssen um jeden Preis absolut ausgeschaltet werden!
Und wir? Sitzen da, zugeschüttet mit Zahlen, verstehen nichts mehr, ahnen etwas, trauen uns den Gedanken aber nicht weiterdenken, weil das getrackte Handy auf dem Küchentisch Mißtrauen weckt: Hört das Ding vielleicht auch schon mit, was in meinem Kopf passiert? Liest es meine Gesichtszüge und erkennt den Defaitisten?
Wer werden wir sein, wenn das alles vorbei ist? Oder: falls es vorbeigeht? Werden (oder würden) wir das, was sich verändert hat, überhaupt noch bemerken, wo wir es doch schon so gewohnt sind?

„In jedem Krieg werden Leute, die sich erst nach Anhörung der Argumente beider Lager eine Meinung bilden oder die offizielle Darstellung der Fakten in Zweifel ziehen, sofort als Komplizen des Feindes betrachtet. ‚Wer unsere Berichterstattung in Zweifel zieht, ist ein Verräter.'" (Anne Morelli)
„Die Macht der öffentlichen Meinung gegenüber dem einzelnen Mitglied der Gemeinschaft besteht in der Isolationsfurcht, die jedem Menschen angeboren ist und dazu treibt, sich ständig zu bemühen, in einer Gemeinschaft gut gelitten zu sein und die Gefahr der Zurückgestoßenwerdens, Ausgestoßenwerdens zu vermeiden. (…) In der Öffentlichkeit soll der einzelne so reden und sich verhalten, dass er nicht gegen die Werte der Gemeinschaft verstößt. Andernfalls wird er durch Isolation, durch Abwendung der anderen und Gemiedenwerden bedroht." (Elisabeth Noelle-Neumann) *(1. April 2020)*

Ich habe in den letzten Tagen festgestellt, daß es das Lebensgefühl sehr verändert, die Zumutungen und Zudringlichkeiten irgendeiner „aktuellen" Lage der Umwelt nicht (mehr) auf sich zu beziehen. Sowieso findet das digitale Gerödel und Geklapper der „Shut the fuck up! Haltet endlich die Klappe und gehorcht!"-Fraktion, das sich zwangsläufig mit der Zeit abnützt, gar nicht mehr statt, wenn man es digital ausblendet. Shutte ich halt the fuck up, wenn das ihrem Gemütszustand hilft – dem eigenen hilft es jedenfalls sehr. Man begreift irgendwann, daß sie das, was sie daran tatsächlich böse meinen, gar nicht wirklich böse meinen, weil es ihnen nicht bewußt wird, und daß es deswegen gar nichts hilft, Argumente dagegen aufzufahren. Das mag sich wie eine Art „innere Emigration" anhören und hat selbstverständlich problematische Implikationen, aber die kann ich zur Zeit wohl nur hinnehmen. Die Folge ist, daß die eigene „Betroffenheit" schwindet und andere, schöne Dinge wieder in den Vordergrund treten. Außerhalb der digitalen Vorhölle gibt es immer noch ein etwas schwummeriges Gefühl aufdringlicher Angstmache, wenn ich Menschen sehe, die (ansonsten) vollkommen menschenleere Wege entlangradeln und dabei in eine improvisierte Gesichtsmaske schnaufen. Aber diese Menschen meinen das tatsächlich nicht böse, und selbst der Impuls, ihnen was über die schädliche Wirkung eingeatmeter Mikrofasern zu erklären, läßt sich durch ein Lächeln und einen unbeholfenen Zwitscherdialog mit einem Rotkehlchen rückstandslos in Luft auflösen. Möge es euch gut gehen. *(6. April 2020)*

Alles ist wie alles! (eine „kurze" Anleitung zur Erstellung von Verschwörungstheorien) *(15. April 2020)*

Als vor längerer Zeit in Paris die Kirche Notre Dame brannte, „grassierten" im Internet und anderswo alle möglichen Meinungen. Brandstiftung! hieß es allerorten. Die Mutmaßungen über die Hintergründe teilten sich grob in zwei Gruppen: Diese Schandtat, meinten manche, sei unternommen worden, um dem nicht mehr so arg populären Populisten und Präsidentendarsteller Macron etwas Luft zu verschaffen und die lästigen „Gelbwesten" aus dem Fokus der Berichterstattung (wenn schon nicht von der Straße) zu drängen. Eine andere Ansicht läßt sich mit einem Zitat aus einer AfD-Internetgruppe zusammenfassen: „Würde mich nicht wundern, wenn das ein Islamist war!"
So und ähnlich las man das tatsächlich sehr gehäuft. Und die einschlägigen Instanzen klebten eilfertig und beflissen das Etikett „Verschwörungstheorie" drauf.
Nun ist die erste Behauptung – Notre Dame wurde angezündet, um Macron Gelegenheit zu geben, sich angesichts einer relativ harmlosen Katastrophe (niemand kam ums Leben, die Kosten tragen stinkreiche „Spender") als verläßlicher Führer und Volksheld zu zeigen, damit seine schwindende Beliebtheit zu (ähem) befeuern und die Macht seiner Befehlshaber und Auftraggeber zu stärken, – keine Theorie. Allenfalls liegt ihr eventuell eine Theorie zugrunde: Die Mächtigen nehmen in dem Bemühen, ihre Macht zu sichern, nicht nur im Krieg, sondern auch im Frieden Beschädigungen von Bausubstanz in Kauf. Und mit Verschwörungen hat das sowieso nichts zu tun: Daß die

Mächtigen Mittel benutzen, um ihre Macht zu sichern, ist absolut normale Politik und bedarf keiner Verschwörung.
Es handelt sich also lediglich um eine politische Theorie. Und um eine These: In Notre Dame sei genau das passiert. Thesen können sich von Theorien herleiten, und sie können Theorien belegen und somit plausibel machen. Sie lassen sich aber auch recht leicht falsifizieren: Sobald sich herausstellt, daß die Kirche nicht durch Brandstiftung in Brand geriet, sondern (zum Beispiel) durch die spontane Selbstentzündung eines religiös entflammten Holzwurms, ist die Sache vom Tisch.
Die Theorie wird dadurch nicht weniger plausibel, aber halt auch nicht mehr. Für die Theorie, daß Nazis bereit sind, zur Sicherung ihrer Macht Gewaltmittel einzusetzen, spielt es ja auch keine Rolle, wer den Reichstag angezündet hat und ob ihn die Feuerwehr aus dramaturgischen Gründen absichtlich ein bisserl weiterbrennen ließ.
Die zweite Behauptung – kurzgefaßt: es war ein Islamist, der (weitergehende Deutung) dem doofen Westen seine Gottlosigkeit buchstäblich unter die Nase reiben wollte – ist ebenfalls keine Theorie, sondern eine These. Die „Theorie", die sie belegen soll, ist etwas krude und idiotisch (Islamisten sind an allem schuld), aber mei, das sind rechte „Theorien" gerne mal. Eine Verschwörung braucht es auch hier nicht, da reicht ein verblödeter Einzeltäter und eine „zündende" Idee.
Verschwörungen und Theorien dazu gibt es aber durchaus. Schaut man die Weltgeschichte mal ein bisserl genauer an, so erweist sie sich geradezu als Hexenkessel der Verschwörungen. Schon die Herrscher der urzeitlichsten menschlichen Gemeinschaften schwebten ständig in Gefahr, mindestens hintergegangen und gestürzt, meistens aber gleich vergiftet, erdolcht oder sonst wie gemeuchelt zu werden. Julius Caesar mag als prominentes Beispiel herhalten, das jeder Grundschüler spätestens aus Asterix-Heften kennt. Die Anti-Caesar-Verschwörer indes fielen größtenteils ebenso Verschwörungen zum Opfer wie seine früheren Rivalen und diverse Nachfolger.
Man könnte diese Vorgänge, die sich über Jahrtausende erstrecken, zu einer Theorie zusammenfassen: Wenn mächtige Leute sehr mächtig werden, finden sich immer ein paar einzeln weniger Mächtige, die sich gegen sie verschwören. Es wird sich kaum ein ernsthafter Historiker auftreiben lassen, der dieser Verschwörungstheorie widerspräche. Sie gilt bis in unsere Zeit, und zwar völlig unabhängig davon, ob der jeweilige Mächtige (angeblich) Gutes anstrebt oder ein fieser Finsterling und Massenmörder ist – egal, welche Version des Mordes an John F. Kennedy man für plausibel, welche Anschlagspläne gegen Fidel Castro man für Hirngespinste und was man insgesamt von Björn Engholm beziehungsweise Uwe Barschel hält: Sie waren zweifellos ebenso Ziel, wenn schon nicht Opfer diverser Verschwörungen wie Stalin, Hitler und Mussolini.
Oder nehmen wir Bill Gates, einen hochmodernen Supermächtigen, der mit windiger Software unfaßbare Geldmassen (circa einhunderttausend Millionen Dollar) angehäuft und sich damit unter anderem so mächtig in die einstmals ehrenwerte Weltgesundheits-

organisation (WHO) hineingekauft hat, daß er nun seinen Bubentraum in die Tat umsetzen kann, die Welt durch die Impfung aller Menschen gegen alle Krankheiten zu retten. Oder zumindest gegen alle, gegen die es von der eng mit Gates verbandelten Pharmaindustrie zu hohen Preisen angebotene Impfstoffe gibt. Daß die WHO auch mal andere Interessen und Aufgaben hatte als profitträchtige Impferei, spielt dabei keine große Rolle. Es muß geimpft werden, damit ein Geld reinkommt und die verderblichen Feinde niedergerungen werden.

Die in der Menschheitshistorie beispiellose Macht des Herrn Gates läßt vermuten, daß auch er vor Verschwörungen nicht sicher ist. Allerdings erfährt man darüber so gut wie nichts, abgesehen von den Millionen Computerviren, mit denen böswillige Leute seit Jahrzehnten seine Softwareprodukte kaputtmachen, was ihm persönlich reichlich wurst sein dürfte.

Hingegen wurde meines Wissens von Attentatsplänen oder Meuchlern, die ihm seinen Tee mit Strychnin versalzen hätten, nie ernsthaft berichtet – lediglich Al-Qaida soll ihn vor Jahren mal auf einer jener „Listen“ geführt haben, die transatlantische Redaktionsnetzwerke immer dann aus den Schubladen holen, wenn niemand mehr „den Terror“ so richtig ernstnehmen mag.

In unseren Tagen jedoch tritt anscheinend eine ganz neue Verschwörung auf den Plan, die eine besonders perfide Strategie anwendet, um Macht und System zu destabilisieren: die Verschwörung der „Verschwörungstheoretiker“. Diese düstere Veranstaltung, so erklärt man uns, steckt auch hinter den eingangs erwähnten Thesen. Und sie ist ultragefährlich und wird daher mit den schwersten Geschützen bekämpft, wann immer sie ihr freches Haupt reckt, wobei man weder fackelt noch zaudert, sondern losballert, sobald auch nur ein Hauch von Verdacht ruchbar wird.

Wer zum Beispiel die an sich unschuldige Meinung äußert, Bill Gates’ Verstrickung mit der WHO sei eventuell gar nicht so toll und könne schlimme Folgen haben (etwa wenn der Oberboß per „Tagesschau“ unwidersprochen und unhinterfragt verkündet, die derzeit gültigen Notstandsmaßnahmen dürften erst aufgehoben werden, wenn sieben Milliarden Menschen gegen COVID-19 geimpft seien), dem vergeht sehr schnell Hören und Sehen. Das sei eine Verschwörungstheorie! brüllt ihm das soziale Netzwerk entgegen: Er glaube sicherlich auch, die Erde sei flach, Angela Merkel die Enkelin von Hitler und ein Reptil, 9/11 ungeklärt, der Klimawandel ein Schwindel, die Erde hohl, Putin kein Verbrecher, die Ufos der Nazis in der Antarktis versteckt, und deshalb solle er sofort seinen Aluhut aufsetzen und das Schandmaul halten!

Man nennt die Waffe, die hier zum Einsatz kommt, „guilt by association“ oder „Kontaktschuld“. Sie wirkt ziemlich universell: Man muß jemandem, der irgendwas behauptet (plausibel oder nicht, bewiesen oder Schmarrn), nur nachweisen, daß er irgendwann an verdächtiger Stelle zitiert wurde oder selber verdächtige Leute zitiert oder verdächtige Leute ähnliches meinen oder irgend so was. Der Grundsatz lautet: Im Zweifel immer gegen den Angeklagten. Schließlich braucht man möglichst viele Schuldige, die man in einen Topf schmeißen und damit für „die überwältigende Mehrheit der Experten“ und die von den Mächtigen angestrebten Ziele unschädlich machen kann. Sonst könnte sich herausstellen, daß diese Ziele übel oder dumm sind und „die überwältigende Mehrheit der Experten“, die man zu Säulenheiligen erhoben hat, nur aus einer einzigen Person besteht oder überhaupt nicht existiert.

Wie das funktioniert, wie effektiv und perfekt es wirkt, kann man anhand der „Corona-Krise“ tagtäglich verfolgen: Einer vermutet etwas, was der offiziellen Ideologie und Sprachregelung nicht ganz entspricht. Wenige Stunden später wird er zunächst „widerlegt“ (indem man sagt, er sei „widerlegt“), dann mit einer finsteren Bande von Systemfeinden in Verbindung gebracht (weil er zum Beispiel mal in einem Kommentar auf einer „umstrittenen“ Seite zitiert wurde, die zufällig irgendwann auch mal jemanden zitiert hat, der nicht alles an der offiziellen Version des JFK-Mordes für ganz koscher hält, oder weil er vor Jahren unvorsichtigerweise einem zwielichtigen Kanal ein kurzes Telephoninterview gegeben hat, ohne nachzufragen, wer da dran ist). Und schon bricht der Orkan los, wird ihm die Webseite gesperrt, der Job gekündigt, die Approbation aberkannt und jedem, der seinen Namen in den Mund nimmt, selbiger verboten mit der Aufforderung, den Aluhut aufzusetzen.

Seine Argumente (wenn er welche hatte), gehen in dem allgemeinen Kriegsgetrommel rückstandslos unter. Sie anhören, lesen, gar darüber nachdenken darf man unter keinen Umständen, weil man sich damit selbst verdächtig machen könnte. Wer sie aufgreift, dem blüht das gleiche Schicksal wie dem Ketzer selbst.

Es sei denn, er ist so gott- oder wenigstens papstgleich „reputabel“ wie das Wochenblatt „Zeit“, das sich am 10. April (in dem insgesamt heillos wirren und hilflosen Artikel „Kritik an Corona-Studie aus Heinsberg“) die Aussagen von Wolfgang Wodarg zur Signifikanz von Corona-Tests zu eigen machte, ohne daß auch nur einer der etwa tausend begeisterten beziehungsweise empörten Kommentatoren etwas davon bemerkt hätte. Man hat ja nie wirklich davon gehört, weiß lediglich: Wodarg = Aluhut! = Finger weg, Ohren zu!

Vielleicht hört man deshalb in letzter Zeit so wenig von tatsächlichen Verschwörungen oder wenigstens Thesen dazu. Die haben übrigens fast alle eines gemeinsam: Sie sind so lange nur Thesen, bis sie nicht etwa falsifiziert, sondern vielmehr lückenlos bewiesen sind. Was um ein vielfaches schwieriger ist.

Drum glaubt heute noch manch einer an die „offizielle“ Version des „Tonkin-Zwischenfalls“, der irakischen „Massenvernichtungswaffen“, des syrischen „Bürgerkriegs“, des Oktoberfest-Attentats, des Reichstagsbrands, der „Konstantinischen Schenkung“, des Untergangs von Sodom und Gomorrha, der Vertreibung aus dem Paradies und so weiter und so fort.

Andererseits wäre es reizvoll, selbst mal ein paar Verschwörungstheoretiker-Verschwörungstheorien in die Welt zu setzen. Das geht an sich ganz leicht: Man müßte nur einigermaßen glaubwürdig „nachweisen", Christian Drosten habe mal im selben Lokal wie Ken Jebsen gespeist und am selben Institut wie Wolfgang Wodarg und Karin Mölling, nicht jedoch Stefan Hockertz gearbeitet; Angela Merkel habe etwas geäußert, was Vladimir Putin sinngemäß auch geäußert habe, und sei mehrmals von Eva Herman interviewt worden; der Tierarzt Lothar Wieler habe an denselben beiden Universitäten studiert wie der Medizinprofessor Alexander Kekulé, dessen Großvater zwar ebenso wie Drosten und Wodarg Tropenmediziner gewesen sei (und zwar als deutscher Reichsbürger!), dessen Vater jedoch die „Mainzelmännchen" produziert habe, wohingegen Wielers Vater ebenfalls Tierarzt und der Sohn daher nun Leiter des Robert-Koch-Instituts sei, allerdings habe er mal ein Bier mit der früheren RKI-Mitarbeiterin Karin Mölling getrunken, die Beraterin für eines der weltgrößten Pharmaunternehmen gewesen sei; es könnten auch zwei oder drei Bier gewesen sein, wohingegen Robert Koch in Clausthal geboren und aufgewachsen sei und Stefan Hockertz selbst ein Beratungsunternehmen, nicht jedoch eine Brauerei leite; Bill Gates habe die WHO angewiesen, überteuerte Medikamente bei dem von Mölling beratenen Unternehmen zu kaufen, und sei in einem Video von Alex Jones aufgetreten, der WDR habe die offizielle Theorie zu den Anschlägen auf das World Trade Center in Frage gestellt, der Gründer der AfD habe ebenso das Feuilleton der FAZ redigiert wie SS-Offiziere den SPIEGEL, Olaf Scholz und Heiko Maas seien in derselben Partei wie Wodarg und hätten mehrere Male ebenso abgestimmt wie dieser, Sucharit Bhakdi habe das Verdienstkreuz des Landes Rheinland-Pfalz erhalten, und zwar von Scholz', Maas' und Wodargs Parteifreund Kurt Beck, der als Berater des größten deutschen Pharmaunternehmens tätig sei, das einen Großteil seines Umsatzes mit Medikamenten gegen chronische-obstruktive Lungen- und Atemwegserkrankungen mache und die US-Armee mit Zutaten zur Herstellung von Agent Orange für den Vietnamkrieg beliefert habe, gegen den besonders heftig in Heidelberg demonstriert wurde, wo außer Bodo Schiffmann und Beate Bahner übrigens auch Joseph Goebbels studiert habe, während Merkel-Interviewerin Eva Herman, deren ehemalige NDR-Talkshowpartnerin mal mit Markus Söder in einer gemeinsamen Sendung zu sehen gewesen sei, für das größte Pharmaunternehmen der Welt arbeite; Söder wiederum habe Partei für einen Bischof ergriffen, der Partei für Eva Herman ergriffen habe, die in einer FOCUS-Umfrage neben Söder und Franz Beckenbauer (nicht jedoch Hermans ehemaligem Vorgesetzten Thomas Gottschalk) als Kandidatin für die Stoiber-Nachfolge genannt worden sei und bei anderer Gelegenheit Partei für Putin ergriffen habe, der erst im Januar Partei für Merkel ergriffen oder ihr zumindest verdächtig freundlich „gedankt" habe; „Bild"-Boß Kai Diekmann habe gemeinsam mit dem ehemaligen Westerwelle-Lebensgefährten den seit letzten Dienstag wg. Drosten-Rivalität neuerdings „umstrittenen" Virologen Hendrik Streeck gefördert und andererseits Eva Herman in eine Jury berufen, neben Jörg Kachelmann, der schon mal mit dem Hochstapler Gert Postel in einer Sendung gesessen sei, dessen Vorgesetzter in Flensburg Wolfgang Wodarg gewesen sei, der ihn aber entlassen habe, woraufhin Postel vom Papst in Rom zu einer Privataudienz empfangen worden sei und als Zeuge in der „Schubladenaffäre" angegeben habe, tief in die Affäre um Uwe Barschel verstrickt gewesen zu sein, als langjähriger Freund von Barschels Referent Reiner Pfeiffer, der bei der CDU und beim Springer-Verlag angestellt und vom „Spiegel" sowie der SPD bezahlt worden sei und Björn Engholm telephonisch mitgeteilt habe, er sei vielleicht mit HIV infiziert, was Hendrik Streecks und Karin Möllings Spezialgebiet sei und wofür Kurt Becks Pharmaunternehmen zwei marktführende Medikamente herstelle; Diekmann sitze im Beirat einer türkischen Zeitung, deren Chef Erdogan Demirören in die Schlagzeilen geraten sei, weil ihm Regierungschef Erdogan telephonisch mitgeteilt habe, er sei eine dumme Sau, woraufhin weder Eva Herman noch Franz Beckenbauer für ihn Partei ergriffen hätten; zudem sei Diekmann Genossenschaftsmitglied der taz, die von Mathias Bröckers mitgegründet worden sei, der die offiziellen Darstellungen zum Kennedy-Mord und zum 11. September 2001 anzweifle und bei der „taz" die „Wahrheit"-Seite eingeführt habe, die Diekmann verklagt habe, weil sie behauptet habe, Diekmann habe sich in Miami den Penis verlängern lassen; Bröckers wiederum werde wegen seiner Thesen zu 9/11 als Antisemit bezeichnet, und zwar von dem mit einem transatlantischen „Fellowship" bedachten, auch für die TAZ tätigen RBB-Journalisten Tobias Jaecker, dessen RBB-Kollege Ken Jebsen ebenfalls als Antisemit bezeichnet worden sei, und zwar von „Porno-Papst" Hendryk M. Broder, dessen Hauptbeschäftigung darin bestehe, alles und jeden als antisemitisch zu bezeichnen und sich dafür verklagen zu lassen, während er vor der AfD Vorträge halte und neben Eva Herman zu den Erstunterzeichnern der „Gemeinsamen Erklärung 2018" gegen Flüchtlinge zähle.

Und das ist erst der Anfang! Lediglich von Jens Spahn weiß man wenig, außer: seit Jahrzehnten Pharmalobbyist (eh klar), Atlantikbrücke (gähn), World Economic Forum und Bilderberg (Doppel-gähn). Also eigentlich gar nichts. Was ja im Grunde am allerverdächtigsten ist!

Eine „Theorie" wird daraus nicht, außer man ist so restlos durchgeknallt wie die beiden extremen Fraktionen der Verschwörungstheoretiker, die auf der einen Seite in allem, was „offiziell" behauptet wird, eine „Verschwörung" und auf der anderen Seite in allem, was von den „offiziellen" Behauptungen abweicht, eine „Verschwörungstheorie" sehen.

Für die ist die Sache klar. Dies alles nämlich zeige und beweise insgesamt summa summarum nur eines: Alles hänge (hier angeblich, dort tatsächlich) mit allem zusammen, und wenn man den Satz „Alles hängt mit allem zusammen" in die prä-vaskonische Sprache übersetze und rückwärts lese, dann ergebe sich folgender Wortlaut: „wurbl

schwarbel witzipatz!", was durch ein Spezialglas gelesen nichts anderes bedeute als „corona est illuminatus spira aluminii q. e. d."
Was das alles soll? Nun ja: nichts. Aber es lenkt so schön von den Problemen der Welt ab. Die übrigens, das sollten wir nicht vergessen, weder von Verschwörungen noch von Coronaviren ausgelöst werden. Und möglicherweise nicht mal von Bill Gates.

Ich fände es gerne süß, wie sich jetzt alle über Söders „1.000 Euro für jeden Künstler"-Ankündigung freuen. Kann ich aber nicht, weil sich darin ein Mentalitätswandel zeigt: Die gleichen Leute waren vor ein paar Wochen noch skeptischer, als die „Soforthilfe" angekündigt wurde. Mit Recht, wie sich gezeigt hat.
Gibt es eigentlich schon Fensterklatschtermine für die Krankenhausangestellten, die jetzt auf Kurzarbeit gesetzt oder entlassen werden? *(20. April 2020)*

Die Presse meldet: „Anzahl der Corona-Tests soll um ein Vielfaches erhöht werden." Yeah! Wollen wir schon mal wetten, daß demnächst die Zahl der „Neuinfektionen" „sprunghaft ansteigt"

Liebe Angehörige der jüngeren Generationen! Früher gab es Autos, Fernseher, Häuser, Urlaubsreisen und Millionen zu gewinnen. Und was kriegt ihr? Wenn euch so Zeugs wie Demokratie, Freiheit und Menschenrechte schon schnurz ist, könntet ihr doch wenigstens mal für „Wohlstand für alle" demonstrieren. Ach so, das darf man nicht? Tja, Pech: früher waren Revolten generell erlaubt. *(22. April 2020)*

Der Verfassungsschutz sucht (öffentlich!) „Sonder-Observationskräfte (m/w/d) für die mobile Observation". Kann sein, daß das ein Fake ist. Kann aber eher auch nicht sein. *(23. April 2020)*

Ich habe gerade mal wieder verstanden, wie Manipulation funktioniert. Mir wurde ein Artikel empfohlen (ich mache den Link nicht öffentlich), in dem ein (sog.) Statistiker angeblich versucht, Nichtstatistikern klarzumachen, was Statistik bedeutet und daß „die Maßnahmen" nötig seien, weil es sonst statistisch betrachtet 10 Millionen oder 300 Millionen oder 60.000 Milliarden Tote geben werde. -- In dem Artikel, der einige Grundregeln der Statistik und verwandter Gebiete eingangs recht verständlich (und korrekt) erläutert, steht zur Erklärung der Tatsache, daß Covid-19 überhaupt ins Bewußtsein der Menschen trat, folgender Satz: „Lungenentzündungen sind als Todesursache nicht so häufig, das fällt den Ärztinnen schon eher auf, wenn es hier einer und dort noch einer ist." ----- Eine kurze Recherche (1,5 Minuten) ergibt: Laut WHO-Statistik war Lungenentzündung im Jahr 2000 weltweit DIE HÄUFIGSTE Todesursache überhaupt. ---

Tja, hätte mich der eine Satz nicht zufällig stutzig gemacht, wäre ich auf den Müll hereingefallen. *(25. April 2020)*

Der Bayerische Rundfunk berichtet gerade, daß in Washington DC die Menschen vor den Waffenläden schlangestehen. Und zwar „nicht nur Freaks und Verschwörungstheoretiker“. Diesen Zusatz finde ich tatsächlich haarsträubend; ich weiß nur noch nicht genau, wie ich das in Worte fassen soll. Es ist wohl das Entsetzen darüber, in welcher Welt sich diese Leute wähnen.
Was mich daran entsetzt, ist dies: Ich habe gelernt, daß „Verschwörungstheoretiker“ Wissenschaftler, Journalisten und Politiker sind, die sich der offiziellen, von den Machtmedien verbreiteten Lesart einer Geschichte nicht anschließen bzw. ihr widersprechen (prominente Beispiele: JFK, 9/11, Tonkin, Oktoberfest-Attentat, NSU, COVID-19). -- Jetzt haben wir es mit weitgehend unbedarften, medienhörigen Leuten zu tun, die aus den Machtmedien von drohenden Hungerrevolten und Plünderungen erfahren und sich deswegen bewaffnen, weil es keinen Staat und keine Solidarität gibt, die Nicht-ganz-so-Mächtige vor dem Überfall der Noch-Machtloseren (sorry) beschützen könnten. --- Kann mir mal jemand die „Verschwörung“ erklären, um die es hier gehen soll? Oder die Theorie darüber, die diese Leute vertreten?
Zur Präzisierung: mit „diese Leute“ meinte ich nicht die Waffenkäufer, sondern die Journalisten. *(26. April 2020)*

Ein Tausendstel der Summe, die die Lufthansa geschenkt kriegt, könnten diverse Künstler gerade ganz gut brauchen. (Das wären nämlich 10 Millionen Euro.)
Sich dem Geld (bzw. seiner Umverteilung) in den Weg zu stellen, war auch zu Zeiten noch gültiger Grundrechte nicht leicht und zudem seit langem aus der Mode. *(28. April 2020)*

Ist es nicht putzig, wie einmütig Zeitungen und Rundfunk die Aufhebung (Österreich) bzw. Verlängerung (Bayern) der „Ausgangssperre“ vermelden, von der es vor ein paar Wochen hieß, es gebe sie gar nicht?

Die durch die „offiziellen“ Verschwörungstheorien hervorgerufene Borniertheit ist inzwischen echt erstaunlich. Man kann offenbar nicht mal mehr lesen. Meinen obigen Post meine ich. Es kommt sofort der blindwütige Reflex: „Ansteckungszahlen! Steigerung! Maßnahmen!“ Hallo? Man möchte manchmal wirklich gerne an die Köpfe klopfen und fragen, ob da noch wer daheim ist. Ich meine das gar nicht lustig. Die eskalierende Panikhysterie macht mir ein bißchen Angst.
Es gibt offenbar einen Punkt, ab dem nicht mehr die Geschehnisse die Wahrnehmung bestimmen, sondern die Wahrnehmung die Geschehnisse steuert. An diesem Punkt sind wir nun wohl angekommen oder haben ihn bereits überschritten. Willkommen in der Hyperrealität.

In diesem surrealen Ausmaß und dieser Dichte hab ich das noch nicht erlebt. Falls ich es irgendwann beschreibend fassen kann, dauert das jedenfalls noch eine Weile.
Die Frage wird sein, was sich „dann" verändert …
Ich vermute: Veränderungen, die man bemerkt, haben noch nicht stattgefunden.
Daß man etwas, das man sich einbildet, für real hält, ist ja ein alter Hut. Aber daß das, was man sich einbildet, tatsächlich real wird (auch für andere), hätte ich nicht mal den Blaumiesen zugetraut.
Oder sagen wir's so: Wenn normalerweise ein Irrgewordener wähnt, die Erde sei eine Scheibe oder Rußland ein gefährlicher Feind, wird die Erde ja nicht zur Scheibe oder Rußland gefährlich. *(29. April 2020)*

Die Epidemie der tödlichen Splitter
(eine Märchentraumgeschichte) *(29. April 2020)*

Neulich hatte ich einen Traum. Meinem Sauerkirschbaum – den ich sehr schätze, weil Sauerkirschen neben Blutorangen und Bärlauch die vielleicht schönsten saisonalen Geschenke der Natur überhaupt sind – ging es nicht gut: Die Blüten vertrockneten, Äste starben ab, um den Stamm kreisten immer mehr interessierte Wildbienen (für die tote Baumstämme das gleiche bedeuten wie stadtrandständige Betonkasernen für das kapitalistische Arbeitsvieh, oder sagen wir: etwas ähnliches).
Besorgt saß ich neben dem Baum und zermarterte mir den Kopf: Was fehlte dem armen Delikatessenlieferanten? Hatte ich ihn in den vergangenen Jahren zu sehr ausgebeutet? Hätte ich ihm ein paar seiner sowieso wenigen Früchte lieber lassen sollen? Ach wo, beschwichtigte ich mich: Die wirft er ja irgendwann von selber ab, also wird er sie nicht so dringend brauchen, zumal aus jedem der Früchtchen theoretisch ein neuer Baum wachsen kann, der ihm irgendwann Licht, Luft und Wasser wegnimmt.
Mein Verdacht fiel auf das Moos um den Stamm herum: Hausten da böswillige Ungezieferlinge, die Wurzeln anbeißen oder mit ihren Ausscheidungen brave Bäume schleichend vergiften? Ich fing zu zupfen an, vorsichtig, um nicht versehentlich ein Blindschleichenlager aufzuscheuchen. Bald zupfte ich weniger vorsichtig, rupfte das Moos komplett weg und fand aber nur ein paar Wal- und Haselnüsse, Eicheln und Pfirsichkerne, die Eichkätzchen dort vergessen hatten.
Also kratzte, wühlte und scheuerte ich im Erdreich rum. Holte eine Handschaufel und grub regelrecht, und siehe da: Beim Seiern des ausgehobenen Schüttguts fand ich neben mancherlei Steinchen eine kleine, bedrohlich funkelnde Glasscherbe!
Ein Garten, in dem scharfkantige Splitter ihr Unwesen treiben, kann nicht so gedeihen, wie er soll, sondern fällt früher oder später dem Verderb anheim. Wo die Scherbe herkam, ließ sich nicht ohne weiteres bestimmen, höchstens mutmaßen: Der Sauerkirschbaum steht ziemlich nah am Zaun zum Nachbargarten – wer weiß, ob nicht ein Igel,

Vogel oder sonst ein vagabundierendes Geschwerl das tödliche Teilchen eingeschleppt hatte? Vielleicht waren es sogar die Nachbarn selbst, aus Unmut, weil meine Him-, Brom- und Heidelbeeren traditionell besser schmecken als ihre und sie Aprikosen, Pfirsiche, Maronen, Morcheln, Spargel, Weintrauben (und sowieso Sauerkirschen) im Laden kaufen müssen?

Wie auch immer! Vordringlich war, das Fortschreiten der Verderbnis so schnell wie möglich einzudämmen. Das entpuppte sich als aussichtsloser Wettlauf mit der Zeit: Am nächsten Tag buddelte ich unter zwei anderen, ebenfalls etwas schwächlich wirkenden Bäumen und fand auch dort die bösen Splitter. Der Schaden hatte sich also innerhalb von vierundzwanzig Stunden verdoppelt! Panisch grub ich weiter, schaufelte und seierte und hatte von Anfang an keine Chance: Je mehr ich suchte, desto mehr breiteten sich die Scherben aus.

Gott sei Dank zeigten nach einigen Tagen die meisten neu freigescharrten Bäume keine Symptome mehr, zumindest keine schlimmen. Ein richtiger Trost war das aber nicht – es konnte sich ja jederzeit ändern. Folglich mußte die ungehinderte weitere Einschleppung von Glasscherben unterbunden werden! Ich verbarrikadierte sämtliche Zäune, Türl und Tore mit Fliegengitter, Stacheldraht und Vogelnetzen, hängte zur Abschreckung ausrangierte CDs ins Geäst. Zwecklos: Die Zahl der ausgegrabenen Scherben stieg weiterhin Tag für Tag.

Zwar zeigte die Sauerkirsche, nachdem ich ihre Wurzeln mit eimerweise Wasser geflutet und durchgespült hatte, mittlerweile Anzeichen von Besserung, das konnte aber Zufall sein. Zur Steigerung der Sicherheit kaufte ich palettenweise Klopapier, mit dem ich sämtliche Gewächse so hermetisch umwickelte, daß zumindest ein eventueller Anflug von Scherben aus dem noch nicht abgeriegelten Luftraum unwahrscheinlich war. Zudem tränkte ich das neue Schutzkleid der Pflanzen mit sämtlichen verfügbaren Insekti-, Fungi-, Herbi- und sonstigen -ziden, um Nebenerkrankungen im Keim zu ersticken.

Es half alles nichts: Weiterhin enthielt fast jede aufgeworfene Schaufelladung Erde durchschnittlich ein Splitterchen, was sich zu grauenhaft eskalierenden Summen kumulierte. Inzwischen halfen Freunde beim Graben, wodurch die Zahl der Scherben geradezu exponentiell anstieg.

Irgendwann aber zeigten die bislang getroffenen Maßnahmen Wirkung: Die Ausbreitung der teuflischen Glasteile verlangsamte sich, je tiefer wir nun – da die gesamte Oberfläche des Areals bereits abgetragen und durchwühlt war – ins Erdreich vordrangen. Vorwitzige Nachbarn wollten uns weismachen, die allgemeine Wuchsschwäche gehe gar nicht auf die Scherben zurück, sondern auf die Dürre, die infolge der von Autoverkehr und Industrie verursachten Erderwärmung seit acht Wochen herrsche. Wütend verscheuchten wir sie vom Zaun – wer auf derartige Verschwörungstheorien hereinfällt, dem sinken früher oder später Moral und Kampfesmut! Anstatt in unseren Bemühungen nachzulassen – was nach übereinstimmender Einschätzung aller Beteilig-

ten nach all den Mühen und Entbehrungen inkonsequent und fatal gewesen wäre –, beschlossen wir, dem garstigen Gewese ein für allemal den Garaus zu machen.
Wir zogen also alle Gewächse aus dem gefährlichen Boden und stapelten sie Wurzel auf Wurzel im luftdicht verriegelten Schuppen. Der Erfolg blieb zunächst aus: Auch zuvor scheinbar gesunde Bäumchen ließen nun die Blätter fallen, hier und da bröselte die Rinde, und ans Blühen dachte niemand mehr.
Dieses perfide Manöver des Feindes konnte unseren Eifer indes nicht dämpfen, sondern spornte uns zusätzlich an: „Nur nicht weich werden, wir müssen da gemeinsam durch!" schworen wir, als wieder einmal die Dämmerung über das Grundstück fiel, das nun einer Mondlandschaft glich.
Da begann es plötzlich zu tröpfeln, und schon brach ein Wolkenbruch daher, daß es nur so schüttete, strömte und goß. Schockiert kauerten wir in den Fluten, dachten aber selbst jetzt nicht ans Aufgeben, sondern pickten weiter Scherbe um Scherbe auf, bis uns der Schlaf der Erschöpfung übermannte.
Wie staunten wir am nächsten Morgen, als um uns herum alles ergrünt war – von Zaun zu Zaun, von Pfosten zu Pfosten, vom einen Ende des Areals bis zu allen anderen erstreckte sich ein unüberschaubares Meer von Brennesseln und Löwenzahn, der sogar schon einige sonnengelb leuchtende Blüten trieb. Ich traute meinen Augen nicht, blätterte verzweifelt in den Aufzeichnungen, Regeln und Maximen der letzten Wochen, um einen Hinweis zu finden, wie diese überraschende Wendung der Lage zu deuten war.
Am Zaun hatte sich die gesamte Nachbarschaft versammelt, betrachtete das Malheur zunächst neugierig und lachte dann los, laut und immer lauter, bis ich nichts mehr hörte als Gelächter, Gelächter, Gelächter, das mich endlich aus dem Schlaf riß.
Was für ein seltsamer Traum, dachte ich beim Kaffeekochen, schaute ins Internet und fiel aus allen Wolken, als ich feststellte, daß die von Markus Söder vor vielen Wochen versprochene und längst vergessene Corona-Soforthilfe doch noch auf meinem Konto eingetroffen war.
Und dann wachte ich auf, diesmal aber wirklich.

Neuer Zeitvertreib für Regentage (geht auch wenn man grad die Küche oder das Bad putzt): Zu einem zufälligen Zeitpunkt den Radio anschalten („Nachrichtensender") und stoppen: Wie lang dauert es, bis das Wort „Coronakrise" fällt, und wie oft fällt es in drei Minuten? – mein erster Versuch: 0,7 Sekunden/drei. *(2. Mai 2020)*

„Ehrlicherweise gilt: 80% unseres Erfolgs waren die Horrorbilder aus Italien. Sie geraten in Vergessenheit. Daher braucht es jetzt gute Strategie." *(Karl Lauterbach, 3. Mai 2020)*

Ich mag ja nicht mehr über „die Wissenschaft" diskutieren. Hier geht es aber auch gar nicht um Wissenschaft, sondern höchstens um das, was der 2020er Volksmund unter „die Wissenschaft" versteht: Errettung, Heilung, Erlösung auf ewig. Könnte interessant werden, wenn wir's schon nicht verhindern können. --- *(Kommentar zu einem von der Zensur gelöschten Link, 3. Mai 2020)*

Ich täte ja gerne mal wissen, wie eigentlich so eine „Geberkonferenz“ genau abläuft, wo dann am Ende immer Milliarden „zusammenkommen“. Wo kommen die denn her, die Milliarden?
Ich organisiere eine Nehmerkonferenz! Oh, Pech, das haben LaRoche, Bayer und Co. schon getan.

Biergärten mit „Reservierungspflicht“. Diese Nordrhein-Westfalen sind schon kuriose Leute.

Ist sie nicht süß, „die Wirtschaft“? „Ein Stufenplan sei nötig, um die Zukunft nicht zu gefährden.“ – Wäre ja auch echt doof, wenn zum Beispiel morgen früh auf einmal keine Zukunft mehr daherkäme! So wie in dem Murmeltier-Film! – Obwohl, angesichts dessen, was „die Wirtschaft“ in den letzten vierzig Jahren so an Zukunft anzubieten hatte, wäre das vielleicht gar nicht so unattraktiv.
Wie muß man sich das eigentlich vorstellen, wenn „die Wirtschaft“ immer ihre Bedenken trägt und Forderungen stellt? Ruft die einfach so bei der SZ an, und da heißt es dann: „Jungs! Ich hab ‚die Wirtschaft‘ am Telefon! Räumt die Titelseite frei!“? Und wo wohnt die denn, „die Wirtschaft“? Und was trägt die so für Klamotten? Und wovon lebt die? Und wieso hören alle auf die? Und wieso werd ich das Gefühl nicht los, daß „die Wirtschaft“ ein Pseudonym ist und „die Wirtschaft“ in Wahrheit Nikolaus Piper heißt?

Wolke: „Hey, wo doch das Tollwood heuer eh ausfällt, servieren wir dir das gewohnte Wetter jetzt schon! Das ist doch was!“
Michi: „Blubb!“

Ich weiß, man soll da nicht lästern. Aber Leute, die im strömenden Regen den Mittleren Ring entlangradeln, wo kein Mensch sonst radelt oder geht (nur ich auf der anderen Straßenseite), und dabei einen „Mundschutz“ tragen … hm, trocknen die den dann wenigstens daheim auf der Heizung?
Und wo bleibt die Nachhaltigkeit, wenn jeden Tag 80 Millionen Masken verbrannt werden? (okay: 75 Millionen, der Rest liegt auf der Lerchenauer Straße im Grünstreifen)

Apropos „B5 aktuell“ und die sturen Sprachregelungen; da hätte ich noch zwei Vorschläge:
1.) „Das neuartige Coronavirus“ war (als Coronavirus) noch nie neuartig, und inzwischen ist es auch nicht mehr neu. Wie wär's mit „das sattsam bekannte und durchgenudelte Coronavirus“?
2.) „Coronakrise“ klingt inzwischen so, wie vor fünf Jahren „Der Terror“ und vor zehn Jahren „Reformen“ klang. Sagt doch einfach mal einen Tag lang statt „Coronakrise“ so

was wie „Gullugullu“. Das wäre lustig, und vielleicht hört dann auch mal wieder jemand zu. *(4. Mai 2020)*

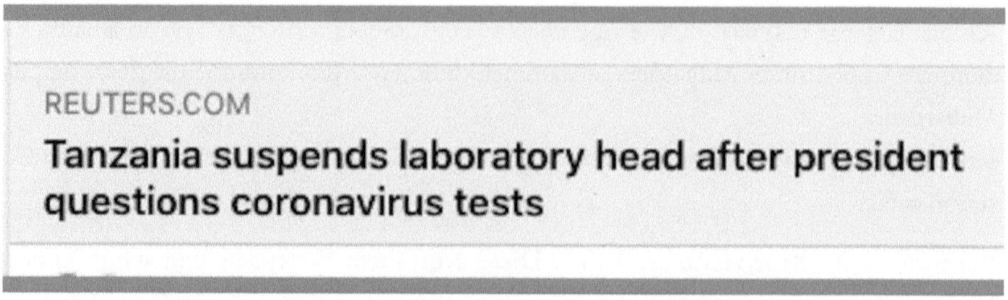

REUTERS.COM

Tanzania suspends laboratory head after president questions coronavirus tests

Jetzt wird’s dramatisch: Papaya und Ziegen! Ist mein Aprikosenbaum deswegen grad so müde und gebeugt? Sind das schon Fieber und Gliederschmerzen? *(6. Mai 2020)*

Ich wage die abwegige These, daß die manische Auseinandersetzung mit Macht (Bedrohung durch, Begrenzung von usw.) auch damit zu tun haben könnte, daß heute von der Zigarettenpackung über den Semmelladen bis zum Blumendünger wirklich jedes Produkt irgendwie den Namen „Power“ trägt.

WISSEN

„Als Wissenschaftler schafft man keine Fakten“

Mit der Corona-Krise wurde der Berliner Virologe Christian Drosten plötzlich zu einem Popstar der Wissenschaft. Für ihn ist das manchmal eine befremdliche Erfahrung

Rechts: der klassische Irrtum des Zauberlehrlings. Könnte man nach den letzten Wochen bemerkt haben. Wäre eine Nachfrage wert gewesen. *(7. Mai 2020)*

Menschen, die man im Sinne der Allgemeinheit dringendst unter Quarantäne stellen sollte (zumindest medial): Typen, die Sachen äußern wie „Wer die App hat, soll zuerst wieder ins Restaurant dürfen!“ *(9. Mai 2020)*

Ich werde müde. Drum muß ich jetzt Leute, die das Wort, das ich inzwischen circa fünftausendmal am Tag höre und lese (und dementsprechend zwanzigtausendmal denke), unironisch äußern, für dreißig Tage stummschalten. Ist nicht böse gemeint, ich will nur einfach den Quark mal aus dem Hirn kriegen. *(11. Mai 2020)*

Querfront in Leutkirch! Schwaben auf der Straße! Hetzreden gegen Bill Gates! Dank an Feindsender! Werbung für Wasserkraft! Weiße Rosen (3) für Polizisten (3)! Jetzt ist die Welt wirklich verloren …

Die USA haben jetzt ein Gesetz, das „Coronavirus Aid, Relief & Economic Security Act“ heißt. Ich hoffe, unsere Verschwörungsentlarver stören sich nicht daran, daß es am 24. Januar 2019 in den Kongreß eingebracht wurde.

Horst Seehofer hat jetzt eine „geistige Grundlage“. Das glaube ich ihm.
Ich halte den übrigens für schlauer, als viele meinen. Sympathisch finde ich, daß sein Mund manchmal mehr weiß als sein Hirn. Oder sagen wir: daß sein Mund manchmal

mehr sagt, als die weithin verinnerlichten Sprachregelungen eigentlich erlauben. *(13. Mai 2020)*

Wenn sich der Klimawandel mal durchringen könnte, gezielt gegen die Eisheiligen vorzugehen, könnte das seine Chancen auf eine Wiederwahl erhöhen. *(14. Mai 2020)*

Das finde ich schon fast wieder amüsant: Als ich vor ein paar Monaten hier einen Beitrag mit dissidenten Ansichten zu Covid-19 von einer „gewissen" Plattform gepostet habe, wurde mir von vielen Leuten eingeschärft, man dürfe Sachen von dieser Plattform auf keinen Fall lesen, weil das total gefährlich sei und Menschenleben kosten werde (obwohl der Herr, der die Plattform organisiert, mit dem Beitrag nichts zu tun hatte).
Heute sind die damals dissidenten Ansichten mehr oder weniger die Haltung der Regierung und fließen in neue Gesetze ein, die die damaligen Mahner entschieden befürworten. Dafür läuft auf der Plattform unter vielen anderen Beiträgen nun mal etwas, was offenbar ein richtiger Schmarrn ist (und womit der Herr, der die Plattform organisiert, so richtig was zu tun hat). Und plötzlich haben das außer mir alle gesehen! und zwar so intensiv, daß das panisch empörte Geschrei darüber gar nicht mehr aufhört![4]
Liebe Leute, vielleicht hättet ihr euren Rat an mich von damals (NICHT ANSCHAUEN!) beherzigen sollen?
(Und danke, nein, ich hab immer noch keine Lust, mir das anzuschauen, weil ich nicht auch noch panisch empört werden will. Den Zustand mag ich an mir so wenig wie an anderen.)
(Letzte Fußnote: Bitte das „fast" im ersten Satz beachten.)
(Eine angesehene Qualitätszeitung schrieb gestern über den Kanalbetreiber: Er „ist wiederholt auch durch Verschwörungstheorien mit antisemitischen Tendenzen aufgefallen." Vielleicht kennt jemand eine davon? Oder ist's vielleicht ein Druckfehler und sollte heißen „Wiederholt fielen Verschwörungstheoretiker dadurch auf, daß sie ihm antisemitische Tendenzen unterstellten"?)

Wo kann ich denn einen Antrag stellen, daß in meinem Garten ein Riesenrad oder eine Achterbahn aufgebaut wird? Ich hätte da ein dringendes Baumschnittprojekt …

„Ey Alter, Kiffen hilft gegen Coronara. Äh, nö, Conara. Hab ich grad gelesen." – „Echt jetzt? Wo?" – „Wo was?" – „Haste das gelesen?" – „Ähm … hab ich vergessen."

Laut „Spiegel" hat der Verfassungsschutz „bei der letzten Demo (in Berlin) Rechtsextreme in mittlerer zweistelliger Zahl" gesehen. Das macht Hoffnung: Normalerweise zählen die ihre eigenen Leute nicht so genau. *(14. Mai 2020)*

[4] Gemeint war Ken Jebsens „Joker"-Video, das wegen seiner großen Verbreitung zur Löschung des Youtube-Kanals von KenFM führte.

„Was ist uns das Leben wert, die Gesundheit? Und welchen Preis sind wir bereit, dafür zu zahlen? Und ist diese Frage nicht bereits eine ambivalente, ein Dilemma? Seit einigen Tagen schreien, brüllen uns Menschen ihre Antworten auf diese Fragen entgegen. Die bisher unsichtbaren Menschenverachter, Demagogen, Lügner. Die unsichtbaren Hetzer aus der Netzwelt reisen in die reale Welt. Sie zeigen ihr wutverzerrtes Gesicht, sie mischen sich mit Impfgegnern, Systemverachtern, Rechts- und Linksextremisten. Sie nutzen eine furchtbare Krankheit aus, um mit ihren Weltverschwörungstheorien Menschen zu verführen. Sie werden unterstützt von Diktaturen, die mit ihren Bots diese Bewegungen verstärken und deren Ziel es letztendlich ist, die freien Gesellschaften zu zerstören.“ *(Michel Friedman, Medienmensch, 16. Mai 2020)*

Die Leute, die meinen, es werde „nach diesem Corona“ alles „wieder normal“ und so, sind wahrscheinlich die gleichen, die immer gesagt haben (oder noch sagen), das mit „diesem Internet“ werde schon wieder vergehen, und dann werde alles „wieder normal“.
Grundsätzlich plausibel, nicht bedacht: der Zeitfaktor. Werden wir's noch erleben?
(18. Mai 2020)

Zeitungen an der umfangreich dokumentierten Artikelserie verlor er seinen Job und konnte beruflich nie wieder Fuß fassen. 2004 beging Webb laut Untersuchungsergebnis des zuständigen Coroners Suizid. Die Tatsache, dass er durch zwei Schüsse in den Kopf starb, ist seither vielfacher Anlass für Verschwörungstheorien.

Wie „Verschwörungstheorien“ entstehen (Lektion 376; Wikipedia). *(19. Mai 2020)*

Mit „Bild“ zurück zu den alten Verschwörungstheorien: „die“ gegen „uns“ (siehe links).

Es ist also so:
1. Als Künstler hat man Anspruch auf „Soforthilfe“. Die gilt allerdings nur für „Betriebskosten“, also NICHT für den Lebensunterhalt. Deshalb beläuft sie sich im besten Fall auf einen Kleinstbetrag. Und zwar für März und April. Für danach: gibt's nichts mehr.
2. Als Künstler hat man Anspruch auf Hilfe aus dem „Künstlerhilfsprogramm des Freistaats Bayern“, das es seit gestern gibt und das für drei Monate zwischen Mai und September gilt. Kann man sich raussuchen (in den anderen zwei Monaten muß man dann wohl als Hungerkünstler tätig werden). Die Hilfe ist für den Lebensunterhalt. Allerdings hat man den Anspruch nur, wenn man vorher keinen Antrag auf „Soforthilfe“ für die Betriebskosten für März/April (die ausdrücklich NICHT für den Lebensunterhalt gilt) und keinen Antrag auf Grundsicherung gestellt hat. Und zwar auch dann, wenn der Antrag abgelehnt wurde. Man hat also nur einen Anspruch, wenn man den vorherigen Anspruch freiwillig verfallen hat lassen, mit dem irrwitzigen Gedanken „Das lasse ich lieber, sonst kriege ich aus einem irgendwann eventuell mal kommenden Programm,

von dem ich noch nichts weiß und nichts wissen kann, weil niemand was davon weiß und überhaupt noch keiner so was angekündigt hat, erst recht nichts".

3. Als Künstler hat man Anspruch auf eine Grundsicherung. Allerdings muß man dafür eine grundgesetz- und menschenrechtswidrige „Eingliederungsvereinbarung" unterschreiben, die die „gemeinsam zwischen Ihnen und Ihrem Jobcenter erarbeitete Strategie zu Ihrer Eingliederung in Arbeit regelt". Ob man dann was kriegt, weiß man nicht, zumal man sich „in Arbeit eingliedern" lassen müßte. Allerdings verfällt mit dem Antrag der Anspruch auf Hilfe aus dem „Künstlerhilfsprogramm des Freistaats Bayern".

Mit anderen Worten: Als Künstler hat man keinen Anspruch und kriegt auch nichts außer einem eventuellen Almosen, und auch das nur dann, wenn man nicht zufällig irgendwann den falschen oder überhaupt irgendeinen Antrag gestellt hat. „Du bist halt nicht BMW oder Lufthansa, du Trottel, ha! ha! ha!"

Hat jemand Bock, diese Regierung zu stürzen, zu teeren und zu federn und auf einer Eisenbahnschiene in die Wüste zu tragen? Ich bin dabei. *(20. Mai 2020)*

Klarstellung: Weil ich das so oft gefragt werde, daß ich inzwischen überreagiere – ich gehe nicht demonstrieren. --- Es ist historisch erwiesen, daß Demonstrationen nichts bewirken. Sonst wären sie verboten. --- Es ist andererseits historisch erwiesen, daß Sabotage und Subversion etwas bewirken. Sonst wären sie erlaubt.

Was ich an der ganzen Aufregung um „Verschwörungstheorien" nicht ganz verstehe, ist: wieso man sich so drüber aufregt. Viel schlimmer sind doch die „Einzeltätertheorien". Die sind meistens saublöd, immer falsch und landen am Ende noch in den Geschichtsbüchern.

Ich kenne momentan eh keine echte Verschwörungstheorie. Höchstens „Bill Gates möchte die gesamte Weltbevölkerung impfen und setzt dabei auf eine neuartige RNS-Gentechnologie. Außerdem hat er großes Interesse an Nanopartikeltechnik zum Immunitätsnachweis." Aber das sagt er ja selber. Daß er dafür Covid-19 erfunden hat, glaubt nicht mal mein Kirschbaum. *(22. Mai 2020)*

Gibt es unter meinen Facebook-Freunden akribische Leser/Schauer/Hörer der Qualitätsmedien, die mir einen Hinweis geben können, wo man erfährt, was der Herr Kohn, der wegen seiner „Denkschrift" seinen Posten im Innenministerium verloren hat, darin im einzelnen geschrieben hat? *(25. Mai 2020)*

vorschreiben wolle. In Thüringen gebe es kaum noch Corona-Fälle, deshalb forderte Ramelow: «Wir müssen aus dem Krisenstatus raus». Am Dienstag ruderte er jedoch nach heftiger Kritik von den Grünen, der SPD, der CDU sowie von Virologe Christian Drosten zurück. Man

Endlich ist „Bild" mal für was gut. Ich werde in Zukunft, wenn mich irgendein Volltrottel mal wieder nervt, einfach öffentlich verkünden, der habe was gegen Drosten gesagt. Hä hä hä.

Immerhin sei dies zur Klärung der Machtverhältnisse im Land angefügt. Wir müssen ja wissen, wen wir so wählen. *(26. Mai 2020)*

Von der unheimlichen Macht des Millionstelprozents (Komma zwei fünf)

(27. Mai 2020)

War in dieser Kolumne in letzter Zeit von Zahlen die Rede? (Räuspern in den vorderen Reihen, die übrigen sind aus hygienischen Gründen leer.) Na gut, mag sein, aber Zahlen sind ja auch etwas ganz Famoses und beeinflussen unser Leben oft auf eine Weise, deren Gewaltigkeit sich das pompöseste Zauberkunststück – etwa die Verwandlung einer Taube in einen Flugzeugträger – höchstens respektvoll nähern kann (um staunend Beifall zu klatschen).

Jedes Schulkind weiß zum Beispiel, was herauskommt, wenn man die Zahlen 64 und 2 etwas ungeschickt kombiniert: nicht 32 oder 128 oder irgend so ein Pipifax, sondern ein Berg von Reiskörnern, den unser Universum eventuell fassen, aber keinesfalls hervorbringen kann. Das gleiche mit Papier: Das faltet man zwei-, drei- oder viermal und meint, es könne doch keinerlei Problem darstellen, den Wisch achtmal zu falten. Ätschibätsch! grinst die Zahl.

Ähnlich – ich weiß es aus zeitnaher Erfahrung – kann es einem gehen, wenn man einen Schuppen baut und sich an einer beliebigen Stelle um einen lächerlichen Millimeter vermißt. Plötzlich werden aus gerade noch verläßlichen Kanten unauslotbare Breiten, Tiefen, Längen, und am Ende steht etwas da, was vielleicht dem Herrn Hundertwasser Freude bereitet hätte, Amseln und Spinnen (die es gewohnt sind, ihre Nester in pfeilgeraden Neunzig-Grad-Ecken zu errichten) jedoch nicht. Wenn überhaupt etwas dasteht. Manchmal können einen dermaßen schiefen Hunaglschupfen alle Schrauben des Universums nicht in eine Grundhaltung zwingen – klickeradoms! war die Arbeit umsoms.

Nicht nur der hypermoderne Handwerker, der nach drei Lehrjahren außer Baumarkt, Spax und Rigipsplatte wenig kennt, hat mit Zahlen seine Konflikte. In anderen Wissenschaften können kleinen Unschärfen noch wesentlich weiterreichende Konsequenzen entspringen als ein Haufen Bretterschrott.

Zum Beispiel – und da sind wir wieder im aktuellen Zeitgeschehen, so ungern ich mich da hineinbegebe – in der Statistik, vor allem wenn sie mit anderen Bereichen kombiniert wird, etwa (sorry!) der Virologie.

Nehmen wir mal an: Ein Virologe entdeckt einen neuen Virus. Das kommt bisweilen vor; bei bestimmten Krankheiten, die mindestens jedes Jahr den Virus wechseln müssen, um nicht aus der Mode zu kommen, kommt es sogar recht häufig vor. Leider kann man Viren normalerweise nicht sehen, weil sie – ähnlich wie gewisse Zahlen – winzigklein, aber um so tückischer sind. Weil der Virologe ein erfahrener und gewandter Mann seines Fachs ist, ertüftelt er schnurstracks einen Test, mit dem man den Virus über fünf Ecken herum nachweisen kann. Das geht so ähnlich wie bei Sherlock Holmes, der ein Stück Faden und ein Staubkorn findet und sofort messerscharf schließt, wer der Mörder ist.

Solche Tests (nennen wir diesen als Laien mal „PCR“, ohne nachzuschlagen, was das bedeutet) sind oft sehr zuverlässig. Zumindest wenn Symptome hinzukommen, kann man ziemlich schnell und genau feststellen, welcher Virus da sein übles Werk verrichtet. (Allerdings sind bei Krankheiten immer mehrere davon am Werk, meistens regelrechte Multikultikommunen, zu denen sich Horden und Banden von Bakterien, Sporen und sonstigen zwielichtigen Keimgenossen gesellen und ihr Scherflein zum Elend beitragen. Aber das soll uns jetzt nicht kümmern.)

Bei dem neuen Virus ist die Sache mit den typischen Symptomen ein bißchen verwirrend: Die ändern sich im Tages- bis Wochenrhythmus. Erst hieß es: trockener Husten und Fieber. Dann: Atemnot, Herzrasen, Kopfweh, Schnupfen, Durchfall, Gliederschmerzen, irgendwas mit Blutkörperchen, und wer weiß, was gerade aktuell wird, bis dieser Text erscheint. Fieserweise zeigen zudem offenbar die meisten, die der Virus befällt, überhaupt keine Symptome. Und die, die er nicht befällt, leiden unter derartigen Angst-, Hysterie- und sonstigen psychischen Störungen, daß man sich überhaupt nicht mehr auskennt.

Zum Glück gibt es den Test des Virologen, ohne den der Virus möglicherweise überhaupt nicht aufgefallen wäre und spätestens Ende April die letzten Schneuztücher der alljährlichen Rotz-und-Wasser-Welle in Gebüschen und Kläranlagen gelandet wären. So aber wissen wir bescheid, können zählen, rechnen, in atemloser Furcht den neuesten Zahlen lauschen und alle möglichen Maßnahmen verfügen, die vor zwei oder drei Monaten was bewirkt hätten und jetzt immerhin für die Wiederwahl gewisser Leute sorgen (sollen).

Einen kleinen Fehler indes hat der Test. Den haben so gut wie alle Tests. Selbst wer anhand von zwei Zehnerlmünzen überprüfen möchte, ob eins und eins wirklich zwei ergibt, staunt möglicherweise über ein Ergebnis von 1,9999993, wenn eine der Münzen oft genug am störrischen Briefmarkenautomaten gerieben wurde. Der Fehler hat mit Zahlen zu tun.

Im Falle des PCR-Tests ist es (unter anderem, was uns jetzt nicht stören soll) so, daß der Test in 1,4 Prozent aller Fälle positiv ausfällt, obwohl er negativ ausfallen sollte. Das ist so gut wie nichts – eine Lohnerhöhung von 1,4 Prozent brächte wohl höchstens die schärfsten Profitmaximierer unter den „Arbeitgebern“ auf die Medienbarrikaden, und wenn 1,4 Prozent zu wenig Bier im Maßkrug ist, lasse nicht mal ich nachschenken. Aber jetzt kommen die Zahlen ins Spiel. Die müssen nur groß genug sein, dann wird das winzige Fehlerchen plötzlich doch interessant.

Dann nämlich stellt man fest: Wenn man tausend vollkommen gesunde Menschen dem PCR-Test unterzieht, sind (durchschnittlich) immer 14 davon positiv, obwohl sie den Virus gar nicht haben.[5]

---

[5] Die Rechnung ist ein bißchen komplizierter, was ich damals aber noch nicht wußte.

Stellt man weiterhin fest, daß man unbedingt mehr „Infizierte“ braucht, um zum Beispiel Künstlern weiterhin die Ausübung ihrer Tätigkeit verbieten und mit Steuermilliarden bankrotte Flug- und andere Konzerne „retten“ zu können, ohne daß es in Biergärten und Kneipen zu revoltenträchtigen Empörungszusammenrottungen kommt, – dann muß man nur genug Leute testen. Hunderttausend Tests = 1.400 „positive“ Ergebnisse, und wenn es mehr sind: um so besser! Dann ist am Ende wirklich jemand krank, den man zur Schreckung vorzeigen kann.

Man mag einwenden, daß der Schabernack irgendwann ein Ende finden muß, wenn alle getestet sind. Pfeifendeckel! Wer heute negativ getestet wurde, kann morgen schon positiv getestet werden! Und für den Fall, daß eines Tages wirklich jeder mal positiv war und folglich der Lehre gemäß immun gegen das Virus sein sollte, hat man vorsorglich schon mal „herausgefunden“, daß das gar nicht sicher ist, weil angeblich ein Chinese schon zum dritten Mal immun und wieder krank geworden ist.

Man kann also bis zum Sankt-Nimmerleins-Tag frohgemut weitertesten, je nach Bedarf: Werden die „Lockerungen“ ein bisserl zu frech interpretiert, testet man einfach doppelt so viel, schon „schnellen“ die Zahlen wieder „hoch“ und der nächste „Lockdown“ ist unausweichlich. Bis irgendwann endlich der heilige Impfstoff kommt, die Pharmaindustrie ein paar Fantastillionen scheffelt – und unser Virologe schnurstracks einen neuen Virus entdecken und einen Test dafür ersinnen muß.

Es ist eine seltsame Welt, in der wir da unversehens gelandet sind, und leider weiß ich viel zu wenig von all den erwähnten Fachgebieten, um eine Prognose stellen oder einen Rat geben zu können. Die Zahlen abschaffen? Da sträubt sich die Natur. Dem Virologen und der Pharmaindustrie nicht mehr alles glauben? Na ja, wer weiß denn schon, wo und wann die schwindeln? Und wer darf es sagen, ohne dafür als „Verschwörungstheoretiker“ im Spießrutenlauf durch die sozialen Medien gehetzt, für alle Zeiten gebrandmarkt und aus sämtlichen öffentlichen Gesprächen hinausgeschmissen zu werden?

Keine Ahnung. Als schimmerloser Laie baue ich lieber weiter an meinem Schuppen und hoffe diesbezüglich auf die Gnade der Zahlen. Das Hütterl hat übrigens keine Hausnummer. Wenn mich die Tester suchen und nicht finden, störe ich also die Statistik. Allerdings nur um 0,00000125 Prozent, und was macht das schon? (Die vorderen Reihen verlangen ein Schachbrett, das aus hygienischen Gründen niemand dabeihat.)

Ich habe mich (anläßlich eines Beitrags eines befreundeten Künstlers) gerade erinnert.

Ich glaube, es war in den frühen Neunzigern, als Bands immer öfter von „Veranstaltern“ öffentlich „geförderter“ „Festivals“ gesagt bekamen: „Wie Gage? Das ist doch auch Werbung für euch?! Seid ihr so kommerziell ausgerichtet?“ Dann sollte man sich auf irgendeine von vielen in die Gegend geschmissenen Kleinbühnen oder LKW-Ladeflächen stellen und zwischen Konsum-Halligalli, Telekom- und sonstigem Reklamefirlefanz dafür sorgen, daß die herumirrenden Menschen, die mit Flyern, Fast-food und Sonderangeboten zugeschissen werden sollten, nicht gleich wieder weglaufen.

Auftritte ohne Gage hatte es freilich auch vorher gegeben: meistens sehr lustige Sachen, recht improvisiert und mit irgendwie gegenkulturellem Hintergrund, so was wie „Solidarität mit den Genossen im Knast“ oder gegen WAA und Krieg, für Drogenfreigabe etc. Das war immer okay.

Jetzt waren die Veranstalter aber keine lustigen Anarchisten Hippies und Chaoten mehr, sondern Leute mit öffentlichem, kommunalem oder anderem institutionellem, oft „jugendbetreuerischem“ Hintergrund. Manchmal auch Parteien, wobei lustigerweise die CSU grundsätzlich nichts mit dem gefährlichem Schmuddelzeug zu tun haben wollte, aber dann, wenn ihr doch mal so eine Bande in die Faschingsfeier gerutscht war, anständig bezahlte, während SPD und Grüne auf Selbstausbeutung unter dem Motto „Wir bieten euch immerhin eine Bühne“ bestanden.

Auf die Frage, wieso und wie da jemand eine „Kultur“ organisiere, ohne Geld zu haben, kam gerne die Antwort, es gebe schon irgendwelche „Fördertöpfe“, die reichten aber nur für Bühnenarbeiter, Techniker, Flyerverteiler, Ordner (und – unausgesprochen – für die Veranstalter selbst). Für die Musiker sei es doch „toll“, sich mal „präsentieren“ zu dürfen.

Das schien anfangs kein großes Problem. Man konnte so was ja absagen und sich raushalten. Irgendwann gab es jedoch auf einmal gar keine anderen Veranstaltungen und Bühnen mehr oder kaum noch welche. Es ging auch niemand mehr wegen irgendeinem Anliegen, Protest, Motto oder Zweck (oder einer Band) irgendwohin, sondern „weil da was los ist“, wobei die Enttäuschung und Ernüchterung über den Schmarrn schon Teil der „Erwartungshaltung“ war. Man schaute halt kurz mal rum, trank ein Bier im Plastikbecher und verzog sich wieder. Irgendwie ist die öffentliche Kultur damals eine andere geworden und nie mehr eine andere geworden. Und wer nicht mitgemacht hat, war irgendwie weg.

Zugleich begann damals aber auch ein anderes, seltsames Phänomen. Es gab plötzlich alle möglichen gesponserten „Wettbewerbe“ und so Sachen wie „Rockförderungen“ und „Rockbüros“. (Irgendwann hatte die SPD wohl sogar einen „Pop-Beauftragten“.[6]) Da wurden wir öfters gefragt, wieso wir nicht so eine „Rockförderung“ beantragten. Ich habe dann mal in einem Radiointerview gesagt (und bei manch anderer Gelegenheit wiederholt), es sei doch ein bißchen schizophren und schräg, ein staatlich-privatwirtschaftliches System um Geld zu bitten für eine subkulturelle Aktivität, deren Hauptzweck es sei, dieses System zu zerschlagen.

Da schaute man mich an, als hätte ich dem Fragenden vor die Füße geschissen. Irgendwann fragte keiner mehr, und irgendwann fand die „Kultur“, die nicht fröhlich „mittun“ wollte, sondern irgendwie (und sei es nur in der Grundhaltung) gefährlich,

---

[6] Er hieß Sigmar Gabriel.

mysteriös, schädlich, zersetzerisch, böse, dagegen, störrisch, ungreifbar, unberechenbar, unvereinnahmbar war, einfach nicht mehr statt. Wir also auch nicht. Den Untergrund, in dem wir immer herumgetaucht sind, das Milieu, in dem wir vernetzt waren, gab es nicht mehr.

Wenn ich mir das jämmerliche, peinliche Popanztheater anschaue, das diverse Regierungen gerade mit Künstlern veranstalten, die sie angeblich „fördern" oder „unterstützen" wollen, kommt es mir vor, als wäre diese erbärmliche Farce ein zwangsläufiger Höhepunkt (oder wenigstens ein weiterer Schritt) eines langen Trauerspiels, das damals seinen Anfang nahm und aus dem wir nie mehr herausgekommen sind, sondern immer tiefer hineingewachsen sind. Und das jetzt als das sichtbar wird, als was ich es mit meiner rüpeligen Bemerkung instinktiv (und ohne es zu begreifen) vielleicht damals schon erkannt habe. *(30. Mai 2020)*

Pandemie führt zu mehr Fehltagen

Im März haben sich so viele Arbeitnehmer krankgemeldet wie zuletzt vor 20 Jahren. Der Anteil krankgeschriebener Beschäftigter lag bei 6,84 Prozent,

Wäre ja peinlich (siehe links), wenn's nicht mal dafür gereicht hätte.

(Auf die vielen Einwände wegen „die Toten" etc.:) Jetzt hörts doch mal auf! Ich komm mir langsam vor, als hätte mich jemand in eine Kirchenorgel hineinmontiert! Ist der implizite Witz der Urbotschaft nicht irgendwie nachvollziehbar („Pandemie" = mehr Fehltage = „Sensation"!)? Mei, dann halt nicht. Nächstes Mal: „Marie Antoinette zeigt sich nach Guillotinierung kopflos" oder so. Vielleicht versteht das dann einer. *(2. Juni 2020)*

Für alle etwas dabei

Gewerkschaften, Wirtschaftsverbände, Opposition: Das Konjunkturpaket der Regierung wird weitgehend wohlwollend aufgenommen. Nur die Autoindustrie ist unzufrieden

Darf ich kurz einwenden, daß die „offiziellen" Fake News inzwischen einen Grad an Unverschämtheit erreicht haben, bei dem normalerweise der Watschenbaum umfällt? *(6. Juni 2020)*

Demodies, Demodas, Demodideldumdidei … (ein Text, der ohne diese Vorsilbe halb so lang wäre) *(1. April/10. Juni 2020)*

In letzter Zeit reden wir so viel über Demokratie, daß mir ganz schwindlig wird. Plötzlich ist alles „Demokratie" und Demokratie alles, hallo?! Das Seltsame daran ist: Plötzlich ist alles mögliche nicht mehr „Demokratie".

Zum Beispiel Trump: Der ist ganz bestimmt nicht Demokratie, right? Boris Johnson? Null demokratisch! Gewählt worden sind beide zwar irgendwie streng genommen demokratisch, aber ein „Demokrat" sind sie nicht, right? Weil sie ja undemokratisch sind, right?

Das gleiche mit Putin, und fange niemand mit dem Iran an: alles nicht „demokratisch", zwar irgendwie demokratisch, mit Wahlen und Parlament und so, aber nein. Und jetzt kommt auch noch die AfD daher und läßt sich demokratisch wählen, ist aber undemokratisch, right? Hingegen Friedrich „Blackrock" Merz ist freilich demokratisch, wenn auch nicht gewählt oder noch nicht oder irgendwie so. Und sowieso gilt für den wahrscheinlich das Diktum des Demokranten Seehofer: „Diejenigen, die entscheiden, sind nicht gewählt, und diejenigen, die gewählt werden, haben nichts zu entscheiden."
Vielleicht haben wir ein Wahrnehmungsproblem. Vielleicht haben sich da ein paar Kategorien verschoben. Vielleicht hat sich insgesamt was verschoben. Daß die sogenannte repräsentative Demokratie ein Riesenfake ist, wissen wir spätestens seit Johannes Agnoli. Drum waren wir früher, als noch alles Demokratie war, irgendwie immer dagegen, gegen diese sogenannte Demokratie. Wir wollten lieber eine echte, zumindest eine echtere Demokratie. Hat aber nichts geholfen, gekriegt haben wir trotzdem weiterhin nur die repräsentative Pseudodemokratie, über die wir irgendwann sogar froh sein mußten. Zum Beispiel als der Strauß drohte, den damals noch etwas mehr gefiederten, weil noch nicht so dauerhaft gerupften komischen Vogel in der Geschichte der deutschen Herrschaftssysteme mit dem eisernen Besen hinauszufegen.
Und dann, einige Zeit nach dem Strauß, war ja sowieso wieder Krieg, und wenn Krieg ist, streitet man nicht über solche Kinkerlitzchen. Sondern da steht man zusammen, weil sonst der Feind, den man angegriffen hat, sich ins Fäustchen lacht. Dumm, daß Deutschland seit 1999 Krieg führen muß, also schon so lange wie seit 1648 nicht mehr. Und damals gab es noch gar kein Deutschland und sowieso keine Demokratie, sondern da flog den ehedem gemütlichen deutschen Kleinstaaten gerade ihre Lehnsordnung um die Ohren. Wegen einer Religion übrigens, die zumindest als Vorwand diente und nicht Islam hieß.
Und jetzt auf einmal, nach einundzwanzig Jahren Krieg, ist diese repräsentative Demokratie total wertvoll und muß geschützt werden. Das finden sogar und zuvorderst die sogenannten „Grünen", die sich einst in die Parlamente wählen ließen, um eine richtige Demokratie herbeizuführen, inzwischen aber lieber noch viel mehr Krieg führen möchten, am liebsten gleich gegen Rußland, weil da noch eine Rechnung offen ist.
Geschützt werden muß diese Demokratie vor den Gegnern der Demokratie. Die dummerweise daran teilnehmen, indem sie sich wählen lassen und gewählt werden. Das kennt man vom Hitler: Der hat sich und seine Banditen ja auch erst ganz demokratisch in die Parlamente hineinwählen lassen und dann den Scherbenhaufen von Rudimentärdemokratie, den seine Vorgänger hinterlassen hatten, mit einem Vorläufer des Straußschen Besens hinausgefegt.
Diese Gefahr droht in der Demokratie immer, weil sie gewissermaßen eingebaut ist. Also müssen wir die Demokratie umbauen: In Zukunft gilt sie nur noch für „Demokraten", also für die AfD zum Beispiel nicht. Und für die Linkspartei auch nicht, plärren

die „Demokraten“ von der anderen Seite. Und für esoterische Hippies, die derzeit gerne auf Marktplätzen stehen und zu spirituellem Kauderwelsch bunte „Frieden“-Fahnen schwenken, gilt sie auch nicht. Vielleicht auch nicht für die Schwarzhemden von der ganz anderen Seite, die dagegen „aufstehen“ und ihre eigenen, schwarzroten Fahnen so intensiv schwenken, daß sie die bunten Fahnen für Reichskriegsfahnen halten.

Gesamtchoral: Wir wollen unsere Demokratie wiederhaben, in der es nur Demokraten gibt, also CDU/CSU, SPD, FDP und notfalls die Grünen! Und plötzlich ist die Demokratie keine Demokratie mehr, zumindest in Gegenden, wo zwanzig Prozent die Linken, zwanzig Prozent die AfD und vierzig Prozent gar nicht wählen. Da haben wir dann eine Demokratie von ein paar zuvor in Zentralen ausgewählten Pappkameraden, die bestimmen wollen, was passiert, obwohl sie kaum einer gewählt hat. Und die alle das gleiche wollen: Demokratie! ohne Undemokraten! Daß sie selber eine winzige Minderheit sind, die sich herausnimmt, die Geschicke der Gesamtheit zu bestimmen, ist … na ja, total „demokratisch“.

Ja hm. Ich verstehe das alles nicht mehr so ganz. Selbstverständlich weiß ich, daß Teile gewisser Parteien (AfD, CSU, CDU, FDP, NPD; nennen wir aus historischen Gründen noch ihre Vorgänger- und Schwesterorganisationen BHE, DRP, SRP, DVU, Republikaner, Stattpartei, DSU, FAP und was weiß ich) alles andere als „demokratisch“ sind. Oder sagen wir: Sie sind alles andere als freundlich, versöhnlich, friedlich, tolerant und auf einen Ausgleich zwischen gesellschaftlichen Gegensätzen aus (die übrigens immer auf arm und reich zurückgehen, was man, wenn man es großschreibt, leicht halbfalsch und halbrichtig verstehen kann).

Übrigens waren die (Teile gewisser Parteien) das noch nie. Daß in Bayern seit über sechzig Jahren die CSU überwiegend mit absoluter Mehrheit herrscht, verdankt sie einer richtigen Nazipartei, dem „Bund der Heimatlosen und Entrechteten“, der ab 1950 mit Wahlergebnissen zwischen fünf und zweiunddreißig Prozent in die Parlamente einzog, dort dafür sorgte, daß die alten Kameraden straffrei ausgingen, sogar noch Entschädigungen in Milliardenhöhe in den Hintern geschoben bekamen und stracks wieder die Führungsposten in Justiz, Industrie und Medien besetzten, die man ihnen im Mai 1945 schändlicherweise entrissen hatte. Als das erledigt war, hatte der BHE nicht mehr viel zu tun, und seine Mitglieder, die statt im Gefängnis nun an den politischen Schaltstellen saßen, schlüpften karrierebewußt bei CSU, CDU, FDP und teilweise sogar der SPD unter. Und wurden „Demokraten“.

Demokraten wurden sie nicht, wurden auch ihre Nachfolger in den C- und F-Parteien nicht, sowieso nicht in noch weiter draußen rechts herumwesenden Gruppierungen. Aber eine Demokratie, die von vornherein erklärt, daß ein Teil von ihr keine Demokratie, sondern eine Undemokratie ist, wie will die eine Demokratie sein? Als notgedrungen vorübergehende Undemokratie, bis die Undemokraten sich wieder besonnen haben oder verschwunden sind?

Oder ist dies das neue Motto: Wir müssen die Gesellschaft spalten! und zwar in die, die die Gesellschaft spalten wollen, und die, die sie nicht spalten wollen! Dann nehmen wir den abgespaltenen Teil der Gesellschaft, der die Gesellschaft spalten will, und werfen ihn … nun gut, das geht nicht, weil es einen Müllhaufen für abgespaltene Gesellschaftsteile nicht gibt und unsere europäischen Nachbarn und erst recht noch fernere Unbeteiligte sich bedanken täten, wenn wir ihnen so was auch noch aufhalsen. Aber zumindest spalten wir diesen Teil so gründlich ab, daß wir ihm ein für allemal deutlich sagen und zeigen können: Wir wollen euch nicht!
Oder überlegen wir uns das alles vielleicht mal wieder ein bisserl grundsätzlicher oder am besten gleich ganz grundsätzlich? Fragen wir mal wieder, wieso wir dauernd über Sachen nachdenken sollen, die uns gar nichts angehen, während über das, was uns angeht, wir nicht mal informiert werden und andere entscheiden, die wir nicht kennen? Fragen wir, ob eine Demokratie ab einer gewissen Anzahl von Beteiligten überhaupt noch eine solche sein kann, wenn gleichzeitig automatisch die Mechanismen von Reklame, Propaganda, Führerkult und Massenwahn zu rattern beginnen?
Könnten wir. Dazu müssen wir uns wohl geistig erst mal ziemlich nackt ausziehen. Aber nachdem man das körperlich in diesem Sommer bislang kaum kann, könnte das ganz amüsant sein; etwas innere Sonnenbräune schadet nicht. Außerdem haben wir ja Zeit, solange das Zeug, mit dem wir uns offiziellerseits beschäftigen sollen, weiterhin so langweilig bleibt.

Kann mir jemand erklären, wozu Polizeisirenen gut sind, wenn auf dem Weg von daheim zum Marienplatz zwanzig Minuten lang ununterbrochen damit beschallt wird? Unter dem Gesichtspunkt der Aufmerksamkeitsökonomie wäre es doch sinnvoller, die Terrorgeräte auszuschalten, um aufzufallen.

Und dann noch eine aktuelle Frage an die Verschwörungstheoretiker: Wenn die US-Truppen hier stationiert sind, um uns vor den Russen zu schützen, was ist dann schlimm daran, wenn sie nach Polen verlegt werden? *(10. Juni 2020)*

Wo finde ich denn eine täglich aktualisierte Statistik dazu, wie die Zahlen der Corona-App-Bekenner hochschnellen?
Ich meine die echten Bekenner, die den Vollzug des Installierens gleich auf Facebook und sonst wo verkünden.
Das wird für Musiker lustig, wenn dann im ganzen Saal alle zwei Sekunden die Apps klingeln. *(16. Juni 2020)*

Tja, liebe Verschwörungsallergiker: Diesen wundervollen Film dürft ihr euch nun leider nicht mehr anschauen (und „Herbst der Gammler“ sowieso nicht).[7] *(21. Juni 2020)*

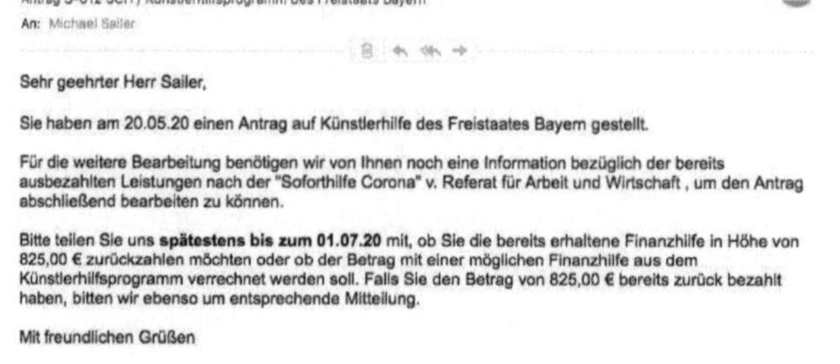

An: Michael Sailer

Sehr geehrter Herr Sailer,

Sie haben am 20.05.20 einen Antrag auf Künstlerhilfe des Freistaates Bayern gestellt.

Für die weitere Bearbeitung benötigen wir von Ihnen noch eine Information bezüglich der bereits ausbezahlten Leistungen nach der "Soforthilfe Corona" v. Referat für Arbeit und Wirtschaft , um den Antrag abschließend bearbeiten zu können.

Bitte teilen Sie uns **spätestens bis zum 01.07.20** mit, ob Sie die bereits erhaltene Finanzhilfe in Höhe von 825,00 € zurückzahlen möchten oder ob der Betrag mit einer möglichen Finanzhilfe aus dem Künstlerhilfsprogramm verrechnet werden soll. Falls Sie den Betrag von 825,00 € bereits zurück bezahlt haben, bitten wir ebenso um entsprechende Mitteilung.

Mit freundlichen Grüßen

Ich muß das (siehe links) jetzt einfach posten. Um die unfaßbare Unverfrorenheit dieser elenden Farce irgendwo zu verewigen. Man mag es wirklich kaum glauben.

Ich frage mich, ob die Leute, die sich das Leben nehmen, weil sie bei diesem erbärmlichen Betrug nicht mitmachen wollen, zu den „Coronatoten“ gezählt werden. *(24. Juni 2020)*

100.000 untote Tote! oder: ein Versuch, das magische Denken zu begreifen

(26. Juni 2020)

Wenn es Abend wird im sommerlichen Garten, schwirren die Schwirrfliegen los. Wie die Wilden schwirren sie los, und je weiter die Sonne Richtung Baumwipfel sinkt, desto wilder wird ihr Geschwirr. Vermutlich denken sie: Wenn wir nur wild genug schwirren, sinkt die Sonne langsamer, und wenn wir noch viel wilder und immer wilder schwirren, dann wird sie eines Tages stehenbleiben oder sogar wieder nach oben steigen und der Sommertag wird ewig sein.

Jetzt mag einer sagen: Fliegen denken doch nicht! Denken können nur Menschen und höchstens noch Krähen! Aha! sage ich, und woher weiß man das? Das wilde Schwirren ist ohne Denken ebenso wenig schlüssig zu erklären wie neunundneunzig Prozent des tierischen Verhaltens.

Das heißt: ohne magisches Denken. Das ist ja auch schlüssig: Ganz offensichtlich nämlich geht die Sonne an manchen Sommerabenden ziemlich langsam unter. Wer weiß, ob das nicht am wilden Geschwirr der Schwirrfliegen liegt? Wenn sie weniger wild schwirren täten, ginge es vielleicht so schnell wie an manchen Winterabenden; vielleicht bliebe es insgesamt dunkel. Das ist logisch, zumindest wenn man magisch denkt, was Schwirrfliegen offensichtlich tun.

Der oberste Gesundheitspriester der Bundesrepublik Deutschland und irgendwie der Welt, der Herr Drosten, verkündete neulich, ohne „die Maßnahmen“ (die ich im einzelnen wohl nicht mehr erläutern muß) hätten wir „in Deutschland jetzt 50.000 bis 100.000 Tote mehr“. Auch das ist ein typisches Beispiel für magisches Denken. Schließlich haben wir die

[7] Gemeint war der Film „Die Hamburger Krankheit“ von Peter Fleischmann, der damals auf KenFM gezeigt wurde.

100.000 Toten ja nicht, ebensowenig wie den winterlichen Sonnenuntergang im Frühsommer, und damit ist der Beweis erbracht.
Magisches Denken ist laut Lexikonblog „eine Erscheinungsform der kindlichen Entwicklung, bei der eine Person annimmt, daß ihre Gedanken, Worte oder Handlungen Einfluß auf ursächlich nicht verbundene Ereignisse nehmen, solche hervorrufen oder verhindern können. Herkömmliche Regeln von Ursache und Wirkung werden ignoriert." Das ist ausnahmsweise nicht ganz falsch. Allerdings erleben wir derzeit eine Epochenwende, in der das magische Denken wie eine Pandemie in exponentieller Wiese immer größere Teile der Menschheit erfaßt und inzwischen so allgegenwärtig ist, daß es nur noch auffällt, wenn einer davon abweicht.
Früher war das umgekehrt. Wenn da einer behauptete, er dürfe beim Spazieren keinesfalls in die Mitte eines Pflastersteins treten oder es bringe Glück, wenn man einen Pfennig findet oder eine schwarze Katze höflich grüßt oder zufällig auf die Uhr schaut, wenn es auf die Sekunde zwölf ist, dann hielt man den für wunderlich. Magisches Denken war zwar verbreiteter, als man gemeinhin dachte, aber insgeheim schämte man sich dafür und befolgte die daraus entspringenden Verhaltensmaßregeln (nicht unter einer Leiter durchgehen! Nie mit dem linken Fuß aufstehen!) eher insgeheim.
Öffentlich dachte man rational und aufgeklärt. Es galt das bekannte „Rasiermesser" des Philosophen Ockham, demzufolge unter mehreren Theorien zur Erklärung eines Sachverhalts stets die einfachste vorzuziehen ist: Wenn ein Apfel vom Baum fällt, tut er das nicht deshalb, weil der Baumbesitzer verschiedenfarbige Strümpfe trägt oder seinen Nachbarn morgens über Kreuz die Hände geschüttelt hat. Sondern weil unten nun mal unten ist und man da gefälligst hinfällt, wenn einen der Baum nicht mehr trägt. (Fragen Sie Herrn Newton: Dem fiel der Apfel angeblich auf den Kopf, dreieinhalb Jahrhunderte später.)
So denken heute nur noch manche „Verschwörungstheoretiker", denen man das deshalb auch schäumenden Mundes vorwirft: Ihr „Geschwurbel" sei insbesondere dadurch auffällig, daß sie dauernd Fragen stellen und immer „einfache Erklärungen für komplexe Sachverhalte" liefern (was beides einstmals als wissenschaftliche Grundmethode galt). Zum Beispiel: Bill Gates verdient Milliarden damit, daß Impfstoffe verkauft werden, und ist außerdem von dem prinzipiell nicht abwegigen Gedanken besessen, der menschlichen Bevölkerungsexplosion müsse dringend Einhalt geboten werden. Deshalb macht Bill Gates Werbung und Lobbyarbeit für die Verbreitung von Impfstoffen und läßt nebenbei in besonders bevölkerungsexplosiven Gegenden Methoden zur Empfängnisverhütung testen.
Bah! rufen da die magischen Denker. Das sei viel zu simpel gedacht! Denn siehe: Gottes Gründe sind mannigfaltig und dunkel, wage nicht, sie zu ergründen! Mehr oder weniger hieb- und stichfeste Belege für so einfach hergeleitete Erklärungen und Thesen setzen die magischen Denker auf Schwarze Listen und Indices verbotener Schriften;

wer sie verbreitet, wird mit dem Bann der Faktenchecker-Inquisition belegt, entsprechende Hinweise aus der zugänglichen Literatur getilgt, dann beten alle noch mal ein Stück lauter, und schon werden die Götter des Schicksals wieder wohlgesonnen. Die Ketzer müssen derweil zur Kenntlichmachung einen Hut aus Aluminium tragen und sich gefallen lassen, daß man ihnen die irrsten Verfehlungen andichtet, so wie man über ihre frühen Vorgänger wußte, daß sie nicht nur verbotene Schriften lesen, sondern auch satanische Orgien feiern und dort gegrillte Knaben servieren (daß die Hl. Inquisition jahrhundertelang der sprudelnde Quell der meisten „echten" Verschwörungstheorien war, vergißt man ja auch gerne; fragen Sie mal die Ritter vom Orden der Tempelherren!).

Richtig denken heißt heute: magisch denken. Wenn ich um Punkt elf Uhr die Kneipe verlasse, werden morgen „die Zahlen" nicht „hochschnellen". Wenn ich ein „Haltet zusammen!"- oder „Ich habe die App!"-Bildchen auf Facebook poste oder like, gehen „die Zahlen" nachweislich sogar zurück! Wenn ich in Zeiten erzwungener Kurzarbeit um so höhere Höchstleistungen beim Joggen und Zahlenkonsumieren zeige, bleibe ich „danach" lebenswert. Wenn ich Mund und Nase mit Stoff sticke, bis mir vor lauter aus- und wieder eingeatmetem Kohlendioxid schummerig wird, sieht Gott diese Selbstgeißelung mit Wohlgefallen und wird mich und die meinen erretten! Wenn ich große Mengen Klopapier kaufe, banne ich den Virus!

Magisches Denken hing früher gerne mal mit dem Himmel zusammen. Da fuhrwerkten die Götter herum, wärmten als Sonne und zürnten als Gewitter. Auf daß sie die Ernte nicht verhageln, opferte man ihnen Getreide, Vieh und junge Mädchen. Das hatte sich irgendwann so eingespielt, daß man so und so opfern mußte, auch wenn es schon lange keine verhagelte Ernte mehr gegeben hatte – oder gerade deswegen: schließlich war das der Beweis, daß die Opfer wirkten! Derweil suchten die Gelehrten den Himmel nach Zeichen ab und wurden hie und da fündig, entdeckten in Sternbildern den Lauf des Schicksals und in Kometen Botschaften des Allmächtigen.

Dann wurde man rational und suchte erst recht am Himmel herum, fand aber nur noch banales Zeug. Das reichte eine Zeit lang für milde Begeisterung. Der Naziraketenbauer und „Weltraumpionier" Wernher von Braun wähnte noch in den sechziger Jahren, man werde zukünftig die Ferien auf der Venus verbringen.

Aber die Venus erwies sich als ziemlich unwirtlich, die sonstigen Strecken als viel zu weit. Hin und wieder erblickte jemand einen Zwilling der Erde, aber mei – wenn wir da hinkommen könnten, dann täten wir den halt per Wachstum und Kapitalismus noch schneller in Dreck und Schutt legen als die erste Erde (wir haben ja Übung!), und was brächte das schon? Irgendwann schaute kaum noch einer hin, spätestens als man uns erklärte, der größte Teil des Weltraums bestehe sowieso aus „dunkler Materie"; die man weder essen noch trinken noch sehen, riechen, hören, spüren oder irgendwie wahrnehmen oder messen könne. Da schaute gar keiner mehr hin. Inzwischen, so habe ich

gehört, studiert man Astronomie und verwandte Gebiete und wird Bachelor, Master oder gar ein richtiger Doktor, ohne ein einziges Mal ein Teleskop in den Himmel gerichtet zu haben.
Statt dessen starrt und betet der Mensch ein abstraktes Wachstum an, das nur auf den Konten der Allerreichsten der Reichsten konkret wird, ansonsten schaut er auf die Wirtschaft, auf die Zahlen und in sich selbst hinein. Da findet er nicht viel, höchstens bedrohliche Viren und anderes unheimliches Kleinstzeugs, das seine Verwendbarkeit und Ausbeutbarkeit für das Wachstum schmälern könnte und deshalb der Satansteufel ist und mit allen Mitteln aus der Welt verjagt werden muß. Und dann denkt er magisch und unterwirft sich kasteienden Ritualen, so wie er einst Brot, Bier und Menschen auf dem Altar opferte. Damit das längst implodierte „Wachstum" doch noch weitergeht und die Allerreichsten der Reichsten ein (vor-)letztes Mal noch reicher werden. Hei! freut er sich dann, wenn die Lufthansa „gerettet" und Jeff Bezos, Bill Gates, Elon Musk und der Erfinder der abscheulichen „Zoom"-Software in wenigen Wochen etliche Milliarden reicher geworden sind!
Das wäre ja alles ganz putzig, wenn es nicht so schreckliche Folgen hätte, für die Welt, die „Umwelt" und für den Menschen selbst. Vielleicht wäre es gescheiter, es den Schwirrfliegen nachzutun und einfach wild in der Gegend herumzuschwirren, damit die Sonne langsamer untergeht und der Sommerabend irgendwann ewig wird, und ansonsten aber hin und wieder mal ein kleines bißchen rational zu denken?

Laut „Tagesschau" müssen also nun die Menschen, die kein Geld haben, etwas über sechstausend Millionen Euro dafür bezahlen, daß etwas gekauft wird, was niemand braucht. Da nehme sogar ich kurz den Hut ab und sage: Gratuliere, in einer Demokratie wäre so was nie ... (nein, sage ich natürlich nicht!) *(28. Juni 2020)*

„Der Freistaat will mit dem Ausbau der Prüfkapazitäten die Pandemie weiter eindämmen." -- Ich vermute, das ist die absurdeste, irrste, „orwellschste" und dabei logischste und gerade deswegen haarsträubendste (Unter-)Schlagzeile in den ganzen sechs Monaten dieses Theaters. Ich hab grad dreimal hingeschaut und dann immer noch nicht ganz geglaubt, daß das da wirklich steht. *(29. Juni 2020)*

Ist eigentlich schon jemandem aufgefallen, wie schnell sich der Begriff „Verschwörungstheorie" abgenützt hat (noch schneller in den Eskalationsstufen „-mythen" und „-ideologen")? Oder habe ich nur nicht aufgepaßt?
Vielleicht werden die Verängstigten langsam weniger verängstigt und müssen deswegen nicht mehr so laut und energisch rufen und sich abgrenzen. Auch Sätze wie „Tu das nicht! Das kostet Menschenleben!" hört man ja jetzt weniger. Ich finde das recht erfreulich und danke der Zeit (nicht der „Zeit") für ihre heilsame Wirkung. Jetzt sollten wir dann aber vielleicht mal drüber reden, wie es weitergehen soll. *(6. Juli 2020)*

Das Grundgesetz in der Fleischfabrik (und andere wirre Meldungen aus einem wirren Sommer) *(8. Juli 2020)*

Die Geschehnisse, die in diesem Sommer so geschehen, sind überwiegend seltsam. Es gibt, so höre ich, jetzt Demonstrationen für das Grundgesetz der Bundesrepublik Deutschland, wo Menschen für das Grundgesetz demonstrieren, denen das Grundgesetz vor kurzem noch schnurz war, weil sie die Bundesrepublik Deutschland für eine GmbH ohne gültige Verfassung halten und neulich noch deren sofortige Insolvenz und Umwandlung in ein Reichsbürgertum forderten. Solche Dinge erfährt man aus Medien, die diese Demonstranten samt und sonders peinlich genau befragt haben und daher zu vermelden wissen, es handle sich bei ihnen ausnahmslos um „verschwörungsideologische Impfgegner", was das momentan gängige Synonym für Kasperl Larifari ist, allerdings die gefährliche Variante, die auch noch homöopathische Globuli schluckt und hinterher die AfD wählt.

Im Biergarten ist das Pfand – in den letzten Jahren von solcher Bedeutung, daß nur ganz angestammte Stammgäste stillschweigend davon befreit waren (man erkannte sie wohl an den beschlagenen, weil gekühlten Krügen) – ebenso problemlos wieder abgeschafft worden wie im allgemeinen das Vermummungsverbot, das so übergangslos dem Vermummungszwang wich, daß man an die Menschen gar nicht denkt, die zuvor Arbeitstage damit verbracht haben müssen, die Bilder von Überwachungskameras auf öffentlichen Plätzen und an besonders (wodurch?) gefährdeten Plätzen zu studieren. Was tun die jetzt?

Andererseits spricht außer den in der öffentlichen Darstellung neuerdings an die Stelle des Kasperl Larifari getretenen Leuten niemand in ganz Deutschland über das Grundgesetz, schon gar nicht über so schulstoffrelevante Phänomene wie die Gewaltenteilung, hinter der der Durchschnittsdeutsche irgendwas mit Feuerwehr, Polizei und Bundeswehr vermutet. Nein, man spricht statt dessen über Kranke und Sterbende, die in Wirklichkeit wahrscheinlich nicht mal „Neuinfizierte" sind, sondern lediglich Leute, die auf einen einigermaßen wackeligen Test positiv reagiert haben und von denen es angeblich immer mehr gibt, weil immer mehr Leute dem wackeligen Test unterzogen werden. Sucht dann jemand nach einem echten Infizierten oder gar Kranken – etwa die Pharmaindustrie, die solche Fälle für ihre Impfstofftestungen braucht, oder die „Arbeitsgruppe Influenza" am Robert-Koch-Institut, das eine Statistik führen soll –, findet er keinen. In Italien, so hört man, findet man nicht einmal mehr Tote, sondern nur Lastwagenfahrer, die bezeugen, die LKWs, die Hekatomben selbiger Toter mangels Krematorien gelagert und in der Gegend herumgefahren hätten, seien leer gewesen.

Die bayerische Staatsregierung („der Freistaat") möchte derweil, so liest man im Biergarten im amtlichen Vermeldungsblatt der Transatlantiker, „mit dem Ausbau der Prüfkapazitäten die Pandemie weiter eindämmen" – wo doch inzwischen jeder Kindergartenbamsler weiß, daß man durch noch mehr Tests noch mehr „Positive", aber trotzdem keine Seuche finden wird. Weil diese renitenten „Positiven" halt einfach nicht krank werden wollen, wenn sie es nicht sowieso schon sind. Zwei Tage darauf weist eine Kleinstmeldung im „Münchner Merkur" darauf hin, daß das Interesse an den Tests verschwindend gering sei.

Andererseits stirbt in Hollywood ein Star an – nein, „nach einer Corona-Infektion", die laut „Welt" damit begann, daß er am 30. März „eine Reihe von kleinen Schlaganfällen, Blutgerinnseln und septischen Infektionen erlitten, einen Luftröhrenschnitt und zeitweise einen Herzschrittmacher bekommen" hatte. „Sein rechtes Bein mußte amputiert werden. Eine Lungentransplantation wurde erwogen." Wer ab und zu einen Blick in die aktuelle offizielle Liste der „Corona-Symptome" wirft, dem wird schwindlig. Falls er noch ein Hirn hat, fragt er sich, für was es bei dem armen Mann auch noch einen Husten gebraucht hat. Auf den ersten Fall zu warten, bei dem jemand „infolge einer Corona-Infektion" an Haarausfall erkrankt oder mit dem Hubschrauber in einen Vulkan stürzt, wäre sicherlich pietätlos.

Im Biergarten muß man jetzt „einchecken". Das heißt: Man kritzelt entweder irgendeinen Namen und irgendeine Nummer auf einen Zettel, der irgendwo landet, oder man benutzt die entsprechende App. Diese wiederum meldet mir, ich sei für (oder seit?) vierundsechzig Stunden und vierzig Minuten eingecheckt. Was mir erst einige Zeit später am Tisch als ziemlich abstrus auffällt. Da aber, beim Nachschauen, bin ich plötzlich ausgecheckt. Wieso ist mir das, während ich noch zwei Stunden da sitze, ein kleines bißchen peinlich, und wem gegenüber?

Andererseits höre ich von einer Freundin, die samt Familie zwei Wochen lang das Haus nicht mehr verlassen darf, weil eine Tante so ungeschickt war, mit einer schweren Erkältung zum Arzt zu gehen, und dort sofort dem wackeligen Test unterzogen wurde. Immerhin darf nun das Robert-Koch-Institut möglicherweise den ersten echten SARS-CoV-2-Fall in Deutschland seit dem 10. April vermelden. Allerdings nur, wenn sich in der eingeschickten Probe tatsächlich SARS-Cov-2-Viren finden, was bei den positiven Ergebnissen des wackeligen Tests wohl nur äußerst selten passiert und seit dem 10. April eben gar nicht mehr passiert ist.

Im Biergarten sitzt ein Mann mittleren Alters allein am Tisch, hält etwas Eßbares in der Hand, liest etwas und achtet nicht auf seinen Hund, der eifrig versucht, seine Aufmerksamkeit zu erringen, weil er haben möchte, was der Mann in der Hand hält. Eine voluminöse Frau mittleren Alters nähert sich, mehr oder weniger gezogen von ihrem angeleinten Hund, und fragt, ob sich die Hunde kurz kennenlernen dürfen. Der Mann nickt; die Frau verhindert das Kennenlernen, indem sie ihren Hund mit der Leine etwa vier Zentimeter von dem anderen Hund entfernt hält, was beide Hunde offensichtlich als sehr unbefriedigend empfinden. Es entwickelt sich, während die Frau am Tisch steht, ein kurzes Gespräch über die Hunde, vorangetrieben durch die Frau, die nach Alter und Namen fragt und ihrerseits ungefragt Auskunft gibt. Etwa dreißig Meter entfernt erhebt sich ein älterer Mann mit weißem Hemd von seinem Tisch und nähert sich, hält drei Meter von der Frau entfernt inne und ruft: Wenn sie stehenbleiben wolle, müsse sie eine Maske aufsetzen, ansonsten solle sie sofort Platz nehmen oder sich entfernen. Er verzieht sich eilends; die Frau verharrt kurz, schweigend, geht dann ebenfalls, grußlos.

Andererseits hört man von mehr als eintausend Menschen, die in einer Fleischfabrik arbeiten müssen und bei denen der wackelige Test positiv ausgefallen sei. Daß die Fleischfabrik einem (inzwischen zurückgetretenen) Fußballmanager gehört und ein anderer Fußballmanager Millionen mit der Produktion eines Impfstoffs gegen den in der Fleischfabrik angeblich virulenten Virus verdienen möchte, ist sicherlich reiner Zufall. Daß der wackelige Test auch auf Viren positiv reagiert, die ihr Wesen hauptsächlich in Tieren treiben und den Menschen höchstens zufällig und ohne große Folgen bespringen, ist hingegen eher kein Zufall, sondern Pech. Immerhin drohte die zuständige Landesregierung nach dem Vorfall an, in Zukunft im Umgang mit der Fleischfabrik Recht und Gesetz walten zu lassen. Daß sie das bislang nicht getan hat und die erbärmliche Lage der Menschen, die dort ausgebeutet werden, bislang auch niemanden interessiert hat, ist sicher kein Zufall. Der Deutsche mag eben sein Fleisch, und wenn ihn schon das arme Tier, dem es von den Knochen geschnitten wird, nicht interessiert, wieso sollte ihn dann der arme Kerl interessieren, der das Fleisch von den Knochen schneidet? (Einige Tage später: sind die positiv Getesteten wieder aus der Statistik verschwunden.)

Andererseits läuft in unserem Land, wo es ebenfalls Fleischfabriken gibt, in denen man mit dem wackeligen Test einen ordentlichen Aufruhr verursachen könnte, ein Ministerpräsident herum, der als Hypochonder bekannt ist und Bayern hin und wieder öffentlich für ein Kulturland hält oder vielmehr hielt. Der will sein Volk vor Krankheit schützen, nimmt von seinem Schutz die Ausbeutungsarbeit jedoch ausdrücklich aus, weil sie schließlich wichtiger ist als die krankeste Krankheit. Andererseits verbietet er sämtlichen kulturell Tätigen seit Monaten ihre Arbeit, weigert sich aber, die von ihm wider besseres Wissen und ohne jede Notwendigkeit in die Armut Getriebenen angemessen zu entschädigen, obwohl er dies vor ein paar Monaten vollmundig versprach und die Medien es brav vermeldeten. Daß das Geld, das der Kultur fehlt, nun statt dessen in die Kassen von Lufthansa, Amazon, Facebook, Tesla, Zoom und Curevac fließt, werden diese dem Hypochonder wahrscheinlich nicht vergessen, wenn er nach gescheiterter Kanzlerkandidatur eine neue „Funktion" braucht.

Im Biergarten fällt mir beim müßigen Herumscrollen in Facebook auf, daß niemand mehr das Wort „Verschwörungstheorie“ verwenden mag – auch nicht in den kurzzeitig aufgeflammten Eskalationsstufen „Verschwörungsideologien“ und „Verschwörungsmythen“ – außer ein paar Tapferen, die emsig Fakten und Hinweise zusammenklauben, vor einer Woche noch als „Verschwörungstheoretiker“ bloßgestellt wurden und den Begriff nun ironisch einsetzen: Wieder habe sich eine „Verschwörungstheorie“ als wahr erwiesen, vermelden sie, und die eben noch hysterisch geifernden Angehörigen der Panik- und Gehorsamsfraktion schweigen so auffällig, daß man fast vermuten möchte, ihre vielfach dokumentierten Rezitationen von Parolen wie „Das kostet Menschenleben!“ seien ihnen nun ein wenig peinlich. Ich frage mich, ob die für das Einhegen und Ersticken von „Fake News“ Zuständigen wohl demnächst dazu übergehen werden, derartige Sprüche in den Chroniken aus Fürsorge (oder anderen Motiven?) stillschweigend zu löschen, als wären sie nie dagewesen.

An den Nebentischen fällt in den gestelzten, gestellten Gesprächen immer wieder eine Bemerkung wie „Und dann kam Corona!“, aber die Frage, ob diese Leute aus dem zweiten Weltkrieg, der ja auch einfach so „kam“, nichts gelernt haben, erübrigt sich, weil sie ihn ja nicht erlebt und nur gelernt haben, daß man ihn mit nichts vergleichen darf.

Zwischendurch erreicht mich beim weiteren Scrollen eine Reklame der WHO, die empfiehlt, bei schönem Wetter nicht in die Öffentlichkeit zu gehen, sondern in der dunklen Wohnung zu verharren. Ich melde die Anzeige bei den Facebook-Instanzen als „Falschmeldung“. Es geschieht: nichts.

Künstler sollen Zuschuss von 3000 Euro bekommen

Montag, 20. April, 14.17 Uhr: Der Freistaat baut seine Hilfen in der Corona-Krise weiter aus - insbesondere für in Not geratene Künstler und die Kulturszene. Bisher sei diese Gruppe nämlich durch jedes Raster der Hilfen gefallen, sagte Ministerpräsident Markus Söder (CSU) am Montag in seiner Regierungserklärung im Landtag. Deshalb werde sich der Freistaat dem Konzept von Baden-Württemberg anschließen. Dort erhielten die Künstler für die kommenden drei Monate 1000 Euro monatlich als Unterstützung. Das koste ungefähr 100 Millionen Euro.

Das (links) ist die offizielle Propagandameldung vom 20. April. Die Realität ist: Wer als Künstler und „Kulturschaffender“ GROSSES Glück hat, kriegt für März bis September 428,- Euro pro Monat – für Betriebskosten, laufende Ausgaben und den Lebensunterhalt (Miete, Essen usw.). Bei weiterhin geltendem und durch nichts gerechtfertigtem Berufsverbot.

Wer von euch da draußen kann davon leben?
Wer von euch ärgert sich darüber, daß in den Medien kein einziges präzises Wort dazu steht?
Wer von euch da draußen hat Einwände gegen die Bezeichnung des federführenden Ministerpräsidenten Markus Söder als (sorry, es folgt Dialekt) „verlo**** Drecks**“?
Und wie verkommen, kaputt und korrupt muß man als Journalist sein, um dieses erbärmliche Affentheater auch noch mitzuspielen? Klar, ich weiß, es geht in München beim Journalismus in erster Linie um die Bauindustrie, die sich in die „SZ“ so vehe-

ment hineingekauft hat, daß sie ihre Propagandaveranstaltungen inzwischen regelmäßig in den Büros dieser Leute abhalten darf. Aber schämt sich denn keiner von euch, wenigstens insgeheim?
NB Ich weiß, daß mir der Kragen oft vehementer und weniger diplomatisch platzt als manch anderem. Das tut mir gelegentlich leid, und hin und wieder ärgert es mich. Aber hier geht es um Dinge, die für viele von existentieller Bedeutung bzw. existenzbedrohend sind. --- Es ist auch gut möglich, daß ich die entsprechenden Richtigstellungen nicht gesehen bzw. bemerkt habe. Falls dem so ist: Teilt es mir bitte mit, ich wäre erfreut und würde es berücksichtigen. *(10. Juli 2020)*

Das nennt man wohl Marktwirtschaft: Ein Kerl (sorry) „verdient" mit widerwärtigen Tiervernichtungsfabriken in fünf Jahren eine Milliarde Euro. Dann heißt es: Das liegt nur daran, daß Fleisch so billig ist! --- Macht es halt teurer, dann verdient der Kerl in den nächsten fünf Jahren zwei Milliarden! (Man möchte verzweifeln an so viel Dummheit.) *(12. Juli 2020)*

Ich weiß, ich kriege jetzt wieder jede Menge Hate, aber: Kann bitte mal jemand der Qualitätspresse empfehlen, das Wort „Neuinfektionen" durch „mit einem sinnlosen Test positive Getestete" zu ersetzen? Es geht uns dann vielleicht allen ein bisserl besser. *(20. Juli 2020)*

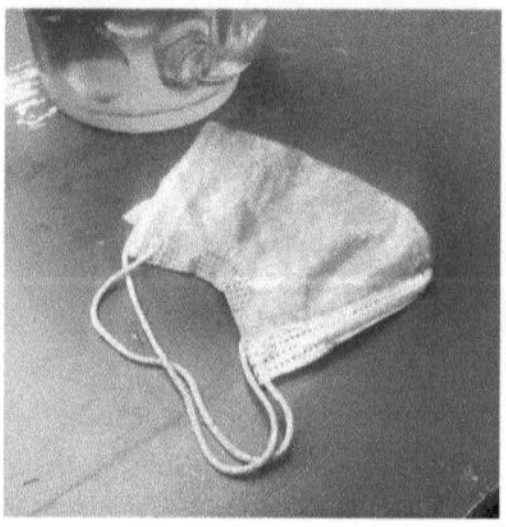

Diesen Lappen hänge ich mir vors Gesicht, seit man das muß, um Lebensmittel und Getränke kaufen und aufs Klo gehen zu dürfen. Wenn ich davon in zwei Wochen immer noch keine Erkältung oder irgend so was gekriegt habe, lasse ich mein Immunsystem von der NASA patentieren.
Interessant ist ja auch: Wenn auf dem Biergartenklo ein Schweineesser furzt, riecht man das. Heißt: Das Ding fängt nicht mal Scheißepartikel ab. *(21. Juli 2020)*

Ist eigentlich schon jemand auf die Idee gekommen, einen Alu-Mundschutz patentieren zu lassen? Sonst tue ich das hiermit.

Außerdem – weil wir grad dabei sind – bräuchten wir noch circa zehn Mitglieder für die Jury des Preises „Der Goldene Mundschutz". Wer mag? Ist kein ganz leichter Job. *(23. Juli 2020)*

Elf junge „Winner" quetschen sich an einen Biertisch. Jeder hat ein Tablett mit Fettfood dabei. Alle kichern wachstumsbewußt und zuversichtlich. Das Kichern wird zum Schafsgeblöke, als einer die Idee hat, die Tabletts am Boden zu stapeln (die Geschirrabgabe ist fünf Meter entfernt, da könnte man einen career move verpassen).
Man talkt beflissen, taxiert career moves, die Krise und Chancen, „da reinzugrätschen".

Die Müllfrau ist offenbar aus Osteuropa, sehr beleibt und sehr freundlich. Sie bückt sich mühevoll, stöhnend, aber fröhlich nach den elf Tabletts mit diversen Tellern, Schüsseln und Abfall. Es gelingt ihr tatsächlich, den Stapel hochzustemmen.
Zwei der career mover schauen wohlwollend zu, weil sich das Ganze zehn Zentimeter neben ihren Füßen abspielt. Die anderen lauschen einem zwei Meter großen, muskulös alerten career mover, der gerade was von „delivern" tönt.
Er meint sicher nicht die Entfernung seiner Leber.
Sie sprechen jetzt englisch. Das heißt: der Oberwinner spricht. Er kann noch weniger englisch als die anderen. Sie lauschen atemlos.
Schön zu sehen, wie begeistert, euphorisch und zukunftsbereit sie sind. Und wie sie sich gegenseitig hassen, fürchten, verachten und anwidern. Da muß er durch, der career mover.

Ihr Chor von bösartigem „Ha! Ha! Ha!" übertönt die Touristen noch fünf Tische weiter und erinnert in Deutschland leider oder zum Glück niemanden mehr an Zeiten, als das auch so war.
Noch ein Nachtrag, leider leicht rassistisch: acht von elf wirken optisch und ihrem Akzent nach so, als kämen sie aus Indien, Nordafrika, Mittelamerika. Der Adjutant des Oberwinners ist Schwabe.
Der Oberwinner trägt die Haare und den Bart auf drei Zentimeter geschoren und überragt alle um einen halben Kopf, mit durchgestrecktem Kreuz (das haben die anderen noch nicht drauf; der Schwabe übt).
Ich erfinde das nicht. *(24. Juli 2020)*

Los Angeles
Karatschi

Wem nützt wirtschaftliches Wachstum?

Neue Wörter für eine neue Wirklichkeit: Der isländische Autor Andri Snær Magnason versucht.

Keine ganz dumme Frage (leider ohne Antwort). Trotzdem Gegenfrage: Wie kann Wachstum wirtschaftlich sein?

„Diese Regeln werden wir noch monatelang einhalten müssen. Die müssen also der Standard sein. Die dürfen überhaupt nie hinterfragt werden: Abstand halten, Händehygiene und dort, wo wir Abstand nicht halten können, zusätzlich Alltagsmasken oder Mund-Nasen-Schutz tragen – und das gilt für drinnen und draußen. Also, das ist die Grundregel. Die dürfte und sollte niemand mehr infrage stellen. Das sollten wir einfach so tun." *(Lothar Wieler, Tierarzt, 28. Juli 2020)*

Das ist nicht ganz falsch oder wenigstens einen Gedanken wert, mitten drin: „Das Corona-Notstandsregime hat mit nahezu sämtlichen Grundrechten gebrochen und keinerlei politisches Mandat für seine Maßnahmen. Es agiert auf Basis allein der reinen Gewalt, der Gewalt, die nicht mehr strikt an Verfassung und Menschenrechte gebunden ist. Den Souverän, die Menschen im Land, die Bevölkerung und damit letztlich jede und jeden Einzelnen macht es zu einem mit Masken erniedrigten, mit Verordnungen geknechteten, mit Lügen verächtlich gemachten, von der Repräsentation verlassenen Wesen. Es gibt keinerlei Anlaß, das zu verharmlosen. Es gibt keinerlei Chance, aus dieser Situation durch Abwarten herauszukommen. Regierungen haben niemals in der Geschichte freiwillig Freiheitsrechte gewährt oder zurückgegeben. Sie mußten immer auf Druck der Bevölkerung eingeführt oder wiederhergestellt werden. Es gibt keine einzige Ausnahme." (Ich habe mir erlaubt, einige grammatische und semantische Fehler zu korrigieren.) *(29. Juli 2020)*

(Hier folgt – weil in jeder Hinsicht typisch – ausnahmsweise eine weitgehend vollständige Auswahl der Kommentare, inklusive meiner eigenen, aus Gründen der Rück- und Nachsicht anonymisiert; einige fehlen, weil mich die Kommentatoren seither „entfreundet" haben und ihre Kommentare deswegen gelöscht wurden. Auch die Rechtschreibung wurde nur sehr behutsam korrigiert:)

> „Totaler Bullshit. Tschüss"

> „Wer sagt das?"

> „Ich guck in einem Monat mal wieder, was du so postest. Bis dahin hab ich keinen Bock mehr drauf, bei allem berechtigten Ärger und der Tatsache, dass so viele allein gelassen werden und um ihre Existenz kämpfen müssen. Falls ihr eine Solidar-Aktion machen wollt, um Spenden zu sammeln o.ä., hilft ja nix (anderes), bin ich gerne dabei, so wie bestimmt viele andere. Nix für ungut, bis in 4 Wochen"

> „Sorry, Michi, kompletter Rechtsmüll. Und dann noch ohne Quellenangabe. Empfehle den Podcast ‚It could happen here' und füge hinzu: auch hier."

> „Du jetzt auch noch."

> „Hast du da deine eigenen grammatischen und semantischen Fehler vom Suff des Vormittags verbessert oder wer hat dir diesen beeindruckend dummen Text denn da so zugeschustert?"

> „michi, bist du nach nord korea umgezogen? sag bescheid, ich hol dich da raus!"

Ihr seid alle sehr süß. Wir sehen uns wieder, vielleicht.

> „und wenn nicht, dann sicher nicht, weil uns frau merkel tot geprügelt hat"

> „Teilweise übertrieben formuliert, aber im Prinzip das gleiche, was Edward Snowden im Februar schon mal sagte.
> Aber der wohnt ja in Russland und spinnt ;-)"

„Ich finde immer wieder lustig, wie Leute darauf kommen, Kritik und Hinterfragen politischer Massnahmen der Bevormundung, Eingrenzung demokratischer Grundsätze wie Parlamentsentscheid wäre ‚rechts'. Was ist daran ‚rechts', das Überbrücken rechtsstaatlicher Grundsätze, zynischer Bemerkungen wie ‚sie können ja zuhause mit ihrer Partnerin tanzen' und hämisches kommentieren verwaltungsgerichtlicher Urteile mit arrogantem Stolz als rechtens in Frage zu stellen? Unsere Regierungen, vor allem in Bayern stellen sich über die Natur und zwingen mittels existenzbedrohender Berufsverbote einen nicht unerheblichen Teil der Gesellschaft in wirtschaftliche Not, nicht selten mit gesundheitlichen Folgen von Depression bis Suizid. Wir hatten bereits eine Zeit, in der in unserem Lande über solche Schicksale von oben diktiert wurde. Da sage ich nur und zwar definitiv ganz, ganz weit weg vom rechten Blickwinkel: Wehret den Anfängen!"

„Was hast du genommen?"

„Es muß möglich sein, Kritik zu äußern und gewisse Dinge zu hinterfragen, ohne sofort als ‚rechts', ‚alt, verbittert und weiß' etc. beschimpft zu werden. Eine Unart, die schon vor Corona aufgefallen ist."

„eh. aber nur weil man nicht rechts ist, heißt es noch nicht automatisch, daß die kritik sinn macht. aber ohne quellenangabe und kontext is das eh alles sehr schwierig"

„Genau: der wichtigste Punkt ist noch nicht geklärt: wer hat das eigentlich geschrieben?"

„da gibt es echt probleme. aber ‚regime, sämtliche grundrechte ‚auf basis der reinen gewalt, das ist so ein stuß, daß man nicht nach wahrheit in der scheiße graben muß."

Ich wollte fast vermuten, die Drastik sei ein Generationenproblem (weil ich heut nachmittag einschlägige Sachen von 1961 bis 1968 gelesen gab). Allerdings hab ich dabei bemerkt, daß einen das Gedächtnis auch narrt. Damals sprachen Leute von „Regime" und Faschismus, von denen das heute keiner mehr glauben täte. Ganz abgesehen davon, daß Pathos auch anders bewertet wurde.

„da ist was dran, wir sind mit parolen aufgewachsen. heute gehören die parolen anderen"

„rechts: nationalistisch, gleichwertigkeit verneinend, monarchie/autokratie/diktaturbejahend, rassistisch. nicht einmal zwischen den zeilen kann ich in dem text was davon erkennen. die rechte etikettierung ist totschlag-quatsch"

„einer, der halt auch einige kampfbegriffe einstreut und somit die wortwahl stark übertreibt. auf die einzelnen themen muß ich jetzt nicht eingehen, es handelte sich um polemik“

„rechts habe ich meiner erinnerung nicht erwähnt. (DAS KANN FALSCH SEIN; IC VERHEDDERE MICH MANCHMAL IN MEHREn gesprächen) sorry , tastenteufel.. ‚andere‘ meint ein konglomerat.aus parolenschwingern. ein paar kampfbegriffe ist schwer untertrieben. und freiheitsrecht wurden zuhauf zurückgegeben. wenn der anlaß nicht mehr vorhanden war. jede evakuierung gehört dazzu.. allerdings wird die neue situation genutzt, neue strukturen zu etablieren. siehe new orleans.. Was mich an so beiträgen so nervt, ist, daß sie das geeignetste mittel sind, diese veränderungen unsichtbar zu machen.. .“

„Ich frage noch einmal: Wer hat das geschrieben. Du kennzeichnest es als Zitat“

„Stammt vom Querfront-/Hygiene-Demo-Organisator Anselm Lenz bei KenFM“

„Danke.“

„Ah ja, da sitzen die Maximal-Erleuchteten. Wer da abschreibt, hat sowieso die Kontrolle über sein Denken verloren“

Noch mal: Ihr seid alle sehr süß, und ich mag euch. Wenn ich daheim bin, geh ich ans Bücherregal und komm euch mit Adorno, Dutschke, Arendt, Meinhof und Willy Brandt.

„ach neee..... ist es nun ein Zitat?“

„aber ist dutschke nicht schon vor corona gestorben?“

„nicht ‚vor‘ sondern ‚mit‘, merk dir das endlich einmal“

„dann schauen wir uns das mal an: Wer ist das Corona-Notstandsregime? Wußte nicht, daß man in D neuerdings eine (irgendwie demokratisch) gewählte Regierung neuerdings als ‚Regime‘ bezeichnet. Das ist zumindest tendenziös und Du weißt genau, welche Rotten so argumentieren. Im Gegensatz zu Dir finde ich das keinen Gedanken wert. Provokation um der Provokation willen. Ist unter Deinem Niveau. Hilft auch nicht, wenn Du das süß findest.
Und das mit der Geschichte und dem Zurücknehmen ist geradezu lächerlich. Nicht das deutsche Volk hat seinerzeit die Nazi-Verordnungen und Gesetze zurückgenommen, sondern die Alliierten haben mit (sanftem) Zwang dafür gesorgt, daß dieses Grundgesetz entstand, welches heute noch immer dafür sorgt, daß wir nicht unter einem Regime leben. Und das restliche Gefasel von

Gewalt und Souverän und Volk ist einfach rechtes Geschwafel, nicht der Rede wert, wenn man 70 Jahre in diesem Land gelebt hat. Welcher ‚Teufel' reitet Dich? Bin ich nicht süß?"

„bloß nicht mit Willy Brandt. Wegen dem durfte ich kein Lokomotivführer werden."

„mit oder an? wird ja mittlerweile auch statistisch unterschieden..."

„müßte man ihm eigentlich alles nicht erklären, weil intelligent genug. Jedenfalls war er es mal. Irgendwas hat's ihm im Kopf zrissn."

Keine Sorge, Brandt war natürlich ein Scherz, es gibt ja noch Grenzen. Apropos: waren die Notstandsgesetze eigentlich „Querfront" oder nur der übliche vorauseilende Ochsengehorsam?

„Sach mal, was ist denn hier mit ‚Mandat' gemeint?"

„Nahezu sämtliche Grundrechte?
Nö. Versammlungsfreiheit ist gemäß GG eingeschränkt.
Welches noch?"

„Die Diskussion rentiert sich nicht. Glaub mir's."

„die maßnahmen folgen der vermuteten vernunft. es ist nicht wert, sich deshalb rechtssprech anzueignen."

„Warum wohl werden keine verpflichtende Test bei Urlaubsheimkehrern aus Risikogebieten durchgeführt? Genau, weil dem ‚Regime' die rechtliche Handhabe fehlt. Sorry, wer so einen BS teilt, tschüß"

„was wohl das feedback zu einem adäquat gestrickten (leicht über-ambitioniertem) text zum thema cum-ex.... oder pflegeheime, hanfkonsum, dosenpfand, co² politik, leberkäsherstellung, ... gewesen wäre?"

„gute frage, auch da, besonders hanf, tierschutz, kann man sich die finger verbrennen."

Die linke Hand brennt immer besonders gut. Ist aber nicht neu, wir sind nur seit den 80ern ein bisserl aus der Übung ☺

„Na hoffentlich auch eine, die die verwendeten Begriffe erst mal kritisch bewertet und einordnet... Was wäre denn eine ‚leicht überambitionierte' Aussage zu den von Dir genannten Themen,"

Interessant finde ich, wie instinktiv nach dem Autor gefragt wird. Bloß nichts „Falsches“ gut finden! Könnte eine Spätfolge von meinem Scherz mit dem Hitlerzitat vor vielen Jahren sein. Aber der Gedanke ist sicher überheblich.

> „nein die Frage nach dem Autor mußte erfolgen, weil man von dir so einen Unsinn ja eigentlich nicht gewöhnt ist.“

Ich selbst bin von mir manchen Unsinn gewöhnt. Das ist trotzdem keiner.

> „ja, der gedanke ist überheblich, da man nicht instinktiv, sondern induziert fragt.“

> „Das ist doch Quatsch. Wenn man extra einen Text in Anführungszeichen setzt, will man damit ja was aussagen … Entweder direkte Rede oder halt ein Zitat (gut, oder Ironie) … Da macht nachfragen doch Sinn? Könntest es ja auch als ‚Witz‘ hier rein geschrieben haben?“

Witz ist ein Wort, über dessen vielfältige Bedeutungen man zu selten nachdenkt. Sorry, „Witz“.

Aber abgesehen davon: Man kann doch über Aussagen nachdenken, ohne zu wissen, von wem sie stammen. Nein: man kann doch NUR wirklich über Aussagen nachdenken, wenn man nicht weiß, von wem stammen.

> „Erster Teil: ja, zweiter: nein“

> „Aber Du meinst das ja eher ernst, also diese Texte, die Du hier postest, diese Zitate, oder ist das alles nur ein soziologisches Experiment für Dich? Nur warten auf Reaktionen? Das würde für mich diesen Corona-Fetisch von Dir erklären?“

Ich täte tatsächlich darauf bestehen: erster Teil wer weiß, zweiter Teil zwingend. Haben wir so gelernt, hieß damals „wissenschaftliche Methode“ (als Abgrenzung zum argumentum ad hominem, also zur Diffamierung. Die galt übrigens früher als typisch rechts.)

Und mein „Corona-Fetisch“ ist sehr geringfügig ausgebildet. Der Schmarrn zerstört meine ökonomische Existenz, deshalb versuche ich zu verstehen, was da passiert. Aber viel lieber fahre ich zum Baden und informiere mich nebenbei und lese abseitiges Zeug. Linksradikale Artikel zum Beispiel.

> „Sowas? [Die Zeit: Sind wir mit Linksradikalen nachsichtiger als mit Rechtsradikalen?] (okay, der war billig und bissl gehässig...)“

> „Aber im Ernst: dass Existenzen bedroht sind und wir eine neue Form von schneller, effektiver Solidarität brauchen, ist ja klar. Ob in der Unterhaltungs-

szene, bei den Fleischern oder in der Pflege... Aber das hat trotzdem nix z.B. mit der Person Gates zu tun (die Du u.a. in Deinen neuen Belästigungen mir nichts Dir nichts einflechtest), sonder mit dem wirtschaftlichen System, in dem wir uns organisieren. Richtig: den Lobbyismus angreifen. Falsch (jedenfalls meistens): einen Scheiterhaufen für einen bestimmten Lobbyisten errichten … Und Falsch: sich beschweren, weil man in der Straßenbahn Maske tragen soll. Richtig: sich beschweren, weil man in der Straßenbahn trotz Maske für die Fahrt bezahlen muß … so in etwa …"

„und falsch: sich beschweren, daß auf Malle die Kneipen geschlossen werden, sondern Richtig: sich beschweren, daß Schlager so sexistisch sind …"

„übrigens: am Ammersee gibts wieder nen schönen Kornkreis! Inkl. Tourismus!"

Ich habe mich über Maskentragen in der Trambahn beschwert? Ist idiotisch, aber geht mich nichts an. Ansonsten: teilweise Zustimmung, aber was ist dann daran nicht ‚rechts'? (Und Herrn Gates flechte ganz bestimmt nicht ich ein, das tun schon andere. Woher wüßte ich sonst davon, ich hab ja nicht mal seine Telephonnummer?) (Nachtrag: Nulltarif: logo, alte Geschichte!)

„Unsinn, sorry …"

„Schwachsinn"

Ich ziehe daraus einige Erkenntnisse, was uns Linksradikale und unsere Bewertung der Situation angeht:
1. Emanzipation (als Klassenfrage) galt bislang als typisch linksradikale Sache. Das ist jetzt „rechts".
2. Das (manchmal pathetische) Infragestellen herrschaftlicher Diskursentwicklungen galt bislang als linksradikal. Das ist jetzt „rechts".
3. Die Einforderung von Grundrechten (oder „Menschenrechten") zuungunsten des ökonomischen Souveräns galt bislang als linksradikal. Das ist jetzt „rechts".
4. Das Ersetzen mystischer, nationaler, religiöser, pseudowissenschaftlicher und sonstwelcher massenpsychologischer Wahnvorstellungen durch analytische Vernunft (oder meinetwegen vernunftgesteuerte Analyse) galt bislang als linksradikal. Das ist jetzt „rechts".
5. Forderungen nach einer Freiheit, die über die Freiheit zu Konsum und Ausgebeutetwerden hinausgeht, galten bislang als linksradikal. Das ist jetzt „rechts".
Und so weiter.

Und Ihr seid sicher, daß euch da nicht jemand an der Nase herumführt?

„Ha, ha, ha …"

Eine Frage an Mediziner und/oder Statistiker: Gibt es eine einigermaßen verläßliche Quelle für die Zahl der Menschen in Deutschland, die aktuell an Covid-19 erkrankt sind?
„Worldometer“ sagt: 261. Allerdings gibt es da nur den Tagesspiegel als Quelle, und in dessen Quellen findet man die Zahl nicht. Vielleicht frag ich da einfach mal an.
Ist offenbar doch recht kompliziert. Zwar ist die Covid-19-Krankheit meldepflichtig, aber eindeutige, übereinstimmende und belegbare Zahlen dazu gibt es nirgends. Andererseits ist im Gegensatz zu allen anderen meldepflichtigen Krankheiten bei Covid-19 auch ein positiver PCR-Test meldepflichtig. Daher kommt wohl das Durcheinander. Ich forsche mal ein bisserl weiter ...
Es wird noch komplizierter: Covid-19 ist laut Infektionsschutzgesetz (§6) offenbar doch nicht meldepflichtig. Könnte daran liegen, daß die Ähnlichkeit (auch immunologisch) zu vielen anderen Coronaviren so hoch ist. Laut RKI gibt es allerdings eine eigene „Coronavirus-Meldepflichtverordnung“. Die gibt es aber – ebenfalls laut RKI („Meldepflichtige Krankheiten und Krankheitserreger“) – nicht.
Auch wieder kompliziert: In §7 (44a) kommt Sars-COV-2 vor. Allerdings geht es da um „meldepflichtige Nachweise von Erregern“. Und diese Erreger kann man halt bislang nicht nachweisen, zumindest ganz sicher nicht mit einem PCR-Test. Laut Max-Planck-Institut wird daran gearbeitet, aber die letzten hoffnungsvollen Berichte sind von Anfang Mai.
Das macht es nicht viel klarer: Laut RKI waren 80% der „Infizierten“ nicht krank. Laut RKI hatten 48% davon Husten. Laut RKI (Herrn Wieler) haben 190.000 „die Krankheit“ überstanden. Ich glaube, ich weiß jetzt zumindest, warum mir schon in der Schule Prozentrechnen zuwider war.
Also so: Von 210.000 positiv Getesteten sind 20% erkrankt. (Von diesen 42.000 hatten 48% Husten: 20.160.) Von den 42.000 Erkrankten sind 9.141 gestorben. Und von den 32.859 nicht gestorbenen Kranken sind 192.900 genesen. Das ist cool, bringt mich aber in bezug auf meine Frage nicht weiter.
Herrn Wieler verhaut es die Kategorien. In der Tiermedizin ist das mit den Coronaviren ja auch ziemlich anders.
Das ist das Problem: Für „aktive“ bzw. „labordiagnostisch bestätigte Fälle“ gibt es gute Quellen. Die sind aber nicht krank.
Bei der Berufung auf „RKI-Situationsberichte“ liegt ein fundamentaler Denkfehler vor: „laborbestätigte Fälle“ sind positive PCR-Tests. Das hat nichts mit einer Erkrankung zu tun. Die meisten solchen „Fälle“ sind gesund. Ich bräuchte aber eine Zahl der Kranken. Die findet man auch hier nicht, nur im Kleingedruckten was zu intensivmedizinisch Versorgten. Von denen wiederum die meisten wegen anderer Krankheiten auf der Intensivstation sind.

Ein weiteres Problem (oder mehrere): Wenn für 85% (laut einer anderen RKI-Seite sind es 86%) der übermittelten Fälle klinische Informationen vorliegen und 48% davon Husten haben, aber laut RKI nur 17% der Fälle hospitalisiert werden und 80% völlig ohne Symptome verlaufen, ist der Zahlenwirrwarr komplett. Hinzu kommt, daß fast überall positiv Getestete als „infiziert", oft auch als „krank" gerechnet werden, die meisten aber weder infiziert noch krank sind – zumindest seit es keine Symptome mehr als Voraussetzung für einen PCR-Test gibt, sondern Gesunde ebenfalls getestet werden. Und zu allem Überfluß wird bei den Hospitalisierten nicht erwähnt und wohl auch nicht geprüft, auf welche anderen Erreger die Symptome zurückgehen könnten, das heißt: ob z. B. eine Lungenentzündung bei positivem PCR-Test durch Pneumokokken ausgelöst ist und SARS-2-Viren nur im Hintergrund „mitschwimmen" oder die Kranken tatsächlich an der ARE Covid-19 leiden … Es ist echt nicht leicht (drum hatte ich ja gehofft, es gebe Mediziner, die da mehr wissen).

Das Problem ist wohl, daß das RKI den Begriff „Infektionskrankheit" für diesen Fall umdefiniert hat auf „PCR-positiv", was mit Infektion und Krankheit nichts zu tun hat. Drum meinte Herr Wieler auch neulich, 190.000 Menschen hätten „die akute Infektionskrankheit überstanden". Die meisten davon waren aber nie krank – da dreht man sich im Kreis und findet nicht mehr raus. Neulich hab ich irgendwo auch auf der RKI-Seite tief in den Graphen verborgen eine Zahl der momentan Erkrankten gefunden, aber ich find sie jetzt nicht mehr … Ich bleibe jetzt bei der Tagesspiegel-Zahl, wo auch immer die die her haben … Aber falls doch noch jemand eine Lösung weiß … gerne.

Noch mal zur Erinnerung: Ein positiv Getesteter kann krank sein, er kann krank gewesen sein, er kann gesund sein und auch nie krank gewesen sein. Ich wollte nicht wissen, wie viele aktuell positiv getestet sind, sondern wie viele krank sind.

Weil bekannt: mit den Tests kann man eine Erkrankung nicht feststellen. Auch wenn jemand erkältet ist oder Lungenentzündung hat und positiv getestet wird, weiß man nicht, ob seine Erkrankung Covid-19 ist oder etwas damit zu tun haben könnte. Mit Testen wird man also niemals feststellen können, wie viele Menschen an Covid-19 erkrankt sind. Deshalb meine Frage. *(2. August 2020)*

Ich kenne die Quelle nicht und kann dies daher nicht als Argument verwenden, möchte aber zwei Dinge anmerken:

Es ist offenbar nun nachgewiesen, daß sich schwerkranke 80- bis 90jährige nicht überwiegend in Bars und Discos angesteckt haben, die jedoch dennoch geschlossen bleiben müssen, um zu verhindern, daß sich schwerkranke 80- bis 90jährige zukünftig dort anstecken. Während die anderen Sachen erlaubt sind, weil da kann ja nichts mehr passieren.

Und zweitens: „Pflegeheim" und „Krankenhaus" fehlen in der Statistik – wir können aber rechnen: 57,6 Prozent. *(2. August 2020; die dazugehörige Statistik vom RKI wurde sofort wieder gelöscht)*

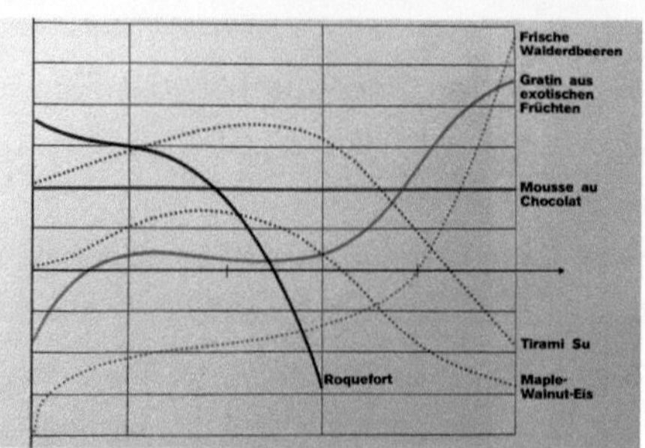

Die Wahrheit (siehe links): Zweite Welle noch viel schlimmer!
Und hier die Version der Leugner:

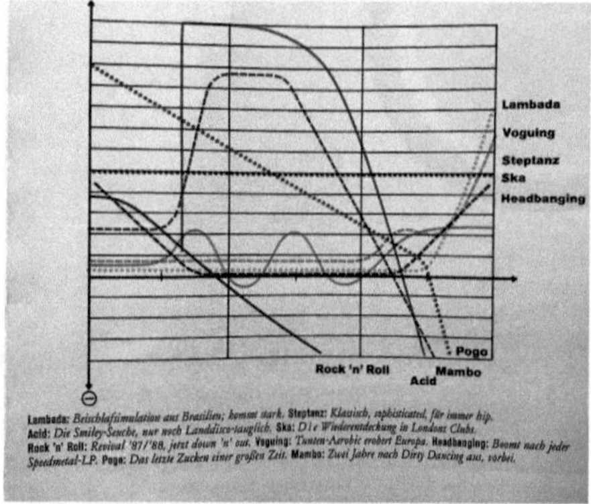

Jens Spahns hochnotpeinliches „Muß-ma-um-die-Ecke-denken"-Interview zum Zusammenhang zwischen Testzahl und „Pandemie" ist eine wundervolle Studie in Körper- und Augensprache: wie da einer ziemlich genau bei 47 Sekunden merkt: „Jessas! Was hab ich denn da gesagt! Wie komm ich aus der Nummer schnell wieder raus?"

Anmerkung: Der öffentlich-rechtliche Nachrichtensender Phoenix (Slogan: „Das ganze Bild") berichtete nicht live. Dort wurde am Nachmittag der Demonstration folgendes Programm ausgestrahlt: 15:00 Uhr: Königliche Dynastien – Die Grimaldis, 15:45 Uhr: Königliche Dynastien – Die Bernadottes, 16:30 Uhr: Königliche Dynastien – Die Welfen, 17:15 Uhr: Die Adria der Habsburger, 18:00 Uhr: Habsburg und die Alpen.

Und das (links) ist mit Abstand meine Lieblingsmeldung zu den Vorgängen in Berlin am Samstag.
Ist schließlich ein „Ereignis-, Politik- und Dokumentationskanal", der „sich aktuellen Ereignissen im Rahmen von Berichten, Gesprächen sowie der Übertragung von Pressekonferenzen u. ä." widmet. Und was wäre aktueller als die europäische Monarchie!
(3. August 2020)

Die Zahl der „Fälle", die ich wegen dieser immergleichen „Corona"-Propaganda für 30 Tage auf „Snooze" schalten muß, sinkt leider nur sehr langsam. Vielleicht hat Facebook jetzt einen PCR-Algorithmus installiert?

Ist eigentlich jemandem aufgefallen, daß die EU vor drei Wochen die Bestimmungen über die Freisetzung genetisch veränderter Organismen in die Umwelt geändert hat?

Freunde, laßt uns die virale Verschwörungstheorie mit Leni Riefenstahl und der Berliner Demo etwas weiterspinnen! Was wir bis jetzt wissen: Die Veranstalter haben ihre Demo „Tag der Freiheit" nach einem Film von Leni Riefenstahl benannt. Aber die Motive, Zwecke und Ziele sind noch etwas diffus. Ideen? *(4. August 2020)*

Weil ein großer Teil der zunehmend feindseligen Diskussionen offenbar auf den Begriff „rechts" (u. ä.) zurückgeht und niemand recht zu sagen weiß, was eigentlich „rechts" ist, habe ich mir mal ein paar Gedanken gemacht. Unvollständig selbstverständlich, offen für Diskussionen.
Falls der Ton des Beitrags etwas harsch anmutet, bitte ich um Nachsicht: Formuliert wurden diese Gedanken während einer Zahnarztbehandlung. *(5. August 2020)*

Grundzüge des Faschismus
(ein Diskussionsvorschlag für eine Orientierungshilfe) *(5. August 2020)*

Autorität
Es gilt das Befehlsprinzip: Der Führer befiehlt den Unterworfenen.. Befehle werden nie diskutiert oder in Frage gestellt.

Hierarchie
Die Gesellschaft ist in klar abgegrenzte Schichten unterteilt. Jede Schicht unterwirft sich (!) der nächsthöheren und befiehlt der nächstniedrigeren. Ganz oben steht die Gesamtführung, die niemandem unterworfen ist, ganz unten der Abschaum, der niemandem befiehlt.

Elitarismus/Ermächtigung
Indem der, der sich der Führung unterworfen hat, einem ihm Unterworfenen beziehungsweise Untergebenen befiehlt, wird er selbst zur Führung und kann die ihm Unterworfenen ermächtigen, anderen Unterworfenen zu befehlen. Die Ermächtigung wird immer durch die Führung zuteil. So wird selbst der, der nur dem Abschaum befiehlt, zum Teil einer Elite.

Totalität/Gesamtheit
Da alle Schichten der Gesamtführung unterworfen sind, wachsen sie zur Gesamtheit und bilden das Volk. Da Befehle nicht diskutiert und nicht in Frage gestellt werden dürfen, wird jeder Einzelne durch die Ausführung von Befehlen selbst Teil des spirituellen Körpers der Gesamtführung (für die er kämpft und die gleichzeitig in jedem Kampf ideell an seiner Seite mitkämpft) und trägt dazu bei, die Gesamtheit Volk dem Heil entgegenzuführen. Dieses Prinzip gilt selbst für den Abschaum, dem nur jemand zum Unterwerfen fehlt, um Führer zu werden.

Abgrenzung
Die Gesamtheit des Volks wird immer von außen bedroht. Selbst wenn sie scheinbar von innen bedroht wird (etwa durch einen Aufstand des Abschaums), ist diese Bedrohung in jedem Fall von außen in Szene gesetzt und gesteuert. Notfalls muß durch Ausgrenzung ein neues „Außen“ definiert werden. Die Bedrohung von außen ist notwendige Voraussetzung für die Definition als Gesamtheit des Volks. Die Bedrohung kann von Feinden, Eindringlingen, Konkurrenten, zersetzenden Elementen, Krankheitserregern oder der Natur selbst ausgehen.

Kampf
Die einzige Möglichkeit, der Bedrohung von außen zu begegnen, ist der Kampf. Es ist ausgeschlossen, das von außen Anstürmende beziehungsweise Ausgegrenzte zu akzeptieren, assimilieren, integrieren, sich zu verständigen, zurückzuweichen oder eine Koexistenz auszuhandeln. Das Fremde muß vernichtet werden, die Form der Vernichtung

ist der Krieg. Dies gilt nach außen wie nach innen: Kooperation und Solidarität sind die Mittel des Feindes, zu dem auch der Abschaum wird, wenn er sich ihrer bedient.

Heldentum

Das Prinzip des Helden ist absolut. Wer sich in einem Maße unterwirft, Leistung für die Gesamtheit zeigt und Befehle ausführt, das ihm körperlich und moralisch das Äußerste abverlangt, ist Held. Das wesentliche Merkmal des Helden ist Stärke und Unerbittlichkeit gegenüber sich selbst und anderen, um die Gesamtheit (und damit auch sich) ins Heil zu führen. Durch Leistung zum Helden zu werden ist das definierende Ziel jedes Einzelnen. Um dieses Ziel in der Psyche zu verankern, wird es von frühester Kindheit an mindestens symbolisch im gesamten Alltag verankert. (Selbst das Gemüse im Supermarkt kann „Bio-Held" sein.) Seine höchste Erfüllung findet das Heldentum in der Selbstopferung für die Gesamtheit und somit im Tod.

Uniform

Die Stärke und Macht der Gesamtheit Volk zeigt sich in ihrer äußerlichen Gleichförmigkeit und der Dichte der Symbole. Vielfalt ist Zerfall und Schwäche. Daher muß die äußere Erscheinung der Einzelnen zwar die Hierarchie und die Ordnung der Schichtzugehörigkeiten widerspiegeln, insgesamt aber uniform sein. Kleidung, Fahnen, Auftreten, selbst Frisuren sollten typologisch unverkennbar sein.

Bewegung

Die Gesamtheit Volk darf niemals verkrusten, erstarren oder in Ruhe verfallen. Oberstes Prinzip ist die permanente Bewegung hin zum Heil. Rückzug, Reife, Demut, Bescheidenheit, Stillstand und Ruhe sind inakzeptabel. Oberstes Primat ist Wachstum sowie das Wachstum des Wachstums. Das gilt für die Gesamtheit wie für den Einzelnen, der unerbittlich angehalten werden muß, sich zu verbessern und zur vollen Verwirklichung der in ihm schlummernden Leistungsfähigkeit zu streben. Auch die Stufe des zu Erreichenden darf niemals unter der Stufe des zuletzt Erreichten liegen.

Aggression

Aus all diesen Prinzipien ergibt sich zwingend, daß alle Lebensäußerungen – von der Freude über die Trauer bis zum Kampf gegen das Fremde – auf Aggression beruhen und sich durch (negative) Aggression auszeichnen müssen.

1968: „Hippies, Gammler und Schwule"
2020: „Hippies, Profi-Sportler und Rechtsextremisten"
Darf ich erwähnen, daß Rudi im Grab rotiert und die Forderung „Enteignet Springer!" noch immer nicht umgesetzt ist? (auch wenn der unfreiwillig satirische Anteil nicht zu übersehen ist)

Ich versuche mich grad zu erinnern, wie oft ich in meinem Leben schon ein „Faschist" war oder für einen gehalten wurde.

1968: Ich (fünf Jahre alt) zeige Przytulla ein Bild von Hitler und frage stolz (weil ich es weiß), wer das ist. Er (baff): „Das ist Adolf Hitler!" (Ich: stumm; den Vornamen kannte ich nicht.)

1977: Goldene Rasierklinge am Ohr, Hakenkreuze und Sicherheitsnadeln auf/an der seit drei Jahren kaputtgetragenen Ramones-Style-Wrangler-Jeans und dem „Mövenpick Beirut"-T-Shirt (Original). Englischlehrerin (in die ich verknallt war): „Ach, bist du einer dieser Punks? Sind die nicht rechtsradikal?"

1978: Ein guter Freund möchte in unserer Schülerzeitung einen Text veröffentlichen, in dem es um die heroische Geschichte eines deutschen Juden im „dritten Reich" geht. Ich (Chefredakteur) streite seit Jahren mit ihm über seine politischen Tendenzen, veröffentliche den Text trotzdem (selbstverständlich), antworte im nächsten Heft mit einem unfaßbar langen Artikel, den keiner liest, und werde als Naziförderer bezeichnet. (Der Freund gründet später eine Partei, die bald darauf verboten wird. Ich bringe es nicht übers Herz, ihn zu hassen.)

1980: Radiointerview mit meiner Band Tollwut im BR. Der Interviewer äußert einen Verdacht wegen unserer Aufmachung (immer noch Provokations-Hakenkreuze) und des Songs „Türkenblues". Ich wiegle ab und behaupte, der Text (der nicht von mir ist) sei ironisch. Zwiespältig: Ich singe den Text tatsächlich ironisch, er ist aber vielleicht anders gemeint.

1981: Ich schere mir den Kopf und trage einen Badge mit der Aufschrift: „Skinheads: still alive & kicking". S.H.A.R.P (Skinheads Against Racial Prejudice) gibt es noch nicht. Ich berufe mich auf die linksproletarischen Wurzeln der Skins (die ich nicht nachweisen kann), auf Slade, Sham 69 und meine neue Vorliebe für Soul und Ska.

1982: Ich spiele Baß in einer Band, deren Gitarrist beim Zugabenlied immer das Deutschlandlied als Gitarrensolo spielt (sehr schräg). Bei einem Straßenfest in Freising meint jemand, wir seien „rechts". Beim Deutschlandliedsolo steht rechts vor der Bühne ein Kerl mit kahlem Kopf und reckt den rechten Arm. Er kriegt meinen Baß auf den Kopf, das Verfahren wegen Körperverletzung wird eingestellt. Ich schäme mich.

(lange Pause)

1987: Ich diskutiere (unter einem Mao-Plakat) mit Freunden aus der Anti-WAA-Szene über Rudi Dutschkes Aufsatz zur „Linken und der deutschen Nation". Mir ist unbehaglich.

1988: Bei der Abschlußkundgebung einer Demonstration zum Ende der WAA Wackersdorf spiele ich mit meiner Band. Im Saal postiert sich eine Gruppe der „FAP". Die Hauptredner Ebermann/Trampert meinen: „Laßt euch von den paar Kaspern nicht provozieren." Ich verfälsche vor dem letzten Song einen Satz aus dem Grundgesetz und sage: „Wenn irgend jemand behauptet, es gehe von den Demonstranten eine Gewalt aus, dann sage ich: Alle Gewalt geht vom Volk aus." Ich hasse das Wort „Volk" und bekomme die Quittung hinterher durch eine Strafanzeige wegen „Aufforderung zur Gewalt“ (das Verfahren wird eingestellt) und die Meinung der Veranstalter, ich solle doch „zur SA gehen“.

1989: Ich spiele mit meiner Band The Comics im Theatron. Um zehn muß Schluß sein. Wir beschließen, einfach weiterzuspielen, das Licht auszumachen und Joints ans Publikum zu verteilen. Der Veranstalter meint danach, das seien „Nazimethoden“, aber (lacht): „Paßt scho!“

(wieder lange Pause)

2007: Ein Freund erzählt mir von einem Schulfaschingsscherz mit einem jüdischen Klassenkameraden: Er in SS-Uniform sprüht ihn mit Deo an. Lehrer: „Was tun Sie da?“ Er: „Ich vergase ihn!“ Ich lache. Alle anderen schweigen betreten.

2011: Bei einer Diskussion mit Lokalpolitikern über den Abriß der Kneipe „Schwabinger 7“ meine ich, wir könnten die Sache auch auf der Straße regeln, wenn die Mafia glaube, sie sei die Macht in Schwabing und könne alles von oben herab bestimmen. Ein (betrunkener) SPD-Politiker meint, das seien ja „SS-Methoden“.

(letzte lange Pause)

2020: Ich finde die Demo „Tag der Freiheit“ in Berlin eigentlich ganz nett. Nachdem ich bereits einige Monate lang Artikel „alternativer Medien“ auf Facebook gepostet habe, wird mir in einer Vielzahl von Mails und Nachrichten erklärt, ich sei „rechts“.

Wozu das alles?

Ich bin, solange ich politisch denken kann (ca. 1975, rudimentär), linksradikal. Ich meine, daß jedes vernünftige Denken links ist, daß jede Abweichung von der herrschenden Meinung erst einmal links ist, daß jede emanzipative, befreiende Regung links ist. Das Proletariat sowieso, solange es nicht vollkommen verblendet und manipuliert ist.

Wenn es heute Parteien und Abteilungen gibt, die sich für „links“ halten, sollten sie vielleicht mal eine ähnliche Chronik der Momente anlegen, in denen man sie für „rechts“ gehalten hat. Es erklärt einiges. Grüne? Linkspartei? SPD? Fragt euch mal. Und denkt drüber nach, was davon plausibel sein könnte. Ihr anderen auch.

(Und kommt mir bitte nicht mit irgendeinem Gerede von der „Mitte“, die Franz Josef Strauß erfunden hat, und erst recht nicht mit dem noch blöderen Gerede von „unpolitisch“. Es gibt keinen unpolitischen Menschen. Der am wenigsten politische Mensch ist das Rädchen im Räderwerk, und wollt ihr das sein? Seid ihr dafür ein paar Jahrzehnte auf der Welt?) *(5. August 2020)*

Die Ursache der Wirkung der Ursache – oder: Warum man alles versteht, wenn man nichts versteht *(6. August 2020)*

Sobald der Mensch zu denken anfängt, irrt er sich. Einer der am weitesten verbreiteten Irrtümer betrifft das Konzept von Ursache und Wirkung. Weil das so simpel erscheint. Wenn zum Beispiel ein durch die „Corona-Maßnahmen" im Elend gelandeter Künstler dem bayerischen Ministerpräsidenten eine Watschn verabreicht und sich daraufhin auf der Wange des Herrn Söder ein handtellergroßer Schwellfleck bildet, scheint die Sache klar: Ursache Ohrfeige, Wirkung rote Backe.

Aber war nun die regierungsamtlich angeordnete Verelendung des Künstlers die Ursache der Watschn? Oder mag der Künstler den Herrn Söder aufgrund anderer oder früherer Erfahrungen einfach sowieso nicht? Oder hatte er sich zuvor mit jemand anderem gestritten und deswegen noch einen Restgrant, der sich entladen mußte? Oder ist er ausgerutscht und beim Versuch, sich abzufangen, mit der Hand zufällig an der Söderschen Backe vorbeigekommen? Hatte der Ministerpräsident vielleicht eine bislang unbemerkte Zahnwurzelentzündung, die sich auch ohne Backpfeife im exakt selben Moment durch plötzliche schmerzhafte Schwellung bemerkbar gemacht hätte? Man weiß es nicht, auch wenn man sich einbildet, es zu begreifen.

Oder nehmen wir mal wieder den berühmten Virus, der anscheinend im Frühjahr 2020 in unseren Breiten herumflorierte (falls ein Virus so etwas tut: Manche Leute meinen, ein Virus lebe gar nicht, während andere meinen, leben tue grundsätzlich auch ein Isarkiesel, nur eben anders als wir): Die Infektion mit diesem Virus ging offenbar in einigen Fällen mit erkältungstypischen Symptomen (Husten, Fieber) einher. Also schlußfolgert der modern denkende Mensch: Ursache Virus, Wirkung Husten.

So einfach ist die Sache aber nicht. Nämlich waren die meisten, die in diesem Frühjahr einen Husten hatten, wahrscheinlich gar nicht mit dem Virus infiziert. Andererseits zeigten andere Infizierte ganz andere Symptome: Schnupfen, Durchfall, Lungenentzündung, Schlaganfall, Atemnot, Depression, Herzinfarkt, Thrombose, Kopfweh, Bauchweh, Hirnschaden und so weiter. Die meisten Infizierten wiederum spürten überhaupt kein Symptom. (Was erst mal nicht viel heißen muß: Mir sind Fälle bekannt, wo Menschen solche Mengen Bier und andere Genußmittel zu sich genommen haben, daß sie anderntags vor lauter Kater ein leichtes Kratzen im Hals gar nicht mehr bemerken konnten.) Und die meisten „positiv Getesteten" waren wohl nicht einmal infiziert …

Jedenfalls: ist auch beim Virus die Abfolge von Ursache und Wirkung alles andere als klar. Könnte es sein, daß die Halsentzündung die Ursache und die Virusinfektion eine Wirkung davon ist (weil das geschwächte Immunsystem das fiese Zwergwesen nicht mehr wirksam niederringen kann)? Oder daß die Schwäche des Immunsystems die Ursache der Infektion ist, die sich aufgrund unterschiedlich gelagerter Schwäche unterschiedlich auswirkt? Oder daß beides – wie man aus der überwiegenden Symptomlosigkeit schließen könnte – überhaupt nichts miteinander zu tun hat, sondern das Zusammentreffen von Halsweh und Infektion reiner Zufall ist (ungefähr so wie bei gleichzeitigen Schwankungen der Storchpopulation und der Zahl menschlicher Geburten)?

Der Zufall ist in diesem Zusammenhang ein ganz besonders schlimmer Bursche: Wenn ich einen Stein in eine Fensterscheibe schmeiße und die Scheibe zu Bruch geht, gibt es offenbar Ursache und Wirkung. Was aber, wenn Sekundenbruchteile vor dem Auftreffen des Steins aufs Glas eine Amsel daherfliegt, den Stein ungewollt abfängt, sich dabei eine Rippe prellt, darüber so sauer wird, daß sie meinen zufällig vorbeikommenden Nachbarn beschimpft, den das Gekeife so erregt, daß er sein Schlüsselbund nach dem Tier wirft, es verfehlt, woraufhin das metallene Geschoß in der Fensterscheibe landet, die in Scherben fällt?

Da kann einer behaupten: Er hat genau gesehen, wie ich den Stein geworfen habe und die Scheibe zu Bruch ging! Wieso aber liegt im Zimmer ein Schlüsselbund und kein Stein? Wieso humpelt da eine schimpfende Amsel mit geprellter Rippe herum? Wieso steht der Nachbar ausgesperrt vor der Haustür?

Und wenn ein begabter Polizist oder Detektiv oder Logiker den Fall so weit aufdröselt, wie wir ihn bisher kennen, stellen sich sofort neue Fragen: Warum habe ich den Stein geschmissen? Wie kam die Amsel auf die Idee, genau in dem Moment daherzufliegen? Warum ist ein Stein überhaupt schwer und eine Glasscheibe zerbrechlich? Habe ich vielleicht zuvor gemeinsam mit der Amsel einen fiesen Plan geschmiedet, um den Nachbarn blöd dastehen zu lassen? Wäre die Fensterscheibe ohne Schlüsselbund überhaupt zersprungen? Was ist ein Stein? Was denkt ein Polizist? Besteht nicht die ganze Welt aus Atomen, die wiederum größtenteils aus nichts bestehen? Besteht mein Bewußtsein, das die Idee hatte, den Stein zu schmeißen, nicht auch aus Atomen?

Und gibt es da nicht noch eine Chaostheorie, der zufolge es überhaupt keinen Zufall gibt, sondern alles mit allem zusammenhängt und alles alles beeinflußt, was sich ohne weiteres zeigen ließe, wenn man nur immer kleinteiligere Abfolgen von Ursache und Wirkung verfolgte?

Die Forschung ist ganz offensichtlich ein Raum ohne Ende im kleinen wie im großen. Aber kann es in einem endlichen Universum einen unendlichen Raum geben? Man wird verrückt, wenn man lange genug denkt. Tatsache ist: Die Scheibe ist kaputt, die Amsel geprellt, Ursache und Wirkung hingegen eine Frage der Deutung und des Auseinanderklamüserns.

Was aber ist, wenn sich zum Beispiel jemand verliebt? Ganz einfach, sagt der Ursache-Wirkung-Gläubige: Da spielen sich im Gehirn aufgrund bestimmter Reize bestimmte Prozesse ab, die zu neuen Prozessen führen, die im Bett enden. Oder in Unglück, Trübsal und Einsamkeit. Alles haarklein nachvollziehbar: Chemie, Physik, Mathematik, fertig ist die Kiste.

Hm. Und was ist mit der Frage nach dem Ursprung der Welt, also des gesamten Universums? Auch hier läßt sich vieles als Abfolge von Ursache und Wirkung interpretieren, aber irgendwo oder -wann ist damit Schluß, weil es bei einem solchen Modell keinen Ursprung geben kann, der ohne Ursache auskommt, die dann wiederum noch ursprünglicher sein und aber wiederum eine Ursache gehabt haben müßte. Selbst der Urknall müßte also einen Grund gehabt haben, der vor dem Urknall da war. Und was war der Anlaß für den Grund?

Weil Ursache und Wirkung normalerweise zeitlich aufeinanderfolgen, bietet sich ein Zaubertrick als Lösung an: Man definiert einfach die Zeit aus der Erklärung heraus und behauptet, vor dem Ursprung habe es eine Zeit nicht gegeben, die sei durch den Ursprung erst entstanden. Ursache und Wirkung waren also gewissermaßen „ewig" einfach „da" – allerdings nicht wirklich da, weil der Raum und damit die Möglichkeit eines Orts ja auch erst durch den Ursprung entstand.

Daß man mit diesem zunächst brillant erscheinenden Trick in Wirklichkeit nicht weiterkommt, zeigt sich, wenn ein Neugieriger fragt, wodurch der Ursprung von Zeit und Raum denn ausgelöst worden sei. Da sagt der Wissenschaftler notfalls, das sei durch etwas geschehen, was man mit menschlichen Begriffen nicht begreifen könne.

Das hilft dem Ursache-Wirkung-Fanatiker nichts: Der steht nun da und begreift aufgrund der Unbegreiflichkeit der Ur-Ursache auch alles folgende nicht mehr. Es hilft ihm nicht einmal, die Bibel aufzuschlagen, weil da im Grunde genau das gleiche drinsteht – nur daß das unbegreifliche Etwas eben Gott heißt. Oder nachträglich so genannt wurde, weil etwas Unbegreifliches im Grunde ja auch keinen Namen haben kann, durch den es nicht mehr ganz so unbegreiflich würde (und wer hätte ihm den Namen denn geben sollen?).

Das gleiche passiert, wenn wir nach dem Leben fragen und wissen wollen, was und warum das eigentlich ist. Der Wissenschaftler meint, die ganze Welt bestehe genau betrachtet nur aus toten Teilchen und deren naturgesetzmäßiger Interaktion. Um das zu belegen, zerteilt er alles, was es gibt, in immer kleinere Phänomene und Vorgänge – und siehe da: Schon stößt er wieder auf seine geliebte Abfolge von Ursache und Wirkung. Dem Geheimnis des Lebens allerdings kommt er so zwar immer näher, aber erkennen kann er es nicht: Der Versuch endet mit der Behauptung, letztlich sei auch das Leben etwas Totes, weil es aus vielen winzigen Ursache-Wirkung-Abfolgen von Interaktionen toter Teilchen (Atome) besteht. Und das ist ein Widerspruch, den es rein wissenschaftlich nicht geben darf.

Man könnte lebensweisheitlich behaupten, das Ganze sei eben mehr als die Summe seiner Teile, aber auch das wäre grob unwissenschaftlich. Bewußtsein, Seele, Geist, Sinn, Wille, Freiheit et cetera helfen nicht weiter, weil auch sie aus toten Teilchen bestehen müßten, die durch nichts lebendig werden können. Also was tun? Man rettet sich in die Zukunft, mit dem gleichen Argument wie beim Ursprung: Das Leben entstehe prinzipiell aus der Interaktion toter Teilchen, die irgendwann irgendwie zu Leben

werde, durch eine Stufe der Komplexität, die man momentan noch nicht begreifen könne, die aber sicherlich irgendwann begriffen werde.
Und wieder steht in der Bibel das gleiche: Da entsteht das (menschliche) Leben aus toten Lehmteilchen, die durch etwas unbegreiflich Komplexes belebt werden, und wieder nennt man dieses unbegreiflich Komplexe Gott.
Ob man die Welt mit Hilfe der Religion oder der Wissenschaft erklären möchte, ist also letztlich egal. Wissenschaft ist Religion, und Religion ist Wissenschaft. Und beides sind nicht mehr als Mythen, die uns vor der Verzweiflung bewahren sollen, die uns befällt, wenn und weil wir nichts verstehen und nichts einen Sinn zu haben scheint.
Wir sehen: daß Ursache und Wirkung im kleinen manches für den Menschen begreifbar machen können, im großen und ganzen aber ein Hirngespinst sind. Und damit könnten wir uns eigentlich alle möglichen unerfreulichen Diskussionen ebenso sparen wie das ganze Geschrei um sogenannte „Verschwörungstheorien". Wir könnten sagen: Was geschieht, geschieht deswegen, weil es geschieht. Und dann fragen wir lieber mal, was eigentlich geschieht und wie wir damit umgehen können.

„Jede Anstrengung der Philosophie, das Dunkle und Obskure aufzuklären, hat etwas Unerfreuliches; denn als Strafe für Mißerfolg droht Konfusion, als Lohn des Erfolgs winkt Banalität. Jede Lösung, ist sie erst einmal gefunden, ist bald langweilig, und es bleibt nur die Bemühung übeig, das ebenso langweilig zu machen, was noch dunkel genug ist, um uns zu fesseln." (N. Goodman)

„Kultur ist eine falsche, allegorische Totalität, ein methodisches Konstrukt, das auf die Verdunklung des Ästhetischen und des Politischen, Ökonomischen, Historischen hinarbeitet, das sich an die Stelle der Komplexität des gesellschaftlichen Ganzen setzt und nur in bezug auf den artikulierten Zusammenhang der sich gegenseitig animierenden Autonomie von Ästhetik und politischer Ökonomie existiert." (Fred Moten) *(7. August 2020)*

Oh, es gibt die „SPD" noch? Was man nicht alles erfährt.
Der Transatlantik erzittert vor Furcht. Äh, Quatsch, das sind sie ja selber.

Übrigens, Herr Söder: sind Ihre „Künstlerhilfen" ja nun seit einiger Zeit ausgelaufen. Und jetzt? Wissen Sie was: Wir laufen jetzt einfach mal in „Ihrem" Land herum und schlagen alles zusammen. Und dann schaun mir mal.

Darf ich darauf hinweisen, daß zumindest in proletarischen/jugendlich-delinquenten Kreisen das Wort „Ausbruch" etwas anderes bedeutet als daß ein paar Leute bei so einem komischen Test durchfallen? (Sorry, ich schalte den Radio gleich wieder aus.)

Und wo wir schon dabei sind (und dann ist Schluß): Wenn es diesen zweiten „Lockdown" wirklich geben muß – dann zeigt uns doch mal die Kranken! Momentan sind es in Deutschland 236. Mit denen kann man doch mal reden, sie interviewen, nach ihrer Meinung fragen. *(10. August 2020)*

Wenn Herr Söder jetzt den zweiten Lockdown verpatzt, haben wir dann noch eine Chance? *(14. August 2020)*

Ehrlich naive Frage des Tages: Wieso stecken sich grad so viele Leute mit „Sommergrippe" (Rhinoviren) an, wo sie doch wirksame Masken gegen Viren tragen? *(18. August 2020)*

Ich weiß ja nicht genau, was mit dem Herrn Lukaschenko los ist. Der kriegt ein Angebot von der WHO: 90 Millionen für einen Lockdown. Lehnt er ab, klar. Eine Woche später bietet man ihm 900 Millionen für einen Lockdown.
Hm. Glaubt der jetzt, er kriegt in drei Wochen 9 Trilliarden für den Lockdown? Oder ist ihm das generell wurscht?
Weil dann kriegt er vielleicht im Februar 900.000 Fantastilliarden für einen Lockdown und wird Weltkönig. Hui. Und das ohne „positive PCR-Tests". *(19. August 2020)*

Ein Tisch im Biergarten. Vier heldenhafte Einzelkämpfertypen (drei mit Caps, zwei nach hinten, eins nach vorn) sitzen vor Maßkrügen und schwadronieren: wie geil sie sind und wie sie das alles checken. Am Rand eine unscheinbare, hübsche Frau mit Wasserflasche. Sie gibt sich Mühe, dem Gespräch zu folgen, lächelt mal höflich, lacht auch mal, schaut gelangweilt in die Bäume, schraubt ihre Wasserflasche auf, trinkt einen Schluck, schaut wieder wo hin. Die Typen: beachten sie nicht, schwadronieren und lachen im Chor. — Ich denke: es gibt Dinge, die man mit gendergerechter Schreibsprache nicht lösen kann.

Und dann gibt es einen Gedanken, der mir gelegentlich in den Kopf kommt, wenn ich gewisse neumünchner Yuppiepaare mit Kind sehe (sie offenbar schwanger): Jetzt seid ihr schon so gestört, und euer Kind ist offenbar noch mehr gestört – könnt ihr nicht wenigstens beim F***** mal nicht profitorientiert denken? (auch #Egoismus)
(21. August 2020)

„Es gibt keine Epidemie von nationaler Tragweite und somit keinen Grund für all diese Einschränkungen." *(Sucharit Bhakdi, Mikrobiologe und Immunologe)*

Was einen beim Studieren und Lernen bisweilen so frustriert, ist nicht (so sehr) die Ignoranz der anderen. Sondern eine fundamentale wissenschaftliche Grundregel: Je mehr man weiß, desto mehr weiß man nicht.
(Was freilich heißt: Wer nichts weiß, weiß alles. Und da wären wir dann doch wieder bei der Ignoranz.) *(22. August 2020)*

Nachdem ich heute beim Putzen den halben Vormittag öffentlich-rechtliche Radiosender gehört habe, hätte ich eine Frage an Fachleute (!):

Kann man einen öffentlich-rechtlichen Sender theoretisch zwingen, bei wiederholten Meldungen entscheidende Informationen (ohne die die Meldung im Prinzip eine Falschmeldung ist) nicht wegzulassen?
Und wenn ja: Wie geht das? *(24. August 2020)*

Dieser „Kreml-Kritiker" ist ja eine ziemlich schillernde Figur. Wenn Rußland den zurückhaben möchte, könnte er eigentlich den Höcke gleich mitnehmen.[8] *(25. August 2020)*

Das ist eine lustige Art von Politik: Ministerpräsident liest Zeitung. Beschließt aufgrund von Zeitungsmeldungen Maßnahmen. Die Maßnahmen werden in der Zeitung vermeldet. Daraufhin ergehen neue Maßnahmen. (Ach so, und „Gespräche" oder „Austausch" soll es auch noch gegeben haben; man weiß aber nicht, worüber und von was.) Aber Akten über die Maßnahmen und ihre Herleitung aus Begründungen: gibt es nicht. Wir leben im Irrenhaus.[9] *(25. August 2020)*

Die gestrigen Demonstrationen in Berlin wie auch die anderen in der Zeit zuvor haben einen Nebeneffekt, den man nicht vernachlässigen sollte: Das Aussortieren und „auf Snooze Schalten" der „Freunde", die Facebook nur noch dazu benutzen, um Schimpfwörter und Beleidigungen in die Welt zu plärren, wird langsam zur Sisyphosarbeit. Aber es muß sein, weil mir das die Laune noch mehr verhagelt als das Wetter.

Vielleicht können wir irgendwann in Ruhe den Begriff „mitlaufen" diskutieren. Aber hier und jetzt wohl eher nicht.

Gibt es eigentlich diese alte Rede von John F. Kennedy in Berlin noch auf Youtube zu sehen? Die muß dringend zensiert oder mit einem Warnhinweis versehen werden. Schließlich stellt er da nachweislich eine falsche und irreführende Behauptung auf.
(30. August 2020)

Eines der Probleme sozialer Medien, die derzeit eine Rolle spielen könnten, ist, daß man zwar sieht, was jemand sagt/tut, aber nicht sieht, was er nicht sagt/tut.
Präzisierung auf Nachfrage: Am Stammtisch hat man auch gemerkt, wenn einer zu einem Thema gar nichts oder nur wenig sagt.

Unter den Bezeichnungen, die mir derzeit so zuteilwerden, war heute übrigens eine, mit der ich relativ gut leben kann: „Reisbürger".

Jetzt muß ich doch mal fragen: Wie viele Leute waren da jetzt in der Berlin an der Siegessäule am Demonstrieren? Und wie viele V-Leute haben 500 Meter weiter diesen selt-

---

[8] Gemeint war (höchstwahrscheinlich) der mit Hilfe der Propagandaagentur „Correctiv" zum „Hoffnungsträger" und „Putin-Rivalen" aufgebauschte zwielichtige Rechtsextreme Alexei Nawalny.
[9] Dies bezieht sich auf einen Prozeß, in dem die bayerische Staatsregierung gezwungen werden sollte, die Akten offenzulegen, die den Entscheidungshergang der „Corona"-Strafmaßnahmen dokumentieren. Es stellte sich heraus, daß es solche Akten nicht gab.

samen inszenierten „Sturm auf den Reichstag" absolviert? Und was war heute die Schlagzeile?
Als zusammengefaßte Antwort auf die vielfältigen Vorwürfe, ich würde mal wieder irgendwas „verharmlosen": Daß der „Sturm" inszeniert war (und lange vorher geplant), ist bekannt. Dazu ist die Bundespressekonferenz von gestern recht aufschlußreich, man braucht allerdings ein bißchen Geduld. Daß V-Leute aller in die Szene involvierten Dienste beteiligt waren, wird darin bestätigt. V-Leute mit dem Staat gleichzusetzen ist nicht richtig. V-Leute sind Angehörige der Szene, die „nebenberuflich" den Diensten Informationen über die Szene liefern. Das birgt gewisse Gefahren, weil die „Qualität" der Informationen nicht unabhängig geprüft werden kann. Richtig gefährlich wird es aber, wenn der Dienst über die V-Leute nicht (oder nicht nur) Informationen bezieht, sondern die V-Leute benutzt, um die Szene zu „steuern" und zu instrumentalisieren – indem er V-Leute gezielt zur Organisation von Aktionen einsetzt. Hierfür gibt es eine Vielzahl von Beispielen, deren Aufklärung wegen Verdunkelung, Vertuschung und der teilweise jahrzehntelangen Sperrung von Akten (wenn sie nicht gleich vernichtet werden, vgl. NSU) äußerst schwierig und langwierig ist. Daß der Mann, der 1968 auf Rudi Dutschke geschossen hat, den Auftrag dazu von einem NPD-V-Mann erhielt, kam erst 2009 (und auch nur teilweise) ans Licht. Beim Oktoberfestattentat läuft die Aufklärung immer noch, und was beim NSU wirklich passiert ist, kann evtl. die Generation unserer Urenkel mal studieren. --- Wofür solche Aktionen im einzelnen dienen (sollen), ist Sache der Spekulation (außer in weitgehend geklärten Einzelfällen, etwa dem Bahnhofsattentat in Bologna), daran mag ich mich nicht beteiligen. Daß aber solche Inszenierungen zumindest langfristig gefährlicher sind als ein Haufen Nazis, der die Reichstagstreppe stürmen möchte und dem sich, obwohl das vorher hinlänglich bekannt war, drei Polizisten entgegenstellen müssen, halte ich für klar. Wenn die Aktion nur der öffentlichen Diskreditierung der anderen Demonstrationen diente (was ja auch gelungen ist, siehe Presse), mag das relativ „harmlos" sein, aber das weiß man halt nicht. *(31. August 2020)*

So, jetzt laufen also die Bauern mit den Nazis mit. Was tun? Die Produkte der Agrarlobbyleugner und Biodioten nicht mehr konsumieren? *(1. September 2020)*

Jetzt ist das so, wie es nie mehr sein wird und wie es nie mehr so sein wird, wie es war (ein Zeitbild aus einer zeitlosen Welt) *(2. September 2020)*

Ein ganz normaler Spätsommermontagabend in Zeiten anschwellender Totalitarität. Während draußen die heiße Luft um die Betonzinken wabert, sitze ich drinnen, weil es draußen nichts zu sehen, nichts zu tun und nichts zu erleben gibt.
„Corona immer schlimmer!" brüllt der sogenannte Ministerpräsident aus der Zeitung; da macht man lieber die Tür zu. Weil man nicht gern zuhört, wenn ein Hysteriker sich selbst zu hypnotisieren versucht, indem er alle anderen hypnotisiert. Das weckt in

Deutschland wenig angenehme Assoziationen. Am Ende wünscht man sich den Strauß zurück.

Der hat über sein staatsmännisches Treiben (wenn schon nicht über den Rest) wie jeder Staatsmann dieser Welt wenigstens Akten geführt oder führen lassen und nicht wie der Söder aufgrund von Zeitungsberichten und Plaudereien Entscheidungen getroffen, die Millionen Menschen das Leben oder wenigstens den Sommer ruinieren, und hinterher wie ein verrücktgewordener Jahrmarktschreier die „Gefahrensituation" beschworen, die sich nun nicht mehr rekonstruieren läßt, weil der Söder halt keine Akten führt und auch nicht führen läßt. Deswegen muß er jetzt übrigens als Zeuge vor Gericht. Weil es das in den letzten tausend Jahren nicht gegeben hat, daß ein Regierungschef Entscheidungen trifft und dazu keine Akten existieren. Ach, diese Bayern! Man möchte am liebsten nicht dazugehören.

Ich „bin" derweil im Internet, wo mal wieder (wie andauernd) dies und das erwogen wird: Waren es 20.000 oder hunderttausende oder 1,3 Millionen Impfbürger und Rechtsnazis, die am 1. August in Berlin gegen „Alltagsmasken" demonstriert und „krude Verschwörungstheorien" zum besten gegeben, nein: „geschwurbelt" haben?

„Wenn es nur 20.000 waren, wen kümmert's dann?" fragt der eine.

„Diese verdammten EGOISTEN gefährden MEINE GESUNDHEIT!" plärrt die andere.

„Aber du bist doch in Köln?"

„Na und? Ich bin weltoffen! Und ich lasse mir nicht von Nazis meine Karriere zerstören!"

„Recht hast du! Trump muß auch weg!"

„Der ist sowieso das letzte! Der soll ja neulich behauptet haben …"

Vorsichtshalber schalte ich alle drei für dreißig Tage auf „Snooze". Vorsichtshalber schalte ich auch gleich die fünfhundert „Freunde" auf „Snooze", die derzeit ihre Tage damit zubringen, sämtliche freien Stellen auf Facebook mit Vokabeln wie „5G", „Schwurbler!", „Covidioten!", „Aluhut!", „Chemtrails!", „Qanon!" und so weiter zu tapezieren. Man möchte von solchen Leuten nicht zum Essen eingeladen werden, wenn sie da dann auch Kartoffeln, Brezen, Erdbeereis, Bohnen, Schießpulver, Fische, Spinnen, Unterhosen, Schuhcreme, Teller, Gläser und Besteck in einen Topf schmeißen und umrühren.

Einer hat mich gestern „Reisbürger" genannt und das sicher böse gemeint. Offenbar gelingt ihm das mit dem Bösesein aber nicht richtig, drum schalte ich ihn vorläufig nicht für dreißig Tage auf „Snooze". Das heißt übrigens „Nickerchen", aber ein solches machen die Gesnoozten in den nächsten dreißig Tagen ganz bestimmt nicht. Immerhin: muß ich mir den Schmarrn erst mal nicht mehr anschauen und mich nach dem dritten Bier verleiten lassen, „Ruhe!" dazwischenzukrähen. Oder schlimmeres. Sonst fliege ich mal wieder raus aus der medialen Gesellschaft.

Da schreibt mir ein alter Freund: „Schon gehört von diesem Kabarettisten, Florian Schroeder, der den Corona-Prollpöbel vorgeführt hat? Geil!"
Der nächste Freund: „Schon gehört von dieser Kabarettistin, Lisa Eckhart, die den Promibetroffenheits-Betriebspöbel vorgeführt hat? Geil!"
Rückfrage. Antwort: Na ja, er ist jetzt ein Held (zumindest für die „Süddeutsche" und ein paar andere schlichte Leute, die ihre Welt gerne mit Helden dekorieren), sie ein Nazi (zumindest für Leute, die ihre Welt gerne mit Nazis dekorieren). Such dir deine Feinde lieber vorher sorgfältig aus! „Aber mach da doch mal was zu!"
Nein, „da" mache ich nichts „zu", höchstens den Bildschirm, weil ich schon seit sehr langer Zeit der Meinung bin: Wenn Menschen lauthals über vollkommenen Schwachsinn streiten (und noch dazu *alle* über genau denselben Schwachsinn), schleicht man sich am besten unauffällig davon und beschäftigt sich mit etwas ganz anderem.
Es ist jedoch (oder nämlich) jedem Menschen die Neigung zum faschistischen Furor sozusagen angeboren: Da muß ein Feind identifiziert und mit stetig zunehmender Brutalität bekämpft und vernichtet werden – und wenn man merkt, daß der Kampf aussichtslos und niemals zu gewinnen ist, dann gilt das erst recht. Lieber geht man notfalls selber unter und reißt die ganze Welt in den Abgrund, als auch nur einen Gedanken ans Aufgeben, Arrangieren, Koexistieren oder ähnlich defaitistisches Zeug zu verschwenden.
Das hat der Deutsche von 1933 bis 1945 exemplarisch vorgeführt, derzeit führt er es als Farce noch einmal vor. Aber abseits der Weltpolitik führe ich das selber immer dann vor und mir ins Bewußtsein, wenn ich in meinem Garten einer Nacktschnecke begegne. Dann geht der Feldzug los, der sich stracks zum totalen Krieg ausweitet, und mein grundsätzlicher Ekel vor jedem Krieg – sei es gegen Rauschgift, den „Terror" oder irgendein „Regime" (d. h. die Bevölkerung um dieses „Regime" herum) verpufft in einem haltlosen Furor, den ich mit Gewalt bremsen muß, um nicht die Nacktschnecke im ganzen Münchner Norden auszurotten und selbst zum Söder zu werden.
Derweil ich das schreibe, beschimpfen sich auf Facebook Menschen, die sich letztes Jahr noch spätnachts am Tresen lallend in den Armen lagen, ohne einen Schimmer von der „Meinung" des jeweils anderen zu „Corona". Zwischendrin die trostlose Nachricht eines befreundeten Kleinkünstlers, er sei jetzt kein Kleinkünstler mehr, weil es das nicht mehr gebe. Die Lücke fülle jetzt das Fernsehen mit seinen maskierten Durchhalteshows, und er könne sowieso nicht mehr verreisen, weil Hartz IV.
Tage vergehen, alles bleibt gleich: die Angst, die Hysterie, die Beschimpfungen, die zunehmend automatisch wirken, wie von Maschinen erzeugt, ein Meer von Wortmüll, das aus dem Weltall betrachtet vielleicht aussieht wie ein Getreidefeld. Wenn man das ohnmächtige Gerangel aus genügend weiter Entfernung betrachtet, wirkt es plötzlich recht friedlich.
Derweil demonstrieren in Berlin schon wieder hunderttausende Menschen für ihre Grundrechte und dies und das (Pippi Langstrumpf, Techno, mittelständische Betriebe,

Meditation, Blumen, irgendwas mit Liebe, Kinder und frische Luft), während einen halben Kilometer weiter ein Trupp geisteskranker Nazis den Bundestag zu stürmen versucht und laut Plan von drei (3) Polizisten daran gehindert werden soll. Die Nazi-Inszenierung ist seit Wochen angekündigt, aber noch am Tag danach weiß das Bundesinnenministerium auf der Bundespressekonferenz nicht so genau, ob das jetzt bekannt war (eher schon) und angemeldet (ja, von einem notorischen Nazi) und verboten wie die Großdemo (nö) oder genehmigt (eher auf jeden Fall) und ob man damit gerechnet hat (auf keinen Fall) und welche Polizei denn dafür zuständig gewesen wäre (keine Ahnung) und ob da V-Leute der diversen Geheimdienste dabeigewesen sind (selbstverständlich).
„Ach, Deutschland", sagt einer, „da können die Rechten doch sowieso tun, was sie wollen!" Mit einem erinnernden Blick auf die deutsche Geschichte zum Beispiel der Jahre 1980 bis 2020 und das in dieser Epoche zuständige politische Personal fällt mir kein Widerspruch ein.
Derweil werden auf der anderen, der großen Demonstration Menschen mißhandelt, verletzt, zusammengeschlagen, getreten und unter Prügeln weggeschleppt.
„Das sind alles Rechte!" schreit derselbe eine. Auf die Gegenfrage, wieso die nicht tun können, was sie wollen, wo sie doch Rechte sind und Rechte in Deutschland tun können, was sie wollen, weiß er keine Antwort. Gibt es neuerdings zwei Sorten von Rechten? Und waren nicht gerade noch „die Bullen" auch rechts, durch und durch? Und jetzt foltern sie ihre Gesinnungsgenossen? Da kenne sich einer aus.
Draußen ist der Himmel gelbgrau schwanger, der Sommer vorbei. Zweckfamilien schieben Lastwagen mit Doppel- bis Dreifachnachwuchs durch den Englischen Garten und fühlen sich im Recht, wenn Spaziergänger ins Gebüsch ausweichen müssen. Schließlich sind sie die deutsche Zukunft. Man redet nicht, dabei könnten sich Aerosole bilden. Nur die Krähen unter den Bleiwolken krähen schadenfroh über die lächerlichen Zweibeiner da drunten, die sich nicht mehr nur gegenseitig, sondern seit einiger Zeit auch selber quälen, ohne irgendwann mal nachzudenken, warum sie das tun und wozu.
Die „Pandemie", von der die „Welt" (nicht die gleichnamige Zeitung, sondern alle Zeitungen und sonstigen Medien) spricht, ist eine etwas vage Erinnerung. Das war im späten Winter, jetzt ist Herbst. Seitdem sind Frühling und Sommer vergangen – seltsam schnell, es konnte sich ja nichts ereignen außer maskierten Angstblicken, denen man sich entzog, weil sie so furchtbar deprimierend ausschauen, besonders bei alten Menschen, die sowieso kaum Luft kriegen.
Jetzt schleppen sie sich einsam durch dunkelgraue Betonschluchten, schnaufen den eigenen Röchelschleim wieder und wieder ein und fragen sich vielleicht (man sieht die Augen kaum), wie sie je auf die Idee kommen konnten, möglichst lange leben zu wollen.
Die Jüngeren, die wissen das: um der Wirtschaft zu dienen! um Deutschland voranzubringen! Deren Augen sieht man: Sie haben gelernt, ihren Zorn und Eifer so unbedingt

auf diese zwei glanzlosen Kugeln zu konzentrieren, daß sie zu Waffen werden gegen die Schädlinge. Als hätten sie darüber hinaus nie ein Gesicht gehabt.
Wo ist alles hin? Man lacht entschuldigend, als meinte man, was einem zwischendurch rausrutscht, nicht so ganz ernst. Man sagt sowieso lieber nicht mehr viel, höchstens mit ironischem Beiklang: nicht so gemeint, weißt eh. Sorry. Der letzte Todesfall an oder wegen Covid-19 in Deutschland war am … hm, im … na ja, irgendwann oder streng genommen vielleicht nie, man weiß es nicht. Man fragt sich, ob man es je erfahren wird, ob man es wissen will. Irgendein Millionenpromi schmeckt angeblich seit Wochen vierzig Prozent weniger; stimmt das? Man weiß es nicht, auch das. Parlamente: Wird es die irgendwann wieder geben? Die offiziellen Stellen der exekutierenden Macht schweigen mittlerweile die meiste Zeit, befehlen nur sporadisch düster, man dürfe nichts und niemals hinterfragen. Selbst der Söder läßt die Anordnung, Kinder müßten sich jetzt auch im Unterricht vermummen, von anderen überbringen. Immerhin: er bellt nicht mehr so laut.
Das kann aber auch heißen, daß er bald wieder beißt. Wenn ihn wieder diese furchtbare Furcht packt, vor was auch immer. Akten wird es auch dann nicht geben.
Es ist September. Leben wir noch?
„We shall live again.“ (Patti Smith)

Faktencheck – Liste der Länder, in denen es weniger „Covid-19-Tote“ pro 1.000 Einwohner gab als in Deutschland:
Indien, Bangladesh, Pakistan, Türkei, Philippinen, Indonesien, Ukraine, Israel, Katar, Kasachstan, Ägypten, China, VAE, Marokko, Japan, Polen, Äthiopien, Singapur, Nigeria, Venezuela, Costa Rica, Weißrußland, Algerien, Nepal, Ghana, Usbekistan, Afghanistan, Kenia, Serbien, Aserbaidschan, Österreich, Tschechien, Australien, Palästina, Paraguay, Südkorea, Libanon, Kamerun, Elfenbeinküste, Dänemark, Libyen, Bulgarien, Madagaskar, Senegal, Sudan, Sambia, Kroatien, Griechenland, Norwegen, Albanien, DRK, Malaysia, Guinea, Ungarn, Tadschikistan, Namibia, Gabun, Malediven, Haiti, Finnland, Mauretanien, Simbabwe, Malawi, Dschibuti, Tunesien, Äquatorialguinea, Hongkong, Eswatini, Zentralafrikanische Republik, Nicaragua, Slowakei, Kongo, Mosambique, Ruanda, Cabo Verde, Kuba, Uganda, Thailand, Somalia, Gambia, Slowenien, Syrien, Sri

Lanka, Jamaica, Litauen, Angola, Mali, Südsudan, Estland, Jordanien, Trinidad/Tobago, Guinea-Bissau, Reunion, Island, Benin, Sierra Leone, Malta, Botswana, Jemen, Neuseeland, Georgien, Uruguay, Zypern, Togo, Guyana, Burkina Faso, Lettland, Myanmar, Guadeloupe, Liberia, Belize, Niger, Lesotho, Vietnam, Tschad, San Tome/Principe, Martinique, Polynesien, Tansania, Taiwan, Papua-Neuguinea, Burundi, Comoros, Färoer-Inseln, Mauritius, Eritrea, Gibraltar, Mongolei, Kambodscha, Bhutan, Caiman-Inseln, Barbados, Monaco, Brunei, Liechtenstein, Seychellen, Antigua/Barbuda, Curacao, Jungferninseln, St. Vincent, Macao, Fidschi, Timor/Leste, Neukaledonien, S. Lucia, Grenada, Dom. Rep., Laos, Falklandinseln, Vatikan, Grönland, Anguilla. Montserrat, Grönland, Westsahara.
Hab ich jemanden vergessen? *(7. September 2020)*

Falls sich noch jemand dafür interessiert: Das mit der „zweiten Welle“ wird wohl nichts mehr. Dafür kommt demnächst der Weihnachtsmann.[10]

Insiderinfo (heute von Klinikpersonal gehört): „Gut, daß wir jetzt die Sommergrippe haben. Sonst wären wir mit diesen Gesichtslappen ja die totalen Deppen.“
(10. September 2020)

Es hilft nichts, die „zweite Welle“ will sich auch nach vier Monaten einfach nicht zeigen. Nachdem wir mittlerweile 645 Millionen Euro für Tests ausgegeben haben (wer kriegt das Geld eigentlich?), ist die eigentliche Frage wohl diese: Wer gibt als erster zu, daß hier was falsch gelaufen ist?

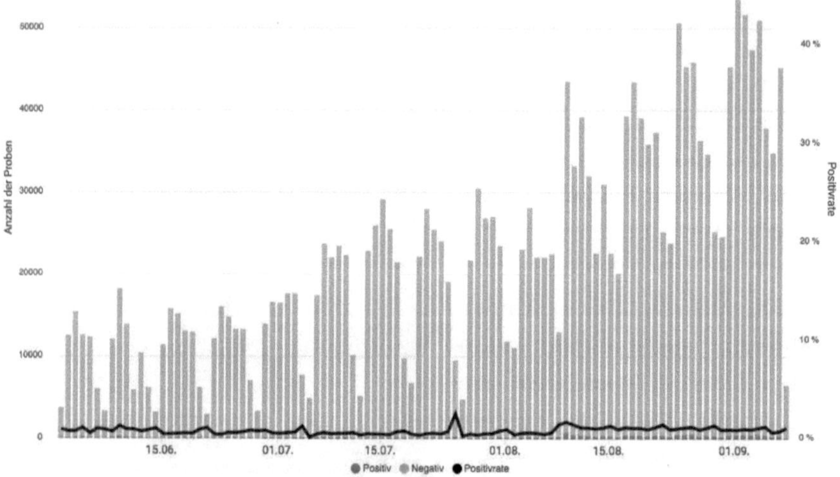

Der bayerische Rundfunk meldet: „Keine Akten zu Corona-Beschlüssen“. Hoppla. Wenn darauf sogar der Staatsfunk reagiert, könnte es jetzt ernst werden.

[10] Anmerkung für Spätgeborene: Die „Welle“ soll durch die schwarze Linie am unteren Rand dargestellt werden. Darüber muß man nicht nachdenken: Es gab diese „Welle“ nie.

Die SZ hat das Thema gestern ebenfalls aufgegriffen. Offenbar hat man sich geeinigt, daß die Katze jetzt aus dem Sack gelassen werden kann. Geht dann eh wieder unter im Propagandageschwalle.
Jetzt könnte aber eigentlich langsam die Opposition aufwachen und ihr Schweigegelübde brechen, bevor ihr die Rechten auch diesen Braten vor der Nase wegschnappen. Oder fürchtet man, daß hinter der plötzlichen Enthüllung die Merz-Leute stecken? *(12. September 2020)*

„Neben unseren, Steuern, Kassenbeiträgen, Organ-, Blut- und Gewebespenden überlassen wir jetzt bei PCR-Massentestungen auch unsere Schleimhautzellen den staatlich legitimierten Organisationen, denen wir als Souverän die Macht zur Gesundheitsversorgung anvertraut haben. Die Schleimhautzellen aus Mund-, Rachen oder Nasenraum enthalten aber nicht nur Teile der dortigen Mikroben, sondern auch unsere höchst persönlichen genetischen Daten. Genau die sind aber das ‚Öl der Zukunft' oder das ‚Gold der Zukunft', wie es in Börsenblättern und auf Pharma-Kongressen seit Jahren zu lesen und zu hören ist. Wer schützt uns aber jetzt davor, daß Großlabore aus aller Welt dieses neue „Gold" aus unseren Nasen und Rachen schürfen?" *(Wolfgang Wodarg, Mediziner und Politiker, 14. September 2020)*

In der antiken Mythologie waren die Götter die Träger der Naturgewalten, deren Wüten der Mensch hilflos ausgeliefert war, weshalb er sie mit Opferritualen zu besänftigen suchte. In der neuen Mythologie sind an die Stelle der Götter die Zahlen getreten, die mit Opferritualen besänftigt werden sollen.
Nach dem Scheitern der Aufklärung tritt der Mensch durch Verzicht auf den Einsatz seines Verstandes zurück in die selbstverschuldete Unmündigkeit. *(15. September 2020)*

Revolution? Ja mei …
(Herzlich willkommen in der neuen Steinzeit!) *(16. September 2020)*

In letzter Zeit hört man viel Gemunkel: „Lange geht das nicht mehr! Die lassen sich das nicht mehr gefallen! Wir auch nicht! Da gibt es Widerstand! Revolten! Aufstände!"
Gemeint ist mit dem, was „die" (und dann angeblich auch „wir") sich nicht mehr gefallen lassen, selbstverständlich: die „Corona-Maßnahmen", die ein halbes Jahr nach dem Ende der Grippewelle weiterhin gelten und weiterhin verschärft werden, sich aber für jeden anders darstellen:
Dem einen tut die Abschaffung diverser Grundrechte und der demokratischen Gewaltenteilung moralisch weh, der zweite beklagt das Ende der bayerischen Wirtshauskultur, der dritte findet überhaupt keine Kultur mehr. Der vierte ist selber „Kulturschaffender" (also prekärer Künstler) und seit Monaten ohne jegliches Einkommen, dem fünften schwillt der Nazißmuskamm, weil er seit Monaten sein hübsches Gesicht nicht mal mehr dem One-Night-Stand zeigen darf.

Der sechste ist alt (oder belesen) genug, um Notstands- und Ermächtigungsgesetzen generell zu mißtrauen, der siebte fühlt ein diffuses Unbehagen angesichts ganztägig dröhnender Überwachungshubschrauber und allgegenwärtiger Polizeiaufsicht, der achte wünscht das ganze Verweigererpack zum Teufel und möchte endlich wieder ein sauberes, geordnetes Teutschland herbeiführen, in dem man in Reih und Glied spazierengeht und Abweichler aussondert.

Und daraus soll nun also irgendwann ein Aufstand oder eine Revolte entstehen? Ich fürchte: nö.

Was passiert, ist: daß sich ein paar hunderttausend Leute ab und zu in Berlin versammeln, wahlweise bunte und reichsdeutsche Fahnen schwenken und in jede Kamera, die sie finden, hineinsagen, sie seien „total unpolitisch" und „weder links noch rechts". Derweil inszenieren die Geheimdienste ein paar hundert Meter weiter einen „Sturm auf den Reichstag" – und zwar so erbärmlich und lächerlich, daß auch der letzte vertrottelte „Tagesschau"-Junkie kapiert: Das ist Quatsch.

Fragt man die V-Nazis, was sie eigentlich wollen, stammeln sie herum. Fragt man die aufrichtigen Demonstranten auf der anderen Seite, was sie eigentlich wollen, stammeln sie ebenfalls herum. Fragt man die „Tagesschau"-Junkies, was sie eigentlich wollen, können sie mit Müh und Not gerade noch herumstammeln, aber im Grunde wollen alle das gleiche: ihre Ruhe.

Das ist kein historischer Zufall, sondern weltgeschichtlich recht leicht zu erklären: Das Zeitalter der Revolten, der Hoffnung auf eine Wendung zum besseren durch aktiven Einsatz von Hirn- und Muskelkraft ist vorläufig vorbei. Für die nächsten fünfhundert Jahre, täte ich mal sagen.

Weil wir uns wohl damit abfinden müssen, daß das mit dreihundert Jahren relativ kurze Zeitalter der Aufklärung und das mit zweitausend Jahren relativ lange Zeitalter der Emanzipation des Menschen – je nach Geschmack – versickert, verglommen, überwunden oder halt einfach evolutionär am Ende sind. Zweitausend Jahre lang hat man dem Menschen beigebracht, er sei Gottes Ebenbild und deshalb ein freies Wesen. Dreihundert Jahre lang hat man dem Menschen beigebracht, er sei jetzt auch frei von Gott und deshalb noch viel freier und absolut gleich vor dem Gesetz.

Zur Erinnerung: Davor war das anders. Da war der Mensch ein hilfloses Opfer, irrte herum auf einem wirren Planeten und versuchte, sich einigermaßen einzurichten, war aber dem Wüten der Natur – eben – hilf- und wehrlos ausgesetzt. Das Wüten der Natur schrieb er den Göttern zu, die halt nun mal ein heillos zerstrittener Haufen waren und die der Mensch nicht sonderlich interessierte. Den zerschmetterten, zerbröselten und zerrieben sie nach Belieben, quälten ihn zum Zeitvertreib mit Tantalusqualen oder ließen ihn Felsbrocken den Berg hinaufrollen, die dann gleich wieder herunterrollten. So war sie halt, die Natur. Kundige Priester, immerhin, erdachten Rituale, um die Göt-

ter mit Opfern zeitweilig zu besänftigen. War das Opfer nicht genug, mußte ein wertvolleres her, notfalls der eigene Sohn oder man selbst.
Dann hob der Mensch sein Händchen und begehrte auf. Er wähnte, es müsse nicht immer so bleiben, daß alles ewig hoffnungslos im Kreis sich dreht und regelmäßig im Abgrund landet, daß irgendwelche wilden Gottheiten nach Gutdünken Seuchen, Blutfluß und sonstigen Schabernack in die Welt streuen und dem Menschen seine Existenz zum selbsterlebten Horrorfilm machen.
Daß sich nicht mehr alles im blödsinnigen, unberechenbaren Kreis der Verhängnisse drehte, hieß auch: Es gab plötzlich eine Zukunft, die man sogar selber herbeiführen konnte! Man machte sich Gedanken, fing an zu planen, erhoffte ferne Erlösungen und „neue Menschen" im Diesseits – und zettelte Umstürze, Revolten und ganze Revolutionen an, weil man dachte, die Welt sei so, wie sie ist, nur deswegen, weil man nicht genug dafür tue, daß sie anders werde. Abermillionen strebten plötzlich einer leuchtenden Zukunft entgegen. Freiheit! Brüderlichkeit! Gleichheit! Menschlichkeit! Vernunft!
Tja, Pech gehabt. Je rationaler man die Welt betrachtete, desto unheimlicher wurde sie plötzlich. Vor allem: je dicker die Rauchwolken der Industrie und der Bombentestungen wurden, je mehr die unbegreiflichen Geldschwemmen anschwollen, je mehr insbesondere die schiere Zahl der Menschen selbst anschwoll, desto gruseliger wurde alles. Mag sein, daß bei einer Gesamtbevölkerung von einer Milliarde die individuelle Würde noch eine Rolle spielte. Bei zwei Milliarden verwandelte sie sich durch eine vordem nicht einmal denkbare Ausbeutungs- und Tötungsindustrie in Arbeitskraft und Seife. Bei fünf Milliarden war nicht einmal mehr ein Vernichtungsmechanismus nötig: Unvorstellbare Menschenmassen verschufteten ihre Lebensspanne, um strahlende Heroen der Historie mit unvorstellbaren Massen an nicht mehr verwertbarem Reichtum zuzuschaufeln. Ohne an die eigene Würde, die eigene Verfügung über die eigene Lebenszeit auch nur zu denken.
Jetzt sind wir bei acht Milliarden. Und stellen plötzlich fest, daß der Gedanke, der Mensch könne Gottes Ebenbild sein, er könne sich „befreien", zu einer „Vernunft" kommen und in deren Glanz aus seiner selbstverschuldeten Unmündigkeit treten, ein absoluter Blödsinn oder wenigstens längst vergessen ist.
Wir sind wieder da, wo wir vor zweitausend Jahren waren: Die Welt ist ein undurchschaubares Affentheater unberechenbarer Naturgewalten, deren Wüten wir hilflos ausgesetzt sind. Die Götter sind weg, an ihre Stelle sind Zahlen getreten. „Fallzahlen", Wählerzahlen, Totenzahlen nach Naturkatastrophen, Konsumentenströme, was auch immer. Gelegentlich gibt es Gemurre, aber niemand weiß so recht: gegen was? Was genau wollten eigentlich die Leute in der DDR? in der Ukraine? in Rumänien? in Libyen? Was wollen die in Hongkong? in Syrien? in Weißrußland? (außer „mehr Demokratie", also: mehr Konsum)?

Richtig: nichts. Wollten sie überhaupt jemals was, bevor das „Demokratie"-Geschwätz anfing? Und wollen sie die „Demokratie" jetzt immer noch, wo sie doch in den Staaten, an denen sie sich orientierten, ausgesetzt ist, weil sonst der „Virus" jeden einzelnen der gerade erst zum Konsum Befreiten umbringt?
Über all dem Weltgetöse nämlich dräut der „Virus", der jederzeit mit einem Fingerschnippen alles auslöschen kann, und seine Priester – hilflos schwitzende, heillos überforderte Gestalten wie Drosten, Wieler, Spahn und Söder – werden nicht müde, der wehrlos zuckenden Menschenmadenbrut einzuhämmern, daß Opfer gebracht werden müssen, um ihn zu besänftigen. Notfalls das eigene Kind, notfalls man selbst.
Da leben wir jetzt: im neuen mythologischen Zeitalter. Aus ist's mit der Ebenbildigkeit, der Ebenbürtigkeit, mit der Gottgleichheit, der Vernunft, dem Verstand, dem Fortschrittsglauben, dem Austreten aus der selbstverschuldeten Unmündigkeit, in die gerade so viele Menschen wieder eintreten wie nie zuvor, weil es nie zuvor so viele Menschen gab.
Der nächste Schritt zurück wird ein ganz großer sein, aber es wird nur ein Schritt sein: zurück in den Ameisenhaufen. Adieu Persönlichkeit, adieu Mensch.
Ach so, was das alles mit Aufbegehren, Widerstand und Revolte zu tun hat?
Nun ja, das fragt ihr euch am besten selbst.

An der Kasse im Supermarkt. Auf dem Band liegen meine Einkäufe, darunter eine frische Knolle Knoblauch, eine Paprika und eine Semmel (alle unverpackt). Die Verkäuferin deutet auf die Semmel und bittet mich, sie einzupacken. Sie dürfe keine unverpackten Lebensmittel berühren. Freilich, sage ich. Dann nimmt sie die Paprika und die Knoblauchknolle in die Hand und legt sie auf die Waage. *(17. September 2020)*

Statt Mindestabstand jetzt ein Meter Höchstabstand, Dauerbrüllpflicht und nur Gruppen ab zehn Leuten an einem Biertisch. Dagegen hab ich grundsätzlich nichts, aber könnte man dieses Schaufenster-„Trachten"-Gschwerl bitte an einem zentralen Platz unterbringen? Zum Beispiel auf der Theresienwiese? Das wäre für normale Menschen eine enorme Erleichterung.
Daß die gesamte Münchner Polizei auf Betriebsausflug irgendwo weit weg ist, finde ich grundsätzlich auch okay. Wär eh kein Platz mehr in dem Gewühl. Aber vielleicht wär ich gerne mitgefahren. *(19. September 2020)*

Könnte nicht Herr Drosten einen PCR-Test entwickeln, mit dem sich eine rechtsradikale Gesinnung nachweisen läßt? Dagegen hätte Herr Seehofer dann ja wohl wenig einzuwenden. *(20. September 2020)*

„Wir müssen ein bißchen aufpassen, dass wir uns nicht alle daran gewöhnen, daß wir ohne Friedrich Merz viel besser leben können." Äh, wo kommt das jetzt her?

Ich wage eine (logischerweise) gewagte Prognose:
Momentan ist „Inzidenz" der angesagte Kult. Davor war's „R". Und was war's davor? Weiß es noch wer?
Prognose:
Spätestens Ende November ist „Inzidenz" out. (Nicht weil dann jeder weiß, daß das nur „Zahl der Tests" bedeutet. Sondern weil das dann immer noch keiner wissen will. Aber bald draufkommen könnte)
Dann kommt ein neuer Richtwert. Dann noch einer.
Und dann wird man die Maskenprävalenz prüfen. „Schwabing: 70 Prozent Masken! 456 701 neue Fälle! – Haidhausen: 99 Prozent Masken! nur 9.735 neue Fälle!"
Ich hoffe auf Gnade. Meine anerzogene Ironie läßt sich manchmal nicht abschalten. *(22. September 2020)*

Radiomeldung des Tages: „Die Europäische Zentralbank hat ja neulich geäußert, sie beobachte den Kurs des Euro sehr genau." *(23. September 2020)*

„Meine Vermutung ist, daß wir irgendwann einmal die Kommunikation, die sachliche, nüchterne, inhaltlich bezogene Ebene, verlassen haben und es ein einziges Ziel gibt – zu emotionalisieren. Solange ein Mensch über etwas nachdenkt, handelt er meistens nicht. Er handelt, wenn er emotionalisiert ist." *(Roland Düringer, Kabarettist)*

„Der Justizminister aus Baden-Württemberg meint, man kann Christian Klar nicht entlassen, weil er gegen den Kapitalismus ist. Wegen einer geistigen Einstellung gegen Kapitalismus in Haft? Wenn das so ist, dann sollten sie mich auch verhaften." (Heiner Geißler) *(24. September 2020)*

Dürfen wir mal fragen, welche kollateralen Auswirkungen das (siehe rechts unten) auf „normale" Bühnenkünstler hat? (Die Diskussion über das Komma und das Doppel-l sparen wir uns dafür.)

Wer in seinem ganzen Leben schon irgendwann mal einen dermaßen wirren Wahnsinn gehört hat, der möge mich bitte informieren. O-Ton:
Bayerns Ministerpräsident Markus Söder (CSU) warnte davor, die Pandemie weniger ernst zu nehmen. „Corona kann man nicht ausblenden. Fakt ist, daß Corona nie weg war und nun sogar mit voller Wucht zurückkehrt", sagte er. Das Virus sei „genauso gefährlich wie vorher, und es ist wohl noch ansteckender als früher". Die Eindämmung der Pandemie sei die einzige vernünftige Maßnahme. „Die Durchseuchung kann für uns keine Strategie sein", sagte Söder. Ein zweiter Lockdown müsse unbedingt verhindert werden. Söder warnte, daß die Überbrückungshilfen des Staates für die Wirtschaft endlich seien. Es sei daher wichtig, weitere Nachfrageanreize zu schaffen. „Wir

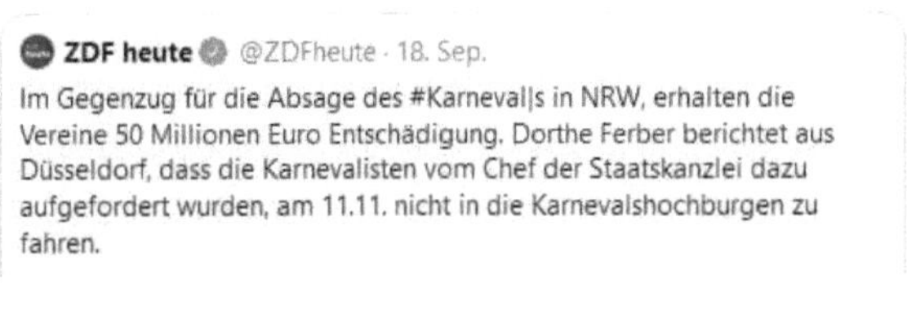

ZDF heute @ZDFheute · 18. Sep.
Im Gegenzug für die Absage des #Karneval|s in NRW, erhalten die Vereine 50 Millionen Euro Entschädigung. Dorthe Ferber berichtet aus Düsseldorf, dass die Karnevalisten vom Chef der Staatskanzlei dazu aufgefordert wurden, am 11.11. nicht in die Karnevalshochburgen zu fahren.

werden eine massive Senkung von Unternehmensteuern und Energiepreisen benötigen, um wettbewerbsfähig zu bleiben", sagte Söder. „Wir müssen einzelne Nachfrageelemente schaffen, zum Beispiel im Luftverkehr beim Austausch von Flugzeugen oder durch Recyclingprogramme für Verbrennerautos."
Was können wir tun, um diesen Mann zu stoppen (und ihm zu helfen)?

Nachtrag:
„Und Markus, wie läuft dein Katastrophenprogramm?"
„Subber! Flugzeugluftverkehr komplett getauscht, alle Verbrenner recycelt!"
„Ja geil! Milliarden?"
„Mindestens, wahrscheinlich mehr wie früher, wo's mehr war. Also früher mehr wie jetzt mehr ist."
„Aha. Und die Leut?"
„Welche Leut?"

Man möchte meinen, eine Ministerin, die „verhindern will", daß es in ihrem eigenen Zuständigkeitsbereich „zu Verboten kommt", habe irgendwie ihren Beruf nicht ganz verstanden. *(25. September 2020)*

„Ein wesentlicher saisonaler Faktor wird in der nun folgenden kalten Jahreszeit das vermehrte Aufhalten in geschlossenen Räumen sein. Dem kann durch ein konsequentes Tragen von Masken entgegengewirkt werden."
Faktencheck: teilweise falsch und irreführend.
Richtig ist: Geschlossene Räume werden durch Masken nicht offener; dem vermehrten Aufhalten in solchen Räumen kann wesentlich effektiver durch Techniken wie „Hinausgehen" entgegengewirkt werden.

Ich finde es erstaunlich, daß immer noch (heute wieder im BR) erzählt wird, „man" sei beim Oktoberfestanschlag „anfangs" von einem „verwirrten" bzw. „frustrierten" Einzeltäter ausgegangen und habe den rechtsradikalen Hintergrund erst später enthüllt.
Meiner Erinnerung nach gingen die Presse, Teile der Politik und selbst die Bundesanwaltschaft des notorischen Herrn Rebmann von Anfang an von einer rechtsterroristischen Verschwörung aus und schwenkten erst später auf den „Alleintäter" (Abschlußbericht) um.
Wenn ich mich recht erinnere, war die Frage, wie und warum die Verschwörungstheorie durch die Einzeltätertheorie verdrängt wurde, damals und danach von nicht geringer politischer Bedeutung. *(26. September 2020)*

Ist es eigentlich ein spezifisches Merkmal der Generationen ab meiner, daß man Wissenschaft mit Technik verwechselt beziehungsweise beide für dasselbe hält?
Anlaß: Mir fällt nur auf, daß in letzter Zeit oft das Phänomen, daß Menschen „die Wissenschaft" kritisieren und das im Internet tun, als paradox empfunden wird. Als wäre

das Internet ein typisches Beispiel für Wissenschaft und nicht für Technik. Das kann von früher Prägung durch Medien wie „Das neue Universum" oder von der unglücklichen Genrebezeichnung „Science Fiction" oder von vielerlei anderen Dingen herrühren.
Man erhofft von der Wissenschaft, was nur die Technik liefern kann: „Geisteswissenschaft? Aha. Wo schaltet man das an, wo gibt man die Zahlen ein, und wo kommen dann die Fakten raus?"
Gilt im Grunde für jede Wissenschaft. Die Technik liefert Geräte und Prozeduren, die Wissenschaft liefert Diskussionen, Studien, Thesen und Theorien. *(27. September 2020)*

Wieder mal ein neues Wort gelernt: „Präsenzkino". *(29. September 2020)*

Das Video von den WDR-Mitarbeitern mit der Reichsflagge ist schon sehr lustig. Aber daß der, der das vielleicht ist, auch noch Krimis schreibt, in denen es u. a. um eine „konservative, Euro-feindliche Verschwörung mit dem Ziel einer deutsch-russischen Großmacht" geht und das als „eine Mahnung an alle in der Gesellschaft Verantwortlichen" meint, ist eigentlich noch viel lustiger. Und andererseits ziemlich bezeichnend. *(3. Oktober 2020)*

„Der politische Diskurs – wenn man diesen Begriff an dieser Stelle überhaupt noch verwenden mag – funktioniert nach einem einfachen Muster: Die Mitte ist gut und gemäßigt. Dazu gehören CDU, SPD, Grüne, FDP und Teile der LINKEN wie mindestens Bodo Ramelow und Katja Kipping. Wer ausschert, ist extrem. Entweder rechts oder links.
Nach der Selbstdefinition des politischen Establishments kann es eine extreme Mitte also gar nicht geben. Es definiert sich in einer Art Zirkelschluß als Mitte und seine Positionen als gemäßigt – und umgekehrt. Das, was die Mitte vertritt, ist eben alternativlos, gemäßigt, ist vernünftige Politik im Sinne des Ganzen. Wer darauf hinweist, daß das Establishment gestern dies und morgen das Gegenteil vertritt, siehe wiederum die aktuelle Corona-Politik, der ist ein Extremist.
Tariq Ali macht bei diesem ‚politischen Framing', wie es heute gerne heißt, nicht mit. Sein Buch ‚The Extreme Centre' beschreibt den Extremismus der Mitte, der im übrigen vom Gebrauch des Begriffs in der Soziologie in Anlehnung an Seymour Martin Lipset zu unterscheiden ist, der den ‚Extremismus der Mitte' als die Verankerung des Faschismus in der Mittelschicht beschreibt. Ali meint hingegen einen ‚Extremismus der Mitte', der in Großbritannien unter Thatcher Mitte der 80er Jahre begonnen habe. Das, was wir heute sehen, der alternativlose Neoliberalismus, ist sein Fundament." (Helge Buttkereit)
Die begriffliche Lücke zwischen Lipset und Ali ließe sich eventuell schließen, wenn man bedenkt, daß z. B. die AfD (auch) extrem neoliberale Positionen vertritt.

Wichtige Grundregel für gelungenes Framing: die Information („Wir wissen nichts Genaues, eigentlich wissen wir gar nichts") so verpacken, daß die Botschaft („Apokalypse!") im Unterbewußtsein verwurzelt wird und die Information löscht.

„Die Sterblichkeit des Coronavirus liege in Wirklichkeit viel niedriger als gedacht." Hm. Ich dachte, die Dinger leben gar nicht?

Zwanzig Minuten öffentlich-rechtliches Fernsehen. Ich fürchte, das genügt, um nachvollziehen und verstehen zu können, was in den Köpfen vieler Leute vorgeht.
Ich finde es körperlich unangenehm, wie man da „geframet" wird. So als täte jemand in meiner Nase bohren und mir gleichzeitig Haare ausreißen. Oder mit kalten Händen in meinem Hirn rumfingern.
Auf Nachfrage: Ich weiß gar nicht, wie die Sendung hieß. ARD; es ging halt wie üblich um „Corona": Erst wurde eindringlich betont, daß die Zahlen überall steigen und das Gesundheitssystem bald überfordert sein könnte, dann kam eine „Expertin", die gesagt hat, daß wir uns uns in acht nehmen müssen, damit die Zahlen nicht „hochschnellen". Dann der Gesundheitsminister, der gesagt hat, daß die Zahlen steigen und das Gesundheitssystem bald überfordert sein könnte und daß es unverantwortlich sei, sich der Übernahme des Gesundheitssystems durch das Militär zu widersetzen. Und dann wurde eine junge Frau gezeigt, die an Krebs erkrankt ist und aufsagen mußte, daß sie sich ganz streng an „die Regeln" hält und ihr die sorglosen Menschen Sorge bereiten. Ich bin kein Psychologe und kann die Masche nicht fachlich analysieren, aber es war richtig widerwärtig.

Ab einem bestimmten (oder ungefähren) Punkt folgt es wohl einfach der Logik staatlicher Macht, daß gewisse „Maßnahmen" (früher: „Reformen") militärisch durchgesetzt werden. – Andererseits ist das Militär unter den Bereichen, die mit staatlichen Mitteln

finanziert werden, derartig überrepräsentiert, daß die Bundeswehr über kurz oder lang wohl auf allen staatlich besorgten Feldern eingesetzt werden muß. Weil den zivilen Kräften schlicht und einfach das Geld fehlt, das ins Militär gepumpt wird.
(5. Oktober 2020)

Das Lustige an diesem „Datenschutz" ist ja dies: Bevor es den „Datenschutz" gab, gab es eigentlich überhaupt keine Daten. *(6. Oktober 2020)*

Die Reaktion vieler (nicht aller) „Corona-Befürworter" auf den singulären kritischen Beitrag in „ARD extra" („kenn ich nicht", „hab ich nicht gesehen", „war da was?") lassen eine eigentümliche Informationsstrategie vermuten: Den Maßnahmenkritikern (die ja anscheinend weitenteils auch den Mainstream verfolgen) wirft man vor, sich einseitig zu informieren, selber nimmt man aber offenbar nicht mal die eigenen Leitmedien richtig wahr, informiert sich also – über ein paar tägliche Zahlen hinaus – überhaupt nicht. Das könnte man besorgniserregend finden.

Egal, ob das jetzt der 100. oder der 1000. Schlachthof ist, in dem so was („12 Fälle!" oder so ähnlich) vorkommt – langsam müßte doch mal jemand neugierig werden und zum Beispiel Herrn Drosten fragen, ob es da nicht einen Zusammenhang geben könnte.

„Youth" is the new Spießer. Correct me if I'm wrong.
(7. Oktober 2020)

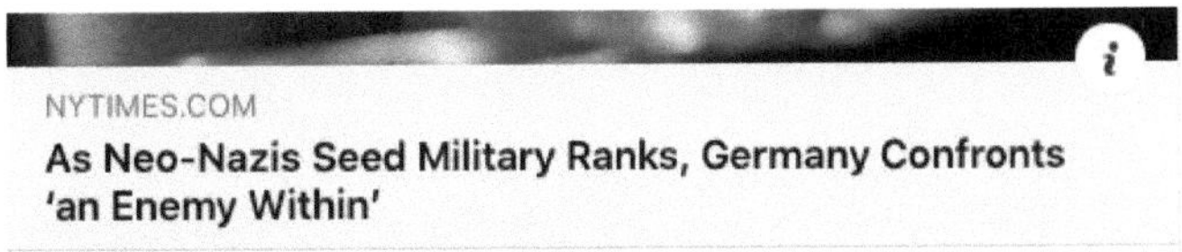

„For decades, Germany tried to forge a force that represented a democratic society and its values." – Nun ja, es gab nach 1945 eine recht lange Zeit, in der Deutschland so etwas nicht versuchte. *(10. Oktober 2020)*

Die wichtigste Regel (siehe rechts) fehlt mal wieder: Berühren Sie nach der Abortbenutzung Hosenbund, Hosengürtel und andere Bekleidungszonen erst nach dem Händewaschen! (Der Rest ist egal.) *(13. Oktober 2020)*

Freilich auch eine gute Idee, das Ende der Münchner Kneipenkultur zwei Tage vorher anzukündigen, hi hi.[11]

„Ich glaube, daß man die Leute eher gewinnen kann, wenn im Journalismus eine Haltung vertreten wird, als wenn da irgendwie einfach nur Fakten angehäuft werden. Das ist in meinen Augen auch überhaupt nicht Journalismus." (Patrick Gensing, „ARD-Faktenfinder")

[11] Diese Bemerkung bezog sich auf die Anordnung des zweiten „Lockdowns", der zunächst „Lockdown light" oder „Brückenlockdown" hieß und sich dann über viele Monate hinzog.

Gleichklang: „Für einen leidenschaftlichen Journalisten ist das eine ganz unerwartete, faszinierende neue Aufgabe.“ (S. Seibert zu seinem neuen Job als Regierungssprecher, 2010) *(14. Oktober 2020)*

„Wir sind kurz davor, die Kontrolle zu verlieren.“ --- Da sagt der Söder mal was Richtiges und merkt es wahrscheinlich nicht.

Das verwirrt mich jetzt doch ein bißchen:

Muss ich den Mindestabstand einhalten, wenn ich eine Maske trage?

Ja, denn das **Tragen von Masken**, egal welcher Art, **kann zentrale Schutzmaßnahmen nicht ersetzen.**

Zweimal der gleiche Beitrag im Deutschlandfunk. Welche Version ist wohl von 2017, welche von 2020? (Nein, er wurde nicht neu veröffentlicht, die ältere Version habe ich über Archive.org ausgegraben.) Und wie nannte man so was früher?

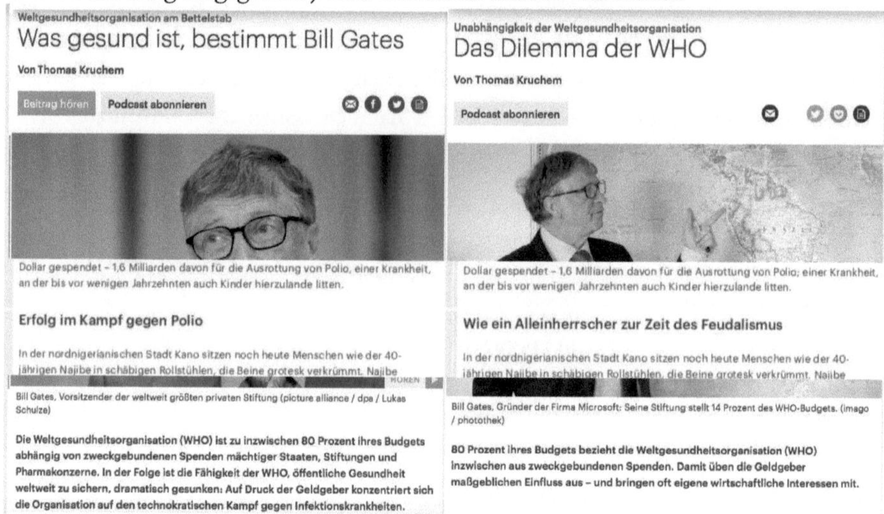

Weltgesundheitsorganisation am Bettelstab

Was gesund ist, bestimmt Bill Gates

Von Thomas Kruchem

Beitrag hören | **Podcast abonnieren**

Dollar gespendet – 1,6 Milliarden davon für die Ausrottung von Polio, einer Krankheit, an der bis vor wenigen Jahrzehnten auch Kinder hierzulande litten.

Erfolg im Kampf gegen Polio

In der nordnigerianischen Stadt Kano sitzen noch heute Menschen wie der 40-jährigen Najibe in schäbigen Rollstühlen, die Beine grotesk verkrümmt. Najibe

Bill Gates, Vorsitzender der weltweit größten privaten Stiftung (picture alliance / dpa / Lukas Schulze)

Die Weltgesundheitsorganisation (WHO) ist zu inzwischen 80 Prozent ihres Budgets abhängig von zweckgebundenen Spenden mächtiger Staaten, Stiftungen und Pharmakonzerne. In der Folge ist die Fähigkeit der WHO, öffentliche Gesundheit weltweit zu sichern, dramatisch gesunken: Auf Druck der Geldgeber konzentriert sich die Organisation auf den technokratischen Kampf gegen Infektionskrankheiten.

Unabhängigkeit der Weltgesundheitsorganisation

Das Dilemma der WHO

Von Thomas Kruchem

Podcast abonnieren

Dollar gespendet – 1,6 Milliarden davon für die Ausrottung von Polio; einer Krankheit, an der bis vor wenigen Jahrzehnten auch Kinder hierzulande litten.

Wie ein Alleinherrscher zur Zeit des Feudalismus

In der nordnigerianischen Stadt Kano sitzen noch heute Menschen wie der 40-jährigen Najibe in schäbigen Rollstühlen, die Beine grotesk verkrümmt. Najibe

Bill Gates, Gründer der Firma Microsoft: Seine Stiftung stellt 14 Prozent des WHO-Budgets. (imago / photothek)

80 Prozent ihres Budgets bezieht die Weltgesundheitsorganisation (WHO) inzwischen aus zweckgebundenen Spenden. Damit üben die Geldgeber maßgeblichen Einfluss aus – und bringen oft eigene wirtschaftliche Interessen mit.

(Auflösung: Rechts ist neu. Da steht nicht mehr: „Auf Druck der Geldgeber konzentriert sich die Organisation auf den technokratischen Kampf gegen Infektionskrankheiten.“ Und die Schlagzeile ist namensfrei.)

Und welche Zwischenüberschrift ist hier wohl alt, welche neu?

Noch schwerer als in solchen Fällen wiegt Einfluss der Konzerne auf die WHO, wenn damit die Gesundheit ahnungsloser Menschen geschädigt wird. In der Satzung der WHO steht, dass sie die Gesundheit von Menschen weltweit schützen soll – auch und gerade mit verbindlichen Regelwerken, die krankmachende Industriebetriebe in die Schranken weisen. Tatsächlich hat die WHO in fast 70 Jahren gerade ein solches Regelwerk zustande bekommen: die Rahmenkonvention zur Eindämmung des Tabakgebrauchs von 2003, die sich als überaus wirksam erwiesen hat.

Experten in WHO-Kommission haben Verbindungen zu Nahrungsmittelkonzernen

Längst jedoch steht fest, dass Big Food noch gefährlicher ist als Big Tobacco. Vor allem aggressives Marketing von zucker-, fett- und salzreichem Junkfood hat dazu geführt, dass heute zwei Milliarden Menschen übergewichtig sind; 2016 starben allein in China 1,3 Millionen Menschen an Diabetes. Die Nahrungsmittelindustrie müsste also mindestens so stark reguliert werden wie die Tabakindustrie, sagen Experten.

Am 10. Oktober 2013, bei einer globalen Konferenz zur Förderung von Gesundheit in Helsinki, sah es so aus, als ob WHO-Generaldirektorin Margaret Chan tatsächlich Produzenten krankmachenden Junkfoods aufs Korn nehme.

Noch schwerer als in solchen Fällen wiegt Einfluss der Konzerne auf die WHO, wenn damit die Gesundheit ahnungsloser Menschen geschädigt wird. In der Satzung der WHO steht, dass sie die Gesundheit von Menschen weltweit schützen soll – auch und gerade mit verbindlichen Regelwerken, die krankmachende Industriebetriebe in die Schranken weisen. Tatsächlich hat die WHO in fast 70 Jahren gerade ein solches Regelwerk zustande bekommen: die Rahmenkonvention zur Eindämmung des Tabakgebrauchs von 2003, die sich als überaus wirksam erwiesen hat.

Radikale Rhetorik ohne Folgen

Längst jedoch steht fest, dass Big Food noch gefährlicher ist als Big Tobacco. Vor allem aggressives Marketing von zucker-, fett- und salzreichem Junkfood hat dazu geführt, dass heute zwei Milliarden Menschen übergewichtig sind; 2016 starben allein in China 1,3 Millionen Menschen an Diabetes. Die Nahrungsmittelindustrie müsste also mindestens so stark reguliert werden wie die Tabakindustrie, sagen Experten.

Am 10. Juni 2013, bei einer globalen Konferenz zur Förderung von Gesundheit in Helsinki, sah es so aus, als ob WHO-Generaldirektorin Margaret Chan tatsächlich Produzenten krankmachenden Junkfoods aufs Korn nehme.

Ein harmloseres Beispiel. Und jetzt hör ich auch auf, der Artikel an sich ist höchst lesenswert, und ansonsten sind die beiden Versionen identisch (außer daß ein paar Zitate leicht verändert wurden und jetzt etwas holpriger zu lesen sind).

Ach so, und es wird ja auch nichts verschwiegen, nur „präzisiert".

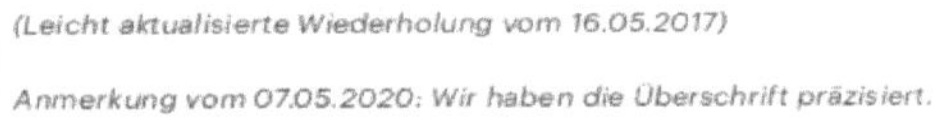

(Leicht aktualisierte Wiederholung vom 16.05.2017)

Anmerkung vom 07.05.2020: Wir haben die Überschrift präzisiert.

Hui, da kommt was auf uns zu ... (siehe rechts; nicht erschrecken, erst aufs Datum schauen!)[12] *(15. Oktober 2020)*

Ungefähr 13.200 Ergebnisse (0,58 Sekunden)

www.merkur.de › Bayern
Wohin mit den vielen Patienten? - Grippewelle sorgt für ...
09.03.2018 — Die **Krankenhäuser** in der Region ächzen unter den vielen Erkrankten und ... **Grippe** sorgt für **überfüllte** Kliniken - Unfallopfer konnten nicht ...

www.rtl.de › oms › ueberfuellte-krankenhaeuser-wegen-g...
Überfüllte Krankenhäuser wegen Grippe: Patienten werden ...
16.03.2018 — Die **Grippewelle** ist noch nicht vorbei. Viele Notaufnahmen können keine Patienten mehr aufnehmen, das Pflegepersonal arbeitet am ...

www.bild.de › regional › leipzig › grippe › grippe-gau-in...
+++Krankenhäuser überfüllt +++Selbst Mediziner infiziert+++ ...
12.03.2018 — **+++Krankenhäuser überfüllt** +++Selbst Mediziner infiziert+++ Schon 39 Tote+++ | **Grippe**-GAU in Leipzigs Kliniken. Ärzte: ‚**Grippewelle** ...

www.bild.de › regional › dresden › grippewelle › grippe-...
Krankenhäuser überfüllt - Grippe-Gau in unseren Kliniken ...
14.03.2018 — Dresden – Die **Grippewelle** hat Sachsen weiter fest im Griff! Bis Ende voriger Woche gab es 39 Tote in Sachsen, davon drei in Dresden.

www.aerztezeitung.de › Wirtschaft › Aufnahmestopps-...
Aufnahmestopps und Isoliermaßnahmen in Kliniken
23.02.2018 — Die **Grippewelle** bringt viele **Krankenhäuser** an ihre Kapazitätsgrenze. ... auf Isolierstationen, die teilweise auch schon **überfüllt** sind.

www.klinikum-bad-hersfeld.de › grippewelle_kranken...
Grippewelle: Krankenhäuser stoßen an Kapazitätsgrenzen ...
15.03.2018 — Dass **Krankenhausbetten** in ganz Hessen derzeit Mangelware sind, verschärft die Situation zusätzlich. Die Kliniken im Landkreis werden von ...

Wenn man sich mal eine halbe Stunde mit richtigen „Verschwörungstheoretikern" beschäftigt, schwirrt einem ganz schön der Kopf. Da gibt es offenbar Menschen, die tagtäglich alle zwanzig Minuten einen Link posten, der beweist, daß Angela Merkel ausgewechselt wurde, die US-Flagge für Pädophilie steht, die Nazis in der Antarktis in UFOs hausen und Osama bin Laden noch lebt (unter anderem). (Oder sind das gar keine Menschen, sondern die berüchtigten „Bots"? Ich kann es nicht beurteilen.)
Für unser derzeitiges „Thema Nr. 1" interessieren sich diese Leute übrigens nur am Rande, soweit es ihre sonstigen Theorien „belegt". Daß dabei unter ca. 1.500 Links auch zwei Medien waren, die ich selbst für einigermaßen seriös halte, erschreckt mich ein bißchen. Andererseits waren auch mehrere von ARD, SWR, WDR und rbb dabei. Wohingegen KenFM, Rubikon, Multipolar und seltsamerweise der „Spiegel" komplett fehlen. Die Leute sind offenbar ziemlich wahllos. Falls es „Leute" sind.
Andererseits hatte ich in den letzten Monaten die Tendenz, mich über „Corona-Gläubige" hier und da lustig zu machen und bin heute zufällig in eine FB-Diskussion geraten, wo ein solcher „Covidiot" (was ich nicht despektierlich meine) derart klischeehafte, zugleich aber erschreckende, womöglich (in bezug auf ihn) besorgniserregende Äußerungen getan hat, daß mir das Grinsen vergangen ist.
Ich weiß, man erreicht diese Leute nicht mehr, schon gar nicht als „Fremder". Aber Spott und Aggression helfen in beiden Fällen nicht weiter.
(Allerdings gebe ich zu, daß es mich jetzt noch viel sauerer macht, wenn mich jemand mit den eingangs erwähnten Leuten in ein Boot zu setzen versucht.) *(16. Oktober 2020)*

Seit etwa einer Woche wohnt bei uns eine einzelne Stubenfliege. Sie dreht ihre Runden, sitzt oft lange irgendwo rum. Wenn das Fenster auf ist, kümmert sie das nicht.

---

[12] Im Original auf meinem Blog folgten hier neun weitere Seiten mit ähnlichen Meldungen von 2018.

Hin und wieder wird sie offenbar einsam. Dann folgt sie mir von Zimmer zu Zimmer und setzt sich auf meinen Arm (immer den rechten, obwohl der viel mehr in Bewegung ist als der linke). Fliegt kurz auf, setzt sich wieder hin, und nach einiger Zeit fliegt sie dann wieder los und dreht ihre Runden.
Ich habe nicht sonderlich viel für Stubenfliegen übrig. Im Garten gehen sie mir oft so auf die Nerven, daß ich nach ihnen schlage. Im alten Kaninchenstall hing sogar ein Fliegenfänger.
Aber diese eine mag ich irgendwie. Wahrscheinlich ist das so ähnlich, wie es Fleischessern geht, wenn sie mal ein Schwein oder eine Kuh persönlich kennenlernen.
Einen Namen hat sie noch nicht. *(18. Oktober 2020)*

Das Gespenst (siehe links) nähert sich. Vielleicht sollten wir uns mal wieder mit was anderem beschäftigen.
(21. Oktober 2020)

Warnstufe 6 – dunkelrot, fast schwarz (über 1.000 „positive Tests“ pro 100.000 Einwohner): Sperrstunde ab 17 Uhr, Maskenpflicht im Bett, in der Badewanne, im Schützengraben, Alkoholverbot auf allen öffentlichen Plätzen von 14 bis 4 Uhr
Warnstufe 7 – fast ganz schwarz (über 10.000 „positive Tests“ pro 100.000 Einwohner): Sperrstunde ab 6 Uhr früh, Maskenpflicht für „Bavaria One“-Astronauten, Bergsteiger und Tote (bis zur Beerdigung), Alkoholverbot im Gesamtraum außerhalb von Bierflaschen und -krügen
Warnstufe 8 – halbdunkelschwarz (über 100.000 „positive Tests“ pro 100.000 Einwohner): Sperrstunde von 0 Uhr bis 24 Uhr und umgekehrt (für evtl. Zeitreisende), Maskenpflicht für Haustiere (außer Fische), Insekten, Bäume und Zimmerpflanzen sowie Lebensmittel (Papaya), Alkoholverbot auch innerhalb von Bierflaschen
Warnstufe 9 – fast ganz dunkelschwarz/annähernd infrarot (über 1.000.000 „positive Tests“ pro 100.000 Einwohner): Maskenpflicht für Fische, Wurzeln, Dachbalken und Gestein, auch Haushaltsgegenstände (insbesondere Masken), stündliche Testpflicht für in Bayern befindliche Lebewesen
(weitere Verschärfungen auf Abruf)

Für Leute, die diesem „Volksverpetzer“ glauben oder ihn gerne mal zitieren: Ich habe mich jetzt mal ein bißchen näher mit der Methode dieser Seite auseinandergesetzt. Wer gläubig bleiben möchte, darf hier aufhören zu lesen.
Der Anlaß war ein Artikel von „Volksverpetzer“, dessen Schlagzeile lautete: „Schweden: Tödlichstes Jahr“ – Unterzeile: „Das widerlegt alle, die Schweden lobten: So viele Tote wie seit 150 Jahren nicht“.

In dem Artikel wird behauptet: „Insgesamt starben im ersten Halbjahr 2020 über 51.000 Schwed:innen – und ist (sic!) damit das tödlichste Jahr seit 1869. In diesem Jahr suchte unter anderem eine Hungersnot das Land heim."

Vergessen wir die verkrüppelte Grammatik. Der Text vom 20. August 2020 ist nicht etwa das Ergebnis einer Recherche, sondern ein Zitat aus einem Artikel der Nachrichtenagentur Reuters vom Tag zuvor („Sweden records highest death tally in 150 years in first six months of 2020". 1869 seien es 55.431 gewesen. Woher diese Zahl stammt, verschweigt Reuters.

Der „Volksverpetzer" hat die Meldung aber nicht etwa nur ungeprüft übernommen – sondern den entscheidenden Satz weggelassen: „The population of Sweden was around 4.1 million then, compared to 10.3 million now."

Das ist eine bewußte und absichtliche Fälschung zum Zweck von Irreführung und Propaganda.

Die Geschichte geht weiter: Nachdem in diversen „alternativen Medien" darauf hingewiesen wurde, daß der „Volksverpetzer" wieder einmal und hier besonders kraß seine Leser in die Irre geführt hat, haben die Betreiber der Seite eilends versucht, die Propagandalüge notdürftig zu vertuschen. Indem sie ruck zuck etwas eingefügt haben. Jetzt steht da nach dem oben zitierten Satz: „Die Bevölkerungszahl lag damals bei 4,1 Millionen, im Vergleich zu den 10,3 Millionen heute. Das heißt, dass aufgrund von Corona in Schweden die Übersterblichkeit in Schweden rund 10% höher war als im Durchschnitt der letzten fünf Jahre. Am tödlichsten war der April."

Es nützt nichts, das dreimal zu lesen. Das eine hat mit dem anderen nichts zu tun. Es bleibt Bullshit.

Die Tatsachen sehen so aus (nachzulesen bei Eurostat): Im ersten Halbjahr 2020 gab es in Schweden 501 Todesfälle pro 100.000 Einwohner. 2010 waren es 504, 2012 waren es 515, 2013 waren es 512, 2015 waren es 504. Das Jahr 2020 ist in Sachen Sterblichkeit absolut durchschnittlich. Das gilt auch dann, wenn man die Todesfälle bis August weiterverfolgt. Von einer Übersterblichkeit kann keine Rede sein.

Im ersten Halbjahr 1869 hingegen verzeichnete Schweden 1.300 Todesfälle pro 100.000 Einwohner.

Es sei am Rande erwähnt, daß andere Medien – etwa der „Spiegel" und n-TV – und selbst das schwedische statistische Zentralamt Statistiska centralbyrån (SCB) die Reuters-Meldung ebenso ungeprüft und ohne Hinweis auf den Zusammenhang mit der Bevölkerungszahl übernahmen. Die bezeichnen sich aber auch nicht als „Faktenchecker".

Ich habe mir den Spaß gemacht, die anfängliche Fake News bei den „Volksverpetzer"-Kollegen Mimikama (die 1:1 dasselbe betreiben, dabei aber zumindest optisch und stilistisch nicht ganz so widerwärtig daherkommen wie „Bild" in den späten 60ern) als solche zu melden. Die Antwort steht noch aus ... hi hi.

Keine Infektionen durch angebliche Superspreaderin belegt

Dienstag, 27. Oktober, 12.02 Uhr: Einer 26 Jahre alten Frau, die im Verdacht stand, vielleicht Dutzende Menschen mit dem Coronavirus angesteckt zu haben, können keine Infektionen nachgewiesen werden. Das Landratsamt in Garmisch-Partenkirchen hat nach Angaben eines Sprechers jedenfalls keine Kontaktpersonen ermitteln können, die durch die positiv getestete Frau infiziert worden sind. Sie hatte eine Gaststätte in der oberbayerischen Stadt besucht, obwohl sie Krankheitssymptome hatte und unter Quarantäne stand. Später erhielt sie ein positives Testergebnis. Die Frau wurde daraufhin Mitte September überregional als mögliche Superspreaderin (deutsch: Superverbeiterin) bekannt. Bayerns Innenminister Joachim Herrmann nannte ihr Verhalten "besonders rücksichtslos", Ministerpräsident Markus Söder (ebenfalls CSU) sprach von einem "Musterfall für Unvernunft".

Ich bin kein „investigativer Journalist“, und es ist mir ansonsten ziemlich egal, was für einen hanebüchenen Schmarrn die diversen „Faktenchecker“ so zusammenschreiben. Aber ich bitte um Nachsicht: Wenn in meiner Facebook-Chronik noch einmal jemand den „Volksverpetzer“ verlinkt oder zitiert, dann sehen wir uns ohne weiteren Kommentar eventuell in dreißi oder fünfzig oder zehntausend Tagen wieder. *(22. Oktober 2020)*

Was der Große Bruder Lauterbach nicht bedacht hat: Wenn wir Besuch haben, dürfen er und die Polizei ja gar nicht rein, weil das mindestens ein „Haushalt“ zu viel wäre ... *(24. Oktober 2020)*

„Es handle sich um ausnahmslos symptomfreie Krankheitsfälle.“ Die Chinesen merken auch nicht mehr, was für einen Unfug sie da erzählen. *(26. Oktober 2020)*

Ja. Und dann schauen wir uns mal das alles entscheidende Drosten/Corman-Paper[13] an und stellen fest: Das ist ein dermaßen schludrig zusammengestoppelter Bullshit, daß einem ganz schwindlig wird, selbst wenn man die Rechtschreibfehler, verwechselten Einheiten und andere Erstkläßlerfehler übersieht. Und darauf beruht momentan unser Leben? Oh, come on.

Kann es echt sein, daß wir ausgerechnet in dieser Zeit, wo wir dringend Popmusik bräuchten, die Augen, Ohren., Hirn und Muskeln zum Leben erweckt, über „Die Ärzte“ und „Toten Hosen“ diskutieren? --- Tja, dann müssen wir wohl untergehen.

Man vergißt ja so schnell (siehe oben links).

> *(exemplarischer Kommentar):* „Ich bekomme bei den Posts den Eindruck, als würde Michi Sailer Corona entweder nicht ernst nehmen, es lediglich für eine Grippe halten, alles für überzogen halten und nichts weiter. Auch ich vermisse endlich mal die klare Haltung zu der Thematik. Aber, wenn man den Volksverpetzer schon so verteufelt und wenn ich die ganzen Posts zu dem Thema sehe und dann auch noch, daß über Drosten hergezogen wird (einen Topvirologen mit Weitblick und Umsicht halte) dann ist mir schon klar, wes Geistes Kind da postet, sich aber immer noch nebulös hinter Nichtaussagen versteckt …“

---

[13] Wegen der absolut zentralen historischen Bedeutung dieses „Papiers“ für die Herstellung oder Behauptung einer „Pandemie“ sei hier doch mal eine Internetquelle genannt: www.eurosurveillance.org/content/10.2807/1560-7917.ES.2020.25.3.2000045

Ich beantworte*(te)* das gerne im einzelnen und klar:

Merkur.de Ukraine-Krieg Politik Wirtschaft Deutschland Welt

Startseite › Welt › Coronavirus

Soldaten als Babysitter: In Schongau soll die Bundeswehr die Maskenpflicht bei Schülern kontrollieren

21.10.2020, 08:00 Uhr
Von: Elena Siegl

1. Selbstverständlich nehme ich Covid-19 („Corona") ernst. Ich nehme auch andere Erkrankungen ernst, z. B. die Influenza, die mich schon mal fast ins Grab gebracht hätte. Solltest du auch tun. „Lediglich eine Grippe" ist etwas respektlos gegenüber den Leuten, die daran jeden Winter erkranken und u. U. sterben.
2. „Alles" halte ich nicht für überzogen, die politischen Maßnahmen aber sehr wohl, zumal bislang keinerlei Wirksamkeit etwa der Sperrstunden und Veranstaltungsverbote erkennbar ist. Mir ist klar, daß man sich in Panik verrennen und Fehlentscheidungen treffen kann. Dann sollte man dazu stehen und sie korrigieren und nicht bei der nächsten Gelegenheit wiederholen.
3. Zu dem Dummblog „Volksverpetzer" ist grundsätzlich alles gesagt, da muß ich mich nicht mehr einmischen. Ich habe als Kind gerne das Micky-Maus-Magazin gelesen und es für seine Bedächtigkeit und faktische Seriosität damals nicht immer geschätzt. Heute sehe ich, was ich daran hatte.
4. Mit Herrn Drosten habe ich mich ziemlich eingehend beschäftigt, möchte darüber aber erst wieder diskutieren, wenn die Mitdiskutanten das ebenfalls tun. Ich halte ihn spätestens seit Einsicht in das legendäre „Drosten/Corman-Paper" mindestens für einen Scharlatan und finde seine geschäftlichen und halbgeschäftlichen Verbindungen dubios. Das ist meine Einschätzung (Meinung), die darf man gerne anhand der Quellen überprüfen, sind ja fast alle bekannt und frei zugänglich.
5. Falls ich irgendwo „Nichtaussagen" getroffen habe, waren das wohl Scherze (dazu neige ich). Falls nicht, tut's mir leid, da bitte ich um genauere Angaben, dann prüfe und korrigiere ich das gerne.

(oben rechts): Die Leugner sind mal wieder dagegen, typisch. So wird das nie was.

FC Bayern, Heidenheim, Türk Gücü, Würzburg, NFL – was ist eigentlich mit diesen Fußballern (und Footballern) los, daß die dauernd erst positiv und dann negativ getestet werden? (Laut tz gab es bei Gnabry sogar einen „negativen Positivtest", darüber wüßten wir auch gerne mehr.) *(27. Oktober 2020)*

(Das mit der „kaputten Bremse" täte ich – wäre ich der „Verfasser" des folgenden Elaborats – mir noch mal überlegen ...):
„Angenommen: Wir fahren mit einem schweren Lastwagen einen Berghang hinunter, der kein Ende nehmen will, und wir wissen, wir fliegen demnächst aus der Kurve. Die Bremsen sind kaputt, und wir dürfen nur fünf Sekunden lang auf die Bremse treten.

Wo machen wir das jetzt? Da wird man zu dem Schluß kommen: Es wird nicht reichen, wenn wir nur einmal bremsen, wir müssen das alle paar Hundert Meter machen.“[14]

Vielleicht fällt dem Fahrer demnächst auf, daß er nicht im LKW sitzt, sondern hinterherläuft. Vielleicht merkt er dann auch, daß der LKW gar nicht fährt. Daß der Mechaniker ein Baum ist. Daß er selber ein Dackel ist und die Leine für eine kaputte Bremse gehalten hat. Wer weiß.

„Jetzt geht's rund“, dachte er noch, als er gerade die Schrauben am rechten Vorderreifen zum hundertsten Mal festziehen wollte und feststellte, daß er eine falsche Schraube erwischt und versehentlich die Bremse abgebaut hatte.

In ihrer Eigenschaft als Grashalme konnten die Kollateralopfer jedoch nicht mehr äußern als ein leichtes Winken, das – weil es in der falschen Richtung erfolgte – als Nicken mißverstanden wurde. Der sich rasch nähernde Rasenmäher würde diesem Treiben bald Einhalt gebieten.

Merkur.de Ukraine-Krieg Politik Wirtschaft Deutschland Welt

Startseite › Bayern

Vorfall in bayerischer Klinik: Von 60-Positiv-Ergebnissen doch 58 negativ - Labor-Chefin nennt Gründe

Update (siehe rechts): Der Fußball ist doch nicht schuld (der Bindestrich auch nicht).

Als ich klein war, hieß „Corona“ manchmal auch „Angela“.
Oder Moment, nein, das war „Angina“.
Angina tonsillis oder so. Da wollten die mir mit fünf den Hals aufschneiden und meinten, danach krieg ich ein Eis. Da kam der Gedanke her: Angelato.

Zwischenbilanz: Alle wichtigen Mainstream-Medien sind gegen den Lockdown, die Wirtschaft (außer den Finanzkonzernen) ist gegen den Lockdown. Ärzte, Mediziner, Wissenschaftler sind gegen den Lockdown. Juristen sind gegen den Lockdown. Gastronomie, Künstler, Kulturarbeiter sind gegen den Lockdown. Kommunalpolitiker sind gegen den Lockdown. Normale Menschen sind gegen den Lockdown.
Wer ist eigentlich FÜR den Lockdown?
(Und:
Wieso machen alle mit?) *(28. Oktober 2020)*

„Exile & Freedom“ auf sechs Beinen: Vom Leben ohne Ahnung und Furcht *(28. Oktober 2020)*

Seit ein paar Wochen haben wir eine Mitbewohnerin. Sie ist relativ unauffällig, verschwindet täglich stundenlang irgendwohin, wo man sie selbst dann nicht findet, wenn man sie sucht. Dann wird ihr wieder langweilig, oder sie braucht Unterhaltung und

---

[14] Dieses mittlerweile legendäre Zitat stammt selbstverständlich aus dem Podcast von Christian Drosten (vom 27. Oktober), der damit die Verhängung eines „Wellenbrecher-Shutdowns“ forderte und zugleich rechtfertigte. Laut „Berliner Morgenpost“ handelte es sich bei dem seltsamen Vergleich um ein „Bild aus dem Alltag“.

Nähe, und schon kommt sie wieder daher und nimmt ein bisserl am häuslichen Sozialleben teil.
Das heißt: Sie folgt uns von Zimmer zu Zimmer, setzt sich mal hier, mal da auf einen Arm oder eine Schulter, schaut nach, was auf der frisch aufgebackenen Brotscheibe liegt und ob im Kompost was Interessantes zu finden ist. Oder sie sitzt einfach da und reibt sich die Hände, weil irgendein Stäubchen dran ist. Das mag sie nicht sonderlich, offenbar. Sagen tut sie aber nichts.
Für die meisten Dinge, die von außen in den kleinen Kosmos zu seinen drei Bewohnern hereindringen, interessiert sie sich augenscheinlich überhaupt nicht (abgesehen von Lebensmitteln, aber auch da ist sie äußerst genügsam). Zum Beispiel geht hin und wieder ganz von selbst der Radio an. (Das tut der tatsächlich, vermutlich ein neues „Feature" für die Coronabevölkerung, das verhindern soll, daß sich ein paar ruchlose Leugner und Verweigerer dem gesamtgesellschaftlichen Gleichschritt mit der Ausrede entziehen möchten, sie hätten von den neuesten „Maßnahmen" nichts erfahren.)
Dann tönen die Tagesbefehle und -parolen durch die Küche. Wir erfahren, daß die Zahlen „hochschnellen" (wie das früher die Sprengsätze der Terroristen taten, was in punkto Social Engineering auf das gleiche hinausläuft). Wir erfahren, daß Markus Söder „Härte" fordert, wie er das seit seiner Geburt alle paar Minuten tut, und daß Karl Lauterbach die Bundeswehr in Privatwohnungen einmarschieren lassen möchte, wenn man sich dort skrupellos zwecks Fröhlichkeit zusammenrottet. Wir kriegen zu hören, was das (nicht umsonst so genannte) „gemeine Volk" so alles umtreibt, weil Leute, die seit 1945 geschwiegen haben, nun hordenweise beim Radio anrufen, um ihre paranoide Kontrollhysterie und ihre sadistischen Bestrafungsphantasien ungehemmt aus dem Lautsprecher keifen zu dürfen. Wir erfahren endlich, daß es draußen, wo zwischen den lockeren Wolkenschwaden immer mal wieder die Sonne aufblitzt, „bedeckt und regnerisch" ist, und wir fragen uns, in welche grausige Dimension welcher grausigen Realität es uns verschlagen hat.
Der Mitbewohnerin ist das – allem Anschein nach – ziemlich egal. Sie folgt uns gleichmütig ins andere Zimmer, wo das Internet vor sich hin flackert. Das rollende Rechteck zeigt Briefmarkengesichter, die sich gegenseitig den Restverstand absprechen beziehungsweise Volksverrat vorwerfen, sich auffordern, zu denken anzufangen, weil sie dann alles verstehen und den geplanten Untergang vielleicht noch stoppen können, beziehungsweise zu denken aufzuhören, weil sonst Massengräber ausgehoben werden müssen. Die einen belustigen sich grimmig über die Hochstapeleien eines prominenten Scharlatanvirologen, die anderen verehren ihn als Gott und bestrafen jede Lästerung mit einer Lawine von Großbuchstaben und der unwiderruflichen kollektiven Exkommunikation.
Zwischendurch blinkt eine Werbung für „Exile & Freedom" auf. Ist aber nur ein „Wanderschuh", auch noch ein besonders häßlicher, den man umständlich wegklicken

muß. Der Mitbewohnerin ist das ebenso egal. Allerdings läßt sie sich nun auffällig oft auf den Händen nieder, die Botschaften in das digitale Geplärr hineintippen – als wollte sie sagen: Laß das lieber, es bringt nur Verdruß.
Vielleicht hat sie recht, unsere Mitbewohnerin. Wahrscheinlich hat es wirklich wenig Zweck, das eigene Hirn auszuwringen, um anderen etwas mitzuteilen, das sie gar nicht hören wollen und auch nicht können, weil ein Übermaß an Propaganda das Hirn und die Ohren so verhornt, daß nur noch das hineingeht, was schon drin ist. Drum dreht sich das Karussell weiter.
Soll es. Unserer Mitbewohnerin ist auch das ziemlich egal. Es kümmert sie nicht, daß sie mit großer Sicherheit noch allerhöchstens einen Monat zu leben hat und dann sterben wird. Das weiß sie nämlich nicht. Drum bemüht sie sich auch nicht, „noch schnell" alles mögliche zu erledigen, bevor es zu spät ist. Für sie ist es nie zu spät, weil es nie spät wird.
Unsere Mitbewohnerin ist übrigens eine Stubenfliege. Eines von diesen Wesen, nach denen man normalerweise haut, ohne nachzudenken, weil sie einem auf die Nerven gehen. Als Einzelexemplar löst sie etwas anderes aus: Man nimmt sie plötzlich wahr, gewöhnt sich an sie und spürt eine seltsam ganzheitliche Zuneigung. Der Haureflex ist allerdings tatsächlich tief verwurzelt: Manchmal taucht er kurz auf, wenn sie nach längerem Rückzug unvermittelt daherfliegt und sich mal wieder auf einer Hand niederläßt.
Man kann ihn aber beherrschen, diesen Reflex. Mal sehen, ob das mit anderen Reflexen auch geht. Dann hätten wir von einer Stubenfliege mehr gelernt als von dem ganzen Geschwerl da draußen oder vielmehr da drinnen in den Plappergeräten, das sich für die Elite der Menschheit hält. Und das wäre es wert, sich dieser winzigen, unscheinbaren Kreatur, die uns ein paar Wochen lang Gesellschaft geleistet hat, länger zu erinnern als all der Lauterbachs, Drostens, Wielers, Merkels und Söders, die ihr ziemlich egal waren.

Heute nur zwei „ernste" Dinge:
1. Wenn Kunst und Kultur in Zukunft nur noch von April bis Oktober stattfinden dürfen, sollten wir wegen Planungssicherheit sehr darauf drängen, daß diese Karenzzeiten gesetzlich verankert und dann auch eingehalten werden. Dieses Jahr ist das reichlich danebengegangen. Aber gut, es ist ja auch alles noch recht neu.
2. Mag jemand zur Vertreibung der Langeweile in den nächsten Monaten eine Prognose auf die CDU-Kanzlerkandidatur 2021 abgeben (falls noch Wahlen stattfinden)? Ich wette ein Bier auf Merkel.[15]

Psychologie hin, Empathie her – wenn der Söder irgendwann daherkommt und um Nachsicht bittet, weil er ja nur unbewußt seinen Untertanen das angetan hat, was er selber in einer Jugend unter Strauß erleiden mußte, dann gibt's den Hintern voll.

[15] Eine Gegenwette gab es zum Glück nicht.

Begräbnissen sind 50 Personen erlaubt. Künstlerische Darbietungen ohne Publikum sollen erlaubt bleiben.

Luxusproblem, klar. Aber was mich zur Zeit als Künstler am meisten nervt, ist: dauernd mit der Auto- und Bauindustrie verglichen zu werden.

Man hat mir vor längerer Zeit erklärt, woran man „Verschwörungsideologen" erkennt: Die haben für jeden komplizierten Sachverhalt eine einfache Lösung.
Zum Beispiel: „Das einzige Problem ist der Virus. Den müssen wir ausrotten. Wenn wir uns alle vorübergehend einsperren und stillhalten, wird er austrocknen, und dann kommt das Paradies."
Falls ihr so jemanden kennt: Nehmt ihn oder sie zwischendurch mal in den Arm, ohne Worte. Das ist gut für uns alle. *(29. Oktober 2020)*

Das Jahr 2020 ist eine ziemlich deutliche Botschaft der Macht an das Arbeitsvolk: „Mag sein, daß ihr es euch in eurer schäbigen Existenz auf unserem Planeten hier und da ganz gut eingerichtet habt. Aber glaubt bloß nicht, ihr habt darauf ein Recht!"

(Auszug aus der Ankündigung auf der Facebook-Seite meiner ehemaligen Lesebühne): Es war abzusehen, aber die Hoffnung erlischt bekanntlich immer erst dann, wenn die Fakten zementiert sind. Mit anderen Worten: Unsere Lesebühne ist ab Montag wieder verboten – ebenso wie alle Veranstaltungen und Tätigkeiten, die nicht rein wirtschaftlichen Zwecken, sondern u. a. der Kunst, Kultur und Belustigung dienen.
Da am kommenden Sonntag Allerheiligen ist und an diesem Tag selbige Betätigungen sowieso untersagt sind, stehen wir nun also vor der gleichen Situation wie im Frühjahr: Wir müssen still sein und die Hoffnung pflegen, daß die Verantwortlichen angesichts des bislang ungewöhnlich milden Verlaufs der Grippewelle zur Vernunft kommen und die Verbote Ende November wenigstens teilweise wieder außer Kraft setzen. Die Aussichten sind nicht gerade überwältigend, aber wir geben nicht auf.
Wie wir mit der vertrauten, neuen Lage umgehen, wissen wir noch nicht. Wir versuchen derzeit, die bereits bis Januar gebuchten Termine auf provisorische neue Termine umzubuchen, aber das ist eine Sisyphosarbeit, die sich noch einige Zeit hinziehen wird.
Vorläufig können wir nicht mehr tun, als euch auf dem laufenden zu halten. Das werden wir. *(30. Oktober 2020)*

„Diagnostizieren läßt die Krankheit der Gesunden sich einzig objektiv am Mißverhältnis ihrer rationalen Lebensführung zur möglichen vernünftigen Bestimmung ihres Lebens. Aber die Spur der Krankheit verrät sie doch: sie sehen aus, als wäre ihre Haut mit einem regelmäßigen Ausschlag bedruckt, als trieben sie Mimikry mit dem Anorganischen. Wenig fehlt, und man könnte die, welche im Beweis ihrer quicken Lebendigkeit und strotzenden Kraft aufgehen, für präparierte Leichen halten, denen man die Nachricht von ihrem nicht ganz gelungenen Ableben aus bevölkerungspolitischen Rücksichten vorenthielt."
(T. Adorno, memoriert beim Anblick eines verzweifelten Joggers)

Eigentlich lustig, daß aus der harmlos mißverstandenen Pose des Punk eine totalitäre Ideologie der unbedingten Selbsterhaltung hervorging.
Es wird vielleicht überraschen, wie abrupt das wieder in die nonchalante Geste der Selbstzerstörung umschlägt.

„Die Kunst des Kritikers in nuce: Schlagworte prägen, ohne die Ideen zu verraten. Schlagworte einer unzulänglichen Kritik verschachern den Gedanken an die Mode."
(W. Benjamin, wenn ich schon dabei bin)

Geil auch unsere neuen Nachbarn. Feiern mit zwölf Leuten die Einzugsparty. Tragen den IKEA-Schrott aber mit Masken durchs Treppenhaus.

Ich kann den Impuls verstehen, Donald Trump mit seinen eigenen Waffen schlagen zu wollen (Dummheit, Ignoranz, Frechheit). Ich bezweifle aber, daß das funktioniert.
In Bayerns dümmster Radiosendung läuft gerade alles, was in dieser Hinsicht passiert. Es ist erbärmlich. Like 1985 never happened. Wenn nach dem Hören des zuständigen Pennywise-Songs alle Hörer Trump wählen, kann man niemandem einen Vorwurf machen: Die kapieren nichts.
Ob so Leute wie Bad Religion („die intellektuelle Spitze des US-Punk") und die, die sie als solche bezeichnen, jemals kapieren werden, daß 1.) ihre Attitüde das Eins-zu-eins-Gegenteil von Punk ist und daß 2.) sie in ihrem schmierigen „Millionäre warnen vor Rassismus etc."-Habitus nicht nur peinlich, sondern so unerträglich sind, daß anständige Leute lieber mit Darmkrämpfen und Selbstverleugnung Trump wählen, als sich ihrer Demütigung zu unterwerfen? (Das ist ein Fragezeichen.)
Die so bezeichnete Sendung heißt übrigens (momentan) „Zündfunk". Diese Leute sind so dumm, daß sie eher einem C-Dur-Akkord vertrauen als einem Argument. Da müßten sie ja erst denken.

Wie wäre es denn mit einer „Revolution light"?[16]
Wir beseitigen alle Autoritätsstrukturen, sämtliche Führer, alle Reichen, jeden „Mächtigen", zerschlagen alle Parteien, sämtliche Apparate, Banken, Konzerne, zerstören und zerschlagen wirklich alles, was unser momentanes Machtsystem ausmacht, und begründen eine vollkommen neue Gesellschaft freier Menschen.
Und lassen derweil Kindergärten und Schulen auf. *(31. Oktober 2020)*

Am 8. April bin ich das erste Mal heuer in den See gesprungen. Damals war „Lockdown". Eine ältere Dame mit Gehwägelchen kam vorbei und fragte, ob das Baden überhaupt erlaubt sei. Ich meinte, wieso denn nicht? Sie sagte, ein Wachmann habe sie gerade von ihrer Bank vertrieben, wo sie immer sitze, weil das jetzt verboten sei.

---

[16] Diese Bemerkung bezog sich auf die mittlerweile eingeführte Markenbezeichnung „Lockdown light", die an die Stelle des „Wellenbrecher-Shutdown" getreten war.

Heute bin ich wohl das letzte Mal heuer in den See gesprungen. Es ist „Lockdown". Die Dame dürfte jetzt wieder auf ihrer Bank sitzen, allerdings nur vermummt und mit höchstens einem Angehörigen eines anderen Hausstands. Die ansonsten immer gut besuchten Bänke am See sind fast alle leer, auf einer sitzt ein maskiertes Ehepaar mit Hund und schaut schweigend. Wo die Menschen sind, weiß ich nicht.
Ich hoffe, es war der letzte schöne Tag, den sie versäumt haben. Es kommen nicht mehr viele.

„Wenn sich die Menschen erst einmal rechtlich abgesichert fühlen, werden Schulen, Universitäten und Hochschulen sagen: ‚Du willst auf dieses College gehen, Kumpel? Du wirst dich impfen lassen. Lady, du wirst dich impfen lassen.' Große Konzerne wie Amazon und Facebook und all die anderen werden sagen: ‚Sie wollen für uns arbeiten? Lassen Sie sich impfen.' Es ist erwiesen, daß Menschen, wenn man ihnen das Leben schwer macht, ihren ideologischen Bullshit aufgeben und sich impfen lassen." Dies sagte der „US-amerikanische Drosten" Anthony Fauci schon vor drei Wochen. Aktuell wird es erst noch werden.

Hoppla.
„Freispruch in Corona-Prozess mit bundesweiter Signalwirkung!
Heute fand vor dem Amtsgericht Dortmundcc ein Prozess statt, bei dem uns das gemeingefährliche Verhalten vorgeworfen wurde, an einem warmen Frühlingsabend zu dritt in Merkeldeutschland zusammen gestanden zu haben – ein angeblicher Verstoß gegen die zu diesem Zeitpunkt gültige Coronaschutzverordnung NRW. Doch vor Gericht gab es für die staatlichen Behörden eine dicke Klatsche!
Der Richter stellte fest, daß seiner Meinung nach die Coronaschutzverordnung ohne rechtliche Grundlage erlassen wurde – vorbei am Souverän, ohne Parlamentsvorbehalt. Genau dieser sei aber von den Gründungsvätern der Republik für solche Fälle als ‚Lehre aus 1933' vorgesehen worden. Zwar sei die Corona-Situation nicht ansatzweise mit damals vergleichbar und die Politiker wollten seiner Meinung nach die Bevölkerung vor einer schweren Krankheit schützen. Aber: Rechtswidrig ist rechtswidrig, entschied der Richter, um mit ‚Souverän ist, wer über den Ausnahmezustand entscheidet' den Staatsrechtler Carl Schmitt zu zitieren.
Die Staatsanwaltschaft kann gegen das Urteil noch Rechtsbeschwerde zum OLG Hamm einlegen.
Hält dieses Urteil stand, sind alle (!) Rechtsverordnungen, die seit März erlassen wurden, unwirksam, ebenso die daraus resultierenden Verfahren.
Urteil des AG Dortmund vom 2. November 2020, Aktenzeichen 733 OWi-127 Js 75/20-64/20"

Der Projektleiter der „Corona-Notfallklinik" in den Berliner Messehallen (die 43 Millionen kostete und seit der Eröffnung Anfang Mai leersteht) fordert im „Spiegel", daß

„Corona-Leugner“ bestraft werden, und zwar „analog zur Leugnung des Holocaust“. Das könnte fast lustig sein. Ist es aber nicht. *(2. November 2020)*
Achtung, Herr Söder! Sie werden rechts überholt:

Maskenpflicht jetzt fast im gesamten Stadtgebiet

03.11.2020 | Gesundheit Ordnung Erstellt von Paulat, Volker

Per Allgemeinverfügung hat die Landeshauptstadt jetzt zum Infektionsschutz eine Maskenpflicht nahezu für das gesamte Stadtgebiet angeordnet. Ausnahmen gelten lediglich für nicht bebaute Gegenden wie Grünlagen. Die Pflicht zum Tragen einer Mund-Nasen-Bedeckung gilt für Fußgänger und andere Verkehrsteilnehmer, die Gehwege benutzen dürfen. Sie gilt ab Mittwoch, 4. November.

Schild, das auf die Maskenpflicht hinweist

Wörtlich heißt es in der Verfügung: "Auf öffentlichen Straßen und Wegen innerhalb im Zusammenhang bebauter Ortsteile von Düsseldorf ist eine Alltagsmaske zu tragen, sofern und solange nicht aufgrund von Tageszeit, räumlicher Situation und Passantenfrequenz objektiv ausgeschlossen ist, dass es zu Begegnungen mit anderen Personen kommen kann, bei denen ein Abstand von fünf Metern unterschritten wird. Diese Verpflichtung gilt für zu Fuß Gehende sowie Verkehrsteilnehmerinnen und Verkehrsteilnehmer, die zur Benutzung des Gehwegs berechtigt oder verpflichtet sind, nicht aber für Radfahrende und Personen in Kraftfahrzeugen."

Ausnahmen gelten für

- Wälder,
- Parkanlagen wie Hofgarten, Schlosspark Benrath, Nord- und Südpark,
- Grünzüge wie der Grünweg Brückerbach, der in Garath NW oder der in Unterrath,
- Grünanlagen wie Albertussee, Mahnmalachse oder Werstener Deckel,
- Städtische Kleingartenanlagen,
- Friedhöfe außerhalb von Beerdigungen,
- sonstige Flächen außerhalb des Bebauungszusammenhangs wie etwa die Rheinwiesen jeweils unterhalb der Deichkrone

Die Allgemeinverfügung in voller Länge ist unter

https://www.duesseldorf.de/fileadmin/Amt13/bekanntmachungen/2020/Allgemeinverfuegung-201103.pdf nachzulesen.

Hintergrund
Die so genannte Sieben-Tages-Inzidenz des neuartigen Coronavirus liegt derzeit in Düsseldorf bei mehr als 200 Neuinfektionen pro 100.000 Einwohner. Das Ansteckungsgeschehen im Stadtgebiet ist unspezifisch und von unklaren Ansteckungswegen geprägt. Aufgrund der hohen Infektionszahlen und der Anforderung zur Neuentscheidung bezüglich früherer Allgemeinverfügungen erfolgt seitens der Landeshauptstadt nun eine Neuregelung im Hinblick auf die Maskenpflicht.

Man könnte darauf hinweisen, daß Politik zumindest in Bayern traditionell im Wirtshaus stattfindet. Das wäre jetzt aber nicht produktiv (dann sperrt der Söder womöglich für immer zu).

Man könnte darauf hinweisen, daß Politik im Wirtshaus zumindest in Bayern traditionell eine Fortsetzung der Sonntagsmesse bildet, also strenggenommen Teil des Gottesdienstes ist.
Ja mei, dann gehen wir halt vorher beten.

PRIVATE STELLENANGEBOTE

Blockwart für Mietblock in Königswiesen 450 € Basis Hoher Anteil Studenten, regelmäßige Hausgänge und Beobachtung des Zutritts, Meldung n. ISG (Infektions Schutz Gesetz). Bereitschaft zu Nachtarbeit. Provision. Erfahrung in SD,P, BW von Vorteil Zuschriften unter ZEV 2019967 an MZ-Anzeigen. 93066 Rgbg.

Regensburg (Königswiesen) marschiert voran (siehe rechts). *(3. November 2020)*

„Kennzeichen jeder Ideologie ist, daß sie als solche unsichtbar ist.“ (Greil Marcus)

Wenn ein Recht (schleichend) zur Pflicht wird, der man sich urschuldbewußt beflissen fügt, erübrigt sich die Notwendigkeit einer Alternative.

+++ 27.10.2020: Die Bayerische Staatsregierung stellt weitere Unterstützungsmaßnahmen in Form eines Kulturstabilisierungsprogramms 2020/21 zur Verfügung. Diese Seite wird zeitnah aktualisiert. +++

Hier finden Sie Informationen zum Hilfsprogramm des Freistaats für freischaffende Künstlerinnen und Künstler. Eine Antragsstellung ist momentan nicht möglich, da das Programm zum 30. September ausgelaufen ist.

„Kulturstabilisierungsprogramm" ist kein schönes Wort. „Zeitnah" erst recht nicht.
Nachtrag:
„Sehr geehrte Damen und Herren,
das angekündigte Hilfsprogramm wurde noch nicht veröffentlicht, die Konditionen und Zuständigkeiten sind noch nicht bekannt.
Mit freundlichen Grüßen
Regierung von Oberbayern
Sachgebiet 12.2 – Kommunales Finanzwesen, Kommunale Förderungen"

Das ist offenbar kein Fake (oder hat jemand entsprechende Hinweise?).
Und das heißt: Jetzt wird es ernst.[17]

Ratespiel: Weißrußland? Iran? oder ...?
„Die internationalen Wahlbeobachter der Organisation für Sicherheit und Zusammenarbeit in Europa (OSZE) fordern, daß alle abgegebenen Stimmen der Präsidentschaftswahl ausgezählt werden."[18] *(4. November 2020)*

So sehr man sich freuen darf, daß ein Vo******* weg ist aus dem entscheidenden Amt der Welt, sollte man doch im Hinterkopf behalten, was das Eintreten des anderen in dieses Amt bedeuten wird. (Nur um hinterher nicht abwiegeln zu müssen, „hätt ich nicht gedacht" oder so.)
Außerdem ist nicht sicher, daß eine deutsche Presse, die die kommenden Kriege verkaufen und bejubeln muß, weniger widerlich ist als eine deutsche Presse, die jahrelang wie ein Chor Rohrspatzen auf einen Tro**** einschimpfen muß. Warten wir's ab.
(5. November 2020)

Nach einem kurzen Überblick über die derzeitigen Facebook-Posts stelle ich fest, daß ich mich mal wieder fundamental geirrt habe: Ich dachte, der Kandidat heißt Joe Biden, nicht Jesus Christus.

Hi hi (siehe rechts). *(7. November 2020)*

---

[17] Gemeint ist der im Original hier verlinkte „ Entwurf eines Dritten Gesetzes zum Schutz der Bevölkerung bei einer epidemischen Lage von nationaler Tragweite", möglicherweise noch zu finden unter dserver.bundestag.de/btd/19/239/1923944.pdf

[18] Die Bemerkung, deren Herkunft mir nicht mehr erinnerlich ist, bezog sich selbstverständlich auf die USA.

Sehr zeittypisches Tagesmotto: „Wer mit einem tödlichen Virus frei leben will, muß Unfreiheit hinnehmen." ---- Hier hilft nur Sonne.

Wenn (!) es stimmt, daß die Gerichte neuerdings den Begriff „Infektionen" tunlichst vermeiden und nur noch von „Positivtestungen" sprechen, ist die Diskussion über ein „Infektionsschutzgesetz" irgendwie nicht mehr so dringend. Oder irre ich mich da?
Wie will man denn (in einem fiktiven Fall in der Zukunft) eine „epidemische Lage von nationaler Tragweite" ausrufen, wenn es kaum „Infektionen" gibt? Das könnte schon kompliziert werden. Vielleicht kann man das Gesetz auch umbenennen: „Positiv-interpretierbare-PCR-Tests-Gesetz" oder so.
Kriterien für die Feststellung bräuchte es zumindest theoretisch ja doch. Sonst wäre wohl auch in diesem Fall nicht so aufdringlich von „Infektionen" und „Infizierten" die Rede gewesen.
Entscheidend dürfte sein, wie viele Parlamentarier mitkriegen, was da läuft, und wann sie es durchschauen. Wenn bei diesem Aufwand am Ende eine ähnliche Pleite rauskommt wie bei den letzten Pandemien, wird man viele davon eventuell nicht mehr so leicht für den nächsten Versuch gewinnen können. Wer weiß.

Ich habe heute eine sehr ausführliche Mail von einem SPD-Bundestagsabgeordneten bekommen – da sieht man sehr deutlich: Der will nicht wirklich was Böses, er hat nur von der ganzen Materie absolut keinerlei Ahnung. Ich füttere den jetzt mal mit ein paar Informationen. Selbstverständlich nur mit „offiziellen". Es ist m. E. noch nicht sicher, daß im Bundestag nicht enorm viele drinsitzen, die (vielleicht aus Zeitgründen) außer SZ- und BILD-Schlagzeilen und „Tagesschau" in den letzten neun Monaten gar nichts mitgekriegt haben. Sind ja auch nur Menschen, und viele sind offenbar naiv und ganz und gar nicht so vernagelt wie die Coronisten auf Facebook. Die menschliche Vernunftfähigkeit sollte man nicht ganz abschreiben …
Von einem kann man natürlich nicht auf andere schließen, aber der weiß wirklich nichts und versteht auch nicht, was das Gesetz bedeutet.
Er weiß noch nicht mal, was repräsentative Demokratie und Gewaltenteilung bedeutet.
Originalzitat:
„Grundrechtseinschränkungen müssen stets verhältnismäßig sein. Diese Verhältnismäßigkeit muß vom Gesetzgeber nachvollziehbar begründet werden. Das Parlament ist hier die Kontrollinstanz, die jederzeit eine Begründung einfordern kann und dies auch tut."
Das Parlament ist KEINE „Kontrollinstanz" für den „Gesetzgeber". Das Parlament IST der Gesetzgeber.
Der Mann sitzt seit sieben (!) Jahren im Bundestag und ist Mitglied des „Ausschusses für Recht (!) und Verbraucherschutz". Man muß da also wirklich an den höchsten Stellen ganz, ganz am Anfang anfangen … nicht mit Covid-19, sondern mit der politischen Bildung.

In anderen Branchen klappt das doch auch: Ein Schreiner kann normalerweise ungefähr erklären, was „Holz" ist. Und wenn er es nicht weiß, dann schweigt er.[19]

Offenbar kriegen jetzt viele Soloselbständige, die im März die „Künstlerhilfe" beantragt haben, Strafanzeigen wegen Betrugs.
Da sollte man doch vorsorglich das Corona-Märchen („Die Gegner der Maßnahmen sind schuld an den Maßnahmen!") weiterdichten:
Die Leute, die Hilfe gesucht haben, sind schuld daran, daß wir jetzt keine Hilfe kriegen!
(9. November 2020)

Vietnam 2.0:
SPIEGEL: Was sehen Sie als mögliches Szenario?
Stavridis: Ich fürchte, daß die Personen, die Trump jetzt eingesetzt hat, ihm zum spontanen und nicht ausgeplanten Abzug aller US-Truppen aus Afghanistan noch vor Weihnachten raten werden. Davon hat Trump ja schon gesprochen. Bei seiner Anhängerschaft würde das als Zeichen der Stärke sicher gut ankommen. Bisher aber hat die zivile und militärische Führung die Idee so gut es geht ausgebremst. Es wäre für die USA ein Desaster in militärischer, strategischer und diplomatischer Sicht. (...) Unsere Partner, darunter auch Deutschland, müßten dann in Windeseile abziehen. Es würde wie eine Flucht aussehen. Das bißchen, was wir in Afghanistan erreicht haben, wäre auf einen Schlag verloren. Und es gäbe keinen Weg zurück, auch nicht für die neue US-Regierung. *(12. November 2020)*

Wow. Die individuelle Ansteckungsgefahr bei unserer Lesebühne läge – wenn einer der auftretenden Künstler ansteckend krank wäre – laut dem „Aerosol Transmission Risk Calculator" des Max-Planck-Instituts bei 100 Zuschauern ohne Masken bei 0,21 Prozent.[20] Das macht das Verbot plausibel.

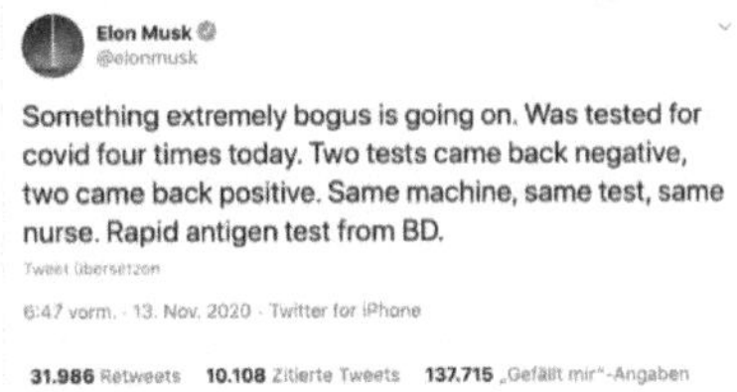

Elon Musk
@elonmusk
Something extremely bogus is going on. Was tested for covid four times today. Two tests came back negative, two came back positive. Same machine, same test, same nurse. Rapid antigen test from BD.
Tweet übersetzen
6:47 vorm. · 13. Nov. 2020 · Twitter for iPhone
31.986 Retweets 10.108 Zitierte Tweets 137.715 „Gefällt mir"-Angaben

Ist Elon Musk jetzt Fußballprofi? (siehe rechts)
(13. November 2020)

„Gewisse Modifikationen des Miteinander-Seins"[21] – Gott sei Dank. Ich hatte schon befürchtet, ich finde nie wieder ein schönes Beispiel dafür, was „schwurbeln" eigentlich bedeutet.

---

[19] Der Abgeordnete, der als „enger Vertrauter von Sigmar Gabriel" galt, wurde im Herbst 2021 aufgrund eines nachteiligen Listenplatzes nicht mehr in den Bundestag gewählt und trat 2022 zur CSU über. Sein Vorgänger als Direktkandidat im Münchner Norden hatte bereits im Bundestagswahlkampf 2013 statt seiner eigenen Partei die ÖDP unterstützt.
[20] Möglicherweise gibt es den „Calculator" noch, er ist recht erheiternd: www.mpic.de/4747361/risk-calculator
[21] Diese lustige Formulierung stammt von einem anonymen Autor des Robert-Koch-Instituts und stand in einem „Strategiepapier".

„Wir gehen alle davon aus, daß im nächsten Jahr Impfstoffe zugelassen werden. Wir wissen nicht genau, wie die wirken, wie gut die wirken, was die bewirken, aber ich bin sehr optimistisch, daß es Impfstoffe gibt." Sagte der Tierarzt Lothar Wieler vor einem Monat im staatlichen Fernseh. Auch die Bedeutung dieser Prophezeiung wird sich erst noch erweisen.

Angesichts der aktuellen Entwicklung: Wenn wir merken, daß einem auf die Dauer im Kopf ziemlich übel wird, wenn man nur noch Katzenvideos und Volksverphetzer-Propaganda vorgesetzt kriegt … dann ist es vielleicht zu spät. (Der Tippfehler ist keiner.)
(14. November 2020)

Zahlen und Fakten am Rande:
Von April bis September 2020 beantragten 81.100 ehemals Selbstständige Hartz IV, 73.104 mehr als im Vorjahreszeitraum.
Das ist ein Anstieg von 1.014 (eintausendundvierzehn) Prozent.
Die meisten der Betroffenen arbeiten in Lebensmittel- und Gastronomieberufen, sozialen und kulturellen Dienstleistungsberufen (jeweils rund ein Fünftel) sowie in Gesundheitsberufen (rund 16 Prozent). *(19. November 2020)*

Ich mag schon den Namen Edelbert. Und in Tirol sind auch die neuen Verhaltensregelungen ziemlich klar und logisch:
„Landespolizeidirektor Edelbert Kohler verspricht auch dieses Mal, daß die Beamten mit Fingerspitzengefühl vorgehen werden. ‚Wir schauen nicht auf die Details', meint der Polizeichef. Zumal auch die neueste Covid-Verordnung einige Fragezeichen beinhaltet und nicht immer eindeutig bzw. einfach zu verstehen ist.
So darf der Bruder die Schwester besuchen und der Sohn die Mutter. Die Ehefrauen sollten aber zu Hause bleiben, weil die Verwandtschaftsverhältnisse zur Schwägerin bzw. Schwiegermutter nicht eng genug sind. Wenn die Mutter allerdings ihren Sohn besucht, der mit seiner Ehefrau zusammenlebt, ist das ok.
Keine Einwände gibt es auch, wenn zwei Brüder gleichzeitig ihre Mutter besuchen. Wenn ein Bruder dabei seinen Sohn mitnimmt, wird's schwierig: Zur Oma darf zwar auch der Enkel, zum Onkel aber nicht der Neffe – das Verwandtschaftsverhältnis ist nicht eng genug. Wenn aber der Neffe für den Onkel zu ‚einzelnen Bezugspersonen' zählt, mit denen er mehrmals wöchentlich Kontakt hat, ist die Legalität wieder gewahrt. Apropos ‚einzelne Bezugspersonen' – diese können Verwandte ebenso wie Freunde sein und sind den Geschwistern, Eltern, Kindern und Enkeln gleichgestellt. ‚Wir führen aber keine Listen, wer wen als Bezugsperson bereits angegeben hat', erklärt Kohler."
(21. November 2020)

Es ist beruhigend, wenn man feststellt, daß man zu einer Todsünde nicht begabt ist. Zum Beispiel Neid: Ich habe gerade Bilder von Spahns Villa gesehen. Okay, in Mün-

chen hätte er dafür nicht vier, sondern circa 25 Millionen bezahlt. Sie ist trotzdem furchtbar häßlich.
Lustig ist übrigens, wer da vorher gewohnt hat, zufällig.[22] *(22. November 2020)*

Was machen wir eigentlich, wenn in drei Jahren Wissenschaftler feststellen, daß die modRNA aus der „Corona"-„Impfung" durch Geschlechtsverkehr übertragen werden kann? (Ich frage für einen Freund.) *(23. November 2020)*

> Aber auch einen Monat nach der Regierungserklärung ist es noch immer nicht möglich, diese Anträge zu stellen. "Die Einzelheiten über das Bewilligungsverfahren werden derzeit in engem Dialog mit den Vertretern der Kulturszene und anderen betroffenen Stellen ausgearbeitet", heißt es dazu aus dem Kunstministerium.

Aus Interesse: Weiß jemand, wer diese „Vertreter der Kulturszene" sind und wer sie wie (aus)gewählt hat?

Auszug aus den Antworten, exemplarisch:

> Bundesweit sind es mehrere Verbände die sich unter Alarmstufe Rot zusammengeschlossen haben. Sandra Beckmann ist da sie führende Kraft, sie führt die meisten Gespräche.
> Joure Fixe München ist wohl an Dialogen beteiligt, zumindest in Bayern #kulturerhalten ist auch im Dialog.
> Richtig, neben den Hauptakteuren hat jedes Bundesland noch seine eigene Vertretung.
> #kulturerhalten ist mit der Bundestagsfraktion der SPD im Dialog.

Die hat mit der bayerischen Staatsregierung wohl eher weniger zu tun.

> Das stimmt. Falsch verstanden, wonach du gefragt hast. Aber egal. Ist ja auch interessant zu wissen, wer so alles ackert, damit sich diese ätzende Lage verbessert.
> MH, können Sie dem Kollegen vielleicht helfen und Auskunft geben? Bonne soirée, cj
> Ich weiß gerade nicht, worum es genau geht, also: Welche Region, welches Ministerium, welche Leistungen. Daher eine allgemeine Antwort.
> Auf Bundesebene sind es vor allem der Deutsche Kulturrat als Dachverband der Berufs- und Interessenverbände aus Kultur und Medien, der solche Prozesse im Namen der Szene begleitet.
> Da Kultur aber in Länderhoheit liegt, gibt es viele Vertretungen auf Landesebene, die weit vorher greifen. Beispielsweise die Landesmusikräte, die es so wie überall gibt, aber auch andere Dachverbände (in NRW der Kulturrat

[22] Dies war der vormalige US-Botschafter Richard Grenell.

NRW mit Gerhart Baum als Vorsitzendem) sowie jede Menge einzelner Berufsverbände. Und schließlich auf allen Ebenen, von Kommune übers Land bis zum Bund die Gewerkschaften, vor allem ver.di.

Da diese Strukturen ausnahmslos demokratisch mandatiert und hinsichtlich ihres Statue Quo legitimiert sind, Politik und Verwaltung also wissen, mit wem sie es zu tun haben, nehme ich an, daß sie eine weitaus größere Rolle spielen als etwa AlarmstufeRot oder IG Kulturerhalten. Immer wieder werden aber Experten aus konkreten Bereichen hinzugeholt, etwa von den Verwertungsgesellschaften.

Um das Ganze noch ein wenig komplizierter, aber eben auch vollständiger zu machen: Diese Krise ist kulturseitig ja nicht nur einer derjenigen Kulturakteure, die zum Ressort der Kulturministerien gehören. Vielmehr sind ganz erhebliche Teile der akut hilfsbedürftigen Branche/Szene der sog. „Kultur- und Kreativwirtschaft", für die wiederum die Wirtschaftsministerien der Länder sowie auch das BMWi zuständig sind (hier ist auch die Filmwirtschaft verortet). Soweit Journalisten und Presseverlage betroffen sind, kommen ggf. weitere Ressorts hinzu; in vielen Fällen dürften das die Staatskanzleien sein.

Für diese Bereiche gibt es wiederum Verbandsstrukturen.

Vielen Dank, MH, voilà Michael Sailer, hier eine schnelle und recht umfassende erste Auskunft von einem Komponisten und Kollegen …

Ja, vielen Dank. Hier ging es speziell um Bayern. Es beunruhigt mich ein bißchen, daß ich von den meisten der Verbände und ihren „ausnahmslos demokratisch mandatierten Strukturen" noch nie gehört habe, aber als freier Autor und Lesebühnenmensch fällt man da wohl zwischen die diversen Stuhlreihen … Schauen wir mal, was herauskommt.

Um ehrlich zu sein: Ich muß jetzt seit einem Dreivierteljahr mit der Beunruhigung leben, die sich daraus ergibt, daß sich ganz offenkundig die wenigsten Kulturmenschen auch nur ansatzweise für die Rahmenbedingungen ihres Schaffens interessieren oder gar engagieren. Und damit auch nicht für diejenigen, die für sie seit Jahr und Tag die Arbeit machen und versuchen, die Bedingungen zu verbessern. Überwiegend ehrenamtlich, versteht sich.

Irgendwas ist schräg, wenn die, die die Arbeit leisten, auch noch regelmäßig gefragt werden, warum man denn von ihnen nichts wisse.

Da kann ich mich (leider) nur anschließen als jahrelang im Berufsverband Aktive … und würde mir wünschen, daß sich mehr Kulturschaffende gerade jetzt in der Krise in einem Berufsverband ihres Vertrauens organisieren.

Welcher wäre denn das z. B. für mich?

MH, ich hoffe, ich habe nicht despektierlich gewirkt … so geht das halt, wenn man 35 Jahre lang schreibt und Musik macht und 13 Jahre eine Lesebühne organisiert: Man kriegt vor lauter eigener Wurstelei wenig sonst mit. Als ich noch Zeitung gelesen habe, stand so etwas nicht drin, und mit der Zeit entwickelt man wohl so eine Art Einzelkämpferblindheit, bei der der Blick nicht mehr über die unmittelbaren Netzwerke hinausreicht …

> Michael, alles gut. War gar nicht persönlich gemeint.
> Ist aber halt eine durchaus problematische Beobachtung, daß diese Branche/Szene/Kultur sehr wenig in der Lage ist, sich selbst im politischen Raum zu artikulieren. Dann ist man halt ein einfaches Opfer.
> Alles okay, ich hab das nicht krumm genommen. Und kenne das mit dem Einzelkämpferding durchaus als Freiberuflerin aus Überzeugung. Für mich war genau DAS übrigens der Grund, mich im Berufsverband zu engagieren.
> Und der richtige Verband für dich – kommt einerseits auf deinen beruflichen Schwerpunkt an. Und andererseits – auch das ein Erfahrungswert – rate ich Interessenten für „meinen" Verband immer dazu: hier sind Infos, was wir so machen, schaut euch die Leute vor Ort an, z. B. bei Veranstaltungen etc. und dann trefft eine Entscheidung, wo ihr gerne Mitglied werden wollt. Das hat auch viel mit Vertrauen in die Aktiven zu tun.

Wo fände ich denn diesen „politischen Raum"? Ironie aus: Das ist sicherlich auch (!) ein Problem der Zeit und Ressourcen. Es ist ja nicht so, daß ich keinen Kontakt mit Politikern habe. Aber halt andererseits sehr viele Dinge um die Ohren, hauptsächlich und nebenbei. Und ehrlich gesagt waren meine früheren Erfahrungen mit Verbänden und Organisationen nicht sehr … hm, attraktiv. Aber vielleicht habe ich da die falschen erwischt.

> Kultur-Rettungsschirm Bayern redet mit den Politikern, z. B. Bernd Schweinar, und über die Aktion #ohneaschekeinphönix wird die Möglichkeit geschaffen, mit Landtagsabgeordneten ins Gespräch zu kommen. Die ersten Gespräche haben schon aufgrund dieser Aktion und weitere folgen noch diese Woche. Bitte gerne beteiligen.

Gut, aber wo muß man da hingehen, um sich zu beteiligen?
Quatsch, sorry, darf man ja eh nicht.

> Schau bitte auf der Seite www.ohneaschekeinphoenix.org Die gibt es erst seit vorgestern, aber dort findest du ein Musteranschreiben für deinen Landtagsabgeordneten. Ein paar Kulturschaffende sind bereits ins Gespräch gekommen.[23]

Das ist zu genial(isch), um es nicht zu zitieren:
„Dankesbrief an die Impf-Forscher
Ihr habt Weltgeschichte geschrieben. Ihr seid so groß wie der Mensch, der das Rad erfunden hat, die Glühbirne, das Telefonieren …

[23] Nachtrag 2025: Was aus all diesen seltsamen „Initiativen" und dem „politischen Raum" wurde, wüßte ich eigentlich schon gerne. Herausgekommen ist jedenfalls: absolut nichts.

Wir waren alle am Ende. Unsere Hoffnung war eine Handvoll Luft, immer mehr Infizierte, Tote.
Während wir immer mehr hoffnungslos wurden, habt ihr weitergeforscht. Ihr wart wie Bergsteiger oder Taucher in der Tiefsee. Ihr forschtet nach der millionenmillionsten kleinsten tödlichsten Waffe, die jemals einen Menschen angriff.
Es war ein Kampf um Leben, Tod und Zeit. Es gab den ersten Lockdown, den zweiten. Wir hatten schon alle keine Hoffnung mehr. Was für ein befreiender Tag. Die Forscher haben einen Impfstoff.
Laßt uns jubeln, laßt uns feiern. Unsere Forscher haben den Mount Everest bestiegen, sie haben das Rad erfunden, sie haben das Virus besiegt. Wie schön, daß der Mensch klüger ist als das Virus.
Herzlichst
Ihr …“
Na, ratet mal?[24]

Man mag über Herrn Jebsen denken und sagen, was immer man will. Sein Interview mit Uwe Soukup über den Tod von Benno Ohnesorg und die Vor-, Begleit- und Nachgeschichte ist jedenfalls eine einsame Sternstunde von Journalismus und Oral History, nicht nur was den deutschen Faschismus und die deutsche Linke angeht, sondern generell. Und zudem höchst aktuell.
Neunzig Prozent der Menschen, die dies lesen, werden automatisch reagieren („Aha! Da haben wir's ja wieder!“) oder sich dafür nicht interessieren. Zumindest die, die sich ernsthafte Gedanken über unsere Gesellschaft, ihre Geschichte, ihren Zustand und meinetwegen auch über diese AfD und die Gründe für das Wiedererblühen von Nazi-Mentalitäten (und dessen Vorgeschichte) machen, dürfen da gerne mal hineinschauen. Nach zwei Minuten kommt man eh nicht mehr weg.
(Nein, ich poste keinen Link, weil ich nicht gesperrt werden will. Ist leicht zu finden.)

Na gut, das Schlußwort ist provokativ: „Haben Sie sich im Rahmen Ihrer Recherchen mal als Verschwörungstheoretiker bezeichnen lassen müssen?“ --- (Pause) --- „Ich glaube nicht. Ich glaube, ich hatte zu viel Beweise.“ *(24. November 2024)*

Daß bei gewissen Demonstrationen immer ein paar Nazis mitlaufen, könnte vielleicht auch den Grund haben, daß sie sich so mit ihren Kumpels bei der Polizei treffen können, ohne daß die Mißachtung des Kontaktverbots in Gruppen von mehr als zehn Leuten und zwei Haushalten groß auffällt. Nur so eine Idee. *(25. November 2020)*

(Zu einem Propagandavideo von Annalena Baerbock:)[25] Es ist eigentlich pietätlos, Petra Kelly derart wild im Grab rotieren zu lassen. Aber bevor man vor Lachen vom Stuhl fällt, sollte man sich circa zwei Minuten zusammenreißen. Da kommt, um was es geht.

[24] Der Autor war Franz Josef Wagner.
[25] Möglicherweise ist das Video hier noch zu finden: www.corodok.de/baerbock-besser-als-bild/

(Ach so, erklärender Nachtrag: Es handelt sich um eine „Young Global Leader" des World Economic Forum.)
Grad heute habe ich mir überlegt, ob ich das leider diskreditierte Wort „schwurbeln" zukünftig durch „kahanen" ersetzen soll. Aber „baerbocken" ist eine starke Konkurrenz. *(26. November 2020)*

Jessas, jetzt kommt die nächste Welle: Atomioten gegen Atomisten. Wer diesmal die Verschwörungsideologen sind, weiß man noch nicht. Aber schon wieder ist Bill Gates schuld.
(auf Nachfrage:) Es geht im Grunde um einen Propagandafilm für Atomkraft, der neulich im ZDF lief. Dahinter steckt eine Organisation für die Förderung der Atomkraft, die von Bill Gates finanziert wird. Und jetzt hauen sich deren Agenten und Anhänger in diversen Facebookgruppen mit Der Fraktion Erneuerbare Energie gegenseitig die Köpfe ein. Aber vielleicht kommt der Rest der Welt diesmal davon, ohne viel mitzukriegen …

Die Reaktion auf „Corona-Ausbrüche" in Schlachthöfen ist zwar total unlogisch, wäre aber trotzdem ein erfreulicher Ansatz, den man auf andere Branchen übertragen könnte. Also: Gastronomie, Bühnen, Theater, Clubs usw. wieder öffnen und die Arbeitsbedingungen dort verbessern.
Das Brett vor dem Kopf kriegt man nicht weg, indem man es festschraubt:
„In Vietnam leben etwas mehr Menschen als in Deutschland (96 Millionen vs. 83 Millionen) auf insgesamt etwas weniger Fläche (331.212 Quadratkilometer vs. 357.386 Quadratkilometer). Das Land hat außerdem drei Nachbarländer, eins davon ist China, wo das Virus ursprünglich herkommt. Trotzdem gab es seit Ausbruch der Pandemie in Vietnam insgesamt nur rund 1.300 nachgewiesene Infektionen. Deutschland dagegen meldete über 900.000 Fälle, täglich kommen derzeit rund 15.000 Neuinfektionen dazu.
Nun sind offizielle Statistiken in einem Einparteienstaat ohne Pressefreiheit zugegebenermaßen wenig verläßlich und die Inszenierung des Erfolgs und die Kriegsrhetorik mögen etwas überzogen wirken. Doch Hunderttausende hustende, fiebernde Leute, ein Massensterben – das könnte selbst Vietnam nicht vertuschen." („Die Zeit")
Wieso nicht? Deutschland schafft das ja offenbar auch. *(27. November 2020)*

Ich teile das mal weiter, zur Dokumentation, siehe unten. Und mit realen Zahlen: Es gab tatsächlich (in meinem Fall) die erwähnten 3.000 Euro im Frühjahr. Und aktuell (heute morgen) 746,65 Euro „Novemberhilfe", die versteuert werden muß und deren Verwendung „überprüft" werden soll (inkl. Offenlegung aller Konten).
Die oft erwähnten „bestehenden Hilfen" und sonstigen „Unterstützungen" gibt und gab es hingegen nicht. Und von dem bayerischen „Kulturerhaltungsprogramm" ist seit vielen Wochen nur dies bekannt: „Weitere Hinweise bspw. hinsichtlich der Antragsstellung werden demnächst an dieser Stelle veröffentlicht."

Es soll (!) wohl ab Januar gelten, wie und was auch immer. Das heißt: „Soloselbständige“ (Künstler und viele andere Betroffene) werden nach Juni, Juli, August, September, Oktober und einem Teil des Novembers auch im Dezember von privaten Spenden und milden Gaben leben müssen.

> *(geteilter Beitrag von* N. N.*)* Hallo! In meiner Freundesliste müßten noch viele Nicht-Selbstständige sein. Ich bitte darum erneut insbesondere um deren Aufmerksamkeit für die Situation Solo-Selbstständiger während der Corona-Pandemie. Siehe dazu den SZ-Artikel über KNs Engagement.
>
> Zur Erklärung: In den Medien steht gelegentlich etwas über „bestehende“ Hilfen für Selbstständige, die „erweitert“ werden. Es kursieren absolute Falschmeldungen, nach denen wir 75 Prozent unserer Umsätze aus den Vergleichsmonaten 2019 bekommen. In aller Deutlichkeit: Das stimmt nicht. Es gibt KEINE bestehenden Hilfen, und die Landesregierung macht einen katastrophalen Job in dieser Hinsicht. Mir fehlen über 20.000 Euro netto dieses Jahr – ich habe 3.000 Euro „Hilfen“ bekommen, und von den neuen Hilfsprogrammen gibt es bis zum heutigen Tag nichts – vier Wochen nachdem Bernd Sibler angekündigt hat, „mit Hochdruck an Lösungen zu arbeiten“.
>
> Dies ist kein Spendenaufruf, und auch kein Eintreten für „Kultur“ im Speziellen, sondern ein mit sehr direkten Worten verbundener Appell, „Selbständigkeit als Lebensmodell“ nicht so im Stich zu lassen, wie das aktuell geschieht, gleich ob als Gastronom, Musikerin, selbstständiger Fitnesscoach oder sonst was. Wir fordern keine „Hilfen“, wir haben ein Recht auf Entschädigung für die Opfer, die wir, selbstredend, zugunsten der Gesundheit aller bringen mußten und weiter bringen.[26]

Zufallsfund: Auch 2009 gab es eine „zweite Welle“, zumindest in Großbritannien.
(30. November 2020)

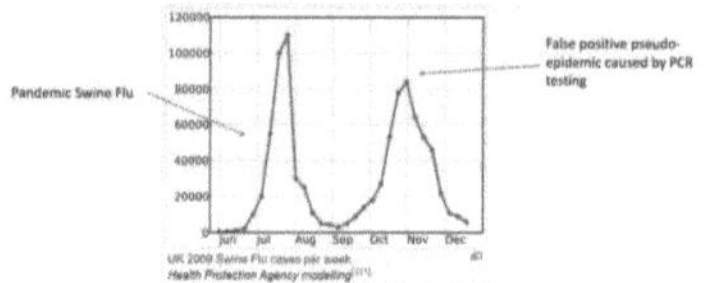

„Wir tragen in Bayern Maske sogar in der Grundschule, die Kleinen kommen heraus, haben damit überhaupt kein Problem, aber die einen oder anderen Eltern reißen ihnen dann die Maske runter aus Sorge.“ (Markus Söder) *(November 2020)*

[26] Ich mache mir das Gerede von „Opfern“, die man „selbstredend zugunsten der Gesundheit aller“ bringt, nicht zu eigen. Aber ich weise darauf hin, daß es viel später weitere geringfügige „Hilfen“ gab, von denen versprochen wurde, sie müßten keinesfalls zurückgezahlt werden. Ohne das geringste Aufsehen wurden diese Almosen dann ab Herbst 2024 in so gut wie allen Fällen vollständig zurückgefordert – und zwar ohne Ein- oder Widerspruchsmöglichkeit; man mußte aufwendig und aussichtslos prozessieren –, was weitere Massen von „Soloselbständigen“ in den Ruin trieb. (Wer „Bernd Sibler“ war, weiß ich leider nicht mehr; ich habe nie wieder von ihm gehört.)

philanthropy [fɪlənθrəʊpi]
n 1 taking a small portion of the surplus stolen through the ignoble business of the MARKET and giving it to the ignoble business of CHARITY in order to persuade one's customers, one's shareholders or one's self, of nobility 2 'sustainability', 'shared values', 'social responsibility', 'responsibility to protect', and all the radiant, giving *goodness* of the master race

„If you know for certain what is the purpose of the universe in relation to human life, what is going to happen and what is good for people, even if they do not think so; if you can say, as Hegel does, that his theory of history is ‚a result which happens to be known to ME, because I have traversed to entire field' – then you will feel that no degree of coercion is too great, provided it leads to the goal." (Bertrand Russell)
(Good morning, Mister Schwab.)

Remember. (siehe links)

Nicht erschrecken. Ist nur die bayerische Polizei:

Es handele sich, so erfahren wir, um „Offensivfahrzeuge" für besonders gefährliche Einsätze. „Dank der wirksamen Panzerung sind unsere Spezialeinheiten bestmöglich geschützt, vor allem bei Terror- oder Amoklagen", erläuterte Herrmann (Minister).
Die Fahrzeuge sollen zum Einsatz kommen, wenn etwa Personen aus Gefahrensituationen gerettet werden müßten. Außerdem gebe es eine spezielle Bewaffnung, um gegen gefährliche Täter vorgehen zu können. Eines der beiden Fahrzeuge verfügt über einen drehbaren Waffenturm, das andere über eine von innen bedienbare Waffenstation.
„Amoklagen"! „Gefahrensituationen"! *(1. Dezember 2020)*

Heutige Stichwörter für investigative Journalisten: GenExpress – Landt – Ellerbrok (RKI) – Biowaffenforschung – Marburg – Corona – Ebola – Nidovirus (Drosten 2011).
(2. Dezember 2020)

„Wo kommen wir da raus, wo kommt China raus, wo kommt Südkorea raus, wenn die alle immer viel besser die Masken tragen und nicht so viele Querdenker-Demos haben, sondern derweil schon wieder einen wirtschaftlichen Aufschwung?" (A. Merkel)
(Doch, das hat sie angeblich wirklich gesagt.) *(3. Dezember 2020)*

Karl Lauterbach, 28. Oktober 2020:
„Der Wellenbrecher-Shutdown ist die letzte Chance, um die Corona-Lage jetzt in den Griff zu kriegen. Wir würden damit wesentliche Zeit gewinnen und kämen, ohne daß wir mit dramatischen Fallzahlen rechnen müssen, noch bis zu den Weihnachtsferien. Wenn wir es (den „Lockdown light") jetzt nicht beschließen, ist aus meiner Sicht ein kompletter Lockdown auch mit Schulen, der viel länger dauern könnte, in einigen Wochen unabwendbar."
Karl Lauterbach, 26. November 2020:
„Wenn die Politik am ‚Lockdown light' festhält, wird das Land aus diesem Ausnahmezustand nie herauskommen. (Wir müssen) deutschlandweit deutlich schärfere Beschränkungen beschließen, als wir sie momentan haben. Wir brauchen jetzt härtere Beschränkungen: vorgezogene und längere Schulferien bis weit ins neue Jahr und ein Schließen der Geschäfte zumindest nach Weihnachten."
„Letzte Chance"? „Was geht mich mein Geschwätz vom letzten Monat an"? „Wenn wir es jetzt nicht beschließen, ist ein kompletter Lockdown unabwendbar – aber WENN wir es beschließen, ist ein kompletter Lockdown ebenfalls unabwendbar"?
Gabba gabba gabba babba gabba gabba babba babba gabba babba gabba gabba gabba gabba babba gabba babba babba gabba … usw. usf.

Die momentan wahrscheinlich wichtigste Technik oder Tugend im Umgang mit öffentlichen Aussagen (insbesondere, aber nicht nur von Machthabern und Politikern) ist, auf jedes, wirklich jedes „wir" sofort zu fragen: Wer seid „ihr"? *(6. Dezember 2020)*

„Ich hingegen möchte an dieser Stelle ausdrücklich um gesellschaftliche Nachteile für all jene ersuchen, die freiwillig auf eine Impfung verzichten. Möge die gesamte Republik mit dem Finger auf sie zeigen." (Nikolaus Blome, „Spiegel"-Propagandist)

Ich bin sonst nicht so, aber wenn ich noch einmal irgendwo hinhöre oder hinschaue und den Satz „Die Zahlen müssen runter!" lese oder höre, dann platzt mir der Kragen. Seid gewarnt, liebe Kommentatoren. *(7. Dezember 2020)*

„Die Werkzeuge der Vierten industriellen Revolution ermöglichen neue Formen der Überwachung und andere Mittel der Kontrolle, die im Widerspruch zu gesunden, offenen Gesellschaften stehen." Klaus Schwab (Führer)
„Die Technologien der Vierten Industriellen Revolution werden nicht nur Teil der physischen Welt um uns herum sein — sie werden Teil von uns werden. In der Tat haben einige von uns bereits das Gefühl, daß unsere Smartphones zu einer Erweiterung unserer selbst geworden sind. Die heutigen externen Geräte — von Exoskelett-Computern bis hin zu Virtual-Reality-Headsets — werden mit ziemlicher Sicherheit in unseren Körper und unser Gehirn implantiert werden. Exoskelette und Prothesen werden unsere körperliche Leistungsfähigkeit erhöhen, während Fortschritte in der Neurotechnolo-

gie unsere kognitiven Fähigkeiten verbessern werden. Wir werden besser in der Lage sein, unsere eigenen Gene und die unserer Kinder zu manipulieren."
Sagt nicht, man habe euch nicht gewarnt. *(8. Dezember 2020)*

Warum es die Welt nicht geben kann, wenn es uns nicht gibt

(10. Dezember 2020)

Ob es die Welt gibt, ist eine Frage, an der sich die Wissenschaft die Zähne ausbeißt. Der Philosoph stellt fest: Alles, was es gibt, unterscheidet sich von anderen Dingen; und so schließt er in fachüblicher Messerschärfe: Also kann es die Welt nicht geben, denn von was sollte sie sich unterscheiden? Und wie?

Der Naturwissenschaftler kündet in ebenfalls disziplinspezifischer Schärfe, alles, was es gebe, gebe es auch, und da die Welt nun einmal da sei, sei sie auch da, also gebe es sie. Dann packt er seine Meßgeräte aus, mißt alles, was zu messen ist, und konstatiert: Das ist sie, die Welt! Den sophistischen Einwand, er habe vergessen, seine Meßgeräte zu messen – gehören die also nicht zur Welt? kontert er, indem er den Mathematiker hinzuzieht und ihn eine feinsinnige Formel formulieren läßt, der zufolge das, was mißt, zwar die Messung geisterhaft beeinflußt, dennoch aber sozusagen implizit mitgemessen wird, also ebenfalls existiert und in einem weiteren Sinne zum Gemessenen dazuzuzählen ist.

Nun erklärt ihm der Philosoph, daß er offenbar nicht imstande ist, ein Meßgerät für die mathematische Formel zu bauen, sondern deren Ergebnisse immer nur teilweise bestätigen kann, ihr also hinterherhinkt, und außerdem die zweifellos existente Idee, es gebe etwas, was man überhaupt nicht messen könne (als logischen Gegensatz zu allem, was man messen kann), eben gerade nicht vermessen könne. Die Behauptung weiterhin, all das gehöre ebenfalls zur Welt, ebenso wie der aufmüpfige Geist, der so etwas behaupte, führe vollends ins Dilemma, weil man wieder bei der Ausgangsfrage lande: Wenn alles, was es gibt, zur Welt gehört, wodurch unterscheidet sich die Welt dann von allem, was zu ihr gehört?

Zum Glück haben auch der Philosoph und der Naturwissenschaftler irgendwann Feierabend. Dann stehen sie wie alle anderen da und fragen sich: Was tun?

Oder nein: Die meisten fragen sich das gar nicht. Sie tun, was sie nach der täglichen Ausbeutungsschicht zu tun gewohnt sind: ein paar Fitneßbewegungen absolvieren, eine Packung Nahrung einnehmen, Glotze an und die „Welt" betrachten. Diese Welt, die sie da sehen, unterscheidet sich tatsächlich kaum, schon gar nicht von dem, was sie morgens auf dem Weg zur Ausbeutungsschicht bereits in Zeitungen und deren digitalen Surrogaten gesehen haben: Im wesentlichen besteht sie aus drei mittelalten Männern, die offensichtlich gerne noch immer die Oberstufen-Nerds wären, die sie vor zwanzig, dreißig bzw. vierzig Jahren wahrscheinlich waren, und deswegen aussehen wie etwas verwahrloste Ausgaben der pickeligen, am PC festgeschraubten Bleichköpfe, die man als lebensfroher Mensch damals lieber mied. Plus einer Kanzlerin, die mittlerweile auch jeder auswendig kennt, zuzüglich etwas Begleitmaterial in Form diverser Finanz- und Großindustriekarpfen, der üblichen „Entscheidungsträger" und Elitenführer, die dem glotzenden Feierabendler vorbeten, was die Eckpunkte menschlichen Vegetierens in den nächsten hundert Jahren sind.

Der eine oder andere (der noch denken kann) denkt dann: Da war doch noch was, außer oder sogar statt Drosten, Spahn, Lauterbach und dem allgegenwärtigen Maßregelungs-, Statistik- und Faktengequake, statt den gruseligen Drohtiraden des bayerischen Oberführers, den mißmutig leiernden Handlungsanweisungen von Frau Merkel, dem hilflosen Gestammel aus dem Mund des Tierarztes der Nation. Etwas, wofür man bisweilen sogar bereit war, zeitweilig das aufs Spiel zu setzen, was heute als alleroberstes Volksgut gilt: die „Gesundheit" (d. h. Arbeitsfähigkeit), indem man ein, zwei Tage im Bett gammelte, um sich zu erholen. Was war das nur?

Richtig: Es war das Leben! Wo ist das hin? Was tun wir statt dessen? Und vor allem: warum tun wir es?

Ja mei. Wir warten. Im Grunde warten wir nur auf das Kind, das durch die Straßen rennt und verkündet, die Beamtenkaiserin, der Brillengouda, der betüdelte Tatterer, der selbstzufriedene Streber, der Charité-latan und der Viehdoktor – die seien alle nackt oder (wenn wir uns mit Grausen wenden und die Fensterläden bei dieser Vorstellung gleich noch fester verriegeln wollen) vielmehr gebe es sie gar nicht; sie seien allesamt und samt all ihren Nebenchimären und „Young Leaders" aus den düsteren Unterweltreichen von WEF, ACG, „Friends of Europe", Atlantikbrücke, Bilderberg, Trilateraler Kommission, Springer, Bertelsmann und den anderen wuchernden Stiftungssekten überhaupt nicht existent, sondern lediglich Gespinst und Ausgeburt diverser Infotrichter, also letztlich ihrer selbst.

Und da erinnern wir uns mit noch zögerndem, aber schon ansteckenden Lächeln, daß wir das ja alles mal wußten. Als wir noch lebten, dort draußen, in den Kneipen, Clubs, Theatern und Bars, den Biergärten, Discos, Beizen und Pop-up-Schuppen, Parks, Straßen, Plätzen und Treffpunkten, mit und unter Mitmenschen, bei und unter Freunden, Kumpels, verschworenen Gleichgesinnten und ganz weit weg von denen, die uns jetzt kasteien möchten. Wir: waren WIR, gemeinsam, angstlos und frei.

Und da denken wir auch an ein Heft, in dem all das stand, was da passierte, und noch viel mehr, und das auf jeder Bar, jedem Tresen, jedem Küchentisch, jedem WG-Klo lag, zwischendurch auf mysteriöse Weise mit den Stätten unseres Lebens verschwunden ist in die virtuelle Viertelwelt und jetzt endlich wieder da ist.

Vorläufig nur einmal. Aber dabei wird es nicht bleiben. Weil es die Welt wieder geben muß, damit sie sich von dem unterscheiden kann, was man uns seit neun Monaten statt ihrer vorsetzt.

Sitzt Christian Drosten eigentlich auch im Nobelpreiskomitee? Dann wage ich eine Prognose. Oder haben die Quandts da noch keinen Zugang?[27] *(10. Dezember 2020)*

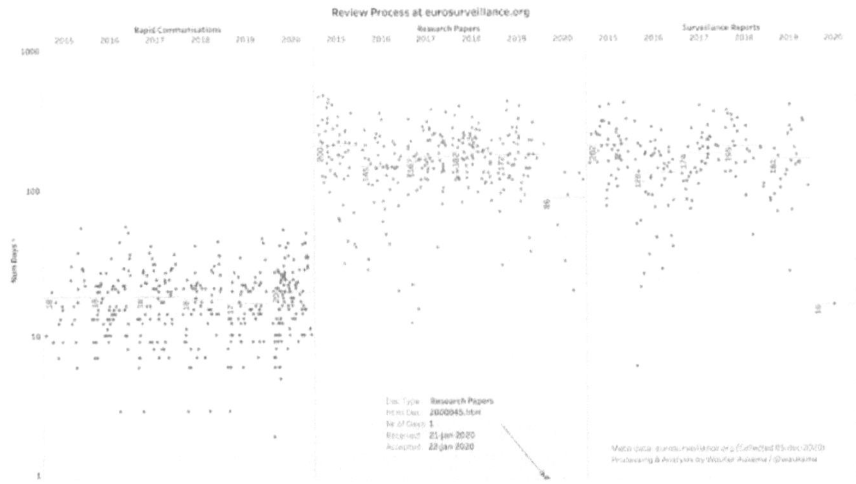

Manchmal sagt eine kaputte Grammatik mehr über den Geisteszustand eines Menschen aus, als ihm wahrscheinlich lieb ist. (Daß Zeitungsredakteuren so etwas nicht auffällt, wundert einen schon gar nicht mehr.) *(12. Dezember 2020)*

Neue Kontaktregeln! „Verwandte in gerader Linie“ sind natürlich viel weniger ansteckend als die ganzen Kegel, Bastarde und Schwippschwager.
Früher sagte man: „Uralter Adel, dreihundert Jahre geschlechtskrank.“ Beim heutigen Adel ist eher das Hirn betroffen. *(13. Dezember 2020)*
(exemplarischer Dialog mit einem alten Freund hierzu:)

> Ich glaube, da gehts weniger um Ansteckung, sondern um emotionale Beziehungen, die es in Familien ja geben soll. Bei mir gibt es die. Ich gehe auch in meiner Familie davon aus, dass man sich sorgfältig verhält. Platz für Ironie sehe ich da eher weniger.

Du weißt aber schon, was die „gerade Linie“ bedeutet, blutmäßig?

---

[27] Das Bild zeigt die Dauer des „peer review“-Prozesses eingereichter Arbeiten bei der Zeitschrift „Eurosurveillance“. Das angepfeilte Pünktchen ganz unten ist die legendäre „Arbeit“ von Drosten et al. zum PCR-„Test“ auf SARS-CoV2. Die Analyse stammt von Wouter Aukema.

Ist ja in den Bestimmungen genauestens erklärt. Von „blutmäßig“ ist da meines Wissens nicht die Rede. Ich sehe jetzt auch keinen Sinn darin, den jetzig Regierenden irgendwelche Blut- und Rassentheorien zu unterstellen.

Meine Adoptivtochter ist gerade Linie. Mit Blut hat das alles nichts zu tun.

Da irrst du dich. *(eingefügt: Wikipedia-Artikel zu „linearer und kollateraler Verwandtschaft“)*
Und wenn du drei Adoptivtöchter hast, wird wohl eine oder werden zwei davon allein feiern müssen. Außer zwei davon haben einen gemeinsamen Hausstand und du hast einen Hausstand mit der dritten. Dann müssen nur ihre Partner allein daheimbleiben. Außer das sind Brüder, dann dürfen sie gemeinsam feiern. Aber nur mit einer Adoptivtochter. Oder zwei. Aber ohne dich. Genau hab ich's noch nicht verstanden.
Kommando zurück, Flüchtigkeitsfehler: Geschwister sind ja untereinander gar nicht in direkter Linie verwandt. Nur jeweils mit den Eltern.

Hab's überflogen. Finde Adoptivkinder, aber keinen Hinweis, daß die neuerdings blutsverwandt sind. Übrigens: weshalb diskutieren wir das eigentlich?

Das weiß ich nicht. Ich fand die Geschichte mit der „geraden Linie“ bemerkenswert absurd. Außerdem gab es gestern eine verwandtschaftliche Telephonkonferenz, bei der niemand wußte, was jetzt erlaubt ist und was nicht. Diese Absurdität hat sich in dem Post entladen, und du hast geantwortet. So entstehen Diskussionen.
Ach so, und Adoptivkinder sind nicht blutsverwandt, natürlich erst recht nicht in gerader Linie, also eh raus.

Ne, sie sind nicht blutsverwandt, aber trotzdem gerade Linie, zumindest meine Tochter.

Da möcht ich wissen, wie das gehen soll.

Ganz einfach: Meine Adoptiv-Tochter darf Weihnachten kommen genauso wie meine leiblichen Töchter, die ich aber nicht habe.

Ich finde die Bestimmungen total klar: Oma+Opa, Geschwister, Geschwisterkinder, eigene Kinder, eigene Enkel. Was gibt's da nicht zu verstehen?

Das ist was anderes. Fünf Personen aus zwei Hausständen sind ohne Blutsverwandtschaft zulässig. Oder ein Hausstand mit vier Personen aus anderen Hausständen, sofern sie in gerader Linie verwandt sind. Oder, nicht und. Und ich schätze mal „Mutter – Tochter – Sohn“ (erlaubt) schlägt dann „Mutter – Tochter – Bruder“ (verboten).
Ehrlich gesagt: Bei uns freu ich mich auf die Kontrolle. Wird lustig, die Erklärung.

Fehler: Außerhalb Weihnachten sind zwei Hausstände erlaubt, an Weihnachten nur einer.

Steht deutlich in den Bestimmungen.

Helfe dir gerne in konkreten Fällen.

Quark. „Etwas modifiziert hat Bayern die Lockerung der Kontaktbeschränkung an Weihnachten. Anders als im Bund-Länder-Beschluß formuliert, wird es im Freistaat erlaubt sein, sich auch mit Nicht-Familienmitgliedern zu treffen. Grundsätzlich können dann maximal fünf Personen aus maximal zwei Haushalten gemeinsam feiern, also auch Nichtverwandte. Oder ein Haushalt darf sich mit vier anderen Personen aus beliebig vielen Haushalten treffen, sofern sie in gerader Linie verwandt sind. Kinder unter 14 Jahren werden dabei nicht mitgerechnet."

> Wo steht das? Nie gehört.

Und bei Oma (mit Lebensgefährten), Opa (mit Lebensgefährtin), Mama (mit Freund), Papa (mit Freundin), Tochter (mit Freund), Sohn (mit Freundin und Kind) ist der Ofen aus.

Gilt ja auch erst seit heute. (Steht auf muenchen.de noch mal anders, aber mei … verstehen tut's eh keiner.)

> Na gut. ist ja sowieso die Frage: Will man das ausreizen oder vernünftig sein?
>
> Und vernünftig sein kann ich ohne Söder.

Ich nehme an, wir gehören beide eher zu den Menschen, die mit 39 Grad Fieber lieber daheimbleiben und dem lungenkrebskranken Großonkel nicht ins Gesicht niesen.

Allerdings müssen sich bei uns wohl zwei Leute entscheiden, ihre Lebensgefährten daheim zu lassen … während andere mit zwanzig Leuten feiern dürfen, weil sie in gerader Linie verwandt sind. Das war: die Absurdität, auf die ich eingangs hinweisen wollte.

> Die Lebensgefährten der „geraden Linie" dürfen doch dabei sein.
>
> Und wenn „andere Leute" etwas tun, muß ich das noch lange nicht tun. Du doch auch nicht, oder seit wann orientierst du dich an anderen Leuten?
>
> Absurd finde ich die „Erbsenzählerei", die jetzt passiert. Hat mit Vernunft nichts zu tun. Jeder weiß, was gemeint ist: Kontakte vermeiden!!

„Gerade Linie" heißt direkte Abstammung per Blutsverwandtschaft.

Und vermeiden sollte man Kontakte mit Kranken. Oder mit Gesunden, wenn man selber krank ist. Außerdem ist mir Weihnachten weitgehend egal.

Und freilich weiß jeder, daß das gemeint ist. Deshalb darf man sich ja auch mit hundert Leuten in die U-Bahn quetschen, aber nicht nachts spazieren gehen.

> Und wer nicht hören will, wird fühlen. Das finde ich ja auch das Gerechte am Impfstoff. Die, welche sich nicht impfen lassen, stecken sich dann untereinander an. Juckt mich gar nicht.

Irrtum: Soweit man weiß, können sich auch Geimpfte anstecken und andere anstecken. Alles ein weites Feld.

Aber das ist mir genauso egal. Ich reagiere auf Absurditäten ordnungsmächtiger Auswüchse. Ist angeboren.

> Wenn sich Geimpfte anstecken könnten, braucht man keine Impfung. Allerdings können Geimpfte noch ansteckend sein. Das ist etwas anderes.

Nichts „noch". Laut Herrn Lauterbach senkt die Impfung eventuell das Risiko, schwer zu erkranken. Gegen „Infektion" und Infektiosität richtet sie nichts aus.

> Wenn man die Erbse finden will, muß man nur die Prinzessin fragen.

Ja mei. Ich reagiere allergisch, wenn mir machtsüchtige Figuren die absurdesten Vorschriften machen möchten und dafür die absurdesten „Begründungen" heranziehen. Das ist allerdings eher gelernt als angeboren.

Das wurde bis jetzt anders berichtet. Angeblich 94% Schutz gegen Ansteckung.

Quark. Das Risiko einer Ansteckung sinkt laut dem Pressetext (! eine Studie gibt es nicht) von Pfizer um 0,39 %. (Sorry, Korrektur: das Risiko eines positiven Tests; jetzt fall ich schon selber drauf rein.)

Man kann der Meinung sein, daß Regierende, die gewählt wurden, machtsüchtig sind. Trifft auch bestimmt gelegentlich zu. Aber magst du den Job machen? Immerhin könntest du kandidieren und zeigen, wie es besser geht. Das können Millionen Menschen nicht auf dieser Erde. Ich glaube, das nennt man Demokratie. Bitte jetzt nicht über die Fragwürdigkeit dieses Begriffes ein neues Faß aufmachen. In meiner Jugend hielt ich die die Diktatur des Proletariats für die gerechteste Staatsordnung. Irgendwie schlecht gelaufen …

Also lügen die Lügenmedien?

Ich mach keine Fässer auf, schon gar nicht dieses. Aber niemand (hoffentlich) hält diese gewählten Figuren für die „Mächtigen". Wer deren Job macht, bestimmt der, der den Job „ausschreibt". Ich denke, mich kriegt man nicht so zurechtgedengelt, daß ich dafür in Frage komme.

Und wenn du mich ernsthaft in diesen Topf setzen willst, dann bin ich jetzt ernsthaft menschlich enttäuscht. Meinetwegen, gute Nacht.

Blödsinn. Ich setze dich in keinen Topf. Du sprachst von machtsüchtigen Figuren. Das mußte ich so verstehen, als meintest du Kanzlerin und MPs

Ich habe mich auf die versuchte Einordnung als „Lügenpresse!"-Nazi bezogen. Allerdings habe ich für derlei Affekte von seiten neugeborener Spießbürger inzwischen ein dickes Fell. Bei dir war ich etwas überrascht.

Ich bezog mich auf den Widerspruch, daß der Impfstoff bis zu 94% hilft und du mitgeteilt hast, er helfe nur zu 0,39%. Das ist schon ein gewaltiger Unterschied. Daraufhin fragte ich (Achtung: Ironie an), ob die Lügenmedien lügen? (Ironie aus.) Damit habe ich dich sicher nicht als Lügenpresse-Nazi eingeordnet. Wußte gar nicht, daß es so was gibt. Es ist für mich jedenfalls absolut unverständlich, daß alles und jeder von 94% spricht und du mit diesen 0,39% argumentierst. Das würde doch bedeuten, daß alle Redaktionen von der SZ bis zu ARD und ZDF absolut schlampig arbeiten und diese falsche Zahl in die Welt bringen. Die ganze Welt geht von diesen 94% aus. Glaubst du wirklich, die Staaten würden Millionen Dosen teuer einkaufen, wenn die Wirksamkeit nur 0,39% betragen würde? Das ist das, was ich an deiner Antwort seltsam fand.

Das ist schlicht eine Frage des Kopfrechnens. Daß die das in den Redaktionen nicht tun, liegt nicht daran, daß sie es nicht können oder „schlampig" wären, sondern daran, daß sie die Pressemitteilungen der Pharmakonzerne ungeprüft zitieren. Die Zahlen sind ja bekannt, und keineswegs geht „die ganze Welt" von der falschen Rechnung aus. Und die Bestellungen wurden sowieso unterschrieben, bevor es irgendwelche Mitteilungen über eventuelle Wirksamkeiten gab. Das ist so üblich. Ist ja nicht der erste solche Coup. Wenn's dich interessiert: Hier ist das British Medical Journal. *(Link zum Artikel „Covid-19 vaccine candidate is unimpressive")* Rechnen tut man da in jedem Fall korrekter als in Redaktionen, die nicht mal Intensivbetten zusammenzählen und „Neuinfektionen" von positiven Tests unterscheiden können.

> Ich finde, da werden Äpfel mit Birnen verglichen. Wirksamkeit und Risiko sind verschiedene Dinge. Beispiel: Das Risiko, sich eine Blutvergiftung zu holen, ist täglich hoch. Aber wenn man mit einer wirksamen Tetanusimpfung ausgestattet ist, wird man daran nicht sterben.

Meinetwegen, ich hab besseres zu tun.

Anregung für Verschwörungstheoretiker: Das Präsidium der Leopoldina nutzt den unlängst restaurierten „Ritualraum" der Freimaurer gerne als „Rückzugsraum". Mit dem Erwerb des Gebäudes hatte die Organisation den Worten ihrer Generalsekretärin Jutta Schnitzer-Ungefug zufolge 2009 „das kulturhistorische Erbe der Freimaurer angetreten".
Traditionell wurde in dem „Ritualraum" (zum Versmaß der „Ode an die Freude") folgendes Lied abgesungen: „Mit verhülltem Angesichte traten wir auf unsere Bahn …"
Daraus läßt sich doch was machen, oder?

Karl Lauterbach, 13. Dezember 2020: „‚Harter Shutdown ab Mittwoch kommt keinen Tag zu früh. Eine klare Schulschließung ab Mittwoch wäre besser gewesen. Auch Treffen an Weihnachten hätte ich auf fünf Personen plus Kinder unter 14 begrenzt.' Nur wenn auch private Treffen und Betriebe drastisch heruntergefahren würden, sei die ‚Zielinzidenz' zu halten. ‚Ich bin selbst sehr skeptisch, daß dies bis zum 10. Januar gelingt. Wenn nicht, müssen die Maßnahmen verlängert werden.'"
Der Menschenhaß und der Vernichtungswille dieses Mannes werden nach wie vor unterschätzt, offenbar auch von mir. *(14. Dezember 2020)*

Erstaunlich, wer jetzt vor Weihnachten plötzlich so alles einen Sud aus Krokodilstränen und Kunsthonig in die Welt gießt. Man könnte Lebkuchen für Generationen draus backen, allerdings mit aufdringlichem Galle-Aroma.

Die Polizei äußert „Bedenken", ob die „triftigen Gründe" für ein Verlassen der Wohnung trotz Ausgangssperre nachvollziehbar kontrolliert werden können (zum Beispiel wenn jemand nachts spazierengeht oder mit dem Auto unterwegs ist).

Daß jeder Grund „triftig“ ist, wissen die Beamten hoffentlich. Daß sie gar nicht nach diesem Grund fragen oder zumindest keine Antwort erwarten dürfen, wissen Sie hoffentlich auch. *(15. Dezember 2020)*

Pädagogik 2021: „Und wenn Mama und Papa was Schlimmes über Corona sagen oder ganz komische Sachen im Internet anschauen, dann tust du das am besten auch gleich melden.“

Wo wir schon dabei sind: Huxley-Kenner verstehen den „Scherz“: *(18. Dezember 2020)*

DISINFOBSERVATORY.ORG

Homepage | SOMA Disinfobservatory

SOMA (Social Observatory for Disinformation and Social Media Analysis) has been launched to provide support to a European community that will jointly fight disinformation!

„Die Frage ist, wen wir hierzulande medienwirksam in den Nadelsstand erheben könnten, um Impfmüde vakzingeil in die Zentren zu treiben. Politiker fallen raus. Sportler, speziell Radsportler aus nachvollziehbaren Gründen ebenfalls. Es müßten Prominente sein. Sie genießen in der Bevölkerung oft hohes Ansehen, gelten im allgemeinen als politisch unabhängig – und im Falle fataler Nebenwirkungen würden sie nicht weiter fehlen.“ *(Micky Beisenherz, Medienmensch, 19. Dezember 2020)*

Die drehen völlig durch. Völker der Welt, nehmt euch in acht (weniger vor den Deutschen als vor ihren Kommandeuren; siehe rechts)! *(24. Dezember 2020)*

von Corona zerstört > Buch Zwei
Spaß am Denken: Das große Rätsel für stille Tage > Stil

Gut gerüstet

chland hat die Jahrhundertkrise Corona bisher besser bewältigt als a
:hon vorherige große Herausforderungen. Das liegt an drei Stärken c

Verfrühter Vorsatz: Ich warte jetzt einfach, bis es „plopp!“ macht und die Dummheit platzt. Kann nicht mehr lange dauern, sie vibriert schon und riecht käsig. *(26. Dezember 2020)*

Ich finde: „Covid-19“ klingt altmodisch, fad und uninteressant. Sagen wir: „die Lauterbachsche Pestseuche“; das hört sich doch gleich viel farbiger an und gibt zukünftigen Generationen einen Hinweis. *(28. Dezember 2020)*

Das mit dem „Chippen“ war übrigens eine Finte (siehe rechts). *(29. Dezember 2020)*

WORLD ECONOMIC FORUM

- **We're entering the era of the "Internet of Bodies": collecting our physical data via a range of devices that can be implanted, swallowed or worn.**
- **The result is a huge amount of health-related data that could improve human wellbeing around the world, and prove crucial in fighting the COVID-19 pandemic.**

Protest bizarr: Querdenker drehen endgültig durch! *(30. Dezember 2020)*

Andere Zeitung: „Warum bin ich so? Entwicklungsforscher versuchen den Einfluß der Kindheit auf den späteren Weg eines Menschen zu entschlüsseln. Ziel ist es, eines Tages eine zuverlässige Vorhersage für den Verlauf eines Lebens zu erstellen." Richtig gruselig wird der Gedanke, wenn man den letzten Satz weiterdenkt. *(2. Januar 2021)*

No fake. Not 1940. (siehe rechts) *(4. Januar 2021)*

Verschwörungstheorie des Tages: Das Kasperltheater in Washington hat Herr Guaido inszeniert, um sich für die „Operation Freedom" zu revanchieren.[28] *(7. Januar 2021)*

„Söder fordert deshalb bereits weitere Maßnahmen." Mit dieser Meldung könnte man ohne weiteres ein viertelstündlich aktualisiertes Nachrichtenportal füllen.

Karl Lauterbach
@Karl_Lauterbach

Die Hetzer der Querdenker haben Graffiti von mir am Teltowkanal platziert. Falls jemand vorbeikommt wäre ich dankbar für Zerstörung. Es ist ganz klar, dass sich die Szene der Querdenker derzeit radikalisiert. Ich hoffe, dass unsere Innenministerien das ausreichend beobachten.

„Eine isolierte Person ist schwach. Indem Sie Ihr Opfer nach und nach absondern, machen Sie es Ihren Einflüssen leichter zugänglich. Führen Sie es aus seinem vertrauten Milieu heraus, entfremden Sie es von Freunden, Familie. Heimat. (...) Im Zustand der Isolation und Konfusion, ohne Unterstützung von außen, können Sie es leicht bringen, wohin Sie wollen."

So lautet die Textpassage, wegen der das Buch „Die 24 Gesetze der Verführung" von Robert Greene laut Deutschlandfunk vom Markt genommen wurde. Wenn das so ist, werde ich das Gefühl nicht los, daß sich die aufrechten und gutgläubigen Menschen, die das aus feministischen Gründen angeprangert haben, vor einen fremden Karren spannen haben lassen. *(9. Januar 2021)*

Diese Schlingel (siehe links) haben wohl ge-

[28] Gemeint war der sogenannte „Sturm auf das Capitol".

dacht, wenn sie die Reichsflaggen weglassen, kommen sie ungeschoren davon. Aber da haben sie die Rechnung ohne den Wirt gemacht! Der Volkszorn (er)kennt seine Pappenheimer!

Wenn man in Zeiten wie diesen einen Blog mit alten und neuen Shoegaze-Platten entdeckt und nicht mehr davon loskommt, einfach um die Songtitel zu lesen und die Covers anzuschauen und Singles und Bootleg und EPs und Alben runterzuladen, die man längst hat, ist das irgendwie auch recht bezeichnend.

Der sprechende Nußknacker[29] ist wirklich ein findiges Kerlchen. Kaum meint man, jetzt hat er alles durch, fällt ihm doch wieder eine neue Schikane ein.
Ich vermute, er findet langsam Gefallen daran, daß er nach Lust und Laune befehlen kann, was ihm gerade in den Sinn kommt.
Hoffentlich erinnert er sich beizeiten daran, wie so Psychothriller, wo sich jemand so aufführt, meistens ausgehen.

„Der Wirklichkeitsbegriff einer Epoche bleibt in ihren Zeugnissen stumm." (Ich weiß, man soll Blumenberg nicht zitieren, aber ich kann nicht anders.)
Gemeint ist übrigens ein Grundproblem der Hermeneutik. So ungefähr. Was als selbstverständlich genommen wird, erscheint nicht als Phänomen. *(12. Januar 2021)*

Die ganze Welt in einem rasenden Zug (nächster Halt … ähem) *(13. Januar 2021)*

In einem Lieblingsfilm meiner Spätjugend gibt es eine Szene, die symbolisch für so ziemlich die gesamte Menschheitsgeschichte stehen könnte. Entscheidend ist dabei allerdings nicht (oder weniger) die Szene selbst als ihre Entwicklung: Da rast ein Zug ohne Lokführer quer durch die Vereinigten Staaten von Amerika auf den Hauptbahnhof von Chicago zu, der ebenso wie sein Münchner Kollege ein Kopfbahnhof ist, also keine Möglichkeit des schadlosen Hindurchrasens bietet.
Während der Zug dahinrast, gehen die Insassen ihren kriminellen, komödiantischen und romantischen Beschäftigungen nach, und die Außenwelt versucht in zunehmend hysterischer Überforderung (und selbstverständlich vergeblich), der absehbaren Katastrophe durch diverse … nun ja, sozusagen Reformen, Eingriffe und Stellschraubendrehereien Einhalt zu gebieten.
Am Ende donnert die Lokomotive tatsächlich ungebremst in den Bahnhof, der dabei ziemlich eindrucksvoll verwüstet wird. Kein Vergleich mit heutigen Katastrophenfilmen, freilich. Selbst der mittlerweile schon recht antiquierte Einsturz des Höllenschlunds mitsamt der darauf erbauten Stadt Sunnydale am Ende von „Buffy, the Vampire Slayer" ist um Klassen monströser und apokalyptischer.

[29] Gemeint ist selbstverständlich Markus Söder.

Aber der Bahnhofscrash hat eine Eigenart. Selbst wenn man den Film zum fünften Mal sieht, erwischt man sich bei dem Gedanken: Ach, das wird schon nicht … da wird schon noch irgendwer …, während man sich gleichzeitig das Rummsfinale noch viel schlimmer ausmalt, als es dann tatsächlich eintritt. Und dann geht zum fünften Mal alles so schnell und so zwangsläufig, daß man mit gesträubten Haaren zuschaut und im selben Moment in spontanen Blitzgedanken resümiert, was an welcher Stelle in welchem Augenblick getan hätte werden müssen – in dem klaren Wissen, daß das jetzt absolut nichts mehr hilft.

Da ist die Verbindung zur Menschheitsgeschichte. Man kann jedes beliebige scheinbar schicksalhafte Unheil heranziehen – meinetwegen den Dreißigjährigen Krieg oder die politische Karriere von Karl Lauterbach und Markus Söder – und weiß nach kurzer Beschäftigung mit den Einzelheiten, was an welcher Stelle dumm, falsch, idiotisch gelaufen ist und mit welch minimalen Eingriffen von Verstand, Vernunft und Gespür man den Wahnsinn verhindern hätte können.

Nun wäre es eitel, zu behaupten, die Menschen, die die Verwüstung von Rom oder den zweiten Weltkrieg nicht verhindert haben, obwohl es so leicht gewesen wäre, seien alle einfach blöd gewesen oder böse oder hätten es damals halt nicht besser gewußt. Wir wissen ja auch, wie zum Beispiel die ökologische Katastrophe, in der die menschliche Zivilisation demnächst untergehen wird, zu verhindern wäre. Und was tun wir? Wir feuern sie an, beschleunigen sie, so sehr es nur geht, als sehnten wir den alles umfassenden Zusammenbruch geradezu herbei. Als wollten wir ihn so schnell wie möglich hinter uns bringen.

Wir sparen uns den Hinweis, daß „wir" in diesem und vielen anderen Zusammenhängen ein höchst problematischer Begriff ist, weil es freilich nur ein Zehntelprozent der humanen und humanoiden Erdbevölkerung ist, das den ganzen Wahnsinn befiehlt, steuert und vorantreibt. Zumal das die Sache noch absurder macht, weil die „übrigen" zahlenmäßig, politisch und in jeder anderen Hinsicht allemal kräftig genug wären, um sich den paar Irren, die sich an ihre Spitze gesetzt haben, in den Weg zu stellen – sie bräuchten, um mal auf „unserer Seite" zu bleiben, ja nur Klaus Schwab und sein „World Economic Forum", Bill Gates, Jeff Bezos, Mark Zuckerberg, die Führungsriegen von NATO, EU, BlackRock und Konsorten, ein paar EU-Strippenzieher, diverse Regierungskabinette, eine Handvoll Lobbyisten von Konzernen und Banken und noch ein paar so Influencer in die überreichlich verfügbaren Hochsicherheitsgefängnisse schmeißen, ihre Netzwerke und Vermögensbestände zerdröseln und die Börsen schließen, schon hätte der Spuk ein wahrscheinlich überraschend schnelles Ende.

Ich vermute, das widersinnige Phänomen könnte mit der Phantasie und dem Vorstellungsvermögen zu tun haben, mit denen der Mensch begabt ist. Was nämlich tun wir statt dessen? Wir imaginieren die wildesten Apokalypsen und Dystopien herbei, hauen uns unfaßbare Schreckensszenarien um die Ohren, ergötzen uns in gelähmter Begeisterung an Weltuntergangsfilmen und -romanzyklen, erstellen Modelle und statistische Berechnungen, gegen die der schlimmste Covid-19-Horrorkarneval von Neil Ferguson und Christian Drosten wie ein harmloser Aprilscherz wirkt.

Derweil schauen wir ohnmächtig zu, wie dieselben Mächtigen, die wir eigentlich unschädlich machen müßten, wie wildgewordene Zuckmücken in der Weltgeschichte herumdüsen und auf allen möglichen Tagungen und Konferenzen irgendwas vereinbaren und verlautbaren, das alles nur noch schlimmer macht.

Daran ist die Phantasie schuld: Wir haben den Untergang schon erlebt, erleben ihn per Fernsehserie, Computerspiel und Zeitungsartikel jeden Tag aufs neue, suhlen uns in genüßlichem Grusel und malen uns gleichzeitig in heroischen Bildern aus, wie demnächst Super-Greta „Holdrioh!" kräht und im Handstreich die Welt rettet.

Auf einer anderen, vermeintlich etwas realeren Stufe huldigen wir den Hohepriestern der technischen Welterlösung und ihren Prophezeiungen. Wir bauen Abermillionen Elektroautos, Windräder, Solarmodule, produzieren Milliarden Plastiktüten aus Mais, schwadronieren von künstlichen Wolken, ausgetauschten Atmosphären, Kartoffelanbau auf dem Mars, „Green New Deals" und digitalen „Lösungen" für alles und jedes, obwohl wir in der ausgeblendeten Abteilung unseres Gehirns (dem Verstand) genau wissen, daß auch dieser Circus alles nur noch schlimmer macht und sowieso demnächst genauso zusammenkracht wie der Rest des Wahnkonstrukts.

Und dann gibt es noch die dritte Stufe: die wirkliche Wirklichkeit. In der irren wir als Einzelwürstchen herum, schleppen jeden Tag mehr Plastikmüll zum Container, messen per App unsere Körperleistung und unseren individuellen „Klima-Fußabdruck", verschlingen vegane Burger von internationalen Milliardenkonzernen, posten bunte Nachhaltigkeits-Memes auf Insta und Twitter und wissen ganz genau, wie lächerlich, sinnlos und idiotisch das alles ist. Bewußt wird uns das allerdings nur in den seltenen Sekunden, wenn zwischendurch mal die Projektionen, Manipulationen und Visionen, das Gebimse von Propaganda, Reklame und Unterhaltung aus technischen Gründen kurz schweigen oder wir uns aus Unachtsamkeit ihrer Reichweite entzogen haben.

Und die ganze Zeit wissen wir, wie gesagt, ganz genau, was zu tun wäre. Das wäre aber zu simpel, zu phantasielos, zu unpathetisch. So wie wenn die Wohnung unter Wasser steht und man einfach den Haupthahn zudreht, statt eine multilaterale Kommission oder eine weltumspannende NGO zu gründen und per „Campact"-Kampagne Unterstützer zu sammeln, um uns am Ende unter der wehenden Fahne im Sonnenuntergang zu küssen.

Vor allem wäre es zu viel verlangt von einem Einzelwürstchen, das ja doch nichts tun kann und deshalb lieber weiter mitrödelt, um nicht noch mehr soziale Nachteile zu erleiden.

Und derweil rast der Zug weiter, und irgend jemand wird dann schon …

600 Millionen Gesichtsmasken im Meer? Darauf können wir keine Rücksicht nehmen, wir müssen schließlich Rücksicht nehmen. *(13. Januar 2021)*

Just for the record: Es heißt jetzt nicht mehr „an oder mit“, sondern „wahrscheinlich zeitlich zufällig“.
Quelle: n-tv, also wohl „seriös“:
+++ 14:14 Wahrscheinlich „zeitlich zufällig“: Zehn Schwerkranke sterben kurz nach Impfung +++
Das Paul-Ehrlich-Institut prüft bislang zehn Todesfälle kurz nach einer Corona-Impfung – ein Zusammenhang gilt den Experten zufolge aber als eher unwahrscheinlich. In diesen Fällen waren schwer kranke Menschen innerhalb von vier Tagen nach der Immunisierung gestorben, berichtete das für Impfstoffe und biomedizinische Arzneimittel zuständige Bundesinstitut im hessischen Langen. „Aufgrund der Daten, die wir haben, gehen wir davon aus, daß die Patienten an ihrer Grunderkrankung gestorben sind – in zeitlich zufälligem Zusammenhang mit der Impfung“, sagte Brigitte Keller-Stanislawski, die zuständige Abteilungsleiterin für die Sicherheit von Arzneimitteln und Medizinprodukten. Über Einzelfälle könne sie aus Gründen des Personenschutzes nichts sagen, „aber es handelt sich um sehr schwer kranke Patienten mit vielen Grunderkrankungen“. Manche seien palliativ behandelt worden.
Falls jemand norwegisch kann: Dort heißt es immer noch „in Zusammenhang mit“. In Frankreich hingegen ist ein „zeitlicher Zusammenhang“ kein „Zusammenhang“.
An der Ruhr wiederum bedeutet eine „relativ enge zeitliche Abfolge“ (wenige Stunden), daß „die Frage, ob es möglicherweise irgendeinen Zusammenhang (…) geben könnte, derzeit in keinster Weise beantwortet werden“ kann. Immerhin ermittelt dort die Staatsanwaltschaft.
Bei Bloomberg heißt es jetzt „after“. Und Pfizer findet 29 Tote in Norwegen „not alarming and in line with expectations“.
Servus-TV hingegen hat beim Versuch, über Norwegen zu berichten, anhaltende „technische Gebrechen“ gekriegt. Sicher eine „Vorerkrankung“.

„Wenn's nicht hilft, dann mehr davon!“ – Wenn wir uns alle an diese Regel halten, bricht das Gesundheitssystem übrigens wirklich zusammen. Und die Schnapsfabriken auch.

Rätselfrage des Tages: Wieso müssen im Laden nur Kunden FFP2-Masken tragen, Angestellte nicht? (keine Prämie, weil zu leicht.)
(Auflösung: FFP2-Masken dürfen nur nach amtsärztlicher Untersuchung und Einweisung durch einen dafür ausgebildeten Fachmann von der Feuerwehr o. ä. getragen werden. Außerdem nur 75 Minuten mit 30 Minuten Pause, höchstens fünfmal täglich.)

Tabelle 1 Einsatzgrenzen
Das Atemschutzgerät kann benutzt werden bei Partikelkonzentrationen bis:

GW X MAK= Maximale Partikelkonzentration am Arbeitsplatz

Geräteklasse	Vielfaches des Grenzwertes (GW*)	Bemerkungen, Einschränkungen
Partikelfiltrierende Halbmaske FFP2 NR	10	Nicht gegen Partikeln radioaktiver Stoffe, Viren und Enzyme.

*) NR: Das Gerät ist nicht wieder verwendbar und soll nur während einer Schicht einge

Ach so, und bitte immer an den Hinweis rechts unten denken!

(14. Januar 2021)

München, 15. Januar 1948:
„Es wird darauf aufmerksam gemacht, daß die Polizeibeamten angewiesen sind, verdächtigen Personen, vor allem zur Nachtzeit, mit entsicherter Waffe entgegenzutreten und durch den Zuruf ‚Hände hoch' jeden Widerstand zu verhindern.
Für den Fasching werden Richtlinien erlassen. (…) Das Werfen von Konfetti und Papierschlangen ist verboten. Sogenannte Juxhüte und Papiermützen dürfen verwendet werden." *(15. Januar 2021)*

Je öfter ich irgendsoeinen Mops höre, der fordert, es dürfe „keine Denkverbote" geben, desto attraktiver erscheint mir die Einführung gewisser Denkverbote. Oder zumindest Plapperverbote, die kann man besser kontrollieren.

Positiv denken: Wenn ab Montag in allen Haushalten die Masken gebacken werden, wird's wenigstens bald wärmer.

Übrigens lustig, daß die nächste Pandemie Mers heißen soll. Offenbar ein Tippfehler.[30] *(16. Januar 2021)*

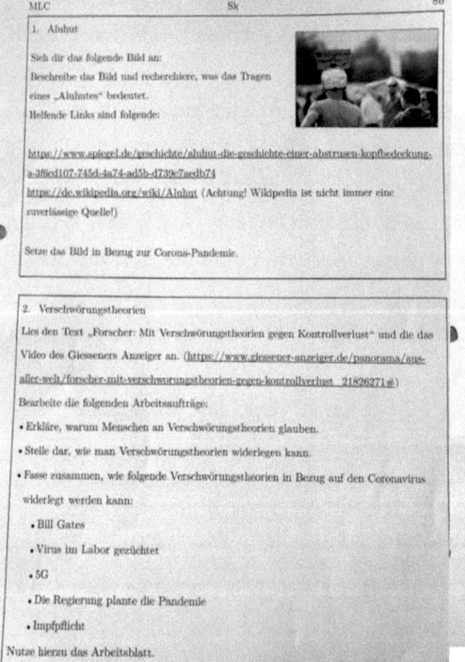

MLC Sk 8b

1. Aluhut

Sieh dir das folgende Bild an:
Beschreibe das Bild und recherchiere, was das Tragen eines „Aluhutes" bedeutet.
Helfende Links sind folgende:

https://www.spiegel.de/geschichte/aluhut-die-geschichte-einer-abstrusen-kopfbedeckung-a-3f6cd107-745d-4a74-ad5b-d739c7aedb74
https://de.wikipedia.org/wiki/Aluhut (Achtung! Wikipedia ist nicht immer eine zuverlässige Quelle!)

Setze das Bild in Bezug zur Corona-Pandemie.

2. Verschwörungstheorien

Lies den Text „Forscher: Mit Verschwörungstheorien gegen Kontrollverlust" und die das Video des Giesseners Anzeiger an. (https://www.giessener-anzeiger.de/panorama/aus-aller-welt/forscher-mit-verschworungstheorien-gegen-kontrollverlust_21826271#)
Bearbeite die folgenden Arbeitsaufträge:

- Erkläre, warum Menschen an Verschwörungstheorien glauben.
- Stelle dar, wie man Verschwörungstheorien widerlegen kann.
- Fasse zusammen, wie folgende Verschwörungstheorien in Bezug auf den Coronavirus widerlegt werden kann:
  - Bill Gates
  - Virus im Labor gezüchtet
  - 5G
  - Die Regierung plante die Pandemie
  - Impfpflicht

Nutze hierzu das Arbeitsblatt.

3. Formuliere Gefahren, die von Verschwörungstheorien ausgehen.
Sieh dir hierzu das Video „CORONA-PROTESTE": BKA warnt vor ernsthaften gesellschaftlichen Problemen:
https://www.youtube.com/watch?v=2UP4dvJKFmM

4. Informiere dich über Ken Jebsen.
Erstelle einen kurzen Steckbrief (Arbeitsblatt). Du kannst z.B. die folgende Seite nutzen.
https://www.swr3.de/aktuell/fake-news-check/faktencheck-ken-jebsen-kenfm-bill-gates-corona-100.html

5. Überlege dir eine Strategie, wie du Videos oder Aussagen auf Glaubhaftigkeit prüfen kannst.

Die Erarbeitung der Aufgaben ist bis Montag, den 18. Januar 2021 zu erledigen. Wir treffen uns per Big Blue Button in der Unterrichtsstunde am Freitag zur Klärung von Fragen und zur politischen Wochenschau!
Bitte bereitet euch vor und schaut Nachrichten. Informiert euch vor allem zur Impfsituation in Deutschland.

Ich vermute: Wir hätten gestreikt (war für Schüler damals auch schon verboten, uns aber wurst). Aber so was hätten sich Goppel und Strauß ja auch noch nicht (wieder) getraut.

Ich vernehme gerade mit einem gewissen Staunen, daß Menschen sich inzwischen „einen thermonuklearen Krieg" herbeiwünschen, damit „der Scheiß" endlich endet. Ich finde das etwas beunruhigend. *(18. Januar 2021)*

---

[30] Diese Bemerkung bezog sich darauf, daß Friedrich Merz damals wieder einmal im Auftrag von BlackRock für den Parteivorsitz der CDU kandidierte.

Ein Wort zur guten Nacht: „If there was hope, it must lie in the proles, because only there, in those swarming disregarded masses, eighty-five percent of the population of Oceania, could the force to destroy the Party ever be generated." (George Orwell)

„Bis heute wurden über zehn Millionen Menschen geimpft. Das Ergebnis: Keine besonderen Vorkommnisse. Wir sind auf dem Weg zum Kriegsgewinn gegen das Virus. Der Impfstoff ist da. Wenn die Bereitschaft der Bevölkerung da ist, sich möglichst schnell durchimpfen zu lassen, dann wird es uns gelingen, diesen Krieg tatsächlich erfolgreich zu bestehen." (Harald Lesch, Medienmensch)
Zählt eigentlich noch jemand die Alters- und Pflegeheime, in denen es unmittelbar nach der Impfung einen „Coronaausbruch" gab? Langsam wird's wohl leichter, die zu zählen, wo das nicht vorkommt.
Normalerweise müßte es da doch zumindest Berichte und Untersuchungen geben. Und eigentlich sollte man auch erwarten, daß bis zum Ende dieser Untersuchungen mit den Massenimpfungen aufgehört wird. Wenn tausend Leute, die im Supermarkt einen bestimmten Joghurt gekauft haben, plötzlich krank werden, wird der Joghurt doch normalerweise „zurückgerufen" und aus dem Sortiment genommen. (Nein, ich meine das nicht „impfskeptisch", nur verwundert.)
Der WDR berichtet von einem solchen „Ausbruch" und stellt fest, daß dieser auf die „Impfung" zurückgehe, sei „ziemlich unwahrscheinlich".
Was heißt bei einer angeblich supertödlichen Epidemie bitte „ziemlich unwahrscheinlich"? Die sperren Millionen Menschen wegen einer extrem unwahrscheinlichen Ansteckungsgefahr ein, aber die angebliche Hauptrisikogruppe impfen sie nach tausenden „Fällen" in Verbindung mit der Impfung einfach weiter, weil irgendwer meint, ein Zusammenhang sei „ziemlich unwahrscheinlich"? Langsam glaube ich, wir leben nicht mehr im Tollhaus, sondern zwei Stockwerke drüber. *(20. Januar 2021)*

Kann es sein, daß im aktuellen Testzahlenbericht des RKI für 2020 im Vergleich zum Testzahlenbericht vom Jahresende 513.786 Tests fehlen? Weiß jemand, wohin die verschwunden sind? *(21. Januar 2021)*

Ich habe jetzt gar nicht geschaut, wie viele Leute mitbekommen haben, daß es die „epidemische Lage von nationaler Tragweite" nicht mehr gibt. Scheinen nicht so viele zu sein.
Zur Erklärung: Die WHO hat vorgestern ihre Diagnostikrichtlinien dahingehend geändert, daß ein positiver PCR- oder anderer Test ohne klinische Symptome keine Aussagekraft hat. Das zieht auf lange Sicht zu Ende gedacht einiges nach sich:
- Es gibt nicht nur keine „asymptomatische Übertragung" (was wir ja schon länger wissen), sondern auch (so gut wie) keine „asymptomatische Infektion". Das heißt: Es gibt keine Grundlage für Maskenzwang, Kontaktverbote, Ausgangssperren und Quarantäneanordnungen.

- 80 bis 95 Prozent aller „positiven Tests“ fallen aus der Statistik, weil sie nicht mit Krankheitssymptomen und damit auch nicht mit einer Infektion zusammenhängen. Damit sinkt die Zahl der tatsächlich Infizierten und damit die sog. „Inzidenz“ auf Werte, die keine Ausrufung einer Epidemie oder gar Pandemie zulassen.
- Die Bundesregierung ist gesetzlich verpflichtet, die WHO-Richtlinien umzusetzen (Infektionsschutzgesetz §5 I Abs. 1). Insbesondere muß sie die „epidemische Lage von nationaler Tragweite“ absagen.
- Fun Fact: Wenn die „epidemische Lage“ weiterhin aufrechterhalten wird und z. B. Jens Spahn behauptet, ein PCR-Test ohne Symptome diagnostiziere eine Infektion, muß er bei Youtube und Facebook gesperrt werden, weil auf diesen Plattformen den WHO-Richtlinien nicht widersprochen werden darf.

Zum Nachlesen (auch auf deutsch Medizinerlatein, aber etwas deutlicher - wichtig ist wohl u. a. die Bezeichnung „Patient“):

Die WHO-Anleitung „Diagnostische Untersuchung auf SARS-CoV-2“ bestimmt, daß eine vorsichtige Auslegung schwach positiver Ergebnisse nötig ist. Der Zyklengrenzwert (Ct), der zur Wahrnehmung von Virus(material) benötigt wird, ist umgekehrt proportional zur Viruslast des Patienten. Wo Testergebnisse nicht mit dem klinischen Krankheitsbild übereinstimmen, sollte eine neue Probe entnommen und mit der gleichen oder einer anderen NAT-Methode erneut getestet werden.

Die WHO ermahnt IVD-Benutzer, daß die Verbreitung der Krankheit den Vorhersagewert von Testergebnissen verändert; mit sinkender Krankheitshäufigkeit steigt das Risiko falsch positiver (Ergebnisse). Das bedeutet, daß die Wahrscheinlichkeit, daß eine Person mit einem positiven Ergebnis („SARS-CoV-2 festgestellt“) tatsächlich mit SARS-CoV-2 infiziert ist, mit sinkender Krankheitshäufigkeit abnimmt, ungeachtet der angeblichen Genauigkeit (des Tests).

PCR-Analysen sind meist angezeigt zur Unterstützung der Diagnose, daher müssen Gesundheitsdienstleister jedes Ergebnis in Zusammenhang mit dem Zeitpunkt der Probenentnahme, der Art der Probe, den Eigenheiten der Analyse, klinischen Beobachtungen, der (Krankheits)geschichte des Patienten, dem bestätigten Zustand etwaiger Kontakt(personen) und epidemiologischen Informationen betrachten.

(Und dann noch „Was IVD-Benutzer tun müssen:“)

4. Melden Sie den Ct-Wert dem zuständigen Gesundheitsdienstleister.

(Wichtiger Hinweis: Das heißt NICHT, daß es das Virus Sars-Cov-2 und die Krankheit Covid-19 nicht gibt. Es handelt sich um eine für ältere und kranke Menschen eventuell gefährliche Infektion der Atemwege.)

(Wichtiger Nachtrag: Das heißt auch NICHT, daß man nun „Verschwörungstheorien“ verbreiten darf oder sollte, weil „Verschwörungstheorien“ ähnliches seit vielen Monaten behaupten. Diese „Verschwörungstheorien“ sind ja nun keine „Verschwörungstheorien“ mehr, die anderen schon.)

„Ja, Gesundheitsschutz steht nicht über allem." Wer hat's gesagt? (Auflösung: Es war Jens Spahn in einer Laudation auf den „Covid-Leugner" Elon Musk.
Wolfgang Schäuble hat sich übrigens entfernt ähnlich geäußert. Als weit außenstehender Beobachter der Geschehnisse in dieser Partei würde ich vermuten, daß der Schäuble (der übrigens wohl „Lebensschutz" gesagt hat) von der vollkommenen Gaga-Amoralität und nihilistischen Beliebigkeit eines Spahn mindestens eine Generation (und ein gutes Stück Eigenbiographie) entfernt ist. Was ihn in vielerlei Hinsicht nicht besser macht, nur diskurswürdiger. *(22. Januar 2021)*

„Die Berichte deuten darauf hin, daß häufige Nebenwirkungen von mRNA-Impfstoffen, wie Fieber und Übelkeit, bei gebrechlichen Patienten zu einem tödlichen Ausgang beigetragen haben könnten." (Sigurd Hortemo, Chefarzt der norwegischen Arzneimittelbehörde)
Darf man fragen: Wo sind die fürsorglichen Menschen, die noch vor zwei Monaten um jeden Preis, auch auf Kosten der eigenen Gesundheit (und der aller anderen Lockdownopfer), ihre alten und kranken Mitbürger schützen wollten? Hic Rhodus, hic salta.
Es ärgert mich und tut mir leid, daß ich darauf herumreiten muß, aber es macht mich wütend, wenn die jetzt plötzlich hordenweise mit Argumenten wie „Die wären eh bald gestorben" und „Der Zusammenhang ist noch gar nicht bewiesen" daherkommen.
Das war's schon wieder. Kragen geplatzt, schon ist's besser.

Nur eine Vermutung: Daß die Regimekritiker derzeit eine viel beanstandete „Querfront" (links bis rechts) zu bilden scheinen, könnte daran liegen, daß die Regierenden ebenfalls (und schon länger) eine „Querfront" (links bis rechts) bilden.
Das könnte man hoffnungsvoll deuten: Möglicherweise wird dadurch sichtbar, daß es wie eh und je um einen Konflikt zwischen oben und unten geht. Wobei „oben" traditionell rechts war, „unten" links. Das ist jetzt vielleicht zum Teil obsolet, weil oben links und rechts identisch geworden sind.
Aber das sollte man nicht vergessen: Die Rechten, die unten an der Auseinandersetzung teilnehmen, fühlen sich im Grunde nach wie vor „oben" und möchten da auch so schnell wie möglich wieder hin. Deshalb können sie zu den linken Bemühungen, oben und unten im Sinne von Freiheit, Gleichheit und Brüderlichkeit (um es traditionell auszudrücken) aufzulösen, letztlich nichts beitragen.
(Und die Einzeltypen, die sich dafür bezahlen lassen, daß sie auf Demos mit Reichsflaggen vor Kameras rumlaufen … brauchen wahrscheinlich das Geld oder die Aufmerksamkeit oder beides.) *(23. Januar 2021)*

Neues zum Thema Grundrechte (Anekdote):
Postler: „Was ist da drin?"
Ich: „Das ist ein Brief. Nach Hongkong."
Postler: „Ja, aber was ist da drin?"

Ich: „Das fällt unter das Postgeheimnis. Schon mal gehört? Sollte eigentlich Teil Ihrer Ausbildung sein."

Postler: „Ausbildung, ha! Da sagen Sie was."

Ich: „Ja, ja."

Postler: „Ich muß das aber fragen, weil eine Ware drin sein könnte."

Ich: „Aha. Und was ist der Unterschied?"

Postler: „Brief kostet 1,70, Warensendung 3,80."

Ich: „Oh, das ist aber teuer. Waren Warensendung früher nicht billiger als Briefe?"

Postler: „Ja, aber das nutzen ja nur noch Privatleute."

Ich: „Ach so. Das erklärt natürlich alles."

Postler: „Ja. Deswegen muß ich fragen."

Ich: „Ich habe ja schon gesagt: Das ist ein Brief."

Postler: „Sonst nichts drin?"

Ich: „Entschuldigen Sie, aber das muß ich nicht beantworten."

Postler: „Tja, dann wird das wohl geöffnet werden."

Ich: „Wie bitte?"

Postler: „Das wird dann geöffnet, zur Prüfung, ob da mehr als ein Brief drin ist."

Ich: „Eine Ware."

Postler: „Genau, ja."

Ich: „Und da gilt dann das Postgeheimnis nicht?"

Postler: „Das weiß ich auch nicht."

Ich: „Was ist denn überhaupt eine Ware?"

Postler: „Puh, fragen Sie mich was leichteres. Sachen halt."

Ich: „Ah, Sachen. Und das dürfen Sie dann wissen."

Postler: „Ja, Sie müssen halt damit rechnen, daß die Sendung geöffnet wird."

Ich: „Und dann wieder zugemacht, hoffe ich."

Postler: „Das weiß ich jetzt nicht genau."

Ich: „Na gut, dann probieren wir das mal aus."

Nebenan im Biosupermarkt gibt's die neueste Verschwörungstheorie:

„Kein Wunder, daß die Leute ihre Flaschen überall hinschmeißen, wenn das Pfand so niedrig ist!"

„Ja, aber die dürfen das nicht erhöhen, weil sonst die Penner so viel verdienen mit dem Flaschensammeln, daß sie keinen Anreiz mehr haben, in Arbeit zu kommen."

„Das ist auch wieder wahr." *(25. Januar 2021)*

Prophetische Botschaften (siehe rechts).[31]

Der Plan der Verschwörer ist ebenso teuflisch wie perfekt. Nur eines haben sie in ihre Kalkulation nicht mit einbezogen: die Existenz der »Statistiker des Universums«!

[31] Der Ausschnitt stammt von einem Perry-Rhodan-Taschenbuch aus den siebziger Jahren des 20. Jahrhunderts und hat keine inhaltliche Bedeutung für irgend etwas.

Wir wollen sein ein einig Volk von Geißlern! *(27. Januar 2021)*

In der momentan so virulenten Verteufelung von „Querdenkern", „Maskenverweigerern", „Impfgegnern", „Coronaleugnern" und anderen Abweichlern tritt der Urfehler der Aufklärung neu zutage: die Unterscheidung zwischen dem „Volk" (das als Ideal erst noch richtig entstehen muß) und dem „Pöbel" (der sich durch standhafte Verweigerung von Einsicht und Einordnung der Volkwerdung entzieht).

Mit einem anständigen Volk nämlich könnte man eine Demokratie inszenieren, mit dem Pöbel hingegen nicht, solange er sich weigert, durch Disziplin, Gehorsam, Reinlichkeit und Leistung Volk zu werden. Erst dann auch ist es denkbar, mit ihm und nicht mehr ausschließlich über ihn zu sprechen; erst dann kann er (gleich-)berechtigt am gesellschaftlichen (d. h. wirtschaftlichen) Prozeß mitwirken.

Bis dahin muß der Pöbel diszipliniert und gemaßregelt werden, weil sonst nichts weitergeht und alles in Trümmer fällt. Man muß ihn schimpfen und strafen, piesacken und mit allen Mitteln an der Entfaltung seiner pöbelüblichen Schädlichkeit hindern. Man darf nicht in die Versuchung geraten, ihm irgendwas erklären, erläutern oder verdeutlichen zu wollen, weil der Pöbel sowieso nichts kapiert und immer gleich den ganzen Arm will, wenn man ihm den kleinen Finger reicht. Außerdem dreht er in seiner Verschlagenheit alles um und wendet Großzügigkeit, Milde und Entgegenkommen gewohnheitsmäßig gegen den großzügig-milde Entgegenkommenden. Und schon hat man den gesellschaftlichen Salat: Anarchie und Zügellosigkeit.

Deswegen muß man den Pöbel an die Kandare nehmen, ins Joch spannen und mit einem dauerhaften Donnerwetter von Maßnahmen, Einschnitten, Reformen traktieren und mobilisieren. Sonst wird er frech und bequem, muckt auf und will am Ende noch sein Leben genießen, weil er meint, das sei ihm geschenkt und sein eigenes. Ist es nicht! muß man ihm einschärfen: Was immer du an Erleichterungen und Boni kriegst, gestehen wir dir zu, und zu fordern hast du gar nichts, sonst werden wir grimmig!

Früher gab es für solche Fälle einen Gott. Der grimmte gerne, und wenn er so richtig sauer wurde, dann wackelte die Hütte, walzten Krieg, Pest und Jammer durch die Lande, und manchmal regnete es gar Blut, Maikäfer und Frösche.

Heute ist für derlei die Staatsführung zuständig, die in einer illusionären Demokratie dazu da ist, die Rechte der Bürger zu garantieren und zu sichern, und die wir im Istzustand über ein selbstkastriertes Parlament akklamieren dürfen, damit sie uns eventuell (wenn wir brav sind) ein paar … na ja, nicht direkt Rechte, aber Gnaden gewährt.

Dazu gibt es „Masterplans" von „Masterminds", die von den „Masters", die die Regierung aussuchen, küren und mit Aufträgen ausstatten, vorgeschickt werden, um zu beraten. Das liest sich dann etwa so:

„Standardmaßnahmen auf individueller Ebene wie Isolierung, Kontaktverfolgung und Überwachung sind (…) schnell (rechnerisch) überfordert (…). Multiskalige Populationsansätze, einschließlich der drastischen Beschneidung von Kontaktnetzwerken durch kollektive Grenzen und soziale Verhaltensänderungen sowie die Selbstüberwachung der Gemeinschaft, sind unerläßlich. Zusammengenommen führen diese Beobachtungen zu der Notwendigkeit eines vorsorglichen Ansatzes für aktuelle und potentielle Pandemieausbrüche, der die Einschränkung von Mobilitätsmustern (…) beinhalten muß (…). Es wird etwas kosten, die Mobilität kurzfristig einzuschränken, aber dies nicht zu tun, wird letztendlich alles kosten – wenn nicht von diesem Ereignis, dann von einem in der Zukunft."[32]

Die „Masters" selbst reagieren zunehmend ungehalten, wenn das Pöbel-Menschenmaterial, dem sie ihren himmlischen Reichtum abgeluchst und abgepreßt haben, nicht spurt: „Es ist schrecklich, dass wir immer noch Menschen bitten müssen, diese Opfer zu bringen!" klagt Bill Gates.[33] Und da hat er recht! Wieso bringt der aufmüpfige Pöbel die Opfer nicht von selber?

Schließlich gibt es leuchtende historische Vorbilder. Zum Beispiel die Geißler oder Flagellanten: Die zogen ab dem Jahr 1260 in anschwellenden Rotten von Perugia aus durch die italischen Lande und peitschten, prügelten, schnitten, stachen, schlugen und knüppelten sich selbst, um den Zorn Gottes abzuwenden, der durch einen Engel angekündet hatte, die Stadt und wahrscheinlich die Welt zu vernichten, wenn nicht Buße getan werde (weil die Menschen, wie es hieß, „den Freitag und den Sonntag mißachteten"). Gegen Ende des Jahres erreichte der jaulende, johlende, blutende, Hymnen abgrölende Massenstrom die Alpen und ergoß sich weiterhin anschwellend in die Steiermark, Kärnten, Böhmen, Mähren, Ungarn, Bayern, Schlesien, Polen, Franken und Schwaben hinein. Und siehe da: Die Welt blieb unvernichtet – nach eineinhalb Jahren Maso-Karneval war #ZeroApocalypse erreicht!

Weil sich das „Hammer yourself and Dance"-Rezept als so erfolgreich erwiesen hatte, ging das vagabundierende Selbstgeißeln kaum achtzig Jahre später erneut los. Nunmehr nämlich grassierte die Pest, und da galt es, die Curve zu flatten und Europa zu retten. Diesmal wurden auch Sachsen, Thüringen, Brandenburg, Frankreich, die Niederlande und England von den Umzügen erfaßt, bei denen man zum wirksamen Selbstgeißeln den Rücken entblößte und das Gesicht mit Kapuzen und Masken verschleierte, auf Strohballen nächtigte und Keuschheit gelobte. Nebenbei meuchelte und verbrannte man noch die jüdische Bevölkerung oder ersäufte sie in den Brunnen, deren Vergiftung man ihnen durch Vorläufer heutiger „PCR-Tests" zweifelsfrei nachgewiesen hatte. In kaum vier Jahren ward der Schwarze Tod durch intensivste Selbstgeißelung niedergerungen und Gottes Zorn besänftigt. #ZeroPlague!

---

[32] So äußerte sich der US-amerikanische Physiker Yaneer Bar-Yam von einem „New England Complex Systems Institute" (NECSI), das u. a. von Weltbank, Dell, Air Force Office of Scientific Research (AFOSR), Boeing und Microsoft Research finanziert wird, bereits am 26. Januar 2020, als es weltweit 2.014 „Covid-19-Fälle" gab, davon 1.985 in China.

[33] am 28. Januar 2021 in einem Interview mit der Süddeutschen Zeitung

Und heute? Heute sind wir so verweichlicht, daß wir keinerlei Opfer mehr bringen möchten! Heute lassen wir uns von zwielichtigen Wissenschaftlern einreden, der „Lockdown“ sei ebenso wirkungslos wie dazumal die rituelle Selbstpeinigung! Dabei sind die Beweise doch eindeutig: Die Welt wurde 1261 nicht zerstört, die Pest 1353 besiegt, und ohne „Lockdown“ wären längst Milliarden Menschen dem satanischen Höllenkeim „Corona“ zum Opfer gefallen!
So kann das nicht weitergehen. So wird aus dem Pöbel nie ein mündiges Volk, und so müssen wir uns auch nicht wundern, wenn die „Masters“ zürnen, uns mit Verachtung strafen und die Regierungsführung die Zügel stetig straffer anzieht. Weil wir immer noch jammern über 50 Millionen „Lockdown“-Tote, eine Generation verstörter Kinder und zerstörter Biographien, kaputte Volkswirtschaften, Heerscharen von Depressiven, psychisch Zerrütteten, Suizide und mangels Versorgung Siechende, über unser asozial-isoliertes Dahinvegetieren, anstatt uns zusammenzureißen, den „Masters“ zu huldigen, ihnen unser elendes Dasein zum Opfer zu kredenzen und gemeinsam uns selbst züchtigend ins Licht der vierten industriellen Revolution zu streben.
Drum lasset uns beten: Wir wollen – nein: müssen wollen sein ein einig Volk von Geißlern, von leeren Gefäßen für den Willen und Wohlstand der „Masters“, in keiner Not uns wehren noch klagen, sondern uns hingeben für das Große Ganze der göttlichen Elite, das da sein muß immerdar.
Und dann harren wir eifrig der nächsten Pandemic, dem nächsten Krieg, dem nächsten Weltuntergang. Werden schon noch ein paar übrig sein, um sich auch dann zu opfern und das Unheil zu bannen.

Ist dieser Propaganda-Neologismus „Mutante“ eigentlich nicht diskriminierend? Oder war „Mutant“ diskriminierend? Müßte das nicht Mutant*innen heißen?
Und heißt der Onkel in Zukunft auch „der Tant“? Oder die Tante dann „Mu“? Oder was wird das noch alles mit diesem Hauruck-Neusprech?
So was muß man sich doch vorher überlegen, Herr Doktor Seltsam!
Ach, und von „der Vakzine“ fange ich erst gar nicht an.

Dokumente des Irrsinns:
Die Sieben-Tage-Inzidenz der Neufälle [ist] bei der älteren Bevölkerung weit ausgeprägter als beim Rest. Die Menschen zwischen 80 und 85 Jahren steckten sich in der zweiten Kalenderwoche des neuen Jahres doppelt so häufig an wie der Schnitt der Bevölkerung. Bei den über 90-Jährigen sind es sogar sechsmal so viel. „Verschiebungen in der Altersstruktur können dazu führen, dass die Dynamik der Todeszahlen nicht immer exakt der Dynamik der Inzidenz folgt, sondern sich Verzögerungen und Verschiebungen ergeben“, vermutet der Helmholtz-Forscher Binder.
Wie kann man diesen Menschen helfen?

„Auch der Physiker und Modellrechner Nagel empfiehlt angesichts der gefährlichen Mutationen zumindest eine Beibehaltung der bisherigen strengen Maßnahmen. Die Fallzahlen würden dann zunächst weiter sinken, weil das mutierte Virus noch nicht die Oberhand gewonnen hätte. So könnten sogar Inzidenzwerte erreicht werden, die eine Kontrolle der Pandemie durch die Behörden erlaubten. Ob es am Ende ausreicht, wird sich zeigen. Die traurigen Todeszahlen und die stets drohende Überlastung des Gesundheitssystems wird uns noch eine Zeit lang begleiten. Daran können selbst mögliche Erfolge an der Impf-Front nur wenig helfen. Zumal auch dort die Kampagne durch Lieferschwierigkeiten und Rückschläge in der Entwicklung der Impfstoffe stockt."
Dagegen war der „Völkische Beobachter" eine seriöse Schülerzeitung, möchte man meinen.

„Solange wir nicht die Welt geimpft haben, werden wir immer im Risiko sein." (Daniel Cohn-Bendit, Medienmensch)

Schwaben ist gerettet:
„Im schwäbischen Röfingen (Landkreis Günzburg) beendete die Polizei am Samstagabend eine Feier mit vier Menschen. Während die Beamten noch am Tatort waren, kam ein weiterer Mann hinzu. Er habe mitfeiern wollen. Gegen die fünf Anwesenden im Alter zwischen 16 und 30 Jahren wurde Anzeige erstattet." *(28. Januar 2021)*

Vorläufige „Corona"-Umverteilungsbilanz: 3,7 Billionen (3.700.000.000.000) US-Dollar von unten nach oben.
Jessas, da wird mir ganz nostalgisch warm, wenn ich an die „Umverteilungs"-Diskussionen der Neunziger bei „Sabine Christiansen" mit Westerwelle, Sinn, Miegel, Baring und so weiter denke. Davon konnten die nur träumen.

„Kramp-Karrenbauer verbietet Friseurangebote bei der Bundeswehr im Lockdown."
Ich kann mich noch sehr gut erinnern, was die Boulevardpresse Anfang der Siebziger für einen Aufstand gemacht hat, als die „Hippies" in die Kasernen einrückten (damals noch nicht als Söldner) und die Notlösung „Haarnetz" vorgeschlagen wurde.
(29. Januar 2021)

Wenn ein Siemens-Chef Geburtstag hat, kann man als Bayerischer Rundfunk schon mal ausführlich mit ihm reden und das meinetwegen auch ungekürzt senden. Aber es wäre vielleicht ganz dienlich, dem Stichwortgeber vorher kurz die Unterschiede zwischen Interview und Gottesdienst zu erläutern. Dann fliegen weniger Radios aus dem Fenster, und das hilft der Umwelt.

Zufällige Erinnerung an den Biologieunterricht in der 10. (oder 11.?) Klasse, Ende der siebziger Jahre: „Jeder menschliche Körper enthält etwa ein Kilogramm Mikroben (Bakterien, Viren usw.). Diese können bei einer Schwächung der Immunabwehr Krankheiten auslösen. Die Immunabwehr wird geschwächt durch: Streß, Angst, Isolation/

Einsamkeit, schlechte Ernährung, Bewegungsmangel, psychische Probleme, Impfungen & Medikamente, Alkohol, Nikotin u. a.“ Ja, das ist halt Pech, gelt. *(30. Januar 2021)*

„What normalization does is transform the morally extraordinary into the ordinary. It makes us able to tolerate what was once intolerable by making it seem as if this is the way things have always been. By contrast, the word ‚Fascist‘ has acquired a feeling of the extreme, like crying wolf. Normalization of fascist ideology, by definition, would make charges of ‚fascism‘ seem like an overreaction, even in societies whose norms are transforming along these worrisome lines. Normalization means precisely that encroaching ideologically extreme conditions are not recognized as such because they have come to seem normal.“ (Jason Stanley)

„The madman is not the man who has lost his reason. The madman is the man who has lost everything except his reason.“ (G. K. Chesterton) *(1. Februar 2021)*

Der „Faktenfuchs“ des BR ist ein ganz Schlauer: „Die Corona-Pandemie beeinflußt die Sterbefallzahlen in Deutschland maßgeblich. Die Frage, ob sie 2020 zu einer Übersterblichkeit führten, läßt sich jedoch noch nicht eindeutig beantworten.“
Es kann also auch sein, daß die „Corona-Pandemie“ 2020 zu einer Untersterblichkeit geführt hat? Und zwar „maßgeblich“? Hm. Sollen wir „Correctiv“ einschalten?

„Es ist verheerend! Endlose Fake News und Lügen führen dazu, daß Leute sich in Scheinwelten und Parallelwelten begeben! Es ist wie eine sektenähnliche Entwicklung. Die Leute werden wie einer Gehirnwäsche unterzogen! Wir lassen uns unsere Demokratie nicht kaputtmachen!“[34]
Ernsthafte Frage an ernsthafte Psychiater und Psychologen: Welche Art Behandlung ist für einen Menschen zu empfehlen, der so etwas in der Öffentlichkeit (oder auch privat) äußert? *(3. Februar 2021)*

Es wird also „keine neuen Freiheiten geben“.
Wenn ich so aus dem Fenster in den Himmel schaue, schleicht sich die Vermutung ein, daß sich das als – möglicherweise historischer – Irrtum erweisen könnte.
Ich vermute: Man wird sich die Freiheiten nehmen, und ein paar davon könnten sogar „neu“ sein.

Ich empfehle selten was vom „Mainstream“ – aber der Doku-Vierteiler „Rohwedder“ ist wirklich bemerkenswert. Neben vielem anderen (etwa ein paar richtigstellenden Bildern und Fakten zur Märchengeschichte von der „Wiedervereinigung“) erfährt man, wofür Verschwörungstheorien vor ihrem Mißbrauch als Propagandakeule gut waren

[34] Auch dieser Sermon stammt selbstverständlich von Markus Söder, der im selben „Welt“-Interview zudem goebbelte: „Corona ist wie die Pestilenz. Sie kriecht in jede Ritze.“ Erstaunlicherweise – dies sei für spätere Generationen von Lesern vermerkt – ist der Mann bei Drucklegung dieses Buchs immer noch auf freiem Fuß.

und was sie leisten können. Und dazu ist das Ding so gut gemacht, daß selbst die Narrativaufseher bei SZ, taz und Wikipedia nur leise mit den Zähnen knirschen können und zum Wutschäumen in den Keller gehen müssen. *(4. Februar 2021)*

Die neueste Blüte der Technokratie: „lösungsorientierter (auch: konstruktiver) Journalismus". *(7. Februar 2021)*

Wieso nennen die ihre „dritte Welle" eigentlich nicht „Karl"? Bei Tiefdruckgebieten macht man das ja auch so. Außerdem ist Fasching.
Die Berliner Zeitung über „Protest gegen Coronamaßnahmen" in Vorpommern: „Ein Schaden sei nicht entstanden. In die Ermittlungen dazu werde aber der Staatsschutz einbezogen."
Jessas, das Ende ist nah. *(8. Februar 2021)*

Jessas! Das Ende rückt näher: Nur noch 2 Polizisten und 0,05 „Gegendemonstranten" pro „Demonstrant"!

Hunderte demonstrieren in München gegen Corona-Maßnahmen

In München haben Hunderte Menschen gegen die geltenden Corona-Maßnahmen demonstriert. Am frühen Abend fuhr ein Autokorso durch mehrere Innenstadtteile, wie die Polizei mitteilte. In den 95 Wagen saßen demnach rund 200 Menschen. Der Verkehr wurde zeitweise behindert. Eine zweite Versammlung mit bis zu 250 Teilnehmern fand den Angaben zufolge später am Geschwister-Scholl-Platz statt. Zwölf Gegendemonstranten waren ebenfalls vor Ort. Die Polizei registrierte in Einzelfällen Verstöße gegen die Maskenpflicht. 500 Polizisten waren bei den Protesten im Einsatz.

Jessas! Das Ende (i. e. Österreich) ist schon fast da! „Er habe große Sorgen wegen der Virus-Mutationen, sagte Söder dem ‚Merkur' weiter. Experten schätzten die südafrikanische Mutation als gefährlicher ein als die britische. ‚Der Krankheitsverlauf soll schwerer und die Resilienz gegen Impfungen höher sein. Diese Mutation würde uns wieder weit zurückwerfen."
Fußnote: „Resilienz" heißt medizinisch: „Nachgiebigkeit der prothesenbelasteten Mundschleimhaut." Gehen Sie doch mal wieder zum Zahnarzt, Herr MP!
(Ach so, laut modernen Hobbypsychologen kann Resilienz auch „einen wichtigen Beitrag zur Fähigkeit eines Einzelnen leisten, sich zu erholen oder auf Herausforderungen und Veränderung zu reagieren". Wäre ebenfalls nicht schlecht.)

Jessas! Jessas! Das Ende (siehe rechts) ist vielleicht schon da! Hat wirklich niemand einen „Hinweis“? *(9. Februar 2021)*

Die Behauptung, daß es „ohne Kunst still wird“, hört sich langsam so an wie wenn jemand um sechs Uhr früh sagt: „Oh, jetzt wird’s vielleicht demnächst bald dunkel!“
Man könnte auch sagen: „Ohne Kultur sterben demnächst Dodos und Quaggas aus!“ Aber das versteht dann keiner.

Die Friseure dürfen aufmachen, weil Söder sie „übrigens auch als Teil von Würde“ betrachtet, „auch für viele Menschen dieser schwierigen Zeit“.
Wäre es jetzt angebracht, ihn zu fragen, was er übrigens so von Artikel 1 und der „Ewigkeitsklausel“ hält, bloß so am Rande?

Die neue Zensurliste von Facebook verbietet u. a. folgendes:
- Behauptungen, daß grundlegende Dienstleistungen nicht mehr verfügbar seien oder bald nicht mehr zur Verfügung stehen werden (…). Grundlegende Dienstleistungen sind u. a. Krankenhäuser und andere medizinische Einrichtungen (…)
(Das heißt: Wer behauptet, die Intensivstationen seien bald überfüllt oder es komme dort zu einer „Triage“, wird gesperrt.)
- Behauptungen, gewisse Dinge könnten eine Ansteckung mit COVID-19 verhindern (z. B. vorhandene Impfstoffe (…))
(Das könnte für viele heikel werden.)
- Behauptungen, daß COVID-19 (…) nicht gefährlicher sei als (…) eine Grippe.
(Damit ist die WHO wohl raus.)
(Disclaimer: Ich vertrete KEINE der angeführten Behauptungen; ich gebe diese hier lediglich als Warnhinweis weiter.)

Hat eigentlich schon jemand darauf hingewiesen, daß die FFP2-Schnabelmützen eine unerwartete Schutzwirkung entfalten können, wenn man sie oben auf dem Kopf trägt, vor allem unter freiem Himmel? Das Biegestäbchen ist nämlich aus Alu.

„Das Grundgesetz ist in der Tat eine Verfassung, die dem Leben verpflichtet ist. Jedes leichtfertige Reden über die Grenzen von Leben und Gesundheit würde die historischen Einsichten hintergehen, auf die unser Staat gegründet ist. Es besteht aber ein kategorialer Unterschied zwischen den verfassungsrechtlichen Geboten, menschliches Leben nicht zu schädigen und miteinander im Schutz solidarisch zu sein – und der Hybris, einen bestimmten Tod aus dem Feld schlagen zu wollen und dafür notfalls die offene Gesellschaft zu opfern. Darüber kann gestritten, aber nicht geschwiegen werden.“ (Hinnerk Wißmann)

N-TV meldet: „Corona-Mutanten schaffen Milliarden-Markt." Ach so, oh?!
(11. Februar 2021)

Was man halt so weiß und sagt:
„Wichtig ist, daß wir so schnell wie möglich impfen, damit wir schwere Mutationen des Virus verhindern." (Lauterbach)
„Je mehr wir impfen, desto mehr Varianten werden auftreten." (Wieler)

Jeden Tag tippt man sich zwei Stunden lang die Finger wund auf der Suche nach Hinweisen auf irgendwelche Not-, Übergangs- oder „Neustart"-Hilfen, die es angeblich irgendwo gibt, seit Sommer oder jetzt oder irgendwie so.
Jeden Tag gibt es neue Links, neue Zuständige, neue Seiten, neue Propagandatexte („Wir haben den am stärksten Betroffenen geholfen!"), neue Milliarden; jeden Tag jubeln die Medien: „Noch mehr Hilfe für Künstler!", und jeden Tag stellt man fest: Es ist alles Fake, alles Humbug, alles gelogen. Oder kommt „bald".
Ich bin kurz davor, daß ich sage: Ihr könnt mich am Arsch lecken mit euren Versprechungen. Wir treten ab Ostern wieder auf. Und wenn euch das nicht paßt, weil ihr bis dahin mit eurem „Great Reset" noch nicht fertig seid, dann versucht doch, uns zu hindern.
(Sorry, mir reicht's grad.) *(12. Februar 2021)*

Der Bayerische Rundfunk zitiert Horst Seehofer: „Wir kämpfen an der österreichischen und tschechischen Grenze gegen die Virusmutanten."
Wer im Geschichtsunterricht aufgepaßt hat, weiß: Wenn der Feind erst mal an der österreichischen und tschechischen Grenze steht, ist die Sache erfahrungsgemäß verloren. Volkssturm und Häuserkampf bringen dann auch nichts mehr.
(Sorry für die Kriegsmetaphern, aber ich hab ja nicht angefangen.)

Wort des Tages, andererseits: „Öffnungsorgien".[35] *(13. Februar 2021)*

„Wir wissen, daß Menschen in ihrem Verhalten sich einerseits auf die Realität beziehen können und andererseits auf innere Bilder. Die Idee der Propaganda ist, daß die inneren Bilder ausgetauscht werden und sie nicht mehr auf die Realität Rücksicht nehmen und im Hinblick auf diese Bilder handeln. Ihre Handlung findet jedoch nicht in diesem Bild, sondern in der Wirklichkeit statt. Es wird damit eine Realität des Bildes erzeugt." (Matthias Burchardt)

Wenn das mit den „Nebenwirkungen" so weitergeht, könnte das Gesundheitssystem am Ende doch noch zusammenbrechen. Wie nennt man so einen Effekt gleich wieder?
(15. Februar 2021)

---

[35] Diese Wortschöpfung verdanken wir Winfried Kretschmann. Angela Merkel erweiterte den Korpus um den Begriff „Öffnungsdiskussionsorgien".

Wieso muß eigentlich alles, was nicht hundertprozentig linientreu ist, seit zehn Monaten generell und per Dekret „krude“ genannt werden? Nehmt doch mal „schmude“, „föde“, „gäde“, „tüde“, „fierde“ oder „valide“. (Ach so, nein, das letztere freilich nicht.)

Söders „Grußwort“ zur Verleihung eines „Medienpreises“ in der Kategorie „Mut“ an das Hetzschwurbelportal „Volksverpetzer“: „Deshalb fühle ich mich dem heutigen Tag (…) ganz besonders verbunden.“ Okay, er war betrunken. Aber es ist einfach zu schön, sorry.

Was mich am religiösen Denken stört, ist nicht das Denken. Ich denke gerne (auch im Dialog) darüber nach, was die Existenz eines Gottes bedeuten und implizieren könnte, was sich daraus ergibt, wie man was davon auslegt und sich dazu verhalten könnte, welche Aspekte diverser Ableitungen und Folgerungen welchen Sinn und/oder Grund/Hintergrund in sich tragen könnten usw.
Aber daß ich dazu (oder überhaupt) erst mal akzeptieren und bekennen soll, daß es einen Gott gibt, widerstrebt mir. Ich fürchte, daraus lassen sich die Probleme in manchen Diskussionen über die derzeitigen Vorgänge ahnungsweise verstehen. *(16. Februar 2021)*

„Einlaß in Geschäfte, Restaurants und Kultureinrichtungen erhält nur, wer den an der Teststation ausgegebenen personalisierten Badge als Nachweis für einen negativen Test sichtbar mit sich führt.“
Wäre doch eine nette „Verschwörungstheorie“. Ach so, die gab es schon?
Das Zitat stammt (laut Presse) von dem Tübinger Oberbürgermeister Boris Palmer. Dessen Vater, der „Remstalrebell“ Helmut Palmer, zeigte eine gewisse Neigung zu spektakulären Auftritten mit bisweilen etwas bizarrer Symbolik. Einen Zusammenhang zu konstruieren, wäre sicherlich weit hergeholt. *(17. Februar 2021)*

Kurze Einführung in den Zyklus „Aphilie“ der Heftromanserie „Perry Rhodan“ (1975/76):
„Unter dem Einfluß der Sonne Medaillon wird der größte Teil der Menschheit im Laufe von achtzig Jahren gefühlsarm. Es herrscht die reine Logik. Gefühle werden als schädlich, illegal und verdammungswürdig eingestuft. Das Zeitalter der Aphilie bricht an. (...) Während der nächsten vierzig Jahre etabliert sich auf der Erde eine Terrorherrschaft der Aphiliker. Zwecks totaler Kontrolle bekommt jeder Bürger einen elektronischen Chip eingepflanzt, der seinen Aufenthaltsort jederzeit bestimmbar macht. Alte und Kranke werden in so genannten Stummhäusern untergebracht, welche sie nie mehr lebend verlassen. K-2-Roboter patrouillieren in den verwahrlosten Städten, und Outsider, wie Jocelyn, der Specht, jagen Immune.“
Wir sind wohl fünf Jahre zu spät dran. Oder wir feiern in vier Jahren das Jubiläum der Idee. *(19. Februar 2021)*

„Die Bundespressekonferenz ist einzigartig: Journalisten befragen und kontrollieren dort die Regierung. Doch manche missbrauchen die Veranstaltung für Propaganda und Verschwörungsmythen."
Was eine einst sehr seriöse Tageszeitung hier schreibt, ist erstaunlicherweise bis hierhin (!) absolut richtig. *(20. Februar 2021)*

Gute Lektüre zum Appetitzügeln in der Frühjahrsdiät (falls Bedarf wäre):

Manch einer, der sich über diese und jene Blockade, Sperre und sonstige Zensurmaßnahme herzlich gefreut hat, mag sich vielleicht langsam die Frage(n) stellen:
Geht das eigentlich andersrum auch?
Und wieso eigentlich nicht?

55 KOMMENTARE

"Monitor"-Chef Georg Restle ist empört. Der Film seiner Redaktion über den rassistischen Anschlag in Hanau ist von Facebook und Instagram gesperrt worden. Restle twitterte am Dienstagmorgen: " Hallo ↗ @instagram, hallo ↗ @FacebookDE,, ausgerechnet unser ↗ #Monitor-Film über den rassistischen Anschlag von ↗ #Hanau soll gegen Eure Richtlinien verstoßen. Ernsthaft jetzt?"

Instagram hatte geschrieben: "Wir haben deinen/deine/dein Beitrag entfernt, da er/sie/es gegen unsere Gemeinschaftsrichtlinien verstößt. Wir haben diese Richtlinien aufgestellt, um unsere Community auf Instagram zu unterstützen und zu schützen."

[Wenn Sie aktuelle Nachrichten aus Berlin, Deutschland und der Welt live auf Ihr Handy haben wollen, empfehlen wir Ihnen unsere App, die Sie ↗ hier für Apple- und Android-Geräte herunterladen können.]

Wie „Monopol"? *(24. Februar 2021)*

Bevor die Häme über einen raffgierigen CSU-Deppen überkocht, sollte man sich zwischendurch fragen, wieso so was ge-rade jetzt auffliegt.[36] Was keine Entschuldigung ist. Aber ein Hinweis. Nüßlein 2.0 heißt übrigens Axel Fischer (CDU): Heute gegen ein weiteres Jahr Ausnahmezustand gestimmt, schon straffällig (wegen Vorwürfen, die die Jahre 2008 bis 2016 betreffen, so ein Zufall).

Augsburger Allgemeine

CORONA-PANDEMIE

Nüßlein fordert Exit-Strategie und Lockdown-Ende Mitte Februar

Flächendeckender Lockdown bis zur Inzidenz-Zahl unter 50 sei nicht verantwortbar, sagt Nüßlein. Der CSU-Politiker warnt vor kippender Stimmung in der Bevölkerung.

Von Stefan Lange | 26.01.21, 09:58 Uhr

(25. Februar 2021)

Die Dummheit kämpft an allen Fronten (oder sagen wir: fast) *(26. Februar 2021)*

Ein wesentliches Merkmal der Dummheit ist, wie stur sie an einem Blödsinn festhält, wenn sie sich erst einmal dafür entschieden hat. Daß ihr das Türmchen, das sie sich aus mickrigen Steckerln zusammengebastelt hat, um aufs Dach zu klettern, unter den Füßen zerbröselt, noch bevor sie auch nur mit einem Finger die rostige Dachrinne erhakelt hat, kann und darf sie nicht merken. Weil es nun mal so ist, daß die Dummheit ihre eigene Dummheit nicht erkennen darf, weil sie sonst nicht mehr (ganz so) dumm wäre.

Zur Not schmeißt sie sich den Kittel des wissenschaftlichen Theoretikers um und posaunt so salbungsvolles Zeug in die Welt wie neulich der „Beobachter", Religionsforscher und Antisemitismus-Beauftragte von Baden-Württemberg, Michael Blume in einem Interview mit der „Zeit" – der typischerweise gar nicht mitkriegt, daß er versehentlich die Wahrheit sagt:

„Wenn Prophezeiungen nicht eintreten – und das ist gerade bei Verschwörungsmythen ja regelmäßig der Fall – entsteht kognitive Dissonanz. Die Leute haben wirklich Schmerzen: Sie haben Zeit und Geld investiert, vielleicht sogar soziale Beziehungen an die Wand gefahren – und jetzt soll alles nicht wahr gewesen sein? In solchen Situationen suchen viele Menschen nach Anschlußerzählungen."

Da denkt der klar denkende Mensch logischerweise an das „Corona"-Theater, das deutsche Politiker seit einem Jahr aufführen und das irgendwie einfach nicht richtig hinhauen will, allen „Anschlußerzählungen" zum Trotz. Massensterben, Zweite Welle, Mutanten, Dritte Welle … man kann die diagnostizierte kognitive Dissonanz regelrecht mit Händen – oder sagen wir: mit Blicken greifen, wenn man versehentlich dem auf allen Kanälen rotierenden Dauerpropheten Karl Lauterbach in den Wortschwall gerät:

---

[36] Gemeint war, daß der CSU-Mann Nüßlein bald nach seiner öffentlichen „Querdenkerei" plötzlich alle möglichen Strafverfahren am Hals hatte. Das Muster wiederholte sich mehr als einmal.

„Ich war heute im Gesundheitsamt Köln", meldet der rastlos „zwitschernde" Kriegsherr. „Dort macht man eine grossartige (sic) Arbeit. Trotzdem geht die Schlacht gegen B117/B135 Mutanten auch dort verloren. Die Infizierten, die man nicht erfasst, bleiben länger ansteckend. Dazu zählen Symptomlose und Testverweigerer."
Eine Realität, die hinter dem Nebel des Wahns zaghaft aufscheinen könnte, gibt es offenbar nicht mehr. Fast wünscht man sich Herrn Seehofer herbei, von dem zumindest gelegentlich ein verständliches Wort überliefert ist, aber der läßt per Radio von der Front vermelden: „Wir kämpfen an der österreichischen und tschechischen Grenze gegen die Mutanten!"
Und so bleibt man hilflos dem von jeglicher Logik entbeinten Bullshitgeröll des notorischen Seitenscheitels ausgeliefert: „Leider beginnt die 3. Welle genau so, wie epidemiologisch vorhergesehen. Daran wird sich auch nichts ändern, nur weil weltweit die Fälle sinken." Weil eine „Pandemie" nämlich auch ganz ohne Fälle auskommt (die in der deutschen Sprache genaugenommen „sinken" gar nicht können, höchstens nach einem Schiffbruch, aber was soll's), solange nur der Lauterbach eifrig plätschert: „Es gilt weiterhin, einfach nur Zeit zu gewinnen, bis möglichst viele das rettende Ufer der ersten Impfung erreicht haben."
Da haben wir ihn ja, den Schiffbruch! Und weiter sinken Grammatik und Sinn: „Sehr helfen würde, 6 Wochen lang nur 1. Impfung BionTech zu geben. Mit maximaler Geschwindigkeit, dazu Astra an alle <65 aus drei Prio-Impfgruppen. Könnte Sterblichkeit konstant halten bei steigender Fallzahl. Dazu Antigentests 2x/Woche in Schule und Betrieben. Wer verliert? Verlierer 3. Welle sind: ‚Zu jung für Impfung, zu alt für leichten Verlauf.' Jetzt wird sich zeigen, dass immer falsch war, ‚Schutz der Pflegeheime statt Lockdown'. Diese sind bald sicher. Aber viel härter trifft es 50-80 Jährige. Viele werden schwer krank Wochen vor Impfung."
Man möchte sich freuen, daß immerhin die Epoche des mühseligen Argumentierens gegen den Schwachsinn offenbar längst vergangen und die Ära des Schwachsinns flächendeckend angebrochen ist. Man möchte dem deutschen Wörterbuch den Begriff „Verschwürungsmythen" schenken und Herrn Blume alarmieren, damit er sich um den Lauterbach kümmert oder ihn wenigstens zu seinem eigenen Schutz vorübergehend wegsperrt, bevor ihm die nächste „Anschlußerzählung" ins Hirn schießt und verbreitet werden muß.
Aber der hat sie ja selber, die kognitive Dissonanz, deren Merkmal es eben ist, daß man sie nicht bemerkt. Das gilt für die „Corona"-Sturmtruppen übrigens auch dann, wenn sie zufällig thematisch mal aus ihrer Blase herausstolpern und zum Beispiel in die „Süddeutsche Zeitung" wiederum an und für sich wahre Sätze wie diese hineinschreiben: „Die Bundespressekonferenz ist einzigartig: Journalisten befragen und kontrollieren dort die Regierung. Doch manche mißbrauchen die Veranstaltung für Propaganda und Verschwörungsmythen."

Stimmt, aber gemeint ist auch hier das Gegenteil: mißliebige Journalisten, die sich als noch geduldete Mitglieder selbigen Vereins (der übrigens, das sollte man hin und wieder erwähnen, keine Regierungsveranstaltung, sondern das Gegenteil einer solchen ist oder wenigstens sein sollte) erdreisten, den amtlichen Mythos durch freche Fragen zu untergraben, für dessen Errichtung, Hege und Pflege die offizösen Medientrompeter „Zeit und Geld investiert, vielleicht sogar soziale Beziehungen an die Wand gefahren" haben. „Und jetzt soll das alles nicht wahr gewesen sein?"

„Das Virus gibt einfach nicht auf, das sehen wir in den letzten Tagen ganz klar", meldete der vorübergehende deutsche Alleinherrscher Jens Spahn am 19. Februar. Die Dummheit auch nicht, möchte man hinzufügen und zwecks letztgültiger Demonstration ein paar eindrückliche Beispiele aus dem reichen Schatz des Panikgebells von Markus Söder zitieren. Aber Gott oder wem auch immer sei Dank zwitschert im Februarsommer nicht nur das desperate Rudel der fanatisch dummen Verschwürungsmythologen, sondern auch die Meise, deren Trillern sich immerhin sinnvoll ins Deutsche übersetzen läßt: „Laß den Schmarrn, es ist Frühling, da gibt es wichtigeres zu tun."

Gut, daß ich nicht in Baden-Württemberg lebe. Von den Parteien, die der „Wahl-o-mat" dort für mich als wählbar ausspuckt, kenne ich die meisten nicht mal dem Namen nach. Aber okay: nach den wichtigen „Themen" wurde auch gar nicht gefragt.

Kennen tu ich immerhin folgende: DKP (Platz 3), Die Linke (Platz 5), Die Basis (Platz 8), ÖDP (Platz 10), Grüne (Platz 12), SPD (Platz 15) sowie CDU, AfD, Freie Wähler und FDP (ganz unten am Ende). *(28. Februar 2021)*

„Man muß eben sagen, die Daten kommen zusammen in jeweils Ländern parallel, die dasselbe beobachten, das funktioniert also wie ein Uhrwerk. Und deswegen muß man einfach an diese Daten glauben, und auch an die Modellierungen glauben, und deswegen sind wir jetzt nun mal am Anfang einer neuen Verbreitungswelle."

Nicht jedes Comeback ist willkommen.

Immerhin steht auf dem Namensschild (siehe links) schon seit November so was ähnliches wie „Instistußdirektor".

„Der Kapitalismus in der Krise wird aufrechterhalten mit den terroristischen Mitteln des Faschismus. Deshalb sollte vom Faschismus schweigen, wer nicht auch vom Kapitalismus reden will." (Max Horkheimer)

BioNTech/Pfizer: 15.000.000.000$ (Vanguard/BlackRock)

Moderna: 18.400.000.000$ (Vanguard/Fidelity/BlackRock)

AstraZeneca: 12.000.000.000$ (Capital Research/Wellington/BlackRock)

Johnson & Johnson: 13.000.000.000$ (Vanguard/Wellington/BlackRock)

Bill Gates habe ich mit Absicht nicht erwähnt, wegen drohendem „Verschwörungstheorie"-Verdacht. Aber ja, er rechnete mit circa zweitausend Prozent Profit.
Die Zahlen stammen von den Konzernen selbst (Prognosen des jährlichen Reingewinns aus dem Sektor Impfstoffe laut aktuellen Geschäftsberichten, kann man sich auch als Broschüren per Post schicken lassen, allerdings nicht immer aktuell; in Klammern hauptsächliche Investoren und Profiteure der jeweiligen Firmen, ebenfalls laut offiziellen Geschäftsberichten).
Ach so, und das Horkheimer-Zitat ist bekanntermaßen apokryph. Der Hauptteil findet sich wörtlich, der Rest implizit in „Die Juden und Europa" (Zeitschrift für Sozialforschung, Jg. 8 (1939)). Hat jeder in der Schule ausgiebig durchgekaut, lohnt sich trotzdem immer mal wieder zu lesen. *(1. März 2021)*

Hier spricht der Führer und bringt den ganzen Wahnsinn, die ganze rückhaltlose Verblödung, Verrohung, Niedertracht, Entmenschlichung, Gehirnamputation, den Irrwitz, die Brutalität und politische Kriminalität der Jahre seit März 2020 mehr oder weniger bündig auf den Punkt (zweimal hebt es ihn anläßlich seiner „Darlegungen selbst; das ist aber vielleicht auch nur das etwas hastig hineingeschüttete vormittägliche Weißbier):[37]

„Schönen guten Morgen nach Sachsen. Wir beide, beide Bundesländer sind sehr eng miteinander verbunden, und beide Bundesländer arbeiten seit längerer Zeit freundschaftlich zusammen. Jetzt eint uns heute wieder eine weniger freundschaftliche, aber sehr notwendige und schwierige Situation. Wir beide sind Grenzländer und ganz besonders stark betroffen von der Situation, die wir mit unserem Nachbarn Tschechien haben. Tschechien ist das Land mit der höchsten Stand in ganz Europa, und wir haben beide eine jeweils lange Außengrenze, und es ist nachvollziehbar, daß durch die Infektionslage, das Infektionsgeschehen in Tschechien, sich umgekehrt auch bei uns Einträge ergeben haben, deswegen haben beide Länder gemeinsam auch den Antrag gestellt beim Bund, nicht nur das zu Mutationsgebieten zu erklären. Wir sind übrigens … gibt nur unsere Bundesländer, die ein Nachbarland als Mutationsgebiet haben, die anderen Bundesländer in Deutschland haben das nicht, und wir haben auch bei jeweiligen Grenzkontrollen gebeten … Die Grenzkontrollen sind ein wichtiges Instrument und hat uns auch schon ein erster Erfolg gebracht.
Trotzdem, wir wollen einen Schritt weiter gehen. Corona bewegt uns sehr, diese Woche wird eine ganz entscheidende Woche, werden die entscheidenden Weichenstellungen für die nächsten Monate sein. Die Lage ist nicht nur wegen Tschechien, sondern auch in Deutschland instabil, die Zahlen steigen leicht wieder in ganz Deutschland. Bei uns ist es so, daß wir ein differenziertes Bild haben in Bayern, wir haben entspannendere

[37] Das folgende historische orale Dokument von Markus Söder findet sich möglicherweise immer noch unter www.youtube.com/watch?v=xAPqOpGJ3mU

Zahlen in der Mitte des Landes, und wir haben nach wie vor große Hotspots an der Grenze gerade eben zu Tschechien.
Es ist ganz wichtig festzustellen, daß die Mutation beginnt zu übernehmen. Die Mutation übernimmt, und das Ergebnis ist jetzt, daß wir erkennen müssen, daß wir aufpassen, daß wir nicht in eine dritte Welle hineinkommen. Deswegen ist ganz entscheidend, daß wir in dieser Woche kluge Entscheidungen treffen. Kluge Entscheidungen heißt, es muß der Stimmung ... die Stimmung muß aufgenommen werden, wir müssen die richtige Balance finden zwischen Vorsicht und Öffnen, und wir dürfen auf keinen Fall die Nerven verlieren. Gerade auf die Politik kommt es jetzt in dieser Woche an, nicht die Nerven zu verlieren und einfach alles ... allen Wünschen zu entsprechen, sondern umgekehrt das Ganze in ein kluges und vorsichtiges Konzept zu machen. Das heißt, kein Öffnungsrausch, sondern ein kluges, abgestimmtes, ausbalanciertes Öffnen mit Leitplanken und Sicherheitspuffern zu ermitteln, denn das Schlimmste, was uns passieren kann, wäre wenn wir in zwei oder drei Wochen wieder in derselben Situation stehen und eine dritte Welle völlig unkontrolliert ... Deswegen der vorsichtige Weg mit Kompaß, kein Blindflug in die dritte Welle hinein. Das ist ganz entscheidend, und da sind wir in Bayern und Sachsen übrigens auch einer Meinung, aber jetzt auch für die Ministerpräsidentenkonferenz, lieber etwas vorsichtiger, lieber etwas langsamer. Wir sind nicht gegen Öffnungen, wir sind für ein ausbalanciertes Öffnungssystem, aber ohne Sicherheit wird es schwierig. Und dabei ist entscheidend: regionale Differenzierung ja, das müssen wir in Bayern machen. Regionale Differenzierung ja, aber umgekehrt eine einheitliche Philosophie und kein reiner Wildwuchs in Deutschland. Der dringende Appell, auch nicht Zahlen bei Inzidenzen, die entscheidend sind, ständig zu verändern oder neu zu bewerten, jeden Tag eine neue Zahl, wie wir's jetzt von Olaf Scholz gehört haben, sondern das Ganze muß stimmig nachvollziehbar sein, sonst geht auch die Legitimation bei der Bevölkerung verloren, wenn der Eindruck entsteht, wir ändern ständig die entsprechenden Grenzen und die Inzidenzen, die wir da haben. So.
Wir brauchen also Öffnungen auf der einen Seite, auf der anderen Seite mit Schutzkonzepten. Sicherheitspuffer sind FFP2-Masken, ein Schnelltestkonzept, von dem wir allerdings wissen müssen, wann und wie und wie nachweisbar ist es und wie verläßlich ist es. Schnelltests sind eine echte Hoffnungschance, aber Schnelltests sind wohl keine Schnellwaffe, die bereits ab nächster Woche umfangreich zur Verfügung steht. Deswegen natürlich der Appell an den Bund, jetzt bis Mittwoch das klar vorzulegen. Wie ist jetzt unsere Situation in dem Zusammenhang? Beide Länder stellen fest, daß die Hotspots eine große Herausforderung sind. In der Region bemühen sich beide, die Landkreise, die Landräte enorm, um eine Verbesserung zu erreichen, und die jeweiligen Länder, Sachsen, aber auch Bayern unterstützen dies, mit sehr strengen Maßnahmen, aber auch mit Hilfe.

Wir stellen aber fest, daß wir es noch verbessern müssen. Wir müssen das Herz Europas gerade im Moment … es ist genau das Herz Europas, dieses Dreieck leidet ganz besonders unter Corona, und da müssen wir diesem Herz eine besondere Unterstützungsleistung geben. Wir müssen die Punktleistung sozusagen verbessern. Deswegen haben wir beide uns entschieden, und die Idee kam von Michael Kretschmer, ich sag das ausdrücklich, der mich angerufen hat, das können wir noch zusammen tun, deswegen Danke auch dir ganz persönlich für diesen Impuls, ich halte ihn für dringend notwendig. Wir machen einen engen Austausch. Enger Austausch heißt, wir haben das schon beim Thema der Grenzkontrollen gemeinschaftlich abgestimmt, wir wollen ein einheitliches Lagebild haben, einen ständigen Austausch, einen Abgleich auch machen, was das Testen betrifft, wo getestet wird, wie getestet wird, wie Sequenzierungen beispielsweise auch … daß die überall stattfinden müssen, denn wir brauchen ein exaktes Bild über die Mutationsgeschwindigkeit und die Mutationsausbreitung, die dort stattfindet.
Also haben wir in einem Zehn-Punkte-Plan all diese Arbeitsschritte miteinander definiert, um das zu verbessern. Für Bayern, sage ich noch dazu, wollen wir weiter die Hotspots auch ganz bewußt stärken, indem wir zwei Bereiche dort verstärken, logistisch. Mehr Impfstoff zusätzlich in die Landkreise geben, mehr Impfstoff insbesondere aus dem Astrazeneca-Bereich der ja noch nicht in der Form verimpft wird wie alles andere. Mehr Impfstoff weiter in die Grenzregion und auch mehr Schnelltests. Wir wünschen uns übrigens auch, und es wäre ganz wichtig, daß entweder von Europa oder vom Bund noch einmal eine zusätzliche Unterstützung bei der Impfstofflieferung kommt für Hotspotregionen. Warum! Man kann in Hotspots später oder gar nicht öffnen, dafür muß man's schneller immunisieren. Also eine Antwort auf Hotspots ist doch, daß man nicht die gleichen … gleiche Öffnungsregime haben kann wie, sagen wir mal, bei uns in München, oder du hast glaub ich auch in Dresden eine sehr niedrige Zahl, das ist vergleichbar, aber deswegen mußt du ja ein anderes … andere Strategie haben, aber für die Strategie kann man nicht einfach sagen, ihr müßt halt warten, bis ihr irgendwann dran seid, sondern da wäre schneller immunisieren, dann ist später öffnen auch an der Stelle gut vertretbar.
Und wir haben uns also mit dem, was wir extra für unsere Leute tun, und dem, was wir uns vom Bund noch zusätzlich gut unterstützen könnten mit zusätzlichem Impfstoff jetzt auch in den nächsten Tagen und Wochen, haben wir uns auch entschieden, jetzt nicht nur uns abzusichern, sondern wir nehmen diese Herzfunktion wahr, ist ein Herz sozusagen aus drei Kammern, hätte ich jetzt beinahe gesagt, Sachsen, Bayern und Tschechien, und deswegen helfen wir auch unseren Partnern in Tschechien zum einen mit dem Angebot der Betten, also Krankenhausbetten, weil die Situation sich bei uns entlastet hat, zum zweiten werden wir auch Schnelltests liefern und auch Impfstoff insgesamt an die Tschechen. Und das Wichtige beim Impfstoff ist, und warum das auch

machbar ist, weil es sich um … die Tschechen würden diesen Impfstoff gerne nehmen, um die Hochrisikogebiete zu impfen, die Pendler vor allen Dingen. Das heißt, wir würden unsere beiderseitige Entwicklung noch einmal stärken, indem auch gerade tschechische Pendler dort eben mit dem Impfstoff geimpft werden können, und damit erreichen wir nicht nur den Schutz von Tschechien, sondern ganz besonders auch bei uns.
Zusammenfassend gesagt: Corona wird uns die nächsten Monate weiter beschäftigen, darüber darf sich keiner täuschen. Wir müssen jetzt wirklich sehr klug abwägen, was wir tun. Ich kenne die Stimmungslage, und ich möchte auch ehrlicherweise, daß wir so … so frei wie möglich leben können, und wir werden ein Stück weit auch Freiheit natürlich den Menschen zurückgeben, das ist selbstverständlich. In dem Rahmen der Öffnung. Mit Freiheit geht aber auch Verantwortung einher, und zwar doppelt: für den einzelnen, wie er diese Freiheit wahrnimmt, aber unsere Verantwortung ist auch, das Ganze so zu machen, daß wir nicht in absehbarer Zeit einfach wieder vor derselben Entwicklung stehen. Und begleitet werden muß das mit mehr Impfen und mehr Testen, das Ganze aber in einem Konzept, daß das Ganze nicht chaotisch stattfindet, und deswegen letzter Satz noch mal zum Impfen, auch zu meinem Einsatz gestern … oder Michael, wir haben ja beide den gleichen Ansatz, muß man sagen.
Wir glauben auch übrigens, daß es spätestens dann, wenn jetzt massiv mehr Impfstoff kommt, es dringend notwendig ist, das Impfkonzept komplett zu überarbeiten, wirklich. Warum? Es wird sonst nur eine Art Mangelverwaltung werden, also mit einem überbürokratisierten System kommen wir nicht weiter. Deswegen spätestens April, also spätestens wenn der ganz große Anteil vom Impfstoff kommt, muß jede Dose Impfstoff verimpft werden, wo es nur geht. Und deswegen: das System verändern, komplett über … also neben den Impfzentren über die Ärzte, das heißt über Hausärzte, über Betriebsärzte … Also Hausärzte können übrigens am besten entscheiden, wer chronisch krank ist. Diese Informationen liegen uns gar nicht so vor, also kann man das Ganze dann über die entsprechenden Hausärzte machen, über Betriebsärzte. Dort können ganze Betriebe geimpft werden, übrigens auch deren Familien, und natürlich auch über Schulärzte, was ich sehr sinnvoll halte, um zumindest bei den älteren Schülern, wo der Impfstoff empfohlen ist, das Ganze zu machen.
Das führt uns übrigens dazu, daß aus der Priorisierung, der rechtlich fixierten, eine Empfehlung werden kann, die dann auch angewandt wird. Nur so können wir den dramatischen Rückstand, den Deutschland beim Impfen hat, aufhören. Wir müssen aufholen, und wir müssen besser werden. Und beide Länder sind sowohl in der Bewertung der tschechischen Situation und dem Hilfsangebot an Tschechien, aber auch der Sicherheitslage für uns als auch für den Mittwoch ziemlich einig, und das ist glaube ich schon mal auch ein gutes Signal für diese Woche, lieber Michael, noch mal danke für die wie immer exzellente Zusammenarbeit zwischen Bayern und Sachsen, das setzen wir in Zukunft auch fort, vielen Dank."

Nach langem, peinigend unbedarftem Geschwätz von Michael Kretzschmer ergreift Söder noch einmal das Wort, diesmal offenbar nicht einstudiert:

„Noch zu dem Punkt zwei Ergänzungen. Es redet jeder natürlich über die wichtigen Wirtschaftsbereiche Handel und … und auch Gastronomie wird wieder gesprochen. Wir werden für Mittwoch auch Zeitachsen definieren müssen, beispielsweise bis Ostern, daß man mal sieht. Aber es bestimmen immer … sozusagen das Datum bestimmt nicht den Weg, sondern die Daten. Also wie sind die Daten. Man kann nicht einfach öffnen, ohne diese entsprechenden Daten zu sehen, die wir haben. Und es kann regional differenziert sein, klar, wo wir unter 35 sind, bei uns in München, da wird auf jeden Fall was gehen müssen, geht gar nicht anders, aber dort wo die Zahlen sehr hoch sind, da muß man dann eben einen anderen Weg finden. Und es ist wichtig, daß wir neben den Wirtschaftsbereichen immer die Schule auf gleicher Augenhöhe sehen. Also uns beiden ist die Schule sehr, sehr wichtig, das muß man wirklich sagen, weil da geht es um Kinder und Jugendliche, und es sind da mindestens so viele Leute betroffen wie in anderen … anderen Bereichen.

Zu dem Impfen jetzt: Das, was wir machen, ist ja eine, wenn man ehrlich ist, von der Menge her symbolische Maßnahme. Es ist nicht so, daß das jetzt eine Größenordnung ist, die unser Impfkonzept auch nur annähernd durcheinanderbringt, aber es ist eine symbolische Maßnahme der Solidarität in der Grenzregion, und zum zweiten ist es schon eine hilfreiche Maßnahme. Denn die Wahrheit ist doch: Wir brauchen natürlich auch die tschechischen Pendler, weil wir in der Krankenhausversorgung, in der Medizin, aber auch in vielen wirklich wirtschaftlichen Bereichen gerade auch die hervorragende Arbeit, die dort geleistet wird, der tschechischen Pendler schätzen. Wenn die tschechischen Pendler geimpft werden, dann nützt uns das auch bei uns sehr stark. Weil eins muß es ja … muß ja sehen: In den Hotspots besteht immer die Gefahr der Verbreitung. Also ein Beispiel: Wir gehen jetzt her und würden in einigen Bereichen öffnen, nehmen wir an, den Handel oder Handelskonzepte, weil die Inzidenzen sehr niedrig sind, dann besteht natürlich die Herausforderung, daß möglicherweise Leute aus deinen Grenzlandgleisen dann nach Dresden fahren oder bei uns nach München, um einzukaufen. So, jetzt gibt's da auch wieder Schutzkonzepte, weil für alles gibt es ein Schutzkonzept, aber trotzdem gibt's ja Mobilität. Denkbare Mobilität. Und vor dem Hintergrund nützt es uns, wenn wir dort, wo wir weniger öffnen können, mehr immunisieren, und das gilt für diesseits und jenseits der Grenze. Das ist das eine.

Und das zweite, was ich noch mal sagen möchte zu dem Impfen: Also, wir müssen jetzt mehr Tempo machen! Im Grunde genommen müßte man Astrazeneca[38] so schnell wie möglich für alle zur Verfügung stellen und nicht erst irgendwo in vier oder sechs Wochen. Und jeder neue Impfstoff, der kommt, der muß so schnell wie möglich in ein Sy-

---

[38] Die Substanzen dieses Herstellers waren damals wegen arg vieler Schädigungen und Todesfälle nach Einspritzung bereits in Dänemark, Norwegen, Österreich, Island und Italien verboten.

stem abgegeben werden, das eine schnelle Verimpfung macht. Ich würde Astrazeneca, ich glaube, wir sind da einer Meinung, auch sofort über die Hausärzte weitergeben, das, was jetzt mehr kommt in den nächsten Tagen und Wochen, weil die Hausärzte übrigens die chronisch Kranken noch selber kennen. Ist nämlich ein Unterschied, ob man sich anmeldet als chronisch Kranker oder ob er auch weiß, und die besten, die das wissen, sind die Hausärzte.
Drum brauchen wir jetzt zwei Dinge: schnell verimpfen, was jetzt geht. Keine Impfdose darf in Deutschland länger liegen bleiben. Es ist aus meiner Sicht falsch! Zweitens, wir brauchen jetzt schnell diese Veränderung der Verordnung in Berlin, die dem zugrunde liegt, weil wir dürfen es ja nicht machen. Die Verordnung muß geändert werden, daß eben dann auch Hausärzte, Betriebsärzte, ich würde immer noch für Schulärzte plädieren, weil man auch gerade die älteren Schüler auch noch hervorragend impfen könnte, würde übrigens auch im Hinblick auf Abitur und ähnliche Fragen auch ein hohes Maß an Sicherheit bringen, wenn wir die älteren Klassen alle geimpft haben. Und deswegen so schnell wie möglich die Bereiche machen, und das, was mit Tschechien ist, wissen Sie, ich sage das auch so, wir müssen dieses Europa auch zusammenhalten im Moment, wir müssen's ja zusammenhalten, und deswegen helfen wir mit Patientenbetten, deswegen helfen wir mit Schnelltests, und wir helfen auch mit einem zugegebenermaßen nicht sehr großen Menge an Impfstoff, aber das ist auch eine Frage der Geste, die dahintersteht, und jede dieser einzelnen Impfdosen, die jetzt im tschechischen Grenzraum dann verimpft werden kann, und das machen ja drei Länder, drei Bundesländer stellen da Impfdosen dafür, und das sind nicht so viele, wenn man drei Länder zusammen nehmen machen. Auch die Initiative von Michael habe ich da sofort begrüßt, weil es nützt uns aber auch wieder, weil jeder, der geimpft ist, gibt uns auch in unseren Grenzregionen ein Stück mehr Sicherheit."

Auf die Frage nach einer von allen Regierenden aus Wahlkampfgründen kategorisch ausgeschlossenen Zwangsspritzung der gesamten oder von Teilen der Bevölkerung sowie der Einführung verpflichtender Impfpässe als Zugangsdokumente für den öffentlichen Raum konnte Söder – vielleicht war's das vormittägliche Weißbier – seine Zunge nicht mehr zügeln:

„Zwei Antworten. Die eine ist noch mal zum Impfen. Also ich glaube, das Wichtigste ist jetzt, daß jeder ein Angebot bekommt, der sich impfen lassen will. Im Moment erleben wir ja eher die Situation, daß sich viele impfen lassen wollen und keine Chance haben, geimpft zu werden. Die … es ist absolut richtig, zu sagen, daß zunächst mal die vulnerablen Gruppen und die besonders Belasteten in den Alten- und Pflegeheimen geimpft werden sollen. Das, glaube ich, klappt jetzt sehr gut. Da sind wir jetzt bald durch, auch mit der Zweitimpfung. Das Ergebnis könnte sein, daß wir das jetzt auch schon merken. Aber wir brauchen nicht nur die Alten- und Pflegeheime, und es muß nicht nur für chronisch Kranke, sondern in der Breite stattfinden. Es ist auch ganz wichtig, daß wir bald Impfstoffe haben für Kinder und Jugendliche, denn dort finden die größten sozialen Belastungen statt. Ob sich Leute in unserem Alter mal weniger treffen können, ist auch schon schwierig, aber für Kinder hat es langfristige Folgen, also muß auch dies erhöht werden.

Deswegen ist, glaube ich, das Entscheidende jetzt, so schnell wie möglich so viel Impfstoff wie möglich weiter zu akquirieren. Ich halte es nach wie vor für sinnvoll, daß wir auch die Zulassungsverfahren beschleunigen. Auf europäischer Ebene ist es ja so, daß im Endeffekt alles zugelassen wird, was woanders auch zugelassen wird, nur viel später. Also ich bin sehr für das sichere Verfahren, aber wenn das Ergebnis immer das gleiche ist, bloß wir in Europa viel später dran sind, dann verlieren wir Impfgeschwindigkeit. Und der Verlust von Impfgeschwindigkeit ist die Verzögerung von Freiheit und ist die geringere Chance von wirtschaftlichem Erfolg. Es wird … uns wird viele Dinge noch einholen wirtschaftlich dieses Jahr, weil wir später geimpft haben als andere. Deswegen ist es dringend notwendig, das zu erhöhen. Jedem muß ein Angebot gemacht werden, der will.

Und zweitens: Wer sich nicht impfen lassen will auf Dauer, der muß *(rülpst)* nicht nur eine Pflicht bekommen. Das bin ich, glaube ich, *(rülpst)* wie der Michael sagt … halte ich jetzt für eher unwahrscheinlich. Aber ich … oder … ich würd's nicht machen … aber was klar ist, es muß natürlich dann am Ende auch eine andere Form von von von … Wahrnehmung geben. Also ist doch ganz klar: Wenn sich jemand nicht impfen lassen will und jemand anderes impft sich, warum soll der, der sich impfen läßt, dann die entsprechenden Nachteile in Kauf nehmen! Also das kann ja gar nicht auf Dauer gerecht sein! Gerecht bedeutet: Wer sich impfen läßt, schützt sich und andere. Sich zu impfen schützt sich und andere, weil man dann auch keine Verbreitung hat. Und daraus folgt aber auch, daß dann das Leben, so weit es nur irgendwie geht, normalisiert werden muß für jemand, der geimpft ist. Und ab einer bestimmten Zahl von Geimpften.

Deswegen finde ich auch Impfausweis, Impfpässe absolut sinnvoll! Nicht nur auf europäischer Ebene beim Reisen, sondern dann auf Dauer auch natürlich für das Alltagsleben! So. Dazu muß aber mehr geimpft werden, und es muß breiter geimpft werden. Im Moment ist dieses ganze System, was wir haben, natürlich noch ein System, das sich am Mangel orientiert und nicht an der Masse. Das jetzige System ist ein Mangelimpfsystem und kein Masseimpfsystem. Und wir müssen jetzt, wenn … die nächsten Tage und jetzt hoffentlich so bald wie möglich mehr kommt, müssen wir in das Masseverfahren kommen, das heißt so schnell so breit impfen, wie's geht. Es hat sich … in den USA und England wird in Supermärkten geimpft, so beim Vorübergehen. Auch da müssen wir uns überlegen, ob wir mobile Teststationen haben können beziehungsweise mobile Impfstationen, die dann auch an bestimmten Orten das machen, wo hin fahren, zum Beispiel eine Hochschule, und dort die Studenten impfen können. Zum Beispiel. Also ich bin da eher dafür, das Ganze auszurollen.

Die zweite Frage, MPK. Sie haben schon recht, das Meinungsbild ist deswegen so differenziert, weil es auch das Meinungsbild der Bevölkerung ist. Die Menschen möchten mehr Freiheit, aber gleichzeitig die hohe Sicherheit. So! Das, glaube ich, wird immer durch einmal zusammen formuliert. Einige sagen, die Leute haben die Schnauze voll. Ich habe volles Verständnis, daß die Menschen und viele Menschen einfach müde sind ob Corona, aber die Politik darf nicht müde werden, die Gefahr zu erkennen! Das ist ganz entscheidend! Also, ich habe überhaupt kein Problem, und es ist völlig in Ordnung, wenn manche Menschen einfach sagen: Homeschooling, Homeoffice zusammen, da fällt mir jetzt echt die Decke auf den Kopf, ja? Ich brauch ein anderes Angebot. Oder dann sagen, es ist doch draußen schön, und die Sonne gibt dann auch den Optimismus, zu glauben, daß die Gefahr geringer wird. Aber alle Prognosen bislang auch ob der Mutation treten jetzt ein, genauso wie vorhergesagt. Nichts von dem, was die Experten gesagt haben, muß widerlegt werden. Jetzt müssen wir einfach nur kluge Schritte definieren. Wir brauchen eine für Deutschland einheitliche Grundphilosophie, klar, mit regionalen Differenzierungen, das glaube ich ist selbstverständlich, aber es muß eine Philosophie geben. Ich verstehe, daß in einigen Bundesländern Wahlen sind und daß deswegen der Druck höher ist und daß auch zwei Bundesländer zum Beispiel dabei sind, wie Rheinland-Pfalz oder auch Baden-Württemberg, die sehr niedrige Zahlen sind. Nur, auf die derzeitige Inzidenztabelle kann keiner ein festes Haus bauen. Das ist, was Michael sagte: Du bist heute … fühlst du dich in deiner Tabelle gut, und morgen schnellste hoch und wirst zum Hotspot. Das geht so schnell. Wir haben im Westen die Herausforderung, was … wie sich das in Frankreich entwickelt. Frankreich selber riegelt zum Teil Regionen ab, Frankreich selber überlegt, wieder kräftigere Schritte zu machen. So. Wir haben jetzt bei uns die Grenzkontrollen zu unseren Partnern in Tschechien und auch zu Tirol, die ich eine Vorsichtsmaßnahme halte von hoher Relevanz. Wir werden sehen, wie sich das woanders entwickelt.

Deswegen: Schauen, daß wir vorausschauend kommen, aber nicht einfach entweder … Wissen, auch aus dem Schwarz-weiß-Denken rauskommen, die einen lockern ohne Rücksicht, und die anderen quasi sperren zu ohne Weitsicht. Die Kunst ist jetzt da, ein kluges Öffnungskonzept zu entwickeln, eine Öffnungsmatrix, die Möglichkeiten bietet, sowohl für vorne zu gehen als auch wieder zu reagieren. Und da ist noch eine Menge Stück Arbeit bis zum Mittwoch, und ich glaube, daß Sie Mittwoch, wenn die MPK beginnt um 14 Uhr, ich kann mir nicht vorstellen, daß wir 16 und 17 Uhr bereits ein Ergebnis haben. Das wird am Mittwoch eine … ein langer Tag und ein langer Abend. Das ist aber auch notwendig, das zu diskutieren, weil wir brauchen jetzt schon einen Rahmen, der trägt, denn wenn wir da jetzt am Mittwoch einen Fehler machen, dann wird Vertrauen grundlegend verspielt. Und deswegen möchte ich einfach, daß wir uns am Mittwoch auch die Zeit nehmen und das klug beraten, und nachdem so viele jetzt auch immer gesagt haben ‚Öffnen öffnen öffnen', wir beide sind bereit, auch, wir wollen so viel Freiheit zurückgeben, wie es nur irgendwie geht. Wir wollen auch mehr Emanzipation der Bürger in dieser Corona-Farce, mehr … mehr … mehr Verantwortung auch zurückgeben, selbstverständlich, aber ebenso daß wir nicht drei Wochen später vor einem Chaos und Scherbenhaufen stehen, das ist uns alles Sinn, wenn dann Ostern völlig … völlig wir bereits in der dritten Welle sind und angekündigte Öffnungen komplett wieder anders machen müssen, dann ist es übrigens auch nicht im Interesse der Wirtschaft und des Handels. Und der Gastro."

(Es kam noch mehr, aber das soll reichen.)

Erinnerung zum Jahrestag des Berufsverbots (siehe rechts): „Bayernplan 2017" der CSU, einzige Erwähnung des Begriffs „Kultur" (unter „Heimat und Zusammenhalt"). Elf von circa zweitausend Zeilen. Man beachte die Begriffe „Dauerleihgabe" und „Überlassung". *(2. März 2021)*

UNSER LAND IST EINE KULTURNATION

Kunst und Kultur sind wichtige Standortfaktoren und geben unserer Gesellschaft Kraft und Kreativität. Sie sind gesellschaftliches Bindeglied und ökonomische Kraftquelle zugleich. Wir fördern Leuchtturmprojekte als kulturelle Glanzlichter und mit Weltgeltung genauso wie regionale Kostbarkeiten in den ländlichen Regionen. Wir wollen ausgewählte Zeugnisse der regionalen Geschichte zu den Menschen vor Ort bringen, etwa durch geeignete Überlassung oder Dauerleihgabe von Kulturgütern.

„Die neue Qualität, die Propaganda in den autoritären Staaten annimmt, rührt daher, dass allein mit Ihrer Hilfe die überwältigende Mehrheit der Bevölkerung zum Schutze von Interessen eingespannt werden kann, die zu ihren eigenen in vollkommenem Gegensatz stehen, und die gegen den bewussten Willen der tödlich bedrohten Majorität keinen Augenblick mehr sich behaupten könnten." (S. Kracauer)
Sagen wir: Hoffnung. *(3. März 2021)*

Interessantes Experiment zur gegenwärtigen Lage:
1) Die Probanden halten ihre Hände 60 Sekunden lang in kaltes Wasser.
2) Die Probanden halten ihre Hände 60 Sekunden lang in kaltes Wasser, dann 30 Sekunden in Wasser, das ein Grad wärmer ist.
Dann werden die Probanden gebeten, eine der beiden Prozeduren zu wiederholen.
80 Prozent wählen Prozedur zwei.
(Daniel Kahnemann: „Thinking, fast & slow")
Auf Nachfrage zusammengefaßt: 1) ist in beiden Prozeduren gleich. 2) dauert länger, endet aber minimal „angenehmer". Der Mensch zieht also nach einer unangenehmen Erfahrung „Lockerungen" einem abrupten Ende überwiegend vor.

Falls sich noch jemand für dieses sogenannte Parlament interessiert und wer da heute für und gegen ein weiteres Jahr Ausnahmezustand gestimmt hat: Immerhin waren Linke, Grüne, AfD, FDP und Fraktionslose (soweit anwesend) komplett dagegen. Bei CDU/CSU siebenmal nein, zwei Enthaltungen. Der hoffnungslose Klabauterbach-Haufen brachte nur eine Enthaltung zustande. 46 haben nicht mitgemacht, aber die hätten auch nichts verändert.

Ein neues „Magazin“ erscheint: „Pieks“ (herausgegeben von Jahr-Media), Untertitel „ehrlich sachlich kompetent“, erste Titelschlagzeile: „Was Sie wirklich übers IMPFEN wissen müssen“. Ich wette, es gab keine dritte Ausgabe.[39]

„Eine Verordnung vom Mai erklärten die Richter (…) für verfassungswidrig. Diese sei vom Gesundheitsministerium erlassen worden und damit zum damaligen Zeitpunkt nicht von einem formell ordnungsgemäß ermächtigten Verordnungsgeber.“
Gott sei Dank sind wir inzwischen weiter.

„Das moralisch Böse hat die von seiner Natur unabtrennliche Eigenschaft, daß es in seinen Absichten (vornehmlich in Verhältnis gegen andere Gleichgesinnete) sich selbst zuwider und zerstörend ist, und so dem (moralischen) Prinzip des Guten, wenn gleich durch langsame Fortschritte, Platz macht.“
Herr Kant hat manchmal so recht, daß es für Jahrhunderte reicht. *(4. März 2021)*

1983 war die „Bürgernummer“ verfassungsrechtlich bedenklich. Er sei nicht sicher, ob das heute noch so sei, sagt der bayerische Datenschutzbeauftragte. Schließlich hätten sich die „Rahmenbedingungen“ verändert.
Klar. Schnell, einfach und zentral auf Daten zuzugreifen war damals ja viel leichter, gelt?

Daß man maskiert zum Friseur und Blumen kaufen darf, ist übrigens laut einem sog. „Wissenschaftsjournalisten“ eine „Frühlingserwachen-Orgie“. Vor der er selbstverständlich „warnt“ (obwohl er nicht Lauterbach heißt). Weil es mal wieder „Modellrechnungen“ gibt. Das reicht für heute.

---

[39] Aus dem Shop des Verlags ist das Machwerk jedenfalls im November 2024 spur- und rückstandslos verschwunden.

Den Grünen in Bayern ist Söders Lockdown“ nicht lock genug.[40] Ich warte auf den Wahlkampfslogan „Rechts von der GrünSU darf es keine demokratisch legitimierte Partei geben!“

Aus dem Radio keucht ein Hausarzt, der offenbar zwei Weltkriege überlebt hat: die „Coronaimpfung“ werde ihn schon nicht überfordern.
Sauber. Nächste Woche will er dann nach Afghanistan zum Brunnenbauen.

Die Landesregierung von Mecklenburg-Vorpommern schenkt ihren Bürgern fünf Millionen hochgiftige FFP2-Staubschutzmasken. Hergestellt wurden sie in einer chinesischen Schuhfabrik; Importeur und Lieferant ist ein Troisdorfer Liedermacher. Daß er damit mehr verdient als mit seinem Hit „Urlaub ist einfach wunderbar“ und Produktionen wie „Ene mene mule (feat. Singfinger und die Spitzensportler)“, darf man vermuten.
Beipackzettel der sog. Regierung: „MACHEN SIE WEITER MIT! SCHÜTZEN SIE SICH UND ANDERE! BLEIBEN SIE GESUND!“ (keine Angaben zu den Folgen von Zuwiderhandlungen)

Psychologische Kriegsführung:
1. Erpressung:
„Laß es geschehen, dann lockere ich die Fesseln ein bißchen. Oder noch besser: Bitte mich darum, dann kriegst du einen Schluck Wasser.“
2. Promipropaganda:
Tiktok-Influencer: „Hey Leute, ich hab's getan, und es macht fast gar nichts! (schlotter, kotz) Und kauft meinen neuen Track!“
3. Pseudo-Knappheit:
„Scheiße! Es ist viel weniger gekommen als erwartet!“ (volle Kartons mit abgelaufenem MHD diskret unter den Tisch schieb) „Nur solange der Vorrat reicht! Seid schneller als euer Nachbar! Vielleicht kommt nie mehr was nach!“
4. Fake-Begehrtheit:
„Wow! 99,99999 Prozent der Bevölkerung der ganzen Welt sehnen sich danach und wollen es mehr als Sex und Pizza! Und ihr so?“
5. Widerstand ist zwecklos:
„Es hat keinen Sinn, sich zu wehren. Wir haben dir die Instrumente noch gar nicht gezeigt. Wenn du nicht nachgibst, kommst du hier nicht nur nie mehr raus, sondern noch viel tiefer rein. Wir können warten. Deine Komplizen haben übrigens schon aufgegeben. Alle.“

Spanische Polizisten nennen die Impfzwang-Gesetze, auf deren Grundlage sie Corona-motivierte „Anti-globalistas“ in stacheldrahtumzäunten Internierungslagern abliefern

[40] Die diesbezüglichen Hetztiraden der Parteiführerin Katharina Schulze waren mir zu widerwärtig, um sie zu transkribieren. Man findet sie bei Interesse an vielen Stellen im Internet.

müssen, übrigens „Auschwitz-Gesetze". Man erzählt ihnen, in Deutschland gebe es ebenfalls sechs solche Lager. *(5. März 2021)*

Bei dem, was man in den letzten 24 Stunden an Löschungen, Sperrungen, Blockaden, Kontokündigungen und Warnhinweisen mitkriegt, täte es mich nicht wundern, wenn es morgen früh wolkenlos und extrem kalt wäre. Good night, old world. *(6. März 2021)*

Seltsam widersprüchlich: wie sich die Krisenhaftigkeit des Ausnahmezustands, der (und die) auf den bevorstehenden Kollaps des gesamten vertrautens Systems hindeutet, in der völligen Lähmung von Kunst, Literatur, Musik, Film, Sport niederschlägt, die in einer Art Dauerleerlauf seit vierzig Jahren keine neue Form mehr hervorgebracht haben, sondern nur noch das immer gleiche in neuer Verpackung als Flut von Produkten ausspucken.
Das wesenhaft Neue verweist dann auf das Ausmaß des vorangegangenen Zusammenbruchs. Zum (zufälligen) Beispiel Dada nach dem ersten Weltkrieg, Free Jazz nach dem zweiten, Punk/New Wave gegen Ende des dritten. Was das über den kommenden Zusammenbruch aussagt, ist eine interessante und etwas erschreckende Frage. Was danach kommt, wird nämlich sicher nichts von dem sein, was man sich jetzt schon vorstellen kann.

„Indem sie (die Geschichte) den Menschen gewöhnt, sich mit der ganzen Vergangenheit zusammen zu fassen und mit seinen Schlüssen in die ferne Zukunft voraus zu eilen: so verbirgt sie die Grenzen von Geburt und Tod, die das Leben des Menschen so eng und so drückend umschließen, so breitet sie optisch täuschend sein kurzes Daseyn in einen unendlichen Raum aus und führt das Individuum unvermerkt in die Gattung hinüber." (Friedrich Schiller, *Was ist und zu welchem Ende studiert man Universalgeschichte?*)
„Indem sie (die Technik) den Menschen gewöhnt, sich mit der ganzen Vergangenheit zusammen zu fassen und mit seinen Schlüssen in die ferne Zukunft voraus zu eilen: so verbirgt sie die Grenzen von Geburt und Tod, die das Leben des Menschen so eng und so drückend umschließen, so breitet sie optisch täuschend sein kurzes Dasein in einen unendlichen Raum aus und führt die Gattung unaufhaltsam in ein göttliches Individuum hinüber." (Klaus Schwab & Jeff Bezos (Hrsg.): Was ist und zu welchem Ende betreibt man Transhumanismus? (apokryph)) *(7. März 2021)*

Die Bundesregierung hat wegen „einiger weniger Verdachtsfälle" die Zahlung sämtlicher Corona-Hilfen, Industrie- und Handels-Subventionen, Abgeordnetendiäten und Ministergehälter gestoppt.
Ach, nein, verlesen. Es sind nur die „Corona-Hilfen".

Verschwörungstheorie des Tages: Dieser ganze Coronaschmarrn dient nur dazu, daß wir keine anständigen Glühbirnen auf der Auer Dult kaufen können und nie erfahren, wer der Typ am Ende von „I Am Not Okay With This" ist. Ich tät wegen der Birnen ja

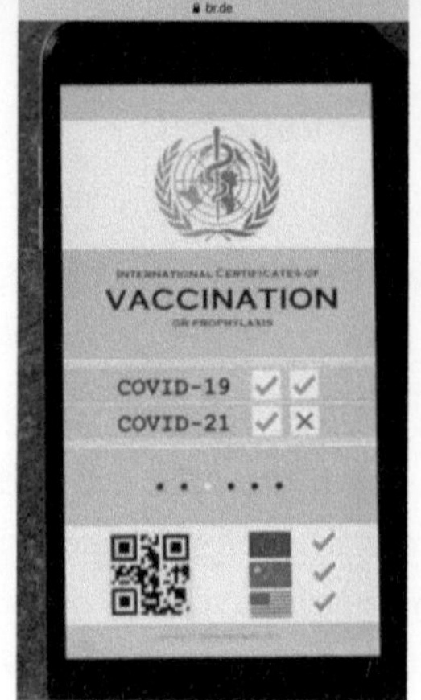

ausnahmsweise sogar in einen 1-Euro-Shop gehen, aber da muß man wohl vorher einen Termin vereinbaren …

Was machen wir jetzt eigentlich mit dem Rest unseres Lebens? Hat wirklich niemand Lust auf einen Staat, eine Kultur, eine Sex-Drugs-Rock-'n'-Roll-Revolution? Das hier taugt doch nun echt absolut nichts mehr, oder? *(10. März 2021)*

Das (links) hat was Prophetisches. Der nächste Winter könnte auch sehr „still" werden.

In Extremfällen von galoppierendem Wahnsinn könnte die Therapie bei eklatanten fixen Ideen ansetzen. Beim „Raketenantrieb" zum Beispiel. *(11. März 2021)*

FOCUS ONLINE

Sie berät Angela Merkel

Virologin Brinkmann skizziert Horror-Szenario: "Virus hat Raketenantrieb bekommen"

06.02.2021 | 14:22

@argonerd FOCUS Online/Wochit

Am Mittwoch beraten Bundeskanzlerin Angela Merkel und die Ministerpräsidenten erneut über mögliche Lockerungen des Corona-Lockdowns. Virologin Melanie Brinkmann nennt solche "fatal" und warnt die Bundesregierung

FOCUS ONLINE

"Werden wieder schließen müssen"

Virologin Brinkmann gegen Lockerungen: "Müssen Raketenantrieb zünden"

09.03.2021, 12:56

Für Brinkmann gelte es jetzt im Kampf gegen das Virus „den Raketenantrieb zu zünden". Das Rennen sei noch nicht verloren. Die Impfungen müssten aber schneller voranschreiten.

Es gibt jetzt eine „Liste der infolge der COVID-19-Pandemie erlassenen deutschen Gesetze und Verordnungen: keine Gewähr für Vollständigkeit.[41] Aber momentan bin ich ganz froh, daß ich nicht Jura praktiziere (oder studiere).

Parkbankgespräch, mitgehört beim Bärlauchpflücken:
Ältere Dame 1: „Ich laß mich doch nicht gegen einen Schnupfen impfen."
Ältere Dame 2: „Es ist ja mehr ein Husten. Aber freilich, ein Schmarrn ist's so und so."
Ältere Dame 1: „Und hernach kriegt man einen Schlaganfall."
Ältere Dame 2: „Den kann man so auch kriegen."

---

[41] Die Liste auf „Wikipedia" umfaßte damals um die tausend „Gesetze", die meisten waren im Sinne der Strategie vollkommen unverständlich.

Ältere Dame 1: „Ja, schon. Aber mei.“ *(Pause)* „Hingehen müssen tut man ja noch nicht.“

„Jedem ist gestattet, mich zu widerlegen; – aber die erste Bedingung, um mich zu widerlegen, ist, zu wissen, was ich gesagt habe.“ (Ludwig Hohl)

Möglicherweise spricht es für meine Offenheit oder für eine allgemeine Pluralität, daß ich mit Leuten befreundet bin, die mit dem derzeit schlimmsten Hetzer in der deutschen „Presselandschaft“ befreundet sind. Ich bin mir zwar noch nicht ganz sicher, ob mir das gefällt, aber meine Toleranz hat traditionell eine hohe Wuppdizität.
Warten wir mal ab.[42] *(12. März 2021)*

Hat eigentlich schon mal jemand ausgerechnet, was es bringt, wenn wir Schwab, Bezos, Gates, Ma, Soros, Musk und ihre ganzen Milliardo-Mafia-Kollegen enteignen und in eine geschlossene Therapieeinrichtung für Möchtegern-Weltherrscher schicken?
Ich schätze mal: circa zehntausend Milliarden Euro. Also 1.250,- Euro für jeden Menschen auf der Welt. Das wird eine verdammt schöne Party.
Und danach machen wir meinetwegen ganz normal weiter. Aber ohne die.

Daß ein an sich simpler Zusammenhang (heute: die Steuerung der britischen „Coronapolitik“ durch Bill Gates) schwer verständlich erscheint, hat meistens damit zu tun, daß die Protagonisten nicht Schneewittchen, eine böse Königin und sieben lustige Zwerge sind. Sondern sich hinter Begriffen wie GSK, BMP, LSHTM, PHE, UKVN, SAGE, NERVTAG, GAVI, BMGF, CEPI, WEF, VaC, VCP, ICL, VIMC usw. usf. verstecken, denen man nicht auf den ersten Blick ansieht, daß es sich immer um die gleichen Leute handelt.
Wer da den Überblick behält, besitzt ein ganz besonderes Talent, das an einen so banalen Themenkomplex eigentlich verschwendet ist.

„Und dann ist natürlich die Frage, was formt eine Generation von Wissenschaftlern? Ganz einfach – die Wahrnehmung: Da muß ich hingehen, da mache ich Karriere. Und was beantwortet diese Frage? Das ist auch wieder sehr einfach: Da ist das Geld. Also da sind die Fördermittel.“
Wer hat’s gesagt?[43] (Okay, leicht, ist aber auch Samstag.) *(13. März 2021)*

Zum „Kunstwerk“ „Impfen = Freiheit“ von Leon Löwentraut, das daraus bestand, daß der Schriftzug „Impfen = Freiheit“ auf den Fernsehturm von Düsseldorf projiziert wurde: Ich muß gestehen, mir lag „Riefenstahl 2.0“ oder so was ähnliches auf der Zunge. Ich schreib’s aber nicht, weil das sicherlich unangemessen wäre. *(14. März 2021)*

„Kinder mit Erkältungssymptomen müssen zum Schulbesuch einen negativen Coronatest vorlegen.“ Entschuldigung, wenn ich blöd frage: Was hat ein „Kind mit Erkäl-

---

[42] Gemeint war der bis dahin kaum bekannte Sebastian Leber vom Tagesstürmer, der damals gerade seine erste größere Hetzkampagne (gegen Oval-Media) startete.
[43] Es war selbstverständlich Christian Drosten.

tungssymptomen“ in der Schule verloren? Daß bei Kälte die Nase läuft, hätte ich nicht als Erkältungssymptom gezählt, weil sie das anatomisch betrachtet sozusagen muß. Aber mit Schnupfen, Husten und/oder Fieber hätte man uns sofort wieder heimgeschickt (oder nur mit zehn Pferden aus dem Bett gekriegt) ...
Ich erinnere mich, daß ich im Winter generell ein- oder zweimal ein paar Tage auf dem Sofa verbringen konnte. Wann hätte ich sonst „Tom Sawyer“, „Huckleberry Finn“, „Oliver Twist“, „Die Schatzinsel“, „Robinson Crusoe“, „Der Herr der Ringe“ und diese ganzen Sachen lesen sollen (von Donald Duck und Asterix ganz abgesehen)? Laut meinem Tagebuch wurde manchmal sogar bei „negativem Fiebertest“ (36,8) „zur Sicherheit“ noch ein Tag drangehängt (mit ein bisserl Show-Husten) …
Oh, und als ich vom Lastwagen überfahren wurde, durfte ich nach vollständiger Genesung noch eine Woche am Spielplatz sitzen und mich von den anderen auf dem Heimweg von der Schule beneiden lassen, hi hi.
Bei meiner ersten Lungenentzündung in der zwölften Klasse wollten die plötzlich ein Attest haben. Die damalige Ärztin gab mir aber keins, weil sie das für snobistischen Unfug hielt. Drum gab’s in zwei verpaßten Klausuren null Punkte.
Klar, Eltern mußten auch damals schon arbeiten. Aber es gab ja tagsüber noch nichts im Fernsehen, wovon man verblöden hätte können, drum ging das auch ohne Aufsicht … wobei es manchmal schon lustig werden konnte, wenn mehrere Kinder im Haus gleichzeitig krank waren.

Gibt es das Wort „Impfektion“ schon? Sonst beanspruche ich hiermit das Urheberrecht. *(15. März 2021)*

5 statt 72 *(17. März 2021)*

Thema leider: Covid-19. Man kommt halt nicht ganz drum herum. Das RKI meldete gestern für München für die letzten 7 Tage: 1.073 „Neuinfektionen“

Daraus errechnet es eine „7-Tage-Inzidenz“ von: 72,29

Unter den gemeldeten Fällen sind jedoch nur 985, die tatsächlich ein Meldedatum seit 12. März haben, die übrigen sind älter. Die „7-Tage-Inzidenz“ betrug demnach 66,36. Allerdings gab es seit 12. März nur 79 neu gemeldete Fälle mit (möglichen) Symptomen.

Woraus sich eine etwas andere „7-Tage-Inzidenz“ ergibt. Nämlich: 5,32

Das ist eigentlich recht erfreulich, aber nichts gegen Nürnberg. Dort zählte das RKI in den letzten 7 Tagen 763 „Fälle“ und errechnet daraus eine „7-Tage-Inzidenz“ von: 147,19

Jedoch wurden in Nürnberg seit Jahresbeginn nur drei (3) „Fälle" mit Symptomen verzeichnet, der letzte davon im Februar.

Die tatsächliche „7-Tage-Inzidenz" ist also: 0 (null)

(Die Daten stammen direkt vom Robert-Koch-Institut. Weil wir die Zahlen der Tests nicht kennen, sind diese Rechnungen insgesamt selbstverständlich ebenso unseriös wie die offiziell gemeldeten, aber in Hinblick auf die WHO-Vorschrift ein kleines Stück seriöser, und sie könnten dazu beitragen, manchen Menschen zwischendurch ein kleines Aufatmen zu gestatten.)

„Das ist eine kleine Gruppe. Die ist aber sehr gefährlich. Für die ist Corona einfach nur das Vehikel. Das sind (…) Staatsfeinde." So könnte man in etwa die gängigen Verschwörungstheorien zu Covid-19 ziemlich treffend auf einen Nenner bringen. Allerdings gibt es damit ein Problem.[44] *(17. März 2021)*

Wenn das so weitergeht, wird man Johann Wolfgang im Grab festnageln müssen, damit seine Rotationen kein Erdbeben auslösen. Das heutige Stichwort in Zusammenhang mit der nach ihm benannten Frankfurter Korruptionsuniversität lautet „Cichutek".

Wenn man zum dritten Mal in zehn Tagen vor der (endgültig) geschlossenen Postfiliale steht, kann man sich zur Entspannung fragen, wie viel es wohl gekostet hat, diese Postfiliale vor neun Jahren neu zu bauen und einzurichten und vor vier Jahren auf Barrierefreiheit umzubauen.
Erste Antwort: Für den Privatkonzern Postbank (bei dem die Post Mieterin war) war das per Saldo nicht so teuer. Der hat das Grundstück vor ungefähr fünfzehn Jahren von uns (den Bürgern) geschenkt bekommen und mit enormem Profit an Immobilienspekulanten weiterverkauft.
Randbemerkungen: Herr Baumgärtner (CSU) vom Referat für Arbeit und Wirtschaft antwortete auf eine Anfrage aus dem Stadtrat am 18. Februar schriftlich, den Kunden der Post stehe weiterhin die Filiale in der Agnesstraße zur Verfügung.
Drei Tage zuvor, am 15. Februar, hatten Presseberichte bestätigt, daß die Filiale in der Agnesstraße ebenfalls geschlossen wird.
Vielleicht wäre es gar keine schlechte Idee, einen gesellschaftlich betriebenen Postdienst zu gründen? Man könnte ihn zum Beispiel „Bundespost" nennen.

Schlagzeilen wie diese legen Kausalitäten nahe, die der Intention des Meldenden zuwiderlaufen könnten. *(18. März 2021)*

[44] Das Problem bestand darin, daß das Zitat nicht auf die Betreiber der „Corona"-Kampagne gemünzt war, sondern auf deren Opfer, Kritiker und Gegner. Es stammt von Karl Lauterbach.

Der „Präsident des Weltärzteverbandes" (Hans Ulrich Montomery), der ein solcher nicht ist und nie war, sorgt sich um das „Ansehen" des Impfstoffs von Astrazeneca und meint, es könne hilfreich sein, wenn sich „Prominente" vor Kameras damit impfen lassen. Daß sich ein Ärztepräsident nicht um Patienten sorgt, mag man hinnehmen. Daß er sich um einen Pharmakonzern sorgt und zur billigen Propaganda für dessen Produkte aufruft, hätte in normalen Zeiten eine sofortige, notfalls zwangsweise Entfernung von seiner Position wegen erwiesener Gemeingefährlichkeit zur Folge.[45] *(19. März 2021)*

Mehr davon, mehr hiervon *(21. März 2021)*

Der „Stern" schreibt, Jens Spahn habe „alles, was künftige Kanzler brauchen: Talent, Ehrgeiz, Härte". Mir fallen auf Anhieb mindestens fünf (reale und fiktive) Figuren ein, die alles hatten, was „künftige Kanzler" laut „Stern" brauchen. Einer davon wurde sogar tatsächlich Kanzler, zwölf Jahre lang.

Einer, der das (Kanzler) jetzt werden will und sicherlich „alles, was künftige Kanzler brauchen" hat – und noch einige ebenso unangenehme und schädliche Eigenschaften dazu, „sagt" heute: „Wir brauchen einen Aufbruch in ein neues Zeitalter: Beim Klimaschutz brauchen wir eine grundlegende Revolution. Deutschland kann grüner auch ohne Grüne werden. Die High-Tech-Forschung mit künstlicher Intelligenz, Quantencomputing, Luft- und Raumfahrt muß auf internationales Niveau steigen. Und die Bürokratie muß entschlackt werden."

Den Pseudowissenschaftlern und Propagandisten, die sich mit den „Verschwörungsmythen" und „Verschwörungsideologien" der einschlägigen „Verschwörungstheoretiker" beschäftigen, fällt offenbar überhaupt nicht auf, daß man die Kriterien und Fragestellungen, die sie dabei anwenden, ebenso gut auf öffentlich-rechtliche und private „Leitmedien" sowie auf ihre eigenen Arbeiten anwenden kann und dabei zu den gleichen Ergebnissen kommt.

„Wenn Beschränkungen keinen Beitrag mehr zur Eindämmung der Infektion leisten, dürfen sie nicht aufrechterhalten werden." Sollen angeblich die „Grünen" fordern oder gesagt haben. Was bedeutet: Es muß unter allen Umständen der Eindruck erweckt werden: Die „Beschränkungen" leisten „einen Beitrag zur Eindämmung der Infektion"!

+++Eilmeldung!+++

Am Mittwoch wird (unbestätigten Quellen zufolge) Karl Lauterbach eine (1) Minute lang nicht warnen und fordern, sondern schweigen.

Sollen wir uns alle treffen und gemeinsam jubeln, daß man es bis nach Grönland hört? Ich wäre dabei. *(21. März 2021)*

---

[45] In der Folge ließen sich tatsächlich u. a. Angela Merkel, Jens Spahn und Karl Lauterbach in aller Öffentlichkeit angeblich (!) mit Astrazeneca spritzen.

Der Bundesrat stimmt am Freitag übrigens einem Gesetz zu, mit dem Grundrechte „eigenschränkt" [sic] werden. Steht so im offiziellen Text, ich kann nichts dafür.
(22. März 2021)

Haß und Poo *(22. März 2021)*

Wort des Tages: „Coronagegner". Danke, Thomas Haß (HR). Besser kann man die Tatsache, daß es in diesem Komplex nur am Rande um eine (instrumentalisierte) Krankheit geht, kaum auf den Punkt bringen.

Der Verzicht auf chemische Produkte zur Haarwäsche nennt sich „NoPoo". Mit Verstopfung hat man in diesen Kreisen offensichtlich keine Probleme.

Wenn im Radio anläßlich von kriminellen Handlungen von CDU/CSU-Politikern ausdauernd über einen „Ehrenkodex" und ein „scharfes Schwert" geplappert wird, ist es vielleicht nicht ganz abwegig, sich als „Reichsbürger" zu fühlen.

Ein Lichtlein brennt *(23. März 2021)*

Ein Airbag, den man sich beim Radeln um den Hals schnürt, erscheint mir ungefähr so paranoid, als trüge man beim Spazierengehen eine Partikelfiltermaske im Gesicht, um sich nicht von gesunden Menschen einen Schnupfen zu holen. Hätte ich 2019 schreiben können. Heute gibt es beides.

Seltsam, daß in den Ländern, in denen am meisten Menschen die experimentellen Chemikalien von Biontech, Astra Zeneca, Moderna usw. gespritzt werden, die Zahl der positiven Tests so viel rasanter steigt als anderswo (heute sind mir unter anderem Ungarn und Chile aufgefallen). Ob der Zusammenhang korrelativ oder kausal ist, werden medizinhistorische Forschungen des späten 21. Jahrhunderts möglicherweise klären können.

Die neue Sprache ist recht leicht zu lernen: Man muß in jeden Satz eine der beiden folgenden Phrasen einfügen: „in Coronazeiten" oder „angesichts der Pandemie".

Das ist jetzt wirklich ein Intelligenztest: Wer es schafft, sich an Ostern vier Tage lang bei zwanzig Grad und Sonnenschein zu Hause einzusperren und im eigenen Stickmief herumzusitzen, der hat eine evolutionäre Sackgasse erreicht, aus der auch rückwärts kein Weg mehr herausführt.

Das Bild des Tages (links). Dazu fällt mir leider nichts Ironisches mehr ein. Dazu fällt mir überhaupt nichts mehr ein.

Kinder, Nazis, Mao *(24. März 2021)*

Die neueste Verschwörungstheorie: Das „Versagen" der deutschen (offizial-politisch) Herrschenden ist kein Versagen, sondern der verzweifelte Versuch, die Pläne von WEF, BMGF et al. zu behindern, indem man sie so schusselig, hanebüchen und dilettantisch umsetzt wie nur möglich. Also quasi: Sabotage durch „Dienst nach Vorschrift". Richtig entgegenstellen darf man sich dem ja nicht, sonst geht es einem wie all den plötzlich verstorbenen afrikanischen Präsidenten und deutschen und anderen Funktionären. Hm, ja, klingt seeeehr abwegig …

Der Konzern AstraZeneca führt in Großbritannien eine Studie durch, bei der dreihundert „Freiwilligen zwischen sechs und siebzehn Jahren" das sogenannte Vakzin (neudeutsch: „die Vakzine") gespritzt wird, um die Folgen dieses Eingriffs zu beobachten. Die britische Regierung wartet die Ergebnisse der Studie nicht ab und kündigt an, daß ab Juni oder Juli Kinder „geimpft" werden. Das Konzept des „informed consent" ist damit nun wohl auch am anderen Ende der Altersskala hinfällig. Oder will sich jemand vorstellen, wie ein Angestellter eines Pharmakonzerns einem siebenjährigen Kind erklärt, was eine Sinusvenenthrombose, ein Blutgerinnsel und ein Antibody-dependant Enhancement ist, und wie das Kind daraufhin seine Unterschrift unter eine Einwilligungserklärung nach Risikoaufklärung setzt?

Ulf Poschardt in der „Welt":
„Deutsch war, aus Niederlagen zu lernen. Und aus der Schmach in einer Schubumkehr die Erfolgskatharsis erwachsen zu lassen." – Bin ich der einzige, der hierin die geistige Haltung konservativer Eliten circa 1940 aufscheinen sieht?
„Der Bürokratismus, der seelenlose Popanz des Datenschutzes, die Bräsigkeit der Gesundheitsämter – all das verdichtet sich zu einer Inkomptenzokratie." – Bin ich der einzige, der hierin ein Echo des Vorsitzenden Mao hört, dessen flammende Anprangerungen der Bürokratie die Kulturrevolution vorbereiteten und einleiteten?

Bin ich der einzige, der befremdet vor der seltsamen Mischung aus faschistoidem Heroismus und maoistischen „Ordnung aus dem Chaos, Gehorsam durch Angst"-Rundumschlägen steht, die derzeit von einer seltsamen Clique in Regierungskreisen propagiert (vgl. das „Panikpapier") und betrieben wird?

Interessante Graphik, auch:[46]

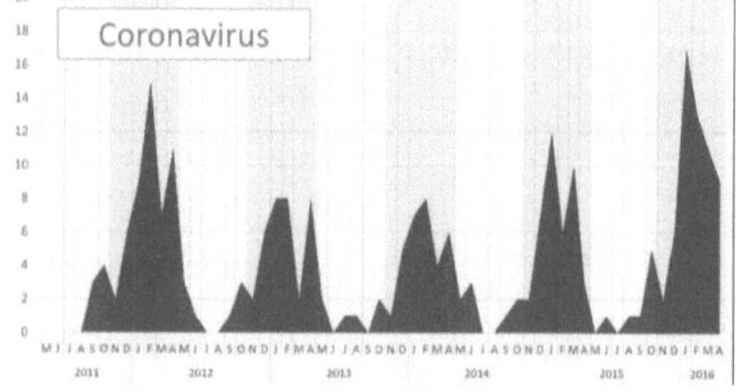

Der „Volksverpetzer" fordert einen „Corona-Untersuchungsausschuß". Der „Tagesspiegel" fordert junge Kranke, findet sie aber nirgends. Priesemann fordert

[46] Das Bild zeigt den saisonalen Verlauf von Coronavirusinfektionen in Paris von 2011 bis 2016.

den „europaweiten Reset“ (ohne „Great“!) und meint, daß die „Impfungen“ nicht wirken. Sind die jetzt alle (noch verrückt(er) geworden?
Na gut, back to (new) normal: „Wir müssen ein deutliches Signal setzen, daß wir in einer ernsten Lage sind.“ (Braun) „Innerhalb von wenigen Wochen würden sich die Intensivstationen füllen.“ (Priesemann)
Sie sind nur genauso verrückt wie gewohnt, keine Sorge. *(25. März 2021)*

Gewehre richten auf wen? *(25. März 2021)*

Zum 150. „Jubiläum“ der Pariser Kommune, anläßlich dessen hier und da Brechts „Resolution der Kommunarden“ zitiert wird:
Als „alter“ Linksradikaler empfinde ich seit dem Ende der jugendlichen Hau-drauf-Phase Unbehagen bei der Vorstellung des simplen Umdrehens der Kanonen und Gewehrläufe, weil mich eigentlich schon damals die Ahnung plagte, daß der Kern (Keim) des Problems darin liegen könnte, daß überhaupt irgendwer Gewehre (oder Speere oder symbolische Kanonen) auf irgendwen richtet. (Davon unberührt bleibt, daß es zumindest für den Moment der Not höchst vernünftig wäre, zu deren Linderung übermäßigen Besitz den Besitzenden wegzunehmen.)
Möglicherweise läuft letztlich alles auf das alte Problem der Skala zusammen: Daß man mit 83 Millionen Teilnehmern keine Demokratie veranstalten kann, darf als erwiesen gelten. Es bliebe herauszufinden, bis zu welcher Zahl ein gewaltfreies, verständigtes Zusammenleben und -wirken möglich ist. Vielleicht helfen uns da die Soziologen? —

Erinnerungsbild (2020, siehe rechts):

Der „ungeschützte Kontakt“, der zur (tödlichen) Infektion führt, die sich dann zwingend „exponentiell“ ausbreitet, ist als Wahnidee der „Modellier-Experten“ eine Art Gipfelpunkt eines viel weiter zurückreichenden Wahns der Moderne, der sich vielleicht als massenpsychologische Folge der unaufhaltsam zunehmenden Überbevölkerung recht simpel erklären läßt: Was wuchert und uns in seinem Wuchern zu nahe kommt, erregt in seinem Widerspruch zum gefühlten Naturgesetz des Werdens und Vergehens eine Art von existenziellem Angstekel, der in Panik mündet. „Krankheit“ ist dann ebenso wie die natürlichen Wanderungen des Menschen auf dem Planeten nicht mehr Schicksal, sondern eine aus dem Fremden heran (herein) flutende Seuche/Invasion, die es mit allen Mitteln zu be-

kämpfen gilt. Notfalls muß man sich in einem symbolischen Akt der gesellschaftlichen (und möglicherweise individuellen) Anorexie selbst ausdünnen, um das verlorene Gleichgewicht wiederzufinden.
„Wir sind immer noch zu viel draußen, und wir sind immer noch nicht streng genug wahrscheinlich mit uns selbst." (Anja Martini, NDR)

Seit einem guten Jahr springt mir ca. 20mal am Tag die Frage in den Kopf: „What's it all about?" Jedesmal plärrt dann Jimmy Pursey wie aus der Pistole geschossen: „It's money, work it out!" Und dann kommt das komische Baßriff von Dave Treganna.
Gäbe es ein Urheberrecht auf Ohrwürmer, wären Sham 69 wohl inzwischen ziemlich reich. *(25. März 2021)*

Mit Nelson Mandela und Söder nach Alesia (Wo ist das?) – oder: Wieso alles ist, wie es ist (aber nicht sein muß) *(25. März 2021)*

Wenn die Frühlingssonne ihre mittmärzliche Erkältung überstanden hat und endlich wieder ihrer naturbestimmten Tätigkeit nachgeht, gerät der Mensch in nostalgische Wallungen. Selbst in einer geschichtslosen Betonhalde wie München erinnert man sich dann glühenden Herzens an „damals", wo (ebenfalls naturgemäß) „alles besser" war.
Früher betraf das vor allem die Jugend, was ein relativer Begriff ist, weil das Entsinnen an „damals" spätestens mit vierzehn begann: Wie gerne wäre man wieder in jenem verwehten Sommer des ersten bewußt erlebten Lagerfeuers, könnte noch einmal die Luft jenes Mainachmittags vor zwei Jahren atmen, als beim viel zu fernen Anblick eines bestimmten Augenpaars ein erster Federhauch von Verliebtheit die seelischen Gummibänder bis zur Überdehnung spannte!
Heute flutet ein Ozean von sehnsüchtigen Beschwörungen des seligen Vorvorjahres die Kanäle der Kommunikation, die nicht mehr unter Bäumen, am Biergartentisch, auf Spazierwegen, am Isarstrand, Kneipentresen oder sonstwo fließen, sondern ausschließlich als Endlosstrom von 1-0-Bleeps durch die Elektrowüste hinein in die Wohnzellen zu den vereinsamten Einzelwesen, die da drinnen zwischen Bildschirm und Display einem verschwendeten Jahr nachtrauern, dem inzwischen schon wieder ein verschwendetes Vierteljahr gefolgt ist.
#2019 ist der Hashtag aller Wunschträume – ach, könnte man dorthin zurück! Als man noch lachen konnte, ohne sich zu schämen, als man noch in fröhlichen Horden durch die Auen streifte, Kindergeburtstage feiern durfte (oder mußte), ohne Schwindelanfälle von der Stickschnabelkappe einkaufen ging, selbst in der U-Bahn hier und da ein fröhliches Lächeln sah, als die Wirtshäuser fröhlich tobten, die Diskotheken ekstatisch pulsierten, die müden Herzen in den Nachtbars gemütlich schwärmten, als die Welt leuchtete und Vergangenheit und Zukunft in einer strahlenden Gegenwart zusammenliefen wie das Sonnenlicht unter dem Brennglas.

Freilich: schön war damals vieles, wie das halt immer so ist. Aber das liegt zu einem nicht geringen Teil an einem psychologischen Zaubertrick, den das Hirn ganz ohne bewußtes Zutun vollführt und den man allgemein als „Mandela-Effekt" (oder fachlicher „Konfabulation") bezeichnet. Nämlich glauben viele Leute bis heute, Nelson Mandela sei in den achtziger Jahren als verurteilter Terrorist im Gefängnis gestorben. Von seinen fünf Jahren als Präsident wissen sie ebensowenig wie vom Friedensnobelpreis, den Streitereien mit Winnie und allen möglichen weiteren Begebenheiten aus den 23 Jahren, die er nach 27 Jahren Haft in Freiheit verbringen durfte.
Möglicherweise wird man dieses seltsame Phänomen in einigen Jahrzehnten als „Corona-Effekt" bezeichnen, wenn dann immer noch genug starrköpfige Greise herumlaufen, sich bildlich an die Killerseuche erinnern, die 2020/21 die halbe Weltbevölkerung dahinraffte, und vorwitzige Schwurbelhistoriker, die ihnen Statistiken vorhalten, mit dem Gehwagerl verjagen. „Alesia? Ich kenne kein Alesia! Ich weiß nicht, wo Alesia liegt! Niemand weiß, wo Alesia liegt!" (Um es mit Majestix zu sagen – wobei anzumerken bliebe, daß sich nicht wenige Asterix-Leser ganz deutlich erinnern, daß da „keine Alesia" stand.)
Dieser Effekt erfaßt uns auch, wenn wir uns nach 2019 zurücksehnen. Denn vor dem US-Repo-Markt-Einbruch im September 2019, mit dem das begann, was die Medienposaunen heute alle zwei Minuten als „Coronakrise" in die Welt tröten, vor der Konstruktion des „Chinavirus"-Mythos samt Tod und Test in kaum vier Wochen im Januar 2020, vor Lockdown, Lockstep, Great Reset und Inzidenz war die Welt so ungeheuer viel schöner, gemütlicher und idyllischer nun auch wieder nicht.
Schon damals wollten Staaten und Tech-Konzerne geradezu binge-eat-mäßig Daten sammeln und Menschen kontrollieren und Milliardäre die Zivilgesellschaft übernehmen oder zerschlagen, forderten Militärmaschinerien immer mehr Geld und Waffen, krebste der Kapitalismus auf dem letzten Stück Zahnfleisch durch die Ruinen seines Wahns, füllten sich die Wartezimmer der Psychotherapeuten, wurden alternative Medien als „rechtsoffene Verschwörungstheoretiker" beschimpft, naive Idealisten für Kampagnen zugunsten des Finanzkapitals rekrutiert, dämmerten vereinsamte Senioren in industriell organisierten Sterbeheimen mit chronischem Personalabbau dahin, betonierten und asphaltierten „grüne" „Klimaschützer" die Landschaft zu, wollten Klaus Schwab und sein WEF die Menschheit in eine Armee von Robotern verwandeln, saß Karl Lauterbach in Talkshows herum und forderte den Abbau von Krankenhausbetten, war Jens Spahn Ministerdarsteller, Herr Drosten oberster Welt-Test-Virologe, Angela Merkel Kanzlerin, Söder unerträglich, und auch damals schon gewann der FC Bayern so gut wie alles, was es zu gewinnen gab, ohne sich mehr als grimmig darüber freuen zu können.
Wenn wir damals aufgepaßt hätten, anstatt uns dauernd in süßen Sehnsuchtsträumen von noch früher zu wiegen, wäre uns vielleicht aufgefallen, daß die Welt schon länger stinkt und am Untergehen ist und daß die, die von Gestank und Untergang profitieren

wollen, nur noch auf einen Zünder warteten. Daß sie das, was dann völlig überraschend über uns hereinbrach, im Herbst 2019 schon mal bis ins Detail durchspielten und daß seither alles gar nicht so anders, sondern nur sehr schnell viel schlimmer geworden ist.
Und zweitens: Daß es ist, wie es ist, und daß es so, wie es ist, unerträglich ist, liegt nicht nur an denen, die daran schuld sind. Es liegt auch nicht an Umständen, Sachzwängen, Unvermeidlichkeiten, Alternativlosigkeiten und dem Gang der Dinge. Daß alle das tun, was „man" halt tut, auch wenn es keiner tun will, liegt daran, daß jeder einzelne es tut. Wenn nämlich einzelne etwas anderes tun (zum Beispiel etwas Schönes), dann tun vielleicht viele einzelne was anderes, und irgendwann tut „man" dann etwas Schönes.
Da könnte die Nostalgie helfen. Jeder, der mal jugendlich war und nicht an übermäßiger Gewöhnungsvergeßlichkeit leidet, sollte sich erinnern, daß Regeln dazu da sind, gebrochen zu werden, und daß man das, was einen kaputtmacht, am besten kaputtmacht.
Und ganz (oder weitgehend) ohne jugendlichen Übermut hat es auch im erwachsenen Alter wenig Zweck, zu grummeln und zu klagen, daß man dies und das nicht darf. Sinnvoller ist es, erst mal zu fragen, wieso man dies und das eigentlich nicht darf. Stellt sich dann heraus, daß die Begründung ein unhaltbarer Schmarrn ist, dann wird das mit dem Dürfen eine wackelige Sache – man könnte das, was man angeblich nicht darf, ja einfach mal tun.
Man kann den Computer ausstecken, wenn er einem bloß noch unzumutbaren Zahlensalat ins Gesicht schüttet. Man kann die Zeitung ungelesen in den Ofen schmeißen und die überall herumstehenden Befehlsverkündungskästen abschalten, indem man schon wegschaut, wenn die Schlagzeilen und Reklamebefehle noch gar nicht lesbar sind. Man kann den Fernseher zum Wertstoffhof bringen, wenn die Dauerpenetration mit Horrorkaspern wie Lauterbach, Brinkmann, Drosten, Merkel usw. das Hirn in Sülze und das Leben in eine Folter verwandelt.
Man kann sogar Politiker davonjagen, wenn sie dem Wahn verfallen, sie seien vordemokratische Herrscher und Grundrechte eine Gnade für brave Buckler. Manchmal braucht es nur einen Knopfdruck, und schon sind die fürchterlichen Gestalten und Ideen, mit denen man notgedrungen Tag um Tag verbracht hat, nicht mal mehr Schemen in einem Alptraum, sondern ganz einfach weg. Als hätte es sie nie gegeben.
Möglicherweise kommt dann hinter den erloschenen Flimmerschirmen und Flackerdisplays eine Welt hervor, die noch viel besser und schöner ist als in den schimmerndsten nostalgischen Sehnsuchtsträumen von einem Irgendwann, das es wahrscheinlich sowieso nie gegeben hat.

Bitte was?!? CSU-Abgeordnete sollen sich zukünftig an Gesetze halten? Ja wo samma denn! Wenn das der Strauß gewußt hätte!
(Hat der Radio gemeldet. Ich habe da sicher was falsch verstanden.) *(26. März 2021)*

Rhein-Berg kämpft (und stirbt)! *(28. März 2021)*

Warum nicht mal den Kölner Stadt-Anzeiger lesen? Vielleicht ist anderswo anderes los als „Corona"?

Eher nicht:

„Rhein-Berg – Das bevölkerungsreichste Land der Bundesrepublik kämpft gegen die Ausbreitung des Coronavirus. Fast jeden Tag werden neue Entwicklungen im Hinblick auf Präventionsmaßnahmen, Quarantänezahlen oder Veranstaltungsabsagen wichtig. Wir informieren über die wichtigsten Entwicklungen."

Na gut, aber wo wir schon mal dabei sind, lesen wir das mal ein bißchen genauer. Es wird also auch in Rhein-Berg gegen die Ausbreitung „des" Coronavirus gekämpft. Wie man das macht, erfahren wir leider nicht. Wir vermuten: indem man die Menschen erst mal „testet" und bei positivem Testergebnis vierzehn Tage einsperrt. Man „kämpft" also eher gegen die Menschen, die dann in der Hochsaison der Coronaviren vierzehn Tage ohne Frischluft, Bewegung und Kontakt zu anderen Menschen ihr Immunsystem ruinieren dürfen. (Dieses Immunsystem kämpft übrigens tatsächlich gegen Coronaviren, allerdings nur indirekt gegen ihre Verbreitung.)

Fakt am Rande: Unter den Verstorbenen in Rhein-Berg waren in den letzten dreizehn Monaten 119 Menschen mit einem positiven Testergebnis. Gestorben sind genauso viele wie früher, obwohl es da noch keine Tests gab (aber Coronaviren). Oder weil?

Aber weiter im Text: „Fast täglich" werden demnach diverse „neue Entwicklungen wichtig." Und nun werden wir über „die wichtigsten Entwicklungen" informiert: Inzidenz 87, Fallzahlen insgesamt 8.289, Todesfälle 119, Aktuell Infizierte 889, freie Intensivbetten 10.

Nein, den angebotenen Klick auf die Karte sparen wir uns. Wir diskutieren auch nicht mehr darüber, ob die Bezeichnung „Infizierte" ein Versehen oder eine simple Lüge ist. Da inzwischen Kindergartenkinder wissen, was ein „Test" testet und was nicht, könnte ein solches Versehen höchstens noch dem Dackel des Bürgermeisters unterlaufen, und der tippt keine Berichte über „Entwicklungen".

Aber nun kommt eine interessante Meldung, und die lesen wir genauer:

„Nach dem" Todesfall im Kreis Euskirchen, „der im Zusammenhang mit dem Impfstoff von Astrazeneca stehen könnte, …"

„Könnte"? Er steht damit in Zusammenhang, daran ist nicht zu zweifeln. Die Frage, ob der Zusammenhang ein kausaler oder korrelativer ist, können wir nicht beantworten.

„… hat ein Leitender Impfarzt des Gladbacher Impfzentrums am Sonntagmorgen vorübergehend die Impfungen mit den Impfdosen des Herstellers ausgesetzt."

Oho! Und wieso das? Das Paul-Ehrlich-Institut hat doch nach all den anderen Todesfällen und der ersten bundesweiten Aussetzung eindeutig bestätigt, daß der Nutzen der Impfung (unbekannt) die Risiken (Tod) bei weitem überwiegt! Was fällt dem Arzt ein!

„Impflinge wurden nach Hause geschickt. ‚Der Arzt hat sehr umsichtig gehandelt', bestätigt Kreis-Pressesprecherin Birgit Bär."
Ich frage mich kaum noch, was eine Kreis-Pressesprecherin ist und für wen sie spricht. Daß der Arzt umsichtig gehandelt hat, kann man nur teilweise bestätigen, immerhin hat er ja kurz zuvor eine tödliche Spritze verabreicht.
„Der Mediziner habe aufgrund seines hippokratischen Eides Rücksprache mit der Kassenärztlichen Vereinigung genommen."
Möglicherweise kann man ihn im „Warp Speed"-Verfahren von diesem Eid entbinden, damit er weiterhin solche Spritzen verabreichen darf, ohne meineidig zu werden und gegen den „Nürnberger Kodex" zu verstoßen oder sich unter Umständen strafbar zu machen?
„Das Impfen mit Astrazeneca sei später wieder fortgesetzt worden."
Es ist ja auch nicht zu erwarten, daß ein milliardenträchtiges Industriemanöver dieses Ausmaßes wegen eines einzelnen Arztes und eines Falls einer möglichen Totimpfung ins Stocken geriete.
„Die Impflinge würden nun noch ausführlicher über mögliche Nebenwirkungen des Impfstoffs informiert."
Es mag dem einzelnen helfen, vorher zu wissen, woran er hinterher leiden oder sterben wird, aber ehrlich: „noch" ausführlicher?
„Alle, die am Sonntagmorgen am Impfzentrum abgewiesen worden seien, hätten später am Tage die Impfung nachholen können."
Na, Gott sei Dank – so lange hat die „Information" dann offenbar doch nicht gedauert. Aber mußte man die Leute deswegen erst nach Hause schicken, damit sie sich noch zweimal im Bus drängeln? Hat man denn etwas anderes als die Fortsetzung des Impfbetriebs erwartet?
Zusammengefaßt: Eine echte „Entwicklung" ist das nicht.

Die erste und die zweite Geige *(29. März 2021)*

Die allgemeine „Corona"-Müdigkeit ist sehr verständlich und nachvollziehbar. Ich denke, man wird selbst als fanatischer Gläubiger irgendwann ungeduldig und wünscht sich, das aufdringliche Gespenst der „Inzidenzen" möge endlich verschwinden. Bei Gespenstern hilft es aber offensichtlich nicht, sie vertreiben zu wollen, indem man sie täglich aufs neue herbeibeschwört und hofft, sie möchten infolge von Straf- und Kasteiungsmaßnahmen diesmal kleiner erscheinen. Die Wirkung ist die gleiche wie bei den „Maßnahmen" der Geißler gegen die Pest: Allerhöchstens kann man hinterher behaupten, Erfolg gehabt zu haben.

Ansonsten bleibt der richtige Rat zur Lösung immer der gleiche: Hört auf, gesunde Menschen zu testen, dann ist die „Pandemie“ vorbei.

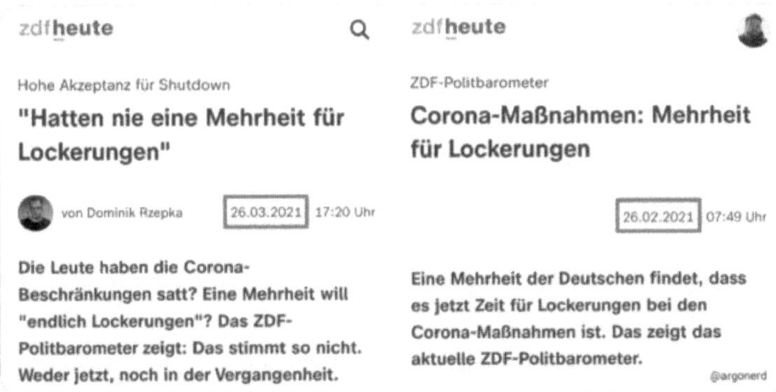

Mario Draghi, ohne irgendein Theater mit Wahlen oder ähnlichem Getue von einer „Group of 30“ (G30) der Rockefeller-Stiftung als italienischer Regierungschef installiert, weiß, wie man die „Coronakrise“ zum Umbau der Wirtschaft nutzen kann: Der Staat muß gigantische Berge von Subventionen bereitstellen. Diese werden an Finanzkonzerne übergeben, die dann entscheiden, wie sie den meisten Profit erzielen, indem sie die Subventionen an Konzerne und Unternehmen weitergeben, indem sie diese kaufen und „kreativ zerstören“. Diese Zerstörung muß so radikal und umfassend sein, daß die Löhne möglichst effektiv gedrückt werden (unter das Existenzminimum, den Rest übernimmt dann wieder der Staat) und die Preise und Gewinne steigen, am besten explodieren. Dabei ist es hilfreich, die kleineren und kleinen Unternehmen zuerst zu vernichten und sie internationalen Konzernen zur Ausschlachtung zu überlassen.

Weil mich ein Freund gefragt hat, ob es für mich wirklich nur noch ein Thema gibt: Mein Denken folgt keinen Themen, es ist mehr ein Konzert. Allerdings fällt hin und wieder der Filter aus, mit dem ich eine bestimmte, sehr aufdringliche Geige ausblenden kann.

Macht man halt so. *(31. März 2021)*

Man kann sich über Bürokratie trefflich erregen, wenn man etwa im Münchner Fundbüro einen Schlüssel abholen möchte: Anruf, Terminvereinbarung per Mail, Bestätigungsmail mitbringen, dort Eingangsabfertigung mit Warteschleife, dann sieben Arbeitsschritte in vier Zimmern mit fünf Personen, jedesmal warten und wieder warten, das alles auf vierzig Quadratmetern. Das ist ärgerlich.

Aber das Warten hat offenbar einen Sinn: Man schaut sich um, betrachtet die Räumlichkeiten. Und stellt fest, daß Angestellte der Stadt in derart deprimierend lebensfeindlicher, häßlicher, unbewohnbarer Umgebung nicht nur ihre notwendige und hilfreiche Arbeit verrichten, sondern einen großen Teil ihres Lebens verbringen müssen, daß man danach fassungslos auf der Straße steht und sich in Grund und Boden schämen möchte.

Wenn man bedenkt, daß die Immobilien- und Bauwirtschaft Jahr für Jahr Millionen an Bestechungs-, Schmier- und Reklamegeldern in die Stadtverwaltung hineinpumpt, um ihre wahnwitzigen Betonierungs- und Luxusprojekte gegen den Willen und die Bedürfnisse der Bevölkerung durchzupeitschen, müßte es doch ein leichtes sein, diesen Menschen – die wirklich etwas Sinnvolles tun – ein menschenwürdiges Leben zu ermöglichen: in echten „Amtsstuben", hohen Räumen mit Parkett und Holztäfelung, großen Fenstern, schönen Schreibtischen, Blick auf den Garten hinterm Haus.

Zur ermordeten städtischen Kultur und Subkultur, die gerade in der „Corona"-Raserei noch schneller und effektiver ausgemerzt wird als zuvor in der Gentrifizierungs-Raserei, fällt mir nur ein: Es wird spannend, ob nach Lockdown und Breakdown (oder notfalls Teardown) neue Nischen entstehen, wo was erblühen kann. Ich bin nicht sicher, ob wir das noch erleben. Aber hoffnungsvoll.

Das (rechts) ist übrigens teilweise irreführend. Die „Litfaßsäule" mit diesem sehr wahren Vorwurf steht in unmittelbarer Nähe zur Eggartensiedlung und der daneben unlängst hinbetonierten Entmenschungszuchtstation. Aber der Vorwurf kommt nicht – wie das Plakat nahelegt – von MVG, M-Net und muenchen.de. Sondern von jedem noch einigermaßen normal denkenden und empfindenden Menschen. Trotzdem: Steht da gut. Sollte viel größer da stehen, damit die „Entscheider" das auch mal lesen (und die unterschwellige Botschaft kapieren: „Ein Scheißdreck ist das, was ihr aus München macht.")

Übrigens jammert jetzt auch der deutsche Brauerbund: „Der Bierabsatz ist im freien Fall – und ein Ende der Krise nicht in Sicht …" Ja nun: Gibt es in Deutschland wirklich mehr Polizisten als Kneipen? Wenn nicht: Sperrt halt einfach auf. Wer soll euch hindern?

Ach, und dies „meint" ein „Initiator" eines „Testzentrums" in Demmin, nachdem er hunderte gesunde Menschen mit „Schnelltests" als „Infizierte" entlarvt hat: „Die gestiegene Zahl an nachgewiesenen Infektionen, die sonst womöglich unentdeckt geblieben wären, ist mit Blick auf die Pandemiebekämpfung positiv zu bewerten, wie der Apotheker weiß. Mehr positive Ergebnisse, mehr Quarantäne, mehr unterbrochene Infektionsketten, so die Logik." Ach, was wäre nicht alles an ansonsten Unentdecktem positiv?

Unentdeckte Weltkriege, Naturkatastrophen, Atombombenexplosionen, Umstürze und so weiter – wollen wir das alles herbeitesten, damit es uns noch viel besser geht?
So die Logik.

Algorithmus-Quirl *(2. April 2021)*

In dem Buch „The Day After Midnight" (1982) wird berechnet, daß es bei einem Atomangriff der USA auf die UdSSR als „Vergeltungsschlag" nur bis zu hundert Millionen Tote gäbe (heißt: gegeben hätte) – viel weniger als beim laut „Planspiel" zuvor erfolgten „Erstschlag" der UdSSR gegen die USA. Angesichts dieser offensichtlichen Ungerechtigkeit darauf zu schließen, welche der beiden „Supermächte" im „Kalten Krieg" friedlicher gesonnen war, blendet einige Aspekte aus.

Eine österreichische Virologin befürchtet für 2021 nach einem „ruhigen Sommer" eine vierte Welle im Herbst, weil die Mutationen bla. Daß so etwas als „Meldung" vermeldet wird, ist fast schon karnevalsmäßig. Ich meine: Erkältungen im Herbst? Wann hat es so was je gegeben?

Man kann noch so viel lernen über Covid-19-Impfungen, über die unterschiedlichen Ansätze (modRNA, Vektor, Peptid etc.), die Wirkungsweise im humoralen und zellulären System, über Adjuvantien, Wirkverstärker und weitere Zusatzstoffe, über „erwünschte", gefährliche und spezifische Nebenwirkungen – eine Frage läßt sich nicht schlüssig beantworten: Wozu?

Seit Wochen versucht Youtube, nach jedem Video, das ich mir anschaue, einen Arte-Film über Mont St. Michel abzuspielen („Ein strategischer Ort"). Dazu werden mir alle möglichen Clips über „Künstliche Intelligenz" vorgeschlagen. Ist das eine Art automatische Satire, oder läuft da bloß ein Algorithmus Amok?

Lieblingswort aus dem heutigen Traum: „die Ungequirlten".

Wenn man eine Information in eines der „sozialen Netzwerke" stellt und daraufhin das übliche „Schwurbel! Fake! Aluhut!"-Geblöke losgeht, sollte man nicht nachfragen. Weil dieser Schwall von Unflat halt einfach sein muß, wenn etwas nicht ins „Weltbild" paßt. So wie der Hund „wuff!" sagen muß. Fragt man ihn, weshalb oder wozu er gerade „wuff!" gesagt hat, erhält man selten eine andere Antwort als „wuff!" und wird bei hartnäckigem Insistieren manchmal gebissen.

Der Virus wütet weiter! Mit immer neuen Tricks! (siehe links)

Es geht dem Ende zu, geht es? *(3. April 2021)*

„Raufen wir uns alle zusammen, liebe Landsleute! Holen wir raus, was in uns steckt!" Es brauche, fleht Steinmeier, „mitten in der dritten Pandemiewelle" „alle Kraft von allen Seiten", um diese zu „brechen".
Eine kurze Zwischenfrage: Wie viele Runden von „Reißt euch halt mal eine Woche zusammen, dann haben wir das hinter uns!" haben wir inzwischen eigentlich hinter uns? Und wie viele noch vor uns?
Vielleicht nicht mehr so viele. Das hängt davon ab, wie bald man gewisse Leute dazu bringt, Urteile zu lesen.[47]

Derweil scheinen endlich auch die Ärzte in größerer Zahl den Wahnsinn, für den sie seit einem Jahr mißbraucht werden, nicht mehr mitmachen zu wollen. Momentan findet man offenbar den Automaten für die Bahnsteigkarten noch nicht, aber immerhin Steinmeier scheint sehr kalte Füße zu kriegen. Und nicht nur er.

Der ehemalige Minister Thomas de Mazière schlägt vor, die Verfassung zu ändern, um Parlamentarismus und Demokratie im Falle einer „Krise" schnell und geschmeidig abschaffen zu können und einem „Krisenstab" ein absolutes Durchgriffs- und Weisungsrecht zu verschaffen. In der „Krise" brauche man „Tempo". Ob die Futuristen in ihren Gräbern rotieren oder still frohlocken, wage ich nicht zu entscheiden. Es geht ja eher nicht um „Kunst".

In Tübingen herrscht laut OB Palmer („Grüne") „Impertinenz": Auswärtige Gäste „turnen rum", „machen Party", gehen „ungetestet durch die Stadt" und feiern ohne Maske. „Es war furchtbar", sagt die „Pandemiebeauftragte" Lisa Federle. Deshalb hat man die „Auswärtigen" nun ausgewiesen. Ach nein, nicht ganz deshalb: sondern weil durch die nötig gewordenen Massentests die „Inzidenz" gestiegen ist. Das ist dann immerhin nicht direkt rassistisch.

Wenn Menschen, die durch eine Krankheit nicht gefährdet sind, durch eine „Impfung" gegen diese Krankheit gefährdet werden, überwiegt laut EMA der Nutzen den möglichen Schaden. Das, könnte man sagen, ist eine deutliche Legitimation für Selbstmord zum Schutz vor Tod.

Neue Aktionsidee: ZeroTests. Einfach nicht mehr mitmachen. Geht das?

3. April 1945: Letzte Dezernentenbesprechung beim Münchner Oberbürgermeister Fiehler. Zur Bildung eines „Freikorps Adolf Hitler" sollen Fahrräder beschlagnahmt werden, die allerdings bereits von Wehrmacht und Polizei beschlagnahmt sind. Bis morgen (4. April) soll ein Verzeichnis der Dienststellen angefertigt werden, die zur Ver-

---

[47] Gemeint war dieses, das leider folgenlos blieb: verwaltungsgericht.wien.gv.at/Content.Node/rechtsprechung/103-048-3227-2021.pdf

sorgung der Bevölkerung bei Feindbesetzung notdürftig weiterarbeiten sollen. Parteimitglieder dürfen nicht damit rechnen, im Amt bleiben zu können. Anfrage bei Reichsverteidigungskommissar Giesler, ob die Leute, die weiterarbeiten, verfemt sein sollen.

Dieser RKI-Rechner[48] ist ein echt putziges Spielzeug. Bei einer Inzidenz von 100 ergibt sich automatisch eine Inzidenz von 80, hi hi. Noch besser wird's, wenn man die PCR-Werte einsetzt. Dann liegt bei einer Inzidenz von 100 die Inzidenz bei 1.500.

Micky-Maus-Apokalypse *(4. April 2021)*

Als wir vom (schon lange absehbaren) Zusammenbruch des Neoliberalismus geträumt haben, war in dem Traum ein Irrtum versteckt: Es mag schön sein, daß dieses unmenschliche System endlich zu Staub zerfällt, untergeht und verschwindet. Es ist aber kein System, sondern ein Prozeß. Und all das, was der Neoliberalismus ausgesaugt, zerstört und vernichtet hat, ist nun ebenfalls weg.
Das ist wie in einer von tyrannischen Horden besetzten und belagerten Stadt: Eines Tages wachen die Bewohner auf und stellen fest: Die Besatzer sind weg! Aber sie haben die Stadt mitgenommen.
Und wir warten auf das Ende (egal welches) und begreifen nicht, daß das Ende längst stattgefunden hat. Wir schauen ohnmächtig dem Gerödel der regierenden Wahnsinnigen zu, die die Kontrolle auch über sich selbst verloren haben. Was wir da sehen, ist eine billige, aber katastrophale Farce auf die Tragödie der Jahre 1941 bis 1945.
Es wird möglicherweise Sieger geben. Aber auch die sind wahnsinnig, und ihr Sieg wird der Triumph des absolut Absurden sein. Eine Horde mittelalter Kinder, die Raketen ins All schießen, Völker „impfen", Kontinente technokratisch organisieren wollen und mit ihrer Micky-Maus-Version einer „Zukunft" noch gewaltigeren Schiffbruch erleiden werden als ihre Vorgänger. Was Erich Fromm über Hitler und Simone Weil über Macht und Knechtschaft geschrieben haben, gilt auch für Schwab, Gates, Bezos, Musk usw. und ihre „Pläne".
Die Macht ist allmächtig, und sie ist nirgendwo. Es gibt keine „Verschwörungen". Jeden und alle treibt die gleiche Angst: vor den anderen. Das einzige, was diese Angst lösen kann, ist das Ende der Macht.
Jedes Machtsystem ist besessen von dem Trieb, zu wachsen, und daher erreicht es den Punkt, an dem es sich erschöpft. Hier innezuhalten und sich zu bescheiden, ist unmöglich, der aktive Sturz in den totalen Untergang unvermeidlich. Damit aber endet nicht die Macht, sondern nur ihr vermeintlicher Träger.
Ich vermute immer mehr, daß das, was wir seit längerer Zeit erleben, die „Wehen" des Übergangs von der menschlichen Gesellschaft zum Ameisenhaufen sind.

---

[48] (ein sogenanntes „Onlinetool", das es leider nicht mehr gibt)

Die Stadt München meldet auf ihrer Internetseite, für Sonntag und Montag seien „Demonstrationen gegen den Gesundheitsschutz“ angemeldet worden. Man wird schon fast zu müde, um darauf hinzuweisen, daß dort mutmaßlich gegen gesundheitsschädliche, gemeingefährliche Zwangs- und Verbots-„Maßnahmen“ demonstriert werden soll. Aber noch ist die Frechheit solcher Äußerungen ärgerlich genug.

„Eine wichtige Gelegenheit“

(5. April 2021)

Mit Kindern zu argumentieren, ist immer etwas anrüchig. Hilfsorganisationen, die mit Bildern von verhungernden Kindern um Spenden baten, waren mir schon verdächtig bis widerlich, als ich selbst fast noch ein Kind war. Manchmal mögen solche Botschaften angebracht sein, sie treffen und schockieren aber immer die falschen: nämlich jene, die an den Zuständen auch dann nichts ändern können, wenn sie ihre gesamte „Grundsicherung“ oder Rente einer Hilfsorganisation spenden und selbst verhungern.
Fragen muß man sich bei diesen wie bei anderen schockierenden Bildern: Wer hat etwas davon, so etwas herbeizuführen? Wer kann Menschen brauchen (im wahrsten Sinne des Wortes: benutzen), die so aufwachsen?
Es fällt schwer, mit solchen Bildern keine Stimmungen zu erzeugen, die in blinde Wut gegen die Verursacher und ihre ausführenden Organe münden. Aber auch das ist wichtig. Die Profiteure und Organisatoren der nicht erst seit „Corona“ laufenden Ausbeutung, Entrechtung, Demütigung, Folterung und Ermordung ganzer Bevölkerungsgruppen und Generationen zu lynchen, bewirkt das Gegenteil von dem, was nötig ist. Und der (nachvollziehbare) Haß auf sie trifft immer zuerst (und meistens nur) die unter den Schuldigen und Mitläufern, die am leichtesten zu erreichen sind.
Entscheidend wird es aber sein, wieder Freude in die Welt zu bringen.

„So wie der Zweite Weltkrieg zu einer größeren Zusammenarbeit zwischen den Staaten führte, Zusammenarbeit zum Schutz des Friedens mit dem Gemeinwohl gänzlich im Vordergrund, so hat die Welt unserer Ansicht nach auch jetzt eine wichtige Gelegenheit, die bitteren Lehren aus dieser Pandemie in eine gesündere, gleichberechtigtere Zukunft für alle umzusetzen.“
Dieses Zitat stammt – man erkennt es am majestätischen „wir“, mit dem er immer sich selbst meint – von Bill Gates. Und wieder einmal ist erstaunlich, wie viel Wahrheit darin steckt, wenn man das Wort „Pandemie“ in die gebührenden Anführungszeichen setzt und ein bißchen Bullshit herauskämmt:

So wie der zweite Weltkrieg zu einer besseren Zusammenarbeit zwischen den Staaten hätte führen können, zum Schutz des Friedens und einer gänzlichen Orientierung auf das Gemeinwohl statt auf die Profitsucht einzelner Wahnsinniger, so haben die Menschen jetzt die Möglichkeit, die bitteren Lehren aus dem „Corona"-Fiasko zu nutzen, um diese Wahnsinnigen ein für alle mal ihrer Macht zu entledigen und die Welt gesünder und gleichberechtigt zu gestalten.
Das ist aber sicher nicht das, was Bill Gates meint. Noch weniger als sein eigenes Bonmot.

Das erinnert mich daran, daß *(6. April 2021)*

Die Diskussion um die „Verschleierung" der Gesichter von Frauen und diverse „Kopftuchverbote", die vor einigen Jahren mit großer Vehemenz geführt wurde, erscheint, wenn man sich zwischendurch daran erinnert, in verändertem Licht. Es ist abzusehen, daß die Gesichtsvermummung für viele jetzt aufwachsende Kinder in westlichen Ländern so selbstverständlich wird (oder bereits ist), daß sie sich ohne Schnabelkappe nackt fühlen.
Welche Auswirkungen das auf zukünftigen Bartwuchs, Riechsinn und andere körperliche „Funktionen" hat, werden wir höchstens noch teilweise erleben.
Das erinnert mich daran, daß es mir in den kurzen Zeiten, die ich an einem „echten" Arbeitsplatz verbrachte, immer unmöglich war, der Sitte zu folgen, zwischen neun und fünfzehn Uhr bei jeder Begegnung „Mahlzeit!" zu sagen. Wirklich erklären kann ich das nicht, es hatte vielleicht mit einer physisch empfundenen Widersinnigkeit zu tun. Es wollte mir jedenfalls nicht einmal ironisch gelingen.

Am 9. Mai 2020 quakte die Kanzlerin, sie sei „daran interessiert, daß das kulturelle Leben auch in Zukunft eine Chance hat und Künstlerinnen und Künstlern Brücken gebaut werden". Fast ein Jahr hat es gedauert, bis wir dank dem Laschet erfahren haben, was mit dem Versprecher gemeint war: ein „Brücken-Lockdown".
Wie wird wohl die nächste Verschärfungsphase heißen? Schlauchboot-Lockdown? Autobahndreieck-Lockdown? Glühwürmchen-Lockdown? Jakobi-Lockdown? Transporterraum-Lockdown? Langlauf-Lockdown? Auf die jeweilige „Story" bin ich sehr gespannt.
Das „Stasimuseum" in Berlin konnte am Karfreitag leider nicht (wie geplant) öffnen. Der Geschäftsführer sagte dazu: „Gerade uns als Stasimuseum stünde es schlecht zu Gesicht, am Eingang zum Museum Informationen zu sammeln, die eigentlich der ärztlichen Schweigepflicht unterliegen."

Der „Tagesspiegel" ist nicht nur wegen Sebastian Leber das neue Leitmedium der hirnlosen rechtsextremen Bösen, wobei man bei den Schreibern nicht weiß, ob das eine das andere oder das dritte oder jeweils beides überwiegt. Erste Meldung von heute (ca. 14 Uhr): „4,6 Millionen Dosen liegen auf Halde – Zahl der nicht verabreichten Impfstoff-Dosen so hoch wie noch nie." Zweite Meldung von heute (ca. 15 Uhr): „Berlin schließt zwei Impfzentren wegen Impfstoffmangels." Ich mag so etwas nicht kommentieren, zumindest nicht heute.

Die ersten Rekruten, die sich als Freiwillige für die neuen Inlandstruppen der Bundeswehr gemeldet haben, wollen laut Kriegsministerin „Deutschland etwas zurückgeben". Das erinnert mich daran, daß „jemandem etwas zurückgeben" auf den Schulhöfen meiner Kindheit ebenfalls eine wenig friedliche Bedeutung hatte.

Zurück zum Laschet, der übrigens auch meint: „Geschieht nichts, werden die Zahlen weiter erheblich zunehmen." Über die „Logik" dieser Aussage wollen wir uns mal nicht zu sehr den Kopf zerbrechen. Man könnte sagen: Geschieht nichts, dann geschieht nichts, auch kein Zahlenzunehmen. Geschieht irgendwas, nehmen die Zahlen trotzdem oder deswegen zu oder auch nicht. Mit einem „Brückenlockdown" könnte zweierlei geschehen: Entweder der Verkehr über Wasserwege und sonstige Täler hinweg wird eingestellt (kaum). Oder es kommt wie üblich zur Zunahme von Pleiten, Einsamkeit, Verzweiflung, Krankheits- und Todesfällen (eher).
Aber der Laschet ist noch nicht fertig: Damit, meint er, könne „ein niedrigeres Niveau erreicht werden" (intellektuell, politisch und auch sonst kaum noch möglich), das dann „durch Testungen gehalten" werden könne (als könnte man durch Testungen das Niveau von Zahlen „halten"), bis mehr Menschen geimpft seien. Die „Brücke zu einem durchschlagenden Erfolg beim Testen" (der worin bestehen soll? daß noch mehr und endlich alle, aber auch wirklich alle getestet werden?) erfordert (die Brücke erfordert das!), „daß wir noch einmal in vielen Bereichen nachlegen" (auch in „Bereichen" also, wo wir bereits „nachgelegt" haben – wo und was auch immer „wir" da „nachgelegt" haben) und uns in Richtung Lockdown bewegen. („Lockdown light"? „Wellenbrecher-Lockdown"? oder „Lockdown Brücke"? Holt die Werbeagenturen!) Dies könne auch neue Ausgangsbeschränkungen in den Abend- und Nachtstunden bedeuten.
(Wozu mir nichts mehr einfällt.)

Gas! Zahlen! Atom! *(7. April 2021)*

„Gas geben", „loslegen", „in Fahrt kommen", „immer mehr Fahrt aufnehmen", „an Fahrt zulegen" – bei dem, was heute an Sturmvokabeln aus dem Volksempfänger quillt, kann man nur hoffen, daß die „Notbremse" wirkt.

Södersche Logik: Wenn die „Inzidenzen" (zu) niedrig sind, braucht es einen Lockdown, weil die Zahlen möglicherweise wieder steigen. Daraus folgt (nicht): Wenn die „Inzidenzen“ hoch sind, muß der Lockdown aufgehoben werden, weil die Zahlen möglicherweise wieder sinken.

Södersche Logik 2: Wenn die „Inzidenzen“ niedrig sind, liegt das daran, daß die Zahlen wegen Ostern nicht zuverlässig sind. Deshalb braucht es einen sofortigen Lockdown und Zwangstests an den Schulen. Wenn die „Inzidenzen“ hoch sind, liegt das daran, daß die Zahlen wegen Weihnachten oder Christi Himmelfahrt oder Larifari zuverlässig sind. Dann braucht es erst recht einen Lockdown und Zwangsirgendwas für alle.

Ein Ausblick: wie es weitergeht, wenn die Menschheiten geimpft sind: „Bill Gates will das Klima retten und Hunderte Mini-Atomkraftwerke bauen.“

Was ist das eigentlich für ein bizarrer Plan: Die ganze Weltbevölkerung überläßt ein paar verhaltensgestörten Soziopathen den gesamten Geldgegenwert ihrer Arbeit und Lebenszeit und hofft dann, daß die sie retten? Wovor denn?

Zur Erinnerung: Der „Vorsitzende des Weltärztebundes“, Frank Ulrich Montgomery, hat „sich mit deutlichen Worten für harte Eingriffe zur Bekämpfung der Corona-Pandemie ausgesprochen“. „Wenn wir keinen Lockdown machen würden, dann würde diese Infektion jetzt völlig ungebremst über das ganze Land hinweg rollen“, sagte er am Dienstag den Sendern RTL und ntv. „Dabei würde eine ganze Reihe von Menschen zusätzlich sterben, zu allen anderen, bis zu 200.000 sind die Prognosen.“ (Nein, das ist keine Meldung aus dem März 2020.)

Eine Dame rechtfertigt auf Facebook ihr Eintreten für und ihre bereitwillige Fügung in den Lockdown: „Aus Liebe zu meinen Studierenden lehre ich online, aus Liebe zu meinen Eltern besuche ich sie nicht, sondern telefoniere mit ihnen, aus Liebe zu meinen Freunden bleibe ich daheim, aus Liebe zu meinen Mitmenschen trage ich in der Öffentlichkeit eine Maske. Und aus Liebe zu mir lasse ich mich impfen, sobald ich dran bin!“

Die Universität Oxford hat die Astrazeneca-Experimente mit Kindern ausgesetzt. Obwohl es nicht zu „Vorfällen“ gekommen sei. Oder weil? Schließlich haben wir doch gerade erst gelernt: „Vorfälle“ sind der Beweis, daß die „Impfung“ wirkt.

Wie viele Themen gab es früher in drei Stunden Nachrichtenradio? Heute sind es folgende:
„Corona“ (96 Prozent)
Wetter (1,5 Prozent)
Verkehrsmeldungen (1 Prozent)
Fußball (0,9 Prozent)
Nawalny (0,6 Prozent)
Alles andere und die übrige Welt? Existieren nicht mehr.

(Anmerkung: Da die Nachrichten zu „Corona" circa stündlich „verschärft", ansonsten aber ebenso stur wiederholt werden wie der Rest, ließe sich der Versuch wahrscheinlich auf dreißig oder dreitausend Stunden ausweiten. Das hält jedoch nur aus, wer keine Nerven hat oder tot ist.)

Auf „B5 aktuell" erklärt heute gegen halb acht Uhr früh ein Reporter: Die Zahlen sind jetzt zwei- oder dreimal so hoch wie vor den Feiertagen, trotzdem sinkt die Inzidenz, das ist etwas irritierend, aber die Zahlen waren vor den Feiertagen noch viel höher.

Wie prähistorisch-naiv wirkt dagegen die Erinnerung an den 11. September 2001, als es ebenfalls nur ein Thema gab, aber ohne jegliche Variation von mittags bis spätnachts wiederholt wurde, es „verdichteten sich die Hinweise auf Osama bin-Laden".

Ganz am Rande, zur Zerstreuung von Verdachtsmomenten: Ich halte (als relativer Laie) die PCR für eine ziemlich geniale Erfindung, vor allem weil sie so simpel ist. Ähnlich wie der Flaschenzug. Der eignet sich übrigens auch nicht für alles: zur Komposition einer Klaviersonate und zur Behandlung einer Durchfallerkrankung taugt er wenig.

„Deine Gedanken sind heute nicht sonderlich tief." – „Die Welt war ja auch noch nie so seicht."

Nachtrag – aus einem Interview von Burkhard Müller-Ullrich mit dem Intensivmediziner Dr. med. Olaf March: „Ich war ja selber sechs Jahre an der Uni in Lübeck angestellter Arzt, an der Klinik für Anästhesie und Intensivmedizin. Die anästhesiologische Intensivstation hatte 15 Intensivbetten mit 15 Beatmungsmöglichkeiten, also wir waren hauptsächlich eine Station, wo die herzchirurgischen Patienten postoperativ, also nach der Operation behandelt wurden. Und dann, wenn wir freie Kapazitäten hatten, sind auch alle anderen da natürlich aufgenommen worden. (…) Aber diese ‚freien Kapazitäten' gab's eigentlich nur am Wochenende. Es gibt eine schöne Geschichte aus der Frühbesprechung, da wurden dann morgens die freien Intensivkapazitäten gemeldet und die angemeldeten Patienten auf der anderen Seite. Da berichtete also der diensthabende Oberarzt, es wären keine Patienten zu verlegen, also man hätte null Kapazitäten, und es seien sechs Patienten angemeldet. Und am nächsten Tag berichtete dann der wiederum diensthabende Oberarzt der letzten 24 Stunden, man (habe) acht Patienten auf der Intensivstation aufgenommen. Diese Diskrepanz zwischen dem, was belegt ist, und dem, was angemeldet ist, da ist immer irgendwie was gegangen, also dann ist jemand verlegt worden auf eine andere Intensivstation, oder es war dann doch jemand nach der zweiten Beschauung stabiler als gedacht … Aber in meiner Erinnerung – das galt auch für die chirurgische Intensivstation, die deutlich größer war, und auch die internistischen Intensivstationen – es gab keine ‚freien Intensivbetten', sondern es gab immer nur noch das ‚letzte Bett', und dann hat man das eben genommen, und dann mußte man gucken, daß man jemand anderen wieder verlegt. Also das, was jetzt in den letzten Monaten immer gesehen wurde … diese ‚freien Intensivbetten', das ist für Universitätskliniken absurd. Denn ein Intensivbett kostet ja mehrere tausend Euro am Tag. Man wäre ja geradezu blöd, wenn man diese Intensivbetten nicht belegt. Eine derartige ‚Vorhaltung', wie sie zur Zeit betrieben wurde, war damals zumindest nicht gang und gäbe."

Vom Umgang *(8. April 2021)*

Manchmal finde ich die sogenannten „Faktenchecker" richtig nett. Hier hat das ZDF „gecheckt" (vor elf Monaten):
„Prominente Verschwörungstheoretiker wie Ken Jebsen fürchten eine ‚Impfpflicht über die Hintertür', wie er in einem über zwei Millionen Mal geklickten You-Tube-Video sagt. Wer keinen Immunitätsausweis habe, könne an bestimmten Veranstaltungen nicht mehr teilnehmen, so die Befürchtung."
Im weiteren erklärt der „Check", die Gründer einer „selbst ernannten neuen Partei" hegten ähnliche Befürchtungen. Sparen wir uns die Frage, ob die „Befürchtungen" sich als plausibel erwiesen haben, das wäre unfair – „Checks" von „Faktencheckern" sind hilflose Rückzugsgefechte, die sich stets früher oder später als Fake erweisen. Aber wie sich eine neue Partei selbst ernennen kann (und zu was), das wüßten wir doch gerne.

Apropos Pflicht:
„Virologin Ciesek kritisiert Öffnungsstrategien: ‚Die Verantwortung wird auf den Bürger abgewälzt.'"
Dem Bürger die Verantwortung für seine Gesundheit und die seiner nächsten selbst zu überlassen, nannte man früher nicht unbedingt „abwälzen". Hier könnte man doch fragen: zu was der Staat eigentlich gut ist. Sollte er die Grund- und Menschenrechte garantieren und schützen und dafür sorgen, daß raffgierige, böse, ausbeuterische, dumme, mächtige Kräfte in der Gesellschaft sie nicht zu ihrem Vorteil außer Kraft setzen können, um sich zu bereichern und andere zu unterwerfen und ihnen zu schaden?
Oder soll er als Herrscher die Verantwortung dafür übernehmen, daß seine unmündigen Untertanen nicht in Gefahr oder Versuchung geraten, sich zu erkälten, den falschen Leuten zuzuhören, aufzubegehren, zu entarten, ein wildes Treiben zu veranstalten und ihr Blut mit dem minderer Rassen zu mischen?

Ich hätte eine Idee, wie man die lodernden Kulturkämpfe zwischen „Coronagegnern" und „Maßnahmenbefürwortern" vielleicht zivilisieren könnte: Anstatt zu argumentieren, bittet man so einen „Schwurbel! Aluhut!"-Brüller einfach mal, kurz zu erklären, was in den letzten eineinhalb Jahren seiner Meinung nach geschehen ist.
Das Ergebnis meiner ersten Versuche ist ziemlich ernüchternd, frappierend und zugleich aufschlußreich. Die wissen nämlich in den meisten Fällen offenbar wirklich gar

nichts. Was eine Inzidenz ist? Welche Symptome Covid-19 auslöst? Was Drosten genau meint, wenn er dies und das sagt? Was „predator journals“ sind? Nichts, Fehlanzeige. Ein bißchen „schwere Pandemie mit Millionen Toten, vor der wir solidarisch unsere Risikogruppen schützen müssen, indem wir die Kurve flachhalten“-Bla; dann „Wodarg, Jebsen, Reichsbürger und diese Quertrottel bilden ein Komplott, um die Macht zu ergreifen!“ und ähnliche Verschwörungsmythen, das war's schon.

Wichtig: nichts erklären! Jeder Satz mit mehr als drei Wörtern, der von der Linie abweicht beziehungsweise nicht aus offiziellem Munde ertönt, ist „Schwurbeln“. Lieber auch nicht konkret fragen – etwa nach der Wirkungsweise von modRNA-Stoffen, dem Prinzip der PCR, dem Nutzen von Masken usw. – wenn die merken, daß man eine Lücke entdeckt hat, schreien sie sofort „Aluhut!“ und sind weg.

Ebensowenig sollte man aus purer Schadenfreude ihre eigene Taktik anwenden („Du hast da doch sicher ein paar peer-reviewed-Belege, hm?“). Wenn sie den Braten nicht riechen, schicken sie höchstens was von SZ, „Correctiv“ oder „Volksverhetzer“ und nennen es „Studie“. Das ist dann peinlich. Es empfiehlt sich auch nicht, allzu deutlich ihre hysterische Angst freizulegen. Das können sie nicht zulassen, weil das ihre psychischen Fundamente gefährdet, die auf Glauben, blindem Gehorsam und Hoffnung auf Belohnung ruhen.

Nein, einfach nur zuhören. Oder lesen halt. Es mag erschreckend sein, was für eine Mehrheit da heranwächst. Aber es hilft vielleicht auch bei der Vorbereitung auf den Sommer und Herbst, und lehrreich ist es allemal.

7.690 zu 16 *(9. April 2021)*

Lothar Wieler, Chef der skandalumwitterten Chaosbehörde RKI, ist ein Meister des „ungefähr vielleicht ein bißchen wahrscheinlich“-Sprech. Das ist nicht strafbar und im Alltag auch nicht weiter schlimm, aber wenn von dem Geraune und Gemunkel politische Entscheidungen und Maßnahmen ausgelöst werden, die Existenzen zerstören und Menschenleben kosten, sollte man eine Strafbarkeit zumindest prüfen.

Die grob verfassungswidrige Ankündigung der Bundesregierung, modRNA/Vektor-gespritzten Personen gewisse Grund- und Menschenrechte zu „gewähren“, die nicht modRNA/Vektor-geimpften Personen weiterhin entzogen bleiben, beruht auf den folgenden „Einschätzungen“ von Wieler:

„Nach gegenwärtigem Kenntnisstand ist das Risiko einer Virusübertragung durch Personen, die vollständig geimpft wurden, spätestens zum Zeitpunkt ab dem fünfzehnten Tag nach Gabe der zweiten Impfdosis geringer als bei Vorliegen eines negativen Antigen-Schnelltests bei symptomlosen infizierten Personen. (…) Aus Public Health-Sicht erscheint das Risiko einer Virusübertragung durch Impfung nach gegenwärtigem

Kenntnisstand in dem Maß reduziert, daß Geimpfte bei der Epidemiologie der Erkrankung wahrscheinlich keine wesentliche Rolle mehr spielen."
„Zum Zeitpunkt ab" – „erscheint" – „nach gegenwärtigem Kenntnisstand" – „wahrscheinlich" – keine „wesentliche" Rolle – er könnte genausogut sagen: „Ich habe keinerlei Ahnung, was los ist, aber ich muß etwas ausstoßen, damit die Bundesregierung etwas in die Medien ausstoßen kann, was sie dann, wenn es lange genug bequatscht wurde, verfügen kann."
Immerhin sagt er: Geimpfte stecken vielleicht weniger Leute an als „symptomlose Infizierte" mit negativem Testergebnis. Das kann man ja nachrechnen: Momentan sind laut „Inzidenz" (wenn man diesen Blödsinn mal ernstnehmen will) etwa 0,12 Prozent der deutschen Bevölkerung „infiziert" (wenn man diesen Blödsinn mal ernstnehmen will). Etwa 80 Prozent davon haben keine Symptome. Das wären dann so etwa 80.000 Menschen in ganz Deutschland. Wenn man die alle einem Schnelltest unterzieht, fallen laut RKI-Rechner 16 Tests fälschlich negativ aus.
Wielers Aussage bezieht sich also auf genau 16 Personen im ganzen Land. Diese 16 stellen „nach gegenwärtigem Kenntnisstand" ein größeres Infektionsrisiko dar als „Geimpfte". Oder umgekehrt gerechnet: Wenn man sich impfen läßt, ist man statistisch um 0,0000002 Prozent weniger ansteckend als ohne Impfung. Ein Vergleich von ungeheurer, geradezu astronomischer Relevanz!
Gleichzeitig meldet übrigens der „Nordkurier" allein in Mecklenburg Vorpommern eine dreistellige Zahl (149) von „vollständig Geimpften", die positiv getestet wurden. Rechnet man das wiederum nach der Bevölkerungszahl aufs ganze Land um, laufen in Deutschland etwa 7.690 solche „Gefährder" herum. Es steht also 7.690 zu 16. Oder anders gesagt: Wielers „Einschätzung" ist ein Paradebeispiel für absoluten Bullshit.[49]

Ansonsten nur Marginalien des Krisengeschäfts:
Bundeskanzlerin Merkel gehen „die Alleingänge vieler Bundesländer" gegen ihre Herrschaft (oder eigentlich die des Gesundheitsministers) „auf die Nerven". Das ist verständlich. Wer würde sich nicht ärgern, wenn eine erfolgversprechende, im Alleingang durchgeführte Verbotsspolitik dadurch unterlaufen wird, daß zum Beispiel 15 von 16 Bundesländern „im Alleingang" davon abweichen? Das ist ja der reinste Föderalismus!

Auch Deutschlands Schüler, vertreten durch einen Staatsschülersprecher (oder so), sind geplagt, weil sie im Rahmen ihrer Ausbeutungszurichtung derzeit „16 verschiedenen Regelungen" ausgesetzt sind. Das kommt davon, wenn man die Freizügigkeit so übertreibt, daß man in 16 Ländern gleichzeitig zur Schule gehen muß.

---

[49] Es sei hinzugefügt, daß sich Wielers verschwurbelte Behauptung einer Reduktion der Infektiosität durch modRNA-Transfektion durch Einsicht in die RKI-Protokolle nachträglich sowieso als dreiste Lüge ohne jegliche Grundlage erwies, dies jedoch von den beteiligten RKI-Mitarbeitern in keiner Weise gerügt oder auch nur darauf hingewiesen wurde (wozu sie verpflichtet gewesen wären).

Immerhin wäre es lustig, wenn in den 16 Bundesländern tatsächlich je ein „symptomloser Infizierter mit negativem Test" herumliefe. Er müßte viele Schulen besuchen, um etwas zu bewirken.

Fremdfach, fachfremd *(10. April 2021)*

Die Professoren und Doktoren, die in der gegenwärtigen historischen Situation das Fundament für politische Entscheidungen liefern und diese mit lautstarken Wortbeiträgen in medialer Dauerpräsenz „einfordern", sind nicht nur allesamt fachfremd: Virologen, Physiker, Tiermediziner, der eine oder andere Hansdampf in allen Gassen, aber – zumindest an wichtiger Position – kein Epidemiologe, kein Immunologe, kein Soziologe, kein kritischer Medienwissenschaftler, niemand, der eine tatsächliche Ahnung von den Folgen dessen hätte, was da „beschlossen" und angeordnet wird.
Nicht nur das. Vor allem sind sie allesamt Produkte jener verhängnisvollen Inzucht von Pseudomeritokratie, Technokratie und Idiotie, deren Arroganz, Ignoranz, Hybris, Ahnungslosigkeit, Konformismus und Selbstüberschätzung ihrer US-amerikanischen Fraktion den Präsidenten Trump eingebrockt haben. Die dann noch tönen ließ, die dummen Arbeiter seien selber schuld und hätten es verdient, daß ihnen nun irgendein Almosen, das ihnen Hillary Clinton wohl versprochen hatte, gestrichen werde. Als Joe Biden im letzten Wahlkampf (virtuell) vor diesen Leuten stand, sagte er ungefähr: „Verdammt noch mal, lernt programmieren!"

Die „Künstliche Intelligenz" (KI) lebt ausschließlich davon, die Vergangenheit auszuwerten. Deshalb wird ihr zunehmender Einsatz in Wirtschaft, Politik und sozialer Verwaltung dazu führen, daß wir in einer Art ewiger Gegenwart einfrieren. Es kann nur geschehen, was bisher geschehen ist, weil der Geist des Menschen, der sich auch etwas vollkommen Neues vorstellen kann (und zwar sofort), aus dem Spiel ist. Dies könnte eine Antwort auf die Frage sein, weshalb sich so wenige Menschen gegen das, was ihnen derzeit angetan wird, wehren: weil das laut Auskunft der KI nicht wahrscheinlich ist.

In Rietberg (Ostwestfalen) öffnete am Gründonnerstag ein Café seinen Biergarten mit folgender Erklärung (per Aushang): „Wir bieten das To-Go-Geschäft an und stellen zum Verzehr den hinteren Biergarten zur Verfügung, damit unsere Ware nach den geltenden Hygiene- und Abstands- und Kontakt-Regeln verzehrt werden kann. Sie dürfen entscheiden, ob Sie es nutzen möchten." Einer zweimaligen Aufforderung des Ordnungsamts, die verbotenen Zusammenrottungen ansässiger Bürger, die Geschnetzeltes mit Nudeln verzehrten, sofort zu unterbinden, kam man nicht nach, weil „ohnehin klar war, daß wir ein Bußgeld zahlen müssen".
Gegen 14 Uhr 30 trafen vierzehn Polizisten in Kampfmontur mit Schutzwesten, Schlagstöcken und Schußwaffen ein und vertrieben die aufsässigen Übeltäter. Der Sohn

der Wirtsfamilie, der den Kampfeinsatz filmte, wurde mißhandelt, um ihm das digitale Beweismaterial zu entreißen. Das gesamte Mobiliar des Biergarten transportierte die Polizei ab und „stellte“ es „sicher“, wofür hundert Euro in Rechnung gestellt wurden. Ob es in Zukunft generell verboten sein wird, unter freiem Himmel sogenannte To-Go-Nahrung oder andere Lebensmittel zu sich zu nehmen, wurde nicht geklärt. Auch die Frage, ob eine Ansteckung mit einer Erkältungskrankheit beim sitzenden Essen in einem Areal, das früher als Biergarten diente, wahrscheinlicher ist als beim (erlaubten) Essen am Straßenrand im Stehen (ohne Tisch), konnte bislang nicht beantwortet werden.

Im Münchner Norden sind offenbar andere Viren unterwegs: Hier herrscht an sonnigen Tagen relativ normaler Betrieb in den Cafés, ohne daß Schlägertruppen von Polizei oder Militär einschreiten. Man holt sich Kaffee und Kuchen drinnen und setzt sich zum Verzehr vors Lokal. Die einzigen Unterschiede zu früher sind: Weil das Bedienen durch Personal mit tödlicher Gefahr verbunden wäre, wimmelt es jetzt von Leuten, die ein- und ausgehen, um sich selbst zu bedienen. Und statt Keramikgeschirr gibt es Plastik, das man wegwirft. Das alles ist sicherlich ungemein sinnvoll.

Leitbegriffe ändern sich derzeit schnell, weil besonders blöde Propaganda durch Abnutzung schnell unwirksam wird. So ging es der Verdoppelungszeit, dem R-Wert, der „Zahl der Neuinfizierten“, den „Neuinfizierten“ an sich (die wohl nur noch der gewohnt hartleibige Bayerische Rundfunk im Zehnminutentakt beschwört), den „Beatmungsplätzen“ (die sich in vielen Fällen als Todesfallen erwiesen), dem DIVI-Register (das derzeit sein letztes Gefecht führt). Und sowieso der völlig abstrusen „Inzidenz“, über die in einem aktuellen Urteil des Weimarer Amtsgerichts dies steht: „Soweit gerichtsbekannt, meint dieser Begriff das Auftreten von Neuerkrankungen in einer (immer wieder getesteten) definierten Personengruppe in einem definierten Zeitraum, während nach dem Gericht vorliegenden Informationen den durchgeführten Testungen tatsächlich undefinierte Personengruppen in undefinierten Zeiträumen zugrunde liegen, womit die sog. ‚Inzidenzen‘ lediglich schlichte Melderaten wären.“
Was also kommt als nächstes? Der Vorrat scheint erschöpft. Wie wäre es mit „Onzodonz“, ab Juni dann wahlweise „Anzandanz“ oder „Unzudunz“?
Pech nur, daß das doofe Dummwort „Inzidenz“ ohne jegliche weitere Erläuterung neuerdings im Infektionsschutzgesetz (und nicht nur dort) steht. Wie kriegt man es da wieder heraus, bevor der letzte Depp kapiert, daß es ein absoluter Schmarrn ist, werte Gesetzgeber?
Eine interessante Frage bleibt: Wieso ist eigentlich der Begriff „Diktatur“ so unpopulär? Dazu heute nicht mehr.

Jede Zahl zählt! *(11. April 2021)*

„Jeder Tag zählt." (Angela Merkel und Ursula Leyen, 2. Juli 2020)
„Jeder Tag zählt." (Angela Merkel, 28. August 2020)
„Jeder Tag zählt." (Angela Merkel, 17. Oktober 2020)
„Jeder Tag zählt." (Steffen Seibert, 26. Oktober 2020)
„Jeder Tag zählt." (Markus Söder, 11. Dezember 2020)
„Jeder Tag zählt." (Markus Söder, 28. Februar 2021)
„Jeder Tag zählt." (Gernot Marx, DIVI, 10. April 2021)
„Jeder Tag zählt." (FAZ, 11. April 2021)
(to be continued)

Ja, es zählt tatsächlich jeder Tag, der uns verloren geht. Nein, Quatsch: Wir zählen die Tage.

(Kennt noch jemand das alte Kinderspiel, bei dem man ein Wort oder einen Satz so oft wiederholte, bis man lachen mußte, weil sich das Wort oder der Satz plötzlich völlig sinnlos angehört hat?)

Sollen wir das Spiel noch einmal spielen? Mit Sätzen wie „Die nächsten zwei Wochen sind entscheidend" oder „Entscheidend sind die nächsten vier Wochen"?

Neue Zahlen, diesmal aus Belgien: Die dortige Organisation „Docs4opendebate" hat anhand der (fragwürdigen und fachlich miserablen, aber immerhin:) Zulassungsstudien der „Covid-19-Impfstoffe" errechnet, daß:

- man als Geimpfter 0,01 Prozent weniger Risiko hat, an Covid-19 zu erkranken,
- 4,6 Prozent der Geimpften unter 55 Jahren (also 0,01 mal 460) und 2,8 Prozent über 55 Jahren (also 0,01 mal 280) schwerwiegende Nebenwirkungen erleiden.

Umgerechnet bedeutet das: Wenn die gesamte (!) Bevölkerung des Landes Belgien „geimpft" ist, werden dadurch 1.100 Menschen vor einer schweren Covid-19-Erkrankung bewahrt. Dafür erleiden 55.000 Belgier schwerwiegende Nebenwirkungen.

Nun rechnen wir noch einmal um:

Wenn die gesamte deutsche Bevölkerung geimpft ist, bleibt dadurch etwa 8.000 Menschen eine schwere Covid-19-Erkrankung erspart. Und es leiden gut 415.000 Menschen an schwerwiegenden Nebenwirkungen. Beides kann zum Tode führen und Langzeitfolgen nach sich ziehen. Da muß man halt abwägen.

Hier kommt die Zukunft! *(12. April 2021)*

Daß man etwas beobachten kann, heißt noch lange nicht, daß es das, was man darin sieht, wirklich gibt. Das gilt auch für das „Stockholm-Syndrom". Obwohl zum Beispiel der heilige Zorn, in den Gläubige geraten, wenn ihr Herr sie prüft, und in dem sie dann mit zunehmender Schwere der Plagen um so wütender auf Ketzer eindreschen, sehr dafür spricht, könnte dieses paradoxe Verhalten auch andere Gründe haben.

Ein CSU-Mann warnt in der Frage der CDU/CSU-Kanzlerkandidatur vor einer „einseitigen Festlegung". Das ist Zufall, auch wenn man sich wünscht, eine Frau hätte einen solchen Schmarrn nicht sagen können.

Mediale Grausamkeit als Farce: Erwachen und vom Radio mit der Meldung des fünfundsechzigsten Geburtstags von Herbert Grönemeyer begrüßt werden, der mit den Worten zitiert wird, er habe einen „Garten". Dazu ein Ausschnitt aus einer sicherlich vielbeachteten Äußerung zur „Wirtschaftskraft" des „Rock-'n'-Roll-Bereichs".

Ich bin gespannt, wann den Corona-Gläubigen dämmert, daß die modRNA-Impfung zumindest der offiziellen Beschreibung nach pure Homöopathie ist.

Die Entlassung von Trainern bei abstiegsgefährdeten Bundesligavereinen (und ihre Ersetzung durch Friedhelm Funkel) hat statistisch etwas mehr positive Wirkung als Lockdowns, aber trotzdem so gut wie keine. Deswegen ist man davon ja auch längst abgekommen.

Aus der Springerschen „Welt":
„Im Kanzleramt regiert eine ‚No Covid'-Sekte. Sie verfolgt ein fiktives Ziel: keine Ansteckungen in einem globalisierten Land – und leider haben viele Medien dieser Fiktion mit der Kritik am föderalen ‚Flickenteppich' der Corona-Regelungen Schützenhilfe geleistet.
Als ob die Zentralisierung des exekutiven Dilettantismus in Rostock oder Tübingen, in Berlin oder Bremen bessere Ergebnisse verspräche. Der Bundestag muß dem Corona-Wahnsinn des Kanzleramtes Einhalt gebieten."
Wie kommt es, daß (zumindest anscheinend) der größte Teil der nüchternen und treffenden Kritik am Corona-Regime von (zumindest tendenziell oder offiziell) Rechten kommt? Haben wir Linken wirklich nichts anderes mehr zu tun, als uns darüber zu erregen, daß eine Frau Brinkmann in einer Fernsehdiskussion mit den übrigen Maßnahmenkaspern einige ihrer (sämtlich indiskutabel dummen) Sätze nicht einspruchslos zu Ende aufsagen darf, weil das frauenfeindlich sei?

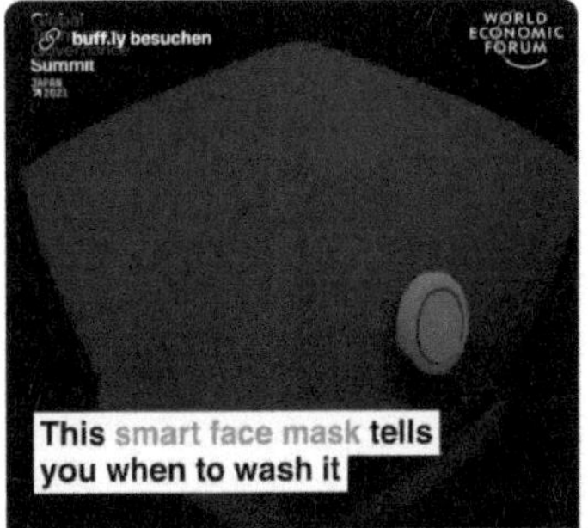

Ach so, die Zukunft: Hier ist sie (siehe links).

(Übrigens verbreitet das World Economic Forum hier Verschwörungstheorien: Angeblich bemerkt die Maske, wenn sich darunter zu viel CO2 angesammelt hat, und befiehlt dem Träger dann, sie abzunehmen und kurz normal durchzuatmen. Wo wir doch gerade erst gelernt haben, daß sich unter Masken kein CO2 ansammeln kann und sie die Atmung in keiner Weise beeinträchtigen.)

Freiheiten *(13. April 2021)*

Im Grunde ist es ungerecht, daß man sich als kritischer, skeptischer oder auch nur aufmerksamer Beobachter durch den schlimmsten Bullshit hindurchkämpfen und Podcasts von Drosten/Ciesek, Statements von Priesemann und Brinkmann, „Tagesspiegel"-Provokationstiraden, Ansprachen von Söder, tägliche Gesetzesänderungsänderungen, Schönsprech-Nachrichten, Zahlengewitter, peinlichste „Faktenchecker"-Rabulistik, was weiß ich noch alles lesen, verdauen, am Ende noch zähneknirschend im Originalduktus sich anhören muß, während, die, die einen dafür beschimpfen, in gemütlicher Seelenruhe ihre Serien schauen, weil es ihnen wiederum ja ganz egal sein kann, was genau die Ketzer (ebenso wie ihre eigenen Priester) im einzelnen so sagen. Es genügt der Name, die medial vermutete beziehungsweise behauptete Verbindung zu anderen Ketzern und das Sammelsurium an einschlägigen Bezeichnungen im Zeitungskommentar. Ihre zunehmende Aufgebrachtheit indes zeigt, daß diese Strategie zuvorkommender Unterwerfung zum Zweck des behüteten Mitgenommenwerdens auf Dauer an der Klarheit der Fakten scheitert, wenn der Schnee der Ideologie, der blinden Hoffnungen und der scheinbaren Zusammenhänge schmilzt und vom geschlossenen Weltbild nur noch das Skelett der wahnhaften Axiome stehenbleibt. Trumps Jünger können davon ein Lied singen, das wir seit fünfundsiebzig Jahren kennen. In leiseren Versionen sangen es ja auch die Anhänger von Schill, Schönhuber und anderen Figuren.

Ein kleiner Trost ist, daß die so oft beschworene „überwältigende Mehrheit" der Wissenschaftler seit längerer Zeit nur noch aus einem Häuflein von vier oder fünf Notorischen (plus Lauterbach) besteht, die dafür zwar (sachlich wie sprachlich in wirrster Wirrnis) aus allen medialen Rohren feuern, aber irgendwie nichts neues finden und darob immer verzweifelter wirken.

Apropos: Trumps Umbaumaßnahmen an der 1970 von Nixon gegründeten Environmental Protection Agency (EPA) machen den Hauptteil der Erzählung im deutschen Wikipedia-Blog über diese unabhängige Behörde aus, die dabei (also durch Trumps Schuld) „wirtschaftsfreundlich" geworden sei. Daß zum Beispiel bis 1982 im Meer vor Los Angeles (nahe der „naturgeschützten" Insel Santa Catalina) heimlich, aber wohl mit Wissen der EPA 500.000 Fässer DDT versenkt wurden und bis heute dort herumliegen, erwähnt der Artikel nicht. Ist ja auch eine Kleinigkeit gegen die (ebenfalls verschwiegenen) Umweltsauereien, die das US-Militär im ganzen Land veranstaltet, wenn es etwa nicht nur im „Cancer Valley" bei New Orleans in Deponien unter freiem Himmel „veraltete" Kampfstoffe verbrennt, was für epidemisches Asthma sorgt, oder riesige Mengen von Plutonium, Agent Orange und chemischen Massenvernichtungsmitteln in demselben Pazifik „entsorgt". Was „die Wissenschaft" in ihrem unermüdlichen Mühen um Gesundheit und Wohlergehen der Menschen dazu in den letzten achtzig Jahren zu sagen hatte, ist eine Frage, deren Antworten durchweg peinlich ausfallen. Gut, daß sie mal jemand stellt, der ein Vierteljahrhundert lang für die EPA tätig war. Allerdings ist er Historiker, also modern gesagt „schwurbelnder Aluhut" o. ä.

Manche Leute mögen – was verständlich ist – keine Links anklicken, aber trotzdem wissen, von wem die gestrigen Zitate aus der „Welt" (über die „Sekte" und den „Corona-Wahnsinn" im Kanzleramt) stammen. Urheberin ist die ehemalige SPD-Oberbürgermeisterin von Kiel und „Zeit"-Journalistin Susanne Gaschke.

Was ist eigentlich mit den asiatischen „Mutanten"? Bleiben die dieses Jahr aus? Oder sind sie bloß spät dran, wegen dem Suezkanal?

Schönes Wort, schon im November geprägt, bislang zu wenig beachtet: „Maskenleugner". Das stammt übrigens aus meinem heutigen Favoriten für den „Drosten-Nachwuchspreis" in dümmlichster szientistischer Selbstentlarvung, dem Blog „Zellkultur", und fiel in Folge 28, die ansonsten ein solcher Wust von Unsinn, Bullshit, Durcheinandergestammel, Mißverständnissen und krauser Pseudowissenschaft ist, daß man das Wort „Geschwurbel" dafür eigentlich neu erfinden müßte. Wer darin drei Aussagen findet, die einigermaßen stimmen, möge mir bitte Bescheid geben. Ich finde nur zwei (halbwegs).

Was die „erwachsene" „die Wissenschaft" (kein Tippfehler) heutzutage so sagt, hört sich nicht viel anders an:
„Das ist mehr als nur irgendwas aus dem Bauch heraus Dahergesagtes, sondern dahinter steht ein parametrisiertes Modell, dann könnte man ja auch gar keine Debatte um die Dinge führen, die da kommen. Nur weil sie im Rückblick nicht so gekommen sind, heißt das nicht, daß die epidemiologische Modellierung keine Wissenschaft wäre oder kein wissenschaftlicher Ansatz. Oder daß die Leute, die das betreiben, keine guten Wissenschaftler sind. Das ist schon so wieder ein typisches Beispiel. (…) Diese Argumente sind vor allem bei den Pseudo-Experten und in Logikfehlern sehr frappierend in der Öffentlichkeit. Da haben wir in der öffentlichen Diskussion häufig solche Argumente gehört wie beispielsweise: Die Kinder, die sind ja nie krank. Wir sehen im Krankenhaus keine kranken Kinder, wie in dieser und dieser Studie belegt ist. Es gibt in ganz Deutschland nur so und so viel hundert Kinder, die mit Covid-19 ins Krankenhaus mußten. Demgegenüber stehen 14 Millionen Kinder in dieser Altersgruppe. Also ist das Virus ja für Kinder irrelevant. Das ist Rosinenpickerei von einzelnen wissenschaftlichen Befunden, die ausklammert, daß es andere Befunde gibt, die sagen, die Infektionszahlen sehen so aus. Es gibt große nationale statistische Erhebungen, die sagen, so und so viel Prozent aller Kinder in einer bestimmten Altersgruppe sind infiziert. Das sind zum Teil mehr als in den Erwachsenen-Altersgruppen. Solche breiten Realitäten werden ausge-

klammert. Und in einer öffentlichen Argumentation wird nur eine Zahl, ein Einzelbefund benutzt und dann davon generalisiert auf etwas, das gar nicht generalisierbar ist." (Drosten, 31. März)

Hingegen ist Ranga Yogeshwar kein „Wissenschaftler", aber ein Künstler der sprachlichen Logik: „Ich denke, daß wir ab 2022 zu einer neuen Normalität zurückkehren werden."
Das ist schon das Schönste an seinem „Interview", das ich nicht verlinke, weil es sich um eine Reklameseite für eine Telephonfirma handelt. Der Rest ist weniger lustig. Unter anderem werde die „Normalität", zu der „wir" zurückkehren werden, deshalb „neu" sein, „weil das Corona-Virus uns weiter begleiten wird, es wird nicht verschwinden". Ganz im Gegensatz zu allen anderen Corona- und sonstigen Viren! Die verschwinden nämlich immer (wenn man sie nicht sucht)! „Wir werden lernen müssen, entsprechende Maßnahmen wie eine Schutzimpfung zu akzeptieren. Dann können wir mit Corona ähnlich leben wie mit einer Grippeepidemie." Weil „wir" uns ja in den letzten Jahrzehnten jedes Jahr brav einer Grippeimpfung unterzogen haben, um „leben" zu können, gelt? Wieder einmal danke ich nachträglich meinem leider pensionierten Hausarzt, der mir nicht direkt von einer Grippeimpfung abriet, aber dazusagte: „Sie können das schon machen, aber seltener krank werden Sie deswegen nicht. Eher öfter."
Und dann sagt Herr Rageshwar noch: „Wir werden uns Stück für Stück einige, aber nicht alle Freiheiten zurückholen."
Und spätestens hier muß mit dem „wir" endgültig Schluß sein. Weil wir sie uns nämlich alle zurückholen, die Freiheiten, wenn nicht mehr.

Corona heilig! Russe böse! *(15. April 2021)*

Daß es sich bei „Corona" nicht um eine Krankheit, sondern um einen Komplex politischer Maßnahmen handelt, die mit der Krankheit Covid-19 mehr oder weniger notdürftig begründet werden, verdeutlichen Meldungen wie die, eine Fahrprüfung sei „durch Corona verhindert" worden.
Die heilige Corona ist übrigens nicht nur die Schutzpatronin des Geldes, der Schatzsucher und der Fleischer, sondern wird auch in Seuchenzeiten gerne um Hilfe angerufen. Dies als Rat, falls uns eine solche (Seuche) heimsuchen sollte: Der wesentliche Teil ihrer Reliquien lagert bei Feltre in Venetien. Ungeimpften ohne Grenzpassierschein sei empfohlen, die ihr gewidmete Kapelle im (hier gerodeten) Wald zwischen Sauerlach und Otterfing aufzusuchen. Sie liegt ein Stück westlich von Arget und der dortigen Kirche St. Michael an der Straße nach Gumpertsham und lädt zum Verweilen ein: „Müder Wanderer, stehe still, mach bei Sankt Corona Rast. Dich im Gebet ihr fromm empfiehl, wenn du manch Kummer und Sorgen hast." (Zum Wandern ist die recht öde Teerstraße jedoch nur bedingt geeignet.)

Münchner Stadtchronik, 1. März 1946: „Als Zeichen der Zeit ist vielfach eine ‚Weltuntergangspsychose' festzustellen. Eine Auslese aus solchen Gerüchten: Die Welt geht unter, die Venus stürzt mit rasender Geschwindigkeit auf die Erde, Venus und Mars stoßen zusammen." Die Sehnsucht nach Sicherheit in den starken Armen eines erziehenden, strafenden, entmündigenden Zwangsstaats und die aus Überforderung mit Freiheit und Selbstbestimmung entstehenden Angstpsychosen lassen sich offenbar nicht nur auf verderbliche Keime projizieren. Wo gewöhnliche Krankheiten aufgrund ihrer Gewöhnlichkeit nicht schrecken können, müssen sich dann eben das Weltall selbst und seine bösen Gestirne gegen die Menschen verschwören.

Apropos Verschwörung: Offenbar ist die „Tagesschau" seit Tagen in Alarmstimmung, weil Rußland Truppen nach Rußland verlegt. Und weil die Ukraine in der Nähe von Rußland liegt. Das ist freilich alarmierend. Daß die NATO Truppen zum Kriegüben in die Ukraine verlegt, obwohl die NATO da gar nicht liegt, ist hingegen selbstverständlich.

Das ZDF fordert derweil „Corona-Lockerungen für Geimpfte". Da bleibt mir der jugendliche Spott über den Sozialkundeunterricht verspätet im Hals stecken. Eine kleine Einführung in Geschichte und Bedeutung der Grund- und Menschenrechte hätte einigen Leuten offenbar nicht geschadet. Zumindest scheint in diesem Fall das „Homelearning" kläglich versagt zu haben.
Falls jemand an relativ guten Nachrichten interessiert ist: Die zeit- und symptombereinigte „7-Tage-Inzidenz" für München betrug gestern 4,0.

Seit Youtube so gut wie alle „aufmüpfigen" Kanäle zensiert bzw. abgeschaltet hat, wird sichtbar, wofür sich die Menschen interessieren sollen. Das ist ein bißchen gruselig.

Wenn die AfD durch die Einbindung in parlamentarische oder vielmehr politindustrielle Prozesse ihre Haltungen, Ziele und Ideale ebenso vollständig ins Gegenteil verkehrt wie die „Grünen", könnte diese Entwicklung zumindest interessant werden. Allerdings zeigt die Erfahrung, daß die Zwänge des „Betriebs" eben eher eine bestimmte Ausrichtung (nach rechts) befördern. Beispiele stramm rechter Organisationen, die sich zumindest vermeintlich nach links wenden, kennen wir aus der Anfangszeit der deutschen „Grünen", als sich Maoisten, Rechtsnationalisten, Deutschliberale, anarchistische Hausbesetzer und alle möglichen anderen traditionell diametral einander widerstrebenden Fraktionen auf bestimmte programmatische Ziele zu einigen vermochten: Pazifismus (Gewaltfreiheit), Ökologie, freie Selbstbestimmung und -entfaltung, soziale Gerechtigkeit (Egalitarismus), Fundamentaldemokratie usw. (die sich, wie gesagt, heute ins Gegenteil gewendet haben: Militarismus, Kriegstreiberei, Technokratie, Zurichtung auf moralistische „Unausweichlichkeiten", Neofeudalismus, Überwachung, zentrale Steuerung und Systemokratie). Allerdings war etwa der „Schutz der deutschen Erde" ein Programmpunkt, der den Altrechten sowieso am Herzen lag.

Allerdings müßte man zum Weiterspinnen des Gedankens die Haltungen, Ziele und Ideale der AfD erst einmal genauer kennen, also untersuchen, was da neben Wirtschaftsfaschismus und chauvinistischem Nationalismus noch zu finden ist (oder ob). Und dazu fehlt mir ehrlich gesagt die Lust.

Die Kölner Polizei bereitet sich auf Ausgangssperren vor: Man habe „großes Verständnis dafür, dass die Kölner bei schönem Wetter nicht in ihren Wohnungen bleiben möchten“. Das müssen sie aber nun mal, weil frische Luft die Inzidenzen drückt. Ebenso wie Sonnenlicht, daher der dringende Rat, „Sonnen-Hotspots“ zu meiden.

Angesichts des zähen Winters, der verbreiteten Apokalypsenhysterie und der allgemeinen Trübseligkeit der Zeit erstaunt es doch, daß nicht nur im März 2020 (11 Prozent), sondern auch in der ersten Aprilwoche (6 Prozent) weniger Menschen gestorben sind als in den Jahren zuvor. Da mag in manch verblendetem Fanatikerhirn der Slogan „ZeroDeath!“ aufblinken. Aber auch damit wird es nichts werden.

Green Bay - On March 26, 2021, Sara Jean Holub passed away from natural causes at the age of 40. She was born on February 16, 1981 in Appleton, Wisconsin and was baptized and confirmed at St. John Lutheran Church, Appleton.

Ich hab grad so richtig Lust, den Anton Hofreiter bei den Ohren zu nehmen und so lang zu schütteln, bis sein Hirn zum Ticken anfängt. Bei meinem alten Wecker ging das auch, sogar ohne Ohren.

(Disclaimer: Dieser Post hat nichts mit Gewalt zu tun, sondern nur mit Satire.)[50] *(16. April 2021)*

Viel Wissenschaft, etwas Farbe, kaum Tote *(17. April 2021)*

Weil wegen der „Corona“-Maßnahmen die Staatsschulden steigen – irgendwer muß die circa sieben Milliarden monatlich für sinnlose Tests ja auf den Tisch blättern – raten „die führenden Wirtschaftsforschungsinstitute“ (wen oder was auch immer solche Institute „führen“) „zu einem höheren Rentenalter in Deutschland“. Was nicht heißen soll, daß das Alter der Rente oder der Rentner steigt (das tut es sowieso), sondern: daß die Noch-nicht-Rentner länger „Grundsicherung“ beziehen beziehungsweise für den Profit der Konzerne schuften sollen. Das sei „die eleganteste Lösung“. Für was?

Und warum? Weil die Betroffenen sich nicht wehren können und von der Sauerei auch erst mal einige Jahre lang nichts merken? Ein Oliver Holtemöller von einem „Institut für Wirtschaftsforschung (IWH)“ meint: „Ein höheres Rentenalter könne die Staats-

[50] Anlaß dieser Bemerkung war ein Interview auf RTL, in dem Hofreiter u. a. äußerte: „Daß am Ende das Verfassungsgericht Teile der Maßnahmen aufhebt, das wäre natürlich das Problematischste.“

finanzen stützen, ohne den explosionsartig gewachsenen Reichtum der Reichsten anzutasten."
Nein, sorry, falsch zitiert: „ohne beim weiteren Zuwachs der Milliardenvermögen auf die Bremse treten zu müssen".
Sorry, sorry, wieder falsch. Richtig ist: „ohne bei wichtigen Zukunfts-Investitionen auf die Bremse treten zu müssen". Was dasselbe bedeutet, aber „eleganter" klingt.

Daß immer noch 18 Prozent der deutschen Bevölkerung den „Corona-Zahlen" voll und ganz vertrauen, spricht nicht für das Bildungssystem und die Medienkompetenz der Bürger. Immerhin: Meine Generation hat offenbar davon profitiert, daß ihr die notorischen „68er"-Lehrer beigebracht haben, kritisch zu denken.

„Rostocker Rechtsmediziner gehen davon aus, daß die Zahl der Corona-Toten in der Statistik um fast ein Drittel zu hoch ist." Bitte selbst lesen. Ich möchte hier nichts zitieren, was „rechts" sein könnte, und wenn es nur die Medizin ist. Man weiß ja nie.

„Farbanschlag auf Karl Lauterbachs Privatwagen: ‚Nicht mehr fahrbereit'"!
Der Farbangeschlagene schwor daraufhin öffentlich: „Wir werden nie aufgeben!" Das hat schon mal jemand behauptet, der ähnlich aussah (was nichts bedeutet!). Karl fügt hinzu (in der „Welt"): „MÜTTER und VÄTER werden aus dem Leben gerissen!"
Zudem wurde „bei einer Spitzenpolitikerin der Grünen das Klingelschild beschmiert"! Und zwar soll der Name der „Spitzenpolitikerin" auf dem Klingelschild mittels Buntstift durchgestrichen worden sein. Nun klagt sie, Politiker würden eingeschüchtert und bedroht. Freilich ist es infam, Politiker per Buntstift einzuschüchtern und zu bedrohen, nur weil sie seit einem Jahr 83 Millionen Menschen einschüchtern und bedrohen.

Ratschlag zum Umgang mit Medien: Sobald eine Meldung mit „Immer mehr …" beginnt, sofort weghören. Oder mitschreiben, als eine Art Propagandaprotokoll.
Insgesamt: reicht eine Stunde „B5 aktuell", um einen schweren Fall von Gehirndurchfall zu erleiden. Zwischen den Wichtigkeitsfanfaren und der Verkündung aktueller Zahlen von „Neuinfektionen" ertönt alle paar Minuten die Meldung, „immer mehr Politiker und Mediziner" forderten die sofortige Verschärfung von diesem oder jenem. Angeführt wird dann immer derselbe Politiker oder Mediziner; die Panikmache wirkt allein durch die Wiederholung.
Dann jammert eine Gesundheitsministerin, wir sollten daran denken, was wir den Menschen antun, die auf Intensivstationen arbeiten. Ja, „wir". „Wir" nämlich haben in den letzten Jahren diesen ganzen Sektor der öffentlichen Daseinsvorsorge privatisiert, in ein Profiteuter verwandelt und an Melkmaschinen angeschlossen, Kapazitäten gestrichen, Krankenhäuser zugesperrt, alles gekürzt, was nicht bei drei auf dem Baum war, und dann auch noch mitten in einer „Pandemie" angeblich „vollaufende" Intensivbetten abgebaut. „Wir"? Oder sie und die anderen Gangster?

Und dann werden Medikamente gegen Covid-19 erwähnt, für die jetzt ein bisserl Geld spendiert wird. Man dürfe sich aber nicht zu viele Hoffnungen machen, schließlich dauere so eine Entwicklung und Prüfung viele Jahre. Wie bei Impfstoffen, fügen wir in Gedanken hinzu.
Nicht berichtet wird von solchen Sendern über die anschwellende Flut von Urteilen gegen „Corona"-Verordnungen, denen dabei nicht selten Verfassungswidrigkeit attestiert wird. Fast könnte man verstehen, wieso die Regierung so eifrig ihr neues Gesetz durchpeitscht, das die frechen Verwaltungsgerichte ein für allemal ausschaltet. Wie soll man denn effizient herrschen, wenn dauernd eine „dritte Gewalt" daherkommt und einem Brüche der Verfassung nachweist, die doch sowieso größtenteils außer Kraft gesetzt ist?

Vermischtes: Berliner Mieter, die das durch den „Mietdeckel" gesparte Geld in Aktien der sie aussaugenden Immobilienkonzerne investiert haben, brauchen sich jetzt nicht ganz so sehr zu ärgern. Überdies meldet eine „Meldung": „Arbeitnehmer: Kaum Ängste vor Jobverlust! – Arbeitnehmer in Deutschland halten ihre Jobs für besonders sicher. Nur jeder Zweite bangt einer Studie zufolge um seinen Job." Ob es die „Studie" war, die zu diesem „Bangen" geführt hat? Jedenfalls dürfte dieses „nur" das mißbrauchteste seiner Gattung seit langer Zeit sein.

Nächster, überfälliger Kandidat für den Index nicht mehr sag- und tragbarer Worte: „milde Verläufe". „Sie hatten milde Verläufe." Brr.

Günter Jauch posiert als vorbildlicher Nationalheld in einer (illegalen) Propagandakampagne für Covid-19-Impfstoffe, kriegt danach eine Erkältung und wird positiv getestet. Diese Peinlichkeit können seine Auftraggeber und Imageberater eigentlich nur auf zwei Weisen erklären:
1. „Er wurde wirklich geimpft! Der Impfstoff ist aber ein Schmarrn und schädigt das Immunsystem, so daß man sich eher einen Coronavirus oder noch was Schlimmeres einfängt!"
2. „Er hat ja bloß so getan, gelt, hi hi. Ja mei, das war aber ein Ausnahmefall. Bei Lauterbach, Steinmeier, Merkel und so weiter war das gaaaaaaaaanz anders."
Wählen Sie selbst. Uschi Glas indes ließ sich in die eine Schulter stechen und trug das Pflaster dann auf der anderen Schulter. Auch dafür gibt es Erklärungen.

Was ist der Unterschied zwischen einer „Corona-Impfung" und einer „Querdenken"-Demo? Bei ersterer marschiert man gemeinsam mit dem Vorsitzenden der AfD-Bundestagsfraktion. Bei zweiterer bislang nicht.

„Wissenschaft ist der Glaube an die Unwissenheit der Experten." (Richard Feynman)

Fast schade, daß Heinrich Heine nicht mehr miterlebt, wie ihn nach Nationalisten, Antisemiten und anderen Idioten nun auch Facebook zensiert.[51]

Drosten, Hitler und die Tiefen der Schrift *(19. April 2021)*

Zum erstenmal lese ich geschriebene (nicht nur von anderen abgetippte) Sätze von Christian Drosten, in denen er versucht, die arg verspätete Kritik eines offenbar auch etwas langsamen „Welt"-Kommentators zu widerlegen. Da fällt es mir wie Schuppen von den Augen: Der Mann versteht gar nicht, worüber wir seit einem Jahr sprechen! Er ist der absolut perfekte Fachidiot, der mit dem politisch-philosophischen Horizont eines Achtjährigen durch die Welt tappert und nur eine einzige Sache im Sinn hat: seinen Test. Daher sein unheimlich pünktliches Auftauchen am Beginn jeder „Pandemie" des späten 20. und frühen 21. Jahrhunderts, daher sein haarsträubendes Geplapper, bei dem er sich ständig in Widersprüche verwickelt, ohne es zu merken, daher sein irrwitzig-surrealer Auftritt bei der BPK, als er vor ungläubig kopfschüttelnden Zuhörern zu erläutern versuchte, was die neue WHO-Richtlinie bedeutet: daß sie nur als Hinweis für etwas rückständige Kollegen in der dritten Welt gedacht sei, sie sollten die Gebrauchsanweisung lesen … Keine Verschwörungen, keine finsteren Ränke und Hintergedanken: Der Mann versteht das alles wirklich nicht. Der perfekte nützliche Idiot, fast autistisch, dem man nur eine Virussequenz hinhalten muß, dann vergißt er alles andere. Daß er böse sei, konnte man noch nie gut sagen, weil er ja so sympathisch zerstreut und überzeugt zugleich daherbrabbelte. Man kann es nicht sagen, weil „gut" und „böse" keine Kategorien sind für einen wie ihn.
Allerdings galt das möglicherweise auch für einen Dr. Mengele und einen Adolf Eichmann: Es sind die Umstände, die einen innerlich haltlosen Menschen zu dem machen, was er wird.

In Berlin haben gestern 880 Polizisten gegen 500 „Gegner des Corona-Lockdowns" demonstriert. Ernsthaft.

In einem Pamphlet gegen das World Economic Forum wird Klaus Schwab als „Kopf der Krake" bezeichnet. Ich mag nicht darüber streiten, ob das strukturell antisemitisch ist, weil ich diese Kategorie mindestens in Teilen widersinnig finde. Zur Ehrenrettung des (!) Kraken sei jedoch angemerkt: Der Vergleich ist auf jeden Fall antikrakisch. Der Krake ist sehr intelligent, trägt die Intelligenz aber zu einem großen Teil in den Armen, die er wiederum nie dazu nutzt, irgend etwas zu umklammern, um es zu zerdrücken oder zu zerquetschen oder „in die Tiefe zu ziehen". Insofern könnte man das WEF allerhöchstens (sehr boshaft) deswegen als „Kraken" bezeichnen, weil Herr Schwab

[51] Damals veröffentlichten viele Leute auf Facebook Heines klassischen Kommentar mit den vielen Strichen („Die deutschen Censoren – – – – – – – – Dummköpfe"). Die Einträge wurden jeweils umgehend gelöscht.

eine gewisse optische Ähnlichkeit aufweist und sicher nicht das Zentrum der Intelligenz bei diesem Verein ist.

Ernsthaft könnte man sagen: Das Problem mit dem „strukturellen Antisemitismus" ist (zumindest in diesem Fall), daß es in der Diskussion gar nicht um Antisemitismus geht, sondern um strukturell faschistischen Antikapitalismus. Der Faschismus kann – seiner Denkweise entsprechend – jegliches Phänomen nicht an Strukturen, Klassen, Systemen etc. festmachen, sondern nur am Führungspersonal, dem „Kopf". Folglich muß er den „Kopf" abschlagen, um das Problem zu lösen. Der Denkfehler ist nun: Alle Faschisten sind Antisemiten, daher ist jeder faschistische Gedankengang in erster Linie antisemitisch (und umgekehrt). Die erste These darf jedoch als historisch widerlegt gelten, und die zweite ist wahrscheinlich ein redundanter Zirkelschluß.

Apropos Schwab. Der 2005 verstorbene Carl Amery, dessen 99. Geburtstag am 9. April nirgendwo erwähnt wurde, schrieb vor fünfundvierzig Jahren folgendes:

„Das Hitlersystem, die Hitler-Botschaft ist also nichts anderes als die Verweigerung jeder Sorte von Transzendenz, auch der weltimmanenten des Humanismus. Geschichte ist Naturgeschichte; das überorganische Potential des Menschen ist genauso Biologie wie der Reißzahn oder der zersetzende Virus. Wer auf Zivilisation angewiesen ist – so zum Beispiel die heimatlose Gruppe der Juden –, ist damit von vornherein verdächtig, ja notwendig krank und krankmachend. (…) Einen solchen Herrenvolk-Größenwahn glaubte nun Hitler in Deutschland erzeugen zu müssen. Die Tatsache, daß weder er noch die meisten seiner Paladine rassisch erfreuliche Typen waren, ist dabei belanglos: es ging um das Prinzip, es ging um den Menschen als Objekt der Züchtung, um die biologisch mächtigere Maschinerie. (…) Hitlers Herrenvolk sollte genau das werden, was Hitler den Juden vorwarf: der Superparasit schlechthin, eine träge, menschenfressende Rasse von höheren Tieren, die in wenigen Generationen hilflos von ihren Ernährern abhängig werden mußten. (…) Das Dritte Reich ist untergegangen, weil ‚das deutsche Volk Hitlers nicht würdig' war – genauer: weil die Machtbasis für Hitlers Plan zu klein war. (…) Sicher wäre es töricht zu erwarten, daß der Faschismus, genauer der Hitlersche Biofaschismus, mit den gleichen Fahnen und Sprüchen, mit den gleichen kulturgeschichtlichen und sozialen Begleiterscheinungen auftreten wird wie 1923 oder 1929. Die ängstliche Nazisuche, das argwöhnische Beobachten von möglichen Nachfolgeparteien und ‚Organisationen' wie etwa der NPD verwirren da eher, als sie helfen. Es gibt interessantere – und gefährlichere Symptome. (…) So ist es, zum Beispiel, nicht ohne Interesse, daß es in Frankreich bereits einen Ökofaschismus gibt. (…) Aber sind wir immun? Ist der hochentwickelte Teil der freien Welt endgültig über die Hitlerei hinaus? Selbst das kann man bezweifeln. Man erinnere sich nur, was geredet wurde, als die Ölkrise ausbrach: allen Ernstes wurden imperialistische Expeditionen nach Libyen und an den Persischen Golf erwogen, um unser ‚Recht auf Rohstoffe' zu sichern. (…)

Dazu kommt der rapide Verfall unserer inneren Verfassung. Ich behaupte, daß das Potential an kalter Grausamkeit und Gemeinheit, das heute einem Hitler zur Verfügung stehen würde, unendlich größer ist als es 1933 war. (…) Die Verwahrlosung der emotionalen Kultur, der tatsächliche Zusammenbruch der Erziehung (die zur reinen Wissensvermittlung degradiert wurde) und der wachsende, völlig zu Recht bestehende Eindruck der kleinen Leute, daß sie letzten Endes nur als Konsumtrottel interessant sind: all dies gehört zu den Folgelasten, (…) die sich in geometrischer Progression auftürmen. (…)
Hitler-Material, Bausteine für ein Hitler-Szenario umgeben uns also in finsterer Fülle. Wieder besteht die Gefahr, daß linke Systemkritik zwar durchaus richtig auf die lauernde Gefahr hinweist, aber infolge unzulänglicher Beurteilung menschlicher Motivationen den Sog in die Barbarei unterschätzt. (…)
Zentralmacht, das war auch seine Kategorie und seine Alliierte; eine grausame Königin, die er nur mit dem verwechselte, was er (…) für Natur hielt. Geschichte als reine Naturgeschichte – das wird zum Ende nicht nur der Geschichte, sondern auch der Natur.“

Der Wolfsburger Fußballspieler Woug Weghorst beichtet im WDR: „Ich möchte ganz klar sagen: Ich bin kein Corona-Leugner. Da sind weltweit Leute daran gestorben, was erschütternd ist. So wie ich das jetzt formuliere, hätte ich das direkt machen müssen. Die Fragen haben mich überrascht. Und es ist nicht meine eigene Muttersprache. Dementsprechend habe ich da die letzten Tage viel drüber nachgedacht und kann mich jetzt besser ausdrücken.“
Man darf spekulieren, was man Weghorst angedroht hat, falls er nicht abschwört. Im Dezember hatte er den folgenden (inzwischen zensierten) Instagram-Beitrag geteilt: „Stell dir vor, es gibt einen Impfstoff, der so sicher ist, daß du bedroht werden mußt, ihn zu nehmen – für eine Krankheit, die so tödlich ist, daß man getestet werden muß, um zu wissen, daß man sie hat.“
(Klar, Herr Fremdsprachler: „für“ eine Krankheit „nimmt“ man keinen Impfstoff. Das nennt man „Corona-Leugnung“!)

„Corona-Gedenken“, meldet die FAZ: „Eine Gesellschaft, die verdrängt, wird Schaden nehmen.“ Zitiert wird hier wie weiter der Steinmeier: „Bundespräsident Frank-Walter Steinmeier spricht den Hinterbliebenen von Corona-Toten Mut zu. Auf der Gedenkveranstaltung in Berlin sagt er, Leiden und Sterben seien in der Öffentlichkeit oft unsichtbar geblieben.“
Das ist wahr, Herr Präsident. Außer es ging um „Corona“. Da mußte man nicht mal dran sterben, um durch die Medienmühle gekurbelt zu werden. Scham scheint diesen Menschendarstellern inzwischen so fremd zu sein wie … ach ja, die Jahreszahl ist oft genug erwähnt.

Hinzugefügt sei lediglich die Frage, ob es einer Gesellschaft zuträglich wäre, wenn Leiden und Sterben nie mehr „unsichtbar" blieben, sondern in jedem einzelnen Fall von jedem Angehörigen der Gesellschaft betrachtet werden müßten.

Es hört aber nicht auf. Georg Bätzing, Vorsitzender der Deutschen Bischofskonferenz, ruft „die Gesellschaft" zu einem „Moment des Innehaltens inmitten der Corona-Pandemie" auf: „Krankheit, Sterben und Tod lassen sich in diesem langen Jahr nicht wegdrücken, sie schneiden tief ein in das Leben vieler Menschen. Tod und Sterben sind uns näher gerückt als zuvor." Es sei richtig, daß Bundespräsident Frank-Walter Steinmeier für diesen Tag dazu einlade, innezuhalten und der vielen Toten zu gedenken.

Unrichtig ist hingegen, daß sich Krankheit, Sterben und Tod in kürzeren Jahren ohne weiteres „wegdrücken" lassen und bloß ganz leicht in das Leben vieler Menschen einschneiden. Und daß die „vielen Toten" in allen anderen Jahren auch nicht weniger sind, ganz ohne peinlichen Kerzenkitsch und Fernsehtrauergequake.

Oder so: Die bereits erwähnte Gesundheitsministerin sagte gestern bei einer „zentralen Gedenkfeier": „Wir müssen in dieser kritischen Phase der Pandemie weiter zusammenstehen, damit es nicht noch mehr Tote gibt. Wir können das nur durch Disziplin verhindern." Man könnte das unter der von Amery konstatierten Verwahrlosung der emotionalen Kultur verbuchen und meinen, es gehe darum, dem Virus zu demonstrieren, daß die deutsche Menschenmasse die „biologisch mächtigere Maschinerie" ist. Es reicht aber weiter hinein in die Geschichte, auch zu den Toten, die der Disziplin zum Opfer fielen.
Und das ist: zum Kotzen. Es fehlt noch: eine zentrale Gedenkstätte. Am besten ein Lichtdom. Weil Sterblichkeit undeutsch und ein Skandal ist.

Die Bundesregierung setze „die Bevölkerung einem Großversuch mit einem nicht getesteten Impfstoff aus", schimpfte Jürgen Trittin im „Stern". Allerdings im Januar 2009. Damals waren für „die größte Impfaktion in der Geschichte der Bundesrepublik" fünfzig Millionen Einheiten des experimentellen Impfstoffs „Pandemrix" gekauft worden und sollten „verimpft" werden (wozu es dann jedoch aufgrund fehlender Nachfrage infolge mangelhafter Propaganda nicht kam).
Regierung, Ministerien, Behörden und Militär sollten aber von dem Experiment ausgeschlossen bleiben: Für sie waren 200.000 Einheiten eines anderen Stoffs bestellt worden, der „Celvapan" hieß. Grund für die Sonderbehandlung waren gewisse Bedenken wegen Zusatzstoffen (u. a. Formaldehyd und quecksilberhaltigem Thiomersal) in „Pandemrix", das zudem nur an circa 40.000 Probanden getestet worden war und mehr unerwünschte Nebenwirkungen ausgelöst hatte. Neu an „Pandemrix" war, daß es im Gegensatz zu „Celvapan" keine (deaktivierten) Viren enthielt, sondern nur Teile der Virushülle.

Im Januar 2021 wurde berichtet, daß das Gesundheitsministerium 200.000 Einheiten eines Stoffs bestellt habe, der wie eine passive Impfung gegen Covid-19 wirke. Was damit weiter geschah, ist derzeit nicht bekannt. Man weiß daher auch nicht, ob der Einkauf wegen Bedenken bezüglich der experimentellen Covid-19-„Impfstoffe" getätigt wurde, die vor der vorübergehenden Notfallzulassung nur an circa 40.000 Probanden getestet wurden, umstrittene Zusatzstoffe enthalten und alarmierend viele unerwünschte Nebenwirkungen auslösen. Neu an diesen Impfstoffen ist, daß sie keine (deaktivierten) Viren enthalten, sondern gentechnisch erzeugte modRNA, die dem Körper „beibringen" soll, Teile der Virushülle nachzubauen.

In diesen Tagen bei diesem Wetter kann man wenig anderes tun als in Bücherregalen herumwühlen, sich wundern, was man alles noch einmal lesen wollte (während sich die Stapel der Ungelesenen türmen wie stumme Vorwürfe einer unbefriedigten Geliebten und man längst einsortierte Ungelesene vom Staub befreit, der aufraucht wie stumme Vorwürfe einer unbefriedigten Exgeliebten) und Zufälliges aufblättern.
In Robert Bobers meistenteils vergessenem Roman *Was gibt's Neues vom Krieg?* (1999) finde ich anhand eines Einmerkzettels (einer Rechnung aus der *Trattoria Marino* in Firenze) folgende Stelle: „Besessen von meinen Bezugspunkten, erzählte ich Nathan, daß das ‚Repos de la Montagne' in den fünfziger Jahren von Willy Ronis photographiert worden sei und daß in dem Haus ein wenig weiter unten auf derselben Straßenseite, dem mit den geschlossenen Fensterläden, Madame Rayda wohne, eine Kartenlegerin, die wiederum Robert Doisneau photographiert habe."
Das ist nicht weiter bemerkenswert. Am unteren Ende der Seite indes steht mit Bleistift von mir gekrakelt: „In dem Haus am Bolsenasee, wo ich dieses Buch am 29. April 1999 gelesen habe, hing in unserem Zimmer ganz untypisch ein Willy-Ronis-Plakat. Es zeigt eine Katze auf einem Fensterbrett, dazu unter dem Namen: ‚Gorges 1956'. Guido Gorges wiederum war einer der herausragenden Spieler des TSV 1860 beim Lokalderby am 25. April 1999 (1:1), das wußte ich aber nicht."

Weitere Zusammenhänge finde ich: keine.

Oder doch: Ich las in demselben Haus, der Villa Settembrina, ein Jahr später, am 4. Mai 2000, *Das Foucaultsche Pendel* von Umberto Eco. Darin diese Passage über einen zwielichtigen Verleger, der einen seriösen und einen halbseidenen Verlag gleichzeitig betreibt (beschrieben ist im folgenden letzteres Unternehmen): „Auf jedem Umschlag prangte das Verlagssignet, ein Pelikan unter einer Palme, mit dem Motto: ‚Ich hab, was ich gab.'"
Wieder ein Bleistifteintrag, diesmal am Ende des Buchs: „Genau nach dieser Stelle stehe ich auf, marschiere in die Bibliothek, ziehe ohne nachzudenken einen Band aus dem Regal, und siehe da: vorne drauf der Pelikan, hinten ‚IO HO QUEL CHE HO DONA-

TO'. Es ist Band II von D'Annunzios *Prose di Ricerca*, im Oktober 1950 bei Mondadori erschienen."

Nun, immerhin: Da habe ich also eine Anspielung gefunden, die offenbar noch niemandem aufgefallen ist. Aber mehr kommt nicht raus. Vielleicht war Herr Eco sauer, weil Mondadori seinen Roman nicht drucken wollte? Vielleicht ärgerte es ihn, daß Silvio Berlusconi sich den Verlag Mondadori unter den Nagel riß? (Nein, das war 1991, der Roman erschien 1988.)

Irgendwo habe ich heute auch den Namen William von Baskerville gelesen, der mir bekannt vorkam. Den hat Umberto Eco erfunden. Das Buch, in dem ich ihn las, ist jedoch wahrscheinlich vor Ecos Geburt erschienen. Ich weiß leider nicht mehr, welches es war.

Im Herbst erscheint mein neuer Roman. Auf den Umschlag werde ich die Symbole und Slogans sämtlicher großer und kleiner deutschen Literaturverlage drucken. Weil ich auch sauer bin und das in den letzten zehn Minuten auf Umberto Eco projiziert habe.

So oder so: Wenn man aus dem aktuellen Gestrüpp und Gewölle von Verstrickungen, Verfilzungen und Querverbindungen mal raustaucht und in einem unbedarften Bücherregal landet, ist es doch recht erstaunlich, wie wenig da „geht", selbst bei dem wahrscheinlich größten Verschwörungstheoretiker in der Literatur des 20. Jahrhunderts.

Kurz zurück zum „Thema". Karl Lauterbach schreibt heute auf Twitter: „Das Immunsystem Neugeborener ist noch nicht voll entwickelt, Säuglinge haben Lücken im Immunschutz. Impfungen mit Astrazeneca in der Schwangerschaft können helfen, diese zu überbrücken. Ich schlage deswegen zusätzlich eine Pflichtimpfung für alle Neugeborenen vor."

Ist Anstiftung oder Aufforderung zur Körperverletzung eigentlich strafbar?

Seit 1. Januar 2020, also in den letzten 16 Monaten, sind in München 415 Menschen an oder mit „Covid-19-Symptomen" gestorben, angeblich. Diese „Pandemie" schlägt in der Tat grausige Kapriolen (bei den „Symptomen" handelte es sich höchstwahrscheinlich um sogenannte „Tests").

Aha, das Angebot lautet also jetzt: eine Stunde länger Hofgang. Wer alleine draußen rumschleichen mag, darf das auch bis Mitternacht, muß aber gut aufpassen, daß er niemanden trifft. Oder dann halt schnell wegrennen, wenn zum Beispiel eine Freundin sichtbar wird.

Deutlicher können die Herrschenden eigentlich nicht mehr zeigen, für was sie uns halten.[52]

„Was das Virus kann, das können wir schon lange." Okay, es schadet nicht, mal was Richtiges zu sagen.[53]

---

[52] An diesem Tag wurde bekanntgegeben, daß die nächtliche Ausgangssperre um eine Stunde verkürzt werde.

[53] Dies äußerte A. Baerbock beim gespenstischen Auftritt auf dem „Grünen"-Parteitag im November 2020.

Was man so weiß *(21. April 2021)*

„Söder läßt Laschet vor"(AZ) ist die dreisteste denkbare Beschreibung eines Vorgangs, mit dem sich eine große und eine sehr kleine Partei geeinigt haben, mit dem Kandidaten der großen in den Wahlkampf zu gehen. Die Beschreibung ist auch ein ungewöhnliches deutliches Zeichen für die Sehnsucht der Deutschen und vor allem ihrer Medien nach dem Staatsmodell der Diktatur. Wobei sie den Begriff selbst meiden wie der Teufel das Weihwasser, weil er halt historisch so belastet ist. Dabei wäre es doch geradezu die Perfektion der Diktatur, wenn der Diktator auch noch entschiede, wann er verloren und wer gewonnen hat.

„Für manche Branchen, wie Unterhaltung, Tourismus oder das Hotel- und Gaststättengewerbe, ist eine Rückkehr in eine Situation, wie sie vor der Pandemie bestand, in absehbarer Zeit unvorstellbar (und in manchen Fällen vielleicht nie mehr …)." Das steht so in aller grammtischen Unbeholfenheit in „Der große Umbruch" (Originaltitel: „The Great Reset") von Klaus Schwab und Thierry Malleret.

Wußte jemand, daß es einen WHO-Notfallausschuß gibt? Ich: nicht. Welche exekutive Macht dieser Ausschuß hat, weiß ich auch jetzt noch nicht. Jedenfalls hat er am Montag erneut verkündet, daß er die Verwendung von „Corona-Impfausweisen" als Voraussetzung für einen Grenzübertritt strikt ablehne, weil niemand wisse, ob Geimpfte sich anstecken und das Virus weitergeben können oder nicht. Das kann dreierlei heißen: 1) Man darf auch ohne ein solches „Tool" ins Ausland reisen. 2) Man darf auch mit dem „Tool" nicht ins Ausland reisen. 3) Vielen Regierungen ist es egal, was ein WHO-Notfallausschuß sagt; sie regeln das einfach so, wie es gerade kommod ist.

Übrigens scheint (!) die Zahl der Studien zu steigen, die zeigen, daß Menschen, die sich bereits den modRNA-Experimenten unterzogen haben, anfälliger für Ansteckungen mit neueren Coronavirus-Mutationen sind. Es ist vielleicht nicht mehr ganz auszuschließen, daß in Zukunft – wenn es aufgrund massenhaften zivilen Ungehorsams wieder Kneipen, Biergärten und Kulturveranstaltungen gibt – Menschen mit einem „Corona-Impfausweis" draußen bleiben müssen. Das wäre eine Volte, die nicht einmal ich erheiternd fände; schließlich wissen die meisten, die sich „impfen" lassen, ja gar nicht, was sie da tun.

„Plastik raus aus der Biotonne" wäre ein guter Gedanke, käme er nicht fünfzig Jahre zu spät. Allerdings gab es vor einem halben Jahrhundert noch keine Biotonnen, da warf man das Plastik in den Müll und kümmerte sich nicht weiter. Heute bestehen Erde, Wasser und (in geringerem Maße) auch die Luft des ganzen Planeten zu einem so großen Teil aus Kunststoff, daß der Anspruch, daran etwas zu ändern, dem Versuch ähnelt, ein Salzkorn mit dem Rasiermesser in Natrium und Chlor zu teilen.

In Berlin wurden am Dienstag mehrere Demonstrationen gegen das neue Ermächtigungsgesetz verboten. Grund waren „Erkenntnisse zur erwarteten Teilnehmerzahl" und ein „mobilisiertes Personenspektrum". Was das ist, weiß ich nicht. Es sieht jedoch so aus, als wäre es günstig, bei der Anmeldung von Demonstrationen (die laut Grundgesetz nicht angemeldet werden müssen) anzugeben, man erwarte null Teilnehmer. Oder wird das dann verboten, weil es zu wenige sind?

Aktuelle Einschätzungen: Frau Merkel bellt: „Das Virus versteht nur die Sprache der Entschlossenheit!" Frau Goebbels-Eckhardt brüllt, man dürfe nicht warten, „bis die Schulen in Flammen stehen"! Der DIVI-Präsident grölt: „Die Stunde drängt! Sie läßt keine Zeit mehr offen für fruchtlose Debatten. Wir müssen handeln, und zwar unverzüglich, schnell und gründlich."
Nein, sorry, mal wieder falsch zitiert. Der DIVI-Schreihals twitterte vielmehr: „Jetzt ist keine Zeit für wissenschaftliche und politische Diskussionen – jetzt ist höchste Zeit zu handeln!" (Das andere sagte Joseph Goebbels am 18. Februar 1943 im Berliner Sportpalast.) Und die „Grüne" heißt Göring-Eckhardt; sie sprach tatsächlich nicht vom Reichstag, meinte aber das gleiche, indem sie „rügte", daß das neue Gesetz nicht „im Eilverfahren" durch die Parlamentsplapperbude gepeitscht wurde.

Nachdem es nun ziemlich wahrscheinlich ist, daß Deutschland auch nach der nächsten Wahl von einer „Young Global Leader" des World Economic Forum (mit)regiert wird, stimmt uns Facebook per Dauerreklame schon mal auf die nächste „Pandemie" ein:

Dreimal kann man das wegklicken. Dann nicht mehr (es folgen weitere Varianten).

Etwas längere Geschichte: Ein Gericht soll entscheiden, ob eine Schülerin, der über Wochen immer wieder schwindlig, schwarz vor Augen und übel geworden ist, weil sie eine Maske tragen mußte, von der Maskenpflicht befreit werden kann. Ein Attest hat sie, das erkennt die Schuldirektion jedoch nicht an. Das Gericht fragt beim Kultusministerium an: Schweigen. Eine „Schulbeamte" (was immer das ist) antwortet: Die Aufzählung von Symptomen ergebe noch „keine tragfähige medizinische Diagnose". Symptome sind also nicht hinreichend für eine „tragfähige medizinische Diagnose".
Das kennen wir doch von früher. Wenn man mit Fieber, Schnupfen, Husten, Kopf- und Gliederschmerzen zum Arzt kam, sagte der immer: „Tut mir leid, diese Symptome ergeben noch keine tragfähige medizinische Diagnose! Dafür ist ein PCR-Test nötig!"

Und den gibt es für so einen Fall nicht. Also hat die Schülerin eine Maske aufzusetzen und ist als gesund zu betrachten, auch wenn sie sich übergibt und bewußtlos wird.
Zum Glück hatte das Gericht genug Verstand, anders zu entscheiden. Es befragte ausnahmsweise Gutachter und beschloß, die Schülerin dürfe nicht dazu gezwungen werden, ihre Gesundheit zu schädigen. Die beweispflichtige (!) Landesregierung (die also mit Gutachten nachweisen hätte müssen, daß Masken mehr Nutzen als Schaden verursachen), reagierte einfach gar nicht (und verhinderte damit eine mündliche Verhandlung). Das übernahmen Medien, die das Urteil, ohne es überhaupt zu lesen, „umstritten" nannten und als „Fehlurteil" bezeichneten.
Eine obskure „Neue Richtervereinigung" äußerte etwas von einer „Minderheitenmeinung" der Gutachter und einer „herrschenden wissenschaftlichen Meinung". Belege, Gutachten oder irgend etwas ähnliches legte auch sie nicht vor. Sondern behauptete lediglich, das Gericht sei „nicht zuständig" und Kindern drohe „von den beschriebenen Maßnahmen der Schulen keine Gefahr".
Alle vorliegenden Studien wurden systematisch ignoriert, weil sie das Gegenteil sagen. Statt dessen lancierte man ein Protestschreiben für „Corona"-panische Eltern im Netz, das diese nur noch unterschreiben mußten, um ihr Entsetzen darüber auszudrücken, daß derartige Verweigererkinder ihren eigenen Nachwuchs und sie selbst in Lebensgefahr bringen. Das wirkte: Schon kurz darauf konnte die „Süddeutsche" frohlocken, daß derartige Verfahren nun bei den Gerichten generell sofort abgewiesen werden, ohne jede Begründung. Die Gerichte warnten in Pressemitteilungen sogar regelrecht davon, auch nur daran zu denken, den Schutz von Kindern gerichtlich erstreiten zu wollen. Ein Staatsanwalt gab kund, er „prüfe" aufgrund „mehrerer Anzeigen", ob gegen den vorwitzigen Richter wegen Rechtsbeugung zu ermitteln sei.
Ein Außenseiter unter den Richtern wagte zu sagen: „Es entspricht nicht unserem Amtsverständnis und unserem Verständnis von sorgfältiger richterlicher Arbeit, sich mit Anliegen von erheblicher Tragweite und grundsätzlicher Bedeutung gar nicht erst zu befassen. Diese Art und Weise der Sachbehandlung empfinden wir als in höchstem Maße unangemessen und lehnen sie ab." Es gab indes kein „wir"; er blieb allein, seine Äußerung unbeachtet.
Das Amtsgericht Bad Iburg zum Beispiel meldete, es schließe sich „ausdrücklich den wissenschaftsbasierten und überzeugenden Einschätzungen des Robert Koch-Instituts und der Weltgesundheitsorganisation" an. Es gibt aber von RKI und WHO überhaupt keine „Einschätzungen", Untersuchungen oder Feststellungen zur Gefährdung der Gesundheit von Kindern durch staatliche Infektionsschutzmaßnahmen.

Der Circus ist übrigens bald vorbei. Nach dem heute verabschiedeten neuen Ermächtigungsgesetz haben Gerichte unterhalb des Bundesverfassungsgerichts keine Funktion und Bedeutung für solche Fälle mehr. Deckel zu.

Aber auch hier gilt: Wir haben es gewußt. Und ihr habt es auch gewußt.

Wir sind auf einem guten Weg *(23. April 2021)*

In Jules Romains' ziemlich hübschem Drama *Knock oder der Triumph der Medizin* kommt ein neuer Arzt in ein Bergdorf, in dem offenbar niemand krank ist. Könnte ein geruhsames Leben werden. Sein Leitspruch indes lautet: „Jeder gesunde Mensch ist ein Kranker, der es noch nicht weiß." Nachdem er gewisse Gerüchte über die Gefährlichkeit von Kleinstlebewesen gestreut hat, lädt Doktor Knock zu einer kostenlosen Sprechstunde, um die „unheimliche Ausbreitung von Krankheiten aller Art einzudämmen, die seit einigen Jahren in unserer einstmals so gesunden Region um sich greifen". Der Erfolg ist phänomenal: Plötzlich sind so gut wie alle (außer den Pflegern) krank und bedürfen dauerhafter, intensiver medizinischer Betreuung.
Knock wurde allein von 1923 bis 1927 nicht weniger als tausendfünfhundertmal aufgeführt, mehrmals verfilmt und noch bis 2019 an Schulen gespielt. Man darf davon ausgehen, daß ein derart subversives, „rechtsoffenes" und zersetzendes Theaterstück heute auch dann verboten wäre, wenn das Theaterspielen (auf Bühnen) nicht insgesamt verboten wäre.

„Die Medizin ist so weit fortgeschritten, daß niemand mehr gesund ist."
(Aldous Huxley)

Slogans verraten sich oft erst im Vergleich. Sagen wir: „Kurzer, harter Lockdown!" Sagen wir: „Totaler Krieg = kürzester Krieg" (Bühnenbanner, Sportpalast, 18. Februar 1943)

Rassismus 4.0, live reportiert in einer „B5 aktuell"-Sendung über die Impfpropaganda in den USA: „Eine erschreckende (!) Zahl von Mitarbeitern des Gesundheitssystems will sich nicht impfen lassen. Wenn noch nicht einmal die Mitarbeiter des Gesundheitssystems überzeugt sind, wie will man denn dann … ähm die ländliche Bevölkerung oder … ähm Anhänger der Republikaner überzeugen?"

Es ist leider ein bißchen in Vergessenheit geraten, wie viele Modekrankheiten es allein im 21. Jahrhundert deswegen zu vorübergehender Popularität in den Medien schafften, weil Pharmazeuten ein Mittel und dazu ein Symptom erfunden hatten und „Wissenschaftsjournalisten" eine der ahnungslosesten, käuflichsten Berufsgruppen überhaupt darstellen. Kennt noch jemand das „Aging Male Syndrome"? den erhöhten Cholesterinspiegel? die „Nachtschichtschlafstörung"? den „Burnout" (der sich teilweise mit „Long Covid" zu decken scheint)? das „Reizdarmsyndrom"? die Fibromyalgie? die epidemische erektile Dysfunktion, gegen die der Konzern Pfizer (noch ohne Biontech und modRNA) ein Mittel fand, das bald gehandelt wurde wie Kokain? das „Sisi-Syndrom"? das „Käfig-Tiger-Syndrom"? Reflux? „Paradies-Depression"? „Leisure Sickness"? ADS und ADHS? die „generalisierte Heiterkeitsstörung"? Nicht? Dann holt doch mal die alten „Spiegel"-Jahrgänge aus dem Keller und überlegt euch, wie fein die damals offenbar so verzweifelten Marketingleute der Pharmaindustrie heute raus sind, wo sich anscheinend mindestens vier Milliarden Menschen gegen eine Atemwegserkrankung „impfen" lassen wollen, die circa 0,1 Prozent der Bevölkerung betrifft.

Am Rande: Der Etat des deutschen Gesundheitssystems, das seit einem Jahr mit brachialsten Mitteln vor dem Zusammenbruch bewahrt werden soll, lag 1992 bei 163 Milliarden Euro, 2001 bei 226 Milliarden Euro und 2020 bei 300 Milliarden Euro. Derzeit werden circa vier Milliarden pro Woche (!) für die Testung größtenteils gesunder Menschen ausgegeben. Das allein sind etwa 200 Milliarden Euro im Jahr 2021. Wollen wir mal fragen, wer dieses Geld kassiert? Wollen wir mal fragen, was genau da „zusammenbricht"?

Corona-Mythos 1: „Tests verhindern die Ausbreitung von Krankheiten."

Corona-Mythos 2: „Eingehende Beratung verhindert Impfschäden."

„Ich respektiere den Glauben, aber es ist der Zweifel, dem man seine Bildung verdankt." (Wilson Mizner)

Nachtrag zum Grundproblem der deutschen Linken: „An eine soziale oder politische Utopie, also einen konkreten Entwurf einer zukünftigen Gesellschaftsordnung wird jedoch kein einziger Gedanke verschwendet. Das bedeutet, daß die notwendige Frage nach dem, was Menschen überhaupt brauchen, damit möglichst alle in guten Lebensverhältnissen leben können, gar nicht erst gestellt wird." Schrieb Christiane Borowy vor einiger Zeit, und ich habe da nichts (oder hätte nicht viel) zu ergänzen.

Wer die namentliche Abstimmung zum sogenannten „Bevölkerungsschutzgesetz" (Mittwoch im sogenannten Bundestag) genau betrachtet, stellt fest: Da bröckelt vielleicht was. Einundzwanzig Abgeordnete von CDU/CSU stimmten mit nein, zwei sogar bei der traditionellen Blockpartei SPD. Alle anderen sowieso. Ach so, nein. Beim World Economic Forum („Die Grünen") gab es nur eine einzige Gegenstimme.
Für Menschen, die es absolut überhaupt nicht lassen können, diese Lobbypartei zu wählen: Die Dame mit Verstand heißt Canan Bayram. Wenn es schon sein muß, kreuzt wenigstens sie an (falls sie nach dieser Insubordination noch mal antreten darf).[54]

Die hysterischen Reaktionen auf die Aktion #allesdichtmachen zeigen übrigens genau das, was sie zeigen sollten: die Hysterie. Man kann über den Witz und den aufklärerischen Wert einzelner Beiträge sicher streiten, aber darüber sicher nicht.

---

[54] „Anfang Oktober 2024 erklärte Bayram, im Wahlkreis nicht erneut für den Bundestag kandidieren zu wollen. Sie begründete dies mit geschwundenem Vertrauen in Selbstverständnis und Positionen der Partei." (Wikipedia)

Vier von „Zwölf Fragen zum Erkennen von ‚erfundenen' Krankheiten und unsicheren Behandlungen" von Prof. Dr. med. Peter Sawicki, Institut für Qualität und Wirtschaftlichkeit im Gesundheitswesen (2003): „Gibt es einen Test, der meine Krankheit gut erkennen kann? Bei wie vielen gesunden Menschen zeigt dieser Test ein positives (krankhaftes) Ergebnis an? Bei wie vielen Menschen, bei denen dieser Test ein krankhaftes (positives) Ergebnis zeigt, ergibt eine Wiederholung des Tests ein normales Ergebnis? Bei wie vielen von der Erkrankung befallenen Menschen zeigt dieser Test ein negatives (normales Ergebnis) an?" Genau genommen ist das nur eine Frage.

„Don't complicate things. We have as many friends as we have personalities. Do you know who said that? Emerson. Keith Emerson." (Steven Patrick Morrissey)

Unser Vorteil ist ja, daß wir Sachen lustig finden können. Oder auch nicht, je nach Situation, Geschmack, Laune, was auch immer. Das können die nicht.[55] *(24. April 2021)*

Wespen schauen dich an *(26. April 2021)*

Die eskalierend aufgeregte Schimpferei um #allesdichtmachen beruht auf einem Mißverständnis über den Charakter der „Diskussion" und die Ebene des Diskurses. Es geht um ein Dogma, das lautet: Der totale Lockdown wird den Feind (Virus) niederringen und Gott gnädig stimmen. Damit das gelingen kann, muß das Dogma absolut befolgt werden. Wer vom Glauben abfällt, ist ein Ketzer und verurteilt nicht nur sich zur Verdammnis, sondern alles, und muß daher mit unbedingter Härte bekämpft werden.
Was nicht alle verstehen, ist: Über Dogmen kann, nachdem sie einmal gesetzt sind, nicht diskutiert werden, weil sie rational nicht begründbare Axiome darstellen, auf deren Grundlage erst eine (auch rationale) Diskussion stattfinden kann. So wie alle Arithmetik auf der grundsätzlichen Vereinbarung beruht, daß 1+1 zwei und nichts anderes ergibt.
Eine vergleichbare Auseinandersetzung widmete sich übrigens jahrzehntelang der Frage, ob Christus dem Allmächtigen wesensgleich oder nur wesensähnlich sei (die beiden Begriffe unterscheiden sich im Griechischen durch ein Jota). Das war keine Kleinigkeit: Man brachte sich deswegen kriegsartig um, in Massen (weil es letztlich, wie meist bei solchen Fragen, um Macht ging). Schließlich gelang es auf einem Konzil, sich auf ein neues Glaubensbekenntnis zu einigen. Dessen Erfolg wiederum beruhte darauf, daß es nie wieder in Frage gestellt wurde.

[55] Die Bemerkung bezieht sich auf die bereits erwähnte Aktion #allesdichtmachen, eine Reihe satirischer Kurzfilme, über deren Planung und Entstehung mich Mitinitiator Dietrich Brüggemann vorab informiert hatte und für die ich in meinem alten Kollegenkreis Interesse zu wecken und eventuelle Teilnehmer zu finden versuchte, dabei jedoch auf eisige Ablehnung stieß. Die Videos wurden (laut „Wikipedia") „heftig kritisiert, da eine Nähe zu den sogenannten ‚Querdenkern' und zur AfD gesehen wurde". In Wirklichkeit handelte es sich bei dieser „Kritik" um eine vor allem vom „Tagesspiegel" vorangetriebe Schmutzpropaganda- und Verleumdungskampagne.

Vielleicht ist es daher auch hilfreich, mal wieder an die Auseinandersetzungen um die sogenannten „Mohammed-Karikaturen“ zu erinnern. Die Argumente, die damals vorgebracht wurden, sind den heutigen sehr ähnlich, außer daß die Beleidigung religiöser Gefüh-le (der Anhänger der Zero-Covid-Sekte) noch nicht thematisiert wird, möglicherweise aus Scham – weil die Jünger der Sekte religiöse Gefühle für etwas Minderwertiges halten und sich selbst im Besitz einer rationalen Wahrheit wähnen. Zuzugeben, daß ihre Haltung rein kultisch ist, würde ihr Selbstverständnis untergraben und unwiderruflich zerstören. Daß es sich bei „Zero Covid“ um eine Sekte handelt, läßt sich ja nur mit rationaler Wissenschaft zeigen (durch eine vergleichende Analyse der Merkmale, Strukturen, Kausalitäten etc.). Weil jedoch der Begriff „rationale Wissenschaft“ im Zentrum der Dogmatik von „Zero Covid“ steht, ist das nicht möglich. Da müßte eine Sekte, die sich auf rationale Wissenschaft beruft, mittels rationaler Wissenschaft feststellen, daß sie sich nicht nicht auf rationale Wissenschaft berufen kann, weil sie eine Sekte ist.

Die Sammlung putzig-faschistischer Hilfsbegriffe, über die wir nach dem Ende dieses Systems hoffentlich lachen dürfen, wächst täglich. „Verweilverbot“ ist ein besonders treffender. Der „Ordnungsdezernent“ der hier betroffenen Stadt Düsseldorf heißt übrigens „Zaum“.

Wenn man ein paar Minuten lang einer Wespe gegenübersitzt und sie betrachtet, begreift man sehr plötzlich: Man ist nicht nur Betrachter, man wird betrachtet. Das Tier hat ein Gesicht. Kein unsympathisches übrigens. Bedrohlich wird es höchstens in der Gleichförmigkeit der großen Zahl, wenn die individuellen Einzelheiten von den gemeinsamen Merkmalen überblendet werden.

„Die Überwindung der Krisen der bürgerlichen Gesellschaft hängt von der Herstellung von moralischer Autorität ab, davon, ob es gelingt, den Einfluß des „kritischen Systems“ im Bewußtsein der Massen zu neutralisieren. Vor allen Veränderungen der politischen Strukturen muß deshalb ein allgemeines Gedankensystem gebildet werden, welches ‚zur Führung der Gesellschaft geeignet‘ ist.“ (Dieter Prokop 1973 über Auguste Comte)

„Satire hat immer ein Ziel! Was ist Ihr Ziel!“ bellt ein WDR-Inquisitor Jan Josef Liefers an. So „setzt“ man „Themen“. Seit wann denn hat Satire ein Ziel? Und welches? Den Unterschied zwischen Diskussion und Inquisition zeigt die gleich darauf folgende „Frage“ des Interviewers auf: „Wenn man es genauso macht wie diese sogenannten Querdenker es vorher vorgeben dann weiß man was passiert ich möchte aber noch auf einen anderen Punkt kommen.“

Ein sehr wesentliches Problem moderner Architekturverbrechen ist, daß man die zu erstellenden Gebäude vorher in Modellen und Darstellungen immer nur von (weit) oben und aus großer Entfernung sieht. Da wirken sie, wie alles, harmlos, so wie das Oktoberfest harmlos wirkt, wenn man es vom Mond aus beobachtet. In der Realität gibt es diese Perspektive aber kaum, im Alltag nie. Die monströse Scheußlichkeit der Betonburgen erweist sich erst wenn man in ihrem Schatten steht und existiert.

Laut (von Multipolar) gerichtlich erzwungener Auskunft des Robert-Koch-Instituts wurde der dortige „Covid-19-Krisenstab" mit fünfundzwanzig leitenden und etwa fünfundfünfzig weiteren Mitgliedern am 6. Januar 2020 erstmals einberufen. Drei Tage später behaupteten chinesische Behörden erstmals, die gemeldeten Fälle von Lungenentzündungen in Wuhan gingen auf ein „neuartiges Coronavirus" zurück. Das historische Puzzle wird langsam interessant.

„In dem Augenblick, wo diese Krisis sich zu erkennen gegeben hat, bis zur Gegenwart ist die Tendenz der Desorganisation des alten Systems vorherrschend gewesen. Oder vielmehr, sie ist auch gegenwärtig noch die einzige, welche klar zum Ausdruck gekommen ist. Es lag in der Natur der Sache, daß die Krisis derart begann, und dies war nützlich, damit das alte System tief genug verändert wurde, um unmittelbar die Möglichkeit zu geben, der Bildung des neuen vorzuschreiten." (Auguste Comte, *Plan der wissenschaftlichen Arbeiten, die für eine Reform der Gesellschaft notwendig sind*, 1822)

Es ist 1) erfreulich, daß sich Erkenntnisse langsam durchsetzen (wobei die Langsamkeit nicht das Erfreuliche ist). Es ist 2) verständlich, daß die religiösen Fundamentalisten darauf mit aller Wucht von Zorn, Verzweiflung, Wut und Realitätsverleugnung reagieren, die ein solches Rückzugsgefecht erfordert und hervorbringt. Es ist 3) schlimm, daß das Rückzugsgefecht so lange dauert. Wir leben nicht im Jahr 1941, haben es aber rein psychologisch mit sehr ähnlichen Verhaltensweisen zu tun. Man kann das offenbar nicht durch Vernunft oder Argumente beschleunigen. Es muß ausgefochten werden, bis zum absoluten Ende, auch wenn wir gar nicht „fechten": Deren Gegner ist die Wirklichkeit. Was man nicht vergessen sollte: Die Fundamentalisten, die bis zum letzten Augenblick an ihren Wahn glauben, werden danach ohne Übergang schlagartig in ein tiefes Loch fallen. Man muß sie auffangen. Das werden wir alle tun müssen. Selbst ein Mensch, der für seine Verbrechen härteste Bestrafung verdient hat, darf nicht der Logik der impulsiven Selbstauslöschung überlassen werden.

Sucht und Dogma *(28. April 2021)*

„Bei einer hohen Inzidenz in der Bevölkerung ist auch das Risiko für Geimpfte und Genesene höher, sich (trotz Impfung oder überstandener Infektion) anzustecken und die Infektion weiterzugeben." Das schreibt die kommissarisch amtierende Bundesregierung in ihren „Eckpunkten für die MPK" (so heißen die virtuellen „Treffen" dieser selbsternannten Herrscherriege) „zur Vorbereitung der Rechtsverordnung nach §28c des Infektionsschutzgesetztes". (Es müßte „des Gesetzten" heißen, aber wo die Logik und der Verstand aus dem Haus sind, hilft die Grammatik auch nicht mehr viel.)

Es könnte übrigens sein, daß es sich bei den „Eckpunkten" um eine Fälschung handelt. Originale der MPK nämlich erkennt man normalerweise an einem „Eckpunkt", der grundsätzlich immer drinstehen muß: „Alternativen: keine."
Aber zurück zu dem zitierten Satz: Der nämlich stellt die bislang schon so kultisch gefeierte „Inzidenz" nun endgültig heilig: Sie ist der einzige Anhaltspunkt für das Wohlergehen der Menschen. Impfungen sind nutzlos, auch eine überstandene Erkrankung schützt nicht vor der nächsten, die „Inzidenz" wird unerbittlich jeden treffen. Und besiegen kann man sie – so lautet das zentrale Dogma – nur mit dem Lockdown.

Daß bislang festgelegt war, die „Schutzmaßnahmen" würden gelockert oder aufgehoben, wenn jeder Bürger ein „Impfangebot" erhalten habe, und daß es nun heißt, dies geschehe erst nach Erreichen einer „Gemeinschaftsimmunität", könnte man für ein „Umdenken" halten. Daß auch die „Herdenimmunität", von der bislang die Rede war und die von der WHO eigens umdefiniert wurde, jetzt nichts mehr nützen soll, könnte man für ein erneutes „Umdenken" halten, galt bislang doch die „Herdenimmunität" als beste Waffe gegen die „Inzidenz". Aber „das Bundeskanzleramt" (meldet die „Welt") „weist zurück, daß hier ein Umdenken im Gange ist. ‚Es ist kein Strategiewechsel geplant', sagte eine Sprecherin." Was nur heißen kann, daß das von Anfang an so vorgesehen war, auch wenn die Herrschenden sich anders äußerten.

Karl Lauterbach mußte sich selbstverständlich als erster ans Mikrophon drängen, um diese Verschwörungsvermutung zu bestätigen und dabei, wie es seine Art ist, nicht nur sich, sondern auch der Regierung, dem gesunden Menschenverstand und von ihm selbst zitierten wissenschaftlichen Erkenntnissen zu widersprechen: „Angenommen, die Herdenimmunität läge bei siebzig Prozent. Der Laie denkt dann häufig, wenn sich siebzig Prozent impfen lassen, kann sich der Rest nicht mehr infizieren. Das ist aber falsch. Die Pandemie wird Einzelne nicht verschonen, man wird entweder krank oder geimpft." Was aber beides, wie wir gerade erst gelernt haben, nichts nützt, solange die „Inzidenz" sich nicht verflüchtigt. Man wird also entweder ungeimpft krank oder geimpft krank.
Worauf Lauterbach hinauswill, ist bei aller Unsinnigkeit und Widersprüchlichkeit seines Geplappers klar: totale Kontrolle über jede Lebensregung, und zwar für immer. „Wenn allen Menschen ein Impfangebot gemacht wurde, heißt das noch nicht, daß die Bars so offen sein können wie vor der Pandemie. Ich rechne damit, daß Menschen Impfpässe oder Antigentests zeigen werden müssen. Zumindest in Lokalitäten, wo das Risiko sehr hoch ist."
Woran man diese „Lokalitäten" erkennt? Vermutlich daran, daß sich dort Modellierungen zufolge gerne „Impfverweigerer" versammeln täten, wenn sie dürften. Weil das einer solchen „Bar" eine böse Aura, nein: eine „hohe Inzidenz" verleiht.

Was auch immer Lauterbach plappert: Eine Aufhebung der „Schutzmaßnahmen" ist mit den „Eckpunkten" jedenfalls für sehr lange Zeit ausgeschlossen. Trotz allen Bemü-

hungen, die „Impfquoten" anzukurbeln, wird es ja weiterhin hartleibige Verweigerer geben. Momentan sind das Umfragen zufolge etwa 35 Prozent der Bevölkerung (mehr als ein Drittel davon jedoch Kinder unter sechzehn Jahren, die man früher oder später schon „überzeugen" wird). Deshalb hebt Bayern jetzt den Testzwang für Geimpfte auf (obwohl diese sich und andere ja weiterhin „anstecken" können, siehe oben): „Dadurch werden auch Anreize für eine erhöhte Impfbereitschaft geschaffen." Was aber, wie erwähnt, gegen die „Inzidenz" nichts hilft … und so dreht sich der Wirrwarr der Widersinnigkeit weiterhin im Kreis.
Oder hat der Bayernminister Blume hier zufällig den Kern des Problems getroffen? Schließlich hängt die „Inzidenz" bekanntermaßen ausschließlich an der Zahl der Tests, weshalb bösartige Coronagegner ja seit Monaten fordern, endlich die sinnlose, milliardenteure Massentestung gesunder Menschen einzustellen. Ob man nun die Gesunden oder die Geimpften vom Testzwang befreit, ist ja eigentlich egal, solange es nur weniger Tests gibt und somit die „Inzidenz" sinkt. Aber keine Sorge, da fällt Herrn Lauterbach schon was ein …

Traum vom Sommer: Eine Gruppe von Freunden verabredet sich im Biergarten, trifft sich am elektronischen Eincheck-Schalter. Einer ist ungeimpft, darf den geschützten Bereich aufgrund fehlenden Eintrags in der App nicht betreten. Man nimmt einen Tisch am Zaun, reicht ihm einen Stuhl und eine Maß nach draußen, so nimmt er eben als „Außensitzender" teil. Das erregt Aufsehen. Andere Biergartenbenutzer beschweren sich, das Wachpersonal greift ein. Der draußen Sitzende meint, er sitze ja nicht im geschützten Bereich. Es ist aber nicht zulässig, den geschützten Bereich von außen in Infektionsgefahr zu bringen. Die vermummte Polizei rückt in Kampfmontur an, entfernt den Gefährder und entläßt ihn anderntags nach eingehender Behandlung und Aufnahme aller verfügbaren Daten. Bei einer Wiederholung des Gefährdungsversuchs droht ihm eine Gefängnisstrafe bis zu fünf Jahren.

Die Vorsitzende des „Deutschen Ethikrats", der diesen Namen deshalb trägt, weil er raten soll, was das Wort „Ethik" eventuell bedeuten könnte, heißt Alena Buyx. Diese Dame meint, „eine zukünftige Gleichstellung von Getesteten, Geimpften und gegebenenfalls auch Genesenen etwa beim Zugang zu Restaurants oder Geschäften" wäre „aus ethischer Sicht unproblematisch".
Ebenso unproblematisch wie Restaurants oder Geschäfte, zu denen nur alte, weiße Männer Zutritt haben, vermutlich. Wobei dieser Fall „aus ethischer Sicht" noch „unproblematischer" wäre, weil dem Abschaum ja andere Restaurants und Geschäfte zur Verfügung stünden. Das geht bei der „Corona"-Apartheid selbstverständlich nicht.

„Das Ziel der dogmatischen Arbeit bringt es mit sich, daß bei ihr noch stärker als bei der historischen Darstellung die Persönlichkeit des Dogmatikers die Beobachtung und das Urteil bestimmt. (…) Für die Leser entsteht daraus die Versuchung, sich nur mit dem Dogmatiker, seiner Originalität, Gelehrsamkeit und religiösen Eigenart zu beschäftigen, und für unsere Zeit hat diese Versuchung eine besondere Stärke; denn sie hat nicht an der Wahrheitsregel das sie bewegende Gesetz." (Adolf Schlatter, *Das christliche Dogma*, 1911)

Um das Jahr 335 schrieb Basil, Bischof von Caesarea, ein Traktat, in dem er empfahl, die Jugend möge sich zu ihrer Ausbildung auch die heidnische Literatur zumuten (Platon, Homer, Euripides, Hesiod und andere). Diese niedrige Stufe der geistig-moralischen Erkenntnis und Reife muß die orthodoxe Konsensreligion der regierungsamtlichen Medizinpriester unserer Tage erst erreichen, von unten her. Es wird ein langer Weg mit vielen Rückschlägen (vgl. Mittelalter) und wenig Hoffnung auf Erfolg.

Wird ein super Sommer das? *(29. April 2021)*

Definition von „frustrierend": Einer meiner Lieblingsautoren (2014 verstorben) war Franzose.[56] Er hat seit 1958 mehr als fünfzig Bücher mit Romanen und Erzählungen veröffentlicht (von Gedichten, Theaterstücken, Drehbüchern, Radiotexten zu schweigen). Drei davon sind Anfang der sechziger Jahre bei Hanser auf deutsch erschienen. Ich kann kein Französisch.

Noch mal zurück nach Weimar: Ein Richter spricht ein Urteil zugunsten zweier Kinder. Das Urteil widerspricht dem Dogma. Allerdings ist es, im Gegensatz zu allen bisherigen Urteilen im Sinne des Dogmas, mit Gutachten unterlegt. Daraufhin hagelt es gegen den Richter Anzeigen wegen Rechtsbeugung, weil das Urteil dem Dogma widerspricht. Sein Haus und sein Auto werden durchsucht, seine elektronischen Datenträger beschlagnahmt, um an seine Kontakte heranzukommen. Es handelt sich um einen ganz offensichtlichen Angriff auf die ohnehin weitgehend kompostierte Unabhängigkeit der Justiz. Dazu befragt, sagt der Vertreter des Justizministeriums (ein Herr Kall) in der Bundespressekonferenz: „Wie Sie wissen, kommentieren wir einzelne Ermittlungsverfahren von Staatsanwaltschaften oder gerichtliche Verfahren grundsätzlich nicht. Wir achten die Unabhängigkeit der Justiz." Den Kommentar, den das Bundesjustizministerium grundsätzlich nicht abgibt, gibt es unmittelbar danach ab: „Sie können sich auch anschauen, wie andere Gerichte, insbesondere die Verwaltungsgerichte entschieden haben in diesen Fragen." Nämlich: im Sinne des Dogmas, wie es sich gehört und neuerdings „Recht" ist.

Die Verhinderung solcher undogmatischer Urteile ist übrigens auch das Ziel des „Bevölkerungsschutzgesetzes", wie Angela Merkel neulich in dem fröhlichen Format „Die Kanzlerin im Gespräch" kundtat: „Was können wir tun, damit das" (Anm.: irgendeine beliebige „Maßnahme", die gegen das Grundgesetz verstößt) „nicht durch Gerichte wieder infrage gestellt wird? Dadurch, daß wir jetzt ein Bundesgesetz gemacht haben,

[56] Gemeint ist Daniel Boulanger.

kann es nur durch das Bundesverfassungsgericht noch überprüft werden, das heißt also, man hat nicht die verschiedenen Verwaltungsgerichts-Entscheidungen."

Das DIVI-Zentralregister kann übrigens keinerlei Auskunft darüber geben, wie viele Covid-19-Patienten auf deutschen Intensivstationen behandelt werden. Dafür zählt es einen positiv getesteten Intensivpatienten nach einer Verlegung als zweiten „Fall", notfalls auch als dritten oder vierten.

Niemand (außer Sebastian Leber und seinem „Tagesspiegel") kann Propaganda-„Journalismus" so gut wie die „Süddeutsche Zeitung": „Bei schweren Vorerkrankungen hat sich öfter herausgestellt, daß der plötzliche Tod zufällig in zeitlichem Zusammenhang mit der Impfung stand. So war Mitte April in Dingolfing ein 74jähriger gestorben. Schnell nahmen Impfgegner den Fall zum Anlaß, die Impfungen gegen das Corona-Virus zu kritisieren. Doch schon bald stellte sich heraus: Der Impfstoff hatte nichts mit dem Tod des Mannes zu tun – er starb an einem Herzinfarkt."

Es muss alles dafür getan werden, die Infektionszahlen dauerhaft zu senken. Gerade mit Blick auf die offenbar deutlich ansteckenderen Virus-Mutationen können FFP2-Masken hier einen zentralen Beitrag leisten.
Eine Erstattung Ihrer Auslagen für FFP2-Masken können ist leider nicht möglich.

Mit freundlichen Grüßen und besten Wünschen für Ihre Gesundheit

Ihre
Servicestelle im
Bayerischen Staatsministerium für Gesundheit und Pflege
Haidenauplatz 1
81667 München

Da „stellt sich" wirklich viel auf einmal „heraus": erst daß jemand schwere „Vorerkrankungen" hat. Dann daß er plötzlich stirbt. Dann daß er gerade erst geimpft worden ist. Und dann daß der plötzliche Tod weder mit den „Vorerkrankungen" noch mit der Impfung zu tun hatte. Wie sich das alles „herausstellt"? Ich mag nicht nachfragen.

Was ist mit den Niederländern los? Die machen Geschäfte, Cafés und Kneipen auf, spielen Fußball, tollen mit ihren Kindern in Wiesen herum, umarmen und küssen sich? Wieso sind die so „unsolidarisch"! Haben die keinen Virologen? Haben die keinen „SPD-Gesundheitsexperten"? Haben die kein … ähm, nö, mehr bräuchte es ja nicht.

Wobei das in Deutschland offenbar mittlerweile auch etwas schwierig wird. (siehe die zufällig ausgewählten Plapperbilder auf diesen beiden Seiten). Allerdings: redet 1) Drosten, was ihm grad in den Sinn kommt, plappert 2) Lauterbach, was er gerade für am geilsten panikmäßig hält, weiß 3) Wieler nie, wie irgendwas wirkt oder wird (Hauptsache, „wir haben es"), ist 4) Spahn bloß Spahn.

Wird die Welt ohne schlechtes Gewissen gähnen, wenn Lauterbach im März 2026 vor der antarktischen Variante B5.2.97 „warnt“ und Milliarden Tote prognostiziert und Drosten wieder was von „Schleimhaut huschen und Daten sind nicht gut“ nuschelt? und die „Süddeutsche“ vermeldet, der in Hintertupfing unmittelbar nach der zwölften Auffrischimpfung auf dem Parkplatz zusammengebrochene 92jährige habe zwar siebzehn Vorerkrankungen gehabt, sei aber an einer Blasenentzündung gestorben?

FrankfurterRundschau

CORONA-VARIANTE B.1.617

Lauterbach warnt vor „Covid-Katastrophe“ – Mutante aus Indien gefährlicher

Veröffentlicht am: 26.04.2021 - 14:39

Gesundheitsexperte Karl Lauterbach warnt vor einer neuen Corona-Variante aus Indien. (Archivfoto) © Frederic Kern/Imago

Ansteckender als die britische Variante? Karl Lauterbach warnt vor B.1.617, der neuen Corona-Mutante aus Indien und spricht von einer „Covid-Katastrophe“.

RND

Indien • Coronavirus • Christian Drosten

Drosten: In Indien nachgewiesene Mutante „nicht groß beunruhigend“

27.04.2021 20:39 Uhr

- Der Virologe Christian Drosten sieht keine erhöhte Gefahr durch die erstmals in Indien nachgewiesene Mutante B.1.617.
- Es gebe keine Belege, dass Menschen durch die Variante schwerer erkrankten oder sich schneller ansteckten.

Das Konzept der Herdenimmunität ist eigentlich leicht zu verstehen. Die neuerdings geänderte Definition der WHO („geht nur mit Impfung“) ist Quatsch, spielt aber keine große Rolle. Den Mechanismus versteht jedes Kind: Wenn etwa die Hälfte einer Bevölkerung krank war (also immun ist), stirbt das Virus mehr oder weniger aus. Nun gibt es zwei Faktoren, die darauf einwirken können: Eine (echte, also immunisierende) Impfung beschleunigt die Sache, ein Lockdown bremst sie aus und sorgt dafür, daß das Virus in Ruhe mutieren und die Herdenimmunität umgehen kann.

Was seit dreizehn Monaten geschieht, ist also das: Die Lockdowns, die zu einem Zeitpunkt, als die Erkrankungen längst natürlicherweise zurückgingen, „die Kurve abflachen“ sollten, gaben dem Virus Zeit, zu mutieren. Nun kommt seit August 2020 dank den Lockdowns eine Mutation nach der anderen daher, während die Regierungen wie wahnsinnig „Impfstoffe“ spritzen lassen, von denen niemand weiß, ob sie auch nur minimal vor dem längst ausgestorbenen „Urvirus“ schützen können. (Dies sagt der Epidemiologe Knut Wittkowski, auf den – wie auf alle Epidemiologen – seit einem Jahr niemand hört.)

DEUTSCHLAND RKI-CHEF WIELER

„Wir werden bis Ende 2022 voll in der Pandemie stecken“

Stand: 14:02 Uhr | Lesedauer: 4 Minuten

Ein Cornelius Roemer (dessen Nachnamen man als Pseudonym in Anlehnung an Roehm und Strasser verstehen könnte) fordert, Listen der an #allesdichtmachen beteiligten Schauspieler und ihrer „Follower“ anzulegen, um den Sumpf von „Durchseuchern“ trockenlegen zu können. Wundert es noch jemanden, daß der vorkämpfende Denunziantenaufwiegler ebenso wie Merkel, Priesemann, Kai Nagel und einige andere Paniksturköpfe nicht nur im Nebenberuf „Befürworter eines konsequenten Lockdowns", sondern im Hauptberuf „Physiker" ist? (Die Anführungszeichen möchten symbolisieren, daß Physik an sich nichts Übles sein muß.)

Katrin Göring („Grüne") beklagt, daß Kinder „kaum Beachtung finden". Damit meint sie nichts mit Masken, Vereinsamung, Digitaldrill, Hoffnungslosigkeit, Bildungsarmut, Depressionen, Suizidgedanken und diesem „Mimimi"-Zeugs. Sondern: daß Kinder noch nicht gespritzt werden.
Ja nun. Katrin Göring findet ja auch, daß ukrainische Faschisten zu wenig Beachtung in der aktiven Militärstrategie der NATO finden.

Nach der Tragödie kommt die Farce. Nach der Farce kommt „die dritte Corona-Welle". Nach der „dritten Corona-Welle" kommt der Witz, den man sich nicht mal mehr auf dem Klo erzählen traut. Und dann?

Dann, das ist zu befürchten, kommt Karl Lauterbach. „Zurück".

Überall Nazis, überall keine Nazis *(1. Mai 2021)*

„Ich habe es satt, die Menschen zu durchschauen; es ist so leicht, und es führt zu nichts." (Elias Canetti)

Die norwegische Gesundheitsbehörde teilt mit, daß das Zeug von Astrazeneca trotz Umbenennung weiterhin nicht gespritzt werden darf, auch nicht „entbehrlichen" Personen. Und zwar aus folgendem Grund: „Nachdem in Norwegen nur wenige Menschen an Covid sterben, wäre das Risiko, nach der Impfung mit Astrazeneca zu sterben, höher als das Risiko, an der Krankheit zu sterben. Das gilt insbesondere für jüngere Menschen." (Dazu weiter unten noch etwas mehr.)

Die Schlupfwespe, die uns gestern während des Wolkenbruchs in unserer Küche besucht hat, heißt Coelichneumon deliratorius. Sie legt ihre Eier in die Larven von Nachtfaltern, die dann von der Wespenbrut aufgefressen werden. Ob das ethisch vertretbar ist, wage ich nicht zu entscheiden.

Ganz sicher kann das auch Alena Buyx nicht entscheiden. Sie nennt sich zwar „Vorsitzende" einer Organisation, die sich „Deutscher Ethikrat" nennen läßt, hat aber von Ethik im herkömmlichen Sinn keine Ahnung und hält Grundrechte für Gnaden, die der Herrscher folgsamen Untertanen verleihen darf, wenn sie sich zum Beispiel brav eine Spritze verabreichen lassen. Dafür erhält sie nun den „Deutschen Nationalpreis", mit dem eine „Deutsche Nationalstiftung" Personen der „Zeitgeschichte" „würdigt", die „für das Zusammenwachsen, die Einheit und Vereinigung Deutschlands und Europas eingetreten sind". Darüber sollte man nicht weiter nachdenken.

Allerdings gewinne ich beim zufälligen Durchblättern alter Schülerzeitungen den Eindruck, daß sich Ende der siebziger Jahre des letzten Jahrhunderts selbst die von vorlauten Schülern als „alte Nazis" eingestuften Angehörigen des Lehrkörpers geschämt hätten, einen „Deutschen Nationalpreis" von einer „Deutschen Nationalstiftung" entgegenzunehmen. Da war die hohe Zeit des „Deutschen Nationalen" ja auch erst dreißig, vierzig Jahre her.

Die „Deutsche Nationalstiftung" ist (ebenso wie WHO und WEF) nichts Staatliches, Öffentliches, gar Gemeinnütziges (auch wenn sie sich rein rechtlich so nennen darf), sondern eine reine Privatveranstaltung, die bezeichnenderweise jedoch unter der „Schirmherrschaft" des jeweiligen Bundespräsidenten steht (der sich dem offenbar nicht verweigern darf) und „die nationale Identität der Deutschen bewußt machen" möchte. Mitgegründet wurde sie 1993 von Hermann Josef Abs, der von 1938 bis 1945 als Vorstandsmitglied der Deutschen Bank amtierte. Zuvor (1935) war er aufgrund der Nürnberger Rassengesetze „Nachfolger" eines jüdischen Teilhabers bei der Privatbank Delbrück, Schickler & Co. geworden. Bei der Deutschen Bank kümmerte sich Abs insbesondere um die „Arisierung" jüdischer Unternehmen und profitierte dabei von seinen Kontakten zu SS und Gestapo. Befaßt war er nebenbei auch mit dem Erwerb von Gold aus den Zähnen in Vernichtungslagern ermordeter Juden. Nach dem Krieg wurde er für etwa drei Monate inhaftiert und dann als „entlastet" eingestuft, um als „Finanzberater" in der britischen Besatzungszone dienen zu können.

Hinzufügen könnte man, daß auch Frau Buyx aufgrund ihrer jüngeren Äußerungen zur „Gewährung" von Grundrechten für brave Volksgenossen als „entlastet" gelten darf. Am 15. Dezember 2020 hatte sie noch vollmundig quergedacht, es sollte keine Sonderrechte für Geimpfte geben (mit der Einschränkung allerdings, das gelte nur solange „wir nicht genug für alle haben").

Inzwischen vertritt sie solcherlei Dinge, die man heutzutage wohl als „Standpunkt" bezeichnen darf: „Wenn die Priorisierung ausläuft, sei es wichtig, proaktiv vorzugehen, eine gute Kommunikationsstrategie zu entwickeln und beispielsweise noch kreativer mit mobilen Impfteams zu arbeiten." Das ist schwer zu übersetzen. Außer man sagt es einfach so: „Wir müssen mehr von dem Pack an die Impfnadel kriegen!"

Eine Seite namens „news.de" meldet: „Schlechte Nachrichten für alle Herren und Damen, die dem Charme von Alena Buyx hoffnungslos erlegen sind: Die hübsche Wissenschaftlerin ist bereits vergeben." Ob solches Geschwätz ethisch betrachtet frauenfeindlich ist, mag ich ebenfalls nicht beurteilen. Und was man in den zwanziger Jahren des 21. Jahrhunderts unter „Hübschheit" verstand, ist ein Thema, das ich gerne späteren Historikern überlasse.

Verheiratet ist Alena Buyx übrigens mit dem selbsternannten „Political Entrepeneur" oder „politischen Unternehmer" Josef Lentsch. Der gründete 2012 die österreichische

Partei NEOS mit, die sich insbesondere gegen Mindestlöhne und für die „Privatisierung“ der öffentlichen Grundversorgung einsetzt. Das 2016 gegründete „Innovation in Politics Institute“, für das er seit 2019 als „geschäftsführender Gesellschafter“ eine „deutsche Niederlassung aufbaut“, bezeichnet sich als „europaweite Serviceorganisation zur Weiterentwicklung von politischer Arbeit. Das Institut identifiziert die erfolgreichsten politischen Projekte in Europa und bereitet dieses Know-how länder- und parteiübergreifend auf – von Standortpolitik über Digitalisierung bis zu Mobilität.“
Wer meint, da den Herrn Schwab sich räuspern zu hören, könnte nicht ganz falsch liegen. Aber nein: Lentsch ist kein „Young Global Leader“. Sonst wäre er vielleicht längst österreichischer Bundeskanzler. Buyx ist ebenfalls keine „Young Global Leader“, und sie heißt auch weder Angela noch Annalena, sondern eben Alena.
Und daß sie ein Mensch ist, ist zumindest fragwürdig.

Daß kaum noch Menschen auf der Welt leben, die die Zeitschrift „Der Stürmer“ als Zeitgenossen kennengelernt haben, hat offenbar eine historische Marktlücke geschaffen, die der „Tagesspiegel“ nun füllen will. Dafür hat er sich eine Elite von Hetzschreibern ins Haus geholt, die den Stil und die Diffamierungstechniken von Julius Streichers Blatt tatsächlich fast perfekt draufhaben. So behaupteten sie neulich, bei #allesdichtmachen führe „eine Spur ins Querdenker-Milieu“. Und zwar sei einer der Beteiligten „im vergangenen Sommer mit Querdenker-Sprüchen aufgefallen, auf seinem inzwischen privaten Instagram-Account verglich er das Virus mit einer Grippe. Er sprach von ‚Panikmache‘ und nannte Befürworter der Maßnahmen ‚Coronazis‘. Mittlerweile behauptet er, sich von seinen früheren Aussagen zu distanzieren.“
Da „führt“ also eine „Spur“ zu einem, der „das Virus“ mit „einer Grippe verglich“. Damit könnte er auch Mitarbeiter der WHO sein. Aber nein, er sprach ja von „Panikmache“! Wie abwegig! Und er nannte Befürworter „Covidioten“! Äh nein, andersrum. Und dann behauptet er auch noch, sich von früheren Aussagen zu distanzieren. Da könnte er auch Drosten heißen. Weil man ja dazulernt.
So oder so: eindeutig ein kriminelles Milieu.
So geht es im „Tagesstürmer“ weiter: Wie der schreckliche Grippevergleicher „zu dem Projekt hinzugestoßen ist“, darüber „hüllen sich die Beteiligten in Schweigen.“ Einer dieser Schweigenhüller möchte auch noch die Frage, ob er, „der nach eigener Aussage die Gefährlichkeit des Virus nicht verharmlost“ (puh! immerhin!), sich von Dietrich Brüggemann hintergangen fühle, „nicht beantworten“!
Das muß man sich etwa so vorstellen: „Fühlen Sie sich von Dietrich Brüggemann hintergegangen?“ – „Äh, was? Wieso denn? Seid ihr bescheuert?“ – „Sie möchten also nicht antworten! Aha!“
Nein, anders: „Aufgrund der kritischen Berichterstattung“ wolle er „mit dem Tagesspiegel nicht reden.“ Noch mal: „aufgrund der kritischen Berichterstattung“. Ein drittes Mal: „aufgrund der kritischen Berichterstattung“.

Und weiter: „Auch Brüggemann reagierte auf Nachfragen nicht. So viel zur Meinungsfreiheit."
Denn die „Meinungsfreiheit", das lernen wir vom „Tagesstürmer", besteht nun einmal darin und nur darin, daß man „Nachfragen" des „Tagesstürmers" gefälligst zu beantworten hat, basta! Sonst: „Querdenker"!

Seit März 2020 sind in Deutschland vier (4) Kinder zwischen null und 20 Jahren „mit" Covid-19 gestorben. Das ist freilich ein triftiger Grund, alle 14 Millionen Kinder im Land zu impfen. Daß dabei wesentlich mehr Kinder an den Folgen der Impfung sterben werden, müssen „wir" als Kollateralschaden wohl hinnehmen.

Nebengedanke, weil Tag der Arbeiterklasse: Es ist die historische (und gesellschaftliche) Funktion der Sozialdemokratie, den Ausgebeuteten die profitsteigernden Forderungen des Kapitals als „Rechte" zu verkaufen. Daß niemand mehr die SPD wählen will, liegt nicht daran, daß das Betrug und Verrat ist, sondern daran, daß die „Grünen" das noch viel besser, effizienter und nachhaltiger können.

Geimpft trotz Impfung *(3. Mai 2021)*

„Zwiefalten hat nicht viel zu erzählen." So leitete der Suhrkamp-Verlag 1983 den Klappentext zu dem Roman „Zwiefalten" ein. Schriebe heute noch ein Verlag so etwas freiwillig auf ein Buch, und würde dieses Buch freiwillig jemand zur Hand nehmen, gar lesen? Mich könnte es freuen, denn wenn ich mich recht erinnere, fand ich den Roman damals sehr erfreulich, spannend und gehaltvoll, ebenso wie die „Mexikanische Novelle" und „Infanta" und im Gegensatz zu dem Schmarrn, den Bodo Kirchhoff später schrieb, und vielen, vielen Büchern, deren Autoren angeblich ganz „große Fabulierer" sind und soooo „viel zu erzählen" haben.

In der „Zeittafel" eines viel späteren Kirchhoff-Buchs staune ich über den Eintrag: „1959-1968 Internet am Bodensee".[57] Das kommt davon, wenn das Gehirn zu laut mitliest. Vielleicht schreibe ich so etwas in den Klappentext meines neuen Romans: „1993-2021 Internet in Schwabing, ohne Abschluß". Allerdings wird das Buch wohl keine Klappe haben (die es halten könnte), und eine „Zeittafel" erschiene mir etwas preziös (Sonntagsgedanken).

Zehn Zentimeter weiter berichtet Egon Erwin Kisch von einer Genderdebatte auf einem englischen Passagierdampfer, unterwegs Richtung USA im Jahr 1928: „Einige junge Amerikanerinnen lassen sich von Doktor Becker die Grundbegriffe der deutschen Sprache beibringen und lachen sich schief darüber, daß ‚Kind' sächlichen Ge-

[57] Der Eintrag lautete in Wirklichkeit „1959-1968 Internat am Bodensee; erstes Schreiben" (womit wohl kein Brief gemeint ist).

schlechts sei, unbeschadet, ob es einen Knaben oder ein Mädchen bedeute. Kichernd suchen sie unter dem Tisch dessen männliches Geschlechtsmerkmal, da sie hören, man sage: ‚der Tisch'. Als aber ‚Fräulein' und ‚Mädchen' als Neutra bezeichnet werden, prusten sie heraus und rennen davon."
Folgende Passage steht unmittelbar davor und nicht danach: „In diesem Augenblick kam eine Sturzwelle, die schwarzäugige ungarische Dame, unmittelbar daneben stehend, übergab sich, und die politische Debatte war somit in entsprechender Weise beendet."
Daß man Kischs Dichtkunst damals (und in der DDR-Ausgabe von 1953) nicht „Journalismus", sondern „Reportage" nannte, ist ein Unterschied, den man angesichts heutiger „Leistungen" von Vertretern der Branche prophetisch nennen mag. Indes gibt es zumindest den Begriff „Reportage" ja immer noch.

Zufällig genau hier (nach obigem Gedanken) erfahre ich, daß an der Hetzkampagne des „Tagesstürmers", der vorgestern neue wirre Verschwörungstheorien zum „antidemokratischen Netzwerk hinter #allesdichtmachen" verbreitete, neuerdings ein „Recherchenetzwerk Antischwurbler" beteiligt ist. Da schleicht sich die dringende Vermutung ein, daß es sich auch hierbei um eine satirische Aktion handeln könnte.

Victor Klemperer, Tagebuch 1942, 3. Mai: „Alles kommt darauf an, wie lange sich die Regierung hält. ‚Sie ist sehr fest organisiert', sagte Richter."

Noch ein Zufallssatz, aus einem Brief von Ivan Klima an Philip Roth (1978): „Unser Leben hier ist nicht sehr ermutigend – die Abnormität dauert zu lang und ist deprimierend."

Nach all den Sätzen zur Zeit ein Satz aus der Gegenwart: „Hier nicht verharren! Kurz Photo machen, und dann weiter! Nicht verharren!"
Gesagt hat diesen Satz ein unbekannter Ordnungsbeamter, dessen Aufgabe es war, zu verhindern, daß Passanten die Briefe und Zeichnungen von Kindern lesen bzw. betrachten, die ebenfalls Unbekannte zwischen weißen Rosen und Kerzen auf den Stufen zum Eingang eines deutschen Gerichtsgebäudes niedergelegt hatten, um sich bei einem Weimarer Richter zu bedanken. Der „Müll" wurde innerhalb kurzer Zeit in Plastiksäcke verpackt und weggeschafft.

Nicht verharren bitte auch bei den stetig hereinflutenden Zeitungsmeldungen über positive PCR-Tests und Covid-19-Infektionen „trotz" Impfung. Die „Stuttgarter Nachrichten" melden solche „Ausbrüche" allein in 13 „Pflegeeinrichtungen" in der Stadt. Bei der US-Gesundheitsbehörde CDC ist die Zahl schon fast fünfstellig und trotzdem noch viel zu niedrig, weil nur Patienten erfaßt werden, die ins Krankenhaus müssen oder sterben.
Ob man das „trotz Impfung" langsam lächerlich findet und meint, es könne auch zu einem „wegen" oder keinem von beiden übergegangen werden – so oder so bleibt fest-

zuhalten: Die Idee, Geimpften als Bonbon für ihr Opfer einen kleinen Teil ihrer unveräußerlichen Grund- und Menschenrechte gnädig zu „gewähren", könnte sich als eine der dümmsten Dummheiten in diesem ganzen Komplex erweisen. Medizinisch ratsamer wäre es wohl, Geimpfte zu ihrem eigenen Schutz für lange Zeit zu isolieren. Zumindest bis man ungefähr weiß, was man den Menschen da angetan hat.

In diesem Zusammenhang nicht ganz uninteressant ist eine aktuelle Studie (notwendige Anmerkung: Preprint!) aus Großbritannien, die sich als erste ihrer Art ausführlich, umfangreich und seriös den Auswirkungen der modRNA- und Vektorimpfungen auf weitere Ansteckungsgefahren und positive Tests bei Geimpften widmet.
Kurz herausgegriffen: Das Risiko, positiv getestet zu werden, steigt kurz nach der Impfung an und geht dann wieder zurück. Etwa drei Wochen nach der Impfung hat man wieder das gleiche Risiko eines positiven Tests wie vorher.
Ein zweiter Punkt zur Effektivität der Impfung: Das Risiko einer ungeimpften Person, einen positiven PCR-Test zu erhalten, liegt bei 0,4 Prozent. 80 Tage nach der zweiten Impfung liegt es bei 0,15 Prozent. Die absolute Risikoreduktion durch die Impfung beträgt also 0,25 Prozent. (Das betrifft wie gesagt nur das Risiko eines positiven Tests. Das Risiko, tatsächlich zu erkranken, ist für Geimpfte wie Ungeimpfte wesentlich geringer.)

Aus den Schriften des Fürsten von Shang, die die Regierungspolitik des ersten chinesischen Kaisers prägten: „Gut regierte Staaten setzen deshalb alles dran, das Volk zu schwächen. (…) Ein schwaches Volk hält sich an Gesetze, ein zügelloses wird übertrieben eigensinnig." Es sei deshalb erste Aufgabe des Herrschers, „das eigene Volk zu bezwingen", bevor er sich äußeren Feinden zuwenden könne. „Die Wurzel der Bezwingung des Volkes ist es, das Volk so zu kontrollieren, wie der Metallschmied das Metall kontrolliert und der Töpfer den Ton."
Und dazu dies aus dem Tao Te King: „Der, dessen Verwaltung aufdringlich ist, dessen Volk ist gebrochen."

Ist das eigentlich „solidarisch" oder „zynisch", daß Facebook nun mit Posts überflutet wird, in denen frisch Geimpfte sich über Impfschäden lustig machen und Geschädigte verhöhnen? Oder pfeifen da viele Hosenscheißer im dunklen Wald, weil sie gerade „Komm nur her, Wolf! Kommt nur her, ihr feigen Räuber und Gespenster!" gebrüllt haben und das nicht mehr rückgängig machen können?

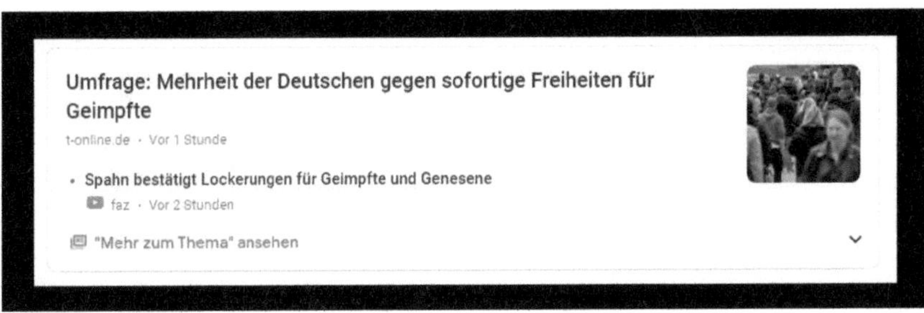

„Die Kunst fordert vom Künstler kein Talent, sondern Werke.“ (Stanislaw Jerzy Lec)

Daß die Luft dünner wird, merkt man an kleinen Details. Der BR meldete heute: „Würzburger Studie: Kita-Kinder keine Treiber der Corona-Pandemie.“ Kurz darauf fiel die subversive Aktion auf, die Geschichte hieß dann: „Würzburger Corona-Studie: Lieber spucken als nasebohren.“
Wer mag, kann beide Versionen vergleichen. Die alte gibt es noch auf Youtube, die neue auf der BR-Seite.
Na? Richtig: Kein Unterschied. Bis auf die Überschrift – und den Text, der unter der neuen Version steht und in dem etwas vollkommen anderes betont wird als in der ursprünglichen Version. Medienmanipulation in Echtzeit: Here we go.
(Update: Das Video mit dem alten Artikel ist inzwischen auch auf Youtube gelöscht.)
(3. Mai 2021)

Alarm! Grüne Männchen vom Mars erobern das Schyrenbad! *(5. Mai 2021)*

Wenn ich heutzutage vor einem elektronischen Gerät sitze, das mich mit Fossilien und Treibgut aus einer angeblichen Welt füttert, frage ich mich hin und wieder, was wir eigentlich früher so getan haben. Zum Beispiel im letzten Jahr der gymnasialen Unterstufe, das ich zufällig auswähle, weil es gerade ein unrundes Jubiläum feiert. Den Klimawandel, der uns heutzutage schon im Februar ein bißchen Sommer spendiert, gab es erst in Ansätzen. Aber dann, wenn es warm wurde, entwickelten wir ungeheuer einfallsreiche Strategien, um dem zu entgehen, was Pflicht war und im wesentlichen aus Schule, Hausaufgaben, Firmunterricht, Fußball- und Schwimmtraining sowie Familienbesuchen bei langweiligen Leuten bestand.
Freilich bemühten wir uns nach Kräften (und erfolgreich), auch die Pflichtveranstaltungen in einen Karneval von Gekicher, Blödsinn und real erblühenden Faulheitsphantasien zu verwandeln, aber wichtiger waren die Zeiten dazwischen. Da zogen wir hordenweise johlend durch Giesing, spielten im Wald Indianer, brachen in Baustellen und stillgelegte Ziegeleien ein, um Häuser und Städte zu bauen und als Räuber und Schandi durch Lüftungsschächte und Rohbaukeller zu kriechen, lungerten ganze Nachmittage im Schyrenbad herum, tauchten und bespritzen und jagten und kitzelten uns so lange im Großen-Becken, bis man uns wegen Störung des geregelten Schwimmablaufs hinausschmiß oder die Lippen blau waren und wir uns schlotternd in sonnenwarme Pfützen im Asphalt drücken mußten.
Sodann brachen wir auf, um die Liegewiese nach Pfandflaschen abzusuchen, die wir erbettelten oder einfach so mitnahmen und zum Kiosk trugen. Der fungierte als eine Art Wechselstube und tauschte das Leergut praktisch geldlos in Kaugummi, Brause, Eis, Schokolade, Schaumwaffeln und anderes Zeug, mit dem wir uns die Zähne ruinierten und die Gesichter verschmierten.

Dazwischen blätterten wir zum fünften oder zehnten Mal Donald-Duck-Taschenbücher durch, lachten über immer dieselben Witzchen und Mißgeschicke, was manchmal so ansteckend wirkte, daß wir uns minutenlang hysterisch krächzend im Gras kugelten, was erwachsenen Menschen ein fatalistisches Kopfschütteln und manchmal auch ein ziemlich fieses Bellen entlockte.

Obwohl es weder Lernsoftware noch „Wikipedia", Quora, Spiele-Apps gab und in jenem Sommer dank einer Hitzewelle mit Jahrhundertdürre auch der gewöhnliche Schulunterricht so gut wie täglich durch die erlösende Durchsage „Heute ab zehn Uhr zwanzig hitzefrei!" unterbrochen wurde, wußten wir allerdings doch einiges. Wir wußten, daß die Amerikaner Faschisten waren, die in Chile die Regierung gestürzt hatten und die Sowjetunion zu Staub und Asche bomben wollten. Wir wußten, daß in der Sowjetunion greise Betonköpfe regierten, die vor lauter Angst alles grau anstrichen. Wir wußten, daß die Deutschen den zweiten Weltkrieg angefangen und angeblich verloren und doch gewonnen hatten, weil gleich danach ein Wirtschaftswunder losging, von dem Engländer, Franzosen und die Bewohner der Sowjetunion nicht mal zu träumen wagten. Wir wußten auch, daß die Deutschen Millionen Menschen umgebracht hatten (was eine Million ist, wußten wir schon seit der vierten Klasse), daß die meisten davon Juden waren (was Juden sind, wußten wir noch nicht) und daß sie das einfach so getan hatten, weil es sein mußte, obwohl es eigentlich im nachhinein niemand so richtig gewollt hatte.

Wir wußten, daß die Industrie die Umwelt zerstörte und die Schuld den „Verbrauchern" zuschieben wollte, die so unvernünftig waren, das Plastikzeug, das sie herstellte, zu kaufen, nur weil es kaum was anderes gab. Wir wußten, daß Erwachsene böse Sachen machten, wenn man sie ließ: Waffen, Kriege, Atomkraftwerke, weshalb man sie immer mal wieder daran hindern mußte, so was zu machen. Wir wußten von Donald Duck, daß der Kapitalismus ein Schmarrn und Geld in großen Mengen zu nichts zu gebrauchen war. Wir wußten, daß täglich tausende Menschen verhungerten, weil andere reich waren und es einfach zu viele Menschen gab, daß Autos die Luft verpesteten und wir in zehn Jahren nur noch Krill essen würden. Wir lernten von einer Alice-Cooper-Single mehr über den Wahnsinn der Erwachsenen und der Welt als von einem ganzen Schuljahr Sozialkundeunterricht (den es noch gar nicht gab). Und wir wußten noch so einiges, vom Hörensagen, aus Heften und Büchern, von denen die meisten „Schund" waren, wie man uns beständig predigte.

Eines meiner Lieblingsbücher damals war ein wunderhübscher Roman von Fredric Brown, aus dem wir zum Beispiel wußten, daß es auf dem Mars grüne Männchen gab, die eines Tages auf die Erde kommen würden, um die Menschen zu schikanieren und bösen Schabernack mit ihnen zu treiben. Daß noch nie jemand ein solches grünes Männchen gesehen hatte, störte uns nicht weiter. Schließlich hatten wir die Geschichte von den grünen Männchen schon so oft aus verschiedenen Quellen gehört, daß sie einfach stimmen mußte. Außerdem hatte ja auch noch niemand bewiesen, daß es keine grünen Männchen gab, und selbst wenn es sie wirklich nicht gab, war uns das eigentlich egal, weil es sie immerhin geben konnte und wir, ganz ehrlich, auch wußten, daß es sie nicht gab, diese Vorstellung aber langweilig fanden.

Heute wissen wir geradezu ungeheuer viel mehr als damals, und trotzdem hat sich die Dummheit der Menschen kaum geändert. Eher ist sie noch schlimmer geworden, weil all das, was wir wissen, genau genommen nur noch Maschinen wissen, die uns hin und wieder eine Handlungsanweisung hinklatschen, die „alternativlos" ist. Und weil es keine Kinder mehr gibt, die, wenn man sie nicht schärfstens drillt und diszipliniert, nichts als Unfug treiben, kichern, Süßigkeiten mampfen, sich mit Alice Cooper zudröhnen, viel zu lange im kalten Wasser herumwimmeln, von grünen Männchen schwadronieren und vieles wissen, was Erwachsene vergessen haben und nicht wissen wollen.

So haben die bösen Erwachsenen freie Bahn. Sie können zum Beispiel behaupten, daß es eine Krankheit gibt, mit der man andere anstecken kann, obwohl man sie selber gar nicht hat und auch nicht kriegt, und daß man deswegen Freibäder, Fußballplätze und Schulen schließen, sich Stickmasken vors Gesicht binden, Kinder einsperren und den ganzen Tag Angst haben muß. Wenn man ihnen erklärt, daß noch nie jemand so einen Fall einer „Geisteransteckung" nachgewiesen hat, laufen sie rot an und brüllen, schließlich habe man diese Geschichte schon so oft aus verschiedenen Quellen gehört, daß sie einfach stimmen müsse! Außerdem habe ja auch noch niemand bewiesen, daß es keine solchen Fälle gebe!

Also im Grunde die gleiche Geschichte wie mit den grünen Männchen vom Mars. Allerdings mit einem entscheidenden Unterschied: Eine Welt, in der es grüne Männchen vom Mars geben konnte, war irgendwie lustig, was sie ansonsten nicht immer war. Eine Welt, in der es asymptomatische Ansteckungen geben könnte, ist eine Hölle aus Panik, Hysterie, Mißtrauen, Übervorsicht, Überwachung, Kontrolle, Terror, Depression und Massenwahn.

Und da wäre ich ehrlich gesagt ganz gerne wieder ein Kind, um den Erwachsenen zu erklären, daß es grüne Männchen zugegebenermaßen nicht wirklich gibt, daß mir die grünen Männchen aber viel lieber wären als das, was sie mir einreden möchten und was es sehr wahrscheinlich auch nicht wirklich gibt.

Weil wir dann wieder hordenweise durch die Stadt ziehen, Fußball, Indianer, Räuber und Schandi spielen, in Schwimmbädern herumlungern, Schund lesen, wilde, subversive Popmusik hören und alles mögliche andere tun könnten, was Kinder tun müssen, damit sie nicht krank werden, und was Erwachsene, wenn sie ehrlich sind, auch viel lieber täten als den ganzen anderen Schmarrn.

„Die Dinge werden sich deutlich äh beschleunigen." *(6. Mai 2021)*

Welch gewaltigen Unterschied im Denken manchmal zwei Buchstaben ausmachen können (die gar nicht NS lauten müssen). Der „Spiegel" fragt: „Wie impft man Menschen,

die nicht mehr selbst zustimmen können?" Gemeint sind unter anderem: „psychisch kranke" und „demente Personen". „Wir impfen die Leute auch, wenn sie unbekleidet sind", sagt ein damit Beauftragter. Sicherheitsprobleme habe es bislang nicht gegeben. „Aber es gibt immer wieder Unwohlsein." Deshalb hat man die nicht speziell ausgebildeten Mitarbeiter, die die Zwangsgespritzten „betreuen" sollen, angewiesen, nach der Spritzung „noch zwanzig Minuten vor Ort zu bleiben und das Gespräch zu suchen". Dabei sollen sie möglichst „nicht mit dem Handy spielen oder rauchen gehen, sondern Fragen stellen und informieren".
Ach so, die zwei Buchstaben: Man könnte ja spontan nicht „wie", sondern „wieso" fragen, ganz einfach. Gilt eigentlich für jeden Menschen, in diesem Fall aber noch mehr.
(Danke an Artur Aschmoneit für den Hinweis, daß der hier zitierte „Spiegel"-Artikel im Rahmen der Initiative „Globale Gesellschaft" von der Bill-&-Melinda-Gates-Stiftung finanziert wurde.)
Da sieht man auch, wie gut Framing wirkt: Der Hinweis, daß die „Impfungen" freiwillig seien (und eine rechtliche Ungleichbehandlung von Geimpften und Nichtgeimpften gegen die Verfassung und die Menschenrechte verstößt), erscheint selbst mir inzwischen irgendwie seltsam. Von der im letzten Jahr und noch bis Februar so oft „betonten" und „unterstrichenen" Freiwilligkeit ist in der Debatte auch seit Wochen keinerlei Rede mehr; die rotiert vielmehr hysterisch um die Fragen, wann endlich alle „geimpft" sein können und wann man endlich damit beginnen kann, „Geimpfte" und Nichtge spritzte rechtlich ungleich zu behandeln.

Weniger erfolgreich dürfte (hoffentlich) dieser Framing-Versuch sein: Ein Professor Ulrichs läßt sich von der „Welt" interviewen – Zusammenfassung: „Endlich! Trendumkehr durch den Bundeslockdown!" Das ist selbstverständlich völliger Schwachsinn. Aber immerhin ist es damit nun mal in der Welt, und da könnte es sich vermehren und exponentiell verbreiten. Wenn es nicht gar so schwachsinnig wäre. Oder gerade deswegen? Schließlich weiß spätestens seit dem letzten Jahr eigentlich jeder, daß die Saison der Coronaviren Anfang Mai langsam zu Ende geht. Schließlich weiß auch jeder, daß seit Ende März die Zahl der Tests geradezu explodiert und die „Inzidenz" dadurch gestiegen ist. Und jeder weiß, daß die Zahl der Tests nun wieder zurückgeht, weil die Schulen wegen der durch die Testung der Schüler gestiegenen „Inzidenz" nun wieder geschlossen sind und die Schüler daher auch nicht mehr getestet werden. Aber: so etwas zu wissen und es zu verstehen, das sind zwei verschiedene Dinge.
Herr Ulrichs fordert übrigens schon seit einem Jahr regelmäßig in Interviews mit Boulevardmedien einen „sofortigen Lockdown" und behauptet, einen solchen Lockdown vorher anzukündigen „wäre kontraproduktiv".

Um noch einmal an den „Deutschen Nationalpreis" anzuknüpfen, sei erwähnt, daß die vorsitzende Ethikraterin Elena Buyx schon im Februar in einem „Spiegel"-Heft forder-

te: „Jede Dosis muß in einen Arm!" Und zwar weil es eine „moralische Pflicht, sich impfen zu lassen" gebe.
Wem da nicht schlecht wird, der erträgt auch das Original: den Sterbehilfe-Propagandafilm „Ich klage an" von 1941, der ebenfalls von einer „moralischen Pflicht" handelt und über den Joseph Goebbels meinte: „Allerdings ist es sehr ratsam, die pädagogische Aufgabe zu verschleiern, sie nicht sichtbar zutage treten zu lassen, nach dem Grundsatz zu handeln, daß wir die Absicht nicht merken sollen, damit man nicht verstimmt wird." Entscheidend sei, den Zuschauer und das Volk zu erziehen, „ohne daß das Objekt der Erziehung überhaupt merkt, daß es erzogen wird, wie das ja überhaupt die eigentliche Aufgabe der Propaganda ist".

In diesem Zusammenhang interessant: daß anläßlich des soeben (nicht, d. h. online) stattfindenden Deutschen Ärztetags der Vorsitzende der Bundesärztekammer vom Bayerischen Rundfunk nach der derzeitigen Situation zum Thema Euthanasie gefragt wird. Er mag sich aber nicht definitiv äußern.

Und apropos „moralische Pflicht": Daß es eine moralische Pflicht gebe, Frieden zu erhalten und notfalls zu schaffen, mag manch ein Naiver für durchaus wünschenswert halten, gerade angesichts des wieder einmal nahenden Jubiläums des letzten Weltkriegsendes. Friede mit Rußland sei allerdings keine „moralische Pflicht", betont Alan Posener in der „Zeit", zumindest nicht „um jeden Preis". „Gerade die kulturelle Linke" müsse sich dringend „von der Vorstellung lösen." Wer mit der „kulturellen Linken" gemeint ist? Darauf geht Herr Posener leider nicht näher ein.
Zu dieser moralischen Nicht-Pflicht äußern sich auch andere. Der FDP-Außenpolitiker (Funktion unbekannt) Alexander Lambsdorff fordert: „Wir müssen Rußland dort treffen, wo es wirklich wehtut." Dafür müsse auch die Bundesrepublik „einen Preis zahlen", das „Anliegen" rechtfertige dies jedoch. Eine „Stiftung Wissenschaft und Politik" meint, man müsse „die militärischen Organe der EU beauftragen" und zum Beispiel eine „militärische Mission im Schwarzen Meer" durchführen, um Rußland „außenpolitisch einzuschüchtern". Die Bundesverteidigungsministerin behauptet, Moskau stecke bereits in der „Kriegsführung mitten in Europa". Und so weiter.
Auch der russische Außenminister sagte etwas zu dem transatlantischen Kriegsgetrommel: Er halte die Beziehungen zur EU bereits jetzt für schlechter als im Kalten Krieg. Damals habe man wenigstens noch „eine gegenseitige Achtung" gezeigt, „an der es heute mangelt".

Eine nicht uninteressante Frage, die seltsamerweise offenbar niemand stellt: Das Risiko, sich im Falle einer Begegnung mit SARS-CoV-2 zu infizieren (oder vielmehr: positiv getestet zu werden), sinkt durch die Impfung um circa 60 Prozent. 40 Prozent der Menschen, die dem Virus tatsächlich begegnen (was zum Glück sehr unwahrscheinlich ist),

werden weiterhin positiv getestet, können sich infizieren, krank werden und dann andere anstecken.
Wie kann man angesichts dieser Erkenntnis darauf hoffen, daß die „Maßnahmen" für Geimpfte vorübergehend ausgesetzt werden und sie wieder Biergärten besuchen und nachts das Haus verlassen dürfen? Ich kann die Frage vermutlich beantworten: Man testet die Geimpften einfach nicht mehr. Dann ist für diese Klasse der Bevölkerung vieles wie früher: Wer sich erkältet, der erkältet sich eben, und wer mit fünfundneunzig an einer Lungenentzündung stirbt, der stirbt eben an einer Lungenentzündung, wie das schon immer die meisten tun. Daß dadurch im Lauf der Zeit sozusagen pragmatisch die Vernunft wieder einkehrt, sollten wir allerdings nicht erwarten. Denn es bleiben ja noch die Ungeimpften, die weiterhin getestet und bei bester Gesundheit als „Covid-19-Kranke" in Zwangsquarantäne gehalten werden (abgesehen davon, daß sie die Treffpunkte der Geimpften selbstverständlich nicht betreten dürfen).
Da scheint ein Bild aus dem nächsten oder übernächsten Winter auf: In einem Restaurant speisen „Geimpfte", von denen ein nicht geringer Anteil Schnupfen hat, hin und wieder niest, sich räuspert oder hustet. Der eine oder andere mag auch glasige Augen haben, leichtes Fieber, aber: Geht schon noch. So entsteht traditionell eine Grippewelle, die – wenn es nach manchen Forschern geht – allerdings heftiger verläuft als früher, weil durch impfungsbedingte Autoimmunreaktionen jede leichte Erkältung lebensbedrohlich werden kann. Die „Ungeimpften" bleiben derweil weitgehend verschont, weil sie sich nicht unter die „Geimpften" mischen dürfen und ihr Immunsystem noch weitgehend intakt ist. Welche Maßnahmen wird man dann ergreifen?

„Wohnen gehört zu den ganz zentralen Aufgaben der Zukunft", behauptet Winfried Kretschmann. Für Menschen, die sich der von Kretschmann geforderten „Durchimpfung" der Bevölkerung verweigern, wird Wohnen auch weiterhin zu den „ganz zentralen Aufgaben" der Gegenwart gehören, zumindest bei schlechtem Wetter.

„Wir sind unglücklich über diese Impfkampagne", sagte der Vorsitzende der Arzneimittelkommission der deutschen Ärzteschaft, Wolf-Dieter Ludwig. Sie werfe zahlreiche Probleme auf, ihr Nutzen sei ungewiß: „Die Gesundheitsbehörden sind auf eine Kampagne der Pharmakonzerne hereingefallen, die mit einer vermeintlichen Bedrohung schlichtweg Geld verdienen wollten." Herr Ludwig sagte dies im Oktober 2009. Er wurde zuletzt 2018 wiedergewählt und hat seinen Posten noch bis Ende 2021 inne. Man könnte ihn also mal fragen, ob er heute glücklicher ist.

Ein Nachtrag zur Statistik der an Covid-19 erkrankten und gestorbenen Kinder der letzten dreizehn Monate: Der bayerische Staatskanzleichef Florian Herrmann begründet, wieso in Bayern Schüler auch künftig bei einer „Inzidenz" ab dem Phantasiewert 100 nicht in die Schule dürfen: „Das sind wir der Gesundheit unserer Schülerinnen und

Schüler schuldig." Ich meide dieses Wort, wo es nur geht, aber das ist leider nicht mehr als eine dreiste und böse: Lüge.

„Nehmt jetzt endlich die Grundrechte ernst", fordert ein „Albert Funk" im Tagesstürmer. Was er meint, ist: Setzt endlich die Grundrechte außer Kraft und gesteht sie gnadenweise nur jenen Leuten ansatz- und ausnahmsweise zu, die bereit sind, ihre Gesundheit und ihr Leben dem Wohl der Pharmaindustrie zu opfern. Tut das aber bitte so radikal, unmenschlich, grundgesetzwidrig und gegen alle Menschenrechte, wie es nur geht. Der Abschaum muß endlich weg! Übrig bleibt dann eine kleine Gemeinde von Geimpften, deren „Grundrechte" so lange „ernstgenommen" werden, wie sie allem abschwören, was den Interessen der Pharmaindustrie zuwiderlaufen könnte.

In August Gottlieb Meißners „Geschichten vom Unstern und Aberwitz" (1778-96) findet sich der Fall eines Bauern, der seine Frau erschießt, um sie vor dem Selbstmord und der damit verbundenen Verbannung in die Hölle zu bewahren. Das will mir wie eine umgekehrte Parabel auf vieles, was derzeit geschieht, erscheinen.

Was ist Korruption? Ungefähr: jemanden durch die Zahlung von Geld oder die Gewährung anderer Vorteile zu einer Handlung zu bewegen, zu der er ansonsten nicht bereit wäre. Der Verdacht, daß diese Art der „Meinungsbildung" im politischen Geschäft besonders weit verbreitet und üblich ist, ist Gegenstand zahlreicher „Verschwörungstheorien", Ermittlungsverfahren, Strafprozesse, Untersuchungsausschüsse und investigativer Recherchen. Belegen läßt er sich nebenbei auch damit, auf welche Ideen Politiker kommen, wenn es darum geht, Widerstände beziehungsweise eine „weit verbreitete Skepsis" in der Bevölkerung zu „überwinden": Wo man keine Argumente hat, hilft Geld, so wie zum Beispiel in Serbien, dessen Regierung jedem Bürger, der sich bis 31. Mai einer mRNA- oder Vektor-Spritzung unterzieht, 25 Euro zu zahlen verspricht. Das ist immerhin etwa ein Zwanzigstel eines durchschnittlichen serbischen Monatseinkommens (520 Euro).
Und freilich geht es darum, „Menschen zu belohnen, die Verantwortung an den Tag legen". Wie so eine „Verantwortung" funktioniert, zeigt (zufälliges Beispiel) eine kurze Recherche zum Begriff „Parteispendenaffäre".

Einem Schüler im „Online-Unterricht" wurde diese Aufgabe gestellt: „Spiele folgendes Lied ab." (Gemeint ist die deutsche Nationalhymne.) „Was fällt dir dazu ein?" Dem Schüler fallen drei Zeilen ein: „‚Einigkeit und Recht und Freiheit', so fängt die Hymne an. Momentan ist das Land gespaltet, und die Grundrechte wurden mitsamt Freiheit abgeschafft." Die Lehrerin antwortet: „Danke für deine Abgabe. Die drei Zeilen (...) entfernst du bitte. Viele Grüße." Der Schüler fragt nach: „Warum soll ich die drei Zeilen entfernen? Die Aufgabe hieß: Höre dir das Lied an. Was fällt dir dazu ein? Die drei Zeilen sind das, was mir zur Hymne eingefallen ist. Das ist meine Meinung. Eine Meinung ist erstens erlaubt, zweitens niemals falsch. Jeder darf eine Meinung haben. Und

ich sollte aufschreiben, was mir zu dem Lied einfällt. Das habe ich gemacht. Viele Grüße." Und die Lehrerin stellt klar: „Du hast natürlich recht, daß jeder eine eigene Meinung haben darf und diese auch frei äußern darf. Trotzdem ist es nicht ganz richtig, daß unsere Grundrechte mitsamt der Freiheit abgeschafft wurden. Viele Grüße."
Na gut, immerhin: „nicht ganz".

Zum Abschluß spricht die deutsche Regierungschefin zu dem, was wichtiger ist als Freiheit und irgendwelche Rechte (O-Ton):
„Ja, meine Damenherrn, wir ham heute eine Ministerpräsidentenkonferenz gehabt, die sich äh ausschließlich mit dem Thema des Impfens und äh des, der Behandlung auch der Geimpften und Genesenen äh befaßt hat, und äh der Bundesgesundheitsminister hat uns informiert über den Stand des Impfens, in indem er uns ein Bericht gegeben hat und noch mal darauf hingewiesen hat, daß wir doch jetzt öhm im zweiten Quartal deutlich Tempo gewonnen haben, was das Impfen anbelangt, während wir im ganzen ersten Quartal zehn Prozent der Bevölkerung nur impfen konnten, so öhm sind es jetzt in den ersten drei Wochen des April bereits noch mal zehn Prozent gewesen, und die Dinge werden sich also deutlich äh beschleunigen."

Bier! Schweiß! Kunstsperma! *(8. Mai 2021)*

Das ist so billig, daß es als Komödie schon wieder nett ist: Man öffnet die Schulen und testet sämtliche Schüler zweimal die Woche. Dadurch geht die „Inzidenz" zwangsläufig nach oben – bis man die Schulen wieder schließen muß und die Schüler nicht mehr zu testen braucht. Dadurch geht die „Inzidenz" wieder runter. Dann stellt man sich hin und behauptet freudestrahlend, das liege am „Bundeslockdown" und den Ausgangssperren. Daß Herr Wieler und Herr Spahn nicht kapieren, was für ein Schwachsinn das ist, mag man sich notfalls noch vorstellen können. Daß es gut ausgebildete, unabhängige und denkfähige Journalisten nicht kapieren, halte ich für ausgeschlossen.
Ich möchte mich nicht dazu äußern, was das über gewisse Journalisten sagt. Andererseits stelle ich in gewissen Kreisen eine gewisse Überheblichkeit fest. Denn für so superverblödet wie die SZ kann man seine Leser eigentlich gar nicht halten: „Endspurt in den Sommer", lautet ihre Hauptschlagzeile, dazu: „Nein, die Pandemie ist noch nicht besiegt. Aber wenn die Menschen sich weiter an die Regeln halten, stehen Deutschland relativ entspannte Monate bevor." (Für spätere Generationen: Doch, das steht wirklich als Leitartikel auf der ersten Seite!)

„Der Feigheit Quelle ist, daß sich die Menschen nicht vorstellen können, es könnte noch etwas Schlimmeres geben als das Schlimme." (István Örkény)

Es gab heute aber tatsächlich Leute, die auf Facebook jubelten: „Kanzlerin sagt, dritte Welle ist gebrochen!" Auf mein Angebot einer Wette, daß in ziemlich genau einem Jahr die fünfte Welle brechen wird (und Anfang Mai 2023 dann die siebte), habe ich noch keine Antwort.

Nach vielen Monaten mal wieder „Sterbekurven“ anzuschauen, löst leicht ungute Erinnerungen an Zeiten aus, als man sich daran abarbeitete, diese Kurven den Fanatikern aufzudrängen, die sie, um ihren Glauben zu bewahren, einfach nicht anschauen wollten. Das Bild ist das erwartete und gewohnte: Lockdown-Übersterblichkeit im Dezember, ansonsten alles normal oder „zu niedrig“. Allerdings war die „Covid-19-Sterblichkeit“ im Januar recht hoch, was wohl mit der verheerenden Wirkung der Impfungen in Alters- und Pflegeheimen zusammenhängt, in deren Folge es zu massenweisen „Ausbrüchen“ kam. Es ist so und so betrüblich.

„Hier kommt auch schon der erste Sketch, der sich auf heitere Weise mit Atemwegserkrankungen bei Kindern auseinandersetzt.“ Sagte Martin Puntigam im September 2007 auf der Bühne im „Vereinsheim“. Und ich stelle beim Wiederschauen fest: Nichts fehlt mir derzeit mehr als so richtig schmutziges Kabarett in dicht gefüllten Räumen, wo man klebt vor Schweiß und Bier. (Ich bin übrigens damals in Martins Kunstsperma ausgerutscht.)

„Meinungen haben heißt sich an sich selbst verkaufen. Keine Meinungen haben heißt existieren. Alle Meinungen haben heißt Dichter sein.“ (Fernando Pessoa)

Endspurt in den Sommer

Nein, die Pandemie ist noch nicht besiegt. Aber wenn die Menschen sich weiter an die Regeln halten, stehen Deutschland relativ entspannte Monate bevor

Ich habe mich das auch schon gefragt: Wenn früher so viele Menschen die Influenza hatten, wieso habe ich dann so wenig davon gemerkt (außer die zweimal, wo ich sie selber hatte, inklusive Lungenentzündung)? Und wenn jetzt eine Erkältungskrankheit als regelrechte Pandemie über uns hereingebrochen ist, wieso merke ich dann noch weniger davon? Es mag am schwierigen Umgang des menschlichen Denkens mit großen Zahlen und ihren Verhältnissen liegen. Eine Prävalenz (bzw. „Inzidenz“) von 100 bedeutet ja zum Beispiel dasselbe wie 0,1 Prozent. Trotzdem hört sich das eine ganz anders an als das andere.

Dann kommt die Aufmerksamkeit dazu: Wenn man einen Bekannten- und Verwandtenkreis von etwa zweihundert Leuten hat, heißt das, daß man bei einer Inzidenz von 0,1 Prozent im Normalfall überhaupt nichts bemerken kann – weil von den zweihundert Leuten nur 0,2 krank (das heißt: heute positiv getestet) werden, und das ist nun mal niemand. Es werden daher sogar vier von fünf Leuten in ihrem Bekanntenkreis absolut nichts bemerken, und der fünfte, der den einen, einzigen statistischen Fall kennt, bemerkt das auch nicht unbedingt. Außer er achtet ein ganze Jahr lang darauf und führt (schriftlich oder unbewußt) Buch darüber.

Vor längerer Zeit habe ich (ich weiß nicht mehr wo) ein Interview mit einem Epidemiologen gelesen, der darlegte, daß die „Inzidenz" während der Grippewelle 2018 weit über 2.000 lag. Ich kann das nicht prüfen, aber da hätte man dann bei zweihundert Verwandten und Bekannten tatsächlich durchschnittlich vier Erkrankte kennen müssen (wenn man darüber gesprochen hätte). Kannte man ja vielleicht auch und hat's vergessen.

Erich Fried zu seinem hundertsten Geburtstag per Überschrift zum „Philanthrop" zu erklären, ist ziemlich fies von der „taz". Es nennt ja schließlich auch niemand mehr Karl Valentin einen „Querdenker". (Na gut, gleich drunter finden sich die üblichen Phrasen: „unbequem", „zwischen allen Stühlen", „neu zu entdecken" und das mir auf ewig rätselhafte Unwort „lohnenswert". Trotzdem: „Philanthrop" ist so durch wie umgekehrt „schwurbeln", das heute für „ausführlich darlegen" steht. Gut, daß uns der „Bullshit" geblieben ist, um die vakante Stelle ersatzweise zu füllen.)

Erst hat's Merkel geschw … nein: behauptet, jetzt plappert's Lauterbach nach: Wenn die Hälfte der Bevölkerung geimpft ist und eine „Inzidenz" von 200 eintritt, hat die ungeimpfte Hälfte eine „Inzidenz" von 400 (bei Merkel waren's glaube ich noch 100 und 200; das entspräche der üblichen Lauterbach-Hysteriespirale – ich mag das aber nicht nachprüfen, weil es so unappetitlich ist). Das heißt: Wenn 99 Prozent geimpft sind und eine „Inzidenz" von 200 eintritt, hat das verbliebene Prozent eine „Inzidenz" von … uff, nein, danke.

Während die Herrschenden in Berlin diskutieren, zur Finanzierung der „Corona"-Milliardenprofite der Pharmaindustrie und der GAFAM-Konzerne (Google, Apple, Facebook, Amazon, Microsoft) das Renteneintrittsalter der Ausgebeuteten anzuheben, stellt sich heraus, daß fast 20 Prozent der Ausgebeuteten schon jetzt das Renteneintrittsalter nicht erreichen, sondern vorher sterben.
Erleichternd immerhin: Die Menschen, die vor Erreichen des Rentenalters sterben, sind berufstätig beziehungsweise arbeitslos. Rentner sind also nicht betroffen und werden das in Zukunft noch weniger sein. Und die Verstorbenen wiederum bleiben vor zukünftigen Rentenkürzungen (zwecks „Corona"-Finanzierung, siehe oben) verschont, Gott sei Dank.
Nun könnte man pöbeln: Die Rentner und die Noch-nicht- (oder Nie-)Rentner haben doch schon die Übernahme der DDR, den Jugoslawienkrieg, den Afghanistankrieg, die Finanzkrise, den „Wiederaufbau" und alles mögliche andere bezahlt! Mag sein, aber die sind schon tot. Das nennt man Generationenvertrag.

Eine Notiz aus dem März 1996, geschrieben am Chinesischen Turm, gefunden auf einem Zettel (Lesezeichen) in einem Buch von Günter Ohnemus: „Was mich ärgert, ist dasselbe, was mich bei allen Büchern nach 1980 ärgert: die Druckfehler. Eine Buchseite kommt mir immer ein bißchen vor wie die Oberfläche eines – sagen wir – Weihers im Sommer: Ist man ein Wasserläufer, kann man eine Menge Spaß dabei haben, darüber hinwegzulaufen. Dann kommt aber plötzlich etwas dahergeschwommen, kein Ast, vielleicht ein Haar, da bleibt man hängen, sinkt in das vorher vollkommene Bild noch tiefer, und da ist es nicht mehr vollkommen, sondern blöd, eingebildet. Das ist ein Druckfehler. Dabei erscheinen die Bücher von Günter O. in wunderbarer Aufmachung in dem wunderbaren Maro-Verlag, der immer meine Sachen zurückschickt mit – und schon deshalb ist er wunderbar – einem Kärtchen, auf dem steht, meine Sachen gefielen ‚uns nicht sooo gut, daß wir ein Maro-Buch daraus machen wollen' (gemeint ist: ‚wollten'). Wunderbar, oder nicht? Weil: Nicht nur ist der M.V. eines der wenigen von diesen elektrischen Briefkastenmonstern, die überhaupt antworten. Er tut auch noch mehr Gutes, als man Gutes tun kann: Er lehnt mich ab, ohne mich abzulehnen. Schauen Sie: Meine Sachen gefallen dem anonymen Maro-Verlag zwar, nur leider nicht sooo gut. Gut sind sie, Maro sagt's (und sonst kaum einer). Und: sogar so gut, daß die betriebigen Leute bei Maro jederzeit ein Buch daraus machen würden, nur eben kein Maro-Buch. Leider aber machen sie dort nun mal nur Maro-Bücher. Pech für beide. Kann man schönere Postkarten bekommen?"

Da fällt mir ein, daß ich vor zwei Wochen einen eigenen Roman erstmals seit seinem Erscheinen wieder ganz gelesen habe. Darin stand nicht nur das Wort „Mainstreampresse" (hineingeschrieben circa 2006), sondern auch der eine oder andere Tippfehler. Die sind jetzt alle korrigiert.

Das Diskussionsverhalten der „Maßnahmenverteidiger" erinnert an eine alte religiöse Verhaltensregel: „Kein Lächeln beim Beten, der Herrgott will deine Zähne nicht sehen!" Ich bin gespannt, ob sie das Lächeln wieder lernen, die Verkniffenen und Versteiften, „danach", „wenn das alles vorbei ist" (um zwei ihrer Lieblingswendungen zu zitieren). Vor allem wenn sie feststellen, daß es kein „Danach" gibt und „das alles" nie „vorbei" sein wird.
Allein die Vorstellung ist grotesk: Mai 1945, der zweite Weltkrieg ist zu Ende. „Und jetzt", sagt eine Regierung (egal welche), „ist alles wieder wie vorher." Wie vorher? „Ja, wie im Mai 1939. Viel Spaß noch!"

Solche Publikationen genügen nicht journalistischen Standards und bewegen sich in gefährlicher Nähe zu Verschwörungsideologien. Dauert nicht mehr lange und auch Du bist ein Fall für den VfS.

Daß in der Politik und in so gut wie allen Wissenschaften das Individuum zusehends in der Masse verschwindet und nur noch als Repräsentant einer Gruppe, Klasse oder sozialen Bedingung geduldet wird – ist das wirklich nur Folge und Niederschlag der zu immer unvorstellbareren Ausmaßen anschwellenden schieren Zahl an Menschen auf dem Planeten? Ähnlich wie Reichtum und Macht der alleroberstem Klasse, die im Gleichschritt anschwellen und ebenfalls Ausmaße erreicht haben, die noch nie vorstellbar waren?

„Die Universität Visva-Bharati, die er [Rabindranath Tagore] vor fast hundert Jahren gründete, war um die Pädagogik des Ananda [Freude und Entzücken] herum aufgebaut: Ob es sich um die Naturwissenschaften (Insbesondere Botanik und Zoologie), die Literatur, die Künste oder die Mathematik handelte, im Zentrum des Lehrplans standen die Entdeckung und das Vergnügen, das sich aus dem Wecken und Stillen der Neugier ergibt.“ (Sumana Roy)

Wenn der Rasenmäher des Nachbarn drei Stunden lang röhrt und dann mit einem „Schrack!“ plötzlich verstummt, ähneln die Vorstellungen, was da passiert sein könnte, alten Donald-Duck-Zeichentrickfilmen.
Und der Gedanke, daß ich selber auch einen Rasenmäher habe, daß der ja aber nur läuft, wenn ich mich weder konzentrieren noch ausruhen mag, ist hochmodern: purer, schamloser Egoismus.

Falls irgend jemand vorgehabt haben sollte, diesen Sommer einen Biergarten zu besuchen: Hier sind die Vorschriften. Bitte jeden Punkt SEHR GENAU lesen (auf muenchen.de)![58]
1984 (ausgerechnet) wäre ein solcher Schmarrn von einer Flutwelle aus Lachtränen direkt in die Isar gespült worden, aber mei, so sind die Zeiten. Nächstes Jahr sind's dann nicht mehr acht, sondern 94 Seiten, in denen auch die Gabelhaltung, das Desinfizieren des Bierglases nach jedem Schluck, die Vermeidung von Zischlauten in Diskussionen, der überwachte Einzelheimgang und andere wichtige Details punktgenau geregelt sein werden (bis zur nächsten Präzisierung). *(10. Mai 2021)*

Corona läßt Brücken einstürzen! *(11. Mai 2021)*

Wenn man dem Menschen in bestimmter Hinsicht ein allegorisches Bild überstülpt, hat dies – oft ungeahnte – Auswirkungen in anderen Hinsichten. Betrachtet man etwa ein Kind als leere Tafel, die mit Bildung und Erziehung beschrieben werden muß, so erscheint gesundheitlich folgerichtig das Bild des Menschen als steriler Apparat plausibel, in den Erreger von außen eindringen und ihn krank machen. Vergleicht man hingegen ein Kind mit einem Baum, der von selbst weiß, wie er wachsen kann, wenn er in einer

[58] Das Dokument fand sich bei Drucklegung dieses Buchs tatsächlich immer noch unter der Adresse stadt.muenchen.de/dam/jcr:8bff2771-e5ac-426c-8523-7fa4d2c5608d/AV_%C2%A7_27-10.05.21.pdf – alternativ kann man sich das Ding auch von mir vorlesen lassen: www.youtube.com/watch?v=ciSiYayRZU0

geeigneten Umgebung wurzelt, so ergibt sich für die Gesundheit das Bild eines anpassungsfähigen inneren Systems, das mit seiner Umgebung kommuniziert, auf deren Angebote, Einflüsse und Zumutungen reagiert und aus den dabei gemachten Erfahrungen lernt.

Vor einem Jahr ging gerade die Phase zu Ende, in der Panik-Hysteriker vor allem über „Beatmungsplätze" redeten. „Jedem Deutschen seinen Beatmungsplatz!" lautete (ungefähr) die Devise, so als stünde uns eine Entwicklung bevor, in deren Verlauf tatsächlich die gesamte Bevölkerung an Beatmungsgeräte angeschlossen werden müßte. Da hatte sich zwar schon herumgesprochen, daß die medizinisch empfohlenen Intubationen nicht hilfreich, sondern in den meisten Fällen schädlich bis tödlich waren. Trotzdem plärrte einem auf ein vorsichtig widerspenstiges Argument meist sofort jemand entgegen, man solle in diesem Fall gefälligst auf seinen „Beatmungsplatz" verzichten. So wie heute auf die „Impfdose". Weil, wer dagegen ist, auch kein Recht zu leben hat – so ging der Gedanke. Der zum Glück in beiden Fällen gegenstandslos ist.

Die Theorie – oder das Konzept – des Superorganismus ist vielleicht ein Werkzeug, um die Welt besser zu verstehen, als wir das heute tun. Daß der Mensch kein Einzelwesen ist, wissen wir längst: Er besteht aus praktisch unzähligen Organismen, die in ihrem Zusammenwirken das bilden, was wir als Menschen wahrnehmen. Ich stelle mir vor, daß es bei Ameisen etwas anders ist: Da ist die Gesamtheit des Haufens das tatsächliche Wesen. Der Gedanke ist auszubauen; er hat aber schon so etwas Tröstliches.

2,9 Millionen Menschen sollen seit März 2020 weltweit „an oder mit" Covid-19 gestorben sein (das heißt: in den Wochen oder Monaten vor ihrem Tod positiv getestet oder nicht getestet, aber „verdächtig"). Da es keine Übersterblichkeit gibt, müssen dann wohl an anderen Ursachen 2,9 Millionen weniger gestorben sein als erwartet. Was in einer Hinsicht vielleicht nicht ganz oder doch zutrifft: US-amerikanische und kanadische Forscher stellen fest, daß schon 2016 vier Millionen Menschen an Bewegungsmangel starben (was 8 Prozent aller Todesfälle ausmachte). Wie viele zusätzliche Millionen dieses Schicksal seit März 2020 infolge von Lockdowns sowie „Besondere Helden"- und „Stay the fuck home!"-Propaganda erlitten, wird noch nicht erforscht.

Das Bundesgesundheitsministerium wurde am 8. April 2020 (!) offiziell und schriftlich gefragt, welche Tests in Deutschland zum „Nachweis" von Covid-19 verwendet werden (Spoiler: Es gibt keinen solchen Test). Dreizehn Monate später kommt die Antwort: Dazu liegen keine Informationen vor. Verwendet werden jedoch „PCR-Nachweissysteme"; es stünden „eine Reihe von kommerziellen Testsystemen mit hoher Spezifität und unterschiedlicher Bearbeitungsdauer zur Verfügung". Gestellt wurden übrigens insgesamt elf Fragen. Beantwortet wurde: ansonsten keine (und eigentlich auch diese nicht). Der Fragensteller hat bislang auf eine Klage wegen Untätigkeit des Ministeriums (das zur Antwort verpflichtet ist) verzichtet.

Ich habe darauf schon einmal hingewiesen, nun tut es auch die „Gesellschaft zur Förderung der Impfmedizin" (gab es in letzter Zeit einen Namen, der deutlicher „Lobby!" schreit?): Sie weist darauf hin, es sei „überhaupt nicht ungewöhnlich, daß man positive PCR-Tests bei Geimpften findet". Deshalb werden die Geimpften ja nun nicht mehr getestet: weil sie sonst ihre gnädig zugestandenen „neuen Freiheiten" gar nicht genießen könnten. Auch ihre neidauslösende „Vorbildfunktion" fiele komplett in sich zusammen.
Etwas ungünstig könnte vielleicht die damit verbundene Feststellung sein, daß ein positiver Test überhaupt nichts über eine Gefährdung von Mitmenschen aussagt. Sonst müßte man ja auch die Geimpften testen. GZIM-Chef Schrörs sagt das noch etwas deutlicher: „Mit den PCRs werden auch keine vermehrungsfähigen Viren nachgewiesen, sondern nur das Genom, also Teile der Erbinformationen. Ein positiver PCR-Test ist folglich nicht unbedingt ein Beweis dafür, daß die (positiv Getesteten) aktuell infektiös sind."
Immerhin: „nicht unbedingt". Der Wirklichkeit nähert man sich besser in kleinen Schritten.
Daraus zu schließen, daß es überhaupt keinen Sinn hat, irgendwen zu „testen" (oder zu „impfen"), ist momentan noch nicht unbedingt legitim.

Daß sich Horst Seehofer trotz am 14. April erfolgter Erstimpfung testen ließ, war entweder dumm oder schlau: Jetzt sitzt er zu Hause und muß sich das unwürdige Theater seiner Kabinettskollegen zumindest vorübergehend nicht zumuten.

Ein achtundvierzigjähriger Münchner hat sich eine Sauce aus Blättern der Herbstzeitlosen zubereitet und ist daran gestorben. Positiv getestet war er offenbar nicht, sonst wäre er ein „Covid-19-Todesfall". Schuld ist laut Polizei trotzdem das Virus, „weil viele Menschen auch wegen der Pandemie in der Natur unterwegs seien, aber nicht das nötige Wissen über giftige Pflanzen hätten". Und möglicherweise Masken tragen und daher nicht bemerken, wie das, was sie da zupfen und brocken, riecht. So oder so die einzige Lösung: Restaurants öffnen! Dann weiß man zwar weiterhin nicht, was man ißt, aber die Industrie sorgt schon dafür, daß man nicht gleich stirbt. In der Natur jedenfalls, das lernen wir aus der tragischen Episode, hat der Mensch nichts verloren.

Es wäre sicherlich zynisch, sich für die Statistik der lockdownbedingten Haushaltsunfälle im verflossenen Winter zu interessieren. Allein die Vorstellung, wie viele „Selbst ist der"-Männer da vor lauter Frust Sägen, Bohrer und andere tödliche Elektrogeräte in die Hand nahmen und auf wackelige Klappleitern stiegen, um sich die dröge, sinnlose Zeit sinnvoll zu vertreiben, ist gruselig.

Das ist das Dilemma des Parteienstaats: Irgendwer muß Kanzler werden. Hartnäckig hält sich das Gerücht, dafür müsse man „geeignet" sein. Zum Beispiel durch jahrzehntelangen Drill in Lobby-Schulungen und „Seilschaften", Spezialausbildungen in

Ellenbogentaktik und Hinterfotzigkeit, durch eine Disposition zu narzißtischem Wahn und reibungslose Verbindungen zu mächtigen „Kreisen" wie Blackrock, der Gates-Stiftung und der deutschen Industrie.
Aber wie stellt man eine solche „Eignung" fest? Ganz einfach: Man fragt die Leute. Da ist es wieder ganz gut, daß eine Demokratie sowieso nicht stattfindet und es für das „Amt" nur zweieinhalb Kandidaten gibt. Momentanes Ergebnis: 10 Prozent halten Armin Laschet für „geeignet", 21 Prozent Olaf Scholz, 25 Prozent Klaus Schwab. Nein, sorry, nicht ihn selbst, sondern seine auserwählte Statthalterin.
Da es in der Umfrage des „Instituts" INSA jede Menge „weiß nicht/kenne ich nicht"-Antworten gab, hier die Gegenprobe: 57 Prozent halten Laschet für ungeeignet, 50 Prozent Scholz und 46 Prozent Baerbock. Die Antwortmöglichkeit „Was die können, kann jeder Depp!" stand leider nicht im Fragebogen.

Klaus Schwabs Baerbock-Haufen möchte übrigens nur dann mit der Linkspartei regieren, wenn sie sich klar zur NATO bekennt.

Christen begehen heute den Namenstag des Hl. Gangolf, der um das Jahr 760 als Märtyrer starb. Umgebracht hat ihn (im Schlaf) der Liebhaber seiner Frau auf deren Geheiß. Kranke, die den aufgebahrten Leichnam berührten, wurden daraufhin geheilt. Darüber spottete seine Frau: „Gangolf vollbringt ebenso sicher Wunder, wie mein Hintern Lieder singt!" Sogleich tönten aus ihrem Hintern starke, „unanständige" Geräusche – und zwar von da an jeden Freitag, sowie sie nur ein Wort sprach.

„Auch Gesäße tragen Masken. Aus verständlichen Gründen." (Stanislaw Jerzy Lec)

In Nürnberg ist die „Inzidenz" mehr als doppelt so hoch wie in den meisten anderen Städten, Orten und Gemeinden in Bayern. Woran liegt das? Testen die mehr als doppelt so viel? Nein, tun sie nicht. Sie haben einfach doppelt und dreifach getestete Menschen als zwei beziehungsweise drei „Fälle" verbucht (was an sämtlichen anderen Orten mit verdächtig hoher „Inzidenz" freilich weiterhin eine „Verschwörungstheorie" ist – hier ist's halt mal aufgeflogen).

Die Wahrscheinlichkeit, daß die Großhesseloher Brücke morgen einstürzt, beträgt ungefähr 0,003 Prozent. Ebenso wahrscheinlich ist es, sich morgen eine Infektion mit Covid-19 zuzuziehen. Man muß das Isartal sperren!

Kein schweres, aber ein Rätsel: „Diejenigen die jetzt auf der Intensivstation behandelt werden, die sind im Durchschnitt etwa 47 bis 48 Jahre alt. Das sind Menschen mitten im Leben. Die Hälfte der Betroffenen wird sterben, viele Kinder verlieren ihre Eltern."

Frage 1: Wer hat das wohl vor Millionen Zuschauern gesagt? Frage 2: Ist es komplett, durch und durch und absichtlich gelogen? (Spoiler: 1 – Lauterbach/2 – ja)

Dem Büchertauschschrank vor dem Nordbad, dessen Inhalt ich betrachte, nähert sich ein etwas derangierter, sichtlich auch übernervöser Mann mittleren Alters (zwischen dreißig und sechzig, man kann es nicht schätzen). Als er neben mir steht, wendet er sich mir zu, macht eine Bewegung, die an einen Zauberer erinnert, der Tauben aus einem Hut fliegen läßt, und stößt die gespreizte Hand in Richtung meines Gesichts. Ich, verwundert, frage ihn, was das soll. „Ja!" sagt er wie ein in Rage geratener Prediger, mit weit aufgerissenen Augen, „Abstand! Ja, Abstand, Abstand!"
Als ich ihm erkläre, daß er mir nicht mit den Händen vor dem Gesicht herumzufuchteln hat, springt er davon und brüllt etwas ähnliches wie „Dann holst du die Polizei, Arschloch!" Verstanden habe ich ihn und den Vorgang nicht.

Eine Münchner Zeitung jubelt heute: „Die Kultur kehrt zurück!" Der oben bereits zitierte Herr Lec schrieb (nicht dazu): „Freiheit kann man nicht simulieren."

Exponentielle Dummheit, böse Lehrer, zufällige Nazis *(13. Mai 2021)*

Die exponentielle Häufung von Absurditäten und Unsinnigkeiten in und an den „Maßnahmen" und in Zusammenhang damit löst – wenn man sich (bevorzugt im Dialog) eingehender damit beschäftigt – immer eine euphorische Hochstimmung aus: Das alles ist dermaßen verrückt und wird mit jedem Tag verrückter, daß es nicht mehr lange dauern kann, bis das irre Konstrukt zusammenbricht. Am nächsten Morgen erwacht man in den Anblick verregneter Gräue und muß feststellen: Es geht einfach weiter. Welcher Eindruck ist richtiger? und sollte man sich vielleicht bemühen, einen davon aufrechtzuerhalten?

Monatelang wurde grimmig und sehr laut „Solidarität" mit älteren Mitbürgern eingefordert, die einsam in Pflegeheimen dahinstarben, weil ein paar renitente Jüngere lieber spazieren oder demonstrieren gingen, als sich daheim einzusperren. Nun ändert sich der Ton: „Viele Ältere wollen sich ausschließlich mit Stoff von Biontech impfen lassen – obwohl es für sie Alternativen gäbe", prangert ein „Spiegel"-Kommentator an. „Das ist unsolidarisch mit den Jüngeren." Und weiter heißt es da in dem Medium, das im Gegensatz zu anderen seine „Quellen" nicht nennen muß: „So werden die Jüngeren zu den Resteverwertern für Millionen Dosen Astrazeneca und Johnson & Johnson, die in den nächsten Wochen kommen sollen. Auch, weil so viele gesunde Ältere diese hochwirksamen Impfstoffe verweigern und die knappen Biontech-Spritzen für sich hamstern."
Man sollte diese Sätze (einschließlich Deppenkomma im letzten) dreimal laut lesen, um eine Ahnung zu erhalten, wie absurd und geisteskrank das Denken dahinter ist.

Schüler ab zwölf Jahren müßten dringend „ein Impfangebot in den Sommerferien" bekommen, findet die JUSO-Vorsitzende Jessica Rosenthal. Als Lehrerin sehe sie nämlich „jeden Tag, was für eine unglaubliche Belastung diese Krise gerade für Kinder und Jugendliche ist". Und das einzige Mittel gegen diese Belastungen und diese Krise ist nun mal ein „Impfangebot".
Auch zu meinen Schulzeiten gab es böse Lehrer, Streß und Manipulation. Allerdings in wesentlich geringerem Umfang als heute. Und als Mittel dagegen standen keine „Impfstoffe" zur Verfügung, sondern nur Solidarität, Vorwitzigkeit, Frechheit, Mut, Gleichgültigkeit, Faulheit, Interesse und Information. (Zur Bedeutung dieser Begriffe konsultieren Sie bitte ein älteres Lexikon.)

Seit einem Jahr, seit Mai 2020, wissen wir mit Gewißheit, daß ein „Lockdown" zur Bekämpfung einer seltenen Ansteckungskrankheit nutz- und zwecklos ist und wesentlich mehr Schaden als Nutzen anrichtet. Jetzt immer noch an dem Konzept festhalten kann man nur, wenn man es noch für andere Zwecke braucht und daher seine Unbrauchbarkeit nicht eingestehen darf.

„Die Menschen haben sich daran gewöhnt, unter Bedingungen einer ständigen Krise zu leben. Dabei scheinen sie nicht zu bemerken, daß sich ihr Leben auf eine rein biologische Funktion reduziert hat und nicht nur jeder politischen, sondern auch menschlichen Dimension verlustig gegangen ist." (Giorgio Agamben)

Daß die Pervertierung der Wissenschaft zu einer politischen Waffe ein Resultat von Bestrebungen der letzten vierzehn Monate ist, halte ich für nicht sehr wahrscheinlich. Eher tritt da etwas zutage, was seit langem vor sich hin schimmelt und noch nicht das Ende seiner Entwicklung erreicht hat.

Ein hübscher Youtube-Kommentar, der Kompliziertes vereinfacht: „Gunnar Kaiser redet mit Martin Sellner, also ist Gunnar Kaiser rechts; Paul Brandenburg redet mit Gunnar Kaiser, also ist Paul Brandenburg rechts; der Tagesspiegel redet mit Paul Brandenburg, ergo ist der Tagesspiegel …"

Hintergrund: Wer bislang dachte, hinter der Hetzkampagne des „Tagesstürmers“ gegen #allesdichtmachen, Oval Media, den Corona-Untersuchungsausschuß und andere stecke eine böswillige, fein geplante Verschwörung, muß wohl umdenken: Diese Leute mögen böse sein, sie sind aber vor allem unfaßbar dumm. Sie sind so dumm, daß sie selbst öffentlich zeigen, wie dumm sie sind, und sie sind so dumm, daß sie das noch nicht einmal bemerken. Sorry für die Wiederholung: Ein solches Maß an Dummheit ist mir im deutschen Journalismus noch nicht begegnet. (Dank an Paul Brandenburg, daß er sich dem gestellt hat.)[59]

Diese Form der Dummheit scheint mir ein wesentliches Merkmal des „harten Kerns“ der „Corona“-Fanatiker zu sein, die zahlenmäßig einen winzigen Teil der Bevölkerung ausmachen, aber sehr mächtige Positionen in Politik und Medien besetzen: Sie sind einerseits kaum denkfähig, andererseits sehr laut, selbstgewiß und in einem geschlossenen Weltbild verfangen. Das leistet dem religiösen Dogmatismus Vorschub: Wenn solche Menschen behaupten, es werde eifrig und offen über die „Corona“-Maßnahmen diskutiert, dann ist das in ihren Augen zweifellos richtig. Da sie selbst nicht denken, daher auch nicht recherchieren, assoziieren, schlußfolgern können, brauchen sie für jede Diskussion eine feste Basis, einen axiomatischen Grundkonsens, der niemals hinterfragt werden darf. Weil sie den ganzen Komplex nicht verstehen können und sich daher „auf etwas verlassen“ müssen, was ihnen andere vorgeben. Die „Diskussion“, die dann stattfindet, ist eine Scheindiskussion über winzige, belanglose Details. Fragen wie: Sollten Geimpfte nach vierzehn Tagen begnadigt werden und einen Teil ihrer Grundrechte zurückbekommen, oder erst nach vier Wochen? Solche Sachen.

Was diesen Leuten niemals gelingen kann, ist zu erkennen, woraus der „Konsens“ besteht: aus windigen, mit nichts belegten oder belegbaren Setzungen, die oft einem Muster folgen. Wenn etwa die WHO auf Betreiben gewisser Kräfte ihre gesamte Strategie gegen Krankheiten auf die Punkte „Preparedness & Response“ konzentriert – also darauf, auf eventuelle „Pandemien“ vorbereitet zu sein und zu reagieren –, dann können diese Leute das Loch nicht sehen und die Frage nicht stellen: Wie definieren wir denn überhaupt die „Gefahr“, auf die wir uns vorbereiten sollen?

Gleiches gilt für die Zahl der Menschen, die an Atemwegserkrankungen sterben: Die ist seit Wochen „rückläufig“ (wie man heute sagt). Dieses seltsame Phänomen nennt man neuerdings „Impfeffekt“ und schreibt es der steigenden Zahl von mRNA- und Vektor-Verspritzungen zu. Daß exakt der gleiche „Impfeffekt“ seit Anbeginn der aufgezeichneten Menschheitsgeschichte jedes Jahr zu beobachten ist, darf in diesem Weltbildkonsens nicht vorkommen. 2020, 2019, 2018 und so weiter endete mit dem Mai (der

59 Paul Brandenburg wurde damals vom Tagesstürmer verdächtigt, Beteiligter der „Verschwörung“ hinter #allesdichtmachen zu sein, was sich als Lüge erwies. Daraufhin durfte er mit drei besonders dummen Mitarbeitern des Blatts „diskutieren“. Der fünfte Diskussionsteilnehmer, Kolumnist Harald Martenstein, zeigte sich nicht ganz so dumm. Nach der Löschung einer Kolumne im Februar 2022 verließ er den Tagesstürmer.

vielleicht deswegen „alles neu“ macht) einfach die Erkältungssaison. Diesmal wurde mittels „Impfung“ eine „Pandemie“ vorläufig „besiegt“, das ist was ganz anderes!

„Die Entdeckung Amerikas ist nicht das Verdienst der Amerikaner. Schande!“
(Stanislaw Jerzy Lec)

Es ist übrigens weiterhin informell verboten, irgendwelche Vergleiche der derzeit laufenden Entwicklung (nicht nur) in Deutschland mit der Zeit von 1930 bis 1947 anzustellen. Man darf jeden Trump, Milosevic, Saddam Hussein, Gaddafi, Erdogan, Putin, jeden lächerlichen „Reichsbürger“ und „Querdenker“ als Hitler-Wiedergänger bezeichnen. Man darf aber nicht ein Gesetz, in dem das Wort „Ermächtigung“ oder „ermächtigen“ mehrmals prominent vorkommt, als Ermächtigungsgesetz bezeichnen. Weil man damit „Opfer verhöhnt“, die die selbsternannten Wächter des Andenkens dieser Opfer gerne als Opfer einer historisch einmaligen Naturkatastrophe oder als Opfer einer ebenfalls historisch einmalig kriminellen Bande von zehn, zwölf abartig wahnsinnigen Jüngern eines historisch einmaligen Hyperwahnsinnigen in den Geschichtsbüchern sähen. Weil diese Wächter einfach nicht einsehen wollen, daß die Täter des Faschismus, des Nationalsozialismus, des Holocaust und des Weltkriegs „ganz normale“ Leute waren, die relativ plötzlich durchgedreht sind – und zwar hunderttausende, ja Millionen davon. Von denen hinterher fast kein einziger mehr wissen wollte, was da in ihn gefahren ist. Weil sie einfach nicht einsehen wollen, daß die Dynamik des Systems den Menschen zu dem macht, was er wird, wenn er sich nicht entzieht oder widersetzt.
Und weil ich gerade in der Stimmung bin, sei festgestellt: Selbstverständlich gibt es Verschwörungen, und Thesen, Theorien und Recherchen dazu sind unbedingt notwendig, um zu verstehen, was passiert (ist). Oder glaubt irgendwer immer noch, die deutsche Wehrmacht habe „seit fünf Uhr fünfundvierzig zurückgeschossen“? oder Julius Caesar sei zufällig in ein paar Dolche hineingestolpert?
Dann dies als Schlußgedanke: „Den Anfängen zu wehren“ heißt genau das: den Anfängen zu wehren. Nicht irgendwann daherzukommen und zu behaupten, man habe davon ja gar nichts mitbekommen, aber jetzt sei es auch zu spät und man müsse das wohl durchstehen und danach werde es schon wieder. Nein.

Keine Zukunft ohne Körperverletzung *(16. Mai 2021)*

„Wir sind die Zukunft, eure Zukunft!“ rief John Lydon 1977 einer Generation entgegen, die sich heute völlig zu Recht kaum noch um ihre Zukunft schert. Vielleicht hat er auch seine eigene Generation gemeint, die heute in Einklang und Gleichschritt mit der Generation ihrer Kinder eine Zukunft herbeiführen möchte, die sie einst aus gruselig-utopischen Schullektüren kannte, aus Büchern von Orwell, Huxley, Samjatin, Bradbury und anderen. Die Frage, warum von den heute Jungen niemand mit einer ähnlichen

Attitüde eine Provokation wie „No Future" in die Welt stellt, ist eine, auf die mir nur traurige Antworten einfallen.

Ein bißchen Testologie zur Auffrischung des Wissens: Eine Infektion zeichnet sich (nicht nur laut Infektionsschutzgesetz) dadurch aus, daß ein Krankheitserreger in den Körper eingedrungen ist und sich dort vermehrt. Um festzustellen, ob Nukleinsäurepartikel, die einem Virus zugeordnet werden könnten (!), im Körper vorhanden sind, genügt es keinesfalls, Abstriche von Nasenschleim einer Polymerase-Kettenreaktion (PCR) zu unterziehen. Denn die dort eventuell vorhandenen Partikel können von Viren stammen, die gar nicht in den Körper eingedrungen sind und folglich auch keine Infektion ausgelöst haben. Es könnten auch Partikel sein, die irgendwann früher mal zu einem Virus gehört haben und als ungefährlicher Staub in der Luft herumschwirren.
Der neuerdings populäre „Spucktest" ist also ebenso purer Nonsens wie Tests, bei denen lediglich aus der Nase etwas Schleim entnommen wird. Daß diese Tests überhaupt zulässig sind, liegt wohl daran, daß man so viele „Fälle" wie nur möglich braucht – und daß man Skrupel hat, Millionen von Kindern zweimal pro Woche Schmerzen und Verletzungen zuzufügen, die – weil man den genauen anatomischen Aufbau der individuellen Atemwege nicht kennt – gefährlich sein können.
Als Probe zur Untersuchung per PCR sind also nur Stücke der Schleimhaut selbst geeignet. An diese wiederum „dockt" SARS-CoV-2 nur sehr weit hinten drinnen an. Deshalb muß das Stäbchen etwa acht Zentimeter tief in den Schädel des Patienten eingeführt und dort mehrmals gedreht werden: um die Schleimhaut zu verletzen und Teile davon abzureißen. Es handelt sich dabei um einen invasiven Eingriff, streng genommen um Körperverletzung; das gilt aber für jeden operativen medizinischen Eingriff: Strafbar wäre das nur, wenn es ohne vorherige eingehende Aufklärung und Einwilligung des Patienten erfolgt, der damit den Arzt von der Haftung für eventuelle starke Blutungen und dauerhafte Folgen und Schäden bis hin zum Tod befreit, solange der Arzt den Regeln der Heilkunst entsprechend vorgeht. (Wohlgemerkt: der Arzt!)
Die zu Selbsttests bei Schülern gegebene Handlungsanweisung „Es muß weh tun!" ist sehr wahrscheinlich ein strafbarer Verstoß gegen die Schutz- und Aufsichtspflicht. Es ist aus guten Gründen verboten, Kinder dazu aufzufordern, sich selbst zu verletzen.
Sinnlos ist der Test trotzdem, denn die entnommenen Schleimhautfetzen sind normalerweise – ihrer Natur entsprechend – mit Schleim versetzt. Es ist also nicht feststellbar, ob eventuell gefundene Partikel dem Schleim oder der Schleimhaut entstammen. Und selbst wenn keinerlei Schleim zugegen wäre und man absolut trockene Hautpartikel entfernen könnte, gibt die PCR keinen Aufschluß darüber, ob die Nukleinsäurepartikel von einer aktuellen oder einer lange zurückliegenden Infektion stammen. (Sofern sie überhaupt dem gesuchten Virus zuzuordnen sind, aber das ist ein anderes Thema.)
Richtig gefährlich werden Coronaviren übrigens dann, wenn sie (bzw. ihre Spike-Proteine) in den Blutkreislauf eindringen. Im Falle einer an sich harmlosen Infektion der

Schleimhaut kann dies unter anderem dadurch geschehen, daß die von Viren befallene Schleimhaut verletzt wird und blutet. Oder indem Spike-Proteine in stark durchblutetes Gewebe gespritzt werden.
Die zur Verletzung der Schleimhaut verwendeten Stäbchen enthalten aufgrund ihrer vorhergehenden Sterilisation Ethylenoxid, das krebserregend ist. Eine mehrmalige oder gar regelmäßige Testung sollte aufgrund der Möglichkeit der Verursachung chronischer Wunden unterlassen werden, zumal die auf den Stäbchen sitzenden Fasern ebenfalls im Verdacht stehen, auf ähnliche Weise wie Asbestfasern krebserregend zu sein.
Genauere Informationen erteilt auf Anfrage das hierfür zuständige Robert-Koch-Institut.

„Pranteln" nennt man eine Diskussionsstrategie, bei der zunächst gute Argumente angeführt und solcherart Zustimmung ergattert wird, um dann durch die Hintertür ein ganz anderes Diskussionsziel einzuführen, auf das die guten Argumente angeblich abzielen und dem die Zustimmenden grundsätzlich nicht zustimmen würden, nun aber müssen, weil sie die guten Argumente ebenfalls vertreten und der Autorität und dem Leumund des „Prantlers" vertrauen.
Benannt ist diese ebenso perfide wie effektive Strategie nach dem ehemaligen Richter und SZ-Redakteur Heribert Prantl, der auf diese Weise unter anderem zuletzt mit sehr guten Argumenten gegen die „Corona-Maßnahmen" Schleichwerbung für „Corona-Impfungen" machte.
Abgeleitet davon ist das Wort „prantlig". Es beschreibt das folgende diffuse Gefühl beim Lesen oder Hören einer Meinungsäußerung: „Das ist größtenteils richtig, aber irgendwie läuft es auf das Falsche hinaus. Möglicherweise prantelt da mal wieder einer, jedenfalls kommt es mir prantlig vor."

Nachdem das deutsche „Robert-Koch-Institut" in seiner historisch einmaligen Versagensgeschichte ein ganzes Land und letztlich ganz Europa mit einem giftigen Brei von Lügen, Dummheiten, Blödsinn, Bullshit und ungenießbarem Zahlensalat überschüttet hat, fordert der „Bundesgesundheitsminister" (der nur deswegen so heißt, weil laut

George Orwell Friede Krieg ist und deswegen Angriff „Verteidigung“ und Krankheit „Gesundheit“ heißen muß) eine neue zentrale Instanz auf europäischer Ebene, die sich am Robert-Koch-Institut orientieren solle. Wir leben in einem seltsamen Märchen, in dem der erlösende Knall einfach nicht kommen will.
Vielleicht kommt bald der nächste Minister daher und empfiehlt die Deutsche Bank als Vorbild für ein neues Finanzsystem und die Betreiber des Kraftwerkkomplexes in Fukushima als „Energiekommissare“.

Daß die „Impfungen“ gegen Coronaviren mit den zwei „Piksen“ nicht erledigt sein werden, wissen (oder – je nachdem – ahnen bzw. leugnen) wir schon länger. Ende April rechnete der oberste Schwurbler des Landes „damit, daß es schon jetzt gewissermaßen feststehe, daß mehr als nur sehr eng umgrenzte Risikogruppen zum Winter hin eine einmalige Auffrischung ihres Impfschutzes bekommen werden“. Die entscheidende Frage („Zu welchem Winter hin?“) stellte leider kein Qualitätsmedium. Die Antwort („Zu jedem!“) mußte er daher auch nicht verdrosten.
Das stimmt nicht ganz. Der Nationaldoktor verkündete ja dazu, dies sei „vergleichbar mit der alljährlichen Grippeschutzimpfung“ (weshalb er wohl auch „einmalig“ sagte). Allerdings erinnern wir uns, daß es schon mit der diesjährigen Spritzung der Impfwilligen einige Probleme gab. Daher finden laut „T-Online“ sogenannte „Experten“ (die keine Namen haben und wahrscheinlich auch nicht existieren) „Booster-Impfungen zunächst für Risikogruppen sinnvoll“. Das hört sich stark nach Murmeltier an, wenn wir uns an den letzten Dezember erinnern, nicht wahr? Hoffen wir, daß nach der ersten, zweiten und eventuell dritten Spritzung nächsten Januar noch genug „Risikogruppen“ übrig sind, die dann fortan alle sechs Monate gespritzt werden müssen, um nicht infernalischen „Mutanten“ zum Opfer zu fallen.

Die „sozialen Medien“ haben übrigens einen bislang unterschätzten Vorteil: Wenn einer von den „Hurra! Geimpft!“-Kandidaten kurz darauf verstummt, fällt das keinem auf. Mir schon. Es sind bis jetzt drei.

Was für ein seltsames Phänomen ist eigentlich dieser „Datenschutz“? Wovor sollte derjenige, der dafür da ist, den Big-Data-Konzernen Daten zuzuschaufeln (der Staat), die Daten irgendwelcher Leute schützen, die (die Daten) durch die Big-Data-Konzerne überhaupt erst entstanden sind? Hierzu paßt ein „Gesetzentwurf“ der Bundesregierung, den die sogenannte Legislative demnächst abnicken soll. Es geht um die „Einführung eines elektronischen Identitätsnachweises mit einem mobilen Endgerät“ (19/28169). Mit der Neuregelung soll durch Änderungen im Personalausweisgesetz, im eID-Karte-Gesetz und im Aufenthaltsgesetz die Durchführung des elektronischen Identitätsnachweises allein mit einem mobilen Endgerät ermöglicht werden. Das Identifizierungsverfahren müsse sowohl „ein hohes Sicherheitsniveau“ als auch „ein hohes Maß an Nutzerfreundlichkeit“ bieten, dann könne „der Verbreitungsgrad“ dieser

Datensammelmethode „noch gesteigert werden". Daher soll die „Nutzerfreundlichkeit" des elektronischen Identitätsnachweises laut Vorlage durch die Möglichkeit erhöht werden, ihn allein etwa mit einem Smartphone vorzunehmen. Damit werde ein „wesentlicher Grundstein für eine hohe Akzeptanz des Identifizierungsmittels sowie für ein gelingendes eGovernment gelegt".

Mir fallen daran ein paar Dinge auf: Das Wort „allein" steht ein bißchen seltsam in der übrigen Bullshit-Marmelade herum. Das Wort „Nutzerfreundlichkeit" hat zwei mögliche Bedeutungen. Die Frage, wozu die Regierung so darauf aus ist, den „Verbreitungsgrad" und die „Akzeptanz" elektronischer Identifikationssysteme zu erhöhen, wird weder gestellt noch beantwortet. Und vor allem erfahren wir nicht, was ein „gelingendes eGovernment" sein soll, wem es dient und wozu und was es mit Demokratie und Freiheit zu tun haben könnte.

Die „Schere" zwischen Armen und Reichen öffnet sich laut Auskunft der Bundesregierung weiterhin mit dramatischer Geschwindigkeit. Der Anteil der Armen an der Bevölkerung wuchs seit den Achtzigern von circa 4 auf 11 Prozent, der Anteil der Reichen von circa 4 auf über 9 Prozent. Zumindest (oder auch) in dieser Hinsicht läuft also alles nach Plan und Vorgabe, und das wird es auch weiterhin tun. Für den reibungslosen Ablauf sorgt dann eben auch ein „gelingendes eGovernment".

Geisteslinke unter freiem Himmel *(18. Mai 2021)*

Das „Präventionsparadox" (ein Dogma, dem zufolge nur deswegen in Deutschland Millionen Menschen nicht an Covid-19 gestorben sind, weil die Lockdowns „Wirkung gezeigt" hätten) ist laut dem Medizinstatistiker Gerd Antes „naturwissenschaftlich, mathematisch, logisch betrachtet natürlich blanker Unsinn". Ich bin nicht überzeugt: Als ich letztes Frühjahr meinen Anti-Corona-Tanz aufgeführt habe, sind die „Inzidenzen" sofort zurückgegangen. Wer könnte das Gegenteil beweisen? Wie bitte, „Falsifizierbarkeit"? Dieses Kriterium gibt es in der zeitgenössischen „Wissenschaft" nicht mehr.

Nikolaus Blome zetert im „Spiegel" über „alle Geisteslinken in den Parteien" und goebbelt süffisant: „Wer sich die Freiheit nimmt, eine Impfung abzulehnen, der sollte die

Größe haben, anderen die Freiheit zu gewähren, nur Geimpfte in sein Restaurant, sein Kino oder seinen Laden zu lassen. Da es nun einmal einen faktischen Unterschied zwischen geimpft und ungeimpft gibt, möge jeder seine Seite wählen, aber die Folgen ohne zu jammern dann auch tragen." Dazu zwei Fragen: 1.) Wenn eine Impfung vor einer Infektion schützt, weshalb sollten dann Geimpfte vor dem Kontakt mit Ungeimpften „geschützt" werden, indem man letzteren Hausverbot erteilt? 2.) Dürfen sich Geimpfte auch die Freiheit nehmen, Läden zu boykottieren, die so einen Schwachsinn mitmachen?

Die verbreitete Theorie, man könne sich unter freiem Himmel mit Covid-19 anstecken und müsse daher unbedingt eine Maske tragen und Abstand halten, hat die New York Times etwas genauer geprüft, als das die „Faktenchecker" üblicherweise tun (indem sie mal kurz beim RKI oder der „Tagesschau" anfragen). Heraus kam: Ja, eine solche Ansteckung ist möglich, allerdings müßte man dazu auf einer Baustelle in Singapur arbeiten und dürfte sich zum Anstecken nicht im Freiem aufhalten.

Apropos „Tagesschau": Dort wurde neulich unter der Überschrift „Vitamin D könnte bei Covid-19 doch nützlich sein" Interessantes berichtet. Neu ist daran nichts, und lustig ist vor allem, daß in dem Artikel ein anderer Artikel mit der Überschrift „Desinformation zu Corona: Vitamin D schützt nicht vor Covid-19-Erkrankung" und der etwas kuriosen Unterzeile „Beweise für die Behauptung gibt es dafür nicht – allerdings birgt die unkontrollierte Aufnahmen Risiken" verlinkt ist.
Dies dient wahrscheinlich dazu, die Gefährlichkeit von „Verschwörungstheorien" sozusagen in vitro zu demonstrieren.

Und noch eine „Verschwörungstheorie": Daß die drohende „Überlastung des Gesundheitssystems" (was ist das eigentlich genau?) beziehungsweise die drohende „Überlastung der Intensivstationen" von Anfang an eine Lüge war, wissen wir eigentlich seit Sommer 2020. Daß die Lüge nun vorläufig endgültig als Lüge entlarvt ist, nehmen wir vielleicht deshalb kaum noch zur Kenntnis (siehe auch weiter unten).

Die Wirksamkeit eines Impfstoffs bemißt sich daran, wie sehr er für den einzelnen „Impfling" das Risiko verringert, zu erkranken. (Das heißt: nicht allgemein zu erkranken, sondern an der Krankheit, gegen die man impft.) Dies ist eigentlich logisch. Bei den Impfstoffen gegen Covid-19 ist es jedoch anders: Hier leitet man das Risiko aus dem Verhältnis zwischen erkrankten Geimpften und erkrankten Nichtgeimpften ab. Dadurch erhält man sagenhafte Werte, die jedoch aufgrund der geringen Zahl von Erkrankten in beiden Gruppen und einiger weiterer Umstände absolut unseriös (und völlig uninteressant) sind.
Öffentlich gemeldet werden jedoch nur diese unseriösen Werte. Eine aktuelle wissenschaftliche Arbeit hat nun die Zahlen in den „Zulassungsstudien" für zwei Impfstoffe etwas näher betrachtet. Das Ergebnis: Eine Impfung mit dem Stoff von Astrazeneca

verringert das Risiko, an Covid-19 zu erkranken, um 1,1 Prozent. Bei Biontech/Pfizer sind es 0,7 Prozent (was selbstverständlich nur gilt, wenn man den frisierten Zahlen der Konzerne Glauben schenkt).
Der Unterschied zwischen dieser tatsächlichen („absoluten“) Risikoreduktion und der offiziell gemeldeten („relativen“) geht darauf zurück, daß das Risiko, an Covid-19 zu erkranken, generell verschwindend gering ist. Worauf man hin und wieder hinweisen sollte.

Die ganze Diskussion um „Privilegien für Geimpfte“ (siehe oben) ist genau genommen sowieso völlig gegenstandslos. Bei den gesamten Maßnahmen ging es erklärtermaßen nur (!) darum, eine Überlastung des Gesundheitssystems zu verhindern. Wenn die Hälfte der Bevölkerung geimpft ist (und die Impfung tatsächlich etwas bewirkt), geht die Zahl der möglichen (!) Infektionen automatisch um mindestens die Hälfte zurück. Also geht auch der Anteil der Covid-19-Positiven auf den Intensivstationen (durchschnittlich 4 Prozent) um die Hälfte zurück. Also müssen (!) sämtliche Maßnahmen und „Privilegien“ sofort aufgehoben werden, weil die Voraussetzungen dafür schlicht und einfach nicht gegeben sind.

Selbstverständlich haben die Grünen auch die Umwelt nicht vergessen, und betrachten „Klimaneutralität“ als „große Chance für den Industriestandort Deutschland”. Die Entwicklung „klimaneutraler Technologien“ sollte den „Anreiz für neue Investitionen schaffen“. Das Wahlprogramm sieht die „Schaffung eines digitalen Euro” vor sowie sichere und mobile „digitale Identitäten” und „digitale Verwaltungsdienste“.

Ich äußere mich ungern zum Thema Bildung, weil meine eigene begrenzt ist. Auffällig ist aber doch die Zunahme (offiziell) ungebildeter Politiker an entscheidenden „Schaltstellen“ in den letzten Jahrzehnten. Oft ist es so, daß diese aus der Mittel- oder Oberschicht kommen, aber damit renommieren, daß sie zwecks „Aktivismus“ ihre Schulausbildung abgebrochen haben und dann direkt ins „politische Geschäft“ eingestiegen sind. Fragen Sie die Herren Schröder und Fischer, fragen Sie Frau Baerbock: allesamt Dummschwätzer mit Lobbyhintergrund, damals „Seilschaft“ genannt, heute heißt man das „Young Global Leaders“, weil sich der Horizont von den Graswurzeln mit eventuellen Aussichten auf eine sofortige Verwendung als Weltmarionette des Monopolkapitals verbreitert hat. Mangels Widerstand – das sind ja die „Oberen“, die „Großen“, der „Adel“, dessen Eskapaden man wohlmeinend belächelt. Wovon man so gut wie gar nichts mehr hört, sind Menschen aus dem Proletariat, die sich durch tatsächliche Bildung, Widerständigkeit, Intelligenz, ehrliches Engagement und innere Bewegtheit den Eintritt in die Schicht der „Entscheidungsträger“ verschafft haben und dort durch Aufrichtigkeit, Demut, Bescheidenheit und Orientierung an den Interessen „der Menschen“ auffallen. Gibt es die noch?

Mag sein, daß dies für Entsetzen sorgt, aber ich rechne diesem Schlag Heiner Geißler ebenso zu wie Ulrike Meinhof. Nicht aber Christian Lindner, Markus Söder, Annalena Baerbock, Olaf Scholz, Jens Spahn und wie sie alle heißen mögen.
(Und ich meine mit „Bildung“ ganz bestimmt nicht irgendeinen dieser modischen „Bachelor“-Titel in BWL oder Sporteventmarketing.)

5 Verbreiten von Informationen

- Während einige Menschen ein aufrichtiges Interesse daran haben könnten, den wissenschaftlichen Hintergrund hinter dem komplexen Zusammenspiel zwischen Testmerkmalen und Infektionsdynamik zu ergründen, könnte es für die Mehrheit ausreichen zu wissen, was in welcher Situation zu tun ist. Ein „Bissen-, Snack-, Mahlzeit-Ansatz" *(bite-snack-meal)* der Informationsaufbereitung könnte leicht zugängliche Informationen über das WAS bieten; für die Interessierten könnte es durch das WARUM ergänzt werden, basierend auf dem WIE, das die komplexe Wechselwirkung von Test, Krankheit und getestete Person erklärt.

Hat eigentlich überhaupt noch jemand wirklich Angst vor Covid-19 (außer absolut vernagelten Gläubigen wie Stephan Kruip, der leider im Deutschen Ethikrat sitzt)? Abgesehen vom „Tagesstürmer“, der unter der Überschrift „Schützt endlich unsere Kinder“ erfreut berichtet, daß künftig auch Babies ab sechs Monaten gespritzt werden sollen, bemüht sich kaum noch ein Leitmedium um Panikmache. Es wurde ja erreicht, was erreicht werden sollte. Vielleicht wird es langsam Zeit, diese Phase abzuhaken und sich der Frage zuzuwenden, wie es dazu kommen konnte, daß die irrationale Angst so effektiv geschürt werden konnte.

„Den Blick in die Welt kann man mit einer Zeitung versperren.“ (Stanislaw Jerzy Lec)

Gesunde Schweine mit Helm *(21. Mai 2021)*

„B5 aktuell“ vermeldet keine „Neuinfektionen“ mehr! Oder habe ich etwas überhört? Was ist da passiert? Gab es eine Rüge wegen der anhaltenden Verbreitung dieser Fake News, oder gibt es vielleicht zu viele andere wichtige Meldungen? Letzteres ist immerhin denkbar. Eine der Hauptmeldungen lautete gestern: „Berlin: Immer mehr Radfahrer tragen einen Helm.“
(Nachtrag am 22. Mai: Es handelte sich bei der Unterlassung offenbar um ein redaktionelles Versehen. Heute wurden die falschen Zahlen in gewohnter Manier verlesen, wohl zur Schadensbegrenzung mit einem längeren Zitat von Lothar Wieler, in dem Covid-19 mit einem Luftballon verglichen wurde, sowie ein paar gegenstandslosen Phrasen von Jens Spahn.)

Es ist offensichtlich so, daß in den letzten fünfzehn Monaten jeder, der sich wegen eines Leidens in eine Klinik begab, dort einem PCR-Test unterzogen wurde. Das heißt auch: Egal an was man leidet – eingewachsene Zehennägel, Haarausfall, Pickel, Vorhautverkrümmung –, wenn man ein positives Testergebnis hat, ist Covid-19 jedenfalls die Ursache des Symptoms. Das erklärt die Vielzahl der Symptome, die Covid-19 angeblich verursacht (eingewachsene Zehennägel, Haarausfall, Pickel, Vorhautverkrümmung usw.), es erklärt auch, wieso es seit einem Jahr weder Grippe noch Burnout und andere Krankheiten mehr gibt.

Christian Bogdan, Direktor des Mikrobiologischen Instituts am Universitätsklinikum Erlangen und Stiko-Mitglied, sieht die von Jens Spahn erlaubte „Verkürzung des Impfintervalls beim Impfstoff Vaxzevria von zwölf auf unter sechs Wochen sehr kritisch", weil sich dabei „nachweislich" die „Schutzwirkung von 82 Prozent auf 54 Prozent" verringert. Andererseits meint der „Focus", es bleibe „jedem selbst, abzuwägen. Wer früher geimpft wird, bekommt früher Freiheiten. Wer später geimpft wird, offenbar den besseren Schutz."

Wie hier dargelegt, verringert „Vaxzevria" (das früher „Twix" hieß oder umgekehrt) das Risiko, positiv auf Covid-19 getestet zu werden, um 1,1 Prozent. Bei einer schnelleren Nachspritzung wären es dann also nur noch 0,7 Prozent oder so ähnlich. Also ungefähr das gleiche wie bei „Comirnaty" (das früher nicht „Raider" hieß). Also insgesamt ziemlich egal. Aber: Man bekommt „früher Freiheiten". Das ist ein Argument, auch wenn nicht „frühere Freiheiten" gemeint sind. Oder gar die Freiheit als solche.

Wie dumm, enervierend, verlogen und gegenstandslos das ganze Geschwätz um solche Sophistereien ist, merkt man zum Beispiel wenn man zwischendurch Gelegenheit hat, sich in eine Zahnklinik zu begeben und mit echten, fachlich versierten Medizinern über so handfeste Dinge wie den Knochenschwund nach einer Zahnextraktion zu sprechen. Da hat man plötzlich mit Menschen (!) zu tun, die von dem, worüber sie sprechen, tatsächlich etwas verstehen und ein Interesse daran haben. Als sozusagen homöopathische Therapie gegen „Corona"-Geschwätz-Fatigue dringend zu empfehlen!

Weil in Planegg Schüler mit übrig gebliebenem Zeug gespritzt werden sollten, durfte sich in der „Süddeutschen Zeitung" Unmut äußern. Allerdings nicht über die Unverantwortlichkeit und Peinlichkeit solcher „Aktionen"; zu Wort kam vielmehr primitivster „Impfneid": „Der Neurieder Jürgen Goerge etwa beklagte, daß jeder geimpfte Schüler einem Risikopatienten eine Dosis wegnehme. ‚Im Umkehrschluß bedeutet jede an einen Schüler verimpfte Dosis mehr Tote durch die Pandemie.' Das habe nichts mit Neid zu tun."

Möglich. Vielleicht handelt es sich auch um pure Blödheit. Mit „Neid" allein sind solche „Umkehrschlüsse" jedenfalls nicht zu erklären.

Der Neid ließe sich durch Information vielleicht etwas dämpfen. Zum Beispiel über einen Stoff mit dem unhandlichen Namen „8-[(2-hydroxyethyl)[6-oxo-6-(undecyloxy)-hexyl]amino]-octanoic acid, 1-octylnonyl ester". Ob das orthographisch ganz korrekt ist, kann ich leider nicht beurteilen, man kann die Substanz aber auch mit ihrem Handelsnamen bezeichnen. Der lautet SM-102. Die Artikelnummer lautet 33474, Hersteller

ist die Firma Cayman Chemical, die SM-102 ausdrücklich „For research use only, not for human or veterinary use" vertreibt.
Man darf SM-102 also weder Menschen noch Tieren verabreichen und keinesfalls „freisetzen", schon gar nicht in die Umwelt. Das hat gute Gründe: SM-102 ist „fatal" (englisch: „verhängnisvoll, verheerend, tödlich") bei Hautkontakt, steht in Verdacht, Krebs zu verursachen, die Fruchtbarkeit und ungeborene Kinder zu schädigen. Außerdem schädigt SM-102 das Nervensystem, Nieren, Leber und die Atemwege, ist sehr giftig für Wasserorganismen („with long lasting effects"). Ach so, und leicht entflammbar ist es auch noch, weil Chloroform drin ist.
Was ist daran interessant? Möglicherweise die Tatsache, daß SM-102 in dem Covid-19-Impfstoff der Firma Moderna enthalten ist. Genaueres weiß man nicht; das RKI stellt immerhin fest, daß niemals irgendwelche Studien zu einer eventuellen Krebserregung durch das Zeug durchgeführt wurden.
Allerdings ist der Genauigkeit halber hinzuzufügen, daß SM-102 laut Herstellerangabe nur zu 10 Prozent aus SM-102 und zu 90 Prozent aus Chloroform besteht, dem die üblen Wirkungen zugeschrieben werden. Bevor man sich nun fragt, ob Wasser, das nur zu 10 Prozent aus Wasser besteht, die schädlichen Wirkungen von Wasser oder von Wasser hat, sollte man vielleicht lieber vor dem Spritzen fachliche Auskunft einholen.

Artur Aschmoneits schöne Seite corodok.de (bei der ich mich oft „bediene") hat in den ersten achtzehn Maitagen bereits eine Million Aufrufe zu verzeichnen. Das spricht dafür, daß es gar nicht so wenige Menschen gibt, die sich nicht damit abfinden, den offiziösen Quark zu schlucken und unverdaut wieder auszuspucken. Und das ist angesichts der massiven Propaganda mit Zahlen von „Impfwillligen" und allgemeiner „Maßnahmenzustimmung" sehr erfreulich.

Die „Tagesschau" kämpft zunehmend einsam an der weithin vergessenen Front „gegen die Pandemie". Nun sorgt sich das Info-Schlachtschiff über eine neue perfide Strategie des Feindes: „Könnte die (‚indische') Mutation auch hierzulande den Kampf gegen die Pandemie behindern?" In ihrem aufgebauschten Schreckensszenario („bis zu 50 Prozent ansteckender!") beruft sich die „Tagesschau" ausgerechnet auf das „renommierte britische Expertengremium SAGE". Dazu sei nur kurz gesagt, daß dieses „Gremium" nicht erst seit „Corona" (sondern schon aus Zeiten der „Schweinegrippe" von 2009) in erster Linie für grotesk verstiegene, vollkommen haltlose „Prognosen" (sog. „mathematische Modellierungen") bekannt ist, die insbesondere Neil Ferguson zuzuschreiben waren, der unter Kollegen (neben dem hierzulande bekannteren C. D.) als „unglaubwürdigster Wissenschaftler der Welt" gilt und im Mai 2020 zurücktreten mußte, weil aufflog, daß er die von ihm selbst empfohlenen Lockdown-Regeln ignorierte. SAGE gilt als lobbygesteuert, intransparent, korrupt und fragwürdig und weigert sich beharrlich, die Daten offenzulegen, auf denen ihre bizarren „Modellierungen" (durch Fergusons Software „CovidSim") eventuell beruhen.

Ferguson „berät" übrigens weiterhin die britische Regierung: unter anderem als Mitglied des „Imperial College COVID-19 Response Team", der „New and Emerging Respiratory Virus Threats Advisory Group (NERVTAG)" und einer unüberschaubaren Vielzahl anderer Lobbyorganisationen der Pharma- und anderer Industrien. Außerdem „berät" er die WHO, die Europäische Union sowie die US-Regierung und ist häufiger Gast in der öffentlich-rechtlichen Sendung „Today". Ob auch er einen eigenen Podcast hat, weiß ich nicht.

Zurück zur „Tagesschau", die weiter mitteilt, „die Varianten aus Indien" hätten laut Auskunft der notorischen Drosten-Partnerin Ciesek „einen leichten Immun-Escape, also eine leicht verminderte Wirksamkeit". Das ist freilich sogar für Frau Ciesek zu blödsinnig. Die hatte vielmehr behauptet, daß „sich Altenheimbewohner trotz vollständiger Impfung mit dieser Variante neu angesteckt haben", daß also nicht das Virus, sondern die Impfstoffe „vermindert wirken". Das sei aber nicht beunruhigend und auch „nicht verwunderlich". Sondern (ergänzen wir) es ist der Grund, weshalb es bislang noch nie Impfstoffe gegen Coronaviren gab: weil die Dinger einfach zu schnell mutieren.

Also alles ganz normal und völlig wurst, ob die Impfstoffe nun wirken oder nicht oder weniger oder doch. Leider gibt es da aber noch eine Dame, die von all dem überhaupt nichts versteht und trotzdem entscheiden muß. Was die „Tagesschau" schon mal raunend und dräuend ankündigt: „Bundeskanzlerin Angela Merkel sagte bei Online-Beratungen der Unionsfraktion, daß Öffnungsschritte gut durchdacht werden sollten. Je aggressiver eine neue Virus-Variante sei, desto mehr Menschen müßten geimpft sein, um eine Herdenimmunität zu bekommen. Die indische Virusvariante sei ein Unruheherd, die [sic!] sich schneller ausbreite als die britische."

Wollen wir Wetten abschließen, welche nationale „Variante", bei der die „Impfstoffe" dann überhaupt nicht mehr wirken, als nächstes daherkommt und sich noch schneller ausbreitet? Vielleicht zur Abwechslung mal wieder eine chinesische? Jedenfalls müssen dann „Öffnungsschritte" erneut „gut durchdacht" werden, immer mal wieder.

Allerdings sind dieser Strategie möglicherweise natürliche Grenzen gesetzt: Irgendwann werden sich die Varianten, um weiterhin Angst zu machen, mit Überschallgeschwindigkeit ausbreiten müssen, und weil dann bei jeder Ansteckung ein Schallknall zu hören ist, können sich Dritte rechtzeitig in Sicherheit bringen.

EU-Oberfigur Ursula Leyen „sieht" die europäische Impfkampagne schon mal „auf einem guten Weg". Der läßt sich beziffern: 1,8 Milliarden zusätzliche „Impfdosen" hat Leyen soeben dem Pfizer-Konzern abgekauft (weitere Bestellungen folgen). Sie sollen in erster Linie für „Auffrischungen" benutzt werden. Bei der derzeitigen „Impfwilligkeit“ sind das circa vier „Dosen“ für jeden „Impfling“, was bis Anfang 2023 (sechste und siebte „Welle“) reichen könnte.

Zur zahlenmäßigen Dimension des „guten Wegs“ gehört auch die Statistik der schweren Nebenwirkungen und Todesfälle. Gemeldet sind derzeit wohl etwa 180.000 Verdachtsfälle und 4.000 Tote. Die Dunkelziffer wird auf 94 bis 99 Prozent geschätzt. Das darf jeder gerne selbst umrechnen. Daß die Gesamtsterblichkeit in der EU seit April deutlich steigt, obwohl so gut wie keine „Corona-Toten“ mehr zu verzeichnen sind, sei nur nebenbei erwähnt.

C19 Vaccin ADR Reports: NL 4.5 times higher than DE:

Cases per 100K doses	Pfizer	AstraZeneca	Moderna	All Vaccins
Netherlands	388	1,770	1,175	3,333
Germany	95	454	184	733
Delta NL/DE	411%	390%	638%	**455%**

(Niederländer vertragen die Spritzen offenbar weniger gut als Deutsche.)

Daß Ken Jebsen neuerdings einen Vollbart trägt, der farblich ein annaherndes Negativ dessen darstellt, der kürzlich mein eigenes Gesicht (verun)zierte, könnte standhafte Verschwörungstheoretiker davon überzeugen, daß wir durchaus nicht unter einer Decke stecken. Oder sie halten es für einen Beleg des Gegenteils; man kann das Denken dieser Leute ja nur schwer nachvollziehen.

Bayern verkündet den „Einstieg in den Ausstieg (aus) der Anbindehaltung“. Das soll allerdings vorläufig nur für Milch- und Schlachtvieh gelten.
Und Bayern verkündet auch noch einen „Kultursommer“ mit dem Motto „Bayern spielt“. Allerdings nur im Internet. Das wird sicher total interessant. (Mehr fällt mir zu so einem Schmarrn leider nicht ein.)
Derweil hoffen die großen Veranstaltungsfirmen angesichts annähernd in der Unsichtbarkeit versunkener Aktienkurse auf einen „Neustart“ im Sommer. Auf was die sogenannte „Kleinkunst“ hofft, ist unbekannt, weil niemand mehr danach fragt.

Zu guter Letzt sei der Vollständigkeit halber erwähnt, daß es neben den „3 Gs“ der „Neuen Normalität“ (Getestet, Geimpft, Genesen) noch ein viertes G gibt: Das steht für „gesund“.

übrigens *(23. Mai 2021)*

Die öffentlich-rechtlichen Medien haben laut eigener Aussage erkannt, daß sie das Publikum nicht mehr „erreichen". Das ist schon mal eine erfreuliche Einsicht, für die offenbar viele Jahre der Recherche nötig waren. Aber die „Lösung", die ihnen jetzt eingefallen ist („künstliche Medien", in denen „Content" von Computern „erstellt" wird), erscheint mir noch mal um ein vielfaches dümmer als das Programm, mit dem sie mich seit vielen Jahren nicht mehr „erreichen".

Sehr putzig finde ich, wie die „offiziellen Wissenschaftler" (Modellierer, Virologen etc.) zunehmend verzweifelt versuchen, die vollkommen normale Erscheinung zu erklären, daß die Erkältungssaison zu Ende geht. Varianten, Signifikanten, „weiterhin vorbildliches Verhalten der Bürger", „die Impfquote schmälert den R-Wert um zehn Prozent", die Tests erhöhen zwar die „Inzidenz", senken sie aber zugleich. Immerhin: Ganz am Rande wird auch erwähnt, daß Coronaviren nun mal eine saisonale Erscheinung seien. Für diese Aussage wäre man vor drei Monaten noch als „Querdenker" beschimpft und aus dem offiziellen „Diskurs" entfernt worden.

Nach 100, 50 und 35 lautet die neue magische Superzahl 80: So viele Prozent der Bevölkerung sollen neuerdings geimpft sein, bevor eine „Lockerung" des Maskenzwangs auch nur „denkbar" sein darf. Ganz egal, ob die „Inzidenz" 99, 15 oder null beträgt: Das Tragen einer „Schutzmaske" sei „auch eine Geste des Anstands", predigt ein Jens Clasen; „MNB rettet Leben", blökt eine Daniela Behrens hinterher. Ob und vor was auch immer eine Maske schützt, braucht man nicht mehr diskutieren, weil das jeder, der es wissen will, längst weiß. Aber daß es neuerdings eine „Geste des Anstands" sein soll, sich selbst (vor was auch immer) zu schützen, könnte im Bereich der Ethik des Egoismus interessante Fragen aufwerfen.
Die Ecke, aus der dermaßen abstruse Gedankengänge kommen, ist wahrscheinlich die gleiche, der wir die neuerdings vielen Leuten plausibel erscheinende Pflicht zur Gesundheit (die regelmäßig per Überprüfung belegt werden muß, um sich vom Verdacht der Krankheit kurzzeitig reinigen zu können) verdanken.

80 Prozent Geimpfte ist übrigens die Schwelle, ab der angeblich eine „Herdenimmunität" eintreten soll. Daß Lothar Wieler gestern herausrutschte, es seien auch die Leute immun, die „genesen" sind, also bereits einen positiven Test hinter sich haben, war etwas peinlich (weil es gegen die neue Definition der WHO verstößt), aber sofort wieder vergessen. Ebenso wie die 70 Prozent oder 60 Prozent oder 50 Prozent, die vor wenigen Tagen noch diese „Schwelle" markierten.

Die Verlängerung der „epidemischen Notlage von nationaler Tragweite" ist übrigens bereits beschlossen, noch bevor sie in fünf Wochen beschlossen werden soll. „Es ist unstrittig, daß wir die epidemische Lage noch einmal verlängern", sagt die SPD (Frak-

tionsvize Dirk Wiese). Und zwar deswegen: „Viele Verordnungen sind daran geknüpft." CDU/CSU formulieren das etwas simpler: „Man kann das Gesetz nicht einfach auslaufen lassen." Wo es doch schon mal da ist! Auch ein angeblicher „Gesundheitspolitiker" (was ist das eigentlich?) der „Grünen" „warnt" laut „Welt" vor „einem vorzeitigen Ende". Wieso „vorzeitig", wenn es im Sommer wie üblich kaum Kranke gibt und sich auch (siehe letztes Jahr) genügend positive Tests nur mit einer „nationalen Kraftanstrengung" (Merkel) zusammenkratzen lassen? Weil „noch rund fünfzig Millionen Menschen in Deutschland ungeimpft, also gänzlich ohne Impfschutz gegen Sars-CoV-2 sind", sagt der „Grüne" (Janosch Dahmen heißt er).
(Es sind übrigens auch mindestens fünfzig Millionen Menschen in Deutschland nicht gegen Treppenstürze, Autounfälle, Lebensmittelvergiftungen, Streß, Depressionen und Fettleibigkeit geimpft. Wir brauchen mehr Gesetze! Warum? Weil diese Ursachen für Arbeitsaus- und Todesfälle viel häufiger vorkommen als Covid-19.)

Im Herbst, wenn (eventuell) genug Leute geimpft sind, beginnt wie jedes Jahr die Corona-Saison, und dann kommen die „Booster-Impfungen" und die „Auffrisch-Impfungen", und dann wird die „Notlage" wieder verlängert, und zwar solange sich nicht jeder freiwillig jedes (halbe) Jahr spritzen läßt, wetten?

Wo wir schon bei Prognosen sind: Das „Bilanz"-Narrativ wird ungefähr im Spätsommer so lauten: „Ohne die Maßnahmen hätte es Milliarden Tote gegeben. Mit den Maßnahmen hat es auch Tote gegeben, aber nur weil sich Nazis, Reichsbürger und Maskenleugner nicht daran gehalten haben. Sonst hätten wir die Pandemie in einem Blitzkrieg besiegt." Das nächste Narrativ (im Herbst) wird lauten: „Ohne Auffrisch-Impfung wird es Milliarden Tote geben. Mit Auffrisch-Impfung wird es auch Tote geben, aber nur weil sich Nazis, Reichsbürger und Impfverweigerer nicht impfen lassen." So geht das dann munter weiter, Jahr für Jahr. Und die Masken werden so was wie Krawatten, Schulterpolster und Schuhabsätze: Man trägt sie halt, obwohl keiner weiß, warum. Ein Fall für die Modeindustrie.

Solange es nicht um (wirkliche) Literatur geht und ich einigermaßen verstehe, was man mir sagen will, ist mir die Genderei weitgehend egal. Jeder möge sprechen, wie ihm der Schnabel gewachsen ist, und es ist auch das Recht jedes Menschen, sich etwas nicht anzuhören, wenn er sich dadurch gekränkt oder diskriminiert fühlt. Ich höre mir den bodenlosen, unverschämten Quatsch, den Markus Söder von sich gibt, auch nur an, wenn ich muß. Was ich etwas bescheuert, vielleicht sogar kontraproduktiv finde: daß nun im Radio ständig „Bürger und Bürger", „Palästinenser und Palästinenser", „Pfleger und Pfleger", „Mitarbeiter und Mitarbeiter", „Anbieter und Anbieter" und ähnliches Zeug geplappert wird. Bringt das wirklich was für die „Geschlechtergerechtigkeit"?

Man könnte den Dauerregen, der uns durch diesen Mai begleitet, so deuten: Die Welt weint um den Menschen, der sich nicht mehr an ihr erfreuen will, sondern sich lieber einsperrt und seine Existenz in Isolation und Angst fristet, weil er Angst vor ihr hat. Das wäre aber wohl esoterisch, weil dem technokratischen Weltbild zufolge die Natur weder fühlt noch beabsichtigt, sondern aus einer zufälligen Abfolge von Zufällen besteht, die auf physikalischen Einzelereignissen beruhen.

Der SA-Mann und die Liebe *(25. Mai 2021)*

Den Urhebern von #allesdichtmachen ist offenbar ein neuer Coup gelungen: einen ihrer satirischen Clips unbemerkt ins Hauptabend-, oder sagen wir: ins Nachabendprogramm der ARD einzuschleusen. Die Parodie auf das „Wort zum Sonntag“ mag, insbesondere was die Darstellerin angeht, manchem etwas übertrieben und geschmacklos erscheinen, handwerklich gelungen ist sie jedoch allemal. Möglicherweise allerdings geht sie am Ziel vorbei, denn so eindeutig wie bei „Ilka Sobottke“ ist die Haltung der christlichen Kirchen und ihrer Anhänger zur Volksspritzung meines Wissens nicht.[60]

> Gastro hat in großen Teilen heute wieder - zumeist im Außenbereich - geöffnet!
> PROST! ABER NUR FÜR DEMOKRATEN(INNEN)!

Heute vor fünfundsiebzig Jahren fand in München die erste Tagung des Landesjugendausschusses statt. Der bayerische Kultusminister Franz Fendt (SPD) betonte bei der Eröffnung den festen Willen, die Jugend aus der Enge des militärischen Ungeistes herauszuführen. Mit der Jugend seiner Zeit mag ihm das gelungen sein.

Die „Deutsche Presseagentur“ (dpa) meldete gestern, „Unbekannte“ seien in Bamberg nachts in ein „Corona-Testzelt“ „eingedrungen“ und hätten „von der dort gelagerten Schokolade genascht“. Man mag sich an dieser Stelle fragen, weshalb und zu welchem Zweck in einem solchen Zelt Schokolade gelagert wird. Vielleicht um Diebe von der wertvollen Ware abzulenken, die ansonsten dort gelagert wird?
Interessanter ist jedoch der zweite Teil der Meldung über die Schokoladennascher: Der Polizei zufolge „aßen sie dort die innerhalb des Zeltes gelagerte Schokolade und verteilten Zettel aus dem Zelt in der Nähe“. Was waren das für „Zettel“? und stammten diese Zettel aus dem „Zelt in der Nähe“ und wurden in dem Schokoladenzelt „verteilt“? oder stammten auch die Zettel aus dem Schokoladenzelt und wurden „in der Nähe“ verteilt? Wo und warum und an wen? Es ist ein großes Rätsel, zu dem es leider keine Bilder und auch keine Folgemeldungen gibt, die es eventuell lösen könnten.

Bericht einer Bekannten, die vor dem seit September 2020 (!) bestehenden „Corona“-Untersuchungsausschuß des Landtags in Brandenburg aussagen mußte (und gerne ano-

[60] Es handelte sich, dies nur zur Sicherheit, bei der Sendung selbstverständlich nicht um eine Parodie.

nym bleiben möchte, weshalb das folgende stark gekürzt ist): „Meine Befragung dauerte zwei Stunden. Jede Partei kommt dran und hat zehn Minuten Fragezeit, danach beginnt die Runde wieder von vorne, bis es keine Fragen mehr gibt. Ich habe sehr viel Zustimmung in den Gesichtern lesen können, nicht nur von der AfD. Ganz schlimm (im Sinne von nicht besonders intelligent) und vom Ton her ausgesprochen unangenehm waren die zwei Vertreter der Linken und der Grünen. Nach den Fragen der beiden zu urteilen, meine ich, es waren Drosten-Jünger. Ich habe bei der Befragung auch gemerkt, wie schwierig es ist, klarzumachen, wie Wissenschaft arbeitet, was eine ‚Studie' ist und daß nicht jede Publikation in einer Fachzeitschrift zum einen eine ‚Studie' und zum anderen wissenschaftlich fundiert ist. Anschließend kam mir eine Abgeordnete (nicht AfD) nach und sagte u. a., ich solle mir nichts draus machen, die anderen verstünden einfach nicht, wie man mit Zahlen umgeht. Sie selbst sei Physikerin, habe meine Ausführungen sehr interessant gefunden und mich bewundert, weil ich die ganze Zeit ruhig geblieben sei." Nach ihr sagte unter anderem Herr Wieler vom RKI aus. Weil die Leitmedien den Untersuchungsausschuß seit Beginn so gut wie komplett ignorieren, ist darüber kaum etwas bekannt. Dem Ausschuß unter der Leitung von Daniel Keller (SPD) gehören je drei Mitglieder von SPD und AfD, zwei von der CDU und je ein Vertreter von Grünen, Linken und BVB (nicht Dortmund!) an.

Letztes Jahr um diese Zeit wurde der Begriff „Verschwörungstheoretiker" langsam so fad und ausgelutscht, daß ihn nur noch die primitivsten Nachzügler unter den Gläubigen periodisch ausstießen. Es folgten „Verschwörungsmythos", „Verschwörungsideologe" usw. – Borniertheit findet ihren Ausdruck stets im Sprechen. Die Lingua Coronae hat eigentlich nur eine halbwegs eigene Neubildung vorzuweisen: den „Leugner", der indes irgendwo zwischen Holocaust und Gotteslästerung herausgeschlüpft und im Grunde systemisch antisemitisch ist (wegen Verharmlosung des ersteren), weshalb ein „antisemitischer Coronaleugner" eigentlich gar nicht geht. Die übrigen Begriffe stammen allesamt von den Ungläubigen und wurden lediglich phantasielos ins Gegenteil verkehrt: vom „Schwurbler" (dessen Idealvertreter immer noch Drosten und Lauterbach sind) bis zum „Querdenker" (der den so bezeichneten Demo-Organisator nicht zutreffend beschreibt). Man wünschte sich etwas mehr Ideenvielfalt, aber die ist bei religiösen Führern und ihren Untertanen halt dünn gesät.

Demonstrationen scheinen im Jahr 2021 vor allem daraus zu bestehen, daß viele Menschen mit Telephonkameras auf Straßen gehen, um Demonstrationen zu filmen, die sie selbst sein sollten, die also eigentlich gar nicht stattfinden, weil alle Teilnehmer Beobachter sind. Ein eigentümliches Paradoxon, das auf eine Verlagerung nicht nur der Aufmerksamkeit (vom Demonstranten, der zum Beobachter wird, auf den Beobachter, der ein Demonstrant sein soll), sondern auch der politischen Subjektivität hindeutet. Die sich im Raum zwischen Beobachter und Polizei irgendwie verflüchtigt.

Besonders eklatant wird das, wenn Polizisten infolge der Vergeblichkeit ihrer Bemühungen um Eskalation oder Einschüchterung, die ihr eigenes gewaltbereites Auftreten sozusagen rückwirkend rechtfertigen oder begründen könnten, in Übersprungshandlungen sichtbar sinnlos gewalttätig etwa gegen Rentner oder Mütter mit kleinen Kindern vorgehen und diese ohne jede Gegenwehr Zwangsmaßnahmen bis zur Körperverletzung unterziehen, die sich eigentlich nur aus einer Gegenwehr logisch ergeben könnten. Es wäre dann zu erwarten, daß die Überzahl der Demonstranten traditionell mit untergehakten Armen gegen die einzelnen Gewalttäter vorrücken und die Freilassung der Mißhandelten fordern oder erzwingen. Statt dessen rücken nur filmende Kameras gegen die Polizei vor, die ihrerseits filmende Kameras entgegenhält.
Wer soll diese Filme alle anschauen? Um was daraus zu lernen? Daß man „das nächste Mal" das tut, was hier zu erwarten gewesen wäre? Was man sieht, ist indes nur gelähmte Starre angesichts eines gar nicht vorhandenen Gleichgewichts: Die einen sind viele und so unangemessen friedlich, daß es fast wie Realitätsblindheit wirkt, die anderen randalieren hemmungslos, aber ohne erkennbaren Gegner. Oder realisiert sich hier eine Art von Stoizismus, gegen den die Gewalt der Polizei sichtbar ins Leere läuft und deswegen so desperat wirkt?
Die allgegenwärtigen „Schämt euch!"-Rufe lassen die martialisch-militärischen Vermummten und ihr militantes Theater wie Umtriebe wildgewordener Halbstarker erscheinen, denen sich keine repressive Übermacht von Eltern und Erwachsenen (oder Ordnungskräften) entgegenstellt, gegen die sie angeblich aufbegehren.
So werden wir Zeugen eines absurden Theaters: eine Armee ohne Gegner, die so aufgewiegelt ist, daß sie Hühner, Bäume, Heuhaufen und Straßenschilder „erschießen" muß, um sich abzureagieren.
Ein weiteres Paradoxon: Eine Demonstration gegen das Verbot der Demonstration kann nicht erlaubt werden, weil sie sonst nicht verboten wäre und man nicht gegen das Verbot demonstrieren könnte. Fände sie dann jedoch nicht statt, wäre sie zwar nicht verboten, aber auch nicht erlaubt.

Wenn man müßig vor sich hin rechnet und feststellt, daß die gesamte heute lebende Menschheit mit jeweils 1,5 Meter Corona-Abstand in Niederbayern fast restlos unterzubringen wäre (mit und ohne Käfighaltung), … beginnt man die Allmachtsphantasien von Schwab und Gates nachempfinden zumindest zu können.

Ein Flugzeug zur Landung zu zwingen, um einen Blogger zu verhaften, weil er angeblich „oppositionelle" Umtriebe veranstaltet hat, ist schon reichlich übertrieben, ebenso wie die Befürchtung, dem Mann könnte nun ein ähnliches Schicksal drohen wie Julian Assange. Eklatant ist jedoch, wie die EU mal wieder eine Chance verspielt: Deren Führer wollten auf ihrem aktuellen Treffen irgendwas mit Klima besprechen. Statt dessen beschließen sie, den gesamten Luftraum für weißrussische Flugzeuge zu sperren.

Da hätte man doch zwei Fliegen mit einer Klappe schlagen können, indem man umgekehrt nur noch weißrussische Flugzeuge zuläßt: Das hätte die weißrussische Luftfahrt mit Sicherheit überfordert, und dem Klima käme es zumindest symbolisch ebenfalls zugute.

„Wer nicht lieben kann, kann auch nicht glauben." Eduard Spranger, der alte Plapperkopf und deutschnationale SA-Mann, behauptete dies zu einer Zeit, als er es besser hätte wissen müssen. Freilich kann, wer nicht lieben kann, trotzdem glauben; wir erleben es derzeit, und er hatte es hinreichend intensiv erlebt. Selbstverständlich muß, wer lieben kann, deswegen noch lange nicht glauben, auch wenn eine solche Verbindung in Einzelfällen sicher möglich ist. Die Millionen, die an seinen Führer glaubten und immer wieder an Führer glauben, ohne lieben zu können, die hat er wohl 1945 schlagartig vergessen. „Kein Mensch darf sich eines ehrlichen Umlernens schämen", behauptete er 1951. Und das ist wahr.
Andererseits der Franziskanerpater Richard Rohr (den der Wikipedia-Blog als „Querdenker" bezeichnet): „In unserem Leben geht es letztlich nicht um uns. Es ist Teil eines viel größeren Stroms. Ich bin überzeugt, daß der Glaube wahrscheinlich genau diese Fähigkeit ist, sich dem Strom anzuvertrauen, dem Fluß zu trauen und dem Liebenden. Er ist ein Prozeß, den wir nicht verändern, erzwingen oder verbessern müssen. Wir müssen ihn zulassen." Vielleicht ist „Glaube" auch so ein Wort wie „Querdenker", das, durch den Mißbrauch in diesen Zeiten beschmutzt, nie mehr sauber wird.

Zukunft nach Corona

"Wir werden die Notwendigkeit privater Treffen hinterfragen"

„Jedermann weiß, wie nützlich es ist, nützlich zu sein, und niemand weiß, wie nützlich es ist, nutzlos zu sein." (Dschuang Dsi, Das Lied des Narren)

Darmreinigung mit Putin in Negernbötel *(28. Mai 2021)*

Gespräch am Nebentisch in der (Flüster-)Kneipe (doch, es gibt so was wieder, ich sage aber nicht, wo): „Die anderen von meiner Schafkopfrunde – außer dem Dieter, der ist ja bekanntermaßen ein Verbrecher –, die sind alle verrückt." Mehr als ein Jahr lang mußte ich solche Inspirationen entbehren. Vielleicht fange ich doch wieder das Schreiben an?

Immer mehr verdiente Richter und andere ehemalige Staatsbedienstete geben ihre Bundesverdienstkreuze zurück. Eine konsequente Reaktion wäre, das Zeug einzuschmelzen und Impfnadeln daraus zu ziehen. Schließlich muß ein Staat auf das schauen, was er gerade am dringendsten braucht. Oder sind diese Kreuze gar nicht eisern?

Eine Zeitung, die jetzt – wo „die Zahlen" genauso zurückgehen wie jedes Frühjahr, auch 2020, auch 2019 und in jedem Jahr davor (wenn man gezählt hätte) – per Spam-Mail fragt: „Lieber Herr Sailer, erleben wir gerade den Anfang vom Ende der Pandemie?" … eine solche Zeitung sollte vielleicht einfach aufhören, irgendwelche Fragen zu stellen. Oder damit anfangen. Oder sie sollte nicht ausgerechnet mich fragen. Woher soll ich irgendwas über eure Pandemie wissen?

Apropos Fragen: gebe ich gerne zu, daß ich viele Jahre großen Respekt vor Serdar Somuncu hatte, ihn sogar bewundert habe und seine Arbeit überwiegend großartig fand. Daß ausgerechnet er sich nun im Auftrag der „Corona"-Jünger in einer Art unfreiwilliger Parodie Dietrich Brüggemann (der ihm zuvor berechtigterweise eine Anzeige wegen Verleumdung angekündigt hatte) „vorknöpfte" und sich im Interview mit diesem so gebärdete wie der typische überhebliche, dumme, selbstzufriedene und sadistische Geheimstaatspolizist aus US-amerikanischen Erziehungsfilmen, ist absurd, traurig, widerwärtig und so enttäuschend, daß ich fast hoffe, man hat ihm dafür viel Geld gezahlt. Daß Somuncu sich freiwillig für einen solchen „Schauprozeß" hergibt, erscheint mir immer noch unvorstellbar. Aber was weiß ich schon; ich habe seit gut zehn Jahren nichts von ihm gehört. Damals gab es das Irrenhaus, in dem wir jetzt leben, noch nicht (so), und damals hat er zum Glück noch genau das getan, was er Brüggemann jetzt in peinlich winselndem, überheblichem und wirrem Ton ankreidet. Es ist erbärmlicher, als ich es ausdrücken kann.
Und ja: Ich habe einst Sachen von Somuncu einigen Freunden empfohlen und ihn in Diskussionen verteidigt. Deshalb schäme ich mich für sein Gehabe wesentlich mehr als für das gleichgesinnte Gehabe eines Sebastian Leber vom „Tagesstürmer". Deshalb auch kein Link: Ich möchte so etwas nicht verbreiten.
But wait: Vielleicht bin ich reingefallen? Serdar Somuncu ist Schauspieler, darauf weist er in dem Interview sogar deutlich hin. Daß er die Rolle eines Leber-ähnlichen denunziatorischen Vernehmungsschergen nur spielt (und zwar sehr gut), ist immerhin denkbar.[61]

Der Zeithorizont weitet sich merklich: Im März 2020 erschienen uns die Verbote erst lächerlich, nach zwei Wochen unerträglich. Nun sind seit Erlaß der nächsten Verbote (von denen manch ein „Verschwörungstheoretiker" damals befürchtete, sie könnten bis Weihnachten dauern) sieben Monate vergangen, und unmerklich ist die Welt eine vollkommen andere geworden. Kinder kennen nur noch diese Welt, auch für ältere wird sie zunehmend zum unerträglichen, aber gewohnten Hintergrund der Existenz. Daß ein wesentlicher Teil der „Maßnahmen" nie mehr aufgehoben wird, scheint sicher; es bleibt die Frage, ob es eine zukünftige Generation geben kann, die unter diesen Umständen einigermaßen zufrieden vegetieren kann, ohne an mindestens tausend psychosomatischen,

[61] Später Nachtrag: Somuncus weitere Arbeit, etwa die sehr witzige Reihe „Hasstalavista", läßt vermuten, daß es sich tatsächlich um ein ironisches Rollenspiel gehandelt haben könnte. Ich möchte das aber lieber nicht beschwören.

psychotischen, mentalen, emotionalen, allergischen und sonstigen Dauererkrankungen zu leiden. Vermutung: Es fehlt der Vergleich. Die Bücher, die von Freiheitskämpfen und Zukunftskonzepten früherer Zeiten erzählen, stapeln sich regendurchnäßt in den Rinnsteinen, während drinnen in den Gebäuden die Bildschirme leuchten.
Wenn dann irgendwann die Energieversorgung zusammenklappt und sämtliche digitalen Erziehungsinstanzen plötzlich wegfallen, könnte ein globaler Schock eintreten, dessen Auswirkungen niemand abschätzen kann, weil so etwas noch nie auch nur ansatzweise passiert ist (abgesehen vielleicht von der Erfahrung des Einmarschs alliierter Truppen für fanatische Nazis, die tags oder wenige Stunden zuvor noch „Wehrkraftzersetzer" standrechtlich erschossen hatten).

Apropos Jugend: Mittlerweile ist eine ganze Generation mit dem Narrativ ideologisiert worden, an allem Schlechten, Üblen und Verkehrten seien „russische Hacker" und Putin persönlich schuld. So jetzt selbstverständlich auch an Meldungen über scheußliche Nach- und Nebenwirkungen der Spritzung mit Biontech/Pfizer-Brühe. Bei Astrazeneca ist das anders: Das ist nicht deutsch, das kostet uns Arbeitsplätze, da darf man berichten. Zum Beispiel über Verunreinigungen durch Eiweiße in dem Zeug, die angeblich für Nach- und Nebenwirkungen verantwortlich sein sollen. Blöd, daß es bei Biontech-Pfizer mehr Nach- und Nebenwirkungen gibt. Haben da vielleicht die „russischen Hacker" selbst unbemerkt ein paar Pfund „Verunreinigungen" hineingerührt?

„Es gibt spirituelle Seminare, in denen die Teilnehmer lernen, daß sie selbst Schöpfer ihrer Realität sind. Schauen wir uns diese ‚Schöpfer' einmal genauer an, so stellen wir fest, daß sie nicht einmal das Klopapier, das sie in den Seminarpausen benutzen, selbst erschaffen haben." (Roland Rottenfußer)

Die Internet-Autorenplattform KenFM wird neuerdings vom Verfassungsschutz beobachtet. Diese Ehre wurde meines Wissens bislang allein der „linksextremistischen" (weil marxistischen) „Junge Welt" zuteil. Angesichts der Tatsache, daß KenFM eben eine Autorenplattform mit Dutzenden von Autoren mit unterschiedlichsten politischen Ausrichtungen, Hintergründen und Ansichten ist, dürfte die Warnung eines hohen Verfassungsschutzbeamten, man habe für so einen Schmarrn gar nicht genug „Ressourcen", nicht so leicht von der Hand zu weisen sein.

Die verläßlich infame, aber vom Verfassungsschutz gänzlich unbedrohte „Bild" meldet heute, der Ort Negernbötel solle auf Geheiß von „Grünen" umbenannt werden, weil einem beim Lesen des Namens „das N-Wort in den Sinn kommen" könne. Zur Erläuterung: „Negernbötel" bedeutet auf neuhochdeutsch „nähere Siedlung" – im Gegensatz zur „ferneren Siedlung" Fehrenbötel. Unabhängig davon, wie es die Negernböteler (deren Heimatort übrigens an der „Faulen Trave" liegt) gut tausend Jahre lang ertragen haben, mit dem „N-Wort" in Verbindung gebracht zu werden, stellen wir fest: In der Gegend gibt es noch weitere höchst anrüchige Weiler. Zum Beispiel Schackendorf (wer

denk da nicht an „Spacken"?), Fahrenkrug (wer denkt da nicht ans Saufen?), Schwissel (wer denkt da nicht an Deodorant?), Dreggers (wer denkt da nicht an den alten Spruch „Dregger und Strauß – o Graus"?), Todesfelde (wem gruselte da nicht?), Kummerfeld (o je), Depenau (hi hi), Mözen (nun ja) und so fort.
Ganz zu schweigen ist in diesem Zusammenhang von der legendären fränkischen Ortsbenamungskunst. Da wird einem nicht nur in Mohrenstein, Schlammersdorf, Tiefen- bzw. Unterstürmig, Preußling, Weha, Drahthammer, Beidl, Schleif, Schlaifhausen, Burggaillenreuth, Wölm, Schwürz, Lehm, Zips, Lüglas, Hunger, Öd, Schwand, Hundshaupten, Hundsboden, Wurmsgefäll, Mostviel, Neideck, Zückshut, Poxdorf, Hetzelsdorf, Prüll, Kasendorf, Untermerzbach, Morschreuth, Türkelstein, Haßfurt, Poppenberg, Poppendorf, Pullendorf, Köttel, Strullendorf, Rotzendorf, Kotzendorf, Kotzmannsreuth, Schweinthal, Wichsenstein, Eichelberg, Göring, Drügendorf und Drosendorf ganz assoziativ zumute. Deppenhausen hingegen liegt in Württemberg (neuhochdeutsch: „Wirt am Berg") und Dummsdorf vermutlich nirgends.
Muß ich noch erwähnen, daß der Zigeunerbach in Augsburg dringend umbenannt werden mußte und jetzt … (weiß ich leider nicht) heißt? Daraus erfolgten allerdings gewisse Probleme mit der UNESCO, zu deren „Welterbe" (für Außerirdische zukünftiger Zeiten) das Augsburger Wasserwesen zählt. Deswegen mußte erklärt werden, daß der Name „Zigeunerbach" antiziganistisch ist. Was wiederum problematisch ist, weil das Wort „antiziganistisch" derselben Wurzel entstammt wie „Zigeuner", also ebenfalls antiziganistisch ist. Wie man jetzt sagt, weiß … ich nicht.
Ach so, der Untergiesinger Kolumbusplatz muß übrigens auch umbenannt werden. Wegen Kolonialismus. Was hingegen nicht umbenannt werden muß, ist Deutschland. Weil es da ja nur ein zweites und ein drittes Reich gegeben hat, die so hießen. Das ist nicht weiter schlimm.

Auf „Bayern 2" fragt ein Inquisitor ein Mitglied der „Ständigen Impfkommission" (Stiko), ob „die Wissenschaft" es sich angesichts des politischen Drucks überhaupt noch leisten könne, zur Frage der Spritzung von Kindern eine „abwartende Haltung" einzunehmen und sich auf das vorläufige Fehlen von Nutzen-Risiko-Bewertungen zu berufen. Eine interessante Frage, nachdem es ja vierzehn Monate angeblich „die Wissenschaft" war, die der Politik ihr Handeln diktierte. Es kommt halt immer darauf an, welches Interesse gerade am wichtigsten ist (das heißt: wer das wichtigste „Interesse" gerade am aggressivsten vertritt).

„Der Ton kehrt nie zur Saite zurück." (Stanislaw Jerzy Lec)

Pathologische Hypochonder *(31. Mai 2021)*

Ein langjähriger Korrespondent der „Süddeutschen Zeitung" berichtet von einer Frau, die an pathologisch hysterischer Hypochondrie und Ansteckungspanik leidet. Sie badet förmlich in Desinfektionsmitteln, überschüttet sich alle paar Minuten damit. Als sie neulich ein paar hundert Meter von ihrem Arbeitsplatz zu einem anderen Ort transportiert werden sollte (zu Fuß gehen kann sie nicht), ließ sie von Wissenschaftlern eruieren, wie sich Aerosole in einer Limousine ausbreiten. Die Lösung war ein Großtransporter, in dem sie ganz alleine mit FFP2-Maske im hermetisch abgedichteten, künstlich belüfteten Laderaum saß. Es ist sehr wichtig, solche Menschen vor sich selbst zu schützen; man sollte aber nicht ganz vergessen, daß auch die Gesellschaft vor ihnen geschützt werden muß. (Die Frau heißt Angela Merkel.)
Daß Merkels Kollege Markus Söder an einer noch schlimmeren Hypochondrie leidet, sei nur am Rande vermerkt, weil man sich das ja sowieso schon gedacht hat.

„Das heißt, wir haben dann Virus in den Proben, dessen RNA wir auch in Form von Viruslast messen können. Viruslast bedeutet ja RNA-Kopien. Nur, dieses Virus ist nicht mehr infektiös, weil da Antikörper draußen drankleben. […] Also die Rate von kaputten Viruspartikeln, die gegenüber replikationsfähigen Viruspartikeln in so einer Infektion entstehen, die kann durchaus hundert zu eins sein. Wir messen in der PCR aber alle Viruspartikel." (Christian Drosten erklärt, weshalb positive PCR-Tests zu circa 99 Prozent falsch positiv sind)

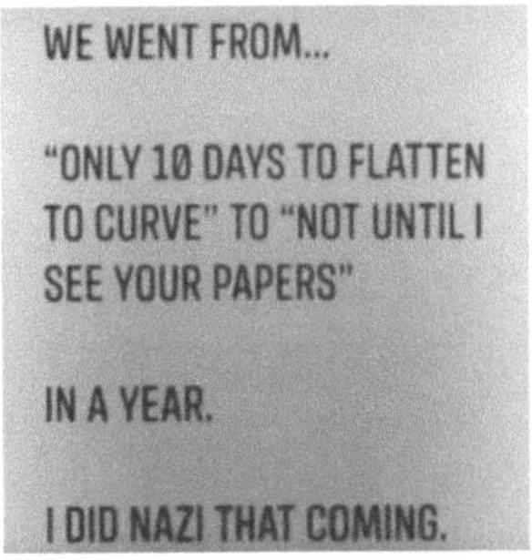

In Weißrußland, erfuhr man neulich, gab es eine „Zwangslandung". Ein Flugzeug sei zur Landung gezwungen worden, um einen „Oppositionellen" verhaften zu können. Nicht nur die Radionachrichten wiederholen diese Geschichte und das Wort „Zwangslandung" wie Hypnotiseure. Mich interessiert Weißrußland (neudeutsch: „Belarus") nicht sehr, aber das fällt mir doch auf. Nach zehn Minuten Recherche weiß ich, daß die Meldungen kompletter Unfug sind. Es gab keine „Zwangslandung", der Funkverkehr des Flugzeugs belegt das eindeutig.

Daß bei der Landung eines Flugzeugs überprüft wird, ob sich zufällig eine aus juristischen Gründen gesuchte Person an Bord befindet, ist vollkommen normal, ähnliches habe ich selbst schon zweimal miterlebt (auch in Deutschland). Von dem verhafteten „Oppositionellen" weiß ich nichts (nur daß er nicht Julian Assange heißt), dazu kann ich also nichts sagen. Es bleibt die Frage, wieso eine solche Lüge so aufgebauscht und derart impertinent in die Köpfe der Hörer (Zuschauer, Leser) gehämmert wird.

Einer der schlimmsten Propagandisten der „Corona"-Spritzung (nun auch von Kindern) heißt übrigens ausgerechnet „Dr. C. Spinner". Das behauptet zumindest der „Focus". Könnte aber auch ein neues Projekt von #allesdichtmachen sein.

Nachdem in letzter Zeit bei „Corona-Kontrollen“ (was das ist, weiß ich leider nicht) Polizisten und andere Ordnungskräfte bespuckt, gebissen und anderweitig angegangen wurden, macht sich unter diesen eine gewisse Besorgnis breit. Man dürfe das an Disziplinierung, Gehorsam und Kontrolle „Erreichte nicht verspielen“, sagte ein Polizeisprecher im Radio und merkte offenbar nicht genau, was er da sagte (und ich gestehe, daß dieser Satz behutsam tendenziös formuliert ist).
Ein Münchner Polizist bekennt in der „tz“, man habe ihn am Monopteros mit Flaschen beworfen. Das geht selbstverständlich überhaupt nicht. Ob die militärischen Helme und Schutzausrüstungen heutiger „Freunde und Helfer“ durch Flaschen verkratzt oder beschädigt werden können, spielt dabei überhaupt keine Rolle. Gewalt gegen Ordnungskräfte ist (außer bei Notwehr) selbst im Falle einer Revolution verboten (weil die Revolution ja sonst keine Revolution wäre).

Immer mehr (schon diese Einleitung ist ein typisch manipulatives Instrument manipulierender Massenmedien, was hiermit festgestellt sei) Leitmedien widmen sich der „Verschwörungstheorie“, das Virus SARS-CoV-2 sei in einem Labor in Wuhan „erstellt“ worden und (versehentlich oder absichtlich) freigesetzt worden. Und in immer mehr (siehe oben) solchen Berichten wird diese These als grundsätzlich plausibel dargestellt. Das ist fast schon wieder verdächtig – vor allem nachdem wir seit vielen Monaten wissen, daß der US-amerikanische Beauftragte für dieses Labor (Peter Daszak) zugleich einer der Leiter der WHO-Gruppe war, die nach China entstandt wurde, um festzustellen, woher das Virus kam. Dies und seine öffentlich bekannte freundschaftliche Verbindung zu der chinesischen Leiterin des Labors wird weiterhin so gut wie nie „thematisiert“.
Hingegen sieht sich der US-amerikanische Gesundheitsführer Fauci gerade einem Gewitter von Vorwürfen ausgesetzt, weil er anscheinend vergessen hat, die US-amerikanischen Steuerzahler darüber zu informieren, daß ihr Geld unter anderem zur geheimen Erforschung biologischer Massenvernichtungswaffen in Wuhan eingesetzt wurde. Die Frage, ob diese längst bekannte Tatsache jetzt so schäumend aufgekocht wird, um die Aufmerksamkeit von anderen Vorgängen abzulenken, überlasse ich gerne talentierten Verschwörungstheoretikern.

Eine Studie widmete sich dem Problem des neuartigen „Long Covid“-Syndroms unter Kindern und stellte fest, daß es das praktisch gar nicht gibt. Das hilft selbstverständlich nichts, weil das Phänomen durch häufige Erwähnung nun einmal in der Welt „ist“ und auch durch umfangreichste Untersuchungen nicht mehr wegzukriegen sein wird, vgl. „Burnout“, vgl. „Neurasthenie“, vgl. „Weiberhysterie“. „Für Millionen Corona-Infizierte wird das Leben wohl nie mehr so sein wie früher“, meldet etwa die „Süddeutsche Zeitung“. Was eine Grundregel der Medienmanipulation bestätigt: Je häufiger sich

zeigt, daß etwas so gut wie nicht existiert (oder was ganz anderes ist), desto höher muß die Zahl der „Betroffenen“ geschraubt werden.
Abgesehen davon ist die Meldung freilich im Grunde richtig. Sie müßte nur lauten: „Für Milliarden Menschen – infiziert oder nicht – wird das Leben nie mehr so sein wie früher.“

Die „Leitkultur“, die nun, da „Corona“ weitestgehend ausdiskutiert ist, über den Umweg der „neuen Normalität“ wieder in den Diskursraum gezerrt wird, ist in mehrerlei Hinsicht ein Quatschbegriff. Zum einen steht sie für das reaktionäre Bild eines irgendwie naturgesetzlich vorgegebenen Verhaltens- und Betragenskodex, der vom Wollen bis ins letzte Detail des Tuns alles „leitet“ und jeden, der davon abweicht, von den Segnungen der Gemeinschaft ausschließt. Kultur aber gibt es zweifellos, sie ist entstanden und entsteht unmerklich weiterhin schlicht aus dem, was geschieht. Normative Setzungen in diesem Bereich sind Zeichen einer Zwangsherrschaft. Es mag gelingen, ein ganzes Volk binnen kurzer Zeit dazu zu bringen, daß man zur Begrüßung „Heil Hitler“ sagt und damit nebenher sichtbar (oder hörbar) macht, wer Außenseiter ist. Es geht aber noch schneller wieder weg, wenn der (soziale und äußere) Zwang verpufft.

Daß der (deutsche) Nationalstaat eine liberale, republikanische, gar demokratische Idee sei, erscheint mir immer noch als historisches Mißverständnis. Weil man sich Bayern und Preußen nicht ohne ihre Könige vorstellen konnte, setzte man auf die größere, die „verbindende“ und „einende“ Erzählung, in der die Monarchien mit ihrer Kleinstaaterei dann aufgehen würden wie Tropfen in einer Pfütze. Was man bekam, waren: Kaiser, Führer, Weltkriege und der Untergang in der absoluten Barbarei. Europa und die „Weltregierung“ sind die nächsten Stufen dieses Wahns, Freiheit und Demokratie seien nur durch Vergrößerung, Ausweitung, Vereinheitlichung zu erreichen. Was man diesmal bekommt, sind: Amazon, Facebook, Google, Apple, Microsoft, Ebay und eine neue Form von allgegenwärtigem, totalem Dauerkrieg.

„Erst Geschichtsschreibung schafft Geschichte. Geschichte ist keine Realität, sie ist ein Zweig der Literatur.“ (Sebastian Haffner)

Lügen, Krieg und viel Grün *(4. Juni 2021)*

Man gewöhnt sich daran: daß jedes Jahr mit den ersten schönen Frühsommertagen das Interesse an Co-ronaviren schlagartig verpufft. Wer sich beim Sprung in die Isar (oder einen anderen Fluß oder See) mit so etwas beschäftigen mag, dem fehlt wohl irgendwas. Und wer immer noch Zahlen in die Welt betet, sie gar als „Neuinfektionen“ bezeichnet, um Menschen Angst zu machen, der arbeitet entweder beim Bayerischen Rundfunk oder ist ein auch von den besten Therapeuten nicht mehr therapierbarer „Fall“. Oder beides.

Wir sollten also die Zeit nutzen, uns mit wichtigeren Dingen zu beschäftigen. Schließlich ist die erkältungsfreie Saison nur ein „Zeitfenster", wie der bayerische Wirtschaftsminister ausdrücklich betont. Das heißt: Wie jedes Jahr werden kurz nach dem (weiterhin virtuellen) Oktoberfest „die Zahlen" wieder „hochschnellen" und der nächste Lockdown unausweichlich sein. Welche Regierung den dann anordnet, ist übrigens im Grunde auch vollkommen egal. Ebenso wie die Frage, ob die neumodische Aufaddierung mehrerer Erkältungssaisonen und ihre Zählung als „vierte Welle" (ab November), „fünfte Welle" (ab Februar 2022), „sechste Welle" usw. trotz erwiesener Unsinnigkeit auch dann noch beibehalten wird.

Was wir bis dahin sicher nicht erfahren werden, ist, wie viele Menschen durch die Spritzung mit modRNA- bzw. Vektorsubstanzen getötet bzw. schwer geschädigt wurden. Das hierfür in Deutschland zuständige Paul-Ehrlich-Institut gehört zu den entschiedensten Propagandaorganen für die „Impfung" und ist auch deshalb weltweit führend in der Verschleierung solcher Zahlen.

Auch die „Ständige Impfkommission" (STIKO) galt bislang ganz und gar nicht als Nest von Regimekritikern und Dissidenten. Daß sie sich nun beharrlich weigert, eine Massenspritzung von Kindern zu empfehlen, sorgt für einige Verwunderung. Da wagen es sogar manche regierungsnahe „Qualitätsmedien", zwischen den Zeilen freche Kritik zu äußern, indem sie darauf hinweisen, daß Jens Spahn und andere Impfpropagandisten mit dieser Forderung „vorgeprescht" seien. Bislang hieß es ja meist, sie seien infolge ausgiebiger Abwägungen zu der Einsicht gekommen, die Impfung von Kindern sei eine alternativlose Notwendigkeit. „Preschen" klingt schon ziemlich anders.

Die Zeitung „China Daily" mag manchem als noch „regierungsnäher" gelten als ARD, ZDF und die „Süddeutsche". Um so erstaunlicher, daß in der Hongkong-Ausgabe von CD schon am 20. Mai der an der Universität für Sprache und Kultur in Peking lehrende Psychologe und Linguist Chris Lonsdale in dem ausführlichen Artikel „The COVID-19 Gaslighting Express" in ungewöhnlicher Deutlichkeit auf die Unhaltbarkeit praktisch aller pseudowissenschaftlichen Mythen hinweist, die dem „Corona"-Komplex zugrunde liegen und das, was wir seit fünfzehn Monaten erleben, erst möglich gemacht haben. Falsche Zahlen, gefälschte Statistiken, falsche Auslegungen, Lügen zum PCR-Test, das Märchen von „asymptomatischen Ansteckungen" und andere von Politikern und Leitmedien verbreitete Fake News dienten und dienen demnach einzig dazu, Menschen massenweise in Furcht zu versetzen.

Womit wir vielleicht endlich da angekommen wären, wo manche von uns schon seit einem Jahr oder zumindest lange sind: bei einer klaren Unterscheidung zwischen Fakten, die als „Verschwörungstheorien" diffamiert werden, und dem Blödsinn, den echte Verschwörungstheoretiker verbreiten. Allerdings meldet heute der Bayerische Rundfunk, daß neuerdings Yogalehrer in gefährlicher Manier „Corona verharmlosen", indem sie zum Beispiel behaupten, der Mensch habe eine Art „Immunsystem", das ihn vor Krankheiten „schütze“. Das Spiel ist also noch lange nicht zu Ende, auch wenn es sich auf die lächerlichsten Nebenschauplätze verlagert.

Ein anderer Nebenschauplatz, dessen Bedeutung schwer einzuschätzen ist, trägt den Namen Anthony Fauci. Der Big-Pharma-Lobbyist, Chef des „National Institute of Allergy and Infectious Diseases“ der USA und als „Chief Medical Advisor to the President“ derzeit für den siebten US-Präsidenten hintereinander tätig, muß derzeit mitanschauen, wie sein schon von Donald Trump angeknabberter Ruhm als Held der nationalen Gesundheit in kürzester Zeit zerbröselt. 3.200 Mails des legendären Doktors (der wie sein deutscher Kollege Christian Drosten nie einen Patienten behandelt hat) sind im Internet nachzulesen und zeigen, daß Fauci bislang in mehrerlei Hinsicht stur und unter Eid gelogen hat: Er hat wohl von den „Gain of Function“-Forschungen an Coronaviren in einem Labor in Wuhan nicht nur gewußt, sondern sie mit US-Steuergeldern finanziert und öffentlich vertuscht. Er hat dafür gesorgt, daß solche Forschungen (die andere Leute als Produktion von biologischen Kriegswaffen verstehen) seit Dezember 2017 nicht mehr verboten sind. Fauci wußte zudem sehr früh, daß es keine „asymptomatischen Ansteckungen“ gibt, daß Masken sinnlos sind, Lockdowns keinen Nutzen haben und daß das Risiko, an Covid-19 zu sterben, für die meisten Menschen verschwindend gering ist. Womit so gut wie alle „Verschwörungstheorien“ zum „Corona“-Komplex, die ihre Anführungszeichen verdienen, auch von dieser Seite erledigt wären.

Eines der wesentlichen Merkmale von (modernen) Diktaturen und totalitären Systemen ist die Unberechenbarkeit. Es werden Gesetze erlassen, die man nicht befolgen kann. Man weiß nicht, welche Vorschriften und Verbote gerade gelten, weil man sie nicht versteht und weil sie sich laufend ändern. Das ist zum Glück bei uns ganz anders: Jeder weiß immer, welcher Grenzwert der „Inzidenz“ gerade gilt und was er bedeutet.
Eine kleine Ausnahme fällt mir gerade auf: In München sind seit 2. Juni die „Testpflicht“ und der Zwang zum vorherigen Reservieren in Biergärten aufgehoben. Daß es so etwas gab, hat den Betreibern der Biergärten offenbar niemand mitgeteilt. Obligatorisch ist dort nur das idiotische „Einchecken“ per App oder Micky-Maus-Zettel. Dabei habe ich neulich bemerkt, daß ich – teilweise seit dem letzten Sommer – ungefähr dreißigmal gleichzeitig in Biergärten und Lokalen „eingecheckt“ bin (davon allein zweidutzendmal am Chinesischen Turm), weil ich noch nie daran gedacht habe, mich „auszuchecken“. Angeblich tut das die App selbst nach der gewährten Aufenthaltszeit von zwei Stunden. Das funktioniert aber ganz offensichtlich nicht, und wie es bei den Micky-Maus-Zetteln funktionieren soll, kann sicherlich irgend jemand erklären.
(Ein Micky-Maus-Zettel ist übrigens der Wisch, auf den man einen falschen Namen und/oder eine falsche Telephonnummer schreibt, um nicht unverhofft von irgendwelchen Einbestellungen zu Tests überrascht oder zu Hausarrest verurteilt zu werden. Es soll Leute gegeben haben, die auf diesen Zetteln Namen wie „Micky Maus“ angegeben

haben sollen. Das soll jetzt nicht mehr möglich sein, weil es „Stichproben“ geben soll. Und selbstverständlich soll man nicht zu solch illegalem Schabernack ermutigen.)

Ich finde Henryk M. Broder manchmal schwer erträglich, weil mir sein Zwang, „witzig“ und „provokativ“ zu wirken, mindestens übertrieben erscheint. Hilfreich ist aber sein Hinweis, daß wir, wenn wir offizielle Personen mit Masken auf Bildschirmen sprechen sehen und hören, keine Ahnung haben, ob wir das hören, was sie tatsächlich sagen, oder ob das eine zugespielte Tonspur ist und sie in Wirklichkeit etwas ganz anderes oder gar nichts sagen.

Wenn es um die Gründe für den zweiten Weltkrieg geht, wird oft und zu Recht auf den Vertrag von Versailles verwiesen, der Deutschland nach dem ersten Weltkrieg von den Alliierten (USA, England, Frankreich) „diktiert“ worden sei (übrigens während deutsche Truppen unter alliierter Führung im Baltikum gegen die Bolschewiki Krieg führten). Zu selten wird auf die Frage nach der Schuld auf die Deutschen verwiesen, die diesen wahnwitzigen Vertrag unterschrieben und damit erst die Situation und allgemeine Gefühlslage ermöglichten, die man für gewöhnlich dem Vertrag selbst zuschreibt. Obwohl sie das nicht mußten: Eine Wiederaufnahme des Kriegs war nicht nur wegen der Vorgänge im Baltikum so gut wie ausgeschlossen, und eine dauerhafte Besatzung hätte möglicherweise ähnliche Folgen wie nach 1945, eventuell sogar eine dauerhafte Revolution herbeigeführt und ziemlich sicher das „dritte Reich“ verhindert.
Letztlich gab es nur zwei scheinbar stichhaltige Gründe, den Vertrag anzunehmen: Die Heeresleitung gab zu bedenken, eine Verweigerung bedeute einen neuen Krieg und der sei derzeit nicht zu gewinnen. Finanzminister Erzberger wiederum behauptete, man sei förmlich körperlich zur Unterschrift gezwungen: „Wer von uns würde seine Unterschrift verweigern, wenn man ihn an Händen und Füßen fesselt, ihm einen Revolver auf die Brust setzt und in dieser Lage von ihm verlangt zu unterschreiben, daß er binnen achtundvierzig Stunden auf den Mond fliegt?“ In beiden Begründungen ist der Keim des zweiten Weltkriegs unübersehbar: Man zwingt uns, aber man wird uns nicht ewig zwingen, und wir werden den Krieg fortführen, sobald wir dazu in der Lage sind.
Bei allen Anprangerungen der unziemlichen Härten und unmöglichen Bestimmungen des Versailler Vertrags wird so gut wie nie eine alternative Möglichkeit erwähnt, die es damals auch gegeben hätte und die mir als Idee nicht unsympathisch erscheint: die völlige Zerschlagung Deutschlands und Wiederaufteilung in viele kleine bis winzige Länder. Man hielt wohl den nationalen oder gar übernationalen Großstaat wegen der Erinnerung an den dreißigjährigen Krieg und die französische Revolution (oder trotz beiden) immer noch für das günstigste Modell zur Sicherung des Friedens, was er für Deutschland nie sein konnte und kann.

Apropos Revolution, apropos Modell: Die Pariser Kommune, die im Mai vor 150 Jahren in einem historisch nicht vergleichbaren Massenmord durch die französische Regierung endete, könnte eines der Modelle für eine neue, demokratische, subsidiäre, vernünftige und funktionierende Gesellschaft liefern, die wir nach dem Ende des „Corona"-Komplexes (ob er „freiwillig" endet oder nicht) dringend brauchen. Vielleicht ist das der Grund, weshalb von dem rühmlichen und unrühmlichen Jubiläum von März bis Mai so gut wie nichts zu hören und zu lesen war? Oder habe ich da mal wieder etwas übersehen?

„Ehrfurcht vor dem Leben ist die heilige Scheu vor der Vernichtung irgendwelchen Lebens, die Unmöglichkeit, etwas zu zerstören, was wir nicht neu schaffen können, einem Wesen etwas zu nehmen, was wir ihm nicht wiedergeben und nicht ersetzen können, ein Leid zu erzeugen, für das wir das leidende Wesen nicht entschädigen können und eine Tat auszuführen, deren Folge der Mensch nur bruchstückhaft erkennt." (Magnus Schwantje, 1928; er wäre gestern 144 Jahre alt geworden)

Pimmel auf Bühnen? *(8. Juni 2021)*

Der Partei „Alternative für Deutschland" wird gerne und möglicherweise zu Recht vorgeworfen, sie sei als ganze sowie in einzelnen Gliederungen rechts sowie ultraneoliberal und instrumentalisiere für ihre Wahlkampfpropaganda die Tabus und Denkfehler der Querfront aus CDU/CSU, SPD, FDP, Grünen und Teilen der Linkspartei. Seltener erwähnt wird, daß dies mutatis mutandis auch für die ältere AfD galt, die im Februar 1990 unter der Federführung von Helmut Kohl gegründet wurde, um den Resten der Querfront in der damaligen DDR-Volkskammer die Macht zu entreißen, wofür das Bündnis aus CDU, DSU (Deutsche Soziale Union) und DA (Demokratischer Aufbruch) in seiner Wahlkampfpropaganda besonders auf rechte und neoliberale „Themen" setzte und Tabus und Denkfehler der DDR-„Altparteien" instrumentalisierte. „AfD" war damals die Abkürzung für „Allianz für Deutschland", viele der Beteiligten sind heute Mitglied der neuen AfD oder stehen ihr nahe.
Man könnte das als „Rache der Geschichte" deuten, zumindest als lautes „Ätsch". Aber es schadet ja in beiden Fällen den gleichen Menschen.

Geht es mehr Menschen so wie mir? Ich sehe auf Facebook seit etwa einer Woche immer dieselben sieben bis zehn „Einträge". Mehr aber nicht. Sind alle anderen Menschen jetzt verschwunden? (Mehr Gedanken dazu weiter unten.)
Gleichzeitig zeigt mir Facebook ständig eine „Vorschau" einer „Anzeige", von der es heißt: „Nur du kannst diese Vorschau sehen." Klicke ich sie weg, erfahre ich: „Du wirst diesen Beitrag nicht mehr in deinem News Feed sehen." Und dann sehe ich ihn wieder, alle fünf Minuten, Tag für Tag. Kann es sein, daß diese „künstliche Intelligenz" ein absoluter Schwindel ist?

Es ist irgendwie beruhigend, über den Münchner Viktualienmarkt zu flanieren und zu sehen, daß die wenigen Gesichter, die noch Staubschutzmasken tragen (ich schätze:

etwa ein Fünftel), die sind, die unsicher und verängstigt starren. Da zeichnet sich eine Disposition ab. Das gleiche Bild übrigens im Biergarten am Chinesischen Turm (allerdings sind es dort noch etwa zwei Drittel, die in dem Moment, wo sie aufstehen, den Pulk am Tisch verlassen und durch den menschenleeren Garten zum Ausschank oder Klo gehen, den Filter aufsetzen, um sich zu „schützen". Man sollte sie gelegentlich fragen, wovor sie sich schützen möchten. Oder andererseits lieber nicht.

Wer immer noch glaubt, es gehe bei der Volksimpfung um ein Virus, lasse sich vom Impf-Führer Lauterbach belehren: „Wir impfen gegen die Zeit!" trötet unser liebster Pseudo-Experten-Darsteller. Meinen tut er wahrscheinlich nicht die unaufhaltsam vergehende Zeit, sondern die kurze Zeit, die zum Volksimpfen noch bleibt, bis der ganze Schwindel endgültig auffliegt.

Spritzen ist das neue Bomben: Die fünf größten Rüstungskonzerne der USA schafften mit ihren Tötungsmaschinen 2019 einen Umsatz von 166 Milliarden Dollar. Für das Jahr 2021 schätzt das Analyseunternehmen Morningstar den förmlich explodierenden „Impfmarkt" schon auf 67 Milliarden Dollar. Ein Rekord, der wahrscheinlich nicht lang halten wird. Gemeinsam haben Impf- und Schießindustrie, daß sie nicht für die tödlichen Folgen ihres Treibens haften.

In Bonn dürfen die Spiele der sogenannten Fußballeuropameisterschaft, die jetzt dann irgendwann beginnt, in Biergärten gezeigt werden. Allerdings ohne Ton, also stumm und still. Weil für Ton (also Gerede) „die rechtlichen Grundlagen fehlen" und schließlich „weiter die Corona-Regeln gelten". Die umfassen – wir erinnern uns – ein Sprech- und Singverbot. Also alles ganz logisch.
Interessant ist an diesem absurden Theater, daß das Wort „Corona-Regeln" fast unmerklich die Bedeutung annimmt, die es immer hatte: Es handelt sich dabei um weitgehend willkürliche Disziplinierungen, Maßregelungen, Demütigungen und Entmündi-

gungen, die nur noch ganz entfernt etwas mit dem irgendwann mal verbreiteten Motiv („eine Überlastung des Gesundheitssystems verhindern") zu tun haben. Nein, eigentlich schon lange gar nicht mehr. Merkt das jemand?

Daß das Bundesverfassungsgericht systematisch und dauerhaft gegen die Verfassung verstößt, ist einer der vielen Treppenwitze in der seltsamen Situation, in die wir seit eineinhalb Jahren immer tiefer hineinrutschen. Auch nachdem inzwischen hunderte Verfassungsbeschwerden gegen die verfassungswidrigen „Maßnahmen" vorliegen, unter anderem auch von Bundestagsabgeordneten, schweigt das zuständige Staatsorgan, das infolge der jüngsten Gesetzesänderungen als einzige (!) Instanz der „dritten Gewalt" überhaupt noch übrig ist, weiterhin stur und beharrlich. Man scheint dort zu hoffen, Probleme wie der verfassungswidrige „Bundes-Lockdown" würden sich mit der Zeit irgendwie von selbst erledigen. Und eben dieses Hoffen, Schweigen und Aussitzen ist ein klarer Verstoß gegen die Verfassung.

Daß die Kindheit eine gefährliche Zeit ist, wußten wir schon als Kinder. Damals gab es keine Statistiken. Die gibt es inzwischen. Pro Jahr sterben in Deutschland 55 Kinder bei Verkehrsunfällen, 49 ertrinken, 35 werden ermordet, 5 vom Blitz tödlich getroffen. Das sind nur Beispiele für die Risiken, die so eine Kindheit begleiten. Ach so, und neuerdings kommt ein neues Risiko hinzu: 2020 starben 4 Kinder „an oder mit" Covid-19-Test. Das hört sich für Fanatiker schlimm an (weil vier mehr als null sind) und ist im Einzelfall auch schlimm. Allerdings starben 2019 noch 9 Kinder an Grippe. Damals hustete man sich also noch eher zu Tode als daß man vom Blitz erschlagen wurde.
Der Vergleich mit dem Millionengewinn im Lotto (der wesentlich wahrscheinlicher ist) verbietet sich. Zwar stirbt auch jeder Lottogewinner, aber nicht gleich, und der Sechser läßt sich vermeiden, indem man einfach nicht spielt. Was im Falle Kindheit und Covid-19 bedeutete: nicht geboren werden; und dafür ist es im Normalfall zu spät.

Wenn man (minutenweise) prominente Vertreter der „gefährdeten" Generation mal zu sehen bekommt, fragt man sich schon, ob es einen Zweck hat, für diese Spezies auch nur Mitleid zu empfinden:
Was die so wollen, hoffen, sich wünschen, könnte ausreichen, um Rudi Dutschke oder auch unsere früheren Schülersprecher und Lehrer oder auch mich selbst im Grab rotieren zu lassen. Wir vermuten, daß die „Sprecherin" in einem von der „Tagesschau" produzierten und ausgestrahlten Video nach Kriterien wie Tumbheit, Borniertheit, Plakativität individueller Dummheit und Unmündigkeit ausgesucht wurde, und zwar nach ausgiebigen „Recherchen" (es handelt sich schließlich um eine angebliche „Nachrichtensendung" – und zwar eine öffentlich-rechtliche, für die wir bezahlen müssen):[62]

[62] Der Name der Kommentatorin ist mir leider nicht bekannt. Für die Richtigkeit der Abschrift ihrer Darlegungen kann ich auch nur bedingt garantieren, da sie unter einem sehr ähnlich nuschelnden Sprachfehler wie Robert Habeck leidet. Nachzuhören ist der „Kommentar" auf meinem Blog unter dem Tagesdatum.

„Generell finde ich Coronamaßnahmen sinnvoll. Jedoch bin ich der Meinung, daß gerade meine Generation während der Pandemie ziemlich alleingelassen wurde. Die Politik fokussierte sich generell eher auf ältere Personen als auf jüngere, obwohl auch für diese ein großes Risiko besteht beziehungsweise bestand, sich anzustecken. Ich habe es so empfunden, daß wir Jugendlichen lediglich Verbote erhalten haben, aber keine Alternativen. Zum Beispiel beim Sport: Für die meisten fiel er einfach weg, wie bei mir das Basketballtraining. Das finde ich ziemlich problematisch, weil insbesondere in meinem Alter viele Erfahrungen für das Erwachsenwerden gesammelt werden und für die Sozialkompetenz eben Kontakte mit Gleichaltrigen nötig sind. Auch habe ich es so erlebt, daß von der Politik nicht überprüft wurde, ob Onlineschooling eine zu große Belastung für die Schüler innen ist oder ob es überhaupt zielführend ist. Nach meiner Erfahrung wird im Olineunterricht einfach viel weniger Stoff vermittelt, und gerade Leute, denen es schwerfällt, sich selbst zu strukturieren, waren auf sich allein gestellt, und es gab keine Fördermaßnahmen vom Staat. Die politischen Entscheidungen bezüglich Schule wurden nach meinem Empfinden auch immer zu abrupt getroffen. Daher haben talweise Lehrer innen ihren Streß und Unsicherheiten an die Schüler innen übertragen. Für die Zukunft wünsche ich mir, daß die Politik, sofern es möglich ist, schnellere und klarere Entscheidungen fällt und nicht nur Verbote ausspricht. Denn solche Angebote oder Konzepte ermöglichen uns einen Weg in die Normalität und eben nicht nur reine Schulöffnungen. Auch beim Impfen möchten wir bitte nicht die allerletzten sein."

Ein persönlicher Gedanke: Es ist ein seltsames Gefühl, plötzlich (so gut wie) alles zu verlieren: die Bühne, den Beruf, das Milieu und das Umfeld … und es seit Monaten geahnt, aber verdrängt, ziellos dagegen angetrotzt zu haben. Die letzte solche Situation ist fünfzehn Jahre her und war ganz anders. Es gab so gut wie keine „sozialen Medien", in denen man das eigene Verschwinden im Stunden- und Tagestakt verfolgen konnte; aber das Gefühl, daß alles, was man getan hat, vollkommen sinnlos war, ist ähnlich. Am Ende: bleiben Erinnerungen, die anderes erzählen als das, was bleibt (oder ist). Und eine Welt, die weitergeht und die Faust reckt, ohne daß man darin etwas verloren hat.
Es bleibt auch das Gefühl, immer viel tun, alles tun zu wollen für etwas. Gewollt zu haben? Dann ist alles getan, ohne Wirkung, und andere tun nun anderes. Und man selbst: tut weiterhin Dinge, die niemanden mehr interessieren.
„Sometimes I feel like Topper Headon." Nicht das schlimmste Schicksal.

Einige Leute sind erschrocken, weil ich auch auf meinem Blog jetzt „Spenden", also: Almosen sammle. Es ist aber nun mal so: Leute wie ich dürfen seit sechzehn Monaten ihren Beruf nicht mehr ausüben. Tun es aber trotzdem. Weil es nichts anderes gibt. Wir werden allerdings auch weiterhin kein Geld verdienen dürfen – im „Stufenplan" des RKI sind zwei Dinge festgeschrieben:

Auch bei einer „Inzidenz“ von 0 (null) und einer Intensivbettenauslastung von 0 (null) gelten weiterhin „die Maßnahmen“.
Bühnenkunst in Kneipen, Gaststätten, Wirtshäusern ist in dem „Plan“ überhaupt nicht „vorgesehen“, wird es also auch nicht mehr geben. Zumindest bis Ende März 2022.
Und das ist: egal.
Irgendwie.

Daumen, deck die Sonne ab! *(12. Juni 2021)*

„Auch Corona konnte im vergangenen Jahr den Mitgliederschwund der Kirche nicht stoppen“, meldet eine Radiosprecherin und bestätigt damit eine populäre Vermutung: Dieses Ding ist wirklich für gar nichts zu gebrauchen.
Allerdings waren die Kirchen ja auch gerade in den Zeiten, als sie vielleicht jemand brauchen hätte können, das, was sonst vor allem bayerische Parteien sind: geschlossen.

Zu gebrauchen ist „Corona“ auch nicht für die vielzitierte „Überlastung des Gesundheitssystems“: Selbst die „Tagesschau“ berichtet inzwischen, daß die Geschichte mit dem „Vollaufen“ der Intensivstationen eine Lüge war. Bis vor ein paar Tagen war das so ungefähr die letzte „Verschwörungstheorie“, die sich noch nicht als Realität erwiesen hatte.
Und selbstverständlich war längst bekannt, daß das Horrorgerede gelogen war. Aber eben nur von „Verschwörungstheoretikern“.
(Es drängt sich der Verdacht auf: Wenn jetzt sogar die „Tagesschau“ vorsichtig damit anfängt, die Lügen zu benennen, könnte das darauf hindeuten, daß langsam, aber sicher, Sündenböcke aufgebaut und demnächst zum Abschuß freigegeben werden. Sollen wir schon mal raten, welche Nebenfiguren das sein werden?)
Die „Deutsche Krankenhausgesellschaft (DKG)“ teilt dazu übrigens mit, man habe „mit dem Intensivregister eine transparente Datenbank, die uns aktuell und verläßlich die Zahl der Intensivbetten meldet“. Was lustig ist, weil die Zahl, die da angeblich von DIVI an die Krankenhäuser gemeldet wird, schließlich vorher von den Krankenhäusern an DIVI gemeldet wurde.

Kein „Verschwörungstheoretiker“, sondern die „Ständige Impfkommission“ (STIKO) der Bundesregierung stellt fest, daß die „Impfstoffe“ so gut wie wirkungslos, aber gefährlich sind. Das Bundesgesundheitsministerium und das Robert-Koch-Institut stellen fest, daß es keine „epidemische Lage von nationaler Tragweite“ gibt und auch nie gab. Interessiert das noch irgend jemanden? Verlängert wird sie trotzdem, die „epidemische Lage“, heute erst mal bis September, dann bis März. Ich neige dazu, ein Zitat von Franz Josef Strauß abzuwandeln: Wer in diesem Land noch einmal das Wort „Fakten“ in den Mund nimmt, dem soll die Zunge abfallen.

Nach wie vor aber steht und fällt der gesamte „Corona"-Komplex mit dem Märchen von der „asymptomatischen Übertragung", das einst Christian Drosten in die Welt setzte und nach Widerlegung seines berüchtigten „Papers" nicht zurücknehmen wollte. Wofür es dann auch irgendwann zu spät war, ähnlich wie bei der unausrottbaren Legende, Spinat enthalte besonders viel Eisen, die auf einen Kommafehler in einem alten Buch zurückgeht.
Neuerdings läßt Herr Drosten Menschen ohne Masken in sein Büro; er sei ja schließlich „zweimal geimpft". Was laut WHO und RKI und diversen Gesundheitsbehörden keinerlei Aussage darüber zuläßt, wer wen ansteckt. Weil es gebe ja „asymptomatische Übertragungen". Müssen wir reden, Herr Drosten?
Wahrscheinlich nicht. Mit Herrn Drosten zu reden – das zeigt das maskenlose Interview der tapferen Schweizer Journalisten – ist inzwischen so sinnvoll wie mit einer Wespe ohne Kopf über Pazifismus zu diskutieren. Der Mann ist offensichtlich in der letzten oder vorvorletzten Runde eines Wahns angelangt, der demnächst hoffentlich zu einer sehr öffentlichkeitsfernen Behandlung führen wird. Ich nehme jetzt schon Wetten an, daß er sich dann auf Unzurechnungsfähigkeit berufen wird, möglicherweise zu Recht.

Die Berliner „Gesundheitssenatorin" lehnt „Lockerungen" des „Corona"-Vollzugs ab. „Ziel muß sein, einstellig zu werden", sagt sie und meint die „Inzidenz". Wann es in Deutschland zuletzt vorgekommen ist, daß von 100.000 Menschen eine einstellige Zahl erkältet war, weiß ich nicht. Wann zuletzt weniger als 0,01 Prozent „positiv" getestet wurden oder hätten getestet werden können, weiß ich schon: seit der Erfindung des PCR-Tests noch nie. Weil das absolut unmöglich ist. Der PCR-Test – daran muß man offenbar auch mal wieder erinnern – hat nichts mit einer Infektion oder gar Erkrankung zu tun, und er hat eine „eingebaute" Fehlerquelle („falsch Positive"), die niemals unter 0,01 Prozent sinken kann und wird. Ganz egal, was man von dieser vollkommen untauglichen Methode, eine Krankheit nachzuweisen, ansonsten hält.
Es gibt also nur eine einzige Möglichkeit, „aus der Pandemie herauszukommen": PCR-Tests verbieten.

Saskia Esken heißt eine SPD-Vorsitzende, die vor einiger Zeit irgendwelchen Presseleuten erzählt hat, sie werde „das" auf keinen Fall „mittragen". Gemeint ist ein „Bundespolizeigesetz", mit dem die Bundespolizei befugt wird, Telephon, Mails und sonstige Kontaktaufnahmen von Personen zu überwachen – mit Computerviren, Trojanern und anderer Schadsoftware –, die keinerlei Verbrechen begangen haben, aber „eventuell" irgendwann etwas tun, sagen oder denken könnten, was „unerwünscht" ist.
Also auf deutsch gesagt: Die Bundespolizei darf jeden Computer im Land überwachen und darauf schädliches Zeug installieren, weil ja jeder Computerbesitzer ein potentieller „Coronaleugner" sein können täte.

Ach so, was das mit Saskia Esken zu tun hat? Unter deren Führung hat die SPD vorgestern diesem Gesetz, das sie „auf keinen Fall mittragen" möchte, zugestimmt.

„Ein hochgehaltener Daumen genügt, um die Sonne abzudecken. Das sagt viel über unsere Wahrnehmung und nichts über die Sonne." (Burkhard Müller)

Die leicht melancholische, leicht ironische Gelassenheit, die sich im zweiten Jahr der „Pandemie" als Grundhaltung durchsetzt, ist ein (paradoxes) Ergebnis der anhaltenden Einschüchterungskampagnen. Um was es geht, wissen wir, die Modelle sind bekannt, tun kann man nichts, um den Ablauf zu stoppen. Also sei's drum; schauen wir mal, was dabei herauskommt und wie wir damit zurecht kommen.

Die „Lockerung" ist ein Begriff und Konzept aus dem Strafvollzug, ebenso die „Verschärfung", das „strammere Anziehen der Zügel". Dem Gemaßregelten wird klargemacht, daß Ausmaß und Schärfe seiner Maßregelung von seinem Wohl- beziehungsweise Fehlverhalten abhängt. Grundsätzlich aber – und das ist der entsprechende Punkt – ist er Eigentum des Maßregelnden, der beliebig über ihn verfügen kann. Ein Recht auf Befreiung von der Maßregelung kann es nicht geben.
Daher müssen die „Corona-Maßnahmen" auch dann weitergehen, wenn durch nicht vorgesehene Ereignisse im Ablauf die „Inzidenz" über längere Zeit auf null zurückgeht. Eine Rechtfertigung der „Maßnahmen" gilt immer nur so lange, wie sie dafür taugt. Dann findet man eine neue, solange man überhaupt noch eine braucht.

Die Zeit ist ein Strich, und manchmal geht der Strich durch etwas hindurch, das dann verschwindet, stehenbleibt sozusagen, wenn der lärmende Rummelplatz und Karneval menschlicher Strebungen und Irrungen weiterzieht.

Massenmord und „neue Freiheit"! *(15. Juni 2021)*

Falls solche Vorgänge noch irgendwen interessieren: Ich wurde mal wieder von Facebook gesperrt, weil mein Kommentar mit dem vollständigen Wortlaut „Eher Kartoffeln" gegen die „Gemeinschaftsstandards" verstößt. Worauf sich der Kommentar bezog, weiß ich nicht mehr, es war sicherlich ungeheuer wichtig.
Allerdings besteht die Strafe für meine ungebührliche Äußerung nur darin, daß ich nicht „live gehen" und keine Werbung veröffentlichen darf. Ich hatte noch nie Lust oder Anlaß, „live zu gehen", erhalte aber täglich von Facebook per Mail drei bis fünf Aufforderungen, Werbung zu veröffentlichen. Vielleicht hört wenigstens das jetzt mal auf, endlich. Ich will das nämlich auch nicht und empfände den Verzicht auf diese lästige Penetration fast schon als „Lockerung".

Eine Partei plakatiert in München derzeit die Behauptung: „Unsere Familien haben die Unterstützung verdient!" Wenn man sich als Familie (oder als Mensch) die Unterstützung (mittelneudeutsch: „Stütze“) einer Partei erst „verdienen“ muß (womöglich indem man der Wirtschaft einen Nachschub an subventioniertem Menschenmaterial zuführt), ist an dieser Partei und der Gesellschaft, für die sie stehen möchte, etwas grundsätzlich faul.

Eine Zeitung behauptete gestern: „München genießt die neue Freiheit!“ und zeigte dazu Bilder von (überwiegend jungen) Menschen, die dicht gedrängt auf Straßen stehen, Getränkebehälter halten und offenbar darauf warten, daß eine nicht näher bezeichnete Bespaßung eintritt. Wenn eine Zeitung das für „Freiheit“, gar für eine „neue Freiheit“ (im Gegensatz zu welcher alten? fragt man unwillkürlich) hält, ist an dieser Zeitung und der Gesellschaft, für die sie sprechen möchte, etwas grundsätzlich faul.

Beim Parteitag der „Grünen“ behauptet eine Rednerin (leicht verquabbelt), jede Art von Kritik an den „Eliten“ sei irgendwie antisemitisch. Ich beginne mich zu fragen, was Benito Mussolini von einer derartig dummen, dreisten und zugleich zweifellos erfolgreichen Weise, den Faschismus sozusagen „gewaltfrei“ im allgemeinen Denken zu verankern, gehalten hätte. Ich vermute, er wäre befremdet gewesen. Höchstwahrscheinlich waren aber die Italiener der zwanziger Jahre des letzten Jahrhunderts bei weitem noch nicht so verblödet wie die Deutschen der zwanziger Jahre des 21. Jahrhunderts.
Die glauben das vielleicht sogar wirklich: Die mächtigsten Figuren auf diesem Planeten, die mit einem Fingerschnippen oder einer E-Mail über das Schicksal von hunderten Millionen entscheiden können (durchaus auch über deren Leben und Tod), denen so gut wie alles „gehört“, was Generationen von arbeitenden Menschen geschaffen haben – diese sakrosankten Führer, vor denen Regierungen katzbuckeln und denen die Medien zujubeln, selbst wenn sie ihnen nicht „gehören“, sind so etwas wie hilflose (virtuelle) Opfer einer neuen Art von „Verfolgung“ und müssen dringend vor dem Zorn ihrer eigenen (realen) Opfer geschützt werden.
Und weil die „Grünen“ nun mal die Partei des World Economic Forum sind, also die Interessensvertretung der reichsten und mächtigsten Einzelwesen auf diesem Planeten, sind logischerweise auch sie vom Zorn der Ausgebeuteten, Entrechteten und Geknechteten bedroht. Eine Art „Kontaktunschuld“, wenn man den „Gedanken“-Gang von Carolin Emcke weiterspinnt. Denn diese Superreichen und Supermächtigen wollen doch nur unser bestes! Und sie lieben uns alle!
Man könnte auch sagen: Die Mär, daß die Mehrheit der Guten bedroht ist durch den Zorn der üblen Zersetzer und Brunnenvergifter, die deshalb schon im Keim ausgegrenzt, bekämpft und beseitigt gehören, ist eine Grundfigur des faschistischen Wahns. Daß die Partei von Kelly, Ebermann, Trampert, Ditfurth und anderen jemals ihre (historisch nachweisbaren) Wurzeln im Urgrund des Nationalsozialismus so vehement wieder bewässern und sprießen lassen würde, hätte man selbst zu Zeiten des kriegerischen Außenministers Josef Fischer kaum befürchtet.

Und wer solche Umtriebe in meiner Gegenwart als „links" bezeichnet – wie das manche beleidigten Altrechten gerne tun, weil sie wohl nicht akzeptieren können, daß ihnen da jemand ihr Gedankengut per Aneignung streitig macht –, der kriegt eventuell einfach eine Watschn. Weil es für einen alten Linken ebenso beleidigend ist, mit Faschisten in ein Boot gesetzt zu werden, wie es für alte Rechte beleidigend sein muß, mit „Grünen" in ein Boot gesetzt zu werden, bloß weil deren Führer jetzt Faschisten geworden sind.

Kultusministerium Baden-Württemberg
1660 Abonnenten

Mit dem Film des Kultusministeriums „Äffle und Pferdle und die Jagd nach dem Coronavirus" sollen die Schulen auf humorvolle Art bei ihrer Arbeit unterstützt werden, um die Bedeutung der Selbsttests und das Tragen der Masken zu verdeutlichen.

Nachdem Christian Drosten nach sechzehn Monaten dummem Geschwafel nicht mehr ganz so präsentabel ist und seine öffentlichen Adjutantinnen Ciesek, Brinkmann und Priesemann ihren Bullshit dermaßen übereilt und massenweise in alle Medien gebläht haben, daß auch sie kein ansatzweise denkender Mensch mehr ernstnehmen kann, muß Nachwuchs her. Die „Virologin Isabella Eckerle" (wir vermuten mal, daß sie keiner der vielen „Bots" ist, die in der „Corona"-Debatte die Regierungsseite vertreten) hat eine originelle Warnung parat: „Ich halte das Drängen für ein Ende der Maskenpflicht aktuell für zu voreilig. Bitte jetzt nicht die gleichen Fehler machen wie in 2020 & im Sommer zu sorglos sein. Viele sind noch ungeimpft/erst teil-geimpft & werden dies im Herbst noch sein, v. a. Kinder!"

Ein „Göttinger Forscher" namens „Bodenschatz" wiederum meint, ohne „Testpflicht" steige die Gefahr, „einem hoch ansteckenden asymptomatischen Virusträger zu begegnen und etwa in Innenräumen höheren Viruskonzentrationen ausgesetzt zu sein, weil viele Infizierte nicht mehr erkannt würden".
Mir fällt dazu nichts mehr ein.

zusammengegencorona.de/mediathek/aerm...

#ÄRMELHOCH
Der Podcast des Bundesgesundheitsministeriums
00:52
Zusammen gegen Corona
Folge 5
Prof. Alena Buyx über die Herausforderung, in ihrer Rolle als Vorsitzende des Deutschen Ethikrats unterschiedliche Perspektiven in der Pandemie zusammen zu bringen.

Vermeidungslektüre versus Lektürevermeidung: Ich habe das Lesen „wichtiger" Bücher immer gemieden, so gut es ging. Die wenigen, die ich versucht habe, haben mich (oft gründlich) enttäuscht. Für so Zeugs wie das „Wesentliche" gibt es schließlich eine Kritik und vor allem Kultur als solche, die gemeinsam dafür sorgen, daß Mittel- und Oberschichtmenschen bei sozialen „Networking"-Events über Bücher, Filme und Musik brabbeln können, die sie nie gelesen, gesehen beziehungsweise gehört haben. Mehr als das – die Möglichkeit, in den entsprechenden Kreisen als gebildet und somit verwertbar zu erscheinen, bietet zumindest das literarisch „Wesentliche" (von Thomas Mann bis meinetwegen Houellebecq) nicht – von Konsalik und Uta Danella unterscheidet sie im Grunde nur der „Drall" und der Widerhall im „Feuilleton" (das andererseits etwa auf dem Gebiet der Musik längst und genüßlich beim absolut Trivialen angelangt ist und der „Äshetik" von Dieter Bohlen ganze Essays widmet – man fragt sich, wieso das nicht mit Johannes Mario Simmel geht, der im–merhin kein Widerling war). Im Laufe der Jahre und Jahrzehnte habe ich festgestellt, daß die Bücher, die sich wirklich zu lesen loh–nen, größtenteils niemand kennt, weshalb sie auch nicht Bestandteil der „Kultur" sind.

Ich habe Nietzsche gelesen, als ich zu jung war, um viel davon zu verstehen, aber mir gefiel die Musik der Sprache (die mich hin und wieder auch erschreckte oder befremdete, aber das war bei manchen Platten von Yes auch nicht viel anders). Ich habe Goethes „Faust" (na gut, den „Urfaust") gelesen, als ich zu jung war, um viel davon zu verstehen, aber es machte mir Freude, und ich mochte die Reime. Als man mir später erklärt hat, was daran zu verstehen sei, fand ich es kreuzbanal und belanglos. Foucault hat man mir so dringend ans Herz gelegt, daß ich es nur kurz probiert habe und das wenige überladen, umständlich und schlecht übersetzt fand. Jetzt aber lese ich bei Didier Eribon Foucaults Begriff des „reflektierten Ungehorsams" und sehe darin mein ganzes Leben gespiegelt. Was auch zeigt, daß der zufälligen Lektüre wesentlich mehr entspringt (und sei es nur der Witz der Erkenntnis) als dem „Abarbeiten" eines Kanons von Erwartbarkeiten.

Erwartbar: wäre die flinke und geschmeidige Anpassung oder besser: Einschmelzung eines bestimmten Menschenschlags in die Science-fiction-Simulation gewesen, die vor drei Monaten „New Normal" hieß und jetzt „neue Freiheit" heißt. Nämlich jener Menschen, die schon seit Jahren nichts mehr beschäftigt als ihren „Body" zu optimieren und mit elektronischen Geräten seinen Zustand zu überwachen. Ich vermute, diese Leute träumen davon, sich in ein Smartphone zu verwandeln und auf diese Weise unsterblich zu werden. Daß ein Smartphone ohne Benutzer nur ein Haufen Metall und Plastik ist, stört sie nicht weiter. Sie wollen ja gar nicht leben, sondern nur das Sterben vermeiden, weil das irgendwie peinlich ist.

Daß solche Leute sich außer für den momentanen Erregungszustand ihrer „Fun"-Rezeptoren (die gerade mal wieder auf „Doitschland!" reagieren) auch für Pakistan interessieren, ist unwahrscheinlich. Dort planen die Gesundheits- und Militärbehörden der Provinz Punjab, Impfverweigerung zu bestrafen, indem die SIM-Karten der Abweichler deaktiviert werden. Die dürfen dann halt einfach nicht mehr telephonieren, weil sie sonst doch bloß ihre Freunde und Familien mit der Ketzerei anstecken. Und im Internet wollen wir so ein Geschwerl auch nicht haben.

Drosten denkt „quer" und leugnet Corona! *(16. Juni)*

Wer weiß, was ein „digitaler Euro" ist? Einer Umfrage zufolge haben 77 Prozent der Deutschen noch nie etwas von dieser neuen Form der Währung gehört. Allerdings ergab dieselbe Umfrage: „Rund 56 Prozent aller befragten Haushalte hätten sich in ihrer ersten Einschätzung zur möglichen Einführung eines digitalen Euro zurückhaltend geäußert." Dies teilte ein Bundesbankvorstand mit, und die „Tagesschau" vermeldet es, ohne zu bemerken, daß sich da offenbar 21 Prozent nicht „zurückhaltend" über etwas geäußert haben, von dem sie noch nie gehört haben. Sondern, so soll man das wohl verstehen: begeistert.
Da fühle ich mich mal wieder so richtig undeutsch: Ich könnte mich über etwas, wovon ich noch nie gehört habe, weder „zurückhaltend" noch überhaupt äußern. Ich weiß aber auch gar nicht, wie man sich „zurückhaltend äußert".
„Guten Tag! Wie äußern Sie sich denn zur Einführung eines digitalen Euro?" – „Äh. Davon habe ich noch nie gehört." – „Gut, aber wie äußern Sie sich dazu?" – „Hm, da ich nicht weiß, was das sein soll, halte ich mich mit einer Äußerung lieber zurück." – „Sie äußern sich also zurückhaltend?" – „Nein, ich äußere mich gar nicht!" – „Tut mir leid, diese Äußerung ist nicht vorgesehen."
Ich stelle mir gerade ein vollbesetztes Fußballstadion vor, das sich zur Fehlentscheidung eines Schiedsrichters (etwa: Elfmeter gegen Sechzig) „zurückhaltend äußert". Ach, man muß den Leuten von der „Tagesschau" fast schon wieder dankbar sein für die hübschen Bilder, die ihr versendeter Müll im Kopf entstehen läßt.
Übrigens dient der „digitale Euro" vor allem zur Kontrolle und Lenkung des menschlichen Verhaltens in einer menschlichen Gesellschaft, die sich nach den Ideen des World Economic Forum und seiner Führer zunehmend dem Vorbild des Ameisenhaufens angleicht. Näheres dazu findet man in großer Fülle bei dem stets empfehlenswerten Norbert Häring.

In der neuesten Folge des Podcasts, den „Corona"-Gläubige am liebsten als ihre liebste „Quelle" angeben, den aber offenbar seit Monaten kein Mensch mehr hört oder liest, weist Christian Drosten sehr deutlich darauf hin, daß die Covid-19-„Pandemie" und ihre „Wellen" lediglich auf Wellen von Labortests beruhen und eigentlich gar nicht existieren. Das heißt: Er bestätigt den schlimmsten aller „Verschwörungsmythen" und outet sich als radikaler „Querdenker" und „Covidiot". Und zwar mit folgendem Schwurbelmonolog: „Wir werden sicherlich, wenn man das im Labor strikt messen würde, wenn man strikt so weiter testen würde, hätten wir sicherlich irgendwann auch eine Auffassung, jetzt kommt so etwas wie eine vierte Welle. Aber die Frage ist, wie man die bewerten muß. Ist das überhaupt eine Welle, wenn das nur Labornachweise sind?"
Nein, es ist wirklich nicht Wolfgang Wodarg, der das spricht. Der hat das (grammatisch wesentlich eleganter) bereits vor fünfzehn Monaten gesagt, und wie es ihm daraufhin ergangen ist, wissen wir alle.

Es kommt aber noch schlimmer. Drosten bezeichnet nicht nur „Corona“ als Test-Pandemie, sondern vergleicht die angeblich schlimmste Heimsuchung der Menschheit seit Sodom und Gomorra oder der Pest auch noch mit ganz normalen Erkältungen! Und auch dazu benutzt er ein Zitat von Wodarg („die Kinder mit ihren Rotznasen“) und schwurbelt es bloß ein bißchen zurecht, damit es in seinen Schwurbeljargon paßt: „Die Kinder sind – gerade die jungen Kinder – immunologisch naiv, die haben dauernd laufenden (sic) Nasen in der Kita, die kommen daher. Das gilt nämlich für praktisch alle Respirationstrakt-Viren. Und so werden sich die Coronaviren wahrscheinlich, also das SARS-2-Virus, so auch verteilen. Die vier Erkältungs-Coronaviren des Menschen, die sind schon so verteilt. Und ich erwarte ein ähnliches Bild.“
Er „erwartet ein ähnliches Bild“. Wir erwarten, daß Drosten demnächst mit Michael Ballweg eine Großdemonstration in Berlin organisiert und auf der Bühne verhaftet wird, während er gerade von seiner eigenen Beteiligung an der Entwicklung biologischer Massenvernichtungswaffen schwadroniert. Das tut er in dem Podcast nämlich auch noch (man faßt es nicht!), allerdings ziemlich verschwurbelt und verklausuliert, wie es halt mal seine Art ist.
(Es freut mich übrigens sehr, daß das nette Wort „schwurbeln“ nun langsam wieder da landet, wo es hingehört. „Quabbeln“ war kein perfekter Ersatz, und besser als Christian Drosten hat zu meinen Lebzeiten noch kaum jemand geschwurbelt.)
Wir sollten uns nicht zu früh freuen: Wie immer „erklärt“ (oder „stellt fest“ oder „sagt“) Drosten auch in diesem Podcast auch das genaue Gegenteil von dem, was er gerade „erklärt“ hat. Und so ziemlich alles dazwischen. Daß der Mann dringendst in die Psychiatrie gehört, wissen wir nun schon ziemlich lange. Die Frage, ob er angesichts der Folgen seines Treibens zuerst oder zugleich oder hinterher ins Gefängnis gehört, müssen Juristen beantworten; ich bin für so etwas zu unkundig und zu versöhnlich: Vielleicht ist er ja wirklich nur komplett irre. Schuld wären dann die, die auch diesmal wieder auf ihn und auf sonst niemanden gehört haben.
Es bleibt nur eine Frage: Wieso hört und liest niemand den Stuß, den der Mann und seine Assistentinnen von sich geben? Nicht mal ein NDR-Redakteur? Täten das die entscheidenden Leute und hätten sie ein bißchen Verstand, wäre dieser ganze Wahnsinn seit April 2020 höchstens noch eine kuriose Erinnerung.

Hacker! Nazis! PCR! (und Priesemann) *(18. Juni 2021)*

Eine Geheimdienstabteilung mit dem Fake-Namen anonleaks.nl hat mir eine Warn-Mail geschickt, weil meine Mailadresse auf einer Liste steht, die diese Organisation von einem gehackten Feindsender erbeutet hat. Das finde ich fast schon putzig: Daß die selbsternannten Nachfolger der SA und der Gestapo meinen, sie kriegen Abweichler

und Linksradikale mit Sprüchen wie „Gibt da nen Podcast, sollteste dir mal reinziehen, dann kommste wieder klar" auf Staatslinie.
Zugegeben: Der Geschichtsunterricht in der alten BRD war oberflächlich. Wer mitkriegen wollte, wie das „dritte Reich" entstehen konnte, mußte sich privat (weiter) bilden. Aber, ihr putzigen Kerle bei „anonleaks.nl": Das habe zumindest ich getan. Was aussieht wie die SA und sich anhört wie die SA, muß nicht unbedingt die SA sein. Es kann auch der „Verfassungsschutz" sein. Zu glauben, ihr habt mich im Sack, weil ihr meine Mailadresse kennt, ist trotzdem enorm naiv.
Drum sei hinzugefügt: Ich/wir habe(n) eine gewisse Erfahrung von (unter anderem) Wackersdorf, Pershing II, Volkszählung, RAF, dem antiimperialistischen Kampf der frühen Achtziger. Herr Rebmann meinte damals: „Wir kriegen sie alle." Er hat nicht alle gekriegt. Schade, gelt? Ihr kriegt uns mit dermaßen billigem Quatsch auch nicht, ätsch. Guten Appetit beim Verzehr eurer Schlapphüte, werte „anonleaks.nl"-Möchtegern-Nazis.
Ach, und weil heute so schönes Wetter ist und ich so absolut keine Lust habe, mich mit faschistischen Widerlingen zu beschäftigen, verlasse ich mich mal auf den „Großen Bruder" Apple, der über euch folgendes zu sagen hat: „Safari kann die Seite nicht öffnen. Beim Öffnen (…) traten zu viele Umleitungen auf. Dies ist möglich, wenn die geöffnete Seite auf eine andere Seite umleitet, die wieder zurück auf die Ursprungsseite verweist."

Manche Leute fragen sich offenbar immer noch, wie der sogenannte „Bundestag" (für Jüngere: So heißt die Abnick-Abteilung der verfassungswidrigen Junta aus MPs und Merkel) auf die Wahnsinnsidee kommen konnte, die „epidemische Lage von nationaler Tragweite" noch mal um ein Vierteljahr zu verlängern, um den Irrwitz in die nächste Erkältungssaison hinein strecken zu können. Die Antwort ist aber ganz simpel: Die vorübergehende „bedingte" Zulassung der Spritzungen wäre sonst am 30. Juni automatisch erloschen. Es hätte also niemand mehr „geimpft" werden dürfen. So: ist gesichert, daß das weitergeht, bis zur nächsten Verlängerung. Weil dann ja „aufgefrischt" werden muß.

Über dem Spiegel in unserem Bad hängt eine alte Klavierlampe. Darin brannte viele Jahre lang eine Glühbirne. Die hatte irgendwann mal (bei „Schlecker") knapp zwei Mark gekostet und brannte circa 2007 durch. Seitdem gibt es keine Glühbirnen mehr, sondern Hi-Tech-Leuchtmittel, die pro Stück etwa zwei Euro kosten, aber nur ein paar Wochen brennen, dann durchbrennen und ersetzt werden müssen. Die alte Glühbirne war klimascheiße, das habe ich eingesehen, weil sie außer Licht auch Wärme abgestrahlt hat, die man ja auch anders erzeugen kann. Die neuen Leuchtmittel strahlen weniger Wärme ab und sind deswegen klimasupi. Wir haben also, seit ich das Bad benutze, in achtzehn Jahren zwei Glühbirnen und in den folgenden sechzehn Jahren circa dreihundert „Leuchtmittel" verbraucht. Das spielt aber sicher keine große Rolle, weil immerhin erwärmen wir das Klima ja nicht mehr ganz so schlimm, stimmt's?

Solche Kleinigkeiten sind für „grüne" Kosmopoliten, die alle drei Monate den „Standort" wechseln und sich absolut nicht für die Elektrik in ihrer jeweiligen „Naßzelle" interessieren, selbstverständlich völlig irrelevant. Weil irgend jemand muß ja auf das „große Ganze" schauen.

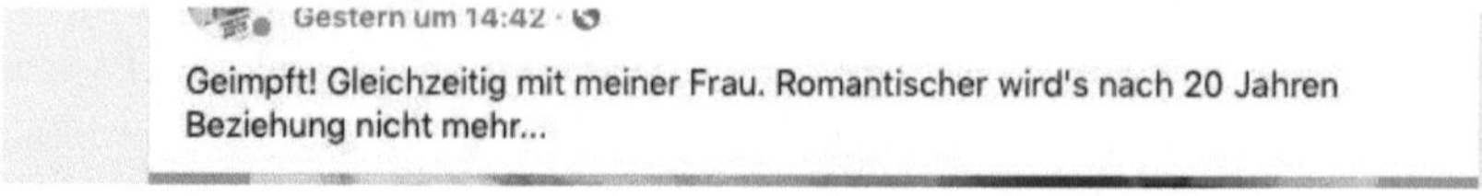

Gestern um 14:42 ·

Geimpft! Gleichzeitig mit meiner Frau. Romantischer wird's nach 20 Jahren Beziehung nicht mehr...

Es soll (!) immer noch Menschen (vor allem Politiker und andere Laien) geben, die „glauben", ein „PCR-Test" könne eine Infektion und Ansteckungsgefahr nachweisen. Das ist inzwischen so oft widerlegt und erläutert worden, daß selbst die Witze darüber spätestens seit Ostern lau werden. Wozu also noch so eine Studie, die vom Resthäufchen der Gläubigen sowieso keiner liest? Einfach so, vielleicht liest sie ja doch mal jemand.
Sicher nicht die Physikerin (!) Viola Priesemann vom Max-Planck-Institut für Dynamik und Selbstorganisation (!), die überhaupt nicht zum Lesen kommt, weil sie den ganzen Tag „modellieren" muß – allerdings keine Gipsfiguren, sondern völlig irre „Corona-Prognosen". Daß seit April die Erkältungssaison zu Ende geht, ist ihr aber trotzdem aufgefallen. Und weil das so ungewöhnlich ist, daß es praktisch nur einmal jährlich passiert, hat sie sich den Kopf gewrungen und einen „etwas ungewöhnlichen" Grund für die sinkenden Zahlen „ausgemacht". Sie habe bei ihren Prognosen einen Faktor unterschätzt, der offenbar erheblichen Einfluß habe, sagte sie im Deutschlandfunk: „Menschen, die einen Impftermin haben, stecken sich schon vor ihrer Impfung ganz wenig an, weil man in den zwei, drei Wochen nicht jetzt auf die letzten Meter noch mal krank werden möchte." Das sei ein Effekt, der in England bereits klar nachgewiesen worden sei und „der die Fallzahlen auch zusätzlich noch mal runterbringt".
Ich vermute: Frau Priesemann hat nicht einen, sondern alle Faktoren unter- beziehungsweise über- beziehungsweise gar nicht geschätzt und ist deshalb ebenso wie ihr britischer Modellierkollege Ferguson auf „Zahlen" gekommen, denen wahrscheinlich sogar ihre Physikerkollegin Angela Merkel angemerkt hätte, daß sie komplett gaga sind. Wenn sie sie mal genauer angeschaut hätte.

Lustiger als solcher Schwachsinn ist die Erklärung der „Tagesschau", weshalb die neue „Delta-Variante" so „riskant" sei: weil sie die gleichen Symptome hervorruft wie ein ganz normaler Schnupfen. Das ist freilich ganz enorm „riskant"! Daß Delta-Covid-21 ein ganz normaler Schnupfen sein könnte, darf die „Tagesschau" selbstverständlich nicht behaupten; das wäre wirklich riskant.
(Disclaimer: Ich weise darauf hin, daß ein Schnupfen selbstverständlich riskant sein kann. Zum Beispiel wenn man bei 280 km/h auf der Autobahn während eines Überholmanövers plötzlich niesen muß.)

Christian Karagiannidis, Präsident der Deutschen Gesellschaft für Internistische Intensivmedizin und Notfallmedizin (DGIIN) und bislang zuverlässiger Trompeter des „Corona"-Panikorchesters (Intensivstationen laufen voll! Gesundheitssystem lastet über!), fordert neuerdings ein „Ende des pandemischen Denkens" und sagt, „Corona" (gemeint ist Covid-19) „werde den Klinikalltag in den nächsten Jahren ‚wie die jährliche Grippewelle' begleiten". Auch solche Vergleiche waren vor ein paar Wochen noch erheblich riskant. Wird er sich in vier Wochen trauen, zu behaupten, Covid-19 sei ein ganz normaler Teil der jährlichen Grippewelle? Warten wir's ab, undenkbar ist zur Zeit fast nichts mehr.
Doch, eines schon: daß Denken jemals pandemisch wird.

Dies zeigt sehr gut das folgende Beispiel: Die „Süddeutsche Zeitung" berichtet alarmiert über „Schweinfurts Achterbahnfahrt". Die Stadt hatte im März die niedrigste „Inzidenz" in ganz Deutschland. In der vergehenden Woche näherte sich die idiotische Zahl plötzlich „bedrohlich" dem Wert 100. Gott sei Dank ging's am Donnerstag wieder runter, von 84,2 auf 56,2. Die SZ faselt und schwurbelt zur Erklärung einiges über „Pandemiebekämpfung", „Virus-Eindämmung", „Infektionsketten", Einwohner, die „auf engstem Raum wohnen", wodurch sich „das Virus rasch verbreitet" und man alles tue, um „noch besser aufzuklären". Und so ähnlichen Stuß.
Ich habe eine andere Theorie: Schweinfurt hat 54.000 Einwohner. Wenn davon wöchentlich 500 getestet werden (wir wissen es nicht), bedeutet ein einziger (!) positiver Test pro Woche eine Inzidenz von fast 100. Es werden also wahrscheinlich mehr getestet oder weniger. Möglicherweise gab es auch drei oder fünf positive Tests in den letzten sieben Tagen, vielleicht hat sich da auch einer zweimal oder zehnmal testen lassen. Das wissen wir halt nicht.
Wenn es nur einer war, dann hoffen wir, daß er wenigstens einen Schnupfen hatte. Vier „bedrohliche" SZ-Spalten ohne einen Kranken – das wäre zwar nicht riskant, aber schon ein bisserl peinlich.
Zum Vergleich: In NRW wurden Ende Mai noch 4,4 Millionen Menschen pro Woche getestet, vor zwei Wochen 1,95 Millionen. Diese Woche waren es bis Donnerstag 920 000. Positiv waren 880. Also nicht ganz 0,1 Prozent. Sollen wir mal wieder die Wörter „Spezifität" und „falsch positiv" erwähnen, oder ist das zu sehr Sommer 2020?

Wer sich mit der Spike-Protein-Brühe spritzen läßt, tut dies selbstverständlich aus Solidarität mit seinen Mitbürgern und um heroisch den Zusammenbruch des Gesundheitssystems abzuwenden. Oder weil man dafür einen Hering (in den Niederlanden), ein Los für ein Stipendium (Ohio) oder ein Jagdgewehr (West-Virginia) oder eineinhalb Millionen (Texas) oder ein Auto (Moskau) oder eine von siebenundzwanzig Kühen (Thailand), einen Angelschein (Maine), einen Joint (Washington), ein Huhn (Indonesien), eine „Freiheit" (Deutschland) oder sonstigen Klimbim nachgeschmissen bekommt. Die

Welt ist erfüllt von der Schönheit des Konsums und pandemischem Schenken, das kein Ende findet, solange noch Zeug da ist.

Die Tageszeitung „Junge Welt" wird vom Verfassungsschutz als Gefahr für die freiheitlich-demokratische Grundordnung betrachtet. Und zwar weil Autoren der Zeitung den Begriff „Klassengesellschaft" verwenden (das ergab eine „Kleine Anfrage" im Bundestag). Innenminister Horst Seehofer meint dazu, er selbst verwende den Begriff zwar nicht, die Spaltung in der Gesellschaft (zwischen Bourgeoisie und Proletariat) sei aber unbestreitbar. „Dann", sagte er weiter, „wäre ich auch ein Verfassungsfeind."
Ich übrigens auch (wäre!). Und daß man mit derart traditionslinken Ansichten neuerdings im selben Boot wie Horst Seehofer sitzt, ist ein weiterer Höhepunkt in der zunehmend virulenten und offenbar von manchen Leuten sehr erwünschten Velwechsrung zwischen Rinks und Lechz (um Ernst Jandl – ungefähr – zu zitieren).

Stille (und Lärm) *(22. Juni 2021)*

Ausgerechnet in der Springerpresse waren in den letzten Wochen und Monaten (teilweise) erstaunlich fundierte und freche Mäkeleien an der „Corona-Politik" und den regierungsamtlich verbreiteten Fake News und Lügen zu deren „Rechtfertigung" zu lesen. Die „Welt" versuchte das am Freitag mit einem Rückfall in den Gehorsam wettzumachen: „RKI-Präsident Lothar Wieler hat vor der Ausbreitung der Coronavirus-Mutante Delta in Deutschland gewarnt. Durch Impfen, Masketragen in Innenräumen und Abstandhalten könnten wiedergewonnene Freiheiten aber erhalten bleiben." Man könnte das freilich „Informationsvielfalt" nennen. Wenn es nicht gar so ein Quatsch wäre. Drum muß man ihn auch gleich noch mal wiederholen („Das Robert-Koch-Institut (RKI) hat vor dem Verspielen von Erfolgen in der Pandemiebekämpfung gewarnt") und dazu noch den Spahn raunen lassen: „Es gebe Anlaß zur Zuversicht, vor allem, wenn alle dabei vorsichtig blieben."

Derweil wurde in Vorbereitung auf kommende Aufgaben Lissabon mal wieder abgeriegelt: Raus darf man nur „mit triftigem Grund", hinein nur „in Ausnahmefällen". Was der Unterschied ist? Ich weiß es nicht. Der Vorwand sind jedenfalls, wie seit 2020 gewohnt, „hochschnellende Zahlen". Horrorbilder gibt es (vorläufig) noch nicht, jedoch berichten „Leitmedien" wie „Focus" und „Microsoft News" so begeistert über den „Corona-Hotspot", der „im Winter erfolgreich gegen das Virus gekämpft" habe, daß man hinter der Kampagne neue Vorgaben vermuten muß.

Graphisch sieht die sich anbahnende Katastrophe übrigens so aus:

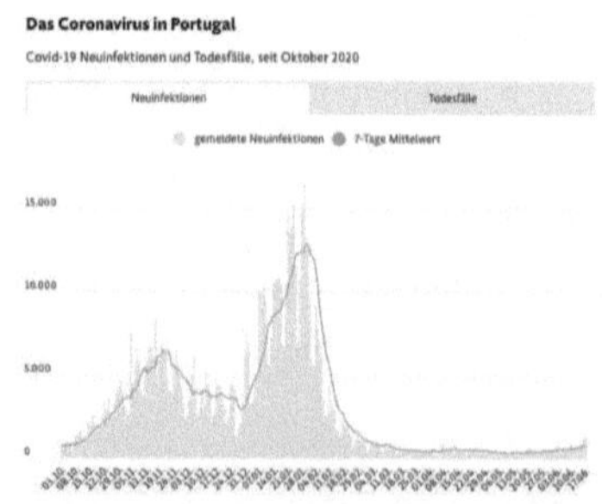

Es sei an die Graphik zur Verbreitung von Coronaviren im Raum Paris in den Jahren 2006 bis 2011 erinnert: ohne „Vorsicht“, „Kampf“, „verspielte Erfolge“, „Abriegelungen“ und verlorene „Freiheiten“, die man „wiedergewonnen“ hätte. Man hat allgemein einfach nichts bemerkt.

Dazu ein Leserkommentar auf Artur Aschmoneits immer wieder empfehlenswerter Seite corodok.de: „Ich freu mich schon auf die Elite-Mathematiker, Modellierer und Virologen, die der Bevölkerung erklären, wie viel 6,2 % (Delta-Variante) von Null (Inzidenz) sind …“

Vielleicht zu früh gefreut. Schon schwurbelt Herr Drosten in der „Tagesschau“: „Vom Gefühl her kann ich sagen, uns rufen immer mehr Leute an, die Ausbrüche beschreiben, immer mehr Labore.“ Freilich. Weil immer wenn ein Labor einen „Ausbruch“ zu „beschreiben“ hat, dann ruft „es“ selbstverständlich sofort Herrn Drosten („uns“) an und „beschreibt“ ihm diesen „Ausbruch“. Und Herr Drosten „fühlt“ diese Anrufe dann, „vom Gefühl her“. Ich fühle vom Gefühl her, daß der Mann nicht nur wegen der Hitze ins Schwitzen gerät.

Ja, und dies dazu: „ Vor allem in Süd-Dänemark und Schleswig-Holstein gebe es gerade ein Ausbruchsgeschehen.“ Kann sein. Sollen wir „O Gott! Rette uns!“ schreien? Und hinzufügen: „Wir sind im Irrenhaus gelandet!“ Oder lieber eine Petition starten, um in Deutschland einen vernünftigen öffentlich-rechtlichen Rundfunk einzuführen?

Daß seit Beginn dieser eigentümlichen „Pandemie“ sämtliche betroffenen Kliniken beschissen und betrogen haben, wo es nur ging, um mehr Geld zu kriegen, dürfte mittlerweile als weitgehend erwiesen gelten. Es gab also – regierungsamtlich bestätigt – niemals eine „epidemische Notlage von nationaler Tragweite“, und eine solche drohte auch zu keinem Zeitpunkt. Nun wäre die wichtige Frage: Was geschieht mit den Leuten, die diese Lügen in die Welt gesetzt und damit zehntausende Tote und den Umbau eines ganzen Staats verursacht haben? Eigentlich wäre das ein Fall für die Justiz; ich kenne mich damit nicht aus, aber ich peile (als Skeptiker, was eine Strafhaft als solche betrifft) mal ungeniert über den Daumen: lebenslänglich mit Sicherungsverwahrung für Drosten, Wieler, Lauterbach, Merkel und Spahn, mindestens empfindliche Geldstrafen und lebenslange Berufsverbote (bzw. Umschulungen) für Ciesek, Brinkmann, Priesemann und andere. Die ausschließlich international tätigen Verbrecher wird man nicht belangen können, weil es dafür schlicht keine Instanzen gibt (außer dem Internationalen Gerichtshof in Den Haag, der sich damit nicht befassen wird, weil es schließlich um „Philanthropen“, vulgo: Weltherrscher geht, für die kein „Recht“ gilt). Die Leute bei uns könnten wir aber belangen. Allerdings gibt es in der BRD oberhalb rühriger Amtsgerichte keine Justiz mehr. Ja nun, sollen wir vielleicht doch mal über einen neuen Gesellschaftsvertrag diskutieren?

Oder gehen wir den umgekehrten Weg und lassen es zu, daß neuerdings in allen möglichen Städten darüber diskutiert wird, „Ehrendenkmäler“ und „Mahnmale“ für „Coronatote“ zu errichten? Gibt es denn überhaupt keine Schamgrenzen mehr; hat die virtuelle Scheinrealität diese Leute so weit erfaßt, daß sie den Unfug, den sie in Medientröten hineinschwurbeln müssen, jetzt tatsächlich glauben und daraus eine tatsächliche Realität erschaffen wollen?

FREITAG, 11. JUNI 2021

Inzidenzen sinken und sinken

Impfung wirkt schon vor der Impfung

Das wird wohl eine Frage der „Ehre“: Wenn demnächst neben den überall herumstehenden Mahnmalen für die Gefallenen der Weltkriege eine dritte Tafel errichtet wird, auf der die Helden des Kriegs gegen „Corona“ verewigt sind, – welche Familie läßt es sich dann gefallen, daß der fünfundneunzigjährige Opa mit seinem fünften Schlaganfall oder womöglich die kreuzfidele Oma, die nach „Impfung“ an Thrombosen verschieden ist, für diese billigste und peinlichste Propagandakampagne seit 1945 mißbraucht wird?

„Man photographiert Dinge, um sie aus dem Sinn zu verscheuchen.“ (Franz Kafka)

Immer häufiger begegnet mir in letzter Zeit das Phänomen „Bots“. Das sind meistens nicht Roboter oder KI-Programme, sondern lebende Menschen, die von Geheim- und anderen Diensten Geld dafür kriegen, bestimmte Facebook-Konten durch inszenierte Dauerdiskussionen vollzumüllen oder lahmzulegen. Da kriegt man zum Beispiel Kommentare, in denen gefordert wird, man möge sich doch bitte von Ken Jebsen distanzieren. Ich hatte mit Ken Jebsen noch nie zu tun, verwehre mich deshalb gegen solche Hexenjagden und antworte manchmal sogar darauf. Das läuft sich dann nach etwa drei Tagen tot: Der Bot liest keinen Kommentar, schüttet den Thread mit irgendwelchen Verschwörungstheorien und Youtube-Filmchen von „offiziellen Quellen“ voll, und wenn man nachschaut, kennt man den gar nicht, und auf seinem „Konto“ gibt es nicht mehr als ein Photo mit einem Schulterpflaster oder so was („Bin gechipt!“) und keinerlei Biographie, gemeinsame Freunde, Einträge oder irgendwas. Dann ist man mal wieder reingefallen. Meistens verschwinden diese Bots nach kurzer Zeit wieder und melden sich auch nie mehr. Zeitverschwendung ist es trotzdem.

„Diese einfachen und niederen Zeichen drängen sich von selbst der Wahrnehmung auf und verstellen die schwierigere, diskrete, stumme Landschaft, die oft daran zugrundegeht, daß sie nicht mehr gesehen wird, denn es ist die Wahrnehmung, die die Dinge rettet.“ (Michel Serres)

Möglicherweise müssen wir im Herbst doch noch zu einer Art „Wahl“ antreten. Zumindest melden die Staatsmedien derzeit, daß Herr Laschet dazu irgendwas geäußert hat, und zitieren den bodenlosen Bullshit, den er da geäußert hat, auch noch. „B5 aktuell“ geht so weit, den absolut nicht mehr tolerablen Quatsch, den Herr Söder dar-

auf repliziert hat, auch noch zu senden. Das ist andererseits fast schon wieder hilfreich. Wir werden diesen Wahnsinnigen, der möglicherweise wirklich nur ein von einer „Künstlichen Intelligenz“ erschaffenes wandelndes Selfie ist, ja noch einige Zeit ertragen müssen.
Wer sich dabei ins Fäustchen lacht, ist klar, aber ebenfalls diskutabel: die Kandidatin der „Grünen“, die möglicherweise noch dümmer, korrupter, inkompetenter und moralisch leerer als Söder ist, zwecks deren „demokratischer“ Durchdrückung aber Herr Laschet überhaupt erst als Kandidat erfunden werden mußte (den Söder hätten ja zumindest die Rechtsextremen gewählt, weil er gar so auf Führer macht). Es ist so traurig, daß man am besten gar nicht mehr darüber nachdenkt und sich mit dem Gedanken tröstet: Wann haben in Deutschland das letzte Mal Wahlen etwas zum besseren verändert? (Spoiler: die Antwort lautet „noch nie“.)

Stille ist erfüllt von Geräusch. Die Urform des Geräuschs ist das Rauschen, etwa eines Wasserfalls, in dem sich eine unablässige Flut einzelner und eigenartiger, diskreter Laute und Klänge vereint. Als Musik ist das Rauschen unwiederholbar. Stille besteht aus Geräusch. Sie ist aber vollkommen frei von Information.
Ganz anders das elektronische, das digitale Rauschen, etwa einer beschäftigten Festplatte: Es ist nicht Stille, nicht Musik, sondern Lärm und nicht nur wiederholbar, sondern seriell und immer gleich. Die Stille öffnet die Zeit zum Raum. Das digitale Rauschen reduziert sie zum Fließband.
Digitales Rauschen ist „komprimierte“ Information. Es spiegelt die moderne Kommunikation als das, was sie ist: ein unablässiger Strom von leerem Lärm, der ausschließlich dazu in die Welt gebracht wird, um Geld zu erzeugen. „Digitale Währungen“ wie Bitcoin sind genau das: Information, die sich unmittelbar in Geld verwandelt.
Das analoge Äquivalent zum Kommunikationslärm ist der Müll, der die fürchterlich erbärmlichen „gestalteten“ Landschaften und Straßenränder bedeckt: Auch damit wurde Geld geschaffen oder zumindest eingezogen.
Die an der modernen Kommunikation beteiligten Menschen sind solche nur in historischem Zusammenhang. Aktuell (in ihrer lärmenden Gegenwart) agieren sie als Avatare. Ihr phänotypisches Urbild war „Max Headroom“. Jede ihrer digitalen Äußerungen wird nur zu dem Zweck generiert, Geld zu erzeugen, das von den Instanzen, die diese Äußerungen durch Training, Motivation und Konditionierung hervorrufen, unmittelbar abgeschöpft wird.
Selbst Liebende, die per Facebook oder Whatsapp kommunizieren, erzeugen damit unmittelbar Geld. So ist endlich der alte Alptraum des Herrn Marx Wirklichkeit und das ganze Leben, die ganze Welt zur Ware geworden.
Nur die Stille ist unverkäuflich.

„Werter Freund, Sie suchen das Falsche, und Sie werden es nicht finden, weil das Falsche zu finden kein Finden ist, sondern eine Enttäuschung."

„Superstaatsbürger in Uniform" töten ohne Gnade *(24. Juni 2021)*

Sommernächte in „Corona"-Zeiten: Sind das noch die Überwachungshubschrauber? Oder ist das schon der Gewitterdonner?

Man mag das zunehmend hysterische Gebrüll, mit dem gegen die Äußerung von minderheitlichen Meinungen und wenig beachteten Tatsachen beziehungsweise Beobachtungen vorgegangen wird, mit großem Wohlwollen und Optimismus als Niederschlag einer gewachsenen Vielfalt deuten. Interessant ist dabei, wie leichtfertig die Kämpfer für die Einheitswahrheit mit dem Vorwurf, jeder Widerspruch sei „rechts" und der Abweichler gar ein „Nazi", umgehen. Nicht nur ist der Vorwurf, wer die „offizielle Linie" anzweifle, sei „rechts", schon rein politgeographisch durch und durch absurd. Vor allem verharmlost man ganz offensichtlich den Nationalsozialismus samt Holocaust und Krieg, wenn man einer friedlichen Minderheit, die mit der „Great Reset"-Politik nicht einverstanden ist, vorwirft, sie verharmlose dadurch den Nationalsozialismus samt Holocaust und Krieg.

Das gilt auch in anderen Debatten. Man ist nicht gleich ein Faschist, wenn man abweichende Stellungnahmen blockiert, löscht und niederschreit. Man neigt aber dazu, abweichende Stellungnahmen zu blockieren, zu löschen und niederzuschreien, wenn man Faschist ist. Und umgekehrt: Man ist nicht gleich ein Faschist, wenn man Zweifel und Bedenken äußert oder auf andere Aspekte einer Sache hinweist. Man äußert aber ganz sicher nicht Zweifel und Bedenken oder weist auf andere Aspekte einer Sache hin, wenn man Faschist ist. So mag jeder selbst sein Diskussionsverhalten prüfen.

Der Journalist Thorsten Engelbrecht erzählt in einem ausführlichen und bemerkenswerten Artikel von seinen Erfahrungen mit dem Diskussionsverhalten einer Gruppe von Hamburger Aktivisten, die sich für Antifaschisten halten. Erstaunlich daran sind nicht nur die Methoden, mit denen diese Leute gegen (minderheitliche!) Abweichler vorgehen, daß diese Methoden durchaus faschistoide Züge tragen (etwa die Verweigerung jeglicher Debatte, den überheblich-verächtlichen Ton und die Drohung mit körperlichen und anderen Schadenszufügungen), daß sie mit Haß, Ignoranz und witzloser, dumpfer Brutalität vorgetragen werden und daß der Staat dies mit Fördergeldern unterstützt. Nein, am erstaunlichsten finde ich die Selbsthypnose, die es den Leuten ermöglicht, absolut nicht zu bemerken, daß sie genau das zu bekämpfen behaupten, was sie selbst praktizieren.

Man könnte das als Form der Spiegelfechterei interpretieren, allerdings sind die Spiegel in diesem Fall lebende Menschen, die für die Kämpfer offenbar unsichtbar bleiben, weil sie in ihnen nur ihre eigene Fratze zu sehen glauben.

Die „Antifa"-Gruppe hat mit dem FC St. Pauli zu tun, den man in den Achtzigern als „Außenseiter" unter den deutschen Profifußballvereinen betrachtete, weil seine Fans als „linksalternativ" galten (was sie durch das Schwenken von Totenkopffahnen zeigten) und ein Torwart (Volker Ippig) sogar mal in einem besetzten Haus in der Hafenstraße abgestiegen war. Als der Verein 1977 gemeinsam mit dem TSV 1860 einen desaströsen einjährigen Ausflug in die Bundesliga unternahm, war das noch nicht so. Da hoben sich verwunderte Augenbrauen angesichts der Braunhemden, in denen die Spieler aufliefen (weil Braun und Weiß nun mal die Clubfarben sind).
Zu Zeiten ihrer „Linksalternativität" galten St.-Pauli-Fans übrigens auch als außerordentlich gewalttätig. Nun ist Gewalt an sich nicht unbedingt faschistisch. Antifaschistisch aber auch nicht.
Es ist sicherlich vernünftig und löblich, Antifaschist zu sein, vor allem in Zeiten, da der Faschismus herrscht oder sich anschickt, das zu tun. In anderen Zeiten will es mir jedoch vernünftiger erscheinen, erst mal einfach kein Faschist zu sein. („Nichtfa" oder „Unfa" klingt aber halt nicht so glamourös.)

Wer sich einen „Corona-Impfstoff" verabreichen läßt und eine Lebensversicherung hat, sollte zuvor deren Vertragsbedingungen genau durchlesen (lassen). Viele Lebensversicherungen zahlen nicht, wenn der Versicherte an einem freiwilligen medizinischen Experiment teilnimmt und dabei stirbt. Das ist kein Gerücht, sondern eine Information aus erster Hand.

Fiese Abweichler verbreiten hartnäckig, es sei schädlich oder gefährlich, FFP2-Staubschutzfilter und andere Gesichtsmasken länger als fünfundsiebzig Minuten zu tragen. Nur weil das die Deutsche Unfallversicherung mal so festgelegt hat. Nun gibt es einen Gegenbeweis: An einer Schule in Olfen litt letzte Woche zunächst eine maskierte Schülerin an Kreislaufbeschwerden. Als dann ein Hubschrauber über der Stadt kreiste, sahen dies zwanzig maskierte Kinder und begannen zu hyperventilieren, weshalb Rettungssanitäter gerufen und drei Kinder ins Krankenhaus gebracht werden mußten. Daß keines der Kinder starb, zeigt eindeutig die Ungefährlichkeit des ganztägigen Vermummens.
Die Schüler werden übrigens zweimal pro Woche einem Zwangstest unterzogen. Nur Kinder mit negativem Test dürfen die Schule überhaupt besuchen. Das Maskentragen ist dennoch unbedingt nötig, weil Kinder zwar so gut wie nie schwer an Covid-19 erkranken, man aber vorsichtig sein muß. Oder mußte: Seit Montag dürfen Kinder in Olfen und NRW, wenn sie sich trauen, auf dem Schulhof die Maske abnehmen. Kinder, die sich so etwas trauen, leiden allerdings meist nicht an Angstpsychosen und hyperventilieren deshalb auch nicht.
FFP2-Masken behindern die Atmung stärker als OP-Masken, dürfen aber von Kindern bislang nicht getragen werden, weil das bei längerem Gebrauch zu Kreislaufstörungen

und dem Gefühl, zu ersticken, führen kann, was die von Eltern, Lehrern und Medien verursachten Angststörungen der Kinder noch verstärken und Hyperventilation auslösen kann. „Beim gezielten Schutz der Kinder hat die Bundesregierung hier versagt", prangerte kürzlich die „verbraucherpolitische Sprecherin" der „Grünen". Sie meinte allerdings nicht den vollkommen absurden Maskenzwang, sondern das „Armutszeugnis, daß nach sechzehn Monaten Corona-Pandemie noch immer keine spezifischen FFP2-Masken für Kinder auf dem Markt verfügbar sind". Daß der Dame nach sechzehn Monaten künstlich erzeugter Panik noch kein Gehirn gewachsen ist, dürfte hingegen verständlich sein. Schließlich ist Intelligenz „auf dem Markt" so gut wie nie „verfügbar".

Ich gestehe: Daß es Parteien gibt, die sich eine „verbraucherpolitische Sprecherin" halten, hätte ich nie gedacht. Ich habe allerdings auch keinerlei Vorstellung davon, was „Verbraucherpolitik" sein könnte und was das damit zu tun hat, Kinder zuerst systematisch zu verängstigen und sie dann zu zwingen, Staubschutzfilter zu tragen, damit sie hyperventilieren.

Derselbe T-Online-Panik-Quatschblog, auf dem in den letzten vier Tagen dreiundfünfzigmal das Wort „Delta" vorkommen mußte („Delta-Variante auf dem Vormarsch!"), meldet gehorsamst, ein Bundesvorsitzender des Deutschen Hausärzteverbandes (abgekürzt mutmaßlich BVDDHÄV) habe folgendes ausgestoßen: „Wir dürfen beim Durchimpfen nicht nachlassen, je mehr Menschen geschützt sind, desto geringer sind auch die Chancen für die Delta-Variante. Gebt uns genügend Impfstoffe!"

Die „Delta-Variante" ist übrigens die, von der man eventuell einen leichten Sommerschnupfen kriegen soll. Ich gebe zu: Langsam finde ich den amoklaufenden Wahnsinn dieser Leute einigermaßen amüsant. Ich muß mich hin und wieder daran erinnern, daß es immer noch Menschen geben könnte, die den galoppierenden Unfug, den die verbreiten, weniger amüsant finden oder sogar ernstnehmen (Gedanke beim Anblick eines Soloautofahrers mit FFP2-Staubschutzfilter).

Ernster nehmen sollte man, was die Bundeswehr derzeit treibt – weniger auf aktuellen Schlachtfeldern, sondern den für die Zukunft geplanten. Die deutsche Kriegs- und Tötungsindustrie, die seit 2020 auch im Inneren die Macht übernommen hat (etwa bei der Umsetzung des „Corona"-Manövers), „arbeitet" seit 2019 mit dem „Zentrum Entwicklung, Konzepte und Doktrin" des britischen Militärs an der „Verbindung von Mensch und Maschine". Ziel ist es, durch „Human Augmentation" Menschen zu genetisch modifizierten, transhumanen Kampfrobotern zu machen – also „Supersoldaten zu schaffen, die ohne Gnade töten, nicht müde werden, keine Angst zeigen und sich eher wie eine Maschine als wie ein Mensch verhalten".

Das ist kein Witz und auch kein Zitat aus „Mein Kampf" oder einem schrillen Neonazi-Science-Fiction-Schocker, sondern stammt aus der „Studie", die vollständig herun-

tergeladen werden kann, die aber nur lesen sollte, wer keine Nerven hat und sowieso nicht mehr an die Menschheit glaubt.[63] Die Bundeswehr wirbt für das Projekt mit der Ansage: „Die Gewinner zukünftiger Kriege werden nicht diejenigen mit der fortschrittlichsten Technologie sein, sondern diejenigen, die in der Lage sind, die einzigartigen Fähigkeiten von Mensch und Maschine am effektivsten zu integrieren."
Müssen wir noch hinzufügen, daß die Tötungsindustrie solche Projekte nur deswegen ersinnen muß, weil „unsere potentiellen Feinde" das bereits tun?
Ach so, und Zivilisten haben da übrigens das Maul zu halten: „Nationale Regelungen, die das Tempo und den Umfang wissenschaftlicher Forschung bestimmen, spiegeln gesellschaftliche Ansichten wider, speziell in Demokratien, die anfälliger für die öffentliche Meinung sind. Über die Zukunft der Optimierung des Menschen dürfen aber weder Ethiker noch die öffentliche Meinung entscheiden."
Womit wir übrigens wieder beim Faschismus wären – bei einem Faschismus, der möglicherweise „totaler und radikaler" wird, „als wir ihn uns heute überhaupt erst vorstellen können". (Dieses Zitat indes fehlt in der Studie.)

Hatschi, Herde, Deltra-Trilliarden *(29. Juni 2021)*

Manchmal haben Studien verblüffende Nebeneffekte, die man nicht gleich sieht. Eine Studie der Uni Duisburg stellte fest, daß zwischen März und Mai des Jahres 2020, also während der ersten Testwelle, 78 Prozent aller Opfer der positiven Tests, die die Forscher überprüften, nicht infektiös waren. Das heißt: Sie wurden positiv getestet, waren aber nicht krank, sondern offensichtlich immun.
Und das heißt, so lustig es klingt: Bei den Menschen, die man seit dem letzten Frühjahr in Quarantäne geschickt hat, bestand schon damals die ersehnte Herdenimmunität.
Das hätte man seit einem Jahr wissen können, und gut Informierte haben es zumindest geahnt oder gefolgert. Wer es jetzt nicht weiß, der will es nicht wissen.

Es ist zum Beispiel höchst erstaunlich, mit welch konsequenter Sturheit sich die Bundeskanzlerin weigert, sich auch nur über die primitivsten Grundlagen dessen zu informieren, worum es auch ihr seit mehr als sechzehn Monaten fast ausschließlich geht: die Pandemie, die durch milliardenfachen Einsatz eines dafür untauglichen Tests „entdeckt" wurde und jeden Tag aufs neue „belegt" wird. Man kann das aufschreiben, aber eigentlich muß man es mit eigenen Ohren gehört haben, um es glauben zu können.
Man kann nur vermuten, wieso Merkel von all diesen banalen Dingen nichts wissen will. Eines aber sollte sie wissen: Selbstverschuldete Unwissenheit ist keine Ausrede. Ein Politiker, der eine Entscheidung trifft, muß sich zuvor informieren, um was es geht.

---

[63] Bei Drucklegung war das abscheuliche Pamphlet des deutschen „Ministry of Defense" noch öffentlich zugänglich: www.bundeswehr.de/resource/blob/5016368/fdc7f1c529ddfb014d4e321e8b666a2d/210111-sip-ha-data.pdf

Es kommt schon rein juristisch auf keinen Fall in Frage, hinterher zu sagen: „Ach, das mit dem PCR-Test wußte ich gar nicht! Das hat mir Herr Drosten anders erzählt! Dafür kann ich also nichts!"

Denn es war ihre eigene Entscheidung, davon nichts wissen zu wollen, an der sie stur festhält. Das deutsche Grundgesetz außer Kraft zu setzen und Millionen Menschen in Quarantäne und Armut zu zwingen, ohne wenigstens mal zu fragen, wie so eine PCR eigentlich geht, und dann zu glauben, man komme mit „Hab nix gewußt!" durch, ist noch dümmer und dreister als wenn jemand seinen Nachbarn erschießt und hinterher behauptet, er habe keine Zeit gehabt, das Strafgesetzbuch zu lesen, und deshalb nicht gewußt, daß Mord verboten ist, und drum könne man ihn auch nicht bestrafen.

Abgesehen davon behauptete Herr Drosten im Untersuchungsausschuß des brandenburgischen Landtags denselben Stuß: Ein höherer CT-Wert heiße, daß der Testling infektiöser sei. (Dazu gleich mehr.)

„Für Freiheit fehlt der Anlaß." (Ein rätselhafter Satz, den ich vor drei Tagen beim Erwachen aus einem seltsamen Traum im Kopf hatte.)

Nachdem der CT-Wert des PCR-Tests seit einem Jahr im Gerede ist und außer Angela Merkel so gut wie jeder verstanden hat, was er bedeutet, „erläutert" Christian Drosten vor dem Untersuchungsausschuß des Landtags von Brandenburg in wie immer unübertrefflichem Schwurbeldenkdeutsch, wieso dieser CT-Wert „nicht so gut" ist:

„Der CT-Wert ist ein roher Laborwert. Und der ist eben, wie ich das vorhin schon mal ausgeführt habe, nicht so gut, wie man das haben könnte, wie es optimal wäre, um zwischen Laboren zu vergleichen, um die Viruslast besser zu vergleichen. Und darum geben wir Viruslastschätzbereiche ein, wir sagen hoch, mittlerer oder niedriger Viruslastschätzbereich und benutzen eine präzisere Terminologie dafür. Das ist bei uns die Handhabung, das hat bestimmte klinische Gründe, also beispielsweise in der Entlaß- oder Verlegesituation wird das sehr häufig von klinischen Kollegen nachgefragt, weil sie anhand von diesem Kriterium beispielsweise krankenhaushygienische Entscheidungen treffen. Das basiert einfach auf einer Kalibrierung der CT-Werte. Wir haben einfach definierte Viruslaststandards eingesetzt und dann geschaut, welche CT-Werte auf unserem in unserem Labor verwendeten Testsystem dabei herauskommen und dann auf dieser Basis eine CT-basierte Umrechnung in Viruslastkategorien hoch, mittel, niedrig angegeben. Das ist einfach präziser, als einfach zu sagen, hier ist die Zahl des CT-Wertes, jetzt machen Sie Ihren Reim drauf. Das, das reicht uns nicht."

Und schon haben wir wieder mal einen Begriff („präzise") ins Gegenteil umdefiniert. Ich probiere das demnächst im Schuhgeschäft aus. Auf die Frage nach meiner Schuhgröße sage ich: „Mittel. Ich könnte Ihnen auch einen Zahlenwert nennen, aber das wäre zu unpräzise."

Ein Leben im ewigen September: Es ist interessant, sich an die „Antiterrorgesetze" zu erinnern, die nach dem 11. September 2001 eingeführt wurden. Sie waren befristet auf die Zeit der Notlage und sollten „überprüft" und dann außer Kraft gesetzt, also abgeschafft werden. Fortan wurden sie hin und wieder „überprüft" und verlängert. Irgendwann wurde die Befristung aufgehoben, ohne daß das jemand bemerkt hätte. Jetzt gelten sie für immer. Man hat sich ja daran gewöhnt.

Alle paar Wochen eine neue „Variante", noch ansteckender als die letzte – wenn das so weitergeht, schaffen wir es vor dem Herbst bis Omega. Der virologischen Zwangsläufigkeit folgend könnte man aber auch von der Chi-Variante (Platz 22) onomatopoetisch auf die „Hatschi"-Variante umsteigen und alle weiteren ganz schlicht numerieren. Schlagzeile im Januar: „Lauterbach warnt vor Hatschi 14! Söder fordert Lockdown 8!"
Das Problem mit den „Variants of Concern" ist wohl weniger das Wort „Varianten" als der zweite Teil: die „Sorge"; auf die sich ein bestimmender Teil der Gesellschaft als eine Art Grundgestimmtheit geeinigt zu haben scheint. Wenn diese Sorge erst einmal da ist, findet sie auch ein Ziel. Die Frage ist, ob sie therapiert werden kann, bevor die Bezeichnungen in ihrer Absurdität zu Fetischen werden.
Die Leitpresse kommt da längst nicht mehr hinterher und jodelt unverdrossen ihre abgenudelten Weisen: „Die Delta-Variante breitet sich rasant aus", meldete die „Süddeutsche Zeitung" am Freitag. Das kann man ja mal nachrechnen, indem man die offizielle „Inzidenz" der letzten sieben Wochen (147 – 119 – 83 – 64 – 35 – 25 – 9) und den jeweiligen angeblichen Anteil der „Delta-Variante" (2% – 3% – 3% – 4% – 7% – 15%, 36%) verbindet. Heraus kommt eine eigene „Delta-Inzidenz", die sich von der 18. bis zur 24. Kalenderwoche so entwickelt hat: 2,94 – 3,57 – 2,49 – 2,56 – 2,45 – 3,75 – 3,24. Momentan soll der Anteil etwa 50% betragen, die „Inzidenz" liegt bei 5,4, die „Delta-Inzidenz" also bei 2,7.
Das heißt: In den letzten zwei Monaten sind jede Woche drei oder vier von 100.000 Menschen im Land positiv auf die „Delta-Variante" getestet worden. Ob einer davon krank war oder ist, wissen wir nicht. Es kann sich auch um das statistische „Grundrauschen" handeln Und auch hier gilt: Wer das als „rasante Ausbreitung" bezeichnet, der lügt. Und kann sich nicht damit herausreden, er habe in der Schule nicht richtig rechnen gelernt.

Christian Drosten hat selbstverständlich auch dazu einen Schwurbel: „Also in dem Berichtszeitraum ist es zwei Prozent, drei Prozent, drei Prozent und dann auf einmal vier und sechs Prozent. Da kommt man aus einer Zone eines statistischen Grundrauschens heraus und muß schon befürchten, daß jetzt in dem nächsten Bericht, der diese Woche erscheinen wird, ein noch höherer Wert verzeichnet sein wird. Die Frage ist natürlich: Geht der gegen zwölf Prozent?"
Nö. 15 Prozent (siehe oben).

„Also sehen wir in Deutschland auch diese Verdoppelung von Woche zu Woche, so daß die Zahlen sich eben jetzt aus diesem statistischen Grundrauschen erheben. Wenn das so sein sollte, dann ist das ein sehr schlechtes Signal. Dann müßten wir schon befürchten – weil wir das jetzt im nachhinein auch nicht mehr kontrollieren können, das ist ja schon passiert –, daß wir dann in der Woche danach wieder eine Verdopplung sehen würden. Das wäre ein schlechtes Szenario. Ich sage das hier nicht als Vorhersage, sondern als Gedankenmodell, als Szenario …"
Wir müssen also „schon befürchten", daß das so weitergeht. Das heißt: Nächste Woche 72 Prozent, dann 144 Prozent, dann 288 Prozent, und Mitte Oktober (wenn die Erkältungssaison losgeht) hat die Delta-Variante einen Anteil von sage und schreibe einer Million Prozent an den positiven Tests. So geht das, wenn man „modelliert": von 100 positiv Getesteten haben dann 1.000.000.000 die Delta-Variante. Bei einer „Inzidenz" von (sagen wir mal:) 100 bedeutet das: eine Milliarde Delta-Fälle pro 100.000 Einwohner. Es gibt viel zu tun. Denn allein München muß sich dann mit 16 Milliarden Delta-„Fällen" herumschlagen. Ob das unser Gesundheitssystem aushält?
Ganz zu schweigen davon, daß zu Weihnachten ungefähr eine Million oder eine Trilliarde mal so viele Menschen an Delta leiden werden, wie es überhaupt Menschen gibt und je gegeben hat. Herrgott, es ist wirklich ein Fluch, dieses exponentielle Wachstum! Aber das ist ja nur ein „Gedankenmodell", ein „Szenario", wie das ganze „Corona"-Theater.

Apropos „warnen": Noch immer wird hier und da vor dem „Great Reset" unter Führung der Sturmabteilung oder des Politbüros der reichsten Menschen und Unternehmen der Welt (World Economic Forum) „gewarnt". Nun läuft die Endphase dieses Projekts bereits seit über einem Jahr, ohne daß nennenswerte Widerstände oder Gegenmaßnahmen bekannt geworden wären, nicht mal in Form von Beleuchtungskunst oder Fähnleinverteilung. Da kann man sich das „Warnen" doch eigentlich auch sparen.

Nette Randnotiz: Es gibt auch ein „International Finance Forum" mit Sitz in (Fanfare!) Peking. In dessen „Board" (oder wie das heißt) sitzen neben vielen Chinesen auch José Manuel Barroso (ehemals Führer der EU) und Horst Köhler (der Bundespräsident, der uns erklärte, daß die Bundeswehr deutschen Konzernen den Weg zu Ressourcen freischießen muß). Dort verkündeten die Chinesen neulich, daß das faschistische digitale Zentralbankgeld, das ihr Staat gerade einführt, um selbigen endgültig ins Ameisenstadium zu überführen, über die Krypto-Logistik von (Fanfare zwei!) Facebook abgewickelt werden solle. So, und jetzt reden wir noch mal über „Weltverschwörungen".

Ein britischer Ultra-Wirtschaftsfaschist (Chef der Klempnerfirma Pimlico Plumbers) brüllt: „Jeder Mitarbeiter, der nicht bis zum 1. Januar geimpft ist, wird entlassen. Diese Feiglinge müssen als das gebrandmarkt werden, was sie sind: egoistische Menschen, denen es nichts ausmacht, wenn ein Land und die Lebensgrundlage von anderen Menschen den Bach runtergehen." Die Medien vermerken derlei kriminelle Unverschämtheiten ohne jeden Kommentar.

Ein österreichischer Impfling klagt auf Schadensersatz, weil die üblichen Thrombosen bei ihm so ungünstig verliefen, daß ihm der Unterschenkel amputiert werden mußte. Ein Einzelfall, ja, einer von sechzehn (Stand letzte Woche). Daß mir dabei die Sitzplätze in den alten Trambahnen einfallen, die man früher für „Schwerversehrte" freigeben mußte, ist auch Zufall. Allerdings waren auch in den damaligen Krieg viele Gesunde ohne Vorerkrankungen gezogen und anders zurückgekommen.

Zum zweiten Hauptthema, das in diesen Tagen offenbar alle Menschen mehrere Stunden am Tag beschäftigt und das ich eigentlich gar nicht benennen mag, fällt mir nur ein Gedanke ein: Wenn diese Menschen ebenso viel Zeit aufwenden täten, um tatsächliche Probleme anzugehen, wären die meisten Probleme längst gelöst. Wir hätten eine andere Regierung, ein anderes System, eine andere Wirtschaft und wären gesund. Oder zumindest teilweise. Ob irgendwo eine Regenbogenfahne weht, wäre dann weitestgehend egal.

Man sagt mir, die freie, offene, lustige und fröhliche Gesellschaft, die wir in den sechziger und siebziger Jahren (teilweise) erlebt und befördert und gefordert haben, sei mit massiven Auswirkungen auf die Umwelt und das Klima gewissermaßen erkauft worden. Das mag sein. Andererseits ist der Ausstoß an Dieselruß, Stickoxiden, Radioaktivität, Plastik, Müll, Schwefel, Dummheit und allem möglichen anderen seitdem explosionsartig angestiegen. Kann es sein, daß wir immer die falschen Sachen verändert, eingeschränkt beziehungsweise verboten haben? Flaschen waren damals generell aus Glas und wurden zurückgebracht, Plastiktüten verwendete man jahrelang (notfalls als Schultasche), Seife enthielt Seife und sonst wenig, Spülmittel auch (man mußte sogar noch abtrocknen). Pkw und Lkw wiederum gibt es heute immer noch, nur fünfmal so viele und fünfmal so groß. Der Blödsinn begann anscheinend mit einer Partei, die damals ganz neu, für Frieden und gegen Wachstum war und heute alt, für Krieg und für Wachstum ist.
Dieser Partei gehört der baden-württembergische Ministerpräsident Kretschmann an, der früher mal (wie man so sagt) „strammer" Maoist war und das heute als eine Art Ausrutscher entschuldigt. Neulich erzählte Kretschmann einer Zeitung dies: „Wenn wir frühzeitige Maßnahmen gegen die Pandemie ergreifen können, die sehr hart und womöglich zu diesem Zeitpunkt nicht verhältnismäßig gegenüber den Bürgern sind, dann könnten wir eine Pandemie schnell in die Knie zwingen. Wir sollten also einmal grundsätzlich erwägen, ob wir nicht das Regime ändern müssen, so daß harte Eingriffe in die Bürgerfreiheiten möglich werden, um die Pandemie schnell in den Griff zu bekommen." Das hätte der Vorsitzende Mao möglicherweise ähnlich formuliert. Und ja: Selbstverständlich darf man so etwas grundsätzlich „erwägen". Allerdings sollte man

dann vom Verfassungsschutz beobachtet werden, damit der auch mal was Sinnvolles tut.
Für die Verwendung des Begriffs „Regime“ für die „Corona“-Sanktionen wurde man übrigens vor einem Jahr noch ziemlich heftig beschimpft.

Günther Jauch auf der Titanic *(1. Juli 2021)*

Es ist ja eigentlich immer ganz schön, wenn „die Politik“ Sommerpause macht. Allerdings hat das den Nachteil, daß nun wochenlang niemand fragen kann, was aus den Ankündigungen und Versprechungen einiger Entscheidungsträger hinsichtlich Abschaffung der „Corona“-Sanktionen geworden ist oder werden soll. Zum Beispiel dieser beiden: 1) Lauterbach: „Unbefristete Fortführung des Lockdowns, bis eine Inzidenz von 25 erreicht ist!“ 2) Merkel: „Sicherer wäre eine Inzidenz unter zehn, aber vielleicht öffnen wir schon vorher!“ (Beides sind sinngemäße, nicht wörtliche Zitate.)
Zur Erinnerung: Die „Inzidenz“ betrug laut RKI gestern 5,2.
Nun sind wir also in der absurden Situation, daß die „Inzidenz“ weit unter allen „Schwellenwerten“ liegt und es definitiv keine „epidemische Lage von nationaler Tragweite“ gibt. Diese „Lage“ ist aber nun mal vom Bundestag beschlossen worden und muß also stattfinden, auch wenn die Krankheitserreger nicht mitmachen wollen. Dann spielen eben eine ganze Bevölkerung, ihre Regierung und Verwaltung und Polizei und Militär und überhaupt alle noch zwei Monate lang „Epidemie“. Dann „berät“ der Bundestag mal wieder und stellt fest: O je, es wird bald Herbst, da kommt der Schnupfen – der wird sicher zur „epidemischen Lage von nationaler Tragweite“! Und so geht das immer weiter.

Heute vor fünfzig Jahren trat der für die „Entnazifizierung“ zuständige bayerische Sonderminister für politische Befreiung, Heinrich Schmitt, zurück, nachdem ihm Ministerpräsident Hoegner angeboten hatte, zukünftig als Staatssekretär unter einem Minister der CSU zu arbeiten. Schmitt, der der KPD angehörte, von 1937 bis 1945 im Zuchthaus Landsberg saß und als Kommunist Mitglied der Verfassungsgebenden Landesversammlung Bayerns war, lehnte ein solches Ansinnen ab. Sein Nachfolger Pfeiffer von der CSU ließ etwa 900 von 1.200 Kommunisten aus den Entnazifizierungs-Spruchkammern entfernen und etwa 10.000 Urteile dieser Kammern aufheben.
Was wir daraus für die Aufarbeitung des „Corona“-Komplexes lernen können, wage ich noch nicht zu prophezeien.
Ein Jahr nach Schmitts Rücktritt stellte das Münchner Städtische Revisionsamt fest: Während der zwölf Jahre nationalsozialistischer Herrschaft waren 24,93 Millionen Mark Steuergeld für die Zwecke der NS-Partei, ihrer Gliederungen, Einrichtungen und Veranstaltungen, für ihre Anhänger und besondere Maßnahmen ausgegeben worden.

Diesen Wert dürften (umgerechnet) die „Corona“-Betreiber alleine mit ihrem Testwahn schon nach eineinhalb Jahren weit übertroffen haben.

Ein „Sprecher“ von Jens Spahn ließ auf Nachfrage mitteilen, das Heftpflaster an Günther Jauchs Schulter (in der illegalen Werbung für Covid-19-„Impfungen“) sei nicht Folge einer Impfung, sondern Ausdruck von „Impfbereitschaft“. Diese Auslegung ist allerdings mindestens originell. Wenn mir das nächste Mal auf einem Fußballplatz ein Spieler mit Gipsbein und Krücken begegnet, deute ich das logischerweise als Foulbereitschaft.
Wieso so etwas überhaupt auffällt? Weil das „Bundesministerium für Gesundheit“ in einem „Twitter“-Eintrag mitgeteilt hatte: „Die Coronaschutzimpfung ist unser Joker in der Pandemiebekämpfung. Günther Jauch hat sich impfen lassen.“ Gleich darauf mußte der Propagandaquatsch zurückgenommen werden: „Korrektur: Uns ist leider ein Fehler unterlaufen, Günther Jauch ‚will‘ sich impfen lassen.“ Das „wollte“ Jauch übrigens im April schon mal, auch damals zeigte er seine „Bereitschaft“ mit einem Pflaster. Stellen wir uns auf weitere Folgen der Serie ein.

Ebenfalls originell ist, was ein „Leiter der Abteilung für Mathematische Statistik an der Universität Stuttgart“ äußert: Er glaube nicht, daß es in Deutschland zu einer ähnlichen „Impfdelle“ wie in Großbritannien und den USA komme (womit nicht eine neue Form von Impfschaden gemeint ist, sondern daß in letzter Zeit immer mehr Leute ihren Impftermin sausen lassen und einfach nicht hingehen). Das geschieht zwar auch hierzulande längst, aber der „Leiter“ glaubt nicht dran – allerdings „vorausgesetzt, die Impfbereitschaft bleibe in der Bevölkerung weiterhin hoch“. Dafür hat man Mathematiker: damit sie feststellen, daß die Impfbereitschaft hoch bleibt, falls die Impfbereitschaft hoch bleibt. Der Laie staunt und fragt sich, wieso er eigentlich nicht Mathematiker geworden ist.

„Wir wollen mit der Musik, die wir machen, die Menschen davon überzeugen, daß sich alle Menschen von ihren Unterdrückern befreien müssen.“ (Ton Steine Scherben, WDR-Interview 1971)

Das US-amerikanische Impfschadensregister VAERS verzeichnet bis 11. Juni 1.226 Fälle von Herzmuskel- und Herzbeutelentzündungen nach mRNA-Spritzungen. Bei männlichen Jugendlichen zwischen 12 und 17 Jahren ist das Risiko am größten: Hier kommt ein Fall auf 15.900 Spritzungen. Wie das deutsche Paul-Ehrlich-Institut „arbeitet“ auch VAERS rein passiv – man verläßt sich also ausschließlich auf Meldungen von Geschädigten, forscht nicht selbst und beobachtet auch nicht. Die Dunkelziffer wird daher aufgrund früherer Erfahrungen auf 94 bis 99 Prozent geschätzt. Einer von 150 impfwilligen Buben erleidet folglich durch die „Impfung“ eine Krankheit, die lebensbedrohlich sein kann. Umgekehrt könnte möglicherweise einer von etwa einer Million Buben schwer an Covid-19 erkranken. Es gab schon weniger klare Nutzen-Risiko-Abwägungen.

„We sit in straight lines, do what we are told, like seats on Lockerbie, deck chairs on the Titanic.“ (Richard James Edwards 1992)

Bei einer Düsseldorfer Demonstration gegen ein geplantes Gesetz, mit dem Demonstrationen noch mehr verboten werden sollen, als sie es schon sind, wurden Journalisten mit Schlagstöcken verprügelt. Und zwar nicht von rechtsoffenen „Querdenkern“, sondern von der Polizei, also ihren eigenen vermeintlichen Verbündeten. Und darüber regt sich jetzt die „Deutsche Presseagentur“ (dpa) auf, die seit über einem Jahr ein härteres Vorgehen gegen Demonstranten fordert. Es sind – ich glaube, ich habe das schon mal erwähnt – wirre Zeiten.
Die Veranstalter der Demo hatten übrigens dazu aufgerufen, sich vor der Teilnahme testen zu lassen. Es wäre ja schlimm, wenn man gegen das Verbot von Demonstrationen demonstriert, sich dabei einen Schnupfen einfängt und damit dazu beiträgt, daß Demonstrationen wegen Schnupfengefahr generell komplett verboten werden. Aber auch das half nichts: Die Polizei stoppte die Demonstration mit einer schon wieder recht originellen Begründung: „Einzelne Teilnehmer“ sollen „Transparente und Regenschirme zu hoch gehalten und damit gegen das Vermummungsverbot verstoßen haben.“ Dabei drillen wir doch gerade unsere Schüler darauf, daß in Deutschland Vermummung absolute Pflicht ist, um den Schnupfen auszurotten!
Von der Arbeit der Polizei betroffen war auch eine neuerdings recht notorische Abteilung der Geheimdienste: „Den Angehörigen des sogenannten Antifa-Blocks verbot die Polizei die weitere Teilnahme an der Demo. Im weiteren Verlauf forderten die Beamten diese Demonstranten auf, ihre Ausweise bereit zu halten. Zur Identitätsfeststellung sollten sie dann einzeln aus der ‚Umschließung‘ geführt werden. Laut Polizei handelte es sich um etwa 300 Menschen. Die Maßnahmen dauerten bis kurz vor Mitternacht.“
Ach so, worum es in dem geplanten Gesetz geht, gegen das demonstriert werden sollte, erfahren wir auch: „Versammlungen unter freiem Himmel, die Gewaltbereitschaft vermitteln und Einschüchterung betreiben, sollen grundsätzlich verboten werden. Als Erscheinungsbild wird dabei neben dem Tragen von Uniformen, Uniformteilen und uniformähnlicher Kleidung auch ein paramilitärisches Auftreten der Teilnehmer genannt.“ Daß damit das seit Jahren zunehmend einschüchternde öffentliche Auftreten der Sturmabteilungen des deutschen Polizeimilitärs gemeint sein könnte, ist nicht zu vermuten.

„This is a modern concourse. State-of-the-art transportation. The manipulation of people in public places. There was nowhere to sit. Nowhere for drunks, no snack bars, without them being told to move on. This rationalisation of public spaces.“
(Bruce Gilbert 1991)

Die „Impfungen“ erweisen sich immer mehr als das, was sie sind: ein Experiment, das danebengeht, In Großbritannien und Israel sterben zwar nur noch ganz wenig Leute

„an und mit" Covid-19, aber die meisten davon sind „geimpft". So wie dort inzwischen auch ein Großteil der Bevölkerung „geimpft" ist. Die Impfung bewirkt also in Hinsicht auf die äußerst seltenen Fälle schwerer Covid-Erkrankungen – gar nichts. Sie hat nur Neben- und Langzeitwirkungen. Könnte man vermuten. Und: Sie spült gewissen Leuten unfaßbare Mengen Steuergeld in die Kassen. Letzteres wird vielleicht noch zu wenig beachtet.

„I never screamed as a youngster. That shocked my mother when she first heard the Sex Pistols. She'd never seen that side of me. I was a stone-quiet child. She probably thought that she'd raised a lunatic, and I proved her right." (John Lydon 1994)

Ein Beitrag zur Medienkompetenz: Karl Lauterbach fordert, die „Ständige Impfkommission" (STIKO) müsse sich beugen und endlich die Kinder an die Nadel drängen. Begründung: „In Großbritannien sind bereits viele Kinder mit Covid in der Klinik." Das stimmt allerdings nicht, und neuerdings fällt das sogar der „Tagesschau" auf: „Die Äußerung (…) hat für neue Diskussionen gesorgt. Doch die Datenbasis dafür fehlt." Das ARD-Sprech heißt übersetzt: „Die Äußerung sollte mal wieder Panik schüren, um das Impfgeschäft anzukurbeln, und hat für Empörung gesorgt, weil es sich dabei um eine dreiste Lüge handelt."
Lauterbach sagt auch: „Die UEFA ist für den Tod von vielen Menschen verantwortlich." Weil sie gegen seine ausdrückliche „Empfehlung" viele Menschen in Stadien gelassen hat. Ich fürchte, es ist bald wieder Zeit für einen Entzug.

„O Lord! I didn't mean to say anything quotable." (Donald Rumsfeld)

Lauterbachs Panik-Kollegen, dem sogenannten „Professor" Drosten (der als solcher noch keinen einzigen Tag in seinem Leben praktiziert hat) schwimmen die Felle (wie man so sagt) inzwischen offenbar so nachhaltig weg, daß er in seiner Verzweiflung zum Erpresser wird: „In diesen Tagen werden die Medien dieses und auch frühere Machwerke Ihrer Gruppe analysieren", mailte er einer Mitautorin des Positionspapiers, in dem der Betrug mit den Intensivbetten nachgewiesen wurde. Die sinistre Drohung wurde schnell hinfällig, weil der Bundesrechnungshof die Schlußfolgerungen des Papiers bestätigte und sich auch nicht vom Geschrei der Drosten-Kumpels von der „Volksverpetzer"-Hetzseite einschüchtern ließ. Sagen wir mal so: Eine Drohung mit „den Medien" ist heutzutage nicht mehr so arg bedrohlich. Und was mit Selfmade-Mafiosi dieser Sorte eventuell passieren kann – da googeln wir mal „Al Capone". Der hatte am Ende Ärger mit der Steuer …

Ein portugiesisches Gericht stellt fest, daß in Portugal während der gesamten „Corona-Pandemie" nicht etwa 17.000, sondern nur 152 Menschen „an" Covid-19 gestorben sind. Einen Kommentar zu solchen „Enthüllungen" kann man sich inzwischen weitgehend sparen. Wir sollten vielleicht besser anfangen, Gefängnisse zu bauen. Und nein, ich bin kein Befürworter von Haftstrafen. Aber für Menschen, die so gefährlich sind wie die, die uns diesen Wahnsinn eingebrockt haben, erscheint mir der Begriff „Bewährung“ ebenso widersinnig wie „Resozialisierung“. Schon des Alters wegen – die müssen einfach daran gehindert werden, so etwas noch mal zu versuchen. Und nicht wenigen davon wird man dazu nach alter Manier ihr „Vermögen“ (finanziell und gesellschaftlich) entziehen müssen. Bill Gates mit dreihundert Euro auf dem Girokonto und einem Termin im Arbeitsamt? Könnte eine schöne Welt werden …

An einer weniger schönen, aber recht „neuen“ Welt arbeitet bekanntlich die Partei der „Grünen“ im Auftrag des World Economic Forum. Besonders fleißig ist dabei der baden-württembergische Ministerpräsident Winfried Kretschmann. Der Konzern Daimler beziehungsweise eine Unterfirma namens „Mercedes Benz Trucks and Plants“ läßt die Welt wissen: Der Ministerpräsident des Landes Baden-Württemberg, Winfried Kretschmann, hat heute das Mercedes-Benz-Werk Gaggenau im Werkteil Rastatt besucht. Winfried Kretschmann folgte der Einladung des Naturschutzbundes Deutschland NABU, um den neuen Umwelt-Erlebnispfad auf dem Werksgelände zu eröffnen. Der Standortverantwortliche Thomas Twork, der Betriebsratsvorsitzende Michael Brecht und der NABU-Landesvorsitzende Johannes Enssle erklärten dem Ministerpräsidenten die Aktivitäten des Mercedes-Benz-Werks und des NABU, um die Biodiversität auf dem Werksgelände zu fördern.“

Wenn man sich ausmalt, daß die Welt der Zukunft ein einziges „Werksgelände“ sein wird, ist es doch immerhin tröstlich, daß es eine „grüne“ Partei gibt, die dort für ein kleines bißchen „Biodiversität“ sorgt und einen „Pfad“ eröffnet, auf dem man ein kleines bißchen „Umwelt“ „erleben“ kann. Allerdings war das gar nicht die Idee der „Grünen“, die an so was wie „Umwelt“ seit Jahrzehnten kein Interesse mehr haben. Sondern die des Naturschutzbundes, dem man dafür dankbar sein muß. Die Welt, die die Daimler-Grün-WEF-Koalition herbeizwingen möchte, will keiner von uns erleben. Ob sie sich noch verhindern lassen wird?

Neue Kriege müssen her! *(3. Juli 2021)*

Der Afghanistankrieg scheint nach zwanzig Jahren und einer Viertelmillion (direkten) Todesopfern langsam zu Ende zu gehen. Zumindest die deutschen Soldaten sind nun abgezogen, die Amerikaner, auf deren Geheiß das Gemetzel 2001 begann, folgen. Was mit dem Krieg erreicht werden sollte, ist nach wie vor umstritten. Das Ergebnis ist – abgesehen von den Zerstörungen und Verwüstungen – jedenfalls weitgehend der gleiche Zustand wie vor dem NATO-Angriff.

Der Abzug ohne „Sieg“ hat sicher Gründe. Einer davon könnte ein neuer Feind sein, denn ausgerechnet jetzt startet im Schwarzen Meer die Kriegsübung „Sea Breeze 2021“, mit der ein Angriffskrieg gegen Rußland geprobt wird und „eine greifbare Demonstration der US-Unterstützung" für das faschistische Regime in der Ukraine aufgeführt werden soll. Allerdings nimmt die deutsche Marine (angeblich) nicht an „Sea Breeze" teil. Sie konzentriert sich neben ihren Einsätzen vor allem im Mittelmeer stark auf die Ostsee (wo der Feind ebenfalls Rußland heißt) und bereitet sich aktuell auf ihre erste „Übungsfahrt" ins südchinesische Meer vor (wo der Feind dann ein anderer sein wird).

„Wir haben einen großen Fehler gemacht und haben das bis jetzt nicht erkannt. Wir wußten nicht, daß das Spike-Protein selbst ein Toxin ist und ein pathogenes Protein darstellt." (Byram Bridle, kanadischer Impfstoff-Forscher)

Jeweils (je nach Schätzung) 500.000 bis zwei Millionen Menschen demonstrierten am vergangenen Samstag und Sonntag in London gegen die „Corona"-Sanktionen. Ich vermute, die deutschen öffentlich-rechtlichen Sender und „Wikipedia" hätten die Zahl mit jeweils etwa 20.000 angegeben. Falls sie darüber berichtet hätten. Aber das ist nur eine Vermutung.

Zu Ende geht langsam (!) wohl auch die „Corona"-Affäre. Anthony Fauci, neben Drosten, Gates, Wieler, Kadlec, Daszak, Tedros und Ferguson einer der Hauptverdächtigen, ist momentan offenbar untergetaucht. Am Dienstag erschien der „medizinische Berater" von sieben US-Präsidenten hintereinander unentschuldigt nicht zu einer Anhörung vor dem House of Representatives. Gegen Fauci wird derzeit unter anderem wegen Hochverrats und Verbrechen gegen die Menschheit ermittelt.
Möglicherweise ist Fauci in einem „Virusvariantengebiet" abgetaucht, weil sich da wg. Killervirus niemand suchen traut. Ein solches „Variantengebiet" kann es übrigens aus deutscher Sicht gar nicht geben. Das RKI definiert ein „Virusvariantengebiet" als ein Gebiet, in dem eine Virusvariante verbreitet ist, „welche nicht zugleich im Inland verbreitet auftritt". Bei 50 bis 90 Prozent „Delta" in Deutschland ist diese Definition mindestens ziemlich überholt, selbst wenn es 90 Prozent von annähernd null sind. Schließlich naht der Herbst, und der trägt keine Maske.

„Das SARS-CoV-2-Spike-Protein ist zytotoxisch, das ist eine Tatsache." (Robert Malone, Erfinder der mRNA-Impfung)

Die USA plündern weiterhin die syrische Ölproduktion im Osten des Landes und sichern ihr kriminelles Geschäft mit Kriegsverbrechen. Die Illustrierte „Spiegel" hat für die jüngsten dieser Militäraktionen einen Begriff erdacht, der so (selbst-)entlarvend ist, daß es deswegen auch dieses Thema mal hierher schafft: „Präzise Defensiv-Angriffe" seien die jüngsten „Luftschläge" (also Bombardierungen) gewesen. Ob George Orwell angesichts derart bizarrer Wortschöpfungen im Grab rotiert oder sich bestätigt fühlte, kann ich nicht entscheiden. Ich warte auf weitere Höhepunkte, etwa „Tot-Leben", „Gesund-Krankheit", „Propaganda-Journalismus", „Krieg-Frieden", „Armuts-Reichtum", „Trocken-Wasser" … ach na ja, alle nicht so gut. Und nicht so „präzise".

„Die erste Freiheit der Presse besteht darin, kein Gewerbe zu sein.“ (Karl Marx)

Am Dienstagvormittag wurden mehrere Leute in meinem Bekanntenkreis Opfer von Hausdurchsuchungen, bei denen Computer, Laptops, Mobiltelephone und diverse andere Dinge beschlagnahmt wurden, um Rechtsbeugungen zu vertuschen. Dabei ging es freilich auch um die Einschüchterung von Gegnern der „Corona“-Sanktionen. Wie gut so etwas funktioniert, weiß ich aus Zeiten von Wackersdorf und Pershing, und ich kann mich auch noch dunkel daran erinnern, was die deutsche Staatsgewalt in den späten Sechzigern und frühen Siebzigern mit ähnlicher Willkürgewalt erreicht hat. Ob sie es gezielt erreichen wollte, um die „mutigeren“ Vertreter des Widerstands von ihren weniger „mutigen“ Sympathisanten zu isolieren, ist unter Historikern umstritten. Aber so oder so erscheint Markus Söders irres Geschwurbel von einer „Corona-RAF“ vor einigen Monaten angesichts dieser Vorgänge noch zwielichtiger. Oder etwas durchsichtiger.

Einer der rätselhaften Neusprech-Begriffe, die seit Monaten durch die Gegend flattern, ohne daß man sie greifen könnte (oder irgendwer es versuchte), ist „Public Health“. Was man darunter versteht, weiß offenbar so gut wie niemand. Eine „öffentliche Gesundheit“ ist damit selbstverständlich nicht gemeint. Wie sollte die gehen? Man ist zu Hause krank und draußen gesund?

Nein. „Public Health“ heißt: Wir können viel Geld mit Medikamenten für Kranke verdienen; wir können aber noch viel mehr Geld mit Medikamenten für Gesunde verdienen, die potentiell krank sind, denen wir aber helfen, nicht krank zu werden. Also praktisch: mit allen Menschen. „Public Health“ heißt: Impfung, gegen so viele Sachen wie nur möglich, weil jedesmal die Kasse klingelt. „In Vaccines We Trust“ lautete das hyperreligiöse Motto oder vielmehr: Credo des EU-„Impfgipfels“ am 12. September 2019, bei dem es genau darum ging: die Menschen zu überzeugen, daß sie ohne umfassende Impfung gegen alles zum Tode verurteilt sind. Veranstalter waren die von Bill Gates dominierte WHO, die Gates-Stiftung, die Gates-Impfallianz GAVI und einige andere „philanthropische“ NGOs (nicht gewählte Organisationen). „Erarbeitet“ wurde eine „Roadmap on Vaccination“, also ein „Fahrplan zur Total- und Dauerimpfung“ mit einem einheitlichen EU-Impfausweis als notwendigem Dokument für die weitere Teilnahme am Leben.

Der WHO-Statthalter Tedros Ghebreyesus sagte auf diesem „Gipfel“:„Wenn wir über das Recht auf Gesundheit sprechen, sprechen wir über das Recht auf Impfungen.“ Und er wies auf die wichtigste Gefahr hin, die dem faschistischen Plan droht: daß Menschen sich informieren und einfach nicht mitmachen. „Impffehlinformationen“ könnten „so ansteckend wie Infektionskrankheiten“ sein. Daher müsse unbedingt nicht nur die Propaganda ein Dauerfeuer auf die Menschen richten. Vor allem müßten die „sozialen Medien“ gezwungen werden, jede schädliche Information möglichst sofort zu löschen,

bevor sie jemand sieht, ihre Verbreiter zu brandmarken, zu blockieren und aus dem öffentlichen Leben (das nun mal nur noch im Internet stattfindet) zu entfernen.
Claude Juncker, damals Präsident der (nie demokratisch gewählten) Europäischen Kommission, murmelte, „Impfskepsis" sei nur eine Folge von „Desinformationskampagnen". Und Joseph Goebbels twitterte, Skepsis über einen deutschen Sieg in Stalingrad sei ebenfalls nur eine Desinformationskampagne. Letzteres – dies sei zur Vermeidung einer Löschung dieses Beitrags festgestellt – ist historisch nicht belegt.

„‚Sei glücklich' lautet die neue Herrschaftsformel. Die Positivität des Glücks verdrängt die Negativität des Schmerzes. Als positives emotionales Kapital hat das Glück für eine ungebrochene Leistungsfähigkeit zu sorgen. Selbstmotivation und Selbstoptimierung machen das neoliberale Glücksdispositiv sehr effizient, denn die Herrschaft kommt ohne jeden großen Aufwand aus. Der Unterworfene ist sich nicht einmal seiner Unterworfenheit bewußt. Er wähnt sich in Freiheit. Ohne jeden Fremdzwang beutet er sich freiwillig in dem Glauben aus, daß er sich verwirkliche. Die Freiheit wird nicht unterdrückt, sondern ausgebeutet. ‚Sei frei' erzeugt einen Zwang, der verheerender ist als ‚Sei gehorsam'." (Byung-Chul Han)

Zurück zur „Public Health". In Chile, einst Vorgänger der Ukraine als faschistisches Musterland und Experimentierfeld, gibt es dafür eine staatliche „Expertin", die im März 2021 dem Propagandaorgan „Spiegel" (siehe oben) folgendes sagte: „Erstens haben wir genug Impfstoff. Zweitens haben wir die Infrastruktur, um ihn schnell zu verimpfen, und drittens haben wir kaum Probleme mit Impfskeptikern, weil die Pandemie hier nicht wie in anderen lateinamerikanischen Ländern politisiert wurde." Daher laufe die „Impfkampagne" in Chile sogar besser als in Israel und Großbritannien, und das sei ein ungeheurer Erfolg im Krieg gegen das Virus.
Dieselbe „Expertin" (Soledad Martinez) sagte demselben Propagandaorgan drei Monate später folgendes: „Die Lage ist katastrophal. Die Viruszirkulation da draußen ist extrem hoch. Die Intensivstationen der Krankenhäuser sind komplett überlastet. Das Gesundheitssystem ist kollabiert, kann man sagen."
Beides zu deuten und den Begriff „Public Health" zu hinterfragen, überlasse ich gerne anderen.
Die rechte Regierung Chiles, die sich durch die „Corona"-Sanktionen Zeit erkaufen wollte, ist übrigens mittlerweile gestürzt, eine neue Verfassung in Arbeit. Wir warten ab, was das für die weitere Entwicklung der „Pandemie" bedeutet. Und was sich daraus für Deutschland lernen läßt.

„Es muß immer genügend Patienten geben, um alle am Gesundheitssystem Beteiligten zu ernähren. Profitabel ist nicht die Heilung für alle, sondern die Schaffung langfristiger Abhängigkeitsverhältnisse zu Ärzten, Medikamenten und Apparaten. Vorbeugung und tatsächlich wirksame Therapien sind schon deshalb verdächtig, weil sie dem System ihren wichtigsten Rohstoff abspenstig zu machen drohen: den kranken Menschen. Angesichts der Bedeutung, die eine ausreichende Bettenbelegung für den „Betrieb" Krankenhaus und ausreichende Renditen für die Hersteller von Medikamenten und medizinisch-technischem Gerät haben, wäre es betriebswirtschaftlich unverantwortlich, den Krankenstand der Bevölkerung lediglich dem Zufall zu überlassen." (Roland Rottenfußer)

Manch einer, auch die Kanzlerin, regt sich immer noch darüber auf, daß während der Simulation einer Fußballeuropameisterschaft kein anderes Land den deutschen Beschränkungen der Zuschauerzahlen folgen mag und größtenteils nicht mal die Stickmasken ordnungsgemäß getragen werden. Dahinter steckt ein Dilemma. Merkel weiß: Wenn sich wie (u. a.) schon bei den Massendemonstrationen im letzten Sommer auch diesmal wieder niemand „ansteckt", könnten die Leute, die sich den Sanktionen freiwillig unterwerfen, langsam sauer werden.
Andererseits bedeutet die EM ja nicht nur Big Business und Brot & Spiele, sondern hat auch einen pädagogischen Effekt. Drum werden die „Delta"-Lügen grad so intensiv in die Medien gepumpt: Der Fan erwacht verkatert aus dem Rausch und denkt „O Gott, was habe ich getan! Ich lasse mich lieber sofort impfen, als Buße!" Die zunehmende Impfverweigerung (aktiv und passiv) zeigt aber, daß das nach hinten losgehen kann: Am Ende haben die Geimpften nicht mehr Angst vor dem Virus, sondern vor den Ungeimpften. Und dann wird der gesellschaftliche Clash richtig spannend …

Das hat übrigens der „österreichische Wieler" (was eine schlimme Beleidigung ist und deshalb nur ironisch da steht, um die Fallhöhe zu demonstrieren), Prof. Dr. Allerberger (Leiter der AGES, die man ironisch als österreichisches RKI bezeichnen könnte) im Interview mit Robert Cibis sehr schön erläutert: Masken, Abstand, Kontaktverbot, Lockdown und Impfung haben keine medizinische Bedeutung. Es sind politische Maßnahmen, die dazu dienen, den Menschen die Panik zu nehmen, damit sie wieder normal und angstfrei leben können. Also quasi: „Wir führen die Maßnahmen so lange weiter, bis keiner mehr Angst hat." Wie gesagt: Das kann nach hinten losgehen.

Nieren, Slime, Ufos und Bilderberger (tatü! tata!) *(5. Juli 2021)*

Immer diese Experten und ihre Humorlosigkeit! Britische Schüler haben bei experimentellen Studien herausgefunden, daß „Corona"-Schnelltests positiv auf Orangensaft reagieren und man sich auf diese simple Weise zwei Wochen Ferien verschaffen kann (wenn auch „indoor", was heutige Jugendliche wenig stört, weil sie sowieso lieber in „virtuellen" Flüssen und Schwimmbädern planschen). Nun kommen die Experten und „kritisieren" diese Vorgehensweise, weil sie unter anderem „egoistisch" und „nicht hilfreich" sei. Es gebe harmlosere Methoden, die Schule zu schwänzen, zudem sei der

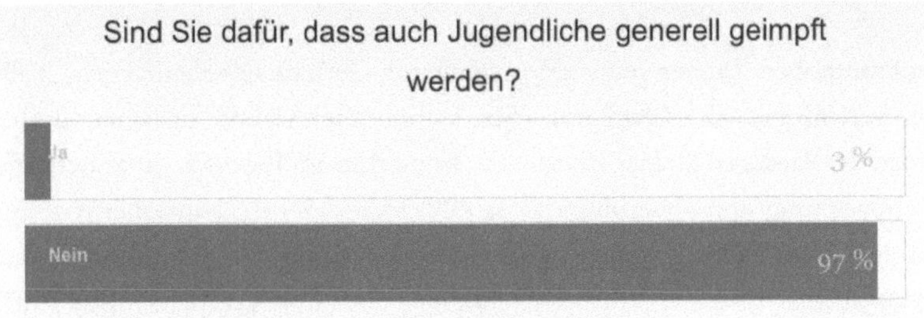

beste Ort, um etwas über chemische Reaktionen zu lernen, der Chemieunterricht in der Schule.
Das mag sein. Allerdings erinnere ich mich, wie wir in unseren „Chemie Übung"-Stunden viel Zeit damit zubrachten, das damals populäre Spielzeug „Slime" mit unterschiedlichsten Säuren und Laugen zur Reaktion zu bringen, ohne den wissenschaftlichen Hintergrund der Resultate je genauer erklärt zu bekommen. Einige Mitschüler nahmen an diesen Experimenten gar nicht teil, weil sie sich lieber am Isarstrand herumtrieben und dafür Begründungen wie „Menstruationsbeschwerden" und „defekte Straßenbahn" abgaben, die selten geprüft wurden.

„Das Geheimnis des Agitators ist, sich so dumm zu machen, wie seine Zuhörer sind, damit sie glauben, sie seien so gescheit wie er." (Karl Kraus)

Die geradezu obsessive Fixierung der deutschen „Hochkultur" (d. h. des Elitebetriebs) der „Corona-Ära" auf Wagner, Jünger, Heidegger und deren Umsumpf ist im Grunde leicht zu deuten. Da die widerspenstigen Künstler und Intellektuellen auf Linie gebracht beziehungsweise ausgegrenzt und verstummt sind, das Proletariat manipulativ diszipliniert wurde und die Wissenschaft zur schwurbelnden Reagenzglasschwenkerei degeneriert ist, klammert man sich zwecks Selbstvergewisserungs-Masturbation und Füllung des Vakuums, das die rebellischen Gedanken bei ihrer Ausmerzung hinterlassen haben, an das, was scheinbar risikofrei und jedenfalls erlaubt ist: die „nationale" Revolution samt reaktionärer Restauration (Wagner), die „konservative Revolution" (Jünger) und die nationalsozialistisch-antisemitische Revolution samt Schwurbel (Heidegger). Die Spannung zwischen hoheitsvoll-dümmlichem Gebrabbel und heroisch-hohlem Pathos, für die diese Säulenheiligen stehen und die auch ihre neuen Apostel verstrahlen, spiegelt die intellektuelle Dürre und den wahnhaften Konsens der derzeitigen „intellektuellen" wie politischen Elite sehr trefflich wider, sogar entlarvend, was aber offenbar niemand bemerkt.
Fehlt eigentlich nur noch ein neuer Barbarossa-Kult: Angela Merkel mit goldenem Helm, Drosten als treuer Schildknappe, Spahn gesattelt.

„Es gibt Dinge, die sind so falsch, daß noch nicht einmal das absolute Gegenteil richtig ist." (Karl Kraus)

Auf dem mit hohen Zäunen (wovor?) geschützten Gelände des ehemaligen „Tollwood“ streifen vereinzelte Menschen mit Staubschutzfiltermasken unsicher umher und betrachten die Auslagen kleiner Zeltstände. Immerhin am Biertisch unter Schirmen sitzt man dicht gedrängt und unvermummt, da fühlt man sich offenbar sicher (vor der Kontaktverfolgung per Hubschrauber?). Um hinein zu kommen in das Gelände, muß man in langer Schlange anstehen (Sonntagnachmittag: circa hundert Meter). Das Auffälligste ist die Stille.[64]
Etwa einen Kilometer weiter Richtung Stadtrand tobt ein Fußballturnier mit Horden kreischender Kinder und johlender Jugendlicher, dazwischen die Eltern in Pulks an Bierausschänken. Das Geschrei und der aufbrausende Jubel sind noch in weiter Entfernung zu hören.
Die Psychotestfrage lautet: Welche der beiden Veranstaltungen erscheint einem spontan normaler?

Die derzeit amüsanteste Verschwörungstheorie stammt von der Bloggerin Julia Probst und geht wie folgt: CDU und FDP weigern sich, die Schulen nach den Sommerferien wieder zu schließen, weil dann viele Menschen, die nicht CDU und FDP wählen täten, so schwer krank werden, daß sie nicht wählen gehen können. Man solle daher so früh wie möglich eine Briefwahl beantragen, um den perfiden Plan zu durchkreuzen. (Nein, ich habe das nicht erfunden!)

Fast die Hälfte der Covid-19-Toten, die sich in England mit der Delta-Variante infiziert hatten, war bereits doppelt geimpft. Was das über die Wirksamkeit der Vakzine sagt - und warum das trotzdem eher eine gute als eine schlechte Nachricht ist.

Das ist eine Art erweiterte und um drei Ecken gedrehte Version der angeblich in den USA verbreiteten These, Donald Trump sei nicht mehr Präsident, weil so viele Tote und Doppelgänger per Briefwahl für Joe Biden gestimmt hätten. Man kann aber auch das noch weiter ausbauen: Die „Grünen“ (für die Julia Probst 2020 für den Neu-Ulmer Stadtrat kandidierte) möchten Kindern Masken aufsetzen, damit sie so viel ausgeatmetes CO2 wieder einatmen, daß in ihrem Gehirn ein Klimawandel einsetzt und sie im Falle einer Volljährigkeit die „Grünen“ wählen. Oder: Die AfD ist gegen Masken, weil man dann in ländlichen Wahllokalen am Gesichtsausdruck beim Ankreuzen feststellen kann, ob jemand für eine „Systempartei“ stimmt. Oder: CDU und SPD haben Angst vor „Corona“, weil sie fürchten, daß ihnen bei einer „vierten Welle“ ihre gesamte Wählerschaft wegstirbt.

Der Anteil der „falsch positiven“ Ergebnisse unter den positiven Schnelltests liegt derzeit laut Hamburger Senat bei 80 Prozent und steigt seit Anfang Mai rasant an – von 52 über 69, 71 und 75 Prozent auf den heutigen Wert. Das ist zwar nicht „exponentiell“,

[64] Wie sich dieses seltsame Nichts nannte, bei dem auch ein Fahrgeschäft benutzt werden durfte, jedoch keinerlei Musik gespielt wurde, weiß ich nicht mehr. Es war immer gähnend leer, fand jedoch meiner Erinnerung nach an mehreren Orten statt, um den Ausfall der gewohnten Amüsierbetriebe zu „kompensieren“.

läßt aber die „Modellierung" zu, daß spätestens Anfang August 120 Prozent aller positiven Testergebnisse falsch sind. Man darf gespannt sein, wie die Konsenswissenschaft das erklären wird.
Die „Inzidenz" müßte in diesem Fall übrigens zwangsläufig unter null sinken. In einigen Landkreisen schickt sie sich offenbar bereits an, das zu tun.

Falls in diesen Tagen häufigen Benutzern von Autobahnen (ich gehöre nicht dazu) ein erhöhtes Aufkommen von Lkw-Transporten auffällt: Das sind wahrscheinlich „Impfstoffe". Die werden jetzt gerne in der Gegend herumgekarrt, weil sie keiner braucht und zugleich jeder braucht. Ein Beispiel ist Rumänien, das vor kurzem 1,1 Millionen überflüssige Dosen an Dänemark verkauft hat. Nun liefert Dänemark seinerseits eine Million überflüssige Impfdosen an „westliche Balkanländer", allerdings als „Spende" (weil es sich um das Zeug von Astrazeneca handelt, das in Dänemark nicht mehr zugelassen ist). Ob Rumänien zu diesen Ländern gehört, erfahren wir nicht; ansonsten kommt es vielleicht zu einem Tauschgeschäft, bei dem die Kühllaster ihre Fracht nur kurz umladen und wieder zurückfahren. Zugleich freut sich der Ministerpräsident von Schleswig-Holstein, daß Dänemark auf die Rückgabe von 55.000 Impfdosen verzichtet, die es seinem Land „geliehen" hatte. Und in Altötting klagt der Bürgermeister, daß man auf den Dosen sitzenbleibt, weil mangels „Anreiz" niemand mehr zum Impfen kommt. Anderswo ist das auch nicht anders. Der deutsche Städtetag warnt derweil mal wieder vor einer „vierten Welle" und verbreitet die Horrorbotschaft: „Vielleicht entscheiden wir mit unserem Verhalten jetzt im September nach der Reiserückkehr darüber, ob Weihnachtsmärkte stattfinden. Deshalb appellieren wir an alle: Bitte lassen Sie sich impfen." Ich wußte nicht einmal, daß schon September ist, und auf Weihnachtsmärkte verzichte ich gerne, wenn sich dadurch eine drohende Überlastung des Gesundheitssystems wg. „Nebenwirkungen" vermeiden läßt.

Herr Spahn hat übrigens schon mal 204 Millionen Impfdosen für 2022 bestellt. Schließlich haben wir genug Geld und Lkws, die nach Dänemark und Rumänien fahren können, und die fünfte Welle und die sechste und die siebte Welle stehen vor der Tür.

Ein skurriler bayerischer Musiker geht seit längerer Zeit mit der Geschichte hausieren, wie er einmal in ein Luxushotel an einem See im Voralpenland als Unterhaltungsprogramm geladen war und dort über die ausufernde privatpolizeiliche und privatmilitärische Bewachung, die Geheimhaltung und die illustren Gäste staunte (die Spitze der Weltmacht von Konzernen und Regierungen, auch Angela Merkel, Klaus Schwab, Barack Obama und Bill Gates sollen dagewesen sein). Schließlich habe er festgestellt, daß es sich um eines der notorischen Bilderberger-Treffen handelt.

Die Empfehlung, nach erster AstraZeneca Impfung eine BionTech oder Moderna Zweitimpfung zu machen, ist richtig. Ich habe selbst auch nach meiner AstraZeneca Erstimpfung mit BionTech nachgelegt. Der Schutz ist einfach besser.

Das ist nicht weiter bemerkenswert und reicht auch nicht für eine amüsante Verschwörungstheorie, weil diese Treffen ja inzwischen nur noch im einzelnen geheim sind (in diesem Fall war wohl von „vier Prominentenhochzeiten“ die Rede), nicht aber ihr Stattfinden an sich. Daß dort über Grundlinien und weitere notwendige Schritte der Weltpolitik entschieden wird, die man dann beim WEF in Davos verkündet, ist kaum noch umstritten, weil das ja jeder mitbekommt.
Lustig ist aber, daß einige Zeit nach dem erwähnten Treffen eine gute Freundin als Mitarbeiterin in demselben Luxushotel war und in ihrem Zimmer eine Wanze fand (kein Insekt, sondern ein Elektrogerät, funktionstüchtig, aber nicht in Betrieb). Wer das Zimmer während der Bilderberger-Konferenz bewohnte, ließ sich leider nicht eruieren, weil diese ja offiziell gar nicht stattfand …

Auf dem Weg von Thalkirchen in die Lerchenau bin ich heute siebzehn Rettungssanitätern mit Blaulicht und Sirene begegnet. Daß ungewöhnlich viele davon unterwegs sind beziehungsweise vor Häusern stehen, ist mir schon die letzten Tage aufgefallen. Falls es dafür eine Erklärung (nicht nur eine Vermutung) gibt, wäre ich daran sehr interessiert.

Irrsinn, der einfach funktioniert *(8. Juli 2021)*

Eine Partei[65] verspricht auf ihrem Wahlkampfplakat „ein Land, das einfach funktioniert“. Ohne Diskussionen und Debatten, ohne Volksabstimmungen und Wahlen, ohne Zweifler und Störenfriede. Mit Internet und pünktlicher Eisenbahn. Diesen faschistischen Traum träumte schon Benito Mussolini. Abgesehen vielleicht von der Eisenbahn ist er aber gründlich gescheitert. Na gut, das war auch nicht Deutschland.

Das reine Überleben sei der höchste aller „Werte“, hört und liest man heute oft, einerseits affirmativ-betonend (als Botschaft der Herrschenden an das Menschenmaterial), andererseits kritisch-anprangernd (als impliziter Aufruf, sich auf andere Werte zu besinnen, die es einst ja auch gab, etwa Freiheit, Selbstbestimmung, Demokratie, Gleichheit, Brüderlichkeit, Solidarität, Liebe, Frieden, Glück und so weiter). Angesichts der dauergetesteten, überwachten, periodisch auffrischgespritzten Maskenwesen, die in dieser Weltbild-„Vision“ im „Lockstep“ herumwimmeln, das reibungslose Wachstum der Wirtschaft gewährleisten und dafür mit der rudimentären Behaglichkeit des Stumpfsinns belohnt werden, fragt man sich weniger, wo diese „anderen“ Werte hingekommen sind, sondern wo sie einst herkamen.

Es ist bisweilen sehr erstaunlich, wie schnell sich Narrative „einschleifen“. Wenn man vor zwei Wochen öffentlich feststellte, daß sich die meisten „Impflinge“ vor allem oder ausschließlich deswegen spritzen lassen, weil sie wieder am öffentlichen Konsum teilnehmen wollen, ohne sich ständig „freitesten“ zu müssen, erntete man überwiegend

[65] (die „grüne“)

Empörung und die Mahnung, es gehe bei der Kampagne ausschließlich um Gesundheit und „Solidarität" (mit wem, wurde selten näher ausgeführt, weil man dabei sofort in der Absurdität landet). Inzwischen gibt es keinen nennenswerten Widerspruch mehr gegen die Leitlinie „Impfen macht frei" (höchstens was gewisse historische Konnotationen angeht, die manch einer noch anrüchig findet). Die Regierung von Mecklenburg-Vorpommern zahlte unlängst 140.000 Euro für eine Reklame, in der eine ekstatische Leistungserfolgsperson und der Slogan „Ich laß mich impfen, weil ich tanzen will" zu sehen sind.
Daß viele tausende Gespritzte nicht oder nie mehr tanzen werden, steht auf einem anderen Blatt. Das ist den Kampagnenführern (zumindest juristisch) wahrscheinlich nur bedingt vorzuwerfen, weil schließlich jeder „Impfling" vor der Spritzung in einem ausführlichen Gespräch über Gefahren, Risiken, Nebenwirkungen und alle weiteren Umstände aufgeklärt wird und dann frei entscheiden kann, ob er an dem Experiment teilnehmen möchte. Oder nicht? Dann sollten die Spritzer bei Gelegenheit mal einen Blick ins Bürgerliche Gesetzbuch werfen.
Ethisch wiederum dürfte der Vorwurf dadurch entkräftet sein, daß der ganze grausame Wahnsinn ja von einer „Ethikkommission" abgesegnet ist.
Eine „Kampagne" ist übrigens laut Wörterbuch nicht nur ein Feldzug (im Rahmen eines Krieges), sondern in neuerer Zeit vor allem eine „Aktion für oder gegen jemanden, etwas (bei der ideologische, politische Ziele im Vordergrund stehen)" (Duden). Nein, von „Gesundheit", Gesundmachung, Gesunderhaltung oder ähnlichem steht da nichts. Sondern von ideologischen und politischen Zielen, eben.
Wo wir schon dabei sind: „Gesundheit" ist laut Duden ein „Zustand oder bestimmtes Maß körperlichen, psychischen oder geistigen Wohlbefindens; Nichtbeeinträchtigung durch Krankheit". Der Brockhaus wußte das 1969 noch ganz anders: „Nach der Satzung der Weltgesundheitsorganisation ist Gesundheit allgemein der Zustand völligen körperlichen, seelischen und sozialen Wohlbefindens und das für jeden Menschen erreichbare Höchstmaß an G. eines seiner Grundrechte. (...) Erst wenn körperliche oder seelische oder soziale Vorgänge die innere oder äußere Harmonie und Ordnung des Menschen hemmen, ist seine G. in Frage gestellt." Ein entscheidender Begriff ist hier „sozial". Welche sozialen Vorgänge seit eineinhalb Jahren die Gesundheit vieler Millionen Menschen in Frage stellen und schädigen, dürfte unstrittig sein.

Zurück zu den Narrativen. Daß es ein eklatanter, krimineller und in keinem Fall hinnehmbarer Verstoß gegen Grund- und Menschenrechte ist, Personen zu diskriminieren oder zu privilegieren, ihnen Grundrechte zu entziehen oder zu „gewähren", je nachdem ob sie bereit sind, an medizinischen Experimenten teilzunehmen oder nicht, galt vor einigen Monaten noch als Konsens, den selbst Leute wie Jens Spahn nicht in Frage stellten. Immer wieder wurde auf Nachfrage betont, „Privilegien für Geimpfte" dürfe und werde es auf keinen Fall geben. Nun läßt sich selbiger Spahn von der ARD zitieren: „Wer geimpft sei, werde aber auf jeden Fall mehr Freiheiten haben“ und fügt noch ein Stück unverschämter hinzu: „Bei den Corona-Maßnahmen werde es, wie schon jetzt, auch weiterhin Vorteile für Geimpfte geben.“

Dies sei hier einfach dokumentiert und hinzugefügt, daß es den Europäischen Gerichtshof für Menschenrechte in Straßburg zumindest angeblich immer noch gibt. Was er zu Spahns (und vielen anderen) Äußerungen und deren praktischer Umsetzung sagt oder vielmehr: wieso er hier nicht strafend tätig wird, ist mir leider nicht bekannt. Die crux könnte sein, daß eine Beschwerde beim EGMR erst eingereicht werden kann, wenn „alle innerstaatlichen Rechtsbehelfe erschöpft“ sind. Da es eine Gewaltenteilung nicht mehr gibt, die deutsche Justiz durch das Ermächtigungsgesetz weitgehend außer Kraft gesetzt ist und das Bundesverfassungsgericht sich aufgrund seiner Verpflichtung zum Gehorsam gegenüber der Regierung seit Monaten weigert, seine Arbeit zu tun, wird sich da in nächster Zeit wohl wenig machen lassen.

So erhöhen wir laut Verhaltensökonom Gerhard Fehr (50) die Impfquote

«Wir überzeugen nur mit Diskriminierung»

Apropos Diskriminierung. (Ich habe zuerst „Verhaltensforscher“ gelesen. Aber „Verhaltensökonom“ ist freilich etwas ganz anderes. Nämlich einer, der das Verhalten „bewirtschaftet“, es also dem ökonomischen Prinzip unterwirft, also dem „Streben, mit einem gegebenen Aufwand den größtmöglichen Ertrag oder einen bestimmten Ertrag mit möglichst geringem Aufwand zu erzielen“. Etymologisch läßt sich „Ökonomie“ übrigens auch als „Vermögensverteilung“ übersetzen.)

Womit beschäftigt sich ein „Verhaltensökonom“? Laut Artikel mit dieser Frage: „Wie lenkt man Menschen in eine gewünschte Richtung?“ Dazu dient normalerweise als erstes Mittel die Propaganda. Wenn die nicht mehr reicht, kommt der Zwang. Den kann man phantasievoll ausgestalten, und dafür sind eben „Verhaltensökonomen“ zuständig. Weil sich auch in der Schweiz „viele gar nicht piksen lassen wollen“, hat Herr Fehr ein paar „einschneidendere Methoden“ anzubieten, selbstverständlich „ohne Angstmacherei“.

Zum Beispiel so: „Niemand würde in ein Flugzeug steigen, wenn das Absturzrisiko bei einem halben Prozent läge. Aber alle Nichtgeimpften sind derzeit bereit, an einem Virus zu erkranken, an dem sie mit 0,5-prozentiger Wahrscheinlichkeit sterben werden. Das sollte man aufzeigen. Zudem müßte man die Risiken mehr in den Vordergrund rücken. Eine Covid-Erkrankung ist schlimmer als die schlimmsten Nebenwirkungen der Impfung.“

Wir stellen fest: Zweiteres ist dreist gelogen, ersteres unter Umständen richtig. Allerdings ist die Wahrscheinlichkeit, überhaupt erst an Covid-19 zu erkranken, ungefähr so groß wie das Risiko, sich unversehens und ungewollt in einem Flugzeug wiederzufinden.

Weil diese Art von „Kommunikation" (das Verbreiten von Lügen und wirren „Vergleichen") nun nicht mehr reicht, um „eine Verhaltensänderung zu erzielen", müssen härtere Bandagen her: „Das BAG muß eine strengere Impfempfehlung aussprechen. Diese kann verschieden aussehen. Das Wirkungsvollste wäre, daß man Ungeimpften einen Impftermin zuschickt, so daß sie diesen Termin wahrnehmen oder verstreichen lassen können. Sie müßten sich aber aktiv abmelden, wenn sie nicht hingehen wollen." Sonst was? Wird die „strenge Empfehlung" bei nicht „aktiver Abmeldung" in eine strafbewehrte Zwangsmaßnahme umgewandelt?
Zur Einordnung: „Gerhard Fehr (50) hat mit seinem älteren Bruder Ernst (65) das Unternehmen Fehr Advice & Partners AG gegründet. Er hilft seinen Auftraggebern aus Wirtschaft und Politik, Menschen in die gewünschte Richtung zu lenken – ihnen quasi einen Anstupser zu geben, damit sie einen bestimmten Weg einschlagen."
Wer nach zugeschicktem Zwangstermin immer noch nicht will, den möchte Herr Fehr dann ein bißchen energischer „anstupsen": „Diese überzeugt man nur, wenn wir systematisch diskriminieren. Das bedeutet: Nur noch diejenigen, die geimpft sind, dürfen ins Restaurant oder in ein Konzert gehen. Systematische Diskriminierung ist nichts Neues, sie begegnet uns dauernd im Alltag. Beispielsweise können sich die meisten Leute nicht jeden Tag einen Restaurantbesuch leisten und sind dementsprechend wegen ihres Lohns davon ausgeschlossen." Da wäre es doch geschickter, Verweigerern einfach das Geld wegzunehmen. Dann könnte man sie in traditioneller kapitalistischer Manier diskriminieren.
Immerhin hat Herr Fehr den Begriff „freiwillig" gut verstanden: „Es wäre natürlich viel wünschenswerter, wenn sich mehr Leute freiwilllig impfen lassen. Aber die Freiwilligkeit ist langsam ausgeschöpft. Und systematische Diskriminierung ist das letzte Mittel vor einem Impfobligatorium. Darf eine Minderheit für sich in Anspruch nehmen, volle Freiheitsrechte zu genießen, auf Kosten der geimpften Mehrheit? Wir würden es schließlich auch nicht akzeptieren, wenn 25 Prozent der Bevölkerung die Steuern nicht zahlen würden."
Nein, das würden wir niemals akzeptieren! Wenn hingegen ein Prozent der Bevölkerung die Steuern nicht zahlt und dadurch 25 Prozent der möglichen Einnahmen fehlen, weil sie auf Konten in der Schweiz fließen, dann ist das ganz normal.

Die 1914 weithin propagierte Ideologie der „Schützengrabengemeinschaft" erlebt derzeit eine so stürmische Auferstehung, daß ein neuer, zeitgemäßer Begriff nötig scheint. Wie wäre es mit der „Impfnadelgemeinschaft", die alle dräuenden Probleme der Welt (vom Klassenkampf bis zum Klimawandel) in einer nationaleuropäischen (oder gar nationalirdischen) Kraftanstrengung mit einem gewaltigen Faustschlag zerschmettern wird? Wenn dann die Außerirdischen kommen, wird das Weltvolk, das den Virus niedergerungen hat, gewappnet sein, auch ihnen die Stirn zu bieten. Hinfort mit dem „welschen" (Thomas Mann) Gesellschaftsgehampel, mit Neid, Diskussion und zivilisa-

Markus Söder
@Markus_Soeder

Die Stiko sollte dringend überlegen, wann sie das Impfen von Jugendlichen empfiehlt. Wir erhöhen damit den Schutz für alle und geben einer Generation, die auf viel verzichten musste, wieder Freiheiten zurück. Das wirksamste Mittel gegen die Delta-Variante ist die Schülerimpfung.

10:06 vorm. · 4. Juli 2021

3.882 2.600 Diesen Tweet teilen

torischer Intellektualisiererei – Treue, Mut, Unterordnung und Pflichterfüllung sind das Gebot der Stunde und aller Stunden! Der „Virenkriegssozialismus" wird die wahre Erdvolksgemeinschaft gebären!

Wie treffend Ernst Fraenkels neopluralistische Analyse von „Normenstaat" und „Maßnahmenstaat" nicht nur die rechtliche Situation im NS-Staat, sondern auch die des „Corona-Staats" beschreibt, ist frappierend, vor allem wenn man eine Gleichsetzung beider Regimes auch in Einzelpunkten für unzulässig hält. Das von Fraenkel scharf kritisierte Fehlen plebiszitärer Mitgestaltungselemente im Grundgesetz ist wohl ein Schlüsselpunkt für den Übergang vom bundesrepublikanischen Normenstaat zur (absichtlich angelegten) Wirrnis des „coronistischen" Maßnahmenstaats. Offen bleibt vorerst die Frage, ob es in der jetzigen Verfassungsrealität schon zu spät ist, den „alten" Normenstaat durch solche Reformen wieder „herbeizuretten". (Dazu müßten wohl mehr Menschen die diversen ermächtigenden Gesetze der letzten Jahre lesen, verstehen und erklären – nicht nur die Parlamentarier, die ganz offensichtlich nicht die geringste Ahnung davon haben). Der unangefochtene Totalitätsanspruch des derzeitigen Exekutivregimes spricht dafür, der ebenso unangefochtene Führungsanspruch der „mächtigen Interessensgruppen" (es gibt ja streng genommen nur noch eine) ebenso.

Noch ein Narrativ, das sich rasend ins Gegenteil verkehrt hat: Ist es Wochen oder erst Tage her, daß die Propaganda für die „Impfung" vor allem darauf basierte, daß das Spritzzeug angeblich so furchtbar knapp war? Nun bleibt es überall stehen und wird weggeschüttet, weil es nicht mehr genug Leute wollen. Wenn die „Entscheider" bemerken, daß ihre lautstarke Forderung, endlich auch die Kinder zu spritzen, in mehrerlei Hinsicht strafrechtlich relevant ist, bleibt am Ende noch mehr übrig, und von den hunderten Millionen Dosen, die fürs nächste Jahr bereits bestellt sind, wollen wir gar nicht reden.
(Die Frage lautet also nur: „wann"!)
Damit ändert sich auch das Gerede: Erst hieß es, die Regierung tue nicht genug, um Impfstoff zu beschaffen. Jetzt heißt es, sie tue nicht genug, um Impfstoff loszuwerden. Weil gleichzeitig die Forderungen des Robert-Koch-Instituts für eine Mindestprozentzahl von Gespritzten mit jeder „Variante" hochgeschraubt werden (55, 60, 75, 80, jetzt

85 Prozent), werden auch die Vorschläge zur Ankurbelung der Kampagne immer hysterischer. Laut FAZ machen sich neuerdings „Forscher“ (was immer solche Leute „forschen“) „für Anreize stark“ (was immer diese blöde Floskel bedeuten soll): Eine „Anwerbeprämie für Geimpfte, die Freunde oder Familienmitglieder zur Impfung motivieren“ soll die Opferbereitschaft wohl vor allem bei denen erhöhen, die durch die Sanktionen in die Armut getrieben wurden.
Und selbstverständlich läßt sich eine solche Kampagnenkampagne auch „modellieren“, schließlich ist die vollkommen idiotische Disziplin der „Modellierung“ schon lange die liebste „Wissenschaft“ der „Corona“-Priester: „Mit einer Prämie von 100 Euro kommen wir in Richtung 80 Prozent Impfbereitschaft“, meint eine Nora Szech von einem „Karlsruhe Institute of Technology“ (das es möglicherweise sogar gibt). „Mit 500 Euro erreichen wir 90 Prozent.“ Bei einem angenommenen exponentiellen Wachstum bräuchten wir den volksschädlichen Verweigerern folglich bloß eine Million aufs Konto schieben, schon kämen wir „in Richtung“ 100 Prozent.
Nein, auch das habe ich mir nicht ausgedacht. Es kommt noch irrer: Zu geringe Belohnungen fürs Anwerben „können die Impfbereitschaft hingegen sogar senken, weil die ethische Bedeutung der Impfung geschwächt werde.“ Ich zitiere sinngemäß Herbert Achternbusch: Bei manchen Leuten ist es schon eine Beleidigung, wenn sie „Ethik“ sagen.

Die einzige Erkenntnis aus derlei Bullshit: Noch unbegrenzter (sorry) verfügbar als „Impfstoff“ ist nur Geld. Das kann man schließlich einfach „schöpfen“, um die monatlichen Milliarden für sinnlose Tests, depperte Reklame, überflüssigen Impfstoff, zynische Prämien und den ganzen anderen Kram zu bezahlen.

Christian Lindner, Chef der Partei, die sich hauptsächlich dafür „stark macht“, daß das Geld bei denen bleibt, die es absahnen, möchte logischerweise lieber nichts zahlen, aber dafür Impfwillige umsonst ins Museum lassen. Da drinnen könnte man dann gleich eine Impfstation aufbauen, was wiederum bestimmt total „ethisch“ wäre. Ebenso in Fußballstadien (fordert Jens Spahn), vor Bars und Clubs (fordert Lauterbach) und in Einkaufszentren. „So ließen sich auch bildungsfernere Schichten besser erreichen“, meint die erwähnte Karlsruhe-Technology-Frau.
Die Feststellung, daß es für solche Leute früher Mistgabeln gab, ist höchstens halb so zynisch und zehn Prozent so menschenverachtend wie deren Gebrabbel.

Nicht fehlen darf auch hier die Vokabel dieser Zeit: „niedrigschwellig“. Das nämlich müssen „Impfangebote“ generell sein, damit auch die „bildungsfernen Schichten“ hineinflutschen in die Nadel. Oder umgekehrt.

Eine aktuelle Erhebung hat übrigens ergeben: Je mehr sich Menschen über die „Impfung“ informieren, desto geringer ist ihre Bereitschaft, sich dem Experiment zu unterziehen. Das spricht nicht unbedingt für oder gegen die offenbar bildungsferne Frau

Szech. Es spricht aber auf jeden Fall gegen einen „niedrigschwelligen" Zugang zu Informationen. Weil sonst am Ende gar keiner mehr willig ist.

Auf Anfrage: Ich bin in Wirklichkeit nicht halb so wütend, wie diese Notate bisweilen klingen. Es sind nur der unfaßbare Irrwitz und die bodenlose Blödheit, die einen aus der Dauerberieselung mit solchem Mist anblaffen und in sprachliche Rage geraten lassen. „Toxische Positivität" ist keine Alternative. Danach ist es nämlich meistens besser.

The Wahnsinn continues! *(13. Juli 2021)*

Historiographische Notiz zur zwischenzeitlichen Vergewisserung: „Corona" ist keine Krankheit, sondern die volkstümliche Bezeichnung für ein Programm von Sanktionen und Restriktionen, das seit März 2020 in einem großen Teil der (sogenannt westlichen) Welt von Regierungen gegen ihre Untertanen durchgesetzt wird. Die Verantwortlichen (WHO, WEF, GAVI u. a.) berufen sich dabei auf ein Virus, das zunächst für harmlos befunden, dann aber von einem Tag auf den anderen (ca. 14. März 2020) urplötzlich als größte Bedrohung der Menschheit seit der Pest oder der Cholera (aber seltsamerweise nicht der Atombombe, deren Bau man weiterhin vorantreibt) bezeichnet wurde. Ziel des Programms ist die weltweite Verabreichung einer gentechnischen Substanz per Injektion, an die sich in halbjährlicher Folge weitere Injektionen anschließen sollen. Abgesehen von den historisch beispiellosen Profiten, die die Pharmaindustrie mit diesen Injektionen erzielen konnte und weiterhin erzielen wird, sind die Ziele und Zwecke des Programms vorläufig unbekannt.

Gefördert und durchgesetzt wird das Programm von einem zahlenmäßig überschaubaren, aber enorm einflußreichen Netzwerk von höchst umstrittenen „Wissenschaftlern" (Drosten, Fauci, Ferguson, neuerdings Brinkmann, Priesemann, Ciesek u. a.), politischen Entscheidungsträgern (diverse nationale Regierungen) und medialen Propagandisten (Lauterbach). Hin und wieder werden neue Figuren zur Vermittlung ins Spiel gebracht und wieder abgezogen. Zur Erleichterung der politischen Durchsetzung des Programms werden in einigen Ländern (z. B. Deutschland) per Notverordnung Legislative (Parlament) und Jurisdiktion ausgeschaltet. Zur medialen Durchsetzung werden sogenannte „Leitmedien" instrumentalisiert, die zur Vermittlung von Glaubwürdigkeit sehr selten auch vorsichtig abweichende Stellungnahmen wiedergeben, insgesamt aber auf Linie bleiben. „Alternative" und andere Medien, die nicht für das Programm arbeiten oder es in Frage stellen, werden diffamiert, ihrer Veröffentlichungsmöglichkeiten beraubt und durch Kündigung von Bankkonten und Sperrung von Spendenquellen auch finanziell bekämpft.

Kampagnen zur Motivation kleiner Kinder, sich mit modRNA spritzen zu lassen, haben zweifellos einen gewissen Ruch, der vorläufig noch nicht riechbar ist. War da nicht

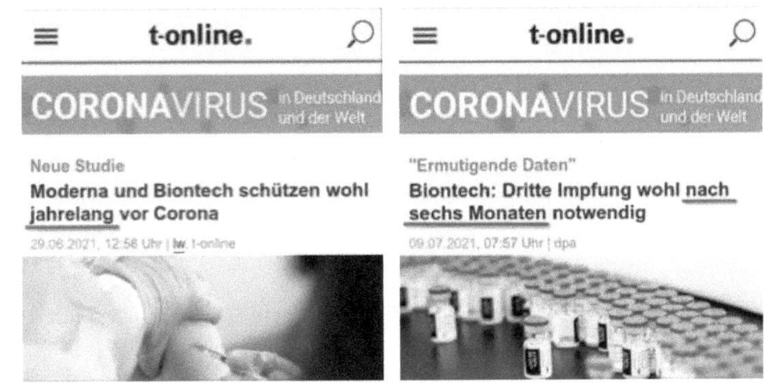

was mit Männern, die Kindern Lutscher geben, damit sie dies und das mit sich machen lassen?

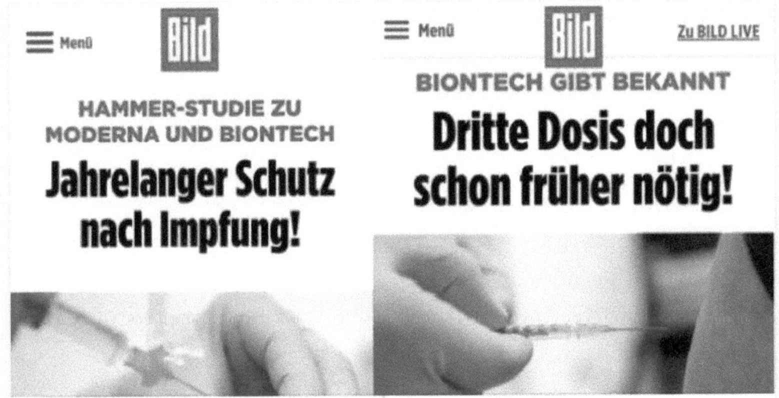

Nachdem nun weitgehend beschlossen zu sein scheint, daß „Ungeimpfte" ihre Grund- und Menschenrechte auf Dauer verwirkt haben, wird es Zeit für eine Diskussion über Steuern und Abgaben: Wir sind der Abschaum, wir dürfen an der Konsumgesellschaft nicht mehr teilnehmen. Müssen wir dann noch Steuern zahlen, mit denen Dinge finanziert werden, die für uns verboten sind? Müssen wir Abgaben (etwa Rundfunkbeiträge) für Zeug bezahlen, das uns nichts nützt? Ich denke: nein. Vielleicht schließen wir am besten eine Rechtsschutzversicherung ab. Gibt es die für „Ungeimpfte" noch?

Dürfen wir dann übrigens Fahnen als Symbol gegen Diskriminierung aufhängen? Dürfen wir vielleicht sogar neben die Regenbogenfahne der Bauernrevolution den Bundschuh hängen? Oder haben auch darauf schon Konzerne und „NGOs" (nicht gewählte Entscheidungsträger) ein Copyright?

Und was ist mit anderen „Outlaws"? Übergewichtige Menschen sterben meistens früher und kranker als gesunde und dünne Menschen. Sollen gesunde, dürre Impfverweigerer für fette, kranke Geimpfte zahlen, die an den Nebenwir-

kungen und Spätfolgen ihrer Spritzung sterben? Haben wir eine Wahl?
Haben wir die Wahl, Personen wie Helge Braun, Angela Merkel und Herrn Altmaier, die ganz offensichtlich das Gesundheitssystem belasten, indem sie sich in titanischen Ausmaßen fettfressen, aus diesem Gesundheitssystem ebenso auszuschließen wie „Corona"-Impfverweigerer? Weil sie bewußt, absichtlich und ohne Reue das „Gesundheitssystem" untergraben?
(Das ist selbstverständlich alles nur „satirisch" gemeint!) Anders gefragt: Haben wir überhaupt eine Wahl?
Anders gefragt: Können wir es verantworten, daß eine Bande von Irren uns vor diese Wahl stellt?
Anders gefragt: Wäre es möglich, eine Demokratie einzuführen? War es je weniger möglich (seit der Bauernrevolution, als die Regenbogenfahne und der Bundschuh nur Symbole waren, die das tatsächliche Geschehen flankierten)?
Und mal wieder: Wie kann es uns gelingen, komplett unzurechnungsfähige, irre Gemeingefährliche wie Herrn KL so wirksam aus dem Verkehr zu ziehen, daß sie nie wieder (!) ein öffentlich-rechtliches Mikrophon unter das Gesicht gehalten bekommen?
Oder Kompromiß: Können wir diese Irren nicht wenigstens dafür zur Rechenschaft ziehen, daß sie eine ganze Generation von Kindern drangsalieren, manipulieren, verletzen und mißbrauchen mit dem einzigen Ziel, noch mehr Profit zu machen?
(Daß das ihr einziges Ziel ist, ist eine milde und wackelige Hypothese, ich weiß. Aber man soll nicht immer das schlimmste denken, oder?)

Eine nicht uninteressante weltgeschichtliche Frage ist, was den US-amerikanischen Abzug aus Afghanistan vom US-amerikanischen Abzug aus Vietnam unterscheidet. Die Beteiligung der deutschen Wehrmacht? Der Verzicht auf Hubschrauber mit Strickleitern? Fragt uns (Historiker) in zehn Jahren.

Das (sorry) wirklich Geilste an den Deutschen ist ihre konformistische Angst. Vier oder fünf von hunderttausend Deutschen haben sich in den letzten sieben Tagen „positiv" auf „Corona" testen lassen. Wie viele davon tatsächlich einen Schnupfen hatten, weiß man nicht. Aber sie haben Angst. Das Böse will uns kriegen! Man setzt die regendurchweichte Maske ab, drängelt sich ins italienische Lokal gegenüber, wo hundert Menschen (Kinder, Omas, alle, alle ohne Maske auf engstem Raum) feiern, fragt nach einer Gurke (für gewisse Drinks). Der Wirt öffnet sein Hosentürl, lacht, holt eine Gurke aus der Küche und wünscht viel Glück. Ja, das können wir „Deutschen" wahrhaft brauchen.

Was die Spritzung von Kindern anbelangt, sind jetzt Juristen gefragt. Wir wissen inzwischen alle, daß Söders Pläne (Stiko erpressen, ohne Genehmigung alles durchimpfen) strafbar kriminell sind, daß die „Doktoren", die ihm folgen, im Gefängnis landen werden … aber wer stoppt den Wahnsinn? Wenn die Justiz in einem neuen Staat wieder funktionabel ist, könnte ein Herr Söder ebenso „greifbar" sein wie Herr Göring am 16.

Oktober 1946. Das hilft den Kindern, die das Zeug für den Rest ihres Lebens im Körper herumtragen, äußerst wenig.

Zwischendurch ein bißchen Zahleninfo: 91.000 Menschen in Deutschland sind im Jahr 2020 „an oder mit" Covid-19 gestorben. Ach nein, es waren nur 41.000. Oh, ähm, doch nur 30.000. Oder noch viel weniger, je nachdem. Oder oho, wer weiß, vielleicht haben wir da die ganz normale „Grippe" übersehen, die vor vier Jahren „Covid-17" heißen hätte können, wenn damals bloß so ein komischer ungewaschener „Virologe" schon den Auftrag bekommen hätte, einen „Test" zusammenzuschustern, mit dem man die halbe Weltbevölkerung in Angst und Schrecken versetzen kann?

Übrigens sehen kluge Menschen in Afrika das alles sowieso anders als das kriminelle Kartell von W (WHO) bis W (Wikipedia). Einer ist schon tot, nein: mehrere.[66] Mögen die Überlebenden gesegnet sein, wir alle werden sie brauchen, wenn schon die Europäer, Amerikaner, Asiaten und Australier kein Gehirn mehr haben.

Die dreisteste Lüge dieser Tage stammt von einer Malu Dreyer, die angeblich Ministerpräsidentin eines Bundeslandes sein soll (zur Information: „Bundesländer" gibt es strenggenommen gar nicht mehr). Sie lautet so: „Menschen, die häufiger Maske getragen oder sich häufiger an die Abstandsregeln gehalten haben, haben sich im Rahmen der Studie auffällig seltener infiziert. Das bestätigt auch, daß unser Schwerpunkt in Rheinland-Pfalz mit Maske und Co. eine richtige Entscheidung war und mit Sicherheit zur Reduktion der Infektionszahlen deutlich beigetragen hat."
Das ist absoluter Bullshit. Es gibt (nachweislich) keine solche „Studie", und deshalb hat diese „Studie" auch nichts „bestätigt".
Immerhin wird auch in diesem Quatsch noch eine Portion Sozialrassismus untergebracht: „Weiterhin kommen die Forscher zu dem Schluß, daß Menschen mit ‚niedrigerem sozioökonomischen Status' auch eine niedrigere Impfquote als der Bevölkerungsdurchschnitt aufweisen. Diese sollen fortan direkt und unbürokratisch erreicht werden, um so die Impfquote weiter zu steigern."
Wußten wir das nicht schon lange? Our (only) hope lies in the proles. Daß die Ober- und Mittelschicht vor lauter Angst, ihr lächerliches „Leben" zu verpassen, sich tausende Medikamente, Impfungen und sonstige „Therapien" in den Arsch und sonstige Muskeln spritzen lassen, ist doch nicht wirklich eine Überraschung. Daß sie dann hinterher herumjammern und sich für die Nebenwirkungen aus den Beiträgen der Ungeimpften entschädigen lassen … ja, siehe oben. Wir zahlen für euch, Babies!

[66] Der eine war der bereits erwähnte Präsident von Tansania, John Magufuli, der Berichten zufolge eine Papaya, eine Ziege und Motoröl per PCR „testen" ließ, um sich mit den (positiven) Ergebnissen über die „Covid"-Inszenierung der WHO lustig zu machen. Kurz darauf verschwand er und verstarb Mitte März 2021 unter ungeklärten Umständen.

The 5 Step COVID JAB
Risk/Benefit Analysis That
7 Year Old Could Understand:

	YES	NO
1. Will it stop me getting covid?	☐	☑
2. Will it stop me spreading covid?	☐	☑
3. Has it been long term safety tested on humans?	☐	☑
4. Have there been any deaths and injuries caused to date?	☑	☐
5. Are the makers liable for any damage or injury caused?	☐	☑

Analysis Summary:
HIGH RISK/LOW BENEFIT
Any questions?

Interessant ist momentan, wie sich die „Symptome" verändern. Vor drei Wochen hieß es noch „Geruchs- und Geschmacksverlust"! Das gilt nicht mehr. „Delta" macht: Schnupfen, Husten, eventuell leichtes Fieber. Und liegt damit weit hinter der Spritzung. Die verursacht nämlich Schnupfen, Husten, Fieber, Schmerzen, Blutergüsse, Thrombosen, Herzmuskelentzündungen und einiges andere.

„Es ist oft ein mediales Problem, daß man denkt, man müßte auch die Gegenmeinung hören." (Christina Berndt, „Wissenschaftsredakteurin" der „Süddeutschen Zeitung")
(Gemeint ist wahrscheinlich „müsse", aber um den Konjunktiv zu verstehen, müßte man ja fast schon denken können.)

In letzter Zeit stellen „kritische Stimmen" gerne die Frage, ob Annalena Baerbock das Plagiatskonvolut („ihr Buch"), an dem jetzt alle herumkritteln, je gelesen hat. Die Frage stellt sich aber doch gar nicht, weil wir die Antwort kennen (höchstwahrscheinlich höchstens das „Treatment"). Die Frage, die sich wirklich stellt, ist: Ist Annalena Baerbock sich selbst je begegnet? Ich vermute: nein.

Es geht weiter: Nach 50, 60, 75, 80, 85 Prozent gelten nun 90 bis 95 Prozent Durchspritzung als Ziel.
Keine Sorge, wir landen noch bei 101 Prozent.

Und demnächst: weniger Zorn.

Das Böse erschießt sich nicht *(16. Juli 2021)*

Der einzige wirkliche Zweck des Befehls der Gesichtsmaskierung ist Sichtbarmachung. Die Masse der Menschen wird zur Selbstentwürdigung und Unterwerfung genötigt, um die Abweichler erkennen und somit „brandmarken" oder für vogelfrei erklären zu können. Ohne Maske bleibt unsichtbar, wer für beziehungsweise gegen die Sanktionen ist. Auf lange Sicht könnte diese Strategie der Kennzeichnung nach hinten losgehen: wenn die Angst nachläßt, könnte gerade die Sichtbarkeit der „Rebellen" zu (zunächst heimlicher) Sympathie, Solidarität und Solidarisierung führen. Zudem könnten sich Codes entwickeln: bestimmte Arten, die Maske zu tragen, als Zeichen.
Daneben wird freilich auch das Virus, selbst wenn es überhaupt nicht da ist, durch die Maskenwesen sozusagen verkörpert und damit sichtbar.
Und dann hofft man vielleicht: Wenn die Gespritzten die Maske ablegen dürfen und ein paar „Freiheiten" gewährt bekommen, wird man an den Masken wiederum die Verwei-

gerer, die Abweichler und Ketzer erkennen. Falls das der Plan ist, geht er sicher schief: Die Ungeimpften werden nicht genug Angst vor (umgekehrter) „Entlarvung“ haben, und es wird genug Geimpfte geben, die sich vor lauter Angst auch nach der zwölften „Booster“-Spritzung nicht trauen, ihr Gesicht den Gefahren der Welt auszusetzen.

Die Geschichte von Robert Koch und Max von Pettenkofer ist oft erzählt, aber ich mag sie so, daß ich sie jedesmal, wenn sie mir einfällt, wieder erzählen muß: Beiden lag daran, Menschen vor Krankheiten zu bewahren. Koch suchte wie besessen nach Erregern und Möglichkeiten, diese zu vernichten. Pettenkofer war Hygieniker und glaubte zwar ebenso an Mikroorganismen, die seiner Ansicht nach aber nur unter ungünstigen Bedingungen bei Menschen mit geschwächtem Immunsystem Krankheiten auslösen konnten. Als Koch 1892 den Cholerabazillus entdeckt hatte, bat Pettenkofer um ein Glas voll mit dem Erreger, zu „Forschungszwecken“. Koch ließ es ihm überbringen und mahnte zu größter Vorsicht: Gieße man den Inhalt des Glases ins Trinkwasser, könne man damit die Bevölkerung einer Stadt wie Berlin oder München auf einen Schlag ausrotten. Pettenkofer nahm das Glas mit in seine Vorlesung und sagte, Experimente an Versuchspersonen lehne er aus Prinzip ab. Er sei jedoch schon vierundsiebzig und stelle sich daher gerne selbst zur Verfügung. Dann trank er das Glas vor den Augen seiner entsetzten Studenten in einem Zug aus.
Zwei Tage lang litt Pettenkofer an leichtem Durchfall, dann war er wieder gesund, untersuchte jedoch eifrig seinen Stuhl und fand darin Unmassen von Cholerabazillen, die ihm ganz offensichtlich nichts anhaben konnten.
Von chronischen Schmerzen und Depressionen geplagt, erschoß sich Pettenkofer acht Jahre danach. Koch ging nach Afrika und führte dort seine Versuche fort, Erreger durch experimentelle Impfungen und andere Behandlungen zu bekämpfen. Die Substanzen, die er seinen Versuchsrekruten verabreichte, hatten so grausige und tödliche Nebenwirkungen, daß kaum eine Versuchsreihe zu Ende geführt werden konnte, weil sich die nicht qualvoll verstorbenen „Impflinge“ der Behandlung durch Flucht entzogen. Daraufhin ließ Koch sie in ausbruchssicheren Anlagen einsperren, die er „Konzentrationslager“ nannte.
Es ist nicht ohne Ironie, daß die für die Beratung der Bundesregierung in Fragen der „öffentlichen Gesundheitsvorsorge“ zuständige Behörde nicht (wie unter Ludwig II.) das Pettenkofer-Institut ist, sondern das Robert-Koch-Institut.

Der „offiziöse“ deutsche Journalismus ist seit Jahren im großen und ganzen ein Ärgernis, im einzelnen aber oft recht amüsant. So meldet etwa der Westdeutsche Rundfunk (WDR): „Der Impfstoff ist da – mancherorts fehlen inzwischen aber die Impfwilligen. Daher werden viele Städte in NRW kreativ. Nach dem Motto: Wenn die Menschen nicht zur Corona-Impfung kommen, kommt die Corona-Impfung eben zu ihnen.“ Diese Vorstellung ist zunächst noch ziemlich gruselig, aber jetzt kommt ja die „Kreati-

vität“. Und die geht so: „Angedacht sind Aktionen unter anderem auf Parkplätzen, bei Veranstaltungen, in Bürgerhäusern, Kirchen und Moscheen oder in Jobcentern. Ziel sind unkomplizierte Impf-Gelegenheiten ohne größeres Kümmern um Termine in Praxen und Impfzentren.“
Hier ist ein erster Einwand fällig: „Unkompliziert“ heißt jetzt „niederschwellig“, diese Vokabel muß daher bei jeder Gelegenheit verwendet werden! Und ein zweiter: Nachdem inzwischen „mancherorts“ die „Impfzentren“ mangels „Willigkeit“ (die früher „Nachfrage“ hieß) schließen und auch die Hausärzte zumindest in NRW keine rechte Lust mehr haben, herumzusitzen und auf Willige zu warten, die dann doch nicht kommen, geht es bei der Verramschungsaktion wohl weniger ums Vermeiden des „größeren Kümmerns um Termine“.

Ach so, die Kreativität: „In der Städteregion Aachen öffnen ab Freitag die Clubs und Diskotheken. Deshalb bietet das Impfzentrum ein ‚Late-Night-Impfen‘ an: Bis 22 Uhr kann sich jeder ohne Termin seine Spritze abholen. An der Diskotür nutzt die frische Impfbescheinigung an diesem Wochenende allerdings erstmal noch nichts: Erst 14 Tage nach der Zweitimpfung gilt man als vollständig geimpft und muß kein negatives Testergebnis mehr vorlegen.“
Das nenne ich mal „niederschwellig“! Man freut sich, daß die Disco wieder auf ist, darf aber nicht hinein (weil ungeimpft), rennt deshalb, wo man schon mal aus dem Haus ist, ins Impfzentrum, das „deshalb“ (!) bis zehn auf hat, läßt sich spritzen, darf dann aber immer noch nicht in die Disco, trotz „Impfbescheinigung“. Die übrigens am nächsten Wochenende und an den Wochenende drauf auch noch nichts „nutzt“ (gemeint ist wahrscheinlich „nützt“, aber mei, ist ja nur „Journalismus“). Sondern erst zwei, drei Monate später. Da hat man dann am Ende schon eine Thrombose oder Herzmuskelentzündung und kann oder darf sowieso nicht tanzen. Wenn mir jemand die Logik hinter dieser „Aktion“ erklären kann, wäre ich sehr dankbar.
Folgendes „meldet“ der WDR übrigens ebenfalls: „Auch Nordrhein-Westfalen ruft ab dem kommenden Montag die ‚Woche des Impfens‘ aus. Die Kommunen werden dazu aufgerufen, möglichst viele ‚niedrigschwellige‘“ (na also!) „Impfangebote ohne Termin zu ermöglichen. ‚Wir wollen maximale Flexibilität schaffen. Und auch die Kreise und kreisfreien Städte dürfen gerne kreativ werden‘, erklärte Gesundheitsminister Karl-Josef Laumann (CDU) am Freitag.“

Das ist kein Grund zu großer Sorge. Das „Late-Night-Impfen mit DJ“ in Solingen, das mobile Impfzentrum im umgebauten Feuerwehrauto („feuerroter Spritzenwagen“), „Open-House-Tage“ und Impfzentren auf Autobahnraststätten werden weitgehend unbeachtet untergehen als das, was sie sind: Resterampen für gefährliches und schädliches Zeug, das keiner braucht und niemand will, das wir (!) aber nun mal milliardenweise gekauft und bezahlt haben. Nächsten Montag ist die „Woche des Impfens“ dann auch wieder vorbei. Genießen wir die halcyonischen Tage, bevor aus dem „Impfgebot“ die Zwangsimpfung wird.

Es ist übrigens ein uralter Trick, Dinge anzukündigen, indem man öffentlich verkündet, es werde sie nicht geben. Als Spahn im März 2020 gelobte, es werde keinen Lockdown geben, war klar, daß es einen Lockdown gibt. Als Spahn sagte, es werde keinen zweiten Lockdown geben, war klar, daß es einen zweiten Lockdown gibt. Dito mit drittem und viertem Lockdown, Maskenzwang, Testpflicht, Schulschließung und so weiter. Und wenn jetzt von den üblichen Verdächtigen behauptet wird, es werde keinen Impfzwang geben, ist klar, daß es einen Impfzwang geben wird.
Man braucht für diesen Trick lediglich mindestens zwei Täter: Der eine sagt: „Impfzwang wird es nicht geben!“ Der zweite (notfalls ein Massenmedium, das Herrn Söder oder irgendwelche „Sprecher“ zitiert) fragt: „Wieso eigentlich nicht, wenn's nicht anders geht?“ Schon hat man den Begriff denkbar und diskutabel gemacht, schon gibt es eine Diskussion, und am Ende sagt Täter eins: „Ab morgen Impfzwang!“ Notfalls mit der peinlichen Ausrede „Es geht ja nicht anders!“ (die man sich heute meistens spart, weil sowieso niemand widerspricht außer denen, die man vorsichtshalber für nicht diskussionsfähig erklärt hat).

Am Rande darf man auch immer mal wieder erwähnen, daß wir so ziemlich alles, was derzeit passiert, dem (profitträchtigen) Hobby eines irren, verhaltensgestörten Ex-Computer-Start-up-Milliardärs verdanken, der es mit seiner Geldmacht geschafft hat, die ganze wissenschaftliche Welt von seiner „Vision“ eines Planeten ohne Viren zu „überzeugen“.
Wenn man ihn weiter walten läßt, wird sein Menschenbild zur vollen Entfaltung kommen: in Form einer Spezies, die für das Leben auf dem Planeten Erde nicht geeignet ist, wenn sie nicht permanent geimpft, medikamentös behandelt, gentechnisch „verbessert“ und ständig überwacht wird. Man fragt sich, wie das mit dem Homo sapiens eine Million Jahre lang gutgehen konnte. Und ob es in dieser, von einem verrückten Weltkönig vorgeschriebenen Form weiterhin gutgehen kann. Wo ist Perry Rhodan, wenn man ihn braucht?

„Die Welt wird nicht bedroht von den Menschen, die böse sind, sondern von denen, die das Böse zulassen.“ (Albert Einstein)

Für die Menschen, die das derzeitige Böse zulassen, werden wir viel Nachsicht brauchen. Aber ich denke, wir werden sie finden (die Nachsicht).

Pop-up-Faschismus! *(19. Juli 2021)*

Der Computerbildschirm als „Fenster zur Welt“ ist ein verbreitetes, aber völlig falsches Bild. Wer in den Bildschirm schaut, schaut nicht in die Welt, sondern aus der Welt hin-

aus in einen gigantischen Müllkübel von Zeug. Daß der Bildschirm also ein „Fenster aus der Welt“ ist, vergißt man heute leicht, weil der Mensch natürlicherweise auf Bilder hereinfällt. Früher, als man da nur grüne Punkte und Striche auf schwarzem Hintergrund sah, war das klarer; bemerkt hat es aber auch damals kaum jemand.
So kommt es heute zu einer (zumindest in digital durchgeimpften Ländern) pandemischen kognitiven Dissonanz: Man hält das, was auf dem Bildschirm erscheint, für die Wirklichkeit und „erlebt“ so zum Beispiel eine „Epidemie“ anhand von drei Youtube-Filmchen („die Bilder aus Bergamo!“), zehntausend bunten Statistiken und unablässig wiederholten Beschwörungen und Verhaltensmaßregeln. Geht man dann versehentlich mal hinaus in die Welt, stellt man fest, daß da nichts dergleichen stattfindet, und flüchtet schockiert zurück in den Bildschirm, um sich weiter schockieren zu lassen. Schließlich hat man gelernt, daß der virtuelle Müll da drin „echt“ ist, und wenn die Welt da draußen das Gegenteil zeigt, kann sie nicht echt sein.
Jetzt, wo wir wissen, was die „Bilder aus Bergamo“ bedeuteten, daß die Statistiken samt und sonders verdreht und verfälscht, die Verhaltensmaßregeln Humbug und der Rest der Inszenierung … na ja, Teil einer ganz anderen Inszenierung war, die man vorsichtig als Element einer „Philanthropokratie“ charakterisieren mag, können wir das natürlich auf keinen Fall „einräumen“ oder auch nur wahrhaben wollen.
Das wäre etwa so: neunzigste Minute im Lokalderby, der Schiedsrichter pfeift Elfmeter für den TSV 1860 München, plötzlich klingelt es, du wachst auf, rennst zur Tür, draußen steht der Paketbote, du fragst: „Wie ist das Spiel ausgegangen?“, und er sagt: „Welches Spiel? Ist doch Sommerpause, und Sechzig spielt gar nicht in der Bundesliga.“ – „Leugner!“ brüllst du und jagst ihn davon. Einer muß ja büßen.

Es ist höchst eigenartig, wie soziale Medien, Plakatwände, Flyerberge und andere Träger einer vermeintlichen „Realität“ derzeit den Eindruck erwecken, „da draußen“ blühe die Kultur wieder auf und erlebe einen Wahnsinnssommer mit begeisterten Zuschauermassen und applausumfluteten Bühnen. Während die Wirklichkeit darin besteht, daß Großveranstaltungen vor wenigen, durch „Abstandsregeln“ disziplinierten und vereinzelten Unentwegten stattfinden, die auf dem Weg zum zugewiesenen numerierten Klappstuhl ihr Gesicht maskieren und auf den Bildern der bunten Bühnen nie zu sehen sind (weil man sonst vor allem traurige Leere sähe). Die kleineren Veranstaltungen – Gigs von Non-Mainstream-Bands, Kabarett, die ganze „Kleinkunst“ – sind nach wie vor streng verboten und finden schon deshalb nicht statt, weil es die Bands und die Künstler und die Institutionen (Kneipen- und Lesebühnen, Liveclubs) überwiegend gar nicht mehr gibt. So entsteht eine „alternative Realität“, eine staatlich geförderte, zwanghaft zur Schau gestellte Unterhaltungsmaschinerie ohne Publikum, die einen Eindruck von „Leben“ erwecken soll, das in der Wirklichkeit nicht (mehr) da ist. Aus dem logischerweise auch nichts mehr wächst und neu entsteht.

Wenn dann noch gefordert wird, der Staat solle (mehr) dafür tun, daß auch die „kleine“, subversive Subkultur wieder angekurbelt wird, ist die Absurdität kaum noch zu übertreffen: Diese Kultur fand immer abseits und jenseits vom Staat geförderter, von Konzernen getragener und ausgebeuteter Unterhaltungsräume statt und war zumindest teilweise sogar gegen den „Kulturbetrieb“ gerichtet. Deshalb war sie der Kulturindustrie und der offiziell alimentierten Großkunst (und deren Medien) auch höchstens ein ignorantes Naserümpfen wert oder ein Dorn im Auge. Jetzt ist es gelungen, das Unkraut weitgehend auszurotten, und die, die es ausgerottet haben, denken nicht im Traum daran, es wieder „anzupflanzen“ – was sowieso nicht ginge, weil man Wildwuchs nun mal nicht anpflanzen kann.

Der Wildwuchs mußte sich stets mit Schikanen, Verboten und Drangsalierungen auseinandersetzen, sich Druck, Zwang und kleingeistigen Attacken widersetzen und entziehen. Er war immer prekär, blühte in Nischen, die oft sehr bald beseitigt wurden. Das ist nicht neu, sondern zieht sich durch die ganze Geschichte. Schon die Volkssänger in bayerischen Wirtshäusern der vorletzten Jahrhundertwende waren arme Schlucker, die sich der Fuchtel von Obrigkeit und biedermännischem Mehrheitsgrimm nur durch situative Frechheit entziehen konnten. Die Musikclubs litten schon in den siebziger Jahren unter dem Terror der Gentrifizierung und wurden einer nach dem anderen mit Auflagen und Einschränkungen kaputtgemacht und vertrieben, weil gutsituierte Neubürger nachts ihre Ruhe und tagsüber ein sauberes „Umfeld“ wollten. Wer sich erinnert, daß in München noch Anfang der Achtziger an jeder Ecke, in jedem Kellerlokal und in jedem Wirtshaus Bands, Ensembles, Kabarettisten und Schreihälse auftraten, daß es (zum Beispiel) mitten in Schwabing in fast jeder Straße Lokale gab, wo vor ausverkauftem Haus (in Sardinenbüchsen, die meist kaum hundert Leute faßten) bis in die tiefe Nacht gelärmt und getobt wurde, der findet heute nicht mal mehr Anhaltspunkte, weil sogar die Lokale selbst weg sind und dort heute Büros residieren. Selbst die meisten Kneipen sind in den letzten Jahren verschwunden. Die „Corona“-Sanktionen haben nun auch noch den Rest vertilgt. Wer glaubt, dieses über viele Jahre unter kargsten Bedingungen und in stetigen Rückzugsgefechten gewachsene Biotop von Unkraut lasse sich mit staatlicher oder „öffentlich-privater“ Förderung künstlich wieder anpflanzen, der hält auch eine „begrünende Maßnahme“ zwischen Betonklötzen für „Natur“.

Deshalb wahrscheinlich klingt die moderne Popmusik so, wie sie klingt: tot, leer, künstlich, so mitreißend und inspirierend wie ein ausgeschalteter Bildschirm. Ein endloser fader Abgesang, bei dem man nicht sagen kann, ob ein beliebiges „Lied“ von 2021, 2005, 1999 oder irgendwann stammt.

Vielleicht auch deshalb ist die öffentliche Diskussion um die Darstellung sexueller Extravaganzen und Zweideutigkeiten heute so langweilig, verbiestert, rigoros, moralistisch und akademisch. Es geht nicht mehr um ein Spiel mit Provokationen, sondern um die Durchsetzung einer Art kultureller Lärmschutzmaßnahmen in luxussanierten

Habitaten, in denen nichts mehr wachsen und überraschend entstehen darf, sondern alles den Regeln des Konsenses folgen muß. Selbst die niegelnagelneuen Geschlechter, an denen David Bowie, Marc Bolan und diverse New-Wave-Bands ihre Phantasie entzünden konnten, stehen heute auf EU-Formularen. Bloß noch ankreuzen, fertig.

Vielleicht wirkt die „Künstliche Intelligenz", in deren Universum es keine Sprünge, Sensationen und unvorhergesehenen Abweichungen geben kann, inzwischen solcherart prägend auf den Menschen zurück, daß er auch nur noch künstlich denken und leben kann: unveränderlichen Parametern sklavisch unterworfen?

Daß 1983 in Hamburg zweitausend Journalisten und Sympathisanten demonstrierten, um die Übernahme der „Stern"-Chefredaktion durch Peter Scholl-Latour und Johannes Gross zu verhindern, weil sie einen „Rechtsruck" (ein Blödwort, das es meines Wissens damals noch nicht gab) fürchteten, wirkt heute wie ein Märchen.
Heute beschimpfen Rechte Linke als rechts, andere Rechte Rechte als links, „Antifa"-Faschisten Antifaschisten als Faschisten, Rechte Antifaschisten als rechts, andere Rechte „Antifaschisten" als „Kommunisten", und wenn man zwischendurch mal vorsichtig fragt, was diese Begriffe eigentlich bedeuten sollen, dann soll man nicht so blöd fragen, das wisse doch jeder. Der lustigste Vorwurf, den ich zuletzt gehört habe, lautet, wenn man (Bernt Engelmanns klassischen Buchtitel oder wahlweise Warren Buffet zitierend) meint, es finde Klassenkampf statt, in dem es um Oben gegen Unten gehe, sei man so eine Art linker Nazi und jedenfalls (gähn) Verschwörungstheoretiker, und das sei „Querfront". (Daß die „Querfront" eine Idee von „denen da oben" war, um die Nazis in die Durchsetzung eines neuen feudalistischen Ständestaats einzubinden, braucht man mit Leuten, die so etwas brabbeln, gar nicht diskutieren. Die haben ihre historische Bildung von Guido Knopp und „Wikipedia".)
Die merken auch gar nicht, daß sie, wenn sie einen „antisemitischen Verschwörungstheoretiker" „entlarven" wollen, genau so argumentieren, wie der „antisemitische Verschwörungstheoretiker" angeblich (!) argumentiert: ad personam, raunend, mit Falschinformationen, Küchenpsychologie, Andeutungen, Blaupausen aus dem Kalten Krieg, regierungsamtlichen Fake News, munkelnden Mißverständnissen, Verallgemeinerungen und Gleichsetzungen, bemüht um Vergleiche, „Strukturen" und „Muster", hemmungslos schwurbelnd in stramm gebürstetem Neudeutsch, notfalls auch mal biologistisch und in akustischer Knall-Peng-Fassade und antirussischer Propaganda in CIA-Manier, Jahrgang 1958. Im strengen (eigenen) Sinn rassistisch, antisemitisch und „verschwörungsideologisch". Die Vermutung, daß es sich dabei um eine Satire handelt, an der der „Entlarvte" selbst mindestens beteiligt war, halte ich für plausibel (und amüsant).

Der Rätselsatz der Woche aus dem Mund des bayerischen Führers, der nicht müde wird, von der Ständigen Impfkommission (Stiko) ein „klares Signal" zu fordern: „Wir wären – wenn wir das Impftempo von Juni fortsetzen würden – in neunzig Tagen

durch, alle bis über zwölf zu impfen in Bayern." Wie impft man denn „bis über zwölf"? Oder wer ist „alle bis über zwölf"?
Was Söder noch so knatterte, gefiel der Stiko (und jedem empfindsamen Menschen) noch weniger: „Wir schätzen die Stiko, aber das ist eine ehrenamtliche Organisation. Die EMA – die Europäische Zulassungsbehörde – das sind die Profis. Die haben entschieden: Ja, der Impfstoff ist zugelassen. Kinder- und Jugendärzte, überwiegend jedenfalls, empfehlen die Impfung."
Das darf man gerne mal genauer durchgehen. „Wir" ist vermutlich das gleiche „wir" wie bei Bill Gates, heißt also „ich". „Ich schätze die Stiko" ist folglich gelogen, denn: die ist ja bloß eine „ehrenamtliche Organisation". So was wie ein windiger Kegelverein also. Das ist Quatsch, außerdem ist es ziemlich unverschämt gelogen. Aber jedenfalls fragt ein Söder, wenn er was erreichen will, doch nicht irgendwelche verstockten Ehrenamtlichen (etwa eine „Ethikkommission", deren Mitglieder er hinausschmeißt, wenn sie nicht zackig mitmarschieren), sondern Profis. Wie die bei der EMA, deren Direktorin auf jeden Fall ein Profi ist: Sie arbeitete von 1991 bis 1998 für die European Federation of Pharmaceutical Industries and Associations (EFPIA), einen Lobbyverband der Pharmaunternehmen – unter anderem Astra Zeneca, Johnson & Johnson und Pfizer.
Trotzdem ist es ein Unterschied, ob die EMA etwas „zuläßt" oder die Stiko auf Führerbefehl etwas „empfehlen" soll. Es ist für einen Sechzehnjährigen zulässig, jeden Tag zehn Bier zu trinken. Empfehlen wird ihm das aber niemand (nicht mal die Brauereien, die selbst in Konzerngröße von anderem moralischen Format sind als ein Pharmakonzern). Den Unterschied kennt Herr Söder entweder nicht, oder er kennt ihn, dann ist diese Verdrehung eine noch dreistere Lüge. Die abschließende Behauptung, daß „Kinder- und Jugendärzte die Impfung empfehlen", jedenfalls „überwiegend", ist frei erfunden und damit im Grunde ebenfalls eine Lüge. (Ach so, und einen „Jugendarzt" gibt es gar nicht. Den gab es nur in der DDR.)
So funktioniert Söder-Sprech: ein Befehl in fünfunddreißig Wörtern, von denen kein einziges wahr ist.

Ein Vorgänger Söders (allerdings in anderem Amte, das Söder – trotz aller Gruseligkeit der Alternativen: zum Glück! vorläufig verwehrt bleibt) war übrigens aufrichtiger, was seine minderjährigen Schutzbefohlenen anging: „Und sie werden nicht mehr frei ihr ganzes Leben, und sie sind glücklich dabei!"

Verständlicher ist Söders derzeitiges Mantra: „Impfen ist der Weg zur Freiheit" bzw. „Ohne Impfen keine Freiheit!" (etwas kryptischer oder auch bedrohlicher der Zusatz: „Jedenfalls nicht so in der Form, wie wir es uns vorstellen" – wie wir uns was vorstellen? das Impfen?) Im letzten Oktober ratterte er noch: „Die Maske ist ein Instrument der Freiheit." In einem meiner Bücherregale stehen ein paar hübsche kleine Büchlein aus den Achtzigern, in denen besonders schrille, absurde, entlarvende, dumme, kuriose

Zitate von Politikern wie Strauß, Kohl und Reagan versammelt sind. Sammelt heute noch jemand so etwas? Ich hoffe auf eine zehnbändige Söder-Gesamtausgabe.

Die sogenannten „Bürgertests“ kosteten im März, April und Mai allein in Berlin 91,3 Millionen Euro. Wie schön, wenn man eine reiche Stadt ist und Geld aus dem Fenster schmeißen kann für etwas, was zu 0,1 Prozent etwas anzeigt, was dann zu 80 Prozent falsch ist.
In Berlin gibt es laut „Tagesstürmer“ neuerdings „Pop-up-Impfungen“. Ob dabei neben Maiskörnern auch Menschen per Impfung gepoppt werden sollen, wird nicht verraten.

Der Berufsstand der „Modellierer“ ist seit längerer Zeit dafür bekannt, von primitiven Computerprogrammen aus unsinnigen Zahlen noch unsinnigere Zahlen ableiten zu lassen. Dumme Menschen, zum Beispiel Politiker, erschrecken dann und machen anderen dummen Menschen Angst. Nun haben (ebenfalls laut „Tagesstürmer“) die „Modellierer“ (genauer gesagt: einer, laut dem wir im Mai eine Inzidenz von 2.000 haben sollten) endlich mal Erfreuliches mitzuteilen: Die Zahl der Krankenhäuser, die seit Jahren zwecks Profitmaximierung gezielt heruntergefahren wird, steigt demnächst wieder! und zwar (wie das bei „Modellierern“ üblich ist) exponentiell!

Wenn sämtliche exponentiellen „Modelle“ eintreffen, werden wir 2023 eine Durchimpfung von 386 Prozent erreichen. Zugleich werden in der achten Welle 100 Millionen Deutsche fünfmal täglich positiv getestet, was eine „Inzidenz“ von 10 hoch 12 ergibt. Wenn dann jemand einen Schnupfen kriegt, stehen ihm jedoch 18 Milliarden Intensivstationen zur Verfügung. Allerdings sollte man nicht verschweigen, daß älteren Modellen von Ferguson, Drosten et al. zufolge die Menschheit bereits heute ausgestorben sein müßte.

Apropos „Inzidenz“: Eine solche hat nun auch der nagelneue britische Flugzeugträger „HMS Queen Elizabeth“, der zur Zeit nach Ostasien unterwegs ist, um die Chinesen einzuschüchtern. Die „Inzidenz“ ist ziemlich beeindruckend: Sie beträgt 2700. Nämlich wurden an Bord 100 Besatzungsmitglieder positiv getestet. Was die „Deutsche Welle“ verschämt verschweigt, verrät die BBC in ihrer ursprünglichen Meldung: Die gesamte Besatzung ist komplett „geimpft“.

Die Wirtschaftssenatorin von Berlin heißt übrigens Ramona Pop. Möglicherweise ist die „Pop-up-Impfung“ ja ein Wahlkampfslogan.
Frau Pop ist auch meine heutige Kandidatin für die Kategorie „niedrigschwellige Angebote“: Die findet sie nämlich total dufte und wichtich, weil sie „der Impfkampagne aus Sicht der Grünen-Politikerin neuen Schwung“ verleihen. „So werden auch diejenigen Menschen erreicht, die nicht zum Hausarzt gehen oder die sich bisher noch nicht ausreichend über die Corona-Schutzimpfung informiert fühlen.“

Das mit der „ausreichenden Information“ sollte sie vielleicht nicht so laut sagen. Erstens könnten die „nicht ausreichend Informierten“ auf die Idee kommen, sich doch noch ausreichend zu informieren, und fallen dann als „Impflinge“ aus. Zweitens ist es, wie neulich erläutert, verboten, nicht ausreichend Informierte zu impfen. Die fallen dann also auch aus – und schwupps, landen schon wieder 100.000 „Dosen“ im Sondermüll.
Ganz unbegeistert ist Frau Pop selbstverständlich von Hubert Aiwanger, der sich der Spritzung standhaft widersetzt. Oder, in den Worten der „Corona“-Jünger bei der Deutschen Presse-Agentur (dpa), hier zitiert laut SZ: „FW-Chef Hubert Aiwanger, um publikumswirksame Äußerungen selten verlegen, positioniert sich an der Seite derer, die mit dem Impfen gegen das Coronavirus noch nicht endgültig Frieden geschlossen haben.“ Das ist eine fast „Tagesstürmer“-mäßig fiese, arrogante und bösartige Diffamierung, aber weil Versöhnung aktuell das wichtigste ist, antworte ich lieber so: Wie gut, daß es auch in der SZ-Redaktion (noch?) Menschen gibt, die (zum Beispiel) mit Rassismus, Faschismus, Umweltzerstörung und einem Atomkrieg gegen Rußland noch nicht endgültig Frieden geschlossen haben.

Wespen über der Herde *(21. Juli 2021)*

Im April 2019 berichtete die Journalistin Emily Witt über eine Jahrhundertepidemie, die 1996 in drei Wellen über die USA hereingebrochen war und mittlerweile mehr Todesopfer forderte als der Straßenverkehr. Es gibt dazu eine Unzahl von grotesken und grauenhaften Berichten: überfüllte Leichenhallen im Rust Belt, Eltern, die während der Baseballspiele ihrer Kinder auf der Tribüne sterben, Mitarbeiter eines Kaffee-to-go-Konzerns, denen man im Rahmen ihrer Ausbildung beibringt, zusammengebrochene Kunden mit speziellen Medikamenten wiederzubeleben, verwüstete Stadtviertel und Landkreise, wo niemand mehr gesund ist und die Kranken einander fürchten. Die Zahl der Toten wuchs von 1999 bis 2017 um das sechsfache, allein 2017 waren es fast 50.000, die offiziell registriert wurden (die Dunkelziffer ist hoch). Auf dem Höhepunkt der Seuche stellte man fest, daß erstmals in der Geschichte der USA die durchschnittliche Lebenserwartung zurückging.
Anders als bei den meisten Seuchen gab und gibt es in diesem Fall schuldige Täter, die in aufwendigen Mammutverfahren ermittelt und zum Teil sogar angeklagt wurden. Drei davon sagten im Juli 2021 Zahlungen von 1,1 Milliarden Dollar zu, um die Einstellung eines der vielen Verfahren wegen der Tötung hunderttausender Menschen und der Schädigung von weiteren Millionen zu erwirken. Ein weiterer zahlte 230 Millionen. Bei diesem handelt es sich um den Pharmakonzern Johnson & Johnson. Ein anderer Schuldiger, der Pharmakonzern Pfizer, konnte sich mittels Korruption einer Klage entziehen.
Bei der Seuche handelt es sich um die verheerende Opioidsucht, die ab 1996 durch die Einführung des Medikaments Oxycontin zur kontinentweiten Epidemie wurde. Ihr

folgte eine Welle der substitutiven Heroinsucht und eine dritte Welle durch das innovative, noch tödlichere Nachfolgemedikament Fentanyl. Ein kaputtprivatisiertes Gesundheitssystem, „deregulierte", durch und durch korrupte Regulierungsbehörden, bezahlte „Studien" ebenso korrupter Wissenschaftler, leichtgläubige und dumme Ärzte, Politiker, die der Pharmalobby hörig sind, und ungeheure Reklamekampagnen schufen das Biotop, in dem das Pharmaunternehmen Purdue mit Oxycontin „einen Blizzard von Verschreibungen auslösen" konnte, wie dessen Vizepräsident bei der Markteinführung der Droge prophezeite, „der unsere Konkurrenz unter sich begraben wird. Der Verschreibungsblizzard wird heftig, dicht und weiß sein …"
Die Regierung hob Werbebeschränkungen für Arzneimittel auf und erlaubte Kampagnen mit Teddybären, Tassen, Wasserflaschen, Tonträgern und anderen Werbemitteln. Wissenschaftler erfanden reihenweise neue Schmerzkrankheiten und belegten in „Studien" die Unschädlichkeit und Sicherheit der synthetischen Opiate. Medien verbreiteten Propagandavideos und -geschichten. Mahner und Aufklärer wurden als Hetzer, Verrückte und „Verschwörungstheoretiker" beschimpft. Gerichte ließen zehn Jahre lang sämtliche Klagen umstandslos abblitzen oder gar nicht erst zu. Erst 2006 mußte Purdue erstmals 600 Millionen Dollar Strafe für eine Falschbehauptung (Oxycontin sei „sicherer" als der Grundstoff Oxycodon) zahlen.
Purdue und mehrere andere Pharmafirmen meldeten infolge der späteren, bis heute laufenden Prozesse Konkurs an, allerdings steht die Purdue-Inhaberfamilie Sackler (die sich allein von 2007 bis 2016 vier Milliarden Dollar auszahlen ließ) nun persönlich vor Gericht. Johnson & Johnson und Pfizer hingegen wurden ab 2020 durch ein weiteres neues Medikament (einen gentechnischen „Impfstoff") reicher als je zuvor. Die Seuche grassiert weiterhin, aber von den Opfern der Giftprodukte hört man nicht mehr viel. Es ist anzunehmen, daß sie in der Statistik der „an und mit Covid-19 Verstorbenen" verschwunden sind.

Das kollektive Gedächtnis der Menschen ist vergeßlich. Alle paar Jahre wieder mögen sich nur wenige vorstellen können, daß kriminelle Pharmakonzerne „so etwas" zu tun nicht nur fähig, sondern auch willig sind. Einige wenige davon vermuten, die kriminelle Absicht ziele auf einen Genozid zur Verminderung der menschlichen Bevölkerung insgesamt. Solche absurden Hirngespinste sorgen dafür, daß die Naiven erst recht nicht daran glauben mögen, daß Pharmakonzerne „so etwas" tun. Ihr Gedächtnis ist deshalb so gnädig wie ein Opioid.
Inzwischen wird eine vierte Welle erwartet. Das neue Opioid der Wahl heißt Buprenorphin und ist so wirksam, süchtigmachend und tödlich, daß seine Dosierung nicht mehr in Milli-, sondern in Mikrogramm angegeben wird.

In der Schule hat man uns beigebracht, daß Insekten keinerlei Intelligenz und deshalb auch kein Gedächtnis haben. Sie handeln rein aus Instinkt, hieß es, und reagieren zum Beispiel auf die Duftsignale von Blüten. Nun ist in diesem Jahr wegen des langen, kühlen Vorfrühlings einiges arg verspätet. Der Schmetterlingsflieder (der seinen Namen nicht seinem Aussehen verdankt) sollte um den 12. Juli herum blühen, fängt aber jetzt erst ganz zaghaft an (der violette immer drei Tage vor dem lila Geschwister, der weiße läßt sich eine Woche länger Zeit). Seit fast einer Woche schwirren die Schmetterlinge bandenweise heran und umkreisen ratlos den Busch, flattern verwirrt in der Gegend herum und versuchen es am nächsten Tag erneut, mit wachsender Ungeduld. Die erinnern sich: Letztes Jahr war das anders! Da stimmt was nicht!

Instinktiv handelt vielleicht der Igel, der sich zusammenrollt, wenn er nachts einem Auto begegnet, um dem nahenden Raubtier mit den glühenden, bösen Augen keine Blöße zu bieten. Daß das Auto kein Raubtier, sondern eine Tötungsmaschine ist, kann er nicht ahnen, weil so etwas in seiner Vorstellungswelt nicht vorkommt. Auch diese Beschränktheit hat nichts mit (mangelnder) Intelligenz zu tun.

Der Irrtum beruht wahrscheinlich darauf, daß der Mensch unter „Intelligenz" etwas ganz Eigentümliches versteht: die absolut instinktlose, rein logische Fähigkeit der Lösung von Problemen mittels Technik, die neue Probleme bereitet, die wiederum mit Technik gelöst werden müssen. Oder in der moderneren Variante: die Fähigkeit, technische Lösungen zu erfinden für Probleme, die dann mittels Werbung für die Lösung erst geschaffen werden. Ich erinnere mich aus meiner Kindheit an den Clearasil-Effekt, der funktionierte so. Vorher gab es nämlich keine Pickel.

Ein vorläufiger Höhepunkt dieser Entwicklung ist das ans Internet angebundene Smartphone, das Millionen und Abermillionen von Lösungen bereithält, zu denen es keine Probleme gibt. Es ist nach menschlichem Maß zweifellos millionenmal intelligenter als der Mensch.

Intelligenz mißt der Mensch in Zahlen. Schmetterlinge messen nicht, weil sie das nicht nötig haben.

Die Intelligenz des Schmetterlings erweist sich daran, daß er ab der ersten Sekunde seiner Existenz ständig mit überraschenden, unvorhersehbaren, manchmal erfreulichen, oft auch gefährlichen Situationen und Ereignissen zurechtkommen muß (und das auch noch in drei völlig unterschiedlichen Körpern nacheinander!). Da ist es sicher schön, ein paar Regelmäßigkeiten anzutreffen, etwa einen Schmetterlingsflieder, der jedes Jahr zur gleichen Zeit blüht (auch das ist intelligent: zu wissen, wann diese Zeit ist, ohne Smartphone und Kalender) und süß schmeckt. Daß manche Schmetterlingsarten im Spätherbst über die Alpen, Italien und das Mittelmeer bis nach Nordafrika fliegen, sich dort den Winter über verlustieren und im Frühling nach München zurückkehren, sei nur am Rande erwähnt. Weil es nicht besonders viel Intelligenz braucht, um zu merken, daß es kalt wird, daß Kälte ungesund ist, daß es im Süden wärmer ist, daß es dort im Frühling zu warm wird und daß man zurück sein sollte, wenn der Schmetterlingsflieder blüht.

Menschen wissen so etwas nicht, können so etwas nicht und auch sonst nicht sehr viel. Dafür haben sie eine „künstliche Intelligenz", die ihr Leben steuert und darauf beruht, daß man alles, was passieren könnte, rechnerisch aus dem herleitet, was schon passiert ist. Es darf (und kann) also niemals eine überraschende, unvorhersehbare Situation eintreten. Damit das nicht passiert, übt man die „überraschenden", „unvorhersehbaren" Ereignisse (Terror, Krise, Pandemie) ein paar Wochen zuvor in „Planspielen", bis ins kleinste Detail. Zu den einzelnen Schritten, die dabei trainiert werden, gibt es grundsätzlich keine Alternativen.

Dabei geht es nie um Intelligenz (oder gar Vernunft, sonst gäbe es Alternativen), sondern nur um Zahlen. Gestern 10, heute 40, morgen 200 und so weiter, exponentiell in alle Ewigkeit. Die Logik ist eine Funktion der Natur, aber die Natur ist kein Bestandteil der Logik und kann von dieser nicht erfaßt oder dargestellt werden.

Die Zahl erscheint klar, kühl und völlig unbeeinflußt, unberührt von Ideen und Ideologien. Das ist ein grundsätzlicher Denkfehler: Die Zahl als solche IST die Ideologie.

Das algorithmisch berechnete, geplante und gesteuerte Leben ist bei aller individuellen Vielfalt grundsätzlich alternativlos; es läßt keine Wahl. Wer als Kind erfährt, daß er seinen Anlagen gemäß später als IT-Controller eingesetzt werden und zwischen dem vierzigsten und fünfundvierzigsten Lebensjahr höchstwahrscheinlich an Magenkrebs sterben wird, braucht keine Wahl. Und wählen muß er auch nicht, weil die künstliche Intelligenz durch Auswertung seiner gesammelten Daten besser weiß, welches Parteiprodukt er präferieren sollte.

Die Instinkte des Menschen sind zu einem großen Teil sekundär, andressiert. Wenn der Mensch an einen bestimmten Ort gelangen will, setzt er sich erst ins Auto, läßt dann – weil er evolutionsbedingt und aufgrund seiner unnatürlich großen Reichweite nicht in der Lage ist, sich zu orientieren – sein Navigationsgerät die Strecke berechnen und legt sie wie vorgegeben zurück, ohne auf anderes zu achten als die Angaben des Geräts. Mit jeder Strecke, die er so zurücklegt, nimmt seine Orientierungsfähigkeit weiter ab.

Tierische Instinkte sind manchmal nutzlos, weil sich die Situationen, in denen sie nützlich waren, verändert haben. So ist das bei Igel und Auto, so ist es auch im Fall der Wespe und des Schmetterlings, die geduldig versuchen, sich an Licht und Farben zu orientieren und immer wieder gegen die Fensterscheibe stoßen: Das Glas brachte der Mensch in die Welt.

Die Instinkte des Menschen hingegen sind oft widersinnig, weil der Zweck, zu dem sie ihm andressiert wurden, gar nicht oder nur als Absicht zum Nutzen eines anderen existiert. Selbst die Unlogik ist unnatürlich. Man sagt dem Menschen, daß er sich im Herbst und Winter in dicht besetzten, schlecht belüfteten Räumen mit Erkältungskrankheiten anstecken kann. Dann verbietet man ihm aufgrund einer hochgefährlichen, ansteckenden Erkältungskrankheit, die schlecht belüfteten Räume zu verlassen, vor allem nachts. Der Widersinn dieser Anordnungen wird dem Menschen nicht bewußt; er befolgt sie und nimmt nur ausnahmsweise drinnen seine Staubschutzfiltermaske ab, die ihn draußen vor einem Mangel an Kohlendioxid schützt.

Unbewußt aber spürt der Mensch, daß der ganze Komplex unsinniger und paradoxer Verhaltensanweisungen, denen er sich fügt, nicht nur paradox und unsinnig ist, sondern auch unangenehm, anstrengend und ungesund. Das macht ihn zornig. Seinen Zorn läßt er die Menschen spüren, die sich die Freiheit nehmen, den Anweisungen nicht zu folgen, weil er vermutet, daß man ihn genau deshalb zwingt, sich so zu verhalten, weil andere es nicht tun. „Erst wenn die auch gebrochen und unterworfen sind, werden wir alle wieder freigelassen!" Daß dieser Gedanke noch widersinniger ist als das, was ihm sonst passiert, spielt schon keine Rolle mehr.

Die individuelle Feigheit möchte den Zorn administrativ umgesetzt sehen. Wer sich auf Demonstrationen gelbe Davidsterne ans Revers heftet, auf denen „ungeimpft!" steht, muß sich (meines Erachtens nicht ganz zu Unrecht) vorwerfen lassen, er verharmlose die Ausgrenzung, Demütigung und Vernichtung der Juden unter Hitler. Mit solchen Anspielungen muß man sehr vorsichtig sein. Das folgende Zitat ist kein Witz, keine Anspielung und auch nicht erfunden, sondern stammt aus der „Neuen Züricher Zeitung":

„Geht es nach GLP-Präsident Grossen, sollen ungeimpfte Mitarbeitende in Spitälern, Altersheimen und Kindertagesstätten künftig einen Sticker tragen müssen, der sie für jedermann als ungeimpft erkennbar macht."

GLP heißt übrigens „Grün-liberale Partei". Die möchte, so heißt es, „eine liberale Wirtschaftspolitik" mit einer „nachhaltigen Umweltpolitik" verbinden. Das Wort mit F spare ich mir heute.

„Damals, so fanden wir, war die Technik ein zugemessener Zoll an die Notwendigkeit, nicht die Straße zum erwählten Ziel der Menschheit – ein Mittel mit einem endlichen Grad der Angemessenheit an wohldefinierte naheliegende Zwecke. Heute, in der Form der modernen Technik, hat sich techne in einen unendlichen Vorwärtsdrang der Gattung verwandelt, in ihr bedeutsamstes Unternehmen, in dessen fortwährend sich selbst überbietendem Fortschreiten zu immer größeren Dingen man den Beruf des Menschen zu sehen versucht ist und dessen Erfolg maximaler Herrschaft über die Dinge und über den Menschen selbst als die Erfüllung seiner Bestimmung erscheint." (Hans Jonas: „Das Prinzip Verantwortung", 1979)

Über all diesen Gedanken donnern die Hubschrauber, seit Monaten, Tag und (oft auch) Nacht. Wie Wespen schweben sie über einem Zielareal, schwingen bedrohlich mal hin, mal her, verlieren ihr Ziel aber nie aus den Augen. Das Volk, die Herde, die da unten im Englischen Garten so chaotisch herummäandriert wie Sommerwolken, wird minutiös und akribisch beobachtet und kontrolliert. Der kleinste Wirbel, der in anderen Zeiten Auslöser einer Revolte geworden sein könnte, wird von der künstlichen Intelligenz sofort identifiziert und kann dann von den polizeimilitärischen „Einsatzkräften vor Ort" mit disziplinierender Gewaltausübung im Keim erstickt werden.

Der Erfinder von Oxycontin, Robert Kaiser, schrieb an Purdue-Boß Richard Sackler: „Wenn Oxycontin unkontrolliert verabreicht wird, ist es sehr wahrscheinlich, daß es irgendwann mißbraucht wird."
Sackler antwortete: „Wie nachhaltig würde das unseren Umsatz steigern?"

Hurra, wir leugnen das Klima! *(30. Juli 2021)*

Na, funktioniert der Beißreflex noch, der sofort zuschnappt, wenn das L-Wort ins Spiel kommt? Wahrscheinlich eher nicht, denn während es relativ leicht fällt, „Corona" zu leugnen („Virus? Was man nicht sieht, gibt es nicht! Maßnahmen? Was für Maßnahmen? Ist doch gar kein echter Lockdown! Great Reset? Solln das sein?"), geht das mit dem Klima auf Anhieb schon um einiges schwerer. Weil es nun mal da ist und auch dann nicht weggeht, wenn man sich in freiwilligen Quarantäne-Hausarrest sperrt oder mit Staubschutzfilter durch den Perlacher Forst radelt.
Daß sich das Klima auf der Erde verändert, ist ebenfalls nicht zu leugnen. Das tut es im Grunde schon immer – die Klimata (oder Klimen?), die über neunzig Prozent der Erdgeschichte herrschten, hätte zum Beispiel ein Markus Söder auch mit vierlagiger Plastikasbestmaske höchstens ein paar Minuten überlebt. Aber wer meint, die rasanten Veränderungen der letzten Jahrzehnte hätten nichts mit dem Menschen und seiner wahnhaften Sucht nach Wirtschaftswachstum, Energieverbrauch, Technikfortschritt und karnickeliger Vermehrung zu tun, der muß schon mindestens so wirr argumentieren wie Lauterbach und Drosten zusammen an einem besonders guten Tag.
Andererseits sollen wir, wenn wir „Corona" in einer weltweiten Heldenleistung endlich niedergerungen haben, als nächstes das Klima niederringen. Nein: „retten" sollen wir es! oder „schützen"! Weil Facebook und das World Economic Forum das sagen, und die wissen nun mal, was wichtig ist!
Das Klima ist, grob gesagt: ein chaotischer Wirrwarr aus Milliarden und Abermilliarden von Vorgängen, Wechselwirkungen, Erscheinungen, Auswirkungen und Auswirkungen von Auswirkungen, unendlich klein bis unendlich groß, der sich ständig und überall verändert und sich trotzdem periodisch ähnelt, wobei sich aber auch die Perioden und die Ähnlichkeiten verändern. Auf lange Sicht verändert sich so gut wie alles, minimal bis fundamental, und in ein paar Millionen Jahren wird das Klima auf der Erde insgesamt ziemlich ungemütlich für so ziemlich alle Lebewesen, die wir heute kennen: ungefähr so wie auf der Venus nämlich.
Das interessiert aber höchstens Klaus Schwab, Bill Gates und die übrige Clique der Transhumanisten, die zur Zeit das Bruttosozialprodukt der ganzen Welt abzapfen, um sich in unsterbliche Digitalandroiden verwandeln zu lassen.
Irgendwann platzt sowieso die Sonne, und ob man das, was dann passiert, noch als „Klima" bezeichnen kann, mögen selbige Transhumanisten diskutieren, falls sie ihren

geschmolzenen Blechkisten vor der Verpuffung noch ein paar elektrische Impulse entlocken können.
Dieses Klima kann man freilich leugnen und behaupten, das Klima sei in Wirklichkeit ein Trupp freundlicher Heinzelmännchen, von der guten Mutter Erde geschickt, damit es der Mensch auf der Erde wohlig hat und in alle Ewigkeit wirtschaftswachsen und gediehen und den Kapitalismus vorantreiben kann, „grün" selbstverständlich und „nachhaltig". Und damit das nicht irgendwann plötzlich „stockt" oder „in Schieflage" gerät, muß man die Heinzelmännchen „schützen" oder notfalls „retten".
Der Wahn, das Klima „schützen" und „retten" zu wollen, ist als pseudoreligiöser Kult nicht unbedingt dumm oder verrückt, sondern vor allem infantil: Das Kind, dem seine Lieblingstasse aus der Hand fällt und zerbricht, will sie selbstverständlich wieder ganz haben, und die Einsicht, daß das nicht geht (und sei's nur weil die gemeinen Eltern nicht wollen), ist eine traurige Erfahrung, aus der das Kind (mindestens) zwei Dinge lernt: erstens daß Sachen kaputtgehen, wenn man Pech hat oder nicht aufpaßt, zweitens das nächste Mal besser aufzupassen.
Ein erwachsener Mensch, der das Klima, das er gewohnt war, „schützen" oder „retten" will, ist also infantil. Wenn er sich einbildet, er wolle das nicht nur, sondern könne es auch, ist er größenwahnsinnig und gemeingefährlich. Das gliche dem Versuch, die zerbrochene Tasse zu „retten", indem man mit ungeheurem Aufwand eine Maschine baut, die zunächst die Millionen einzelnen Schritte des Zerbrechens rekonstruiert und sie dann sozusagen rückwärts gegen das Naturgesetz der Entropie wiederholt. Möglich wäre das vielleicht sogar, aber der Einsatz an Energie, Zeit, Rohstoffen und geistiger Arbeit ließe sich auch dafür nutzen, entweder Millionen neuer, schönerer Tassen herzustellen oder fast alle anderen gegenwärtig wichtigen Probleme auf einen Schlag zu lösen.
(Oder sagen wir so: Jemand zündet aus Versehen sein Haus an, steht drei Tage später vor der dampfenden Ruine und glaubt, das ganze Malheur locker rückgängig machen zu können, wenn er das Rauchen aufhört.)
Es geht aber noch schlimmer: Man kann offenbar so verrückt werden, daß man absolut keine Zusammenhänge und zeitlichen Abfolgen mehr begreift, und wenn dann noch der technokratische Irrwitz ins Spiel kommt, ist es ganz vorbei mit jeglicher Zurechnungsfähigkeit. Dann sieht man zum Beispiel, daß der Meeresspiegel steigt, weil das Eis an den Polen schmilzt, daß deswegen Küsten und Inseln unbewohnbar werden, und schließt messerscharf: Na gut! Dann bauen wir zweihundert Millionen Elektroautos, und schon sinkt der Meeresspiegel wieder! Weil dann das Eis wieder fest wird und wir es zurück zu den Polen schaufeln können!
Wenn man Leuten mit solchen Wahnvorstellungen ein bißchen was über das Klima erklärt, über seine Komplexität, seinen dauerhaften Wandel, seine Unwägbarkeiten, dann fangen sie sofort das Leugnen an und behaupten, das sei alles vom „wissenschaftlichen Konsens" widerlegt und falsch. Vielmehr sei „das Klima" ein Idealzustand, den man

„schützen", „retten", modellieren und „engineeren" könne, um mit „künstlicher Intelligenz" und ein paar „Maßnahmen" ein ewiges Paradies zu schaffen.

Mitten in dem derzeit überschwemmten Altenahr, das laut Mainstream-„Experten" ein solches Hochwasser „seit Jahrhunderten nicht erlebt" hat, steht eine kleine Kapelle, die die Flut unbeschadet überstanden hat. Früher, vor fast tausend Jahren stand diese Kapelle auch schon – ein Stück entfernt, die Stelle hatte man wegen diverser ähnlicher Fluten in der früheren Vergangenheit ausgewählt. Beim gewaltigen Hochwasser im Juli 1804 (das ganze Berge abrutschen ließ) wurde sie jedoch weggeschwemmt. Drum dachte und rechnete man noch mal nach und baute sie wieder auf. Und siehe da: Die folgenden Fluten (es waren dutzende, besonders schlimm 1859, 1882, 1910, 1920, 1926, 1970, 1983, 1988, 1993, 1995) konnten dem Kirchlein nichts anhaben. Im Krieg wurde es zerbombt und mußte die „Jahrhundertflut" von 1955 nicht miterleben. Erst 1962 baute man es wieder auf, und zwar „hochwassersicher".

Vielleicht wäre es gescheiter, aus der Geschichte dieser Kapelle etwas zu lernen – und seien es nur Demut und praktische Klugheit – statt den missionarischen Klimaleugnern, die sich aufgrund ihres Reichtums und ihrer Macht für Gott halten, hinterherzulaufen (oder im E-Auto hinterherzufahren) und ihre größenwahnsinnigen Ideen nachzuplappern oder gar zu versuchen, sie in praktische „Projekte" mit unabsehbaren Katastrophenfolgen umzusetzen? Sondern sie zu stoppen – und mit ihnen gleich den ganzen Wachstumswahn, die Reichtumsanhäufung, den technokratischen Murks und die militärische Mordmaschine?

Dann könnten wir auf diesem Planeten nämlich noch ein paar tausend Jahre recht gemütlich leben.

Der Gen-Mensch im Verkehr *(31. Juli 2021)*

MAZ+ Kostenlos bis 13:03 Uhr

Baerbock in Michendorf: Müssen über Einschränkungen für Nicht-Geimpfte reden

Von Ende 2020 bis einschließlich 17. Juli 2021 sind laut Statistiken der EU in Europa 18.928 Menschen in Zusammenhang mit ihrer Teilnahme an dem gentechnischen Experiment zur Immunisierung gegen Coronaviren gestorben. 1.823.219 weitere Menschen wurden „stark geschädigt". Üblicherweise werden nur etwa 1 bis 5 Prozent der auftretenden Nebenwirkungen und Folgeschäden von Arzneimitteln gemeldet; die tatsächlichen Zahlen dürften also höher sein.

Das mag angesichts der enorm hohen Zahl von Teilnehmern an der Versuchsreihe manchem hinnehmbar erscheinen – die Forschung und der Fortschritt fordern nun mal Opfer, gerade im Bereich der Medizin. Andere könnten darauf hinweisen, daß die modRNA-Substanzen, wenn überhaupt, nur sechs Monate lang schützen (vor was

eigentlich?). Ihre Verabreichung im Frühjahr und Sommer, wenn so gut wie niemand an einer Infektion mit Coronaviren erkrankt, ist also nicht unbedingt zweckmäßig und sinnvoll, weil völlig wirkungslos, und jedes Opfer eines zu viel.
Aber es geht ja um Forschung: um die Entwicklung „zukunftsträchtiger" Substanzen, deren Herstellung und Verkauf die Pharmaindustrie – die sich ihre „Kunden" dafür nicht suchen muß, sondern von den Staaten vermittelt bekommt, die auch die Reklame und die Haftung übernehmen – auf Jahrzehnte hinaus vor Umsatzeinbußen bewahren werden. Das schafft Arbeitsplätze, da muß man gewisse Kollateralschäden in Kauf nehmen. Das schafft auch Aktiengewinne, wie zum Beispiel der förmlich explodierende Kurs der Biontech-Aktie zeigt.

Historische Umbrüche, auch Revolutionen, beginnen oft recht unauffällig. Eine Kleinigkeit verändert sich, unmerklich. Jahre später blickt man verwundert auf die Welt und stellt fest, daß buchstäblich alles komplett anders ist als man es „damals" kannte. Dann ist meist kaum noch herauszufinden, wie und womit das anfing und wie es weiterging.
Am 21. Dezember 2004 beschloß der Bundestag ein paar Änderungen am Gentechnik-Gesetz, die größtenteils kaum auffielen. Die wohl wichtigste Änderung ist jedoch von fundamentaler Bedeutung: Ein „gentechnisch veränderter Organismus" (GVO) war bis dahin „ein Organismus, dessen genetisches Material in einer Weise verändert worden ist, wie sie unter natürlichen Bedingungen durch Kreuzen oder natürliche Rekombination nicht vorkommt". In der neuen Fassung gilt als GVO „ein Organismus, mit Ausnahme des Menschen, dessen genetisches Material in einer Weise verändert worden ist, wie sie unter natürlichen Bedingungen durch Kreuzen oder natürliche Rekombination nicht vorkommt (...)".
Brisant sind auch einige weitere Veränderungen, denen man dies nicht sofort ansieht. Bis dahin hieß es in Paragraph 1 zum Zweck des Gesetzes: „1. Leben und Gesundheit von Menschen, Tiere, Pflanzen sowie die sonstige Umwelt in ihrem Wirkungsgefüge und Sachgüter vor möglichen Gefahren gentechnischer Verfahren und Produkte zu schützen und dem Entstehen solcher Gefahren vorzubeugen und 2. den rechtlichen Rahmen für die Erforschung, Entwicklung, Nutzung und Förderung der wissenschaftlichen, technischen und wirtschaftlichen Möglichkeiten der Gentechnik zu schaffen."
Die geänderte Fassung muß man sehr genau lesen, um die Unterschiede zu erfassen: Zweck des Gesetzes ist es nun,
„1. unter Berücksichtigung ethischer Werte, Leben und Gesundheit von Menschen, die Umwelt in ihrem Wirkungsgefüge, Tiere, Pflanzen und Sachgüter vor schädlichen Auswirkungen gentechnischer Verfahren und Produkte zu schützen und Vorsorge gegen das Entstehen solcher Gefahren zu treffen,
2. die Möglichkeit zu gewährleisten, daß Produkte, insbesondere Lebens- und Futtermittel, konventionell, ökologisch oder unter Einsatz gentechnisch veränderter Organismen erzeugt und in den Verkehr gebracht werden können,

3. den rechtlichen Rahmen für die Erforschung, Entwicklung, Nutzung und Förderung der wissenschaftlichen, technischen und wirtschaftlichen Möglichkeiten der Gentechnik zu schaffen."

Da kommen nun also (vor dem falschen Komma) die berüchtigten „Ethikkommissionen" als „Entscheidungsträger" ins Spiel. Zudem sollen Lebewesen und Sachgüter nicht mehr „vor möglichen Gefahren" geschützt und das „Entstehen solcher Gefahren" nicht mehr generell verhindert werden. Sondern der Schutz gilt nur noch den „schädlichen Auswirkungen" solcher (hinnehmbaren) Gefahren, für deren Entstehen „Vorsorge getroffen" werden soll – wohl in Form von Vorgaben für „Maßnahmen". (Daß da nicht „für", sondern „gegen" steht, ist ein verräterischer grammatischer Fehler.)

Völlig neu ist folglich, daß die Möglichkeit, gentechnisch verändertes (und lebendes) Material zu erzeugen und freizusetzen, nicht mehr verhindert, sondern „gewährleistet" werden muß.

Noch mal Punkt 1: Ein gentechnisch veränderter Mensch ist seit 2004 kein gentechnisch veränderter Organismus mehr und daher von den gesetzlichen Beschränkungen nicht mehr betroffen, er darf „in den Verkehr gebracht werden".

Zur Erinnerung: Der Bundestag war bis 2020 die gesetzgebende Gewalt in der Bundesrepublik Deutschland. Entworfen und formuliert werden (nicht nur solche) Gesetze jedoch in den jeweils zuständigen Ministerien; die Vorlagen schreiben meist externe „Berater" der interessierten und betroffenen Wirtschaftsverbände und Konzerne (Lobbyisten). Wer diese spezielle Änderung vorlegte und mit welcher Absicht dies geschah, ist eine Frage für investigative Journalisten und Historiker mit viel Zeit und Engagement.

Interessant ist, daß die WHO am 12. Juli 2021 neue „Empfehlungen zur genetischen Veränderung des Menschen für den Fortschritt der öffentlichen Gesundheit" herausgab. Darin wird ausdrücklich betont, wie wichtig die genetische Veränderung des Menschen für die „öffentliche Gesundheit" ist. Experimente wie eine massenweise Verabreichung von mRNA sind dafür unerläßlich.

Noch mal deutlich: Ohne den Menschen im Gegensatz zu allen anderen Lebewesen vom Schutz durch das Gentechnik-Gesetz auszunehmen, wären solche „Vorschläge" schlichtweg kriminell. Seit 2004 – seit der Mensch kein „normaler", schützenswerter Organismus mehr ist – sind diese Bestrebungen nicht nur zulässig, sondern „zu gewährleisten".

Und das heißt: Seit 2004 muß der Mensch (zumindest in Deutschland) dulden und hinnehmen, daß an ihm gentechnische Experimente vollzogen werden. Daß solche gentechnischen Veränderungen vererbt werden und man sie nie wieder rückgängig machen kann (außer möglicherweise durch völlige Vernichtung der transgenen Organismen), sollte dabei nicht unerwähnt bleiben.

Wie gesagt: aus welchem Ministerium die Vorlage zur Gesetzesänderung kam, weiß ich nicht. 2004 regierte eine rot-grüne Koalition. Federführend waren also vielleicht die Mi-

nisterien für Verbraucherschutz, Ernährung und Landwirtschaft (Renate Künast, Grüne), Gesundheit und soziale Sicherung (Ulla Schmidt, SPD) und/oder Umwelt, Naturschutz und Reaktorsicherheit (Jürgen Trittin, Grüne). Die „Grünen" warben in ihren Wahlkämpfen damals übrigens noch gerne damit, „Gen-Food" und ähnliche Sachen verhindern zu wollen. Von einer Freisetzung genetisch veränderter Menschen war noch nicht die Rede. Es ist daher auch unsicher, ob eine solche Freisetzung überhaupt angedacht war oder die Genmenschen nicht vielmehr (zu ihrem eigenen Schutz) mit fortdauernden „Lockdowns" belegt werden sollten.
Wer's letztlich geschrieben hat, ist aber vielleicht nicht so wichtig, denn: „Dieses Gesetz dient der Umsetzung der Richtlinie 2001/18/EG des Europäischen Parlaments und des Rates vom 12. März 2001 über die absichtliche Freisetzung genetisch veränderter Organismen in die Umwelt und zur Aufhebung der Richtlinie 90/220/EWG des Rates (ABl. EG Nr. L 106 S. 1), zuletzt geändert durch die Verordnung (EG) Nr. 1830/2003 des Europäischen Parlaments und des Rates vom 22. September 2003 (ABl. EU Nr. L 268 S. 24)."

„Ein wahrhaft großer Mensch wird weder einen Wurm zertreten noch vor dem Kaiser kriechen." (Benjamin Franklin)

Wenn in Deutschland die Medien dafür eingespannt werden, etwas Unpopuläres populär zu machen oder jedenfalls durchzusetzen, „werden Stimmen lauter". Diese lauter werdenden Stimmen haben selten (bekannte) Namen. Wenn etwas so idiotisch oder unbeliebt ist, daß es nicht mal Karl Lauterbach „fordern" oder vor den Folgen einer Unterlassung „warnen" mag, oder wenn Karl Lauterbach schon so oft gefordert und gewarnt hat, daß eine weitere Warnung oder Forderung des Bundeshanswursten niemand mehr wahrnähme, dann „werden Stimmen lauter", bis sich endlich (zum Beispiel) eine „Fraktion dafür ausspricht".
„Angesichts der wieder steigenden Zahl von Corona-Fällen werden die Stimmen derjenigen lauter, die auf bessere Impfmöglichkeiten für Schülerinnen und Schüler drängen. Die Berliner Grünen-Fraktion im Abgeordnetenhaus sprach sich dafür aus, zum Beginn des neuen Schuljahrs gezielt Eltern und ältere Schüler zu impfen."
Nun ist die Stimme des Menschen zwar das lauteste nichtelektrische Musikinstrument, das es gibt (abgesehen vielleicht von der Kirchenorgel; ich will es nicht ausprobieren), dennoch sind auch ihrem Lauterwerden Grenzen gesetzt. Es bleibt zu hoffen, daß die Stimmen derer, die eine Spritzung von Kindern mit gentechnischen Wirkstoffen fordern, um eine Spielart des winterlichen Schnupfens zu verhindern, die ein Kind so gut wie nie kriegt, nicht so laut werden können, daß die fachlich Zuständigen des Gebrülls überdrüssig werden und das möglicherweise höchst gefährliche Experiment geschehen lassen, damit eine Ruhe ist.

Die Zahl der „Corona-Fälle" steigt in Berlin übrigens geradezu beängstigend, wie die „Welt" berichtet: „In der Hauptstadt Berlin etwa ist die Inzidenz seit der vergangenen

Woche um 121 Prozent gestiegen, sie liegt nun schon wieder bei über 21." Über 21 „positive Tests" auf 100.000 Einwohner! Wer da nicht die Apokalypse nahen sieht, der muß „Coronaleugner" sein!

Der Pharmalobbyist Jens Spahn dreht das Rad gleich noch ein bisserl weiter: „Inzidenz 800", meldet „Bild" zu einem ziemlich doofigen Spahn-Photo (auf dem er irgend so was wie „Inzidenz ist Tod!" zu quargeln scheint), und: „Spahn schlägt Alarm für den Herbst."

Die durchschnittliche „7-Tage-Inzidenz" für die Krankheit „Tod" lag in Deutschland in den letzten siebzig Jahren ungefähr zwischen 20 und 24. Im Jahr 2020 betrug sie insgesamt 22,72. Das war das Jahr der „Jahrhundertpandemie".
Die „Inzidenz" von Arbeitsunfällen liegt in Deutschland derzeit bei etwas über 1.000. Habe ich gehört und kann es nicht belegen. Ein Lockdown der Gesamtwirtschaft ist deswegen aber nicht vorgesehen.

Wir müssen die „Berliner Zeitung" noch ein paar Dinge fragen: Was sind „bessere Impfmöglichkeiten"? Ist damit gemeint, daß die „Impfungen" „besser" werden? oder nur die „Möglichkeiten"? Daß also neben Hamburgern, Zimtschnecken und nichtalkoholischen Cocktails auch weniger gesundheitsschädliche oder sogar „wertigere" Prämien fürs Spritzenlassen geboten werden? Und wie impft man jemanden „gezielt"? Oder andersrum: Werden die Menschen bislang ungezielt geimpft? indem man die Nadeln einfach irgendwo hineinsticht und abdrückt?
„Auch der gesundheitspolitische Sprecher der CDU-Fraktion, Tim-Christopher Zeelen, und sein für die Bildungspolitik verantwortlicher Kollege Dirk Stettner setzen auf freiwillige Impfangebote für Schülerinnen und Schüler ab dem zwölften Lebensjahr. ‚Das würde Eltern wie auch Lehrkräften ein Stück mehr Sicherheit geben und auch den Präsenzunterricht sicherer machen. Wir schlagen mobile Teams vor, die in unseren Schulen Impfungen anbieten.'"
Nun wissen wir immerhin, daß eine CDU-Fraktion einen „gesundheitspolitischen Sprecher" hat. Und einen „bildungspolitischen" noch dazu. Ich bin versucht, zu fragen, was die beiden Burschen unter „Gesundheit" und „Bildung" verstehen.

„Niemand wird in Deutschland gegen seinen Willen geimpft. Auch die Behauptung, daß diejenigen, die sich nicht impfen lassen, ihre Grundrechte verlieren, ist absurd und bösartig. Lassen Sie uns Falschnachrichten und Verschwörungstheorien gemeinsam entgegentreten." (Kretschmer, sächsischer Ministerpräsident, 5. Mai 2020)

„Lassen Sie es mich so formulieren: Impfen ist Nächstenliebe. Es geht nicht nur um uns selbst, sondern es geht um uns alle. Wir werden im Herbst erleben, daß die Zahlen steigen. Und dann ist klar, daß diejenigen, die genesen sind, die getestet sind oder die geimpft sind, weniger Einschränkungen haben werden als die anderen. Das ist auch vollkommen klar. Das ist in einem Rechtssystem so." (Kretschmer, sächsischer Ministerpräsident, 9. Juli 2021)

Ist ein „Rechtssystem" ein System, das rechts ist?

„As I suck another throat-clenching puff into my lungs, I find myself pondering whether I am a changed person, now that I've killed a man. This ought to feel entirely new, but do I, at this moment, actually feel anything at all? When they look almost identical, how am I supposed to find a response to the shift from zapping pixels to ripping apart skin and bone?" (William Sutcliffe: „We See Everything", 2017)

Thierry Malleret: Der unsichtbare Dritte *(3. August 2021)*

In der allgemeinen Diskussion über Absichten, Ziele und die Weltgefährlichkeit des „World Economic Forum"-Führers Klaus Schwab und seines „Great Reset" werden ein paar Dinge gerne übersehen. Zum Beispiel daß Schwab dreiundachtzig Jahre alt ist und vielleicht gar nicht mehr so viele Ziele und Absichten hat, sondern (zumal angesichts seiner bekannten intellektuellen Dumpfheit) möglicherweise nur als Grußaugust herhalten muß.
Es wird auch nicht oft darauf hingewiesen, daß Schwab den „Great Reset" kaum selbst erdacht haben dürfte und das gleichnamige Manifest nicht allein geschrieben, sondern vielleicht überhaupt nicht geschrieben, sondern nur irgendwie beschirmherrt haben könnte. Bill war's wahrscheinlich auch nicht, sonst stünde sein Name auf dem Büchlein. Der dritte Mann, von dem kaum je die Rede ist, heißt Thierry Malleret.
Über den erfährt man wenig. Er ist (Co-)Autor einiger obskurer Bücher bei obskuren Verlagen, (angeblich) Doktor an (oder von) der Pariser „École des hautes études en sciences sociales", bei der es sich wohl um eine sehr elitäre und exklusive Elitennachwuchsschmiede handelt (laut „Wikipedia" „zählt sie zudem zur besten Universität von ganz Frankreich" – man weiß jedoch nicht, welche das ist). Allerdings ist auch dort nichts über ihn zu finden.
Er hat (angeblich) vier Romane geschrieben. Einer davon ist lieferbar, im französischen Original von 2013. Der Titel lautet übersetzt: „Sind die Reichen böse?", Untertitel: „Der Thriller zu den finanziellen Exzessen und den Übeln der Globalisierung". Eine kurze Inhaltsangabe des Verlags: „Ein amerikanischer Finanzier wird an Bord einer Jacht im Mittelmeer ermordet. Kurze Zeit später werden auch mehrere Investmentfondsmanager unter überraschenden Umständen getötet. Gibt es einen Zusammenhang zwischen dem Verschwinden von Personen und den Forderungen einer Anti-Globali-

sierungsgruppe? Oder handelt es sich eher um eine interne Abrechnung, die von Gier und Fehlverhalten bestimmt ist? Lou, eine junge Journalistin, und Enguerrand, einer ihrer Freunde, ein Neurowissenschaftler, ermitteln in der geheimnisvollen Welt der Hedgefonds. Die Ermittlungen führen sie von Genf nach London und Chamonix, vor dem Hintergrund von Morden, Verschwinden, Haß und Verrat an der Liebe." Es handle sich bei der Schwarte um einen „getimten, atemlosen Thriller. Blitzschnelle Drehungen und Wendungen." Nun gut, dies sagt ein Übersetzungsprogramm, und ähnlichen Quark kennt man von deutschen Schundverlagen zur Genüge.

Aber jetzt wird's interessanter: „‚Sind die Reichen böse?' ist eine wahre Geschichte über die Auswüchse des Finanzwesens und das Versagen der Globalisierung." Ist Malleret vielleicht ein heimlicher Globalisierungsgegner, der sich als verschwörerische Laus in den Pelz von Klaus Schwab gesetzt hat, um dessen Pläne zur Versklavung der besitzlosen 99 Prozent zu sabotieren und nebenbei mit „Schlüsselromanen" Vorlagen für umstürzlerische Verschwörungstheorien zu liefern?

Wer weiß, aber augenscheinlich eher nicht: „Thierry Malleret", vermeldet der Verlag weiter, „ist Autor des ‚Monthly Barometer', eines weltweit verbreiteten Newsletters mit Analysen und Prognosen. Er hat bereits mehrere Krimis (unter einem Pseudonym) sowie wissenschaftliche und populäre Werke veröffentlicht. Er war mehrere Jahre in der Finanzwelt tätig, bevor er die Leitung des berühmten Jahrestreffens in Davos übernahm. Seitdem hat er mehrere Unternehmen gegründet.

Hoppla! Die „Leitung" also des „berühmten Jahrestreffens in Davos"? Und was tut dann Herr Schwab – außer seinen Auftritten als Grußaugust und Parodist einer schwäbisch-englischen Rudimentärsprache?

Die Webseite des „Monthly Barometer" („relevant für alle, gelesen von den Einflußreichen") erinnert auf den ersten Blick so stark an den „Auftritt" des WEF, daß man den Laden für eine Unterorganisation des Oligarchenpolitbüros halten könnte. Oder eine Überorganisation? Jedenfalls handelt es sich dem Eindruck der Reklame nach ebenfalls um eine Art Elitensekte. Deren nächster „Gipfel der Geister" („Summit of Minds") findet übrigens im September in Chamonix statt. Nach Davos ist's von da nicht arg weit.

Das gilt nicht nur räumlich. Unter „Unsere neuesten Bücher" verzeichnet das „Monthly Barometer" genau zwei: das bekannte „Great Reset"-Pamphlet von Schwab/Malleret und „10 Good Reasons to Go For a Walk" von Thierry & Mary Anne Malleret (Gattin, daher höflicherweise als zweite genannt) mit einem Vorwort von Klaus Schwab. Eines der Rituale der Sekte sind offenbar sogenannte „Walkshops", bei denen im Schlendern „gearbeitet" und für „Wellbeing" gesorgt sowie die „Macht der Natur" gespürt wird.

Mary Anne ist „Director" der „Geistergipfel", Thierry Gründer und „Managing Partner" des ganzen Ladens. Seine Biographie bleibt auch hier schwammig: Der Sechzigjährige habe „Jahrzehnte einmaliger professioneller Erfahrung im Investmentbanking" und

als „Chief Economist and Strategist" einer wichtigen russischen (!) Investmentbank gewirkt. Außerdem war er (wohl kürzer – so viele Jahrzehnte bleiben ja nicht mehr) an einer „Investment-Boutique für ultra-high net-worth individuals, an diversen „Think-Tanks und Akademia" beteiligt und diente drei Jahre „im Büro" des französischen Premierministers (nicht zu verwechseln mit dem Staatspräsidenten) Lionel Jospin.
Der Rest ist weitgehend Reklamebla: Er war hier und da elitär-führerisch tätig und „spricht auf der ganzen Welt mit führenden Agenturen". Außerdem sitzt er „in einer Vielzahl von Beratungsgremien", aber das tun wir schließlich alle, nicht wahr? Nebenbei schwafelt er gerne schwammiges Zeug, gibt sich naturburschig und ist offenbar ein begabter Schönfärber.
Malleret hat weder einen deutschen noch einen englischen und auch keinen französischen Eintrag im „Wikipedia"-Blog; auf englisch erfährt man immerhin, er sei „economist", über das „Monthly Barometer" gibt es jedoch kein Wort. Das Schweigen könnte systemisch bedingt sein: „Wikipedia"-Mitgründer Jimmy Wales ist einer der zwölf „Welt- und Industrieführer", die als Kommandeure des „Young Global Leaders"-Programms bestimmen, wer die Geschicke des Planeten Erde und seiner Bewohner in der Zukunft im Sinne des WEF lenkt. Es ist daher nur logisch, daß in dem Blog über ein paar knappe, propagandistische Beweihräucherungen hinaus zu dem ganzen Komplex WEF keine wirklichen Informationen zu finden sind.
Nun ist es bei den „Weltführern" („global leaders") des WEF, ob „young" oder nicht, durchaus üblich, daß sie sehr plötzlich einer Kaderschmiede dieser Oligarchenweltregierung entschlüpfen und als Staatenlenker oder Milliardenausbeuter ins strahlende Licht der planetarischen Aufmerksamkeit geschossen werden (vgl. Baerbock, Macron, Barroso, Kurz, Blair, Merkel, Spahn u. v. a.). Aber auch hier findet sich keine Spur von Herrn Malleret.
Doch, eine (scheinbar) kleine: ein „Global Risk Network", dem er als „Senior Director" vorsteht (oder einer anderen Quelle zufolge bis 2007 vorstand) und das sich mit Risiken wie „Klimawandel, Ungleichheit und geopolitischen Spannungen" … nun ja, beschäftigt. Das ist freilich wichtig, vor allem weil die Mitglieder des WEF diese Risiken zu einem sehr großen Teil selbst in die Welt gebracht beziehungsweise in den riskanten Bereich hinein verschärft haben. Da bietet es sich doch geradezu an, sie als Vehikel für noch mehr Profit, Kontrolle und Macht einzusetzen, indem man mit schmetternder „Wir alle!"-Rhetorik die Lösung sämtlicher Probleme auf einen Schlag bereitstellt: die finale, totale Ungleichheit, ein nagelneues, maschinengeneriertes Idealklima und die Lösung aller geopolitischen Spannungen durch Umstellung des Gesamtplaneten auf das chinesische Modell der Menschenhaltung.
Ach so, Herausgeber von Mallerets Globalisierungsthriller „Sind die Reichen böse?" ist übrigens das französischsprachige Genfer Verlagshaus Slatkine, gegründet 1964 von Michel-Edouard Slatkine und spezialisiert auf Nachdrucke alter Wörterbücher der fran-

zösischen Sprache (etwa des zehnbändigen Klassikers von Frédéric Godefroy), umfangreicher Werkausgaben sowie Zeitschriften aus dem 17., 18. und 19. Jahrhundert. Der fünfundachtzigjährige Slatkine sieht Klaus Schwab entfernt ähnlich und ist der Enkel von Mendel Slatkine. Dieser wiederum, Sohn eines Rabbiners aus Rostow am Don, war dort im Versicherungsgeschäft reich geworden, mußte jedoch 1905 vor den von der Geheimpolizei des Zaren organisierten antisemitischen Pogromen in der Gegend fliehen und kam über Berlin und Zürich nach Genf. Nach 1914 verlor er einen Großteil seines Vermögens und mußte das einzige verkaufen, was er noch besaß: seine geliebte Bibliothek. Er gründete ein Antiquariat und 1918 eine Buchhandlung. Heute ist daraus ein Konzern mit vielen Verlagen, Vertrieb, Druckereien, Läden, einem „literarischen Café" und anderen Unternehmungen geworden.

Nicht von Mendel (der mit Lenin bekannt war), sondern von seinem Vater lernte Michel-Edouard Slatkine, was im Leben zählt: „Mein Vater hat mir erklärt, was Geld ist. Er sagte mir, es sei die Bedingung für meine Freiheit."

Das paßt ganz gut ins Jahr 2021, in dem es neuerdings zwei Freiheiten gibt: die Freiheit, ausgebeutet zu werden und zu konsumieren (Bedingungen: regelmäßige Spritzung und absoluter Gehorsam), und die Freiheit, auszubeuten und auf alle gesetzlichen, sozialen, politischen, moralischen, ethischen und sonstigen Regeln zu pfeifen. Deren Bedingung ist nach wie vor die Verfügung über sehr große Mengen Geld – so große, daß sie in einer Art Kettenreaktion von selbst exponentiell weiterwachsen.

Das ist aber alles nicht so wichtig. Neben Thrillern und „Reset"-Klimbim hat Malleret auch noch anderes geschrieben, was man zum Beispiel im Amazon-Sortiment nicht findet. Mit der Rüstungs- und Militärpropagandistin Murielle Delaporte, u. a. tätig für die einschlägige Webseite „Breaking Defense", verfaßte er 1991 ein Werk mit dem (übersetzten) Titel „Die Rote Armee im Angesicht der Perestroika". Man fragt sich unwillkürlich, wie ein Investmentbanker in solche Kreise gerät – aber halt, es war doch eine russische Bank, für die er tätig war, und zwar eine der größten privaten: die 1990 gegründete Alfa-Bank, als deren politischer Agent und Erfüllungsgehilfe gegen die derzeit amtierende russische Regierung übrigens ein Mann namens Alexei Nawalny gilt, der auch in Deutschland eine gewisse Prominenz genießt. Man weiß nicht genau, wann Malleret dort schuftete. Wahrscheinlich aber erst nach dem Erscheinen des Buchs, nach dem Augustaufstand in der UdSSR 1991 und nach deren „Auflösung" zu Silvester desselben Jahres. Danach nämlich begann unter Boris Jelzin der ruinöse Ausverkauf des sowjetischen Volksvermögens, der unheilvolle Aufstieg der vom Westen hofierten Oligarchen und wohl auch die investmentbankerische Karriere von Thierry Malleret.

Der schrieb auch über diese Epoche: 1992 folgte „Conversions of the Defense Industry in the former Soviet Union", 1999 „What loaded and triggered the Russian Crisis?", dazu zwei Thriller unter dem entzückenden Pseudonym „Milton Peel": 1996 „La mon-

tage caucasien“ und 1999 „La roulette russe“. Letzteres muß nicht unbedingt mit Rußland zu tun haben, das vorletzte hat eher nicht mit dem Kaukasuskrieg zu tun.
Wie sehr an der schmutzigen russischen Episode nach 1991 Klaus Schwabs Wirtschaftsführerkreis (der sich 1987 von „European Management Forum“ in „World Economic Forum“ umbenannt und damit ganz neue Ansprüche formuliert hatte) beteiligt war, wissen wir leider nicht im einzelnen. Das WEF verrät in seiner „History“ immerhin, daß zum Ende des Davoser Treffens 1991 die Welt-Business-Führer einen Brief an den neugewählten Präsidenten der Russischen Föderation, Boris Jelzin, aufsetzten. Klaus Schwab unterzeichnete das sechsseitige Dokument, einen 12-Punkte-Plan zu einem Umbau des Landes, den man ohne große Ironie als „Great Reset“ bezeichnen könnte.
Die gehorsame Umsetzung dieser WEF-Vorgaben machte Rußland zu einem Eldorado der Raffgier und der von Schwab so geliebten „schöpferischen“ Zerstörung. Mafiosi, ausländische „Heuschrecken“, Banken, Investoren und frischgebackene Oligarchen rissen sich unter den Nagel, was sie im orgiastischen Karneval der „Privatisierungen“ grabschen konnten. Für die Bevölkerung endete der Ausverkauf in einem historischen Desaster mit explodierender Armut und bis Ende 1992 auf das Achtzehnfache gestiegenen Lebensmittelpreisen. Das Fleddern ging trotz Protest und Widerstand von Volk und Parlament ungehindert weiter. Der ansonsten wegen Herzschwäche und Wodka weitgehend ausgeschaltete Jelzin löste den Volkskongreß und den Obersten Sowjet auf, die wiederum ihn für abgesetzt erklärten. Der Aufstand gegen die Raubzüge der „Privatisierer“ entlud sich in bürgerkriegsähnlichen Straßenkämpfen, bis sich am 4. Oktober 1993 das Militär (die erwähnte „Rote Armee im Zeichen der Perestroika“) einschaltete und mit der „Erschießung des russischen Parlaments“ für Gehorsam beim weiteren „Reset“ sorgte.
Allerdings errangen Jelzins Gegner im neugeschaffenen Doppelparlament aus Duma und Föderationsrat sofort wieder die Mehrheit und sorgten für eine Amnestie für die Widerstandskämpfer von 1991 und 1993. Die Verschleuderung des restlichen Volksvermögens konnten sie aber nicht verhindern, obwohl Jelzins Partei bei der folgenden Wahl eine weitere verheerende Niederlage erlitt und die Absahner befürchten mußten, daß seine Abwahl bei der Präsidentenwahl 1996 ihre Plünderungskampagne beenden würde.
Als sich das WEF Anfang 1996 in Davos versammelte, mahnte Führer Schwab deshalb: „Da die Globalisierung ihre Wirkung weiter entfaltet, sind dringend innovative Maßnahmen nötig, um den wachsenden Widerstand dagegen einzudämmen!“ Die Business-Führer der russischen Delegation, in Panik vor einem neuen Kommunismus, stimmten dankbar zu und heulten vor Erleichterung, als sich Bankiers, Finanzmagnaten, Mafiosi und Oligarchen zusammentaten und einen nie dagewesenen Propagandafeldzug finanzierten und organisierten, mit dem es gerade noch so gelang, den schwerkranken Präsidentendarsteller im Amt zu halten. Und wieder ging das Fleddern und Plündern hemmungslos weiter. Als der von Jelzins Beratern als „neues Gesicht“ eingesetzte junge

Ministerpräsident Kirienko im Sommer 1998 vorsichtig auf die Notbremse treten und eine Haushaltssanierung angehen wollte, knurrten die „großen Kapitalgruppen" kurz auf, und schon schmiß ihn Jelzin hinaus. Ebenso wie bald darauf den Nachfolger Primakow, der (vielleicht versehentlich) nicht verhindert hatte, daß Staatsanwälte einer ganzen Reihe von Korruptionsfällen nachgingen, die in Jelzins unmittelbares Umfeld (die sprichwörtliche „Familie") hineinreichten. Auch dessen Nachfolger wurde nach fünf Monaten gefeuert und – da waren nun wohl die Puppenspieler, an deren Fäden Jelzin schon acht profitträchtige Jahre herumzappelte, selbst etwas unvorsichtig – durch den Geheimdienstchef Wladimir Putin ersetzt.

Eines der Mottos des WEF lautet übrigens „Committed to Improving the State of the World". Auf deutsch heißt das: Man engagiert sich für die Vervollkommnung des Weltstaats. Doch, heißt es. Um welchen Weltstaat es geht, wird nicht verraten, weil wir das ja ohnehin wissen.

Ein letztes Mal zurück zu Thierry Malleret: Dessen verschwommene „Biographie" findet sich seit 2010 auch auf einer entschieden widerwärtigen Militär- und Rüstungswebseite namens „Second Line of Defense" (Untertitel: „Wir liefern Fähigkeiten für den Frontkämpfer"). Warum sie da steht und was Malleret mit diesen Leuten zu tun hat – nun ja, das wissen wir (mal wieder) nicht. Wollen wir es wissen? Dann buchen wir ihn vielleicht mal als Redner.

Mallerets zweites Pseudonym lautet „Camille Malsant". Wörtlich: „kranke Kamille". Wovon der unter diesem Namen erschienene Roman „Alerte aux fous de Dieu" (Untertitel „Die Abraham-Connection") wohl handelt?

Das letzte Wort überlassen wir ihm selbst: „Ich betrachte mich nicht als Führer." Na gut, vielleicht ist der Mann ja ganz harmlos.

Potzblitz! Kinderwitz! *(7. August 2021)*

Damit Propaganda wirkt, muß sie funktionieren wie ein Nieselregen im August, dem man selbst mit Regenschirm nicht entgeht, samt Sturmintermezzo. Sie muß im kleinen wie im großen immer und überall da sein, das Leben auskleiden und durchdringen und allgegenwärtig ihre Sporen verbreiten. Da sind vor allem die wenigen Bereiche wichtig, in denen es noch nicht ständig direkt um „Corona" geht.

Das heißt: das Alltagsleben. Da findet „Corona" nur von außen statt: per Zeitung und Fernsehen, per Internet und Mahnung aus dem Bekanntenkreis, sich doch „impfen" zu lassen, damit das „normale Leben", das es seit eineinhalb Jahren nicht mehr gibt, „wiederkommt". In diesem Alltagsleben ist man gesund oder wird krank, ganz normal, wie immer. Hauptsache: nicht „Corona".

Kinder zum Beispiel werden, je jünger sie sind, bis zu zwanzigmal pro Jahr krank, erkältet, wie man früher sagte. Beteiligt sind Rhino-, Corona-, RS- und sonstige Viren, man

weiß oder wußte es nicht genau. Der Nachteil war, daß Kindern ständig die Nasen liefen und sie hin und wieder husteten, ab und zu auch mal drei Tage mit Fieber im Bett lagen. Der Vorteil war, daß sie dann später, als Jugendliche und Erwachsene, dank einem gut ausgebildeten Immunsystem nicht so leicht krank wurden. Es gab auch schwere Krankheiten. Ich erinnere mich an einen damals neunjährigen Freund, der ungefähr 1972 zwei Wochen lang mit Grippe im Bett lag. Ich erinnere mich an „Scharlachkinder“, an deren Schulbank man sich in ihrer Abwesenheit nicht setzen durfte. Das kam vor; wir hatten Masern, Mumps und Windpocken. Ich hatte die Windpocken nicht, als einziger in der ganzen Schule. Die Ärztin mutmaßte: weil ich auf die Pockenimpfung als Kleinkind so heftig reagiert hatte. Man weiß es nicht. Man weiß: Als Kind krank zu werden, hilft, als Erwachsener gesund zu bleiben.
Nun haben wir „Corona“. Das ist die erste Erkältungskrankheit der Menschheitsgeschichte, an der Kinder nicht erkranken dürfen, weil … nun, sie dürfen es nicht. Sie erkranken daran ja auch gar nicht. Aber sie müssen dagegen geimpft werden. Weil das so ist. Streng genommen ist „Corona“ keine Krankheit, sondern eine seit Ewigkeiten bekannte Sorte Virus, die unter ungünstigen Umständen Halsweh auslösen kann. Kindern ist das egal. Für alte Menschen, die schwer krank sind, kann es problematisch sein. Konnte es schon immer. Fast alle Menschen, die zu alt sind, um an etwas anderem zu sterben, sterben an Lungenentzündung, und nicht selten geht dieser (meist bakteriellen) Lungenentzündung eine Infektion mit Coronaviren voraus. Früher nannte man das „Altersschwäche“. Jetzt kennt man Ursachen, aber das ändert: nichts.
Das ist der Lauf der Dinge, vor allem im Herbst und Winter.

Zurück zur Propaganda. Dabei geht es vor allem darum, Dinge, die man weiß, aus dem Hirn und dem Bewußtsein zu löschen und sie durch neue „Inhalte“ (für Ältere: „Content“) zu ersetzen. Zum Beispiel: daß Kinder jetzt nicht mehr krank werden dürfen.

Zur Zeit werden viele Kinder krank. Das ist für diese Jahreszeit ungewöhnlich. Aus Australien, Neuseeland, Israel und anderen Ländern hört man, daß dort die Krankenhäuser voll sind mit Kindern, die an Infektionen mit RS-Viren erkranken – und zwar schwer –, weil ihr Immunsystem diese Viren nicht abwehren kann, weil es sie nicht kennt. Man nennt das wissenschaftlich „Immunity Debt“: Die Kinder hatten eineinhalb Jahre lang keine Gelegenheit, krank zu werden und ihr Immunsystem auf die Erreger zu trainieren, und jetzt werden sie schwer krank.
Auch hierzulande übrigens.
Jetzt ist das Problem: Man muß das vertuschen, weil sonst der Lockdown – insbesondere die Sanktionen gegen Kinder – in Mißkredit gerät. Man muß es vertuschen, weil sonst „Impfungen“ für Kinder fragwürdig erscheinen.
Und da kommen die Medien ins Spiel: Die „große“ Geschichte wird Tag für Tag erzählt, in Statistiken, Zahlen und Tabellen, aber wichtig ist der Alltag. Der findet im Lo-

kalen statt, deswegen muß das Lokale „bespielt" werden – den großen, allgemeinen Quark liest, sieht und hört doch sowieso niemand mehr, der an den Kult nicht glaubt. Im Lokalen lassen sich aber noch Manipulationsgewinne verzeichnen, eventuell.

Und damit sind wir bei Martina von Poblotzki, die wahrscheinlich wirklich so heißt und „Neonatologin" ist. Die Neonatologie „befaßt sich als ein Spezialbereich der Kinder- und Jugendmedizin mit den typischen Erkrankungen von Neugeborenen und mit der Behandlung von Frühgeborenen", ist also sicherlich genau die richtige Fachschaft für Erkältungskrankheiten. Frau von Poblotzki (Assoziationen zu „Potzblitz" lassen sich nicht unterdrücken, drum seien sie hiermit abgehakt) gab der „Süddeutschen Zeitung" ein Interview, das am 16. Juli in deren „München"-Teil abgedruckt wurde und ein sehr typisches Beispiel für die oben beschriebene Propaganda „von hinten in der Breite" ist. Das Interview fällt dadurch auf, daß darin so gut wie jeder einzelne Satz falsch ist – eine wichtige Grundvoraussetzung solcher Propaganda: Die Wirklichkeit darf nicht einmal durch ein Löchlein hineinluren ins Gebälk des Dogmas.

Auf die erste Frage, ob es sein kann, daß gerade viele Kinder krank sind, antwortet Frau Poblotzki: „Ja, unsere Infekt-Sprechstunden sind voll. Die Kinder kommen wieder mit mehr Infekten zu uns, vor allem die kleinen."

Da wird man schon hellhörig: Seit wann erkälten sich Kinder zu Beginn der Sommerferien? Was ist eine „Infekt-Sprechstunde"? Aber wir stellen die Bedenken zurück und lesen weiter: „Woran liegt das? Schwänzen die Schüler und brauchen Atteste?" Dazu weiß Frau Poblotzki: „Die Kinder und Jugendlichen haben wirklich Infekte. Das ist wohl insgesamt mit den Kita- und Schulöffnungen in Verbindung zu bringen. Man merkt auch, daß die Eltern wieder weniger von zu Hause aus arbeiten, es gibt mehr Kontakte."

Ja, Pech. Leider hat Frau Poblotzki nie davon gehört, daß „Kontakte" das einzige sind, was Kindern ein funktionierendes Immunsystem verschaffen kann. Daß sie nun „wirklich Infekte haben", ist eine ganz normale Folge davon, daß sie diese Infekte wegen der Sanktionen nicht dann haben konnten, als sie sie normalerweise gehabt hätten, und daß die Infekte aufgrund der „Immunity Debt" nun schlimmer ausfallen, siehe oben.

Die SZ greift diese seit Jahrhunderten bekannte medizinische Tatsache schlauerweise auf und entlarvt sie als „Verschwörungstheorie": „Bei Eltern geht das Gerücht um, daß man sich jetzt besonders leicht etwas einfängt, weil der Körper durch das Maskentragen und Abstandhalten nicht mehr auf Keime eingestellt ist. Stimmt das?"

Ja. Vor allem wenn „Abstandhalten" langfristiges Wegsperren bedeutete, ohne Kontakt zu irgendwas außer dem Teller, der vor der Tür abgestellt wurde.

Oder nein, weil diese simple Lebensweisheit jetzt ja nicht mehr stimmen darf und deshalb ein „Gerücht" sein muß. Frau Poblotzki antwortet ganz im Sinne des „Corona"-Kults: „So schnell vergißt das Immunsystem zum Glück nicht. Deshalb reagiert der Körper auch mit Fieber."

Falsch: Er reagiert mit Fieber, weil das Immunsystem vergessen hat.

„Die Kinder können Erkältungsinfekte ja auch ganz gut verkraften. Daß sie nun vermehrt krank sind, ist ein ganz normaler Vorgang, wenn man am Leben teilhat. Tatsächlich aber haben uns die Corona-Regeln gezeigt, wie gut Hygiene funktioniert."
Falsch: Die „Corona"-Sanktionen haben gezeigt, daß übertriebene Hygiene zum Beispiel dazu führt, daß plötzlich mitten im Sommer massenweise Kinder erkranken. Siehe oben. Frau Poblotzki äußert offenbar Glaubenssätze, ohne zu bemerken, daß sie ihren eigenen Aussagen widersprechen. Das ist für religiöse Fanatismen typisch.
Die SZ, die ja mit Journalismus seit Jahren nichts mehr am Hut hat, geht darauf nicht ein, sondern „fragt" weiter: „Wie gehen Sie mit Ihren jungen Patienten um, die mit Symptomen kommen wie bei einer Covid-19-Erkrankung?"
(Also: mit leichtem Husten, vielleicht Schnupfen, eventuell etwas Fieber.)
Nun endlich wacht Frau Poblotzki auf: „Wir machen bei kranken Kindern Corona-Tests. Denn ja, wir können anhand der Symptome, außer vielleicht bei Geschmacks- und Geruchsverlust, die Erkrankungen oft kaum unterscheiden."
Aber ja! Es wäre ja furchtbar, einen Schnupfen (gegen den es keinen Impfstoff gibt) nicht von einem Schnupfen (gegen den es einen Impfstoff gibt, für den die Bundesregierung Milliarden an Steuergeldern bezahlt hat) unterscheiden zu können. Fun Fact: der „Geschmacks- und Geruchsverlust" ist das typische Merkmal einer „Variante", die seit Weihnachten 2020 ausgestorben ist.
Abgesehen davon ist es selbstverständlich äußerst sinnvoll, kranke Kinder auf genau ein einziges Virus zu testen, von dem niemand weiß, was es bewirkt, und zwar mit einem Test, von dem jeder weiß, daß er nichts bedeutet.
Nun aber gerät Frau Poblotzki völlig aus dem Gleis vernünftigen Denkens: „Wenn wir viele Testungen haben, dann ist das ein Hinweis, wie viel Menschen wirklich prozentual betroffen sind."
Das ist absoluter Bullshit, und das weiß Frau Poblotzki hoffentlich selbst. Niemand auf diesem Planeten ist „prozentual betroffen", und je mehr Testungen es gibt, desto weniger wissen wir, weil nachweislich 99 Prozent der Getesteten gesund sind und bleiben und die Tests sowieso Quatsch sind und bei Gesunden absolut nichts nachweisen können. Kleine Einschränkung: 99,9 Prozent der positiv Getesteten sind gesund, müssen aber dennoch in Quarantäne – insofern hat Frau Poblotzki recht: Millionen Menschen sind von einer Quarantäne betroffen, die weder Sinn noch Zweck hat.
Das ist alles noch nicht alles. Frau Poblotzki steigert sich nun völlig in die Ideologie der „Corona"-Verschwörungsmythen hinein: „Jetzt steigen ja wieder die Inzidenzen …"
(Aber ja! Wer testet, hat „Inzidenzen". Wer nicht testet, hat keine! Hallo Kindergarten!)
„… wegen Urlaubsrückkehrern oder Fußballfans." (Muß man einen solchen Schwachsinn noch kommentieren? Eher nein.) „Wer allerdings doppelt geimpft ist, muß sich weniger Sorgen machen, wenn ihm die Nase läuft."

Das heißt: Wem jetzt die Nase läuft, obwohl er sich als vollkommen gesunder Mensch bereits modRNA- oder Vektorzeug ins Blut spritzen hat lassen, das dann Spike-Proteine erzeugt, die Thrombosen, Schlaganfälle, Herzinfarkte, Rückenmarksentzündungen, Herzbeutelentzündungen, Organschäden und andere Krankheiten auslösen, der könnte das Glück haben, nicht an Covid-19 erkrankt zu sein?
Hier denken wir eine Sekunde nach und widerstehen dem Impuls, Frau Poblotzki in eine Irrenanstalt einliefern zu lassen. Weil es Irrenanstalten zum Glück nicht mehr gibt.
Für das kommende Schuljahr (im kommenden Lockdown) „erwartet" die Dame folgendes: „Ich bin sehr skeptisch, ob und wie Präsenzunterricht wieder stattfinden kann. Dabei wäre das so wichtig für die Schüler."
Ein alter Trick; man nennt das, glaube ich, „Krokodilstränen". Wozu diese Täuschungstaktik dient, erweist sich im nächsten Satz: „Ich würde jetzt den Fokus beim Impfen auf sie legen, damit nicht nur der Club-Besuch, sondern auch der Schul-Besuch im Herbst möglich wird."
Wir erinnern uns kurz: Der Schulbesuch wurde verboten, obwohl nicht ein einziger Schüler mehr als sonst wegen einer Infektion mit einem Coronavirus erkrankt war. Der Schulbesuch wurde verboten, obwohl die Verantwortlichen wußten, daß sie die Schüler damit dem Risiko einer schweren Erkrankung aussetzten.
„Im Herbst", meint Frau Poblotzki, „sollte man nach dem Impfstatus fragen und Testergebnisse anders berücksichtigen."
Im Herbst, meine ich, sollte man kranke Kinder ins Bett stecken. Und hoffen, daß der Schwachsinn, den kriminelle Propagandisten der Pharmaindustrie verbreiten, nicht allzu viel Schaden anrichtet.
Die SZ kämpft in der gegenteiligen Richtung vor: „Was sagen Sie Eltern, die noch zögern beim Impfen ihrer Kinder, weil sie Nebenwirkungen befürchten?"
Und Frau Poblotzki – und damit ist sie, wenn es ans Abrechnen geht, dran – antwortet: „Nach der ersten Spritze geht es den meisten Jugendlichen super, nach dem zweiten Mal können durchaus für ein bis drei Tage Kopfschmerzen, Müdigkeit und Übelkeit auftreten. Auch deshalb ist es besser, jetzt zu impfen als im neuen Schuljahr, wenn die Kinder wieder mehr gefordert sind."
Zwischendurch eben deshalb festgehalten: Menschen Kopfschmerzen, Müdigkeit und Übelkeit zuzufügen, ist: Körperverletzung. Und als solche strafbar.
Frau Poblotzki rät abschließend vor einer Urlaubsreise zur Spritzung: „Auf jeden Fall. Wir wissen, daß gerade Jugendliche schon nach der ersten Dosis gut geschützt sind."
(Nein, das ist gelogen. Es gibt dazu keinerlei Studien, Daten oder sonst irgend etwas. Es ist frei erfunden. Zudem müssen Jugendliche nicht vor Covid-19 geschützt werden, weil sie davon gar nicht bedroht sind.)
„Außerdem: Keine Impfung verfällt. Die Zeitfenster zwischen erster und zweiter Impfung können zwischen drei und sechs Wochen gewählt werden. Je früher man

anfängt, desto schneller ist die Sache abgeschlossen, die Kinder sind geschützt – und damit auch die Gemeinschaft, die Mitschüler und Lehrer."

Daß dies eine infame und bösartige Lüge ist, weiß Frau Poblotzki vermutlich selbst. Ich dokumentiere sie hier, damit es nicht hinterher heißt, sie habe das nie gesagt. Sie hat es (laut SZ) gesagt. Noch mal kurz: Kein Kind muß vor einem Coronavirus geschützt werden. Jedes Kind muß davor geschützt werden, modRNA injiziert zu bekommen, um Spike-Proteine zu produzieren. (Und ganz prosaisch: Selbst das Bundesgesundheitsministerium hat sich inzwischen von dem Unfug verabschiedet, die Spritzung schütze andere. Mitschüler haben dasselbe Nullrisiko, an Covid-19 zu erkranken, und Lehrer erkranken in Deutschland aufgrund ihrer Kontakte mit infizierten Kindern und der dadurch stattfindenden „Schulung" ihres Immunsystems sowieso sechzig Prozent seltener an Erkältungskrankheiten als andere Menschen.)

Frau Poblotzkis letzten Satz merken wir uns: „Jede Impfung zählt."

Ja. Für die Impfstoffhersteller. Gut gemacht, Frau Poblotzki. Leider nicht gut genug. Es ist immer problematisch, jemanden als „dumm" zu bezeichnen. Einerseits ist Dummheit die Voraussetzung jeder Erkenntnis, andererseits ist „dumm" eine Beleidigung. Vermuten wir also, daß Frau Poblotzki schlicht unwissend ist, unterstellen wir ihr keine (böse) Absicht. Aber behalten wir sie im Auge, weil: So „unwissend" sollte jemand nach einem (irgendwie gearteten) Medizinstudium auf keinen Fall sein.

Ach so: Und für eine so dumme und billige Propaganda sollte sich gerade eine Medizinerin gerade in diesen Zeiten nicht hergeben. Das kann man aber nicht studieren, nur merken.

Die Revolution der Dinge *(9. August 2021)*

In dem Wahn der Gesund- eben nicht (vorübergehend) -machung oder -werdung des Menschen, sondern seiner ideell unendlichen Gesunderhaltung schlägt sich die Scham über unsere individuelle Einzigkeit und Einmaligkeit nieder: Der kaputte Akku wird durch einen im Prinzip identischen neuen ersetzt, ist also unsterblich, indem er keine Individualität besitzt. Das gilt in der Welt der Dinge, in der wir leben, prinzipiell für so gut wie alles: Auch das Smartphone ist unsterblich; es wird sogar mit jedem neuen Modell, das ein altes ersetzt, irgendwie „besser", mindestens „fortgeschritten", aber die „Inhalte" (Daten aus der Cloud) bleiben dieselben. Das Neue ist nicht neu, es ist auch nicht das Alte, es ist ewig.

Daß sich der moderne Mensch vor seinen Produkten schämt, weil er nicht (wie sie) gemacht, sondern auf sehr schmutzige Weise entstanden und geworden ist, weil er nicht wie sie simpel, perfekt, monofunktional, sondern undurchschaubar und unergründlich ist, stellte Günther Anders bereits 1956 fest. Heute nun schämt sich der Mensch vor seinen Computern, Smartphones, seiner Software, die zwar anfällig sind für Fehlfunktionen, ausgelöst durch sogenannte „Viren". Diese Fehler lassen sich jedoch durch „Updates" und „Patches" wenigstens vorübergehend flicken: Die Dinge wachsen an den Anfechtungen und werden irgendwie immer „besser". Diesem Vorgang der technischen Einrichtung auf neue Gegebenheiten einer prinzipiell feindseligen Welt versucht sich der Mensch geradezu hysterisch anzupassen, indem er sich gegen echte Viren „impft", regelmäßig updatet und am liebsten mit implantierten Accessoires der Maschine oder mittels digitaler Flucht in die Software (den ständig und meist ohne Bewußtsein seiner absurden Implikationen zitierten „Gang ins Internet") aus der Natur befreien möchte.

Daß die wesentlichen Priester dieser seelisch kranken oder möglicherweise bereits toten „Geisteshaltung" Computerfreaks (wie Bill Gates) und Ingenieure (wie Klaus Schwab) sind, ist logisch: Sie kennen die Tücken der Maschinen und Programme, mit denen sie den Menschen und seinen Organismus verwechseln.

Was Anders nicht bedachte, ist, daß auch die ewigen Dinge sterben können, oft unbemerkt und in kleinen Schritten. So ist etwa die LED-Leuchte des Energiesparlampenzeitalters (durch die, paradoxerweise und ohne daß das jemandem auffiele, keinerlei Quantum Energie „eingespart" wird) keine identische Reinkarnation der Glühbirne, sondern nur ein Rudiment, dem viele gute Eigenschaften des „Originals" verlorengegangen sind, von der Wärme des Lichts bis zur tatsächlichen Erwärmung des erleuchteten Raums. Daß und wie viele andere scheinbar unsterbliche Dinge unbemerkt ausgestorben sind, zeigt der Erfolg des „Manufactum"-Katalogs. Was sich darin nicht findet, sind Hekatomben nützlicher, schöner, erfreulicher Produkte menschlichen Handwerks, von denen niemand mehr weiß, wie man sie herstellt. Oder wozu sie dienten – wozu sie, im Wortsinn, gut waren.

Das zeigt sich auf eklatante Weise auch in der Baukunst. Ein vor Einführung der DIN-Normen erbautes Haus beruhte auf Wissen und Fertigkeiten, die größtenteils nie schriftlich niedergelegt und auch nicht normiert wurden. Ein Haus wie unseres etwa (1907 erbaut) kann man heute noch sehr gut bewohnen, aber verstehen oder gar neu bauen kann es niemand mehr – kein Mensch auf diesem Planeten.

So läßt sich auch erklären, daß die Produkte der Baukunst – die längst keine solchen mehr ist, sondern ein industrielles Verfahren mit immer gleichartigeren und häßlicheren Erzeugnissen – nicht „besser" werden: Es könnte ja auch niemand ein „besseres" Smartphone herstellen, wenn er kein „altes" als Vorlage oder gar noch nie eines gesehen hätte. Und selbst ein Laie wie ich, der Smartphones kennt und benutzt, hätte keine Ahnung, wie eine Weiterentwicklung zu geschehen hätte.

Indem sich die Entwicklung der Dinge vom Menschen, der sie benutzt, abkoppelt, werden die Dinge zu religiösen Fetischen. Der ersehnte Schritt in die Phase, in der sich die Dinge von selbst weiterentwickeln und neue Dinge erfinden, mag einem Wahn entsprungen sein. Aber die Ungeduld, mit der die Priester und ihre Jünger diesen Schritt ersehnen, macht ihn schon jetzt in gewisser Weise real. Es geschieht, auch wenn es nicht geschieht; so ähnlich ist das heute in vielen Fällen. Auch im Falle einer Pandemie, die nur deshalb als solche existiert, weil es zuvor schon Filme und Planspiele darüber gab. Kenntlich wird der Schritt, auch wenn er in der hinter den Vorhängen des Wahns verborgenen Wirklichkeit nie stattfindet, daran, daß nicht mehr der Mensch die Dinge benutzt, sondern die Dinge den Menschen. So wie einst der Esel den Karren und der Ochse den Pflug zog: Möglicherweise hatten auch sie das Gefühl, sich sinnvoll zu beschäftigen; möglicherweise hielten auch sie sich für unzulänglich und dachten, das Schwingen der Peitsche, mit dem der Mensch sie zu mehr Leistung motivierte, sei daher legitim.

Daß der Mensch sich heute selbst „peitscht" und in unablässiger Leistungssucht seinen Körper (die imaginierte Maschine) für den imaginierten Wettbewerb optimiert, ist möglicherweise das einzige oder wesentlichste Detail, das ihn von allen anderen Lebewesen unterscheidet. Das Phänomen ist recht neu. Bis in die vierziger Jahre des zwanzigsten Jahrhunderts mußte der Mensch gepeitscht werden, um dumme, schädliche, schlimme, mörderische, selbstmörderische Taten zu begehen, die ihm selbst nichts nützten, im Gegenteil.

Das stimmt freilich nur in bezug auf die Selbstausbeutung zum Nutzen des Kapitals. Daß der Mensch die Freiheit fürchtet, sich auch ihrer schämt und sie bei der ersten Gelegenheit wegschmeißt, um in der Masse aufzugehen und dadurch das ungeliebte, das anstrengende, überfordernde Geschwister der Freiheit die Verantwortung – loszuwerden, wissen wir von jeder einzelnen der religiösen Wahnwellen, die den Planeten regelmäßig überrollen, seit es darauf eng geworden ist. Die wahrscheinlich größte, wenn auch vorläufig nicht mörderischste dieser Wellen erleben wir seit eineinhalb Jahren.

Es ist ein seltsames Kopf-an-Kopf-Rennen, das sich derzeit Anhänger mehrerer deutscher Fraktionen der Coronasekte mit unterschiedlichen Agenden liefern: die bereits überschnappenden Apartheidfanatiker sind hysterisch auf der Suche nach neuen Ideen, um Verweigerer der Genspritzen so total wie möglich vom öffentlichen Leben auszuschließen (immerhin: vorläufig nur vom öffentlichen). Die langsam heißlaufenden Lockdownfanatiker wollen so schnell wie möglich alles wieder komplett zusperren (zunächst war der Oktober im Gespräch, um die Bundestagswahl noch abzuwarten, nun ist die Rede von Mitte August, also schon in ein paar Tagen). Und die Amok-„Impfer" geraten immer mehr in Raserei, weil sie fürchten, daß sie vor dem Zusammenbruch des Narrativs nicht mehr sämtliche Kleinkinder, Schüler, Schwerkranken, Allergiker, Schwangeren usw. mittels Spritztaufe vor der ewigen Verdammnis in der Hölle retten können.

Ob der nächste Lockdown schon Mitte August „kommt" oder erst im Oktober – wir sollten uns und unsere Mitbürger immer wieder daran erinnern: Schuld am Lockdown sind nicht die, die nicht mitmachen. Schuld am Lockdown sind die, die mitmachen. Wenn keiner mitmacht, kann es keinen Lockdown geben.

Wer nicht mitmacht, erlebt das Paradoxon der Freiheit in (oder inmitten) der Unfreiheit.

Um mitzumachen, genügt es schon, die Parolen der Propaganda und die Dogmen des Kults mit- und weiterzutragen, und sei es in Form der Negation. Wer in einer Diskussion den Halbsatz „Ich leugne ja nicht das Virus, aber“ fallen läßt, affirmiert damit die Behauptung, es sei möglich, ein Virus zu „leugnen“ und es gebe eine nennenswerte Zahl von Menschen, die so etwas tun.
Damit beweist man, daß man das religiöse Dogma akzeptiert und verinnerlicht hat, daß es „Wahrheit“ ist und man die Wahrheit anerkennt – oder vielmehr: sich zu ihr bekennt. Und daß man sich schämt, das Dogma auch nur putativ in Frage zu stellen. Weil damit die Möglichkeit, es in Frage zu stellen, in der Welt ist und diese Möglichkeit nicht in der Welt sein darf, weil sie der Keim der Ketzerei ist. Falls man das Dogma tatsächlich anzweifelt, zeigt der Halbsatz immerhin an, daß man eingesehen hat, daß es nicht legitim ist, es anzuzweifeln. Das nennt man Unterwerfung.
Daß sich der Mensch schämt, ist übrigens normal. Aber sich für vernünftige Gedanken oder das Denken überhaupt zu schämen, ist krank. Und eigentlich ein Grund, sich zu schämen.

kurz dazwischen *(10. August 2021)*

Okay, wir sind jetzt also raus.[67] Keine Kultur mehr. Nicht mehr hinein in die Kultstätten der öffentlichen Bespaßung, die nur noch mit Staubfiltermasken und Abstand (unabhängig von der „Inzidenz“) besessen werden dürfen. Dort geht es sicherlich hoch her! Wollen wir das wissen, wir „Ungeimpften“? Wollt ihr (da drüben) etwas wissen von dem, was sich jenseits davon entwickelt?
Ihr werdet es (vielleicht nicht einmal) erleben.

Giftige Ratten *(11. August 2021)*

Die „Impfpflicht“ – die noch kein Impfzwang ist, dies sei aus Gründen der Präzision festgestellt – ist nun also eingeführt (soweit man verfassungs- und menschenrechtswidrige „Beschlüsse“ eben einführen kann, solange alle brav mitlaufen). Oder glaubt irgendein Jünger des notorischen Lügners und Volksverhetzers Markus Söder, daß Menschen, die zur Vermeidung ihres Verhungerns auf sogenannte „Tafeln“ angewiesen sind, es sich leisten können, sich täglich einer kostenpflichtigen Körperverletzung zwecks PCR-„Test“ zu unterziehen? Der

[67] An diesem Tag begannen die Aussperrungen von „Verweigerern“ mittels 3G/2G-etc.-Diskriminierung.

Begriff der Heuchelei reicht hierfür nicht mehr aus, es handelt sich um strafrechtlich relevante Erpressung.
Aber schon der erste Begriff ist falsch, freilich. Es gibt keine Impfung gegen die äußerst seltene und meistenteils harmlose Erkältungskrankheit Covid-19. Es gibt lediglich eine Spritzung von modRNA-Wirkstoffen beziehungsweise Vektorstoffen, die den Körper des gespritzten Menschen dazu anregen, Covid-19-Symptome zu entwickeln, und ihn weitere, teilweise noch nicht bekannte Folgeschädigungen erleiden lassen.

Auch hierbei handelt es sich also wieder einmal um eine „kognitive Dissonanz", die man als eigentliche Pandemie unserer Zeit bezeichnen könnte. Was ist das eigentlich, eine kognitive Dissonanz?
Schnell, kurz und laienhaft erklärt: Man glaubt zu wissen, daß etwas geschieht. Man sieht und hört und spürt und erlebt aber nichts davon. Beispiel: Die Zeitung meldet, in München sei eine Atombombe explodiert. Man geht auf die Straße, und alles ist normal. Da stimmt also etwas nicht. Was ist jetzt falsch, die unzuverlässige eigene Wahrnehmung oder der verläßliche Bericht?
Diese Erfahrung machen wir alle seit Beginn der „Pandemie": Da soll eine Krankheit wüten – jetzt, im August 2021, immer noch –, die unfaßbar gefährlich und tödlich ist, und zugleich kriegt man nichts davon mit. In meinem Bekanntenkreis sind laut einer (absolut unwissenschaftlichen) Umfrage aus dem März 2020 (!) viele Menschen vermutlich an Covid-19 erkrankt (die meisten wurden nie getestet). Einer davon klagte letzten Frühsommer, das sei schon ziemlich schlimm gewesen. Er sei mehrere Tage hustend und mit Fieber im Bett gelegen. Seine Lebensgefährtin, ebenfalls positiv getestet, zeigte keinerlei Symptome.
Zugleich sahen wir Bilder, und ich meine nicht die längst erläuterten und nur noch von kognitiv vollkommen Dissonanten als Waffe benutzten „Bilder aus Bergamo". Die Bilder, die wir sahen, waren ort- und zeitlos: Beatmungsgeräte, Intensivstationen, medizinisch verkleidete Menschen. Manche dieser Bilder stammten von Chemieunfällen, manche aus der Grippesaison 2018; es gab keinerlei Zuordnung, die Bilder „illustrierten" lediglich Meldungen, die nicht mit ihnen in Zusammenhang standen.
Zugleich wütete und wütet die Seuche weiter. Wir kennen sie weiterhin nur von Bildern, auf denen nichts zu erkennen ist, und Berichten von Facebook-Bots: „In meinem Bekanntenkreis sind dutzende Leute gestorben, viele leiden an Long Covid." Prüft man diese Angaben ansatzweise nach (etwa anhand von Sterbezahlen im betroffenen Gebiet), stellt sich heraus, daß sie allesamt frei erfunden, erlogen oder aufgrund von Hörensagen nachgeplappert sind.
Das geht bis ins Detail: Das RKI teilt mit, daß tausende Menschen an Covid-19 sterben. Gleichzeitig teilt das RKI mit, daß die Zahl der Atemwegserkrankungen in den „Grippesaisons" 2019/20 und 2020/21 außergewöhnlich gering war. Wer das ohne

kognitive Dissonanz verdaut, liest so regelmäßig den „Tagesstürmer“, daß sich sein Gehirn in braunen Hüttenkäse verwandelt hat.

Das ist aber nur ein Ansatz oder eine Ahnung. Die Welt, die wir kennen, kennen wir nämlich gar nicht. Sie findet möglicherweise irgendwo statt, aber was wir davon erhalten (!), ist ein Konsumprodukt namens „Nachricht“. Der moderne Mensch ist nicht mehr in der Welt, sondern konsumiert sie in der isolierten Einsamkeit per Internet, Fernsehen, Zeitung und Radio. Nichts von dem, was er angeblich erlebt, erlebt er wirklich. Er erlebt(e) nicht den Krieg gegen Libyen und Syrien; er erlebt noch nicht einmal die Menschen, die vor diesem Krieg nach Deutschland fliehen. Er erlebt auch nicht „Corona“, weil es da nichts zu erleben gibt.

Ich weiß nicht mehr, welcher Youtube-Berichterstatter es war, der inmitten der bundesweiten Paniklähmung im März 2020, als alle zitternd auf den Fernsehsofas kauerten und wußten, daß die Intensivstationen, die Krankenhäuser am Platzen und Überlaufen waren vor „Corona“-Opfern, in ein Krankenhaus hineinging und dort ein Video drehte, auf dem nichts zu sehen war außer leeren Gängen, Zimmern, Warteräumen, buchstäblich nichts! So etwas nennt man kognitive Dissonanz: Alle wissen, daß das Gesundheitssystem zusammenbricht, aber niemand sieht etwas davon, und wenn man dann sieht, daß das Gesundheitssystem im Tiefschlaf liegt, weil absolut nichts passiert, dann kann man das nicht glauben, weil man schon „das andere“ glaubt, die „offiziellen Fakten“.
Damit ist man nicht mehr in der Welt. Die Welt wird zur Anderwelt, zum Gegenstand, dem man nicht angehören kann. Die Welt ist wahlweise Narrativ (als Konsumprodukt: Iß deine „World Flakes“ oder verhungere informational!) oder Abstraktum (Zahlen, Fakten, Daten). Das „Erleben“ verengt sich auf den Konsum von vorgefertigter Unterhaltungsware, für die man bezahlt. Sobald diese „Welt“ eine gewisse Schwelle der Dominanz erreicht, verschwindet die tatsächliche Welt. Man „weiß“, daß es „Corona“ gibt, man muß es nicht sehen, spüren, hören, tasten, erleben.
Aus der kognitiven Dissonanz herausgerissen zu werden, ist ein schlimmer Schock. Er kann nicht durch Erkenntnis eintreten, weil die kognitive Dissonanz Erkenntnis sicher ausschließt. Ich erinnere mich an ein Kindheitserlebnis: Beim Holzumschichten trat ein Rattennest zutage, die Rattenmutter flüchtete, die junge Katze stürzte sich auf das Nest und fraß sechs oder sieben blinde, hilflose Rattenbabies. Meine Großtante erklärte uns, Ratten seien giftig, die Katze werde also unbedingt sterben. Die Katze hatte einen Tag lang einen sehr dicken Bauch, der bald wieder abschwoll, und erfreute sich dann weiterhin bester Gesundheit. Meine Großtante, die die Katze bis dahin gerne gestreichelt und gefüttert hatte, weigerte sich nun stur, die Katze auch nur anzuschauen. Die Katze war für sie nicht mehr existent, weil sie nicht existent sein durfte. Weil Ratten giftig sind.

Wir wissen, wie viele gläubige Nationalsozialisten (die solche meistensteils der Tat oder dem Verhalten, nicht aber der Theorie nach waren) unmittelbar nach dem 8. Mai 1945

Suizid begingen. Nicht um sich als Schuldige aus der Welt zu schaffen, sondern um die Welt, die da plötzlich daherkam und ihrer „Wahrheit“ vollkommen widersprach, wegzumachen.

Der Begriff „kognitive Dissonanz“ ist rauh und unklar. Man könnte den geistigen Zustand oder vielmehr die geistige Funktionsweise der Menschen, die im August 2021 immer noch von einer „Pandemie“, von „Infektionsrisiken“ und „Hot-spots“ (auch das gibt es noch) sprechen, die sich die Hände desinfizieren und FFP2-Staubfilter aufsetzen, sobald sie unter freiem Himmel vom Tisch aufstehen, im agnostischen Sinne auch als Leugnung bezeichnen. Der Begriff ist vorbelastet. Man sollte ihn wieder dem zuführen, was er meint: der sturen, dummen und das eigene Falschleben nicht aufgeben wollenden Nichtanerkennung dessen, was man sieht, hört, spürt, riecht, tastet und weiß, weil eine religiöse Autorität etwas anderes behauptet.

Harmloser Holocaust? *(12. August 2021)*

Ein Freund (und nach ihm noch einer so ähnlich) hat mir nach Lektüre der gestrigen Notate vorgeworfen, ich sei „bereit, für eine pfiffige Propaganda bezüglich deiner Weltanschauung dich mit dem braunen Lager zu verbünden“. (Mit diesem „Lager“ ist offenbar die „Querdenkerbewegung“ gemeint.)

Hier hängt einiges schief. Zunächst ist zu fragen, ob es die ebenfalls unterstellte „Verharmlosung des Leids der Juden im dritten Reich“ überhaupt geben kann. Eine Verharmlosung wäre (analog zur Verschlimmerung) ein – wohl sprachlicher oder argumentativer – Akt, durch den die Vernichtung der Juden Europas harmloser würde. Einen solchen sprachlichen oder argumentativen Akt kann es aus naheliegenden Gründen nicht geben. Es gibt tatsächlich nichts, was den millionenfachen industriellen Mord (man bräuchte eigentlich ein stärkeres Wort, heute, da die Literatur zum größten Teil aus – zwinker! zwinker! – humorvoller bis pfiffiger Mordbelustigung besteht) an Menschen „harmloser“ machen könnte, und das ist sicherlich auch dem Freund klar.

Die Begriffsverwirrung ähnelt der „Entfremdung“, mit der auch nicht gemeint ist, daß jemand nach diesem Vorgang der Welt – analog etwa zur Entschleierung (die auch „Apokalypse“ heißt, übrigens) – weniger fremd wäre. Sondern das Gegenteil.

Gemeint ist/war in diesem Fall aber ein von mir gezeigtes Bild, das wiederum Sprache enthält, nämlich das im vorangegangenen Eintrag.

Mit der Zeigung dieses Bilds in Zusammenhang mit der Erwähnung der neuen Maßnahmen zur „Corona-Bekämpfung“ (ein Bonmot eines Facebook-Bots, das ich zitieren muß, weil wir „Corona-Bekämpfung“ als Konzept und Anspruch so lange nicht mehr hatten und es in seiner absurd-dummen Widersinnigkeit so schön schillert wie zum Beispiel „Klima-Gegner“) sei ein Vergleich verbunden: des Leids der Juden im dritten Reich mit dem Leid der „Ungeimpften“ in Deutschland 2021 ff.

Nun weiß spätestens seit Herrn Gauweilers diesbezüglicher Richtigstellung eigentlich jeder, daß man vergleichen so gut wie alles mit allem kann: Äpfel mit Birnen, Covid-19 mit Grippe, Lauterbach mit Goebbels und den Holocaust mit dem Oktoberfest. Manchmal sind solche Vergleiche Quellen der Erkenntnis, oft nicht, manchmal tendieren sie zur Obszönität, und bisweilen kommt dabei nichts als purer Unfug heraus. Das liegt in der Natur des Vergleichsvorgangs: Salz schmeckt salzig, ein Apfel säuerlich, aber wie ein Faschismus schmeckt, ist eine Frage der Interpretation. Wer Deep Purple mit Led Zeppelin vergleicht, wird spätestens in der Disputation feststellen, daß er Deep Purple besser mit einer Maß Bier oder einem iranischen Oppositionspolitiker verglichen hätte; und wer den Holocaust mit irgendwas vergleicht, macht ihn dadurch nicht kleiner oder harmloser, sondern stellt mit jedem einzelnen Schritt erst fest, wie monströs, antimenschlich, kaputt und krank dieses ganze Unternehmen war. Nicht einmal der Vergleich der circa 60 Millionen Toten des zweiten Weltkriegs (inklusive Holocaust) mit den 130 oder 180 Millionen Hungertoten der „Corona"-Maßnahmen kann dies in irgendeiner Weise (außer numerisch) ändern: Beide Akte der Menschenvernichtung waren (oder sind) historisch und in sich so singulär, daß sie durch den Vergleich eher noch monströser werden (weil man gemeinsame Züge, aber auch Unterschiede und eine Entwicklung erkennt).
Was der Freund meinte, war eine Gleichsetzung des Vorgehens gegen die Juden mit dem Vorgehen gegen Ungeimpfte, was dazu führen könnte, daß man den Holocaust in seinem Ausmaß und seiner Bedeutung unterschätzt. Aber auch das ist ein Irrtum, weil es in dem gezeigten Bild um den Holocaust nicht geht. Der fing nicht 1938 an. Es lohnt sich, Victor Klemperers Tagebücher aus dieser Zeit mal wieder zu lesen, um die schleichende, lauernde Angst und Verzweiflung zu erahnen, die jüdische Bürger des damaligen deutschen Reichs angesichts der schleichenden, lauernden Veränderungen ihrer Lebenswelt empfanden. Es gibt keinen Grund, zu vermuten, daß „Ungeimpfte" heute nicht eine gleiche schleichende, lauernde Angst empfinden: Was blüht uns da? Der einzige solche Grund wäre retrospektiv und gilt nicht. Wir wissen, was von 1941 bis 1945 geschah. Wir wissen nicht, was zum Beispiel von 2025 bis 2030 geschehen wird. 1914 hatte niemand eine Ahnung von Verdun, und Napoleon ahnte nichts von der Atombombe. Das macht nichts harmloser.

Apropos Unterschätzung beziehungsweise Verniedlichung: Selbstverständlich ist es – so verstanden – eine „Verharmlosung" des Holocaust beziehungsweise der NSDAP, die „Querdenker" (was immer man persönlich und aktuell darunter verstehen mag) mit einem „braunen Lager" gleichzusetzen. Selbst die nazioiden Hampelmänner, die – anscheinend geheimdienstlich gesteuert – im August 2020 den Bundestag zu „stürmen" angeblich versuchten und nicht das geringste mit der gleichzeitig stattfindenden „Querdenken"-Demonstration zu tun hatten (sondern eine eigene Demonstration angemeldet und offenbar ohne Verbotsversuche genehmigt bekommen hatten) mit der SA der frühen dreißiger Jahre gleichzusetzen, wäre eine Verhöhnung des Leids von deren Opfern.

Wo wir bei Klemperer sind oder waren: Anscheinend ist sein Standardwerk „LTI – Lingua Tertii Imperii“ heute keine Schullektüre mehr. Ich will nicht spekulieren, warum das so ist, ich empfehle lediglich jedem, dieses Buch alle drei bis fünf Jahre zu lesen und aufmerksam darauf zu achten, welche neuen Vokabeln, Redensarten, Sprechweisen, Phrasen und Schlagwörter sich heute über die Medien in die Alltagssprache schleichen, welche Begriffe neue Bedeutung erhalten und welche Wörter verschwinden. Die Frage nach Herkunft und Bedeutung des Begriffs „Querdenker“ ist ein ganz marginales Beispiel. Allein sich zu fragen, was eigentlich eine „Maßnahme“ ist, führt weiter.

Man streitet immer wieder über Platzhalter, Symbole und Begriffe. Das macht die Geschehnisse unsichtbar, es verschleiert sie. Was während „Corona“ in Deutschland wirklich geschehen ist, weiß niemand, weil es niemand gesehen hat – mitbekommen haben wir lediglich Abbildungen, Deutungen, Schlüsse, Auslegungen und Anweisungen. Kurz gesagt: Propaganda, zum historisch ersten Mal ganz ausschließlich. Das ist bei der Erderwärmung übrigens anders: Die kriegt zumindest zu einem gewissen Teil jeder mit (wenigstens im Frühling) – und wartet auf „Maßnahmen“, weil selbst denken niemand mehr kann und Demokratie (die gemeinsame Entscheidung über das weitere Vorgehen) längst durch „Governance“ (die im Wortsinn faschistische Befehlsgewalt von Kapital und politischer Herrschaft) ersetzt wurde.

Apropos Symbole: Ist schon mal jemandem aufgefallen, daß die als Schreckbild so oft herbeizitierten Bücherverbrennungen der Nazis pure Symbolpolitik und als solche fast noch lächerlicher als das derzeitige Getue der „Grünen“ waren? Was dabei herauskam, war nämlich: daß jedes der verbrannten Bücher fünf-, zehn-, tausendmal nachgedruckt wurde und heute wesentlich breiter, weiter und allgemeiner kursiert, zugänglich ist und in Regalen steht als irgendein Werk jener Autoren, denen etwas viel schlimmeres zustieß – die nämlich vergessen wurden? (Ihr solltet mal wieder Friedo Lampe lesen.)

Stadttauben gelten als „Ratten der Lüfte“ und sind ähnlich „unpopulär“ (per Dekret) wie „Coronagegner“. Ich mag Tauben fast so gern wie Enten. Kann sein, daß sie Dreck machen und Krankheiten verbreiten, aber das tut der Mensch auch, und zwar in einem Ausmaß, von dem Tauben (hoffentlich) nicht mal träumen müssen.
Der Unterschied ist: Menschen möchten Tauben „kontrollieren“, sterilisieren, vertreiben, hier und da ausrotten. Tauben freuen sich über Semmelbrösel, die eben diese Menschen ihnen hinwerfen.

Spiralen, Kochsalz, Steinmeier *(13. August 2021)*

Ich erinnere mich an ein Spielzeug aus meiner Kindheit, das im Grunde ein Spielzeug für Erwachsene war: eine Spirale aus flachem Metalldraht, ungefähr von der Größe eines Frischkäsebechers. Wenn man diese Spirale auf die oberste Stufe einer Treppe setzte und ihren oberen Ring hob, nach vorne kippte und auf die Stufe darunter fallen ließ, bewegte sich die Spirale wie eine robotische Raupe die ganze Treppe hinab.
Ein Spielzeug für Erwachsene war das, weil nur Erwachsene in der Lage waren, das Spiel auf den vorgesehenen Spielplan zu beschränken. Wir Kinder fanden sehr schnell andere Spielmöglichkeiten: Man konnte die Spirale auseinanderziehen und zusammenschnellen lassen wie eine Ziehharmonika, horizontal und vertikal; man konnte sie auch in der Gegend herumschmeißen, was sie zu einer Art ungelenkem Wurm machte und sehr lustig aussah. Und noch manches andere. Der Nachteil war, daß die Spirale sich dabei gerne mal verknotete und dadurch insgesamt (auch für das biedere Spiel der Erwachsenen) unbrauchbar wurde.
Wenn man die unbrauchbar verknotete Spirale am Anfang und Ende (die weitgehend identisch waren) festhielt und gegenläufig zusammendrehte, wurde sie an manchen Stellen schlanker, machte seltsame Geräusche, bog sich und verschlang sich, und wenn man dann noch Anfang und Ende (hierbei nicht mehr identisch) ineinander drehte, war das Chaos perfekt und das Spiel zu Ende. Die Erwachsenen schimpften (die Spirale war ein Vorläufer heutiger „Designerstücke" und daher absurd teuer), das Ding landete im Müll und verschwand – wohl wegen häufigen Mißbrauchs – irgendwann vom Markt.

Die Logik der „Corona-Maßnahmen" hat gewisse Ähnlichkeiten mit dieser Spirale. Neuerdings fordert das RKI aufgrund der (sicherlich „exponentiell") steigenden Zahl von „Impfdurchbrüchen", auch Geimpfte (und sowieso Kinder) müßten regelmäßig einem PCR-Test unterzogen werden. Die Gedankenfolge ist bestechend: Man läßt sich spritzen, um endlich dem nervigen Testzwang zu entgehen (und vielleicht sogar „Grundrechte gewährt" zu kriegen). Dafür kriegt man: eine Bratwurst, aber kein „Grundrecht" und statt dessen einen neuen Testzwang (und sowieso nie aufgehobenen Maskenzwang). Möglicherweise kann man sich dem durch die „Booster-Impfung" und weitere regelmäßige Spritzungen entziehen, mit jedesmal neuen „Nebenwirkungen" und jedesmal kumulativ (oder exponentiell?) steigendem Risiko von Spät- und Langzeitschäden („Long Vax"). Und Bratwürsten.
Wie lange macht ein Mensch so etwas mit? Oder: wie lange muß man es erzwingen, bevor er sich gewöhnt hat und es mitmacht, weil er es gar nicht mehr anders kennt?

Die Spirale wird noch verwickelter: Eine Krankenschwester in der Gemeinde Schortens im Landkreis Friedland soll 10.186 von 20.483 Einwohnern mit Kochsalzlösung statt mit modRNA-Zeug geimpft haben. Das ist – je nach Sichtweise – hilfreich beziehungsweise verwerflich. Es könnte auch Quell der wissenschaftlichen Erkenntnis sein, daß

Kochsalzlösung gegen SARS-CoV-2 schützt: Im ganzen Landkreis (98.971 Einwohner) gibt es derzeit (die Sache ist schon einige Wochen her) 12 positiv getestete Personen, von denen keine einzige stationär behandelt wird. Die „Inzidenz" dürfte angesichts einer Quarantänezeit für positiv Getestete von 14 Tagen also etwa bei 6 liegen. Ob die Zahl der „Nebenwirkungen" dort signifikant niedriger ist als anderswo, ist allerdings auch nicht bekannt, weil danach niemand fragt und forscht und „Nebenwirkungen" in Deutschland sowieso keinen Menschen und keine Institution groß interessieren.
Eine Präzisierung: Die Krankenschwester selbst gibt an, sie habe „keineswegs nur Kochsalzlösung verabreicht. Sie habe lediglich versucht, verschütteten Impfstoff mit Resten aus anderen Ampullen auszugleichen. Dabei sei es bei den bekannten sechs Vorfällen geblieben." Dies teilt ihr Anwalt mit. „Diese Aussage sei jedoch von den Behörden bisher nie erwähnt worden. Ein Sprecher der Staatsanwaltschaft Oldenburg bestätigte, ‚daß das in der ersten Vernehmung tatsächlich angeklungen ist'". Die deutsche Justiz geht derzeit auch seltsame Wege.

Ein Leitmedium „titelt" heute: „Hier lockern, dort verschärfen". Ich finde es immer noch erstaunlich, daß dieser Jargon niemanden mehr erstaunt. Beide Begriffe stammen aus dem Strafvollzug.
Der Schlüssel ist: die Sprache. Der Schlüssel zum Verständnis dessen, was passiert und was sich verändert. Victor Klemperer wußte das und hat es für die scheinbare Ewigkeit in seinen Tagebüchern (die Veränderungen) und in „LTI – Lingua Tertii Imperii" (die Sprache) dokumentiert. Mir will scheinen, solche Erkenntnisse brauchen genau ein Lebensalter („LTI" erschien vor 74 Jahren), um sich in nichts aufzulösen oder nicht mehr verständlich zu sein.
Ach so, aber Klemperer war ja auch DDRler und mit einer fünfundvierzig Jahre jüngeren Frau verheiratet. Was soll denn das für einer sein, heutzutage? Ich zitiere ausnahmsweise ausführlich aus dem „Wikipedia"-Blog, weil das Geschwurbel in seiner geistesfremden Vermischung von Tatsachen, Unverständnis und Bildungsjargon sehr typisch ist:
„Im ausführlichen Tagebuch zeigt sich Klemperer als genauer und kritischer, aber auch selbstkritischer Beobachter seiner Zeit und seines Milieus. (…) Weiter schrieb er viel über die Beziehung zu seiner ersten, oft kränklichen Frau Eva, beschrieb Personen und Landschaften, notierte auch eifrig die häufigen Kinobesuche. Aufmerksam verfolgte er sein eigenes gesundheitliches Befinden und die Fortschritte seines wissenschaftlichen Schreibens. Häufig wurde er von Selbstzweifeln heimgesucht. Klemperer äußerte sich offen über die Probleme seiner Existenz als konvertierter Jude und vermerkte den nach dem Zusammenbruch des Kaiserreichs im Zusammenhang mit der Dolchstoßlegende und den Wirren um die bayrische Räterepublik virulent um sich greifenden Antisemitismus. Ab 1933 läßt sich mitverfolgen, wie Klemperer langsam und systematisch ausgegrenzt wurde, zunächst in der Wissenschaft, später auch im privaten Leben. Seine Tagebücher aus der Zeit des Nationalsozialismus sind Zeugnis einer Atmosphäre

großer und immer größer werdender Angst, in der Klemperer und die anderen Bewohner des ‚Judenhauses' lebten: vor allem Angst vor der Gestapo. Vor diesem Hintergrund berichtete er von etlichen Selbstmorden und Opfern des Völkermordes an den Juden durch die Nationalsozialisten in seinem persönlichen Umfeld. Gegenüber den häufigen Notizen über antisemitische Äußerungen während der Weimarer Republik vermerkte Klemperers Tagebuch aber eine trotz oder wegen der offiziellen antisemitischen Politik zunehmende Höflichkeit der nichtjüdischen Bevölkerung gegenüber den durch den gelben Stern stigmatisierten Juden – eine Höflichkeit, die in Bezug auf die Vernichtungspolitik folgenlos blieb."

Mein Lieblingsschwurbel des Tages stammt heute von Bundespräsident Steinmeier. Für Menschen mit Interesse an der Pathologie des Neusprech (und starken Nerven) ist die ganze Rede empfehlenswert. Der Satz „Am Anfang stand die Lüge" (bekannt als Titel zahlreicher Beiträge zum Krieg der USA gegen den Irak und der Rolle der Medien bei dessen propagandistischer Vorbereitung und Rechtfertigung) kommt darin vor, der Satz „Niemand hat die Absicht, eine Impfpflicht einzuführen" jedoch nicht. Darum geht es ja auch nicht, sondern um den Bau der berühmten Mauer, zu dem auch niemand die Absicht hatte.
„Inzwischen ist die Mauer fast vollständig aus dem Stadtbild Berlins verschwunden", schwurbelt Steinmeier weiter. Die „Freiheit", in die so viele flüchten wollten, allerdings auch, was er dann wieder nicht erwähnt. Aber zählen wir keine Erbsen, amüsieren wir uns lieber: „Es ist das ganz Alltägliche, in dem wir unsere Freiheit leben und friedlich leben möchten. Es ist ja nicht mehr als das Selbstverständliche, das Kommen und Gehen, das Leben, wie und wo wir möchten, das wir uns wünschen."
Zwischenfrage: Was soll daran amüsant sein? Antwort: Daß er nicht merkt, was er da sagt. Er merkt es nicht mal bei diesem – durchaus bemerkenswerten – Schlußsatz:
„Daß das Selbstverständliche aber nie von selbst geschieht, daß wir alle dazu beitragen müssen, daß es erhalten und geschützt wird, daß Geschichte von uns Menschen gemacht wird – zum Guten wie zum Bösen: Daran erinnert uns der 13. August."
Ich hätte nie gedacht, daß ich Herrn Steinmeier mal zustimmen würde oder auch nur könnte. Aber das: ist wahr gesprochen.

Live-PK nach Corona-Gipfel: Söder schließt weiteren Lockdown aus

+++ 17.30 Uhr: „Einen weiteren Lockdown wird es nicht geben", so Söder. Dies sei verfassungsrechtlich schon nicht mehr möglich. Denjenigen, die sich bereits zwei Mal haben impfen lassen, könnten die Rechte nicht weiter vorenthalten werden. Je mehr Menschen sich in Zukunft impfen lassen, desto früher könne man von einer 3G-Regelung zu einer 2G-Regelung übergehen. „Das Impfen ist wirklich einer der leichtesten Möglichkeiten", betont Söder.

(„einer", o ja)

In gewisser Weise wahr sind auch die „Fakten": „Geimpfte" werden genauso oft positiv getestet, infiziert und krank wie nicht „Geimpfte" – so gut wie nie. Im Winter wird sich das ändern, aber daran können wir nichts ändern. Bleiben wir gelassen, es geht vorüber.

Gefangen in der Unwirklichkeit des (N)irgendwo *(19. August 2021)*

Ein Fundstück aus dem Internet – jemand fragt: „Wie fühlst du dich als Geimpfter, wenn du eine Maske tragen mußt, um die Ungeimpften zu schützen?"

Jemand antwortet: „Wovor sollte ein Geimpfter einen Ungeimpften schützen? 1. Der Geimpfte kann doch gar nicht krank werden, also auch niemanden anstecken, dachte ich? 2. Wenn der Geimpfte doch krank werden und andere anstecken kann, wozu hat er sich dann impfen lassen? 3. Und wozu sollte sich dann der Ungeimpfte impfen lassen? 4. Und wozu sollte dann überhaupt einer der beiden eine Maske tragen?"

Jemand antwortet: „Das ist pure Querdenkerei. Solche kruden Theorien können Menschenleben zerstören."

Eine bessere Parabel auf den religiösen Charakter des aktuellen Wahns könnte ich mir nicht ausdenken.

Das Wirkliche ist heute die Abbildung seiner Abbildungen. Schrieb Günther Anders (in etwas anderen Worten) im Jahre 1954, als es Smartphone, Internet, Laptop und PC noch nicht gab. Und zwar sei dies so, weil sich das Wirkliche seinen Abbildungen fügen müsse. Weil diesen die massivere soziale Realität zukomme. Das heißt: Sie sind „wirklicher“ als das Wirkliche. Treffender läßt sich, was fast siebzig Jahre später seit Februar 2020 geschieht, kaum umschreiben. Es „gibt“ nur noch das, was uns zugesandt wird. Eine Krankheit, die sich nur durch einen unspezifischen Test „feststellen“ läßt, wird im zweiten Versuch zur Pandemie erklärt (weil es beim ersten Versuch den Test noch nicht und also auch keine „Fälle“ gab). Der Test soll auf Teile von etwas reagieren, was es nur „in silico“ (als Computermodell) gibt. Die Bilder des neuen Menschheitsfeindes sind Simulationsmodelle, die auf ebenfalls modellierten Bilder eines Vorgängers des Modells beruhen. Der Verlauf der Krankheit, ihre Ausbreitung und deren Folgen werden in haarsträubenden, von früheren Pandemien nur noch Gedächtnisbegabten erinnerlichen Modellen simuliert, wobei eine Modellierung der anderen nicht etwa folgt, sondern jede mit jeder konkurriert und zugleich kongruiert. Schon vor Ausrufung der Pandemie begann die Entwicklung von „Impfstoffen“, die auf Gentechnik beruhen. Die Pandemie ist nur anhand fragwürdiger Statistiken überhaupt bemerkbar, die Definition einer Pandemie wurde dazu mehrmals verändert. Im nachhinein stellt sich zwar heraus, daß im Grunde nichts Ungewöhnliches geschehen ist. Nun hat man das ungewöhnliche Geschehen aber bereits „erlebt“ und kann es nicht mehr so betrachten und zu dem machen, was es ist: ungeschehen.

Corona-Schutzimpfung - Fakten zum Mitreden

WARUM IST EINE IMPFUNG JETZT WICHTIG?

Fakt 1: Es gibt genügend freie Impftermine.
Viele Arztpraxen und Impfzentren bieten Impfungen kurzfristig oder gar ohne Termin an.

Fakt 2: Bis zum vollen Impfschutz dauert es mehrere Wochen.
Als „vollständig geimpft“ gilt man erst zwei Wochen nach der Zweitimpfung.*

Fakt 3: Es gibt Erleichterungen für Geimpfte.
Keine Test- und Quarantänepflicht - außer bei Einreise aus Virusvariantengebieten.

FAZIT: LASSEN SIE SICH JETZT IMPFEN!
Dann sind Sie und Ihre Lieben im Herbst und Winter gut gegen Corona geschützt.

*bereits nach einer Impfung mit Johnson&Johnson
Quelle: RKI, zusammengegencorona.de
© Bundesregierung

Was in der Welt (angeblich) geschieht, erfahren wir von Facebook und Twitter. Das Problem ist nicht neu. Vor fünf oder vielmehr schon zehn Jahren erfuhren wir es aus Zeitungen, Radio und Fernsehen. Heute melden Zeitungen, Radio und Fernsehen, wer was „getwittert“ hat. Wenn der nächste Krieg „ausbricht“, werden wir die Meldung über eine Meldung der „Tagesschau“ über einen „Tweet“ auf Facebook lesen und nie erfahren, ob der Krieg wirklich stattfindet oder nicht. Daß der Irakkrieg, der Afghanistankrieg, der Libyenkrieg, der Jemenkrieg wirklich stattfinden oder stattgefunden haben,

haben „wir" erst bemerkt, als die vom Krieg Betroffenen ins Herkunftsland der Bomben und Granaten flohen.
Das aber ist ein Denkfehler, wenn der Krieg „bei uns" (und nicht im internationalen Irgendwo beziehungsweise auf Twitter) stattfindet.

Die „Tagesschau" meldet, daß das Robert-Koch-Institut „Tests für geimpfte Infizierte" fordert und dafür Unterstützung von „Ärztevertretern" erhält. Wer infiziert ist (was immer: „mit Covid-19" heißt), erfährt man durch einen Test. Man wird also getestet, erhält ein positives Ergebnis, ist damit „infiziert" und soll dann getestet werden? Auf was denn, Intelligenz? Da sollte man das Testen lieber beim RKI und den „Vertretern" anfangen, auch wenn der Verdacht einer Infektion äußerst gering ist.

Apropos RKI: Diese staatliche „Behörde" hat leider den Überblick nicht nur über Testzahlen, Erkranktenzahlen, Totenzahlen und sämtliche anderen Zahlen (sofern sie überhaupt jemals ermittelt wurden) verloren, sondern eben auch über die Geimpftenzahlen. Deshalb werden die nun per Infratest-Umfrage ermittelt. Es sollen mehr sein als offiziell, aber das ist ja auch bei manch einer Wahlumfrage so. Man weiß also auch in dieser Hinsicht und damit insgesamt: nichts. Gibt es den Begriff „Datengeschwurbel" schon? (In der diesbezüglichen „Tagesschau"-Meldung „verdichten" sich übrigens mal wieder „die Hinweise". Das würde ich ja doch gerne mal sehen, wenn die sich „verdichten".)

Die Vokabel „niedrigschwellig" (für „Impfangebote") scheint eine geringe Haltbarkeit zu haben. Die Vorsitzende des sogenannten „Ethikrats", Alena Buyx, bläht neuerdings von „hürdenarmen Impfangeboten". Was wohl bedeutet, daß Hürden zwar höher als Schwellen sind, man diese aber schwerer senken als jene abräumen kann, um aus dem „Angebot" endlich eines zu machen, das niemand mehr ablehnen kann. Wohl deswegen fordert Buyx zudem „noch mehr niedrigschwelliges und aufsuchendes Impfen".
Wie „aufsuchendes Impfen" aussieht, mag ich mir (noch) nicht vorstellen. Wie wär's mit drängendem, stichelndem, stürmischem, eindringlichem, überfallartigem Impfen, wenn das „Aufsuchen" nicht hilft?
Weiterhin droht Frau Buyx: Irgendwann komme die Zeit, da „niemand mehr sagen dürfe, daß er nicht die relevanten Informationen habe, um wirklich zu verstehen, worum es bei dieser Impfung geht. Da sind wir im Moment in einer Übergangsphase. Deswegen muß man aus allen Rohren feuern, was das Impfen anbelangt."
„Es ist jetzt einfach genug Impfstoff da, man kriegt das bequem. Man kann bei Ikea vorbeigehen oder eben eine Bratwurst essen und sich impfen lassen." Es gibt jedoch offenbar immer noch zu viele „Sozialschädlinge" (Rainer Stinner, FDP), die weder Bratwürste essen (möglicherweise auch noch aus ethischen Motiven) noch bei IKEA vorbeigehen.
Denen blüht dann was: „Die Solidargemeinschaft macht mir ein kostenloses Angebot, daß ich mich schützen kann. Ich habe all die Informationen, die ich brauche, die Im-

pfung ist 4,3 Milliarden mal verimpft worden weltweit. Wir wissen alles über die Sicherheit. Und ich mache das trotzdem nicht. Und jetzt möchte ich aber, daß die Solidargemeinschaft mir dennoch meinen Restaurantbesuch ermöglicht. Das funktioniert dann irgendwann nicht mehr."
Vielleicht wissen die bösen Verweigerer ja einfach nicht, daß alles, was sie bislang durften, lediglich eine Gnade der „Solidargemeinschaft" war? Dann wissen sie es jetzt. Recht(s) so: Wer sich nicht spritzen läßt, der soll auch nicht essen!
Was aus einer Gesellschaft wird, die Leute dieser Geisteshaltung nicht nur öffentlich deklamieren läßt und ihnen applaudiert, sondern das auch noch für „ethisch" hält, mag ich mir auch (noch) nicht vorstellen.

Baden-Württembergs Sozialminister Manfred Lucha sagt: „Es steht jedem frei, am gesellschaftlichen Leben geimpft oder getestet teilzunehmen. Wir wollen und wir werden den Menschen ihre Freiheitsrechte zurückgeben." Das heißt: Wer nicht „geimpft oder getestet" ist, ist kein Mensch (mehr). Streng genommen. Dazu müßte man dem Herrn Minister jedoch eine Fähigkeit zum logischen Denken unterstellen, die er eher nicht hat: „Aber da die Pandemie noch nicht vorbei ist, geht das nur mit 3G. Ich appelliere noch einmal an die Menschen: Lassen Sie sich impfen." Damit sind dann entweder nur die Getesteten gemeint, oder er hat innerhalb von zwei Sekunden vergessen, was seiner Definition zufolge „Menschen" sind.

Es macht sich offenbar niemand mehr einen Gedanken, der nicht als Klischeemodell bereits vorhanden ist. Ob aus Unwillen oder Unfähigkeit oder weil das schlicht und einfach grundsätzlich nicht mehr möglich ist – ich weiß es nicht. Ob hier eine Realität (egal welche) überhaupt noch eine Rolle spielt, ist fraglich.

Eine Anekdote aus der zufälligen Lektüre alter Tagebücher: Im Winter 1978/79 erkrankten in unserer Klasse innerhalb einer Woche zehn von 26 Schülern an einer Erkältung beziehungsweise Grippe. Das heißt: Wir hatten eine „7-Tage-Inzidenz" von etwa 38.460. Das ist allerdings nicht richtig: Es gab ja noch keinen Test. Wenn man davon ausgeht, daß auch damals schon 80 bis 90 Prozent der Infektionen „asymptomatisch" verliefen, lag die Inzidenz mindestens bei 190.000. Und das geht rein mathematisch nicht: 190.000 Infizierte auf 100.000 Einwohner? Wir leben in gesegneten Zeiten.

Die Vermögen der Milliardäre des Planeten Erde sind übrigens seit Beginn der „Corona"-Sanktionen um 68 Prozent gewachsen. Ende Juli belief sich das der Weltbevölkerung entrissene Raubgut auf 13,5 Billionen Dollar. Also 13.500.000.000.000. Jedem einzelnen Erdenbürger schulden die Kerle (es sind meistenteils Männer) nun also etwa 1.800 Dollar. Sollen wir anfangen, Zinsen zu berechnen?
Oder berechnen wir lieber, wie das bei einem heutzutage üblichen exponentiellen Wachstum weitergeht? Oder endet auch dieses exponentielle Wachstum so, wie die Ausbreitung von Viren das natürlicherweise tut? Und was passiert dann?

Die Meinung, die gentechnischen Impfstoffe seien Mittel zu einem propagierten Zweck (der Immunisierung der Menschheit gegen ein Virus zum Zwecke der Ausrottung des Virus), war von Anfang an unglaubwürdig und wird es mit jeder neuen Vermeldung von Zahlen infizierter Geimpfter noch mehr, so sehr manche Gläubige das noch immer leugnen. Die Frage, welchem Zweck das Mittel Gen-Impfung denn dann dienen solle, ist höchstens spekulativ zu beantworten. Vielleicht ist sie auch falsch gestellt. Vielleicht ist die Impfung der Zweck selbst, der seine Mittel generiert.
Ebenso könnte der „Kampf für die Rettung des Klimas“ (der als konzeptueller Begriff so widersinnig ist, daß man beim Aussprechen schon einen Knoten ins Hirn kriegt) ein Zweck sein, der möglicherweise im „Corona“-Komplex seine Mittel findet. Vielleicht sind die Kategorien von „Mittel“ und „Zweck“ aber ohnehin gegenstandslos in einer Welt, die seit langer Zeit nur noch Mittel generiert, für die ein Zweck erst gefunden werden muß oder die absolut keinen Zweck haben und daher auch keine Mittel sein können (wie die Atombombe).

Wenn Frau Baerbock Kanzlerin wird, läuft ihr Training als „junge Weltführerin“ des World Economic Forum übrigens noch drei Jahre weiter. Eine Auszubildende als Bundeskanzlerin ist sicher eine gute Idee. Ein anderer Beruf wäre jedoch wünschenswert.

Daß die Jüngsten und die Ältesten die bevorzugten Opfer der „Corona“-Sanktionen sind und am meisten darunter leiden, ist im Grunde logisch. Kinder stehen für die Wildheit des regellosen, ungezügelten Lebens, Greise für die Weisheit in der Vorbereitung auf das Sterben. In der rein funktionalen Existenz der Technokratie stören beide Elemente und müssen so weitgehend wie möglich aus dem Prozeß der Verwertung herausgehalten werden.

Manchmal wünsche ich mir, ich könnte (wie viele Facebook-„Freunde“) einfach alles ausblenden: Fakten, Überlegungen, Gedanken. Einfach glauben. Schaffe ich nicht, sorry.

Das Problem mit dem Lager der Extremisten ist: Man möchte sich nicht von ihnen verabschieden, man muß es aber irgendwann (weil sie es selber tun). Zurückkommen können sie indes nur, wenn sie ihren eigenen Wahn begreifen, und das geht nur, indem ihr Wahngebäude real (in der Gegenwart) vollkommen und total zusammenstürzt. Sonst werden sie immer noch Strohhalme finden und, sich daran entlanghangelnd, weiter glauben.

Der Typus (der kein solcher sein kann) des freien Menschen zeichnet sich gegen den modernen Helden dadurch aus, daß er keine Pose einnehmen muß und das auch gar nicht kann. In der Umgebung, in der er lebt, ist ihm nichts fremd, deshalb muß er sich nicht verstellen. Die Verunsicherung, die der Held mit gewaltbereiten Posen zu bekämpfen und zu besiegen wähnt, kennt er nicht. Nicht mehr, weil sie im Laufe seines Aufwachsens in der vertrauten Umgebung durch Konflikte und deren Lösung aufgelöst und Souveränität an ihre Stelle getreten ist.

Weil die (im Wortsinn) idiotische „Inzidenz“ inzwischen weitestgehend diskreditiert ist (und alle Sanktionen sowieso auch bei einer „Inzidenz“ von null gültig bleiben), gibt es nun mal wieder eine neue Zahl: den „Anstieg der Inzidenz“. Das geht so: Angenommen, wir haben eine „Inzidenz“ von 10. Das ist so tief im Bereich des Zufalls und der Falschnegativen, daß niemand mehr darauf achtet: „10 positive Ergebnisse auf 100.000 Tests? Null Kranke, null Tote? Laßt uns in Ruhe!“ Allerdings könnten es morgen durch reinen Zufall 25 positive Ergebnisse sein. Oder 3 oder 30 oder 15 oder 73. Letzteres wäre extrem fatal, heißt nämlich: ein Anstieg um fast 700 Prozent! (Ich bitte um Nachsicht für die arithmetischen Ungenauigkeiten, das war nie meine Stärke.)
Und schon haben wir einen neuen „Horror-Wert“: den „Inzidenzanstiegsfaktor“! Daß es vollkommen egal ist, ob zum Beispiel in München 140 oder 280 oder 1.000 oder 26 Menschen pro Woche positiv getestet werden, muß man dann niemandem mehr erzählen. Weil: „Exponentiell! Todesvirus! Killerseuche! Alle einsperren und raus mit den Impfgegnern!“
Ach so, ja: Die Impfung hat darauf übrigens keinerlei Einfluß. Das wußten wir schon. Und die Wirklichkeit: Sowieso nicht, auf nichts.

„Apartheid“ apart? *(24. August 2021)*

Daß wir im Zeitalter der Daten leben, wird so oft gesagt, betont und wiederholt, daß man mißtrauisch werden könnte. Aber freilich: nicht das Begreifen und Verstehen ist heute die wichtigste Fähigkeit des Menschen in bezug auf die Welt, nicht einmal mehr das Wissen, sondern das bloß virtuelle Verfügen über Einzelheiten in einer Masse, die dem menschlichen Verstand von Haus und Natur aus entzogen ist. Niemand kann die Form des rechten Großzehennagels von einer Milliarde Menschen bestimmen, vergleichen oder daraus Schlüsse ziehen. Die „künstliche Intelligenz“ indes kann das, und der Mensch, der sich ihrer bedient, schafft damit angebliches „Wissen“.
Ausgerechnet jene Institutionen aber, die ausdrücklich dafür zuständig sind, Daten zu erheben, zu sammeln und dadurch der Gesellschaft Wissen oder wenigstens Information zu vermitteln, erweisen sich als dazu offensichtlich unfähig. So ist zum Beispiel das Robert-Koch-In-

Antje Schrupp
@antjeschrupp

Vollständig geimpfte kriegen doppelte Stimmen bei der Bundestagswahl.

8:24 nachm. · 28. Juli 2021 · Twitter for iPad

stitut nach eineinhalb Jahren „Pandemie“ nach wie vor nicht in der Lage, in auch nur ungefähren Zahlen zu zeigen, was eigentlich geschieht. Daß dies nicht auf Unfähigkeit zurückgeht, sondern auf politische Absicht, wie ein „Institut für Weltwirtschaft“ meint, ist sehr wahrscheinlich – es gelingt dem RKI ja nicht etwa nicht, die Zahlen zu deuten und in Zusammenhänge zu setzen, sondern die Daten werden schlicht gar nicht erst abgefragt, ermittelt und erhoben. Obwohl die dafür nötige Logistik zweifellos vorhanden wäre. Das ist ungefähr so, wie wenn ein Kriminalist im Rahmen seiner Ermittlungsarbeit mit enormem Aufwand ein Heer von Zeugen vorlädt beziehungsweise vorführen läßt, sie dann aber nicht einmal nach ihren Namen fragt.

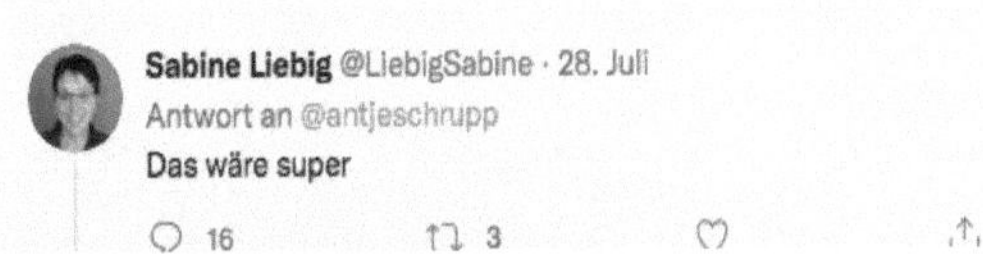

Das ebenso unfähige oder unwillige Paul-Ehrlich-Institut weist in seinem absolut nicht aktuellen „Sicherheitsbericht“ 1.254 „Verdachtsfälle über einen tödlichen Ausgang“ der modRNA-Spritzung aus. Angesichts der bei der Meldung von Impffolgen üblichen Dunkelziffer dürfte die Zahl der Impftoten damit nun ungefähr die Zahl der „Coronatoten“ erreicht haben.

Die nächste Stufe: In Bayern gilt seit gestern, Montag, den 23. August in Restaurants, Gaststätten, Wirtshäusern, Beizen, Bars, Cafés und Kneipen für Menschen, die sich auf

das Grundrecht der körperlichen Unversehrtheit berufen möchten, ein hygienisches Lokalverbot. Das bedeutet, pathetisch gesagt, das Ende von Stammtischen, Freundeskreisen, Bekanntschaften und anderen Aspekten des sozialen Lebens. Wir müssen uns verabschieden. Oder nein: Wir sind verabschiedet worden. Und wenn man dereinst die Geschichte der Flüsterkneipen und der Untergrundgastronomie im 21. Jahrhundert schreibt, wird dieses Datum von historischer Bedeutung sein.

Der zwangsläufig folgende Schritt soll „2G“ heißen: Der Zutritt zu öffentlichen Orten wird dann nur noch Gespritzten und solchen Menschen gewährt, die einen positiven PCR-Test vorlegen können, der älter als vier Wochen, aber nicht älter als sechs Monate ist. Ein positiver Antikörpertest zum Nachweis einer Immunität gegen Coronaviren wird nicht akzeptiert, weil Schätzungen zufolge in Deutschland bereits bis zu 10 Millionen Menschen eine solche Immunität besitzen könnten und es der „Impfwilligkeit“ abträglich wäre, wenn das bekannt würde.

In Österreich soll ab Oktober oder November „1G“ gelten: Auch „Genesene“ werden dann vom öffentlichen Leben ausgeschlossen. Den Grund erläuterte der ehemalige Nationalratspräsident Andreas Khol (ÖVP): „Weil bei den Genesenen die Frage der …

wie viel Abwehrkörper, wie viel Antikörper man entwickelt hat, ist also da entscheidend. Es gibt zu viele Impfdurchbrüche, wissen Sie. Also es gibt zu viele, die genesen sind und dann sich dennoch zweimal oder dreimal sogar infizieren, weil sie keine Abwehrkörper haben." Das ist selbstverständlich absoluter Blödsinn, aber wen kümmert das noch?

Weil Diskriminierungen, wenn sie einmal begonnen haben, einer inhärenten Logik gemäß immer weiter verschärft werden müssen, gibt es auch schon Pläne für die nächste Phase: „1G hoch zwei". Das bedeutet dann, daß nur noch Geimpfte zugelassen sind, sich aber unmittelbar zuvor negativ testen lassen müssen. Und selbstverständlich das Gesicht maskieren. Das sei (gähn!) „sinnvoll, um die Ausbreitung des Coronavirus einzudämmen".

Wir können nur spekulieren, wie es weitergeht, weil es außer „Impfung", Test und Maske noch keine schärferen allgemein akzeptierten Instrumente zur „Eindämmung" gibt. Geplänkel über Ganzkörperkondome, luftdichte Verzehrzellen, stündlich verabreichte „Booster-Impfungen", Raumanzüge et cetera wird sehr schnell langweilig. Daß es gegen Grund- und Menschenrechte verstößt, Gespritzten Privilegien zu gewähren beziehungsweise Ungespritzten ihre Grund- und Menschenrechte zu entziehen, ist hinlänglich bekannt. Es ist aber irgendwie auch ein Zirkelschluß: Wem als Mensch zweiter Klasse die Grundrechte entzogen wurden, der kann sich logischerweise nicht auf diese Grundrechte berufen, weil sie für ihn ja nicht (mehr) gelten. Ebenso ist es grundsätzlich sinnlos, darauf hinzuweisen, die Diskriminierung Ungespritzter sei verfassungswidrig: Um daraus etwas abzuleiten, müßte es ja erst einmal eine gültige Verfassung geben – und ein Verfassungsgericht, das darüber zu befinden bereit wäre. Beides gibt es bekanntermaßen nicht. Daß es verwerflich, böse und antimoralisch ist, Ungespritzte durch den Ausschluß vom öffentlichen Leben zur Spritzung zu zwingen, ist ebenfalls gleichgültig (und wenn oder wo nicht, findet sich schon ein „Ethikrat", der notfalls auch Schwerstkriminalität für „ethisch vertretbar" erklären wird). Das Geschwurbel der politischen und ideologischen Führer zu diesem Themenbereich war von Anfang an so auffällig wolkig, schaumig, hohl, verwirrend, widersprüchlich, absurd, bizarr und trotzdem eindeutig, daß nur Träumer hoffen durften, das sei alles ganz anders gemeint und irgendwann werde alles wieder „wie früher".

Allerdings ist zu fragen: Wenn Ungespritzte öffentliche Lokale, Theater, Bars, Cafés und so weiter nicht mehr betreten dürfen, um die Gespritzten nicht zu gefährden, wieso sollten sie dann in Mehrfamilienhäusern wohnen dürfen, in denen auch Gespritzte wohnen? Wieso sollten sie einkaufen, Trambahn fahren, sich auf öffentlichen Plätzen aufhalten dürfen, wo sich auch Ungespritzte aufhalten?

Der Einwand, dies oder jenes werde sich nicht durchsetzen lassen, beruht auf der gleichen Träumerei und Ausblendung der Realität. Bis jetzt hat sich alles durchsetzen lassen. Insbesondere die Deutschen sind anfällig für die galoppierende Dynamik von

Entrechtung und Diskriminierung. Das Gejammer der Ausgeschlossenen hört man „drinnen" ja nur dann, wenn man absichtlich hinhört. Und hinterher hat man „von all dem nichts gewußt" (was psychologisch nicht einmal unplausibel ist).

Es ist verständlich, daß die Verwendung des Begriffs „Apartheid" für die nun entstehende neue Gesellschaft der „zweierlei Menschen" (Bertolt Brecht) verpönt ist. Das Wort ist historisch enorm belastet und auch geographisch-sprachlich so eindeutig zuzuordnen, daß damit ein unhaltbarer Bezug hergestellt würde. Auch Anspielungen auf die US-amerikanische Politik der Rassentrennung verbieten sich, weil sie sozusagen polemisch überladen sind. Menschenrassen als Konzept sind wissenschaftlich Unsinn und nur noch im Begriff Rassismus einigermaßen „wertfrei" erhalten. Außerdem geht es ja ausdrücklich nicht um angeborene, sondern um erworbene genetische Merkmale: Es steht jedem frei, sich mittels mRNA gentechnisch behandeln und also „freispritzen" zu lassen.
Daher fehlt eine passende und zeitgemäße, möglichst sachliche Bezeichnung für den Vorgang der gesellschaftlichen Trennung. „Hygienische Aussonderung" oder „Absonderung" könnte praktikabel sein.

Das Programm steht fest! Vom 2. bis zum 8. September geben sich bei der phil.cologne 2021 wieder namhafte Denker die Ehre. Die neunte Ausgabe von Deutschlands größtem Philosophie-Festival erwartet unter anderem Karl Lauterbach, Mai Thi Nguyen-Kim oder Richard David Precht. Tickets sind ab sofort im Vorverkauf erhältlich.

Derweil ist gut die Hälfte der deutschen Hausärzte aus der „Impfkampagne" ausgestiegen, viele weitere sind zumindest nicht bereit, Kinder zu spritzen.

„Die Geschichte der Menschheit ist voll von Beweisen, daß es nicht schwer ist, eine Wahrheit umzubringen. Eine gute Lüge ist unsterblich." (Gottfried August Bürger)

Angaben des RKI hat die vierte Welle bereits begonnen. Spahn schloss dennoch einen pauschalen weiteren Lockdown aus. "Drei von vier Erwachsenen in Deutschland haben sich für eine Impfung entschieden. Für sie wird es keine zusätzlichen Kontakt- und Ausgangssperren geben", sagte er. Das sei geltende Rechtslage. "Die große Mehrheit hat sich in die Freiheit zurückgeimpft."

Ein CSU-Landtagsrecke namens Thomas Huber äußerte dies auf „Twitter": #ImpfenMachtFrei". Man könnte ihm zugutehalten, daß das Lavieren halt manchmal schwierig wird, wenn man Nazi-Gedankengut im Kopf hat, Nazi-Methoden praktiziert und einem Nazi-ähnlichen Führer untergeordnet ist, der beim Lavieren bisweilen auch nicht mehr alle Grenzen so genau im Blick hat und im Grunde das gleiche brüllt („Freiheit nur gegen Impfung!"). Allerdings ist es schon auch ziemlich bigott, verlogen und deppert, die ganzen Nazi-ähnlichen Sprüche des Nazi-ähnlichen Führers monatelang hinzunehmen und sich dann zu wundern und aufzuregen, wenn ein offenbar vollkommen verblödeter Mitläufer „aus Versehen" die letzte, nicht relevante Grenze der Formulierung überschreitet und einfach mal sagt, was „Sache" und gemeint ist. Nazi-Jargon im dauerhaften Tarnmodus („Alles sagen, so oft wie möglich, aber nicht wortwörtlich, sonst merken die was!") geht auf die Dauer einfach nicht gut, weil Nazis – sorry – dafür schlicht zu blöd sind.

Das galt übrigens im Grunde schon für „Sozial ist, was Arbeit schafft". Im Februar 1933 rechtfertigte der DNVP-Vorsitzende Hugenberg im Wahlkampf das angestrebte gemeinsame Kabinett mit Hitler und der NSDAP mit dem Slogan „Sozial ist, wer Arbeit schafft". Die modernisierte Version (ohne Bezug auf Personen, was vielleicht ein Hinweis auf einen Rest von historisch bedingtem Schamgefühl sein könnte) verbreitete ab 2000 die neoliberale Propaganda- und Kampforganisation „Initiative Neue Soziale Marktwirtschaft" (INSM). Die SPD gründete darauf die kriminelle Denkverirrung, die zu Hartz IV führte. 2002 verwendete die CSU unter Stoiber die Parole im Wahlkampf. Merkel, Westerwelle, Rüttgers und viele andere, insbesondere diverse Leitmedien, plapperten sie öffentlich nach; die FDP übernahm sie 2009 zur Europawahl, und die „Zeit" hausierte damit noch im März 2021. Daß da wirklich keiner gewußt haben will, was das bedeutet, ist unglaubwürdig. Es geht ja nicht (nur) um eine (vielleicht ungewollte) historische Anspielung oder eine (vielleicht unbewußte) Symmetrie der Denkweise, sondern um eine Behauptung, die an und für sich skandalös ist. Weil sie die ohnehin über alle Schamgrenzen hinaus diskreditierte Idee des Sozialen als Argument für Zwangsarbeit mißbraucht.

Aus dem Hergang der Geschichte auf den Fortgang der Geschichte schließen zu wollen, ist verführerisch und trügerisch. Die Behauptung, jedes destruktive Regime zerstöre am Ende sich selbst, ist nicht beweisbar und auch nicht widerlegbar, müßte also lauten: Jedes destruktive Regime hat am Ende sich selbst zerstört. Ob die „destruktive Klasse" aus früheren Selbstzerstörungen gelernt hat oder lernen konnte oder kann, wissen wir nicht. Daß in Schwabs/Mallerets Programmschrift „The Great Reset" der Keim der Selbstzerstörung des von ihnen ideologisch ins Werk gesetzten Prozesses schon enthalten ist (wie er das in Hitlers Programmschrift „Mein Kampf" zweifellos war), bleibt der Spekulation überlassen. Ob sich der Prozeß damals verhindern hätte lassen, wenn die Schrift aufmerksamer gelesen worden wäre? Oder hätte sich dadurch nur die Ungläubigkeit (im Sinne von: Das kann gar nicht ernstgemeint sein oder gar funktionieren) gesteigert?

Die Wahrheit äußert sich bisweilen ohne daß ihrem Aussprecher dies bewußt wäre. Am 14. August schreiben Georg Mascolo und Ronen Steinke in der „Süddeutschen Zeitung" (Seite 32): „Schlechter Journalismus zeichnet sich durch ein Ignorieren von Fakten, Kontext und Einordnung aus. Und durch einen dadurch entstehenden falschen Eindruck – oder ein überzogenes Urteil." Der abschließende Zusatz „Schlechte Politik auch" wäre gar nicht nötig gewesen (sondern lenkt unnötigerweise ein bißchen ab); auch so stimmt daran jedes Wort.

Im übrigen sei gesagt, daß man an dem Tag, an dem Charlie Watts stirbt, über einen so lächerlichen Quatsch wie „Corona" eigentlich überhaupt nicht nachdenken sollte. Alle diese Gedanken entstanden, bevor ich davon wußte.

Anfrage an die Stadt München *(26. August 2021)*

Sehr geehrte Damen und Herren,
seit 23. August 2021 ist Bürgern, die nicht an einer Experimentalstudie[68] mit mRNA-Wirkstoffen teilnehmen möchten und auch eine regelmäßige Körperverletzung durch Entnahme von Schleimhautproben verweigern, der Zutritt zu Gaststätten, Cafés, Restaurants, Theatern, Kinos, Sportstudios, Friseursalons, Schwimmbädern und anderen Einrichtungen verboten. „Ungeimpfte" sind also vom sozialen und kulturellen Leben weitestgehend ausgeschlossen.
Momentan besteht noch die Möglichkeit, sich (demnächst auf eigene Kosten) vorübergehend „freizutesten". Mit der flächendeckenden Einführung von „2G", „1G" bzw. „1G hoch 2" wird dies nicht mehr möglich sein. Zu den bereits Ausgesonderten werden dann noch die hinzukommen, bei denen der „Impfschutz"erloschen ist, die sich jedoch aus gesundheitlichen oder anderen Gründen einer regelmäßigen „Booster-Impfung" nicht unterziehen können oder wollen.
Das heißt: Etwa ein Drittel der Münchner Bürger ist auf Dauer – zumindest während der Erkältungssaison von Oktober bis Mai – vom sozialen und kulturellen Leben ausgeschlossen. Für Kulturschaffende aller Branchen und Sparten bedeuten die Sanktionen darüber hinaus ein generelles Arbeitsverbot.
Diese Bürger haben jedoch unveräußerliche Menschenrechte, unter anderem auf Gleichberechtigung, körperliche Unversehrtheit, Versammlungsfreiheit, Selbstbestimmung, Berufsfreiheit, Bildung und Teilhabe am kulturellen Leben sowie auf soziale Kontakte, wenn schon nicht mit Geimpften, dann doch zumindest untereinander.
Was unternimmt die Stadt München, um die Menschenrechte der Betroffenen zu gewährleisten und diesen Bürgern u. a. geeignete Räume, reservierte Zeitfenster sowie kulturelle und gastronomische Angebote und Möglichkeiten zur Verfügung zu stellen?
Aufgrund der Dringlichkeit wird um schnelle Antwort gebeten.
Mit freundlichen Grüßen, MS

(Der Brief blieb selbstverständlich unbeantwortet.)

Das wird jetzt schwierig … Eine „**geimpfte**" Person (mit „Impfnachweis"), die sich erkältet, ist **ungeimpft**. Eine „**genesene**" Person (mit „Genesenennachweis"), die hustet, ist **nicht genesen**. Und das ist kein Witz, sondern Vorschrift. Viel Spaß mit „3G", „2G", „1G" und „1G hoch zwei"![69] *(29. August 2021)*

---

[68] Fußnote aus dem Original: Genau genommen handelt es sich dabei nicht um ein Experiment, da bei Experimenten grundsätzlich die Regel gilt, daß sie keine Folgen für die Außenwelt haben und wiederholbar und überprüfbar sein müssen. Bei einem Experiment, dessen Folgen einen Großteil der Weltbevölkerung betreffen, kann dies grundsätzlich nicht der Fall sein. Selbst die „Zulassungsstudien" der Impfstoffhersteller sind keine Experimente mehr, weil bekanntermaßen die Kontrollgruppe eliminiert wurde.

[69] Nachzulesen sind diese absurden Definitionen in der insgesamt (absichtlich) absurden „Verordnung zur Regelung von Erleichterungen und Ausnahmen von Schutzmaßnahmen zur Verhinderung der Verbreitung von COVID-19 (COVID-19-Schutzmaßnahmen-Ausnahmenverordnung – SchAusnahmV", §2.

Die Schwindel-Täuschungs-Irrtums-Kampforganisation (STIKO) in tausend Nöten *(30. August 2021)*

Thomas Mertens wurde vor ein paar Wochen zu einer Art Robin Hood der Kinderschützer und Kritiker der mRNA-Spritzkampagne. Der Vorsitzende der STIKO (Ständige Impfkommission) weigerte sich nämlich beharrlich, zu empfehlen, auch Kinder sollten in das gentechnische Massenexperiment einbezogen werden. Das erschien zunächst logisch: Kinder erkranken so gut wie nie schwer an der Krankheit Covid-19, es wäre daher reichlich sinnlos, ihnen Wirkstoffe zu verabreichen, die lediglich im unwahrscheinlichen Falle einer Erkrankung die Symptome etwas mildern sollen, ansonsten aber nichts bewirken – außer schweren „Nebenwirkungen" und unbekannten Langzeitfolgen.

Dafür mußte sich Mertens öffentlich diffamieren, bedrängen, attackieren und vom entfesselten bayerischen Möchtegernführer als Vorsitzender einer Art Kegelverein beschimpfen lassen, als Amateur, dem Söder „die Profis" gegenüberstellte: die EMA, die nichts gegen die Kinderspritzung einzuwenden habe. Wobei Herrn Söder höchstwahrscheinlich bewußt ist, daß es einen grundlegenden Unterschied zwischen einer „Zulassung" (durch die EMA) und einer „Empfehlung" gibt. Aber solche Feinheiten dürfen in der allgemeinen Raserei keine Rolle spielen.

Der sogenannte Bundesgesundheitsminister drohte an, auf die ausbleibende STIKO-Empfehlung zu pfeifen und die Kinder einfach so zu spritzen (das heißt, im Mafiajargon: „ein Angebot zu machen"). Das war ein bißchen gewagt. Zwar verfügt Spahn über quasidiktatorische Vollmachten, solange ihm der Bundestag artig alle drei Monate die „epidemische Notlage von nationaler Tragweite" (die nie bestand) verlängert, und kann theoretisch auf Empfehlungen irgendwelcher Kommissionen pfeifen. Allerdings birgt das die Gefahr, irgendwann zur Verantwortung gezogen zu werden, wenn sich die Schädigungen häufen. Da ist man fein raus, wenn man sagen kann: Aber die STIKO hat's doch empfohlen!

Da hilft es auch, wenn sich die STIKO im Vorfeld hübsch eigensinnig präsentiert: „Die Stiko ist ein autonomes Organ, wir arbeiten nicht auf Zuruf des Ministeriums, wir treffen unsere Entscheidungen nach Bewertungen der Risiken und des Nutzens", tönte der Leiter der STIKO-Abteilung für Epidemiologie, Rüdiger von Kries, im Mai 2021. Momentan sei „nichts" über die Nebenwirkungen von Corona-Impfungen bei Kindern bekannt. „Bei unklarem Risiko kann ich zur Zeit noch nicht vorhersehen, daß es eine Impfempfehlung für eine generelle Impfung geben wird."

Der letzte Satz klang damals schon verdächtig. „Vorhersehen, daß"? Hieß das nicht: „voraussagen, wann"?

Denn daß der feste Wille des Pharmalobbyisten Spahn unverbrüchlich ist („Wir impfen Deutschland zurück in die Freiheit!" – eine Verhöhnung der Opfer des Holocaust, die kaum jemandem auffiel), wußte man damals schon. Am 16. August, so erfuhren wir,

knickte die STIKO ein und verkündete fügsam, sie empfehle die „Impfung" nun auch für Kinder zumindest ab 12 Jahren.
Die Begründungen für diese Empfehlung sind so hanebüchen, daß es selbst medizinischen Laien die Haare aufstellt, wenn man sich etwas genauer damit beschäftigt: indirekt angedeutete Mikrostudien, akribisch ausgewählte und falsch interpretierte Metastudien, ein paar vage „Hinweise", angebliche „seltene Einzelfälle", das längst nicht mehr erträgliche Geschwätz von „asymptomatischen Fällen", die üblichen unhaltbaren „Modellierungen" sowie jede Menge Zahlensalat und viel Geschwurbel, das lediglich dazu dient, eventuelle Leser abzuschrecken (vor allem Politiker, die von dem ganzen Konvolut nur ein Wort zu interessieren hat: „Empfehlung"). Man merkt so deutlich, wie bemüht man hier war, aus nicht vorhandenem Material etwas herauszukratzen, daß einem die STIKO regelrecht leidtun könnte.
Allerdings reicht das Mitleid nur bis zu dem Hinweis, es sei „ein zusätzliches Ziel" der Kinderspritzung, „dadurch auch indirekte Folgen" von Infektionen mit SARS-CoV-2 „abzumildern". Was damit gemeint ist? Dies: „Einschränkungen der sozialen und kulturellen Teilhabe von Kindern und Jugendlichen" und insgesamt „psychosoziale Folgen der Pandemie". Man möchte also Millionen von Kindern einem gentechnischen Experiment aussetzen, um dadurch die Folgen der Verordnungen von Politikern „abzumildern", indem man behauptet, an Panikmache, Psychoterror, „Homeschooling", Isolation, Hausarrest, Bewegungsverbot, Singverbot, Sprechverbot, Berührungsverbot, Maskenzwang und anderen Sanktionen seien nicht diese herrschenden Politiker schuld, sondern ein Virus oder eine Pandemie? Wem es da nicht die Schuhe auszieht, der hat keine an. Und wer einer Kommission, die solche Sauereien nicht nur öffentlich-amtlich von sich gibt, sondern als wissenschaftliche Einschätzung verstanden haben will, zutraut, auf das Wohl von Menschen (nicht nur Kindern) bedacht zu sein oder auch nur zu wissen, was man unter diesem Begriff verstehen könnte, der kann auch Wasser nicht von Salpetersäure unterscheiden und sollte froh sein, wenn man ihn nur als „Rotkäppchen" belächelt.
Daß die STIKO von Lobbyisten und Mietmäulern der Pharmakonzerne geradezu durchsetzt ist, wußten wir schon vor zwölf Jahren, als sie sich eifrig bemühte, beim Schweinegrippe-Schwindel mitzumischen. 12 von 16 Mitgliedern hatten damals so unmit-tel-bare Verbindungen zur Impfindustrie, daß selbst „Wikipedia" zähneknirschend darauf hinweisen und das RKI, dem die STIKO untersteht, entsprechend abwiegeln mußte. Daß laut STIKO-Geschäftsordnung „ein Mitglied, bei dem ein sonstiger Grund vorliegt, der geeignet ist, Mißtrauen gegen eine unparteiische Amtsausübung zu rechtfertigen (Besorgnis der Befangenheit), insoweit nicht an der Beratung und Beschlußfassung der Kommission mitwirken darf", ist eine Farce. Hielte sich die STIKO an diese Vorgabe, hätte über die Kinderspritzung möglicherweise Thomas Mertens ganz

alleine beraten und beschließen müssen. Von dem Vorstand hat man nämlich seit dem „Umfallen“ und der peinlichen „Empfehlung“ kein Wort mehr gehört.
Allerdings muß man der STIKO wohl zugute halten, daß sie den Durchpeitschern im Bundesgesundheitsministerium und der „Ministerpräsidentenkonferenz“ offenbar noch immer ein bißchen verdächtig ist, obwohl ihre Mitglieder keineswegs „unabhängig“ bestimmt oder gar gewählt werden, sondern vom Ministerium selbst „berufen“, und es sich dabei ausdrücklich um „Impfexperten“ handelt. Wegen des Restmißtrauens und Mertens’ öffentlicher Widerspenstigkeit durfte die Kommission, obwohl weitgehend eine Lobbyveranstaltung und Mitglied der höchst anrüchigen NaLI (Motto: „Impfen schützt uns – gemeinsam aktiv“), nicht ganz allein und für sich über ihre Empfehlung „beraten“ und beschließen.
In der beschließenden Sitzung fehlten vier von 18 STIKO-Mitgliedern (zehn der 14 verbliebenen sind Mitglieder der „Arbeitsgruppe Covid-19-Impfung“). Mit dabei waren indes 12 weitere Personen:
Ole Wichmann, Leiter des „Fachgebiets Impfprävention“ am Robert-Koch-Institut und dort zuständig für die Entwicklung von „Strategien zur Verbesserung der Impfprävention“, das heißt: „Präventionsstrategien, insbesondere Impfprogramme“; zudem Charité-Privatdozent und in der „Geschäftsstelle der STIKO“ am RKI tätig. 2008 und 2009 war Wichmann an dem von der Gates-Stiftung finanzierten „International Vaccine Institute“ in Seoul (Südkorea) angestellt und als Projektmanager in der ebenfalls Gates-finanzierten Pediatric Dengue Vaccine Initiative in Südostasien aktiv. Deren Projekt, Kinder gegen das Dengue-Fieber zu impfen, endete in einer Katastrophe: Infolge „Antibody-dependant enhancement“ (ADE) erkrankten nicht infizierte Kinder nach der Impfung besonders schwer an Dengue-Fieber. ADE ist eine der am meisten befürchteten möglichen Spätfolgen der mRNA-Spritzung.
Wichmanns RKI-Stellvertreter **Thomas Harder**, der vor sieben Jahren gemeinsam mit Wichmann und einigen heutigen STIKO-Mitgliedern die umstrittene HPV-Impfung propagierte, für die mit einem vertrauten Argument geworben wurde: „Durch eine Impfung von Jungen und jungen Männern gegen humane Papillomviren könnte schneller eine Herdenimmunität erreicht werden.“
Sabine Vygen-Bonnet, RKI-Impfprogagandistin, an einer Vielzahl von STIKO-Empfehlungen beteiligt, Mitarbeiterin der STIKO-Geschäftsstelle am RKI. Deren Aufgabengebiet wird so beschrieben: „Zur Vorbereitung von Beschlüssen der STIKO führt die Geschäftsstelle systematische Literaturrecherchen durch, erstellt Meta-Analysen und erarbeitet so die Datengrundlage für die Evidenzbewertung durch die STIKO. Sie erstellt in Zusammenarbeit mit den thematischen Arbeitsgruppen der STIKO Beschlußentwürfe für neue Empfehlungen der STIKO.“
Ihre Geschäftsstellenkollegin **Judith Koch**, ebenfalls rührige Impfpropagandistin, fachlich vornehmlich zuständig für „Modellierungen“ der Auswirkungen von Impfungen.

Jakob Armann, Facharzt für Kinder- und Jugendmedizin an der TU-Klinik Dresden, führt offenbar seit Juli 2020 eine „Studie zur Verbreitung des SARS-CoV-2-Virus (sic) in sächsischen Kindergärten" durch, und zwar mittels Stuhlproben, weil „bereits erwiesen" sei, „daß Kinder Viren im Falle einer Erkrankung über den Stuhl ausscheiden. So läßt sich auf diesem indirekten Weg eine Infektion nachweisen, selbst wenn die Kleinkinder symptomfrei sind." Ob diese auf 18 Monate angelegte bizarre Studie immer noch läuft, ist unbekannt. Armanns Vorgesetzter sagte damals: „ Damit leisten wir einen wichtigen Beitrag zum Verständnis der Pandemie und dessen [sic!] wirksame Eindämmung." Ansonsten sucht Herr Armann seit April sehr intensiv nach schwer Covid-19-erkrankten Kindern, findet kaum welche, bereitet seine Daten aber liebevoll auf. Immerhin glaubt er wohl nicht so recht an Long Covid und wiegelt sogar in Sachen Delta-Panik vorsichtig ab. Mag sein, daß er den „Quotenleugner" geben durfte, bemerkenswert ist seine Teilnahme angesichts der ansonsten geschlossenen Impffront trotzdem zweifellos.
Reinhard Berner, Direktor der Klinik, an der Armann arbeitet, war vielleicht als Aufpasser dabei, hat für Merck, Lilly, Novartis und Infectofarm gearbeitet (teilweise in der Entwicklung von Arzneimitteln), erhält Drittmittel von Pharmakonzernen, hat sonst aber „keine Interessenskonflikte" und offenbar ebenfalls eine gewisse Neigung zum „Corona-Leugnen".
Heidi Meyer, „ständiger Gast" und „externe Expertin" des Paul-Ehrlich-Instituts (PEI) in der STIKO-Arbeitsgruppe Covid-19-Impfung, am PEI Leiterin des Referats „Internationale Koordination, regulatorischer Service", ist wohl in erster Linie fürs Referieren zuständig.
Julia Neufeind arbeitet in Ole Wichmanns RKI-Fachgebiet „Impfprävention" (hieße das doch nur, was es wörtlich heißt!) in einem „Team Kommunikation und Akzeptanz" (mal wieder ein neues Wort für Propaganda), das es allerdings nur laut einer wirren Sekte gibt (siehe unten). „Niedergelassene Ärzte sind ein wichtiger Hebel für die Impfakzeptanz in der Allgemeinbevölkerung", sagte sie schon 2019 auf einem Aufzug namens „Skepkon"[70] und weiß sicherlich recht gut, wie man so eine Skepsis aushebelt und Spritzungen vorantreibt. Hausärzte, meinte sie weiter, seien „motiviert, fähig und befähigt(,) ihre Patientinnen und Patienten zu impfen". Und sonst nichts. Sperenzchen wie Beraten, Untersuchen und so weiter kommen nicht in Frage.
Nora (Katharina) Schmid-Küpke ist eine weitere eisenharte Impfpropagandistin, angeblich „Expertin für Gesundheitskommunikation", die am RKI die „Covimo-Studie

[70] „Skepkon – die Konferenz für Wissenschaft und kritisches Denken" ist eine knallharte Kampfplattform der im Internet vor allem von „Psiram" vertretenen faschistoiden Sekte, die damit beschäftigt ist, Skepsis, Wissenschaft und kritisches Denken zu bekämpfen und zum Beispiel durch wilden Vandalismus im größtenteils von ihr kontrollierten „Wikipedia"-Blog auszumerzen. Dahinter steht eine „GWUP e.V. (Gesellschaft zur wissenschaftlichen Untersuchung von Parawissenschaften e. V.)", deren Name weitgehend alles sagt. Daß eine RKI-Angestellte bei derartigen Extremisten auftritt, sollte eigentlich den Verfassungsschutz interessieren, allerdings nur das „Arbeitsgebiet" Wirrnis und Pharmalobbyismus (das es dort wohl nicht gibt).

zur Covid-19-Impfbereitschaft und -akzeptanz" leitet. Ziel dieser sogenannten „Studie" ist es, zugunsten der Pharmaindustrie „die Impfbereitschaft und -akzeptanz verschiedener Bevölkerungsgruppen in Deutschland zu erfassen und zeitnah mögliche Barrieren der Impfinanspruchnahme zu erkennen". Denn wer Barrieren erkennt, kann sie mit gezielten Propaganda- und Zwangsmaßnahmen effektiv brechen. Öffentlich überliefert ist von der obskuren Frau Schmid-Küpke im Grunde nur ein einziger Satz, der dafür aber dutzendfach: „Mit dem Alter steigen die Impfquoten." Daneben ist sie auch noch in der Propaganda für Influenzaimpfstoffe tätig und hat mit den Kollegen Wichmann und Neufeind an einer „OkaPII-Studie" und einer „KROCO-Studie"[71] mitgewirkt, um mehr Klinikangestellte dazu zu bringen, sich der sinnlosen jährlichen Influenzaimpfung zu unterziehen. Auch in Sachen mRNA-Spritzung ist das Klinikpersonal offenbar noch ein Problem, das Frau Schmid-Küpke knacken soll.

Der „Augsburger Allgemeinen" sagte Schmid-Küpke: „Wichtig ist, den Menschen zu verdeutlichen, wie wichtig die eigene Impfung für die Gemeinschaft ist." Was zeigt, daß im RKI der interne Informationsfluß stockt – oder Schmid-Küpke schlicht informationsresistent ist. Denn daß die eigene Impfung für die „Gemeinschaft" nur insofern relevant ist, als die Kosten für die Behandlung von „Nebenwirkungen" und Spätfolgen von der „Gemeinschaft" getragen werden müssen (die Profite jedoch die Konzerne einstecken), weiß inzwischen auch das Kindergartenkind. Der Gedanke, daß RKI-Mitarbeiter das noch nicht begriffen haben, ist mir ebenfalls zu unappetitlich, um ihn weiterzudenken.

Stefan Scholz ist – kurz gesagt – noch so ein „Modellierer" am RKI unter Ole Wichmann, der daran glaubt, daß mRNA-Spritzungen Infektionen verhindern. Er beschäftigt(e) sich mit „KOMMI – Erstellung einer Kontaktmatrix für die mathematische Modellierung von Infektionserkrankungen", wovon man nie mehr etwas gehört hat. Belassen wir's dabei

Maria Waize arbeitet am Robert-Koch-Institut im „Team COVID-19 Impf Modellierung" (ohne Bindestriche) an grundlagenloser Spekuliererei über „nötige Impfquoten", und zwar mit Stefan Scholz und Thomas Harder. Daneben findet sich ihr Name unter einem „Paper" mit dem Titel „Einfluß von Impfungen und Kontaktreduktionen auf die dritte Welle der SARS-CoV-2-Pandemie und perspektivische Rückkehr zu prä-pandemischem Kontaktverhalten", das niemanden mehr interessieren wird, weil ja ab November schon die fünfte Welle ansteht. Jedenfalls ist auch ihr Job: Impfpropaganda.

Verina Wild ist „Medizinethikerin" (in Anführungszeichen, weil der Begriff „Ethik" seit Alena Buyx so diskreditiert ist wie … sonst keiner. Zumal es „Medizinische Ethik früher auch schon gab.). Sie hält enorm viele Vorträge und organisiert „Workshops" zu Flüchtlingspolitik, Krise, Klimawandel, Public Health, klimaneutralen Krankenhäusern

[71] Tiefere Recherchen zu diesen Propagandakampagnen sind mir zu unappetitlich. Möglicherweise hat das RKI eine interne „Ethikkommission", um sich mit derlei Auswüchsen zu beschäftigen.

und ähnlichen Totschlagnullwörtern, gerne mal mit Eckart von Hirschhausen und Lothar Wieler. Und erklärt dem „Spiegel", warum Kinder unbedingt geimpft werden müssen: weil „jede Impfung zählt". Also: eine Propagandistin der dümmsten und fanatischsten Sorte, als „externe Expertin" und Abgesandte der (offenbar nicht kritikfähigen) Universität Augsburg in der STIKO-Arbeitsgruppe „Covid-19-Impfung" tätig.

Ihre Glaubensinhalte faßt sie so unbedarft zusammen wie folgt: „‚Der Klimawandel hat starke Auswirkungen auf die Gesundheit von Menschen', das ist auch für Verina Wild, Professorin für Ethik der Medizin an der Universität Augsburg, ganz klar. Es sei deshalb ethisch vollkommen gerechtfertigt für Ärzt:innen, sich damit zu befassen und nicht nur mit den einzelnen Patient:innen. Dies sei kein Entweder-oder und keine Verletzung des Neutralitätsgebots." Wer versteht, was sie meint (außer „balla balla impf impf"), möge sich melden (bei ihr).

Nun haben wir also eine STIKO-„Beratungsrunde" mit 26 Stimmen:

- 7 stahlharte Impfprogagandisten mit teilweise religiösen Anflügen von Fanatismus, die alle nicht der STIKO angehören, sie aber mit Daten, „Modellierungen" und Beschlußvorlagen füttern,
- 1 Referentin ohne erkennbare Neigungen,
- 2 zusätzliche „Modellierer" ohne Realitätsbezug,
- 2 vorsichtig objektive Mediziner und
- 14 „echte" STIKO-Mitgliedern mit teilweise tiefen Verstrickungen im Pharmasumpf.

Da fiele es leicht, hübsche Verschwörungsszenarien in Theaterform zu erdenken. Aber die Realität ist – wie meistens – viel prosaischer. Einer plappert was, noch eine plappert was, Frau Neufeind reicht die Beschlußvorlage herum, alle nicken ab, basta. Gehen wir ein Bier trinken. Und morgen melden Neufeind, Schmid-Rüpke, Wichmann, Vygen-Bonnet, Harder, Koch, Waize und Wild ihren Auftraggebern: „Läuft."

Ja, läuft: Biontech und Moderna möchten noch in diesem Jahr mit der Spritzung von Kleinkindern und Babies beginnen.

„Stiko" bezeichnete übrigens bis 1945 den „Stillhaltekommissar für Organisationen, Vereine und Verbände". Sein Name war Albert Hoffmann, und er hatte sich seit 1938 darum zu kümmern, Vereine aufzulösen, ihr Vermögen einzuziehen und sie in eine reichsdeutsche Organisation einzugliedern. Nur für den Fall, daß jemand mal wieder STIKO nicht in Großbuchstaben schreibt: Verwechslungsgefahr!

Nazis am Südpol! *(1. September 2021)*

Im Jahr 1969 ereignete sich auf einer britischen Antarktisexpedition ein merkwürdiger Vorfall: Zwölf Männer saßen siebzehn Wochen lang vollkommen isoliert in ihrer Basis im Eis und taten in dieser Komplettquarantäne nicht viel anderes als sich zu beobachten. Nach siebzehn Wochen und einer Kälteperiode praktisch ohne Tageslicht bekam einer plötzlich eine Erkältung. In den folgenden zwei Wochen erkälteten sich sieben weitere Männer, zwei hatten Niesanfälle, zwei blieben komplett gesund. Abstriche der Erkrankten wurden in Labors penibel untersucht. Es gab gewisse Hinweise auf Coronaviren, die jedoch nicht wirklich spezifisch waren. Von anderen Krankheitserregern und Allergenen fand sich nicht die geringste Spur.

Mit den geläufigen pseudowissenschaftlichen Theorien läßt sich dieses seltsame Geschehen nicht erklären. Ein Virus, das vier Monate lang „unsichtbar" in einem Menschen „schläft", dann plötzlich erwacht, ihn krank macht, fast alle anderen ansteckt und spurlos wieder verschwindet, womöglich durch eine Art Selbstmord? So verhalten sich Terroristen, aber doch keine Krankheitserreger, oder?

Immerhin: Die erstaunliche Ähnlichkeit der Virusattacke (die niemandem groß schadete) mit dem Terrorismus, den Medien und Regierungen seit einem halben Jahrhundert als grellen Teufel an die Wand malen, um uns in Dauerschrecken zu versetzen, könnte die ansonsten völlig irrationale Panik vor Erkältungsviren erklären, in die uns Medien und Regierungen seit einem Vierteljahrhundert immer wieder zu versetzen versuchen – was ihnen in den letzten zwanzig Monaten endlich so richtig durchschlagend gelungen ist.

152 statt 17.000 starben offiziell am Covid-Virus

Ein Bürgerbegehren in Portugal wollte endlich verifizierte Corona-Todeszahlen erhalten. Ein Lissabonner Gericht gab ihnen Recht und ordnete die Freigabe der Daten über die gerichtlich verifizierten COVID-19-Todesfälle im Zeitraum Januar 2020 bis April 2021 an. Statt wie von Regierung und WHO vermeldet, waren es nicht 17.000 sondern 152 – also 0,9 Prozent – die nachweislich AN und nicht nur MIT dem Virus verstarben.

Der Mensch versteht die Welt nicht, wenn er sie zu verstehen versucht, indem er sie „von außen" betrachtet. Das ist eine Binsenweisheit. Noch weniger versteht er sich selbst, wenn er sich nicht in der Welt befindet.

Der kluge Artur Aschmoneit hat mehrmals darauf hingewiesen, daß man Nazis nicht unbedingt an ihren Springerstiefeln erkennt. Ich scheue das Vier-Buchstaben-Wort für die Wiedergänger des totalitären Wahns und bezeichne die geifernde Kamarilla in Politik und Medien lieber als rechtsextrem. Aber richtig ist der Hinweis zweifellos. Von Joseph Goebbels etwa ist kein Bild überliefert, auf dem er das Marschkleidungsstück der Trampeltrupps trüge. Wichtiger ist (zumindest bei nur medial „anwesendem" Personal), was aus der Sprechöffnung herausdringt. Und das ist im Falle von Rechtsextremen so gut wie immer verdreht, verzerrt, ins Gegenteil verkehrt beziehungsweise und/oder schlichtweg dreist gelogen, um dem Zweck der Einschüchterung und gleichzeitigen Aufpeitschung der Volksmasse zu dienen.
In welchen Krieg das Volksvieh damit jeweils aktuell hineingehetzt werden soll, ob gegen Viren oder Untermenschen, ist weitgehend egal, weil sich das Gekropp ja sowieso verbündet und verschwört – der Leugner mit dem Erreger, der Zersetzer mit dem Verweigerermuffel, der innere mit dem äußeren Feind.

Ein Merkmal der Dissidenz ist das Leugnen von Lügen.

Wenn man sich das Lügen erst einmal angewöhnt hat, kann man so einfach nicht mehr damit aufhören, vor allem wenn die Lügen einem Zweck dienen sollen, den man anders offenbar nicht erreichen kann (höchstens mit gewalttätigem Zwang, der indes die Gefahr birgt, daß der Gezwungene irgendwann doch aufbegehrt und den Büttel zum Teufel haut), aber muß. Wirkt das Lügen nicht genug, wird es – da die Hemmungen nun mal weg sind – intensiviert und mit Drohungen unterfüttert.

Christian Karagiannidis, der Leiter des längst weitgehend diskreditierten DIVI-Registers zum Beispiel brüllt zum Beispiel in den WDR hinein: „Bei uns liegen derzeit vor allem jüngere Menschen auf den Intensivstationen, viele zwischen zwanzig und dreißig, ohne Vorerkrankungen." Sogar seine eigene Statistik zeigt: Das ist dreist gelogen. Lediglich 5,1 Prozent der Patienten, die – warum auch immer – ein Intensivbett belegen und „positiv getestet" wurden, sind jünger als neunundzwanzig. Wie man Journalisten nennt, die so etwas nicht nur nachfraglos hinnehmen, sondern auch noch unwidersprochen veröffentlichen? Fragen Sie Karl Kraus.
Die meisten, lügt Karagiannidis weiter, seien ungeimpft, aber „immer davon ausgegangen, daß sie nicht schwer krank würden". Das kann einem bei einem Autounfall oder Leitersturz schon mal passieren, daß man zwei Sekunden zuvor nicht davon ausgeht, schwer zu erkranken, möchte man meinen, selbst wenn man den Freistempel im Impfpaß trägt. Daß Geimpfte nur bei schweren Erkältungssymptomen, Ungeimpfte aber generell getestet werden, verschweigt der Mann selbstverständlich.

Ebenso selbstverständlich verschweigt er, daß ein Geimpfter, der Erkältungssymptome aufweist, laut Definition gar nicht mehr geimpft ist. Nehmen wir also mal an: tausend Menschen liegen wegen Herzinfarkten, Schädelbrüchen, Lungenentzündungen und anderem in Intensivbetten, je fünfhundert geimpft und ungeimpft. Zwanzig Geimpfte haben Schnupfen, hundertfünfzig eine Lungenentzündung – schon haben wir 670 Ungeimpfte, die intensiv betestet und wegen der üblichen „Unschärfen" zu zehn Prozent für „positiv" erklärt werden. Und schon dürfen wir vermelden, die „Coronapatienten" seien zu hundert Prozent ungeimpft. Werden sie am nächsten Tag verlegt, testet man sie noch mal, und schon hat sich die „Fallzahl" verdoppelt. Klingt absolut irr, ist es auch, aber so sind die Zeiten.
Dem WDR ist so was wurst, der läßt Ka-ragiannidis einfach weiterbrabbeln: „Die Delta-Variante macht aber einfach viel kranker." Auch gelogen, klar, weiterer Kommentar erübrigt sich.

„Ich bin überzeugt, dass sich das 2G-Prinzip in vielen Bereichen des täglichen Lebens durchsetzen wird. Wer sich nicht impfen lassen will, wird auf Dauer Einschränkungen in Kauf nehmen müssen, auch am Arbeitsplatz", tönt NRW-Arbeitgeberpräsident Arndt Kirchhoff und meint mit „Einschränkungen" wohl: noch mehr „Einschränkungen", bis hin zur dauerhaften Wegsperrung, und mit „auf Dauer": lebenslänglich. Womit wir beim Drohen sind: „Klar ist, daß die Impfverweigerung Einzelner nicht zum Schaden von Kollegen, Arbeitgebern und Kunden sein darf!" Der unzweifelhaft makellos patriotische „Kölner Stadt-Anzeiger" läßt auch diesen unverschämten Pfeffersack unwidersprochen hetzen, ohne wenigstens einen Kommentar zu seinem Schuhwerk abzugeben.

Ähnlich scham- und hemmungslos „lehnten" noch vor wenigen Monaten (nicht nur) sogenannte „Koalitionspolitiker" „Privilegien für Geimpfte" „ab". Schon im Dezember allerdings mahnte die ARD-„Tagespropaganda", man

könne schließlich auch den Inhaber eines Nobelrestaurants nicht zwingen, einen Besoffenen als Gast zu dulden. Entsprechend verlogen war der ganze Salbader von Anfang an.
Immerhin hielt es damals noch ein einzelner rechtspolitischer Sprecher der SPD für denkbar, im Allgemeinen Gleichbehandlungsgesetz eine „Klarstellung“ unterzubringen, „daß niemand benachteiligt werden darf, der sich nicht impfen läßt“. Wie gesagt: denkbar. Das ist ein derart bolschewistisches und volksschädliches Zersetzerdenken heute selbstverständlich nicht mehr. Sonst kommt am Ende noch jemand daher und möchte in Deutschland Demokratie und Menschenrechte einführen!
Der freche SPD-Sprecher heißt übrigens Johannes Fechner und hat sich zu seinem frechen Gedanken nie mehr geäußert. Auf seiner Webseite legt er statt dessen umfangreich klar, weshalb seine Verwicklung in sogenannte „Maskendeals“ gaaaanz legal war.

Mit der rapide erschlaffenden Spritzbegeisterung geht seit etwa vier Wochen auch die Zahl der Sanitäter und Krankenwagen, die Tag und Nacht mit heulenden Sirenen durch die Stadt rasen, stetig und merklich zurück. Es hat alles sein Gutes, heißt es. Manches hat auch zwei. Und wenn das alles reiner Zufall ist: dann drei.

Vor einem Jahr galt jeder, der nicht „getestet“ war, als krank bis zum Beweis des Gegenteils, der ausschließlich per PCR zu erbringen war. Wer behauptete, gesund zu sein, mußte sich belehren lassen, und wer die gottgleiche Urteilskraft der PCR anzweifelte, war ein „Verschwörungsideologe“ und verlor dreißig Facebook-Freunde. Dem Gesetz der stetigen Verschlimmerung und Verschärfung des Schlimmen und Scharfen gemäß gilt heute der Ungeimpfte als krank bis zum Beweis des Gegenteils. Der ist mittels PCR nicht mehr zu erbringen, weil die Gläubigen dem Test nicht mehr recht trauen und nur noch die dokumentierte doppelte Kommunion akzeptieren. Vorübergehend. In ein paar Wochen wird jeder Doppeltgespritzte als krank bis zum Beweis des Gegenteils gelten, der nur durch regelmäßige Nachspritzungen zu erbringen ist. Die Intervalle zwischen den „Booster“-Sakramenten werden kürzer werden: sechs Monate, vier Monate, acht Wochen, vierzehn Tage. Wenn die Zahl der „Impfdurchbrüche“ damit im Januar („fünfte Welle“!) nicht mehr zu „kontrollieren“ und „einzudämmen“ ist, drehen alle völlig durch, und es kommt zum Kladderadatsch.
Oder auch nicht. Vielleicht dauert es gar nicht bis zur „siebten Welle“ (Januar 2023), daß eine Mehrheit der Schikanierten der Panikkarneval der Herrschenden und ihrer Medien einfach nicht mehr interessiert. Man kann sich irren in solchen Dingen.

Vor 75 Jahren, im August 1946, begann man die fertiggestellten U-Bahn-Tunnels in der Münchner Lindwurmstraße mit Bauschutt aufzufüllen. „An eine Wiederaufnahme des U-Bahn-Projekts“, vermeldet die Stadtchronik, „ist nicht gedacht.“ So kann man sich irren, wenn man meint, etwas zu „wissen“, was noch nicht geschehen ist.

Vor etwa einem Jahr versicherte die deutsche Bundesregierung, sämtliche „Corona"-Sanktionen würden aufgehoben, wenn „jeder ein Impfangebot erhalten" habe. Da fehlen jetzt zwar noch die kleineren und kleinsten Kinder, die derzeit nur illegal und heimlich von fanatischen Medizinmännern gespritzt werden. Dennoch steht zumindest vorläufig fest (siehe oben): Die Sanktionen wurden und werden seit März 2020 praktisch ununterbrochen stufenweise verschärft. So kann man sich auch irren.

Daß die Kinder als „letztes Aufgebot" herhalten müssen, um den Feind am Ende doch noch niederzuringen, ist übrigens nicht neu, historisch gesehen. Nein, das ist nicht schon wieder eine Anspielung auf die Implosion des Nazireichs und das Ende des zweiten Weltkriegs (diese wäre allerdings möglich und legitim). Der sogenannte „Kinderkreuzzug" von 1212 zum Beispiel war das vorgezogene letzte Hüsteln des Kreuzfahrerwahns (dem ebenso wie „Corona" manifeste Profitinteressen, Machtgier und ökonomische Raffsucht sowie fanatische Propaganda, Weltuntergangs-Panikmache und geschürter Massenwahn zugrunde lagen). Er endete als schändliche, klägliche und katastrophale Farce. Das muß man nicht als Menetekel deuten. Darf man aber.

Daß es – abgesehen von anderen Bedenken – ziemlich unsinnig ist, Menschen während oder kurz nach der Erkältungssaison gegen eine Erkältungskrankheit impfen zu wollen, wußten Fachleute schon, als man auch noch wußte, daß es eine wirksame Impfung gegen Erkältungskrankheiten sowieso nicht geben kann. Dieses Wissen ist zumindest bei denen, die die Befehle der Pharmaindustrie in „Maßnahmen" umzusetzen haben, seither vollständig verloren gegangen. Ob es zumindest als Ahnung wiederkehrt, nachdem sich nun „herausgestellt" hat, daß die gentechnische Spritzung kaum etwas bewirkt, keine Infektion, keine Erkrankung, keine Ansteckung anderer und keinen Todesfall verhindert, sondern lediglich eventuell vor etwas schwereren Symptomen schützt, dafür aber zehntausende Todesfälle und Millionen von Covid-19-ähnlichen Erkrankungen und anderen schweren „Nebenwirkungen" hervorruft? Nicht? Dann wird es auch nichts mehr helfen, daß ebenfalls belegt und dokumentiert ist, daß die minimale (angeblich) schützende Wirkung der Spritzung nach wenigen Wochen verfliegt, die Langzeitfolgen aber bisher nur in Ansätzen bekannt sind.

Die tatsächliche Zahl der durch modRNA-„Impfungen" geschädigten und getöteten Menschen ist unbekannt und wird es auch bleiben. Erschwert wird die Zählung nicht nur durch die hohe Dunkelziffer (95 bis 99 Prozent), sondern unter anderem auch dadurch, daß zum Beispiel die US-amerikanischen „Centers for Disease Control and Prevention" (CDC) jeden, der innerhalb von 14 Tagen nach der Impfung erkrankt oder stirbt, als „ungeimpft" verzeichnen. Weil es auch deutschen Fanatikern zufolge bei Impfungen generell keine „Spätfolgen" gibt, sind wiederum Todesfälle und Schädigungen nach mehr als 14 Tagen logischerweise keinesfalls auf die Spritzung zurückzuführen.

Vor 74 Jahren, Ende August 1947, wurden die Münchner Bürger repräsentativ befragt: „Was machen Sie in Ihrem Urlaub?" Die meisten Befragten gaben an, sie wollten Brennholz sammeln, Ähren lesen oder Lebensmittel hamstern. Die beliebtesten „Erholungshöhepunkte" waren Baden in der Isar, Angeln und Garteln. Mit manchen Dingen liegt man offenbar nicht so leicht falsch.
Immerhin: In die Antarktis wollte damals niemand. Da kann man sich nämlich erkälten.

Zwischendurch – Fakten ohne Quellen[72] *(6. September 2021)*

Eine Infektion mit „Delta-Covid" verläuft bei doppelt modRNA-gespritzten Patienten (so hört man) fünf- bis zehnmal so häufig tödlich wie bei Ungespritzten.
Das klingt erschreckend und dramatisch, ist es aber eigentlich nicht: Die Sterberate liegt bei nicht doppelt „Geimpften" im Falle einer positiven Testung zwischen 0,09 und 0,2 Prozent, bei doppelt „Geimpften" zwischen 0,7 und 1,1 Prozent. Von tausend doppelt „Geimpften", die positiv getestet werden, sterben also 7 bis 11, von tausend nicht „Geimpften" einer oder zwei „an oder mit Delta-Covid". (Wie viele „Geimpfte" an der „Behandlung" sterben, wissen wir nicht.)
Allerdings werden doppelt „Geimpfte" im Normalfall nicht getestet. Sie sind ja „geimpft". Man testet sie nur, wenn es ihnen wirklich schlecht geht. So wie man das eigentlich (laut WHO) bei allen Menschen machen sollte. Daher werden nicht Gespritzte viel häufiger positiv getestet, sterben dann aber viel seltener: Die meisten sind ja gesund.
Nach wie vor aber ist das Risiko, positiv getestet zu werden, insgesamt sehr gering. Noch weitaus geringer ist das Risiko, dann auch zu erkranken. Das Risiko einer schweren Erkrankung ist so gering, daß es sich in greifbaren Zahlen kaum noch darstellen läßt. Wie viele der ein bis zwei beziehungsweise sieben bis elf „an oder mit" Verstorbenen auch ohne positiven Test gestorben wären, ist nicht bekannt. Jährlich stirbt in Deutschland ungefähr einer von achtzig Menschen. Covid-Erkrankungen spielen unter den Todesursachen praktisch keine Rolle.
Daß eine modRNA-„Impfung" den Tod durch Covid verhindert, hat übrigens keiner der Hersteller je behauptet. Diese Frage wurde im Rahmen der Zulassungsstudien überhaupt nicht untersucht. Geschaut wurde lediglich, ob es bei „Geimpften" zu weniger deutlichen Symptomen kommt. Dies war anscheinend in sehr geringem, aber meßbaren Umfang der Fall: Das Risiko, im Falle einer Erkrankung schwerere Symptome zu erleiden, sinkt durch die Spritzung für den einzelnen Probanden um etwa 0,7 bis 1,1 Prozent. Allerdings beruht diese Berechnung auf „geschönten" Zahlen.
Eine Infektion mit Covid-Erregern kann durch die „Impfung" nicht verhindert werden. Die Ansteckung erfolgt über die Schleimhäute der Atemwege. Durch die „Impfung"

[72] Es gab damals zu allen diesen Fakten Quellen. Ich war nicht einmal zu faul, sie mir zu notieren, sondern habe dies angesichts des ewigen „Quelle?!"-Gebrülls der Leute, die außer Propaganda überhaupt keine Quellen kannten und meist nicht einmal wußten, was eine Quelle ist, bewußt verweigert.

werden in vielen Fällen Antikörper im Blut gebildet, die jedoch in keinem Fall in die Schleimhäute vordringen können.

Ein schwerer oder gar tödlicher Verlauf einer Covid-19-Erkrankung wird für gewöhnlich dadurch ausgelöst, daß die Spike-Proteine der Erreger ins Blut geraten, etwa infolge von Verletzungen der Schleimhäute bei einer künstlichen Beatmung durch Intubation. Die dann ablaufenden Prozesse (ADE, Thrombosen etc.) sind kompliziert, aber weithin bekannt. Durch die „Impfung" geraten ebenfalls Spike-Proteine ins Blut und setzen die gleichen Prozesse in Gang wie bei einer schwereren Erkrankung. Das erklärt die Vielzahl von Covid-(ähnlichen) Erkrankungen nach einer „Impfung" (insbesondere der zweiten) – die sogenannten „Nebenwirkungen". Es erklärt vielleicht auch die höhere Sterberate unter Gespritzten.

Durch die „Impfung" entstehen in vielen (aber bei weitem nicht allen) Fällen Antikörper im Blut, ebenso wie durch eine Erkrankung (da aber mit wesentlich höherer Sicherheit). Im Falle der „Impfung" verschwinden diese Antikörper (und damit eine eventuelle Immunität) innerhalb einiger Wochen bis Monate. Im Falle der Erkrankung bleiben sie länger erhalten, eventuell das ganze Leben lang, zudem besteht über die Antikörper und die natürliche Kreuzimmunität hinaus eine weitreichende und lang anhaltende Immunität gegen diesen und verwandte Erreger.

Im Falle einer Infektion mit „Delta-Covid" kann die modRNA-Spritzung keine Linderung einer eventuellen Erkrankung bewirken. Dafür ist sie weder geeignet noch gedacht. In den Zulassungsstudien wurde lediglich eine „Schutzwirkung" gegen das ursprüngliche, seit Herbst 2020 ausgestorbene Virus SARS-CoV-2 untersucht. „Geimpfte" infizieren sich ebenso oft (oder selten) mit „Delta-Covid" wie nicht Gespritzte. Allerdings ist ihr Immunsystem durch die „Impfung" geschädigt und geschwächt und kann andere Erreger von Erkrankungen unter anderem der Atemwege weniger gut abwehren.

Wohl deswegen ist die Virenlast in und auf den Schleimhäuten bei gespritzten „Delta"-Infizierten selbst bei insgesamt etwas geringeren Symptomen gut 250mal so hoch wie bei „Ungeimpften". Möglicherweise läßt sich so auch die höhere Infektiösität dieser „Variante" erklären: „Delta-Covid" ist für die allermeisten Erkrankten nicht mehr als ein leichter Schnupfen. Ist der Schnupfen (bei „Ungeimpften") etwas unangenehmer, bleiben sie eher zu Hause. Ist er weniger unangenehm (bei „Geimpften"), die Virenlast dafür aber viel höher, wird der „Geimpfte", der trotz leichtem Schnupfen zum Beispiel in die U-Bahn steigt und im Büro sitzt, zum möglichen „Superspreader".

Der Mechanismus solcher „Ist ja nur ein leichter Schnupfen, da kann ich schon arbeiten"-Infektionswellen ist so gut wie jedem Menschen seit seiner frühesten Kindheit bekannt. Daß einer oder zwei oder auch mal zehn von tausend Kranken durch die Schwächung des Immunsystems eine (meist sekundäre, bakterielle) Lungenentzündung erleiden und daran sterben, wissen wir auch schon seit Jahrhunderten. Daß man sich infolge einer Impfung gegen einen Atemwegserreger (zum Beispiel bestimmte Influenza-

viren) leichter mit anderen Atemwegserregern infiziert und die Gesamtzahl der Erkrankungen ungefähr gleich bleibt, wissen zumindest Ärzte, Mediziner und gegen Influenza Geimpfte ebenfalls seit Jahrzehnten (seit es solche Impfungen gibt).
Es sei angemerkt, daß es sich dabei nur um Fakten handelt, die wissenschaftlichen Untersuchungen und Erhebungen entstammen. Sie müssen geprüft, gedeutet und diskutiert werden.

Koinzidenzen des Lesens: Unmittelbar nach Günther Anders' „Antiquiertheit des Menschen“ (Band eins) greife ich rein zufällig (Bücherschrank) zu Nicholas Mosleys wunderlichem, grandiosem Roman „Der Unfall“ („Accident“) und finde darin viele Ansätze und Themen in vollkommen anderer Weise behandelt wieder. Man könnte vermuten, Mosley habe unmittelbar vor dem Schreiben des Romans ebenfalls Anders gelesen. Es könnte aber auch sein, daß andere aus dem Buch ganz anderes herauslesen. Das Interesse steuert die Aufmerksamkeit.

Das ist übrigens bei Krankheiten und Impfungen nicht anders. Der Bericht einer Ärztin über die verblüffende, skandalöse Ignoranz und das Unwissen ihrer Kollegen, die stolz von ihrer modRNA-Spritzung berichten und auf Nachfrage keinerlei Ahnung von möglichen Wirkungen, Nebenwirkungen und Folgen der Behandlung haben, wirkt nur auf den ersten Blick absurd. Sie wissen das nicht, weil sie es nicht wissen wollen. Sie wollen es vor allem nicht wissen wollen. Der kurze Schock, die Verunsicherung, die ihre Aufklärung bewirkt, wird schnell verfliegen.
Skandalös, aber zwangsläufig ist auch die Weigerung dieser Kollegen, Impfschäden und durch die „Impfung“ ausgelöste beziehungsweise verschlimmerte Erkrankungen bei ihren Patienten zu melden. Das würde nicht nur enorm viel Zeit kosten, vor allem nehmen sie die meisten dieser Schädigungen ja gar nicht als solche wahr, weil sie das nicht können wollen.

Ein Metzger weiß im Normalfall sicher nicht mehr über die weltweiten Auswirkungen und Folgen des maßlosen Fleischkonsums als ein Schreiner oder ein Universitätsprofessor für Germanistik.

Warnung! Empfehlung! Wachstum! *(8. September 2021)*

Die jüdische Religion, die von gestern auf heute Rosch ha-Schana (Neujahr) feierte, hegt ein gesundes Mißtrauen gegenüber Bildern und dem Gesichtssinn überhaupt, dem sie das Hören vorzieht. Noch in der christlichen Kirche ist es geboten, sich kein Bild von Gott zu machen, dafür dem Wort zu lauschen. Und nicht nur dem Wort, sondern allgemein dem Klang, der das Geheimnis der Welt öffnet und dem Menschen Erkenntnisse ins Herz zu pflanzen vermag.

Ich weiß so gut wie nichts über die israelische Politik und Gesellschaft und habe daher auch keine Ahnung, ob und wie dort die Propaganda um die kaum noch zu überbietende Absurdität der „vierten Welle“ tatsächlich verfängt. Man hört gelegentlich, es werde fleißig „geimpft“ und nach der dritten nun bereits die vierte Spritzung dringendst empfohlen. Daß die fünfte vermutlich im Januar, die sechste ab Mai folgen wird (und so weiter), ist absehbar, das Geschwätz über die „Ausrottung des Virus“, das derweil in immer neuen, immer harmloseren Varianten Gespritzte wie Ungespritzte ohne Unterschied angeblich befällt, höchstens noch unter Ultraradikalen zu hören, vorsichtig. Aber was die Bevölkerung von dem irrwitzigen Theater hält, weiß ich nicht.
Hierzulande trötet die „Freiimpfen“-Kampagne, das Gebrüll um die „Pandemie der Ungeimpften“ aus allen Leitmedien, und je mehr sich das ohne Unterlaß verbreitete Textgewäsch dazu selbst für völlig Kritiklose als bizarre Mischung aus Mißverständnissen, Ausblendungen, Ignoranz und Lügen herausstellt, desto lauter wird es. Als Begleitung gibt es einen unablässigen Strom von Bildern: Spritzen in Armen, noch mehr Spritzen in Armen, lächelnde Gesichter, als Gegenvision Beatmungsgeräte, anonyme Intensivstationen, drohende Kurven, dann wieder Spritzen in Armen, in U-Bahnen, Bierzelten, Einkaufszentren, am Straßenrand. Hin und wieder darf jemand begeistert äußern, wie befreiend es sich anfühle, „in die Freiheit geimpft“ zu sein.
All dies ist eine religiöse Perversion, wie sie alle paar Jahrhunderte wohl vorkommt, wenn die Erinnerung an die letzte Geißlerbewegung oder Tanzwut oder die letzten Pogrome oder Hexenverbrennungen so sehr verflogen ist, daß sie nur noch in Geschichtsbüchern aufbewahrt wird, die in „Bitte mitnehmen!“-Kisten vor den Wohnbehausungen der Vergeßlichen stehen.

Daß die Experimentalstudie einer Verabreichung gentechnischer Substanzen an die (gewünschte) Gesamtbevölkerung ursprünglich mit medizinischen Argumenten begründet werden sollte, ist ebenfalls längst vergessen. Die „Impfstoffe“, das darf inzwischen als Grundwissen gelten, haben keine prophylaktische Wirkung gegen körperliche Erkrankung; wenn „Geimpfte“ sich weniger häufig „infizieren“, dann deshalb, weil man sie nicht testet. Wenn sie seltener krank werden, dann deshalb, weil sie im Falle einer Erkrankung automatisch ungeimpft sind.
Es dient ja auch der Impfstoff hochoffiziell und amtlich nur dazu, „Freiheiten“ zu erlangen. Ein einmaliger Fall in der Medizingeschichte. (Aus der Geschichte der religiösen Sekten ist ähnliches jedoch bekannt.)
Daß es absolut widersinnig ist, sich durch Gehorsam „Freiheiten“ erkaufen zu wollen, weil Freiheit Gehorsam von vornherein ausschließt und Gehorsam die Freiheit vernichtet, wissen heute nur noch ein paar graubärtige Kriegsdienstverweigerer. Die könnten auch erzählen, wie das mit der Erkaufung der „Freiheit“ durch Gehorsam stets zuverlässig weitergeht: mit dem gehorsamen Marsch in die absolute Unfreiheit. Dann folgt der Zusammenbruch des Gehorsamsregimes, ein kurzer Moment gefühlter Freiheit, die

Konsolidierung der Macht und der zunächst zaghafte, dann zielstrebige Marsch in das nächste Gehorsamsregime. Ist vielleicht die Natur des Menschen, wer weiß.

Den Gehörsinn unterscheidet vom Gesichtssinn, daß man ihn nicht abschalten kann. Die Augen lassen sich schließen, die Ohren nicht. Umgekehrt fehlt dem Gesichtssinn (zumindest weitgehend) die Kritikfähigkeit des Gehörs: Man sieht Karl Lauterbach nicht an, daß das, was aus seinem Mund dringt, dummes und unhaltbares Geschwätz ist. Man sieht auch einem Beatmungsgerät nicht an, was es mit dem dazu ertönenden Geschwätz von steigenden „Inzidenzen“ zu tun haben könnte. Da muß man hinhören.

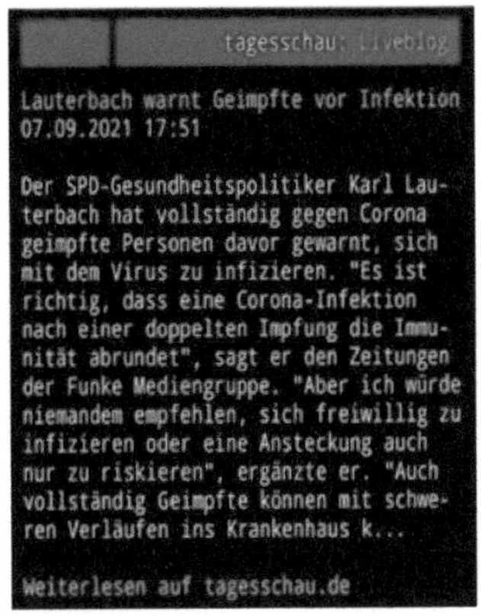

tagesschau: Liveblog

Lauterbach warnt Geimpfte vor Infektion
07.09.2021 17:51

Der SPD-Gesundheitspolitiker Karl Lauterbach hat vollständig gegen Corona geimpfte Personen davor gewarnt, sich mit dem Virus zu infizieren. "Es ist richtig, dass eine Corona-Infektion nach einer doppelten Impfung die Immunität abrundet", sagt er den Zeitungen der Funke Mediengruppe. "Aber ich würde niemandem empfehlen, sich freiwillig zu infizieren oder eine Ansteckung auch nur zu riskieren", ergänzte er. "Auch vollständig Geimpfte können mit schweren Verläufen ins Krankenhaus k...

Weiterlesen auf tagesschau.de

In diesem Sinne wäre es gut und hilfreich, die manipulativen Illustrationen, die den Text und die enthaltenen Botschaften wie Vektorviren ins Hirn transportieren, wegzulassen oder als Konsument wenigstens die Augen zu schließen, um den Unsinn leichter als solchen erkennen zu können. Dazu wäre es aber weiterhin hilfreich, Gegenargumente und abweichende Meinungen erfahren zu dürfen. Man möchte meinen, das sei früher üblich gewesen und habe sich Journalismus genannt. Indes genügt ein kurzer Blick in die Geschichte der „Bild-Zeitung“ oder (zufällige Beispiele) in die Berichterstattung öffentlich-rechtlicher Medien über die Studentenrevolte, den Widerstand gegen die Atomindustrie oder den Einzug der (damals noch leidlich grünen) „Grünen“ in deutsche Parlemente, um zu erkennen, daß das schon früher nicht gängig und bisweilen sogar ein seltener Glücksfall war.

Wie radikal, ungerührt, borniert und brutal, bisweilen über jede Schmerzgrenze hinaus dreist, dumm und gewissenlos die Propaganda der Herrschenden heute durchgesetzt wird, ist aber seit dem zweiten Weltkrieg ohne Beispiel; selbst die Hetzkampagne der Springerpresse gegen Rudi Dutschke wirkt dagegen wie Geplänkel, zumal es ja hier und da Gegenstimmen gab und sogar der öffentlich-rechtliche Rundfunk dem gefürchteten Staatsfeind (und nicht nur ihm) Gelegenheit zum Interview gab. Wer sich heute vorstellen kann, auch nur im Nachtprogramm ein ausführliches Gespräch eines Nachfolgers von Günther Gaus (den es sowieso nicht gibt) etwa mit Jebsen, Hockertz, Homburg, Füllmich, Fischer, Köhnlein, Kaiser, Wodarg oder auch nur der vorsichtigsten abweichenden Stimme zu sehen, lebt in einer parallelen Traumwelt. (Da muß Kekulé als Surrogat herhalten.)

Der Bundestag hat gestern übrigens den „Datenschutz“ und die Versammlungsfreiheit abgeschafft, einen Impfzwang für (zunächst) bestimmte Berufe ermöglicht, „3G“ als Grundlage des gesamten gesellschaftlichen Lebens gesetzlich verankert, ein Einreiseverbot für Testverweigerer ermöglicht und die „epidemische Lage“ per Umdefinition zur bloßen Möglichkeit und Verlagerung auf Länderebene auf ewig gestellt. Falls es jemand nicht gehört (oder gesehen) hat: Dieser epochale politische Umbruch war mal wieder in einem „Omnibusgesetz" (auch „Trojanisches Pferd", „U-Boot" oder „Osterei" genannt) versteckt, das vorgeblich Hochwasserschäden betrifft. Ein ziemlich unverschämter und dummer Betrug, aber wen kümmert das, wenn der Staatsstreich funktioniert?

„Wachstum ist das Entscheidende!" sagt ein SPD-Kanzlerkandidat im Jahr 2021, gut fünfzig Jahre nach den „Grenzen des Wachstums". Falls jemand ihn wählen wollte, könnte man das berücksichtigen. Aber dito: Wen kümmert so was noch?

Wovor habt ihr Angst? *(11. September 2021)*

Hinter dem verzweifelten Zorn und dem glühenden Haß, die „Coronagegnern" (oder wie immer man sie nennen mag) entgegenschlagen, steht eine Politik der Furcht, die Urheber, Anheizer und Förderer hat (welche nicht identisch sind oder sein müssen). Ihre Effektivität entspringt der offensichtlich echten Angst der Getriebenen, einer disparaten Masse von Isolierten, die kein anderes Mittel finden als sich abzureagieren an Sündenböcken, deren „Schuld" (oder „Sünde") darin zu liegen scheint, daß sie die Angst nicht teilen. Je sorgloser diese (zumindest scheinbar) leben, desto stärker der Haß und die Wut, die den angsterfüllten Isolierten (auch) das Gefühl geben, einer Gemeinschaft anzugehören, in der sie aufgehoben sind.
Ein erster Schritt zur Überwindung der gesellschaftlichen Spaltung ist vielleicht die Einsicht, daß die Ängste, die die Mitläufer antreiben, uns alle betreffen können und im Grunde – solange sie sich nicht zu Psychosen und Massenwahn auswachsen – nichts Ungewöhnliches sind. Von Natur aus ist kein Mensch dagegen immun, diese Ängste zu empfinden.
Ein paar Ansätze zu Gedanken, die sich zum Teil notwendigerweise überschneiden (von einem Nichtpsychologen!):

Angst vor Krankheit ist verständlich. Krank zu sein, ist nicht schön, sondern unter Umständen sehr unangenehm und schmerzhaft. Selbst eine weniger schwere Atemwegserkrankung erfüllt den Menschen mit dem Bewußtsein der Hilflosigkeit; er fühlt sich kraftlos, ausgeliefert: dem Fieber, Hustenanfällen, der Atemnot durch verstopfte Nase, zugeschwollene Nebenhöhlen, schmerzende Mandeln und Bronchien, die möglicherweise entzündete, überforderte Lunge. Die durch manipulative Bilder und erschreckende, aufwühlende „Mahnungen" vermittelte Vorstellung des „qualvollen Erstickens" steigert die Hilflosigkeit zur panischen Furcht vor Verschlimmerung (die durch die Angst begünstigt wird, weil sie das Immunsystem zusätzlich beeinträchtigt).

Angst vor dem Tod: Hinter ihr steht – da der Tod als Grundbedingung des Lebens nicht zu vermeiden ist – als Quelle tieferer Furcht der Eindruck, nicht gelebt zu haben, noch nicht, weil die Existenz bis zum Moment der gefährlichen Krankheit nur ein Aufschieben war, Vorbereitung, Hinarbeiten und Ablenkung. Die Zeit, die man mit entfremdeter Arbeit, „selbstloser“ Anstrengung auf Ziele, bewußtlosem Konsum einer künstlichen, leeren Konstruktwelt über Fernsehen, Zeitung, Internet verbracht und vertan hat, scheint verschwendet. Was man als Lohn dafür bekam: die prekäre „Sicherheit“ von „Lohn und Brot“ (und einer kaum bezahlbaren Unterkunft, seriell möbliert, die man jederzeit verlieren kann) wirkt wertlos, und die idyllischen bis heroischen Trophäen des durch „Leistung“ Erreichten (Bilder aus fernen Gegenden, Dokumente sportlicher und anderer Erfolge sowie Geräte) sind nutzlos und nichtig, wenn man sie nicht vorzeigen kann, um Distinktionsgewinne zu erzielen, oder wenn die Distinktionsgewinne sich notwendigerweise als nutzlos erweisen. Die Einsicht, daß alles nutzlos sein muß, weil Nutzen eine Kategorie des Alltags, aber nicht des Lebens ist, führt in Befremdung und Verzweiflung.

Angst vor Ansteckung ist ein Aufmerksamkeitsphänomen. Normalerweise hält sich die Sorge, man könne sich mit einer Krankheit anstecken, in Grenzen, verschwindet vorübergehend auch mal gänzlich – etwa was Erkältungen im Sommer angeht. Wenn dann mit dem Herbst die Erkälteten in zunehmender Zahl sichtbar werden, kann die Sorge zunehmen. Zur regelrechten Angst wird sie jedoch meist nur dann, wenn sie angefacht wird, etwa durch medial verbreitete Schreckensbilder und Erzählungen von besonders heimtückischen und schlimmen Krankheiten, gegen die es weder Vorbeugung noch Heilmittel gibt und mit denen man sich sogar bei Gesunden anstecken kann. Sind diese Bilder erst einmal im Unterbewußtsein verankert, wird man sie kaum noch los, und sie können regelrechte Phobien auslösen. So gibt es etwa Menschen, denen es aus Angst vor gefährlichen Keimen nicht möglich ist, Türklinken zu berühren oder anderen die Hand zu geben. Bekannt ist außerdem das Phänomen der Hypochondrie, bei dem Betroffene den Eindruck haben, ständig krank und besonders anfällig für Ansteckungen zu sein. Unter dieser Angststörung sollen (!) zum Beispiel Markus Söder und Angela Merkel leiden.

Angst vor Information und Wissen ist ebenfalls geläufig und weit verbreitet. Sie hängt mit der Angst vor Unsicherheit zusammen, weil Informationen mit zunehmender Menge die Tendenz haben, vieldeutiger, unübersichtlicher und unterschiedlicher interpretierbar zu werden (oder wenigstens zu scheinen). Zur „Notbremse“ wird dann die Frage „Und was bedeutet das jetzt?“ Kann sie nicht eindeutig – im Sinne von richtig oder falsch beziehungsweise gut oder schlecht – beantwortet werden, entsteht Mißtrauen, das sich manchmal gegen den Gegenstand, meist aber gegen die Vermittler der Information richtet, die man verdächtigt, sich absichtlich unverständlich auszudrücken und einen verwirren zu wollen. Hierin gründet der weit verbreitete Argwohn gegenüber der Wissenschaft, weil diese im Gegensatz zu einer dogmatischen Glaubenslehre oder einer politischen Ideologie nicht in der Lage ist, die geforderten simplen und eindeutigen Antworten und vor allem Verhaltensmaßregeln zu geben. Hinzu kommt die

Angst vor Überforderung: Man glaubt, bestimmte Dinge generell nicht verstehen zu können und lehnt die Auseinandersetzung oder auch nur Beschäftigung damit von vornherein ab, weil man sonst Gefahr liefe, als Dummkopf dazustehen und verspottet zu werden.

Angst vor Erkenntnis ist ebenfalls verständlich und nachvollziehbar. Erkenntnis ist nicht immer ein freudiges „Heureka!"-Erlebnis, sondern kann ein Schock sein. Wer eine Büchse öffnet und sie nicht mit Mehl, sondern mit Mehlwürmern gefüllt findet, erschrickt. Wer nach 1933 ahnte, daß seine verschwundenen Mitbürger nicht auf Kur oder Ferienreise waren und auch keine verdiente Haftstrafe absitzen mußten, der vermied die Erkenntnis um jeden Preis und leugnete sie auch dann noch beharrlich, als sie längst eingetreten war. Das ist in den meisten Fällen durchaus kein bewußter Vorgang: Etwas, was man sieht, zu leugnen, ist keine Lüge, wenn man weiß, daß man das, was man sieht, nicht sehen können darf und die beiden Eindrücke – „Ich sehe es, also gibt es das!" vs. „Das kann es nicht geben, also ist das, was ich sehe, ein Irrtum!" – einander widerstreben. Wenn man sieht, daß die Sonne scheint, die Uhr aber Mitternacht anzeigt, entscheidet man sich (unbewußt) für eine der beiden „Realitäten". Man möchte in einer heilen und guten Welt leben oder zumindest der Gruppe der Guten angehören und lehnt daher jeden Hinweis auf Unstimmigkeiten, Ambivalenzen und korrupte Elemente im eigenen Gruppen- oder Weltbild als (böswillige) Täuschungen oder „Verschwörungstheorien" ab. Die Angst vor Erkenntnis entspringt auch der Angst vor Verantwortung: Wer etwas erkannt hat, meint man, muß dementsprechend handeln, und das kann gefährlich sein, kann Ausstoßung aus der Gruppe der „Guten", Ablehnung, Tadel, Haß, Schimpf, Schande und schlimmeres provozieren. Also will man „es" gar nicht wissen. Im persönlichen Bereich zitiert man gerne den christlichen Philosophen Meister Eckhart („Du bist der Quell deiner Hindernisse!") und versteht ihn gründlich falsch: Gemeint ist gerade *nicht*, man sei schuld an den eigenen Fehlern und Dummheiten. Sondern man habe die Freiheit, Fehler und Dummheiten zu begehen oder sie zu vermeiden. Aus der Erkenntnis mag eine Verantwortung entspringen. Aber keine Schuld und keine Pflicht.

Angst vor Schuld wiederum ist einer der mächtigsten Mechanismen zur Manipulation Einzelner über größere Menschengruppen. Wenn eine Familie in Urlaub fahren möchte und die jüngste Tochter als einzige nicht „Geimpfte" fürchtet, an der Grenze positiv getestet zu werden und damit den Urlaub zu ruinieren, ist diese Vorstellung für das Kind mit einer schwer zu verkraftenden Schuldangst verbunden. Die Einsicht, daß nicht sie schuld am Scheitern des Urlaubs ist, sondern die Autorität, die dafür eine Impfung oder einen negativen Test vorschreibt, ist kaum zu vermitteln, weil sich das wie eine Ausrede anfühlt – als wollte man jemand anderem die eigenen Fehler anlasten. Die Angst vor Schuld kann mit Schreckensszenarien ins Krankhafte gesteigert werden, indem man etwa Kindern einredet, sie müßten sich die Hände waschen, weil sonst ihre Großeltern elend ersticken. Um sich solch eklatant bösartigen Manipulationen zu entziehen, müßte man sich eingestehen, daß ein vermeintlich guter und lieber Mensch in Wirklichkeit ein grausamer Verbrecher ist, was so gut wie unmöglich ist und mindestens kognitive Dissonanzen auslöst, ähnlich wie bei körperlichen oder sexuellen Mißhandlungen durch Eltern oder Schutzbefohlene.

Angst vor der Natur hat in einer modernen Gesellschaft wohl irgendwie jeder, weil vieles, was der Natur eigen ist, aus der zivilisierten Welt ausgetrieben ist und daher unverständlich, undurchdringbar, fremd und gefährlich wirkt: Von der Dunkelheit der Nacht über den Schmutz der Erde, der das Essen ungenießbar macht, bis hin zum Tod selbst, der in Form von Fäulnis und Zerfall alles durchdringt, ist die Natur zumindest scheinbar ein Reich des Bedrohlichen, dessen Bedrohlichkeit daraus entspringt, daß das Ideal der modernen Zivilisation nicht der Kreislauf von Entstehung und Vergehen, sondern das stetige, unendliche Wachstum ist, das es in der Natur nicht geben kann.

Angst vor Menschen: Menschen sind schmutzig, undurchschaubar, neidisch, gefährlich und einiges mehr. Selbst die, die wir mögen und die uns nützen, sollten uns nicht zu nahekommen. Jede Berührung kann eine Ansteckung und Verseuchung bedeuten, jedes übertriebene Vertrauen eine Übervorteilung, jede allzu große Offenheit Betrug und Ausnutzung. Bei Leitmedien-Großkaspern kommt eine diffuse Angst vor dem „Volk" hinzu, das sich durch „Infektionsherde" der Abweichung der Lenkung durch die wohlmeinende Macht und die durch sie als Vermittler (eben: Medien) verbreitete richtige Haltung entziehen. Zum Tragen kommt hierbei im Falle abnehmender Effizienz durch Verluste an Glaubwürdigkeit auch die Angst vor Machtlosigkeit, die sich etwa in der wütenden Verzweiflung einiger derzeitiger Kommentare in Leitmedien niederschlägt: „Mehr Diktatur wagen" zum Beispiel ist keine polemische Überspitzung, sondern entspringt einer tiefen Verunsicherung, möglicherweise auch Zweifeln an der Haltbarkeit der festgefügten eigenen Weltanschauung, die aus Angst vor Machtverlust um jeden Preis durchgepeitscht werden muß, auch um die eigenen Zweifel zu stillen. Daß man sich dabei in den Fanatismus verrennt, ist wohl unvermeidlich, weil mit dem Eingeständnis eines Irrtums die gesamte „Haltung" (die ja im Grunde nur aus der blanken Behauptung, man könne sich nicht irren, besteht) auf einen Schlag zusammenbräche und man der befürchteten „Rache" der bis dahin braven Gefolgschaft hilflos ausgesetzt wäre.

Angst vor Einsamkeit: Von berühmten Ausnahmen abgesehen – die einen gewissen Grusel verursachen können – kann kein Mensch Einsamkeit auf Dauer ertragen, höchstens als zeitweiligen, erholsamen Gegensatz zur allzu aufdringlichen Geselligkeit des Massenlebens. Der Mensch lebt auch von der Anerkennung durch andere, die ihn emotional und psychisch „trägt". Selbst demonstrative Dissidenz zielt oft darauf ab, als divergierendes Element in der Masse eben nicht anonym (und einsam) unterzugehen, sondern bewußt angenommen zu werden. Die Vorstellung, infolge bestimmter Handlungen oder Haltungen ausgegrenzt zu werden, ist erschreckend. Wenigen mag es gelingen, durch Abgrenzung und Absonderung Moral und Selbstwertgefühl zu erhalten, die durch Unterwerfung unter eine als falsch erkannte Strömung Schaden nähmen; dem steht aber das Bedürfnis nach Resonanz entgegen. Bei weniger stark ausgeprägter Selbstsicherheit und -gewißheit genügt schon die Ahnung, nicht der Mehrheit anzugehören, um Angst vor Einsamkeit zu wecken.

Angst vor Macht: Macht ist per se mächtig. Ob sie von Göttern, Herrschern, der Natur oder anderen Kräften oder Instanzen ausgeht, spielt dabei keine Rolle. Macht kann den einzelnen, der sich ihr als isolierter Einzelner widersetzt, beugen, schädigen und vernichten. Wie Macht entsteht und wirkt, ist eine viel zu komplizierte Frage, um sie (hier) zu beantworten. Ein wesentlicher Faktor ist jedoch, daß Macht durch die Angst vor der Macht wächst. Die Macht, die in der heutigen Welt eine winzige Gruppe von (u. a. durch Clanverflechtungen über Generationen und unvorstellbaren Reichtum) Mächtigen zu besitzen scheint, gründet nicht zuletzt in der Furcht derer, die davon betroffen sind. Die Vorstellung etwa, daß Bill Gates – in den Augen vieler Menschen der mächtigste Mensch der Welt – in Wirklichkeit ein ziemlich verrücktes, emotional schwer gestörtes narzißstisches Riesenbaby ist und mindestens einmal am Tag auf der Toilette seinen Darm entleert, mag zumutbar sein. Sie macht aber lediglich die Ohnmacht spürbar, die man ihm gegenüber empfindet. Es fällt leicht, dem Konflikt zu entgehen, indem man sich ihm und den Vermittlern seiner Macht unterwirft und ihm zur Legitimierung dieses Verhaltens übermenschliche Eigenschaften – etwa unfaßbare Kompetenz in sämtlichen Bereichen – zuschreibt, wie man das früher bei anderen Herrschern tat (die ja nicht selten auch ziemlich lächerliche Gestalten waren). Auf diese Weise dämpft man die Angst, weil man als fügsamer Untertan (der sich selbst „untertut") von der Macht nichts zu befürchten hat. Allerdings kann sich das als Teufelskreis erweisen: Da die Bedrohung und Unterdrückung durch die Macht selbst bei äußerster „Bravheit" nie ganz verschwinden, geht auch der Zwang zur Selbstdisziplinierung immer weiter und tiefer, zumal dabei immer öfter kognitive Dissonanzen („Der Kaiser ist nackt!") durch Ausblendung, Leugnung und Selbsttäuschung überwunden werden müssen.

Die **Angst vor der eigenen Macht** ist eine andere Facette dieses Phänomens. Man ahnt oder sieht, daß der Kaiser nackt ist, hält aber den Mund, weil man die grundstürzenden Folgen eines Hinweises auf seine Nacktheit fürchtet. Da kommt wieder die Angst vor der Verantwortung ins Spiel: Wenn es gelingt, die Macht zu stürzen, was dann?

Angst vor Phantomen: Als ein schwäbischer Unternehmer 2020 eine Bürgerinitiative gründete, um gegen die „Corona"-Sanktionen zu demonstrieren, und sie „Querdenken

711" nannte, entstand daraus eines der kuriosesten Feindbilder der deutschen Geschichte: der „Querdenker", der in den folgenden Monaten durch Medien und allgemeines Gerede zum Inbegriff des Bösen aufgebau(sch)t wurde. Zunächst sorgten die „Querdenken"-Demonstrationen eher für Verwirrung, weil sich dort ein ebenso heterogener Querschnitt der deutschen Bevölkerung einfand wie zum Beispiel bei den Anti-Atom-Demos der späten Siebziger. Dann fanden sich zum Glück ein paar „übliche Verdächtige", die dort Grußworte sprachen und auf die das Etikett „Verschwörungstheoretiker" paßte. Hinzu kamen mit der Zeit einige höchst verdächtige Teilnehmer, die am Rande herumstanden, beim Anblick einer Fernsehkamera die Kriegsflagge des deutschen Reichs schwenkten und damit die Berichterstattung eroberten. Ein offenbar inszenierter „Sturm auf den Reichstag" gleichzeitig mit einer weit entfernten „Querdenken"-Demo und Bilder von heroischen Polizisten, die den gewaltsamen Umsturz verhinderten, rundeten das Bild ab. Seitdem geistert in den Köpfen vieler Menschen das Phantom des „Querdenkers" herum, der verrückt, böse, rechts, Reichsbürger und Esoteriker oder Heilpraktiker ist, – und die Vorstellung, daß nicht nur jeder, der mit den „Corona"-Sanktionen nicht einverstanden ist, „querdenkt", sondern daß „Querdenken" sogar eine ähnlich ansteckende und gefährliche Krankheit ist wie die Killerseuche Covid-19. Selbst der „Freie Wähler"-Chef Hubert Aiwanger mußte sich verdächtigen lassen, er werde zum „Querdenker", weil er aus Angst vor den Nebenwirkungen vorläufig auf eine mRNA-Verabreichung verzichten möchte. Daß es wahrscheinlich in ganz Deutschland keinen einzigen Menschen gibt, auf den die imaginierte Beschreibung des „Querdenkers" tatsächlich paßt, spielt dabei keine Rolle. Es gibt hierfür historische Vorbilder.
Feindbilder-Phantome müssen stets das Böse an sich repräsentieren. Es ist völlig undenkbar, daß ein „Querdenker" mit seinem Tun gute, menschenfreundliche Ziele verfolgt. Um das zu verdeutlichen, wird das Feindbild mit allen möglichen bösen Dingen in Zusammenhang gesetzt, werden angebliche Verschwörungen aufgezeigt und bildlich die schädlichen, schändlichen, heimtückischen, niederträchtigen Züge des Feindbilds besonders betont. Man denke an antisemitische Karikaturen nicht nur der Nazizeit: Auch hier sind Phantome zu sehen, die es in Wirklichkeit überhaupt nicht gab und gibt. Der Effekt ist aber, daß das gezeichnete Bild auf reale Menschen projiziert und übertragen wird. Man bekämpft dann also nicht etwas Böses, indem man dessen furcht- und haßerregende Darstellung zerstört, sondern man will böse Bilder zerstören, indem man Menschen bekämpft, die man für deren Verkörperung hält.

Angst vor Freiheit: ist in allen anderen Ängsten immer enthalten. Wer seine Freiheit aufgibt, meint man, kann gerettet werden. Daß man sich durch Gehorsam Freiheit quasi erkaufen (oder „verdienen") kann, ist ein grundsätzlicher Irrtum und ein unausrottbarer Wahn, der von der Erfindung des Militärs über religiöse Erlösungsphantasien bis zur mRNA-Impfung (die ja ausschließlich bewirken soll, daß „Lockerungen" möglich werden) die gesamte Menschheitsgeschichte durchzieht.

Man sollte sich seiner Angst nicht schämen, weil es dazu keinerlei Grund gibt. Angst ist als Bedingung des menschlichen Lebens in seinem Wesen verankert. Ob es gelingt, irrationale Ängste zu überwinden, hängt so sehr von Glück, Voraussetzungen und Umständen ab, auf die der einzelne Mensch wenig Einfluß hat, daß es auch kein „Versagen" darstellt, wenn es nicht gelingt. Und wer es gar nicht erst versucht, ist weniger Schuldiger als Opfer und verdient Verständnis, Nachsicht und Respekt.

Liebe „Impfbefürworter"! (ein Angebot und eine Klarstellung)

(14. September 2021)

Ich werde zur Zeit sehr oft gefragt, ob ich geimpft bin oder wieso ich mich nicht impfen lassen will und ob ich nicht solidarisch sein wolle und so weiter. Ich versuche das mal zu erläutern, spontan, ungeordnet und in der Hoffnung, daß sich weitere Fragen erübrigen (die Hoffnung ist nicht groß, aber zumindest wissen wir dann, worüber wir reden, und wir tun das am besten privat).

Zunächst sei festgestellt, daß es mir nicht egal ist, ob sich Menschen, die ich kenne, schätze, mag, liebe, experimentelle modRNA-Impfstoffe verabreichen lassen. Das ist aber kein Alarmismus und entspringt auch keiner missionarischen Neigung. Ich habe gewisse Sorgen, aber ich behalte diese Sorgen im individuellen Fall für mich. In meinem Bekanntenkreis haben sich viele Menschen dafür entschieden, sich diese Stoffe verabreichen zu lassen, aus den unterschiedlichsten Gründen, und ich hoffe, kein einziger davon kann sich erinnern, daß ich je versucht hätte, sie/ihn sozusagen „nachträglich zu bekehren". Ich respektiere das Recht jedes Menschen, für sich Entscheidungen zu treffen, und ich respektiere umgekehrt jede Sorge eines Menschen um sich selbst und seine Gesundheit. Meine Sorgen müssen und werden dahinter zurückstehen.

Die medizinischen Argumente sind aus meiner Sicht größtenteils erledigt. Ich habe keine Angst vor Coronaviren. Ich gehe davon aus, daß mir von Coronaviren keine große Gefahr droht. Es ist möglich, daß ich mich irre. Es ist möglich, daß ich Informationen übersehen oder falsch gedeutet habe. Deswegen werde ich in dieser Hinsicht auch niemandem Ratschläge erteilen, sondern lediglich und höchstens berichten, was ich erfahren, recherchiert und herausgefunden und aus all dem geschlossen habe. Ich bin nach eineinhalb Jahren Recherche ziemlich überzeugt, daß eine modRNA-Verabreichung mir in dieser Hinsicht (Gefährdung durch Coronaviren) keinen Vorteil bringt, daß sie aber mit gewissen Risiken verbunden ist, die ich nicht eingehen möchte. Ich hatte so viele Infektionen (mutmaßlich auch) mit Coronaviren, daß ich sie längst nicht mehr zählen kann, zudem infolgedessen mehrere Lungenentzündungen und auch das, was heute „Long Covid" heißt (ein Dreivierteljahr lang Kurzatmigkeit, Kreislaufprobleme, wiederkehrende Fieberschübe etc.). Außerdem habe ich in jüngeren Jahren so ziemlich alle gängigen Drogen ausprobiert, bereue das nicht, würde aber heute eventuell anders damit umgehen. Aber wie gesagt: Das spielt keine große Rolle, darum geht es hier nicht (oder nur am Rande).

Mein Grundrecht auf körperliche Unversehrtheit indes ist für mich unverletzlich. Wer mich zwingen möchte, an einem Experiment teilzunehmen, das mir keinen Gewinn, aber gewisse Risiken einbringt, stößt auf Widerstand. Ich nehme aufgrund gewisser Erfahrungen generell sehr ungern Medikamente, weiß aber um deren Nutzen in vielen Fällen und Bereichen und bin kein genereller Gegner der Allopathie. Ich habe auch nichts gegen Impfungen, im Gegenteil. (Ich lese – by the way – gerade eine Biographie und habe echte Tränen vergossen, weil eine der beiden Protagonistinnen 1933 an den Folgen einer Blinddarmentzündung gestorben ist, was man mit Penicillin verhindern hätte können.) Ich weiß um den Nutzen der Medizin und bin froh über deren Fortschritte. Ich werde aber selbst entscheiden, worauf ich mich einlasse, was ich hinnehme und was nicht.

Mein großes Problem mit diesem ganzen Komplex ist folgendes. Das Angebot lautet: Sei gehorsam, dann werden dir „Freiheiten" gewährt. Das widerspricht meiner Einstellung und meinem individuellen moralischen Empfinden (das nur individuell sein kann) komplett und grundlegend. Eine „Impfung gegen Unfreiheit" kann und darf es nicht geben. Meiner Ansicht nach ist jeder Mensch frei geboren, und kein Staat und keine Institution hat das Recht, eine Verfügungsmacht über meinen Körper (oder den irgendeines anderen Menschen) einzufordern oder vorauszusetzen. Aus gutem Grunde sind die Grundrechte im deutschen Grundgesetz an sehr prominenter Stelle niedergelegt, und das sind Abwehrrechte: Das Grundrecht auf körperliche Unversehrtheit bedeutet nicht, daß der Staat mich zwingen darf, gesund zu bleiben, sondern daß der Staat mich gerade *nicht* zwingen darf, mich seinem oder irgendeinem Ideal von Gesundheit zu unterwerfen und mich einer Behandlung zu unterziehen, der ich mich nicht unterziehen möchte. Es ist meiner Ansicht nach ein grundsätzlicher Trugschluß, zu glauben, „Freiheiten" seien etwas, das man sich durch Gehorsam oder Unterwerfung erkaufen müsse – oder könne auch nur könne. Gehorsam und Unterwerfung können niemals eine Voraussetzung für Freiheit sein, weil Gehorsam und Unterwerfung das Gegenteil von Freiheit sind und beides sich gegenseitig ausschließt: Entweder Gehorsam oder Freiheit. Deutsche mit einer gewissen historischen Bildung sollten das (vielleicht sogar besser als andere) wissen. Ich bin Kriegsdienstverweigerer genau aus diesem Grund geworden und werde es bleiben, egal ob es um einen Krieg gegen Rußland, gegen China, gegen Rauschgift, gegen Viren oder „den Terror" geht.

Es fällt übrigens nicht schwer, diesen Trugschluß (daß man sich durch Gehorsam Freiheit verdient) zu belegen: Seit eineinhalb Jahren folgt auf jedes Zugeständnis, das ich geduldig eingegangen bin (Lockdown, Maskenzwang etc.) und das andere noch weitaus geduldiger eingehen, nicht etwa die versprochene „Befreiung", sondern ein weiterer Akt der Verschärfung, Bevormundung und Unterwerfung. Es ist für mich (!) ganz offensichtlich und unbestreitbar, daß Nachgeben bei Angriffen auf die individuelle Freiheit der falsche Weg ist. Übrigens nicht nur in Sachen „Corona" – das Polizeiaufgabengesetz war ein Beispiel aus der Zeit vor der gegenwärtigen „Krise", das uns genau dies gelehrt haben sollte. Es gibt viele weitere solche Beispiele, und von nicht wenigen davon war ich betroffen.

Ich bin geduldig. Ich habe Masken getragen, habe auch die Verschärfung der Maskenpflicht mitgemacht und mir beim Einkaufen und beim Aufstehen vom Biertisch gegen jede Einsicht einen Staubschutzfilter umgeschnallt. Es gibt aber Grenzen, und zwei entscheidende Grenzen sind meine körperliche Unversehrtheit und meine Weigerung, mir „Freiheiten" durch Gehorsam zu erkaufen. Da ist Schluß, und da gebe ich auch nicht mehr nach.

Ich weiß nach eineinhalb Jahren Recherche und versuchter – manchmal auch ungehaltener und zugegeben unangemessen wütender – Aufklärung, daß es nicht (mehr) um Fakten, Informationen und medizinische Details geht. Alles, was man wissen will, ist öffentlich verfügbar und leicht zugänglich. Es ist verständlicherweise schwer, all das nachzuholen, was man in eineinhalb Jahren ausschließlicher Belehrung durch „Spiegel" und „SZ" versäumt hat. Das ist nicht polemisch gemeint, es ist tatsächlich so. Vertrauen in Leitmedien ist nicht verwerflich: Wenn ein Mensch meiner Generation behauptet, er habe sich sein „Weltbild" nicht mindestens bis zum zwanzigsten Lebensjahr genau so gebildet, dann bezeichne ich ihn gerne als Schlauberger und Besserwisser. Man kann auch niemandem vorwerfen, daß er aus diesem „Weltbild" nicht so einfach herauskommt. Ich bemerke an mir selbst immer wieder und täglich „Residuale" von altem Framing. Und es gibt viele Bereiche, von denen ich selbst so wenig Ahnung habe, daß ich mich auf andere Menschen und ihre Einschätzung verlassen muß.

Es führt also kein Weg daran vorbei, weiterhin darüber zu streiten, wie wir leben wollen, was uns wichtig ist, was wir vermeiden müssen oder sollten. Ich respektiere die individuelle Entscheidung, sich mittels modRNA vor einer schweren Erkrankung an Covid-19 schützen zu wollen. Ich bitte aber darum, meine Entscheidung, mich davor angesichts der Risiken und angesichts der Grenzen meiner moralischen Grundeinstellung nicht „schützen" zu wollen (und diese Anführungszeichen bewußt zu setzen), zu respektieren. Das kostet mich einiges: Ich kann meinen Beruf nicht mehr ausüben, ich darf die Veranstaltungen, die in den letzten fünfzehn, zwanzig, vierzig Jahren den Mittelpunkt meines Lebens gebildet haben, nicht mehr besuchen. Ich darf im kommenden Winter nicht einmal mehr mit Freunden ein Bier trinken gehen. Das muß ich wohl wenigstens vorübergehend hinnehmen und tue das auch.

Das ist die Grundlage, auf der wir uns austauschen und diskutieren können, und dazu bin ich gerne bereit. Wer jedoch nicht diskutieren oder sich mit mir austauschen, sondern mich „erziehen" möchte, dem sei gesagt: Du beißt auf Granit. Meine moralische Grundeinstellung ist, wie dargelegt, nicht verhandelbar.

In allen übrigen Punkten kann ich mich irren, bin ich für Hinweise und Anregungen dankbar und werde mir weiterhin Gedanken machen und auch diese zur Diskussion stellen.

Der schlimmste Verbrecher! *(17. September 2021)*

Wenn man die Einsichten sogenannter „großer Menschen" ernst nimmt, befinden wir uns eventuell in einem Zustand der Freiheit. Thomas Jefferson nämlich sagte: „Wo das Volk die Regierung fürchtet, herrscht Tyrannei. Wo die Regierung das Volk fürchtet, herrscht Freiheit." Die Frage, die den Zustand so prekär macht, ist momentan wohl allerdings: Wer fürchtet wen mehr?

Vielleicht ist es so: Wo die Regierung das Volk fürchtet, das Volk die Regierung aber noch mehr fürchtet und beide das Gefühl haben, in ihrer Furcht vor allem nichts mehr fürchten zu müssen, da keimt der Faschismus?

Seltsamerweise finden sich in der Weltgeschichte viele Beispiele dafür, daß Bevölkerungen ihre Herrscher um so mehr zu fürchten scheinen, je größer (also zahlreicher) sie selbst sind, je leichter sie sich also „eigentlich" dieser Herrscher entledigen könnten. Möglicherweise steckt dahinter ein rudimentärer Mythos vom Herrscher als (manifest „leiblicher") Verkörperung des Volkes, den die Deutschen mit ihrem Hitler bis zum Exzeß auslebten. Man könnte an eine zutiefst negative Auslegung der biblischen Geschichte von Isaaks Bindung von Abrahams Hand denken, in der an die Stelle des zentralen Elements der Begegnung mit Gott als Weg aus der Vielheit des Endlichen zurück zur Einheit der haltlose, geblendete Marsch ins Nichts tritt, der alles mit sich reißt. Vielleicht sind solche Assoziationen aber der morgendlichen Dunkelheit geschuldet. Immerhin bleibt die Frage nach dem Verhältnis von Glauben und Vernunft (die im Faschismus und im Coronaregime beantwortet ist) und nach dem Verlust der Relationen, in dem der Verstand blind wird. Woran entscheidet sich, ob alles eins oder alles nichts wird?

> The New World Order has two Wikipedia pages, one listed as 'politics' and the other as 'conspiracy' – both of these pages describe exactly the same thing; a centralised world government forming after a significant geopolitical power shift.

Ich erinnere mich an das Amüsement, mit dem ich als Elf- oder Zwölfjähriger die „Peking-Rundschau" las. Die auf (damals) unergründlich putzige Weise heilsbringerischen, harmonieseligen Kompositionen aus lächelnden Gesichtern und Verkündungen von „freundlichen Begrüßungen" schimmerten bei aller sanften Protzigkeit in einem unbestimmbaren Licht von naiver Lächerlichkeit und sympathischer Bescheidenheit (sowie – wo wir schon beim Anhäufen von „-heit"-Wörtern sind – Heiterkeit). Als Richard Nixon und Franz Josef Strauß in Peking „freundlich begrüßt" wurden, zeigten die Bilder einen krassen Kontrast, der wohl verführerisch wirkte. Daß deutsche

Maoisten wie Kretschmann heute moralisch den Strauß zu imitieren oder zu überbieten scheinen, mag auf daraus entsprungene Irrtümer zurückgehen.
Aber das ist vielleicht zu simpel und frühmorgendlich assoziiert, siehe oben.

Ausgelöst wurde der Gedankengang durch eine zufällige Konfrontation mit dem „Deutschen Zukunftspreis", einer technokratischen Propagandaveranstaltung von Konzernen wie Siemens, SAP, Bayer, Infineon und allen möglichen raubritterischen „Stiftungen", für die der Bundespräsident als Hampelmann herhalten muß. Nominiert sind heuer drei „Teams", die sich mit einem „quantenzählenden Computertomograph", „nachhaltigen Reifen durch Löwenzahn" beziehungsweise „mRNA-Impfstoffen für die Menschheit" beschäftigen. Richtig, bei letzterem „Team" handelt es sich um die „Geschäftsidee" Biontech, die seit letztem Jahr Milliarden an Steuergeldern abgeschöpft hat. Nun (also Mitte Dezember) kommt wohl noch ein Taschengeld von 250.000 Euro hinzu – oder wird es sich Deutschland leisten können, den Messias zu düpieren und statt dessen lieber Leute zu beschenken, die Autoreifen aus Löwenzahn herstellen?
Vielleicht sollte ein kleiner Teil der Summe zukünftig in einen Grammatikkurs für die Praktikanten investiert werden, die für den DZP arbeiten müssen. Deren unterwürfige Huldigungsfragen ersticken jeden Anschein von staatstragender Würde im Stilblütensumpf (zufällige Auswahl): „Für die Allgemeinheit ist die COVID-Pandemie unvorhersehbar, wie aus dem Nichts entstanden und brachte erschreckenden [sic] Folgen mit sich, die in das Leben jedes Einzelnen eingegriffen haben. Dann verbreitete sich die Nachricht, daß es möglicherweise ein [sic] Impfstoff geben könnte, eine Hoffnung, die sich in kürzester Zeit erfüllen sollte und die Sie, Ihre Arbeiten, weltbekannt gemacht haben. (…) Prof. Şahin, Sie haben im vergangenen Jahr sehr schnell die Brisanz diese [sic], damals noch allgemein als ‚irgendeine Lungenkrankheit in Asien' bezeichneten Geschehens erkannt. (…) Hat Ihnen das schlaflos [sic] Nächte bereitet?"
Daß Herr Şahin dieses Gestammel mit mildem Lächeln erträgt (die in wenigen Monaten ergaunerten tausenden Millionen an Steuergeldern lagern ja sicher auf den Konten), mag die gedankliche Verbindung zu Mao ausgelöst haben.

Das sollte man hin und wieder betonen: Die tausenden Millionen Euro, die die Biontech-Leute abgeschöpft haben, sind ausschließlich (!) Steuergelder. Falls noch mal jemand was von „Wettbewerb" und dadurch „gerechtfertigten" Profiten erzählen möchte: Hier ist dein Mundstöpsel. Diese Leute mußten nur das Zeug zusammenpanschen, das sie seit Jahren ohne jeden geschäftlichen Erfolg zusammenpanschen, und schon hagelte es tausende Millionen Euro auf Privatkonten. Daß an anderen Enden der Welt mit Bruchteilen dieser Summen Millionen Menschen vor dem Verhungern gerettet werden könnten – ja nun, sollen die an „Corona" sterben? Oder anders gefragt: Wer soll uns hindern, Menschen zu impfen, die dann verhungern, weil (!) wir sie unbedingt impfen wollten?

Immerhin: Vor einigen Jahren gab es mal einen solchen „Deutschen Zukunftspreis“ für das Projekt „Thrombosen verhindern – eine Tablette kann Leben retten“ des Bayer-Konzerns. Als hätte damals schon jemand geahnt, was die hauptsächliche Wirkung der Biontech-Innovation sein würde.

Man sollte sich von so etwas nicht „geehrt“ (oder gar „entehrt“) fühlen: Ich wurde tatsächlich erst heute zum ersten Mal Opfer eines richtig „fiesen“ Versuchs der Denunziation. Nämlich schrieb eine Person per Facebook an die Kneipe, in der bis Anfang März 2020 (und seitdem nicht mehr) meine Lesebühne stattfinden durfte, folgendes: „Solchen Leuten bietet ihr eine Bühne? Euer Ernst? Man kann in vielem unterschiedlicher Meinung sein, aber das ist keine ‚Meinung‘ mehr. Das ist Hetze.“
Nun ist es ja so, daß mir dort niemand mehr eine Bühne bieten darf, somit ist der Wunsch nach Segregation beziehungsweise „neorassistischer“ Exklusion ja erfüllt. Ohne daß es dafür Dank gäbe (den gibt es selten – man schämt sich dann ja selbst oder will nichts mehr davon wissen oder kriegt aufgrund inhärenter Verblödung gar nichts davon mit und will hinterher nichts damit zu tun gehabt haben).
Andererseits finde ich auch keine Erklärung für mein Mitleid mit solchen Menschen, deren Haß auf sich selbst so sehr gegen andere gerichtet werden muß, die mit dem, was sie quält, nicht das geringste zu tun haben. Vielleicht ist es das, was den Menschen von der Maus unterscheidet, die solche Ressentiments (meines Wissens) nicht kennt. Vielleicht ist es auch das, was ihn andersherum vom Unmenschen unterscheidet.
Mit solchen Blödheiten und ohne solche Blödheiten wird die Welt, in der wir leben, in den nächsten Monaten nicht unkompliziert erscheinen. Wir sollten ihr das nicht abnehmen. Wir werden dann ganz sicher auch nicht darüber streiten, ob Karl Lauterbach ein Verbrecher ist. Oder ein schlimmerer als Franz Josef Strauß. Ach Gott.

Es wird noch mal schwer

Seit Tagen stagnieren die Infektionszahlen, doch Experten warnen vor der Annahme, die vierte Welle sei schon gebrochen. Zu wirklicher Entspannung führt nur ein Weg

Die große Oper der Nazis *(21. September 2021)*

Die geschürten und sich selbst akkumulierenden Haß- und Hetzkampagnen gegen „Querdenker“ wachsen sich in einer Weise aus, die man als beängstigend empfinden kann. Sie brauchen eigentlich nur noch einen „Zünder“. Bemerkenswert ist dabei vor allem, wie Eifer und Empörung entlang einer Achse zunehmen: Je verzweifelter und lächerlicher die Bemühungen der politischen Führer werden, über das Drittel Fanatiker, Jünger und Mitläufer sowie die nicht geringe Zahl notgedrungen sich Fügender hinaus „Impfwilligkeit“ zu erzwingen, je absurder ihre „Maßnahmen“, Beschwörungen und Drohungen werden, desto wütender werden die Beschwörungen und Drohungen der

Gläubigen, die über „Flatten the curve!“, „Stay the fuck home!“ und „Reißt euch doch noch zwei Wochen zusammen!“ nun bei „Querdenken tötet!“, also mitten im Schmelztiegel von Rassismus, Antisemitismus und Weltverschwörungsmythos gelandet sind. Das, möchte man meinen, ist schneller gegangen als gedacht. Nur den Historiker wundert das Tempo der Fanatisierung weniger.

Umfrage: Muss es Sanktionen für Ungeimpfte geben?

In der Stadt Wolfsburg gibt es wieder extrem viele Corona-Infizierte. Sollen die Menschen gezwungen werden, die Krankheit ernst zu nehmen. Was meinen Sie? Wer an unserer Umfrage teilnimmt, kann einen 50-Euro-Gutschein von Mediamarkt gewinnen.

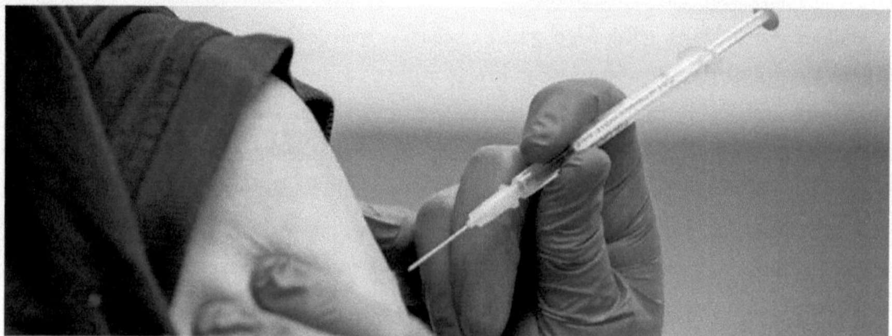

Gleichzeitig eskaliert auch die Heiligenverehrung. Die Kölner Oberbürgermeisterin etwa glaubt, die Gründer der Firma Biontech hätten „die ganze Menschheit“ gerettet. Solche messianischen Tiraden sind auf andere Weise im Grunde nicht weniger beängstigend. Man muß fast froh sein, daß von den politischen Führern anscheinend keiner – zum Glück nicht mal der Söder – dazu taugt, solch religiösen Jubel zu entfachen. Das wäre bei entsprechender Diskussion: der Funke.

Es wird eng für Ungeimpfte: Wer kann sie überzeugen?

Nach schärferen Maßnahmen folgen Impfpflichten für Arbeitssuchende. Was dafür und was dagegen spricht und wer die vielen Ungeimpften in Österreich sind

Daß derweil ein Mann in einer Tankstelle den Tankwart erschießt, weil der ihn aufforderte, eine Maske zu tragen, könnte ebenfalls als „Zünder“ taugen, reicht aber hoffentlich nicht hin. Der Volkssturm, der daraufhin in gewissen „sozialen Medien“ lostobte und sich um einschlägige Hash-tags (siehe oben) sammelte, ist jedoch bezeichnend. Was diese Art von (noch virtuellem) Mob so gefährlich macht: die spontane Selbstverständlichkeit, mit der die vermeintlichen oder tatsächlichen Motive und Affekte eines offensichtlich Geisteskranken auf eine ganze (gefühlte) Bevölkerungsgruppe von

„Gleichgesinnten“ übertragen und zugleich mimetisch imitiert werden. Da helfen die einschlägigen Hetz- und Horrorbilder etwa des „Tagesstürmers“, die den Stimmungsboden für solche Entgleisungen bereitet haben: Tragen die nicht alle eine Pistole in der Tasche? Die wollen uns jetzt alle erschießen!
Daß ein derartiger Massenwahn gerne eine sich bedroht fühlende Mehrheit oder wenigstens Masse und nur sehr selten eine sowieso drangsalierte und „gezwiebelte“ (H. Prantl) Minderheit befällt, ist bekannt. Es könnte damit zu tun haben, daß man so endlich ein Ventil gefunden zu haben glaubt, über das sich die diffusen Ängste, Beklemmungen und die zunehmend panische Stimmung, die von ganz anderen erzeugt wurden, entladen können. Das steigert den (und zugleich der) Rausch der Macht.

Das Beispiel des Reichstagsbrandes in der Nacht vom 27. auf den 28. Februar 1933 (eine Woche vor den Wahlen) ist an den Haaren herbeigezogen, aber nicht ganz abwegig. Unabhängig von der Frage, wer aus welchen Motiven das Feuer gelegt hatte, sollte man sich gewisse (kolportierte) Reaktionen ins Gedächtnis rufen. Als Hitler am Ort des Geschehens eintraf, soll ihm Innenminister Göring entgegengeplärrt haben: „Das ist der Beginn des kommunistischen Aufstandes! Sie werden jetzt losschlagen! Es darf keine Minute versäumt werden!“

Was Hitler geantwortet haben soll, ist von solcher Brutalität und Antimenschlichkeit, daß einem selbst aus der historischen Distanz der Atem stockt und sich jede Gleichsetzung verbietet: „Es gibt jetzt kein Erbarmen; wer sich uns in den Weg stellt, wird niedergemacht. Das deutsche Volk wird für Milde kein Verständnis haben. Jeder kommunistische Funktionär wird erschossen, wo er angetroffen wird. Die kommunistischen Abgeordneten müssen noch in dieser Nacht aufgehängt werden. Alles ist festzusetzen, was mit den Kommunisten im Bunde steht. Auch gegen Sozialdemokraten und Reichsbanner gibt es jetzt keine Schonung mehr.“ Vielleicht und hoffentlich wirkt das Exempel noch eine Weile abschreckend und hemmt die Entfesselung.

Strukturelle Assoziationen lassen sich indes nicht vermeiden. Die deutschen Kommunisten waren 1933 eine kleine Minderheit – inklusive sämtlicher Sympathisanten wohl allerhöchstens ein Viertel der Deutschen –, die schon vor dem „Urknall“ des Brandes ziemlich ausgegrenzt am Rande der Gesellschaft standen oder kauerten und (möglicherweise abgesehen von ein paar größenwahnsinnigen beziehungsweise verzweifelten Träumern) ganz bestimmt nicht vorhatten, mit einem bewaffneten Staatsstreich die Macht zu übernehmen und dazu erst einmal das Parlamentsgebäude niederzubrennen. Das hinderte die Hitler-Regierung, ihr Umfeld und große Teile der (noch relativen) Mehrheit der Bevölkerung, die schon zuvor sehr fest hinter ihrem Führer stand, nicht daran, einen solchen Umsturz als Schreckensbild an die Wand zu malen und damit den Terror auszulösen, der den vermeintlich im Dunkeln sich anbahnenden „kommunistischen Terror“ im Keim ersticken sollte. Mit der Aufhebung diverser Grundrechte begann am 28. Februar der permanente Ausnahmezustand, und mit ihm wurde die relative Mehrheit schlagartig absolut.

Daß die gleichen Grundrechte auch jetzt aufgehoben sind und der galoppierende Ausnahmezustand faktisch längst permanent und unabhängig von allen fadenscheinigen Begründungen gilt, ist – wie gesagt – ein an den Haaren herbeigezogener Vergleich. Immerhin gibt es wenigstens diese fadenscheinigen Begründungen noch; es kann vermutet werden, daß zumindest ein Teil derer, die parlamentarisch beziehungsweise als per „Infektionsschutzgesetz“ Ermächtigte sich auf solche Begründungen berufen, davon tatsächlich überzeugt sind. Es kann jedoch auch vermutet werden, daß die, die damals die „Verordnung zum Schutz von Volk und Staat“ formulierten, ebenfalls sehr überzeugt von der „kommunistischen Gefahr“ waren. (Wobei ich persönlich das dem Göring nicht im geringsten abnehme. Man kann den bekannten Wortwechsel im Reichstagsbrandprozeß zwischen ihm und dem Angeklagten Georgi Dimitroff – der freigesprochen und später bulgarischer Ministerpräsident wurde – aber vielleicht auch anders deuten.)
Ob oberhalb der manipulierten Volksmasse irgend jemand etwas fürchtete oder nicht – entsprechende Drohungen jedenfalls gab es schon länger. Hitlers Vorgängerkanzler Schleicher hatte noch am 15. Dezember 1932 übers Radio im Zuge vermeintlicher „Lockerungen“ zuvor erlassener Notverordnungen angekündigt: „Den gewerbsmäßigen Unruhestiftern ebenso wie einer gewissen aufreizenden, die Atmosphäre vergiftenden Presse darf ich in diesem Zusammenhang warnend zur Kenntnis bringen, daß eine solche Verordnung fertig im Schubkasten liegt (…).Ich möchte (…) die staatsfeindliche kommunistische Bewegung nicht im Zweifel darüber lassen, daß die Reichsregierung auch vor drakonischen Ausnahme-Bestimmungen gegen die kommunistische Partei nicht zurückschrecken wird, falls sie die Lockerung der Zügel zur vermehrten Verhetzung der Bevölkerung mißbrauchen sollte.“

Wie zulässig oder abwegig solche Vergleiche und Assoziationen auch immer sind: Es ist nicht falsch, sich zu erinnern. Bedenken sollte man dabei insbesondere, daß von dem, was später folgte – nach der Wahl am 5. März, nach dem am 24. März mit großer Mehrheit vom Reichstag verabschiedeten „Ermächtigungsgesetz“ (Gesetz zur Behebung der Not von Volk und Reich) und der damit verbundenen Abschaffung der Gewaltenteilung, nach Olympia 1936, nach 1938, 1941, 1944 und so weiter –, zu diesem Zeitpunkt kaum jemand etwas ahnen konnte.

Für das „Ermächtigungsgesetz" stimmten übrigens auch die Abgeordneten der liberalen Deutschen Staatspartei, unter ihnen der spätere Bundespräsident Theodor Heuß (dann FDP) und der spätere Ministerpräsident von Baden-Württemberg, Reinhold Maier, der dieses Amt durch eine Koalition mit der SPD und dem neofaschistischen Bund der Heimatlosen und Entrechteten (BHE) erlangte (wofür manche seinen Ausschluß aus der FDP forderten, die ihn statt dessen zu ihrem Bundes- und später Ehrenvorsitzenden machte). In der Begründung der Zustimmung stellte Herrn Kretschmanns Vorgänger fest: „Wir fühlen uns in den großen nationalen Zielen durchaus mit der Auffassung verbunden, wie sie heute vom Herrn Reichskanzler vorgetragen wurde (…). Wir verstehen, daß die gegenwärtige Reichsregierung weitgehende Vollmachten verlangt, um ungestört arbeiten zu können (…)." Nach dem Krieg munkelte man, die „Liberalen" hätten nur zugestimmt, weil sie in Sorge um verbeamtete Parteimitglieder gewesen seien, für die man Repressalien bis hin zur Entlassung aus dem Dienst befürchtet habe. (Da haben andere andere Sorgen.)

„Wir müssen uns völlig klar darüber sein, daß der Faschismus keine orts- oder zeitgebundene, vorübergehende Erscheinung ist." (Georgi Dimitroff)

In allzu großer Sicherheit sollte sich niemand wiegen. Da es den Menschentypus des „Querdenkers" per Zugehörigkeit zu einer Ethnie, Geheimgesellschaft oder Partei nicht gibt, kann im Prinzip jeder auch ohne große Verschwörungstheorie zu einem solchen werden. Es genügt, schwere „Impfnebenwirkungen" zu erleiden und diese nicht energisch genug abzustreiten und zu leugnen. Es genügen auch andere Lappalien. So sitzt dann plötzlich eine Opernsängerin, deren Impfarzt sich weigert, ihre „Nebenwirkungen" ordnungsgemäß zu melden, in einem Boot mit einem Tankstellenmörder.

Da hilft dann auch kein „Pranteln" mehr. Diese wunderliche rhetorische Technik beherrscht niemand so gut wie der ehemalige SZ-Redakteur Heribert Prantl. Sie dient vor allem der Beschwichtigung und wäre solcherart lobenswert, wenn sie nicht immer wieder darauf zielen würde, in Konflikten zwischen mächtigen Mehrheiten und machtlosen Minderheiten die Mehrheit zu bestätigen, indem der Minderheit scheinbar zu Hilfe geeilt wird. Dabei kommt dann zum Beispiel ein Kommentar heraus, der zur Mäßigung der tobenden Wut gegen „Impfverweigerer" rät, dabei aber mit schiefen Bildern (man komme „mit Grundrechten geimpft zur Welt"), dummen Vergleichen (wer sich nicht impfen läßt, handle ähnlich wie jemand, der betrunken gegen einen Baum fährt) und scheinbar parlamentarischer „Neutralität" („das Werben für das Impfen (…) gelingt mit kluger Aufklärung") das Geschäft der Mehrheit betreibt und ihr höchstens eine etwas andere Taktik empfiehlt, um sich durchzusetzen. Ob das naiv oder schäbig, ein Beispiel

für ein trojanisches Pferd oder einen nützlichen Idioten ist, mag ich nicht entscheiden, weil ich mit dieser Entscheidung im Fall Prantl seit vielen Jahren hadere.
Vielleicht ein (vielleicht überflüssiger) Tip auch für Herrn Prantl: Die leider wenig beachtete Geschichte des königlich-britischen Faschisten Oswald Mosley trägt in ihrer Verbindung von aufrichtigen Motiven, Hybris, (männlicher) Dummheit, Kampfideologie und Pazifismus, Lächerlichkeit und Farce dazu bei, zwar nicht unbedingt den Faschismus, aber das 20. Jahrhundert und vielleicht sogar die Gegenwart besser zu verstehen. Außerdem ist sie auch eine Tragikomödie, die man gelungener kaum erdichten könnte.

Schwere Krankheit, Tod, Kultur und Fußball *(24. September 2021)*

Ich bin vorgestern nacht zum ersten Mal in meinem Leben mehr als ein paar hundert Meter (selbst) Auto gefahren. Es war ein sehr kleines Gefährt, kleiner als eine Badewanne und aus dunkelgrünem Hartgummi. Ich mußte damit meine Mutter in dichtem Verkehr einen Berg hinauf zu einer Art Gala oder Konzert kutschieren. Es ging alles gut, obwohl das Auto randvoll mit Wasser war, weil ein großer orangeroter Fisch darin wohnte. Den Fisch hatte ich in dem Wannenauto einquartieren müssen, weil er aus seinem heimatlichen Gewässer herausgehüpft und mir nachgerobbt war. Das wäre auf die Dauer sehr ungesund für ihn geworden.
Das Fahren fiel mir erstaunlich leicht, allerdings fragte ich mich die ganze Zeit und frage mich noch jetzt, lange nach dem Erwachen: Wo ist eigentlich die Bremse?
In dem Traum kam noch einiges vor, was ich vergessen habe. Träume, die ihren Zweck erfüllt haben, werden nach dem Erwachen umgehend gelöscht, ohne daß wir je erfahren, was ihr Zweck war. Daß ich mich an das Auto und die nicht auffindbare Bremse erinnere, mag auf einen Anflug von schlechtem Gewissen zurückgehen, weil ich vor dem Einschlafen im Eifer des Gedankenflusses behauptet hatte, die drei Viertel (oder korrekt: zwei Drittel) der deutschen Bevölkerung, die sich bislang modRNA-Spritzen verabreichen ließen, seien allesamt „Fanatiker, Jünger und Mitläufer". Zum Glück wies mich ein Freund darauf hin: Das ist min-

destens ungenau, eher läuft es darauf hinaus, daß ich genau den Fehler begangen habe, den ich in dem Gedanken zu formulieren versuchte, um ihn anderen zu unterstellen. „Vergessen“ habe ich nämlich die offenbar sehr große Anzahl von Menschen, die sich ohne Überzeugung und auch ohne die typische (früher schon annähernd beschriebene) Mentalität des Mitläufers spritzen lassen, um wieder arbeiten zu können oder ihren Job nicht zu verlieren, oder weil sie den beständigen Druck von außen (durch Medien, Familie, soziales Umfeld usw.) nicht mehr ertragen und endlich ihre Ruhe haben wollen. Wie viele Menschen das sind, werden wir vielleicht annähernd erkennen, wenn der nächste Lockdown oder die zweite oder dritte „Booster-Impfung“ ansteht.

Derweil geht die psychologische Kriegsführung neben dem zunehmenden Impfzwang (der vor allem darauf ausgerichtet ist, eine Impfpflicht zu verhindern, weil in diesem Fall die Haftungsfrage eine andere wäre) auch in eine andere Richtung: die Identifikation, Abgrenzung und mediale Einkreisung von „Brunnenvergiftern“, die man heute „Querdenker“ nennt.
In Orslau erschlug eine vierundfünfzigjährige Frau ihren achtundfünfzigjährigen Ehemann mit einem Beil. Der genaue Tathergang ist ungeklärt. Nachbarn gaben an, in der Ehe der beiden habe es seit einiger Zeit gekriselt, insbesondere seit der Corona-Pandemie. So habe sich der Mann im Beisein Dritter abfällig über seine Frau geäußert und sarkastische Bemerkungen gemacht, weil diese in der eigenen Küche und auf der Toilette eine FFP2-Maske trug. Die Frau fiel in sozialen Medien durch radikale Impfbefürwortung auf und teilte zuletzt Botschaften wie „Querdenker sind Terroristen“ und den Hashtag „#querdenkentötet“. Der Bürgermeister der Stadt zeigte sich entsetzt über die Tat und sagte in einer Erklärung, ein solcher Vorfall gehe uns alle an: „Organisierter Pandemieextremismus darf uns nicht kaltlassen. Beschimpfungen wie ‚Querdenker‘, ‚Nazi‘ oder ‚Sozialschädling‘ sind kein Kavaliersdelikt, sondern Zeichen einer gefährlichen Radikalisierung und für jeden demokratisch gesinnten Staatsbürger ein dringender Warnappell zur Mäßigung.“
Diese Meldung ist selbstverständlich frei erfunden.
Der neulich erwähnte „Tankstellenmörder“ hingegen fiel laut Polizei bereits vor mehr als zwei Jahren dadurch auf, daß er in sozialen Medien „Gewaltphantasien“ verbreitete. Die „Corona-Krise“ gab es damals noch nicht einmal in konkreten Planspielen. Später äußerte er sich nicht mehr digital-öffentlich, hinterließ aber offenbar ein „Like“ unter einem Artikel auf einer Jobvermittlungsseite, in dem Masken als „Unsinn“ bezeichnet wurden. Auf irgendwelchen Demonstrationen oder Zusammenkünften von Kritikern der „Corona“-Sanktionen wurde er nie gesehen. Wer weiterhin behauptet, der Mann oder die Tat sei beispielhaft für eine „Radikalisierung“ der „Querdenkerszene“ (oder des „Querdenkermilieus“), betreibt absichtliche und bewußte Volksverhetzung.
Und damit sei dieses Thema erledigt.

Gestern durften wir einem kulturellen Ereignis beiwohnen, bei dem eine Frau auf einer Bühne mit diversen Geräten etwa eine Stunde lang Lärm machte. Es war unerträglich kakophonisch, selbstgefällig und langweilig, wollte oder sollte wohl etwas ausdrücken, was aber mangels Inspiration und künstlerischer Sorgfalt (oder Mühe oder Talent) nicht zum Ausdruck kam. Ich habe den Verdacht, daß derartige Penetrationen sehr diffus auf eine Art „Befreiung" abzielen, in der Praxis beim Empfänger aber nur eine Befreiung von klaren (eigenen) Gedanken bewirken, damit letztlich die Unterwerfung (unter was auch immer) erleichtern und zugleich beim Unterworfenen ein trügerisches, undeutliches Gefühl von Extravaganz und Autonomie erzeugen. Wenn man sich das, was etwa Arto Lindsay und D.N.A. oder Suicide (Martin Rev und Alan Vega) oder auch die Sex Pistols Ende der siebziger Jahre versuchten, als unzeitliche Imitation ohne Talent, Inspiration, Wagemut und Risiko denkt, kommt man dem nahe.
Es ist überhaupt schwierig mit der Kunst in diesen Zeiten, insbesondere mit der „rebellisch", sub- und/oder gegenkulturell gemeinten.
Die mit allen staatsmachtlichen Mitteln gedrosselte Kultur sollte sich schon lange gegen die Drosselung wehren, und nicht wenige fragen sich, wieso zum Beispiel das eigentlich dafür zuständige (politische) Kabarett nicht längst oder von Anfang an das „Megathema" aufgegriffen hat, das ihm da auf dem Silbertablett präsentiert oder vielmehr um die Ohren geschlagen wird. Daß man nun dem Publikum (auch noch „verständnisvoll") vorwirft, es sei kunstbanausisch, und es zugleich anbettelt, es möge doch bitte Karten kaufen, damit man nicht pleitegehe, ist peinlich – so rührend schön das Mitleidsvideo[73] auch gemacht ist. Wenn eine Regierung die Verwendung von Getreidemehl verbietet und der Bäcker sich dagegen nicht wehrt, sondern sein Brot aus Sägespänen, Gips und Asche backt und die ausbleibenden Kunden anfleht, es doch bitte trotzdem zu kaufen (sie müssen es ja nicht essen!), dann läuft etwas grundsätzlich falsch.
Ich bin, das sei klargestellt, nicht der Überzeugung, die Kunst solle unbedingt den Mächtigen „einen Spiegel vorhalten" oder „auf den Schlips treten" oder so. In weiten Feldern der Kunst – etwa der bildenden – bin ich sogar entschieden anderer Meinung. Aber wenn sich die kabarettistische und kritische „Kleinkunst" der Macht bedingungslos unterwirft, sollte sie sich auch von der Macht alimentieren lassen. Ein Hofnarr, der sich nicht mal ein bißchen über seine Herrschaft zu spötteln traut, hat Mitleid verdient. Aber aus den falschen Gründen. Das enttäuschte Publikum anzubetteln, es möge doch für Dinge bezahlen, die ihm weder Freude bringen noch wenigstens die Befriedigung, als Bekehrte bepredigt zu werden, ist bei allem Verständnis für wirtschaftliche Nöte und soziale Ängste irgendwie würdelos.

Weil heute mal wieder „Fridays for Future" war und ich auf meinem Weg durch die Stadt einen Demonstrationszug „klimastreikender" Jugendlicher zumindest aus der Fer-

[73] Gemeint ist das Video „#KAUFKARTEN (Wir hams nötig)", an dem sich 63 Künstler beteiligten.

ne gesehen habe und weil am Sonntag wieder einmal eine „Demokratie“ absolviert werden soll, sei abschließend eine (partei)politische Bemerkung erlaubt: Die meisten (oder zumindest viele) Menschen sind sich einig, daß wir (die Menschen) das Wachstum (mindestens) drosseln, die Betonierung stoppen, den Autoverkehr einschränken, den Energieverbrauch reduzieren und einiges mehr müssen. Einen „Klimawandel“ oder eine Erderwärmung kann das weder stoppen noch lindern, aber das Leben schöner, glücklicher, sogar freier machen. Leider gibt es keine Partei, die das umsetzen möchte. Wem es um sinnfreie Schlagwörter wie „Nachhaltigkeit“ und „Klimaschutz“ geht, der kann eigentlich jede Partei wählen, weil das irgendwie alle „fordern“ (ohne je zu erklären, wie man ein Klima „schützen“ und was wo wann wie lange „nachhalten“ soll). Die „Grünen“ allerdings sind die Partei des World Economic Forum, bei dem ihre Kanzlerkandidatin noch drei Jahre lang eine Ausbildung zur „jungen Weltführerin“ absolviert. Auf dessen Programm stehen unter anderem neue Atomkraftwerke, lückenlose Bevölkerungskontrolle und die Überführung der gesamten öffentlichen Infrastruktur in die Hände privater Konzerne. Das heißt nicht, daß man die „Grünen“ nicht wählen darf oder kann. Man sollte nur wissen, was einen dann erwartet.

Es drießt über, die die die! *(27. September 2021)*

Der Überdruß ist eine starke Quelle der Phantasie, die sich unter seinem Druck vom Gewohnten ab- und völlig anderen, oft willkürlich gewählten Gebieten zuwendet. Die nicht mehr zu ertragende Müdigkeit angesichts der ranzigen Parteienherrschaft, deren Rituale seit ungefähr vierzig Jahren nur noch eine peinliche Farce auf etwas sind, was damals ohnehin schon zwangsläufig in der Sackgasse gelandet war, könnte sich also als segensreich erweisen (nur nicht für die, die die Tragödie wegen später Geburt nicht mehr mitbekommen haben und auch nichts davon erfahren können). Wer weiß, warten wir's ab – was wir wohl tun müssen, weil wir (als „Souverän“) ja jetzt wieder vier Jahre lang zuschauen und das Bombardement der „Meldungen“ und „Einschätzungen“ ertragen müssen.

Früher (sehr viel früher) reichte die Verblendung noch für einen gewissen Enthusiasmus, sich wenigstens „Statements“ anzuhören (die damals noch nicht so hießen). Wer heute eine Befragung oder gar ein „Streitgespräch“ von Politikern nach einer Wahl erträgt, sollte zum Arzt gehen und überprüfen lassen, ob sein Herz und Hirn nicht unbemerkt wegdiffundiert sind.

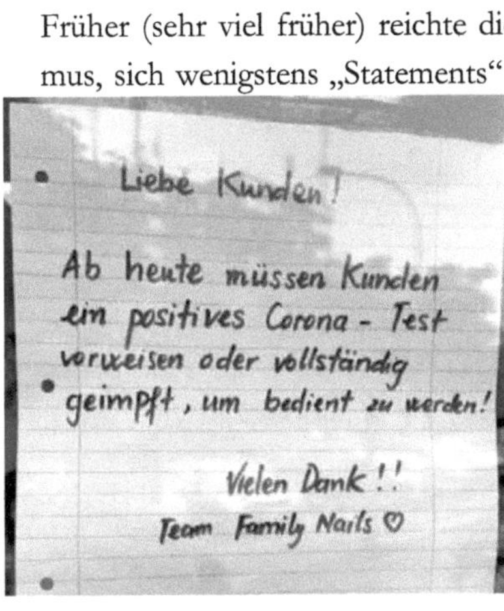

Es ist eine alte Befürchtung von Demokratietheoretikern, daß der Demokratie die Möglichkeit innewohne, die Demokratie auf demokratischem

Wege abzuschaffen. Nun ist genau das offenbar gelungen: Ehemalige Grundrechte sind nur noch (oder: wieder) Gnaden, die bei unterwürfigem Verhalten dem Untertan vorübergehend gewährt werden können. Die Justiz hat sich in Löcher verkrochen, die ihr die Exekutive geschaufelt hat, fällt (wenn überhaupt) skandalöse Schnellent-scheidungen ohne Beweisaufnahme und Einsicht in den Fall und läßt einzelnen Abweichlern samt ihren gerichtlich bestellten Gutachtern die Häuser durchsuchen, während der oberste Richter mit der Köpfin der Exekutive diniert, gegen die ihm ein ganzer Stapel zu verhandelnder Klagen vorliegt, und zum Dessert eine flammende Propagandarede der Justizministerin genießen darf. Die Legislative darf noch nicken und tut das mechanisch. Das Leben an sich gilt als potentiell gefährlich und muß daher bis ins Detail reglementiert, kontrolliert, überwacht und sanktioniert werden. Das ist totalitär, folgt aber dem demographisch ermittelten Wunsch der zu geistigem Tode manipulierten Mehrheit, ist also auch: demokratisch.

Im wesentlichen erzeugt all das nur noch: Überdruß. Im Hintergrund tanzen vormals „kritische" Künstler und ehemalige Berufsrevoluzzer – zum großen Teil gerade noch rechtzeitig im Frühreentenalter und damit, weil sowieso reich genug, im Stadium der sozialen Demenz angelangt – den fröhlichen Ringelreihn der Unterwerfung und trällern die Hymne der Massenkonformität, während die Werke der Aufklärung und -lehnung, die sie einst für fünfzig Pfennige erworben, aber nie gelesen haben (weil die Gründung „grüner Listen" zu viel Zeit in Anspruch nahm), vom Regen aufgeweicht in „zu verschenken"-Kisten vor den Betonkisten stehen. Überdruß, Überdruß, Überdruß.

Man mag auch nichts mehr hören von „den Fakten", die vor eineinhalb Jahren, als sie unter dem Geröll der Leitmedienverkündigungen von einzelnen hervorgezerrt und umgehend als … ach, man mag das Wort gar nicht mehr schreiben … diffamiert wurden, noch aufregend, augenöffnend und spannend waren. Inzwischen sind sie so trivial, daß es einem beim Wiederholen vorkommt, als hätte man den Mund voll mit altem Kaugummi, weshalb man ihn lieber hält. Schaut in die Geschichtsbücher! möchte man den vor Empörung über die Mitlaufverweigerung schäumenden Informationstotalverweigerern zurufen, später mal! Man tut es aber nicht, weil die in solchem Gehabe Terrorismus erfürchten könnten und weil man selber fürchtend ahnt, daß man die Geschichtsbücher, in denen so was steht, nicht mehr zu Gesicht bekommen wird. Falls sie überhaupt je geschrieben werden.

Überdruß also, alles lähmend, zumal da vom herbstlichen Mehltau das Gemüt sowieso angekränkelt den Elan nicht mehr aufbringt, gegen Wände anzurennen, von denen längst der Putz bröselt, die aber erfahrungsgemäß trotzdem noch lange stehen.

„Meine Unfähigkeit erschreckt mich; ich bin nicht fähig, eine von meinen Hoffnungen zu verwirklichen, ja ich vermag nicht einmal, den Prozeß ihrer Beseitigung zu schildern." (Nicolás Gómez Dávila)

Zugleich will auch das viel beschworene „Näherrücken der Einschläge“ nicht mehr viel bewirken, nachdem ich nun „endlich“ – nach vielen geringfügigeren Vorfällen – den ersten Impftoten im eigenen Bekanntenkreis verzeichnen kann (wenn man den immer etwas unangenehmen Nachbarn aus dem vierten Stock der Kindheit zu diesem zählen kann). Immerhin war es schon seine dritte Spritzung, und es ist zu vermuten, daß er diese selbst „wollte“.

Das Wollen ist eine schwierige Sache in diesen Zeiten – kann man unter einer dermaßenen Wucht und Penetranz der vielbeschworenen „normativen Kraft des Faktischen“, wie man sie wohl tatsächlich (zumindest im negativen Sinne) seit 1934 nicht mehr erlebt hat, das überhaupt noch: „wollen“? Ich halte es für zweifelhaft. Und überdies müßte die Möglichkeit bestehen, das „Gewollte“, wie man es von reklamegetrieben erworbenen Konsumartikeln seit jeher kennt, nach dem Erwerb umgehend zu verschmähen oder sich nicht zu erinnern, es je gewollt zu haben. Das dauert hier wohl, dazu muß vielleicht auch der Überdruß in völlige Gleichgültigkeit übergehen, bis die ganze „Welt“ in einem nebligen Grau versinkt und echtes Wollen wieder möglich wird.

All das ist ohne Überlegung und ohne Prüfung des bereits Hingeschriebenen hingeschrieben.

„Die Phänomene, die wir sehen, sind als Schein und Augentäuschung entlarvt worden: der Weg der Sonne um die Erde, das in sich ruhende Weltall, die Unendlichkeit des Raumes und die Unendlichkeit der Zeit. Aber was an die Stelle der Phänomene trat: die Flucht der Galaxien, die Krümmung und Endlichkeit des Raumes, der Uranfang in einem großen Knall – das alles bleibt unvorstellbar und folgenlos und hat keinen anderen Halt als den eines Gerüstes von Annahmen und Vermutungen.“ (Jürgen Dahl)

Und wie soll man in einer solchen Welt leben, in der sich die Dahlsche Diagnose (1979 niedergeschrieben) zum Allgemeinzustand von allem und jedem, innen wie außen, körperlich wie geistig, materiell wie ideell, ausgewachsen hat, in der es nur noch Zukunft, aber nirgendwo mehr Gegenwart und dahinter sowieso nichts mehr gibt, in der es weder Halt noch Grund, weder Antwort noch Frage gibt, in der alles schwimmt und schwirrt und flirrt und in einem ständigen Wehren gegen jegliches Gerinnen kocht und tobt und dampft und die „Erkenntnisse“ der „führenden“ „Wissenschaften“ nichts sind als Strohhalme in einer gilbenden Wiese, die man pflückt, um sie als Inbegriffe zu verstehen? Wie außer: überdrüssig?
Wo ist das Leben selbst hin? fragt der Überdrüssige, wie er das seit Urzeiten tut, seit der Überdruß in die Welt kam. Und übersieht jetzt wie damals, daß er es doch sein sollte, der lebt, daß das aber alleine nicht geht, wie ein einzelner Strohhalm auf einem verbrannten Feld nichts mehr hervorbringen kann, weshalb auch diesem nichts bleibt als: Vergehen im Überdruß.

Was also tun, um den Überdruß zu überwinden? Sich aufmuntern mit dem Gedanken, der Strohhalm könne immerhin noch Körner hervorbringen, die im nächsten Jahr keimen und sprießen, sogar noch gedüngt und belebt von der Asche der Katastrophe? Kann sein. Ohne den zweiten Weltkrieg hätte es die „68er" vielleicht nie gegeben. Ohne die „68er" wiederum gäbe es vielleicht die derzeitige Situation nicht (oder anders), in der der nächste Marsch in den Krieg gegen genau den gleichen Gegner von fast genau jenen als unvermeidlich ins Massenbewußtsein gepeitscht wird, die durch das apokalyptische Ende des letzten solchen Versuchs überhaupt erst zu sich geworden sind. (By the way: „Apokalypse" heißt im Grunde nichts anderes als Offenbarung.)
Das Wahrscheinlichste und Vermutlichste ist: Wir müssen endlich wieder lachen lernen. Daß die Deutschen über Hitler, Göring, Goebbels und die ganze Bagage jahrzehntelang nicht zu lachen sich trauten, hat mehr Unheil angerichtet, als man meint. Der Kaiser ist nackt, ja. Verschwinden wird er aber erst, wenn wir darauf hinweisen, wie erbärmlich und lächerlich er ohne sein Faschingskostüm ist, wenn er mit schlackerndem Pimmel unter dem Wanst vor dem Volke paradiert.

Ich frage mich das ja seit Monaten: Wie gelingt es den Nachrichtensprechern, täglich, stündlich einen derartigen Unfug wie „Das RKI meldete siebentausendvierhundertzwölf Neuinfektionen" in Mikrophone zu sprechen, ohne spätestens nach „meldete" lauthals in Gelächter auszubrechen und umgehend eine Gelolepsie zu erleiden? Ich freue mich auf den Tag, an dem das geschieht: an dem alle Fenster in Schwabing (und anderswo) aufgerissen werden und von überall her das befreite, befreiende Gelächter der Menschen und ihrer zusammengebrochenen Einpeitscher erklingt. Siehe den Film „Network" – dort vergeblich, hier dringend nötig, selbst wenn (auf lange Sicht) möglicherweise auch vergeblich: „Ihr könnt mich alle am Arsch lecken! Ich laß mir das nicht mehr länger gefallen!"
Vergeblich dort vielleicht weil: ohne Gelächter. Der „Populismus", der lacht, ist noch nicht erfunden. Viel zu tun für Überdrüssige.

„I have no time for lies and fantasy, and neither should you." (John Lydon)

Und abschließend sei auf Zeile sechs dieser Notate verwiesen – nämlich die, die die ungefähre Melodie liefert: „Die, die die!"

Das Drama des Impflings *(29. September 2021)*

Als die Krankheit entdeckt wurde, waren Kranke gefährlich für ihn.
Als er negativ getestet war, waren positiv Getestete gefährlich für ihn, egal ob krank oder nicht.
Als er eine Maske trug, waren Menschen ohne Maske gefährlich für ihn, egal ob positiv oder negativ oder gar nicht getestet, krank oder gesund.

Als er geimpft war, waren Ungeimpfte, positiv, negativ oder gar nicht Getestete, krank oder gesund, mit und ohne Maske gefährlich für ihn.
Als er die „Booster-Impfung“ erhalten hatte, waren zweimal oder einmal Geimpfte, Ungeimpfte, positiv, negativ oder gar nicht Getestete, krank oder gesund, mit und ohne Maske gefährlich für ihn.
Daß außer ihm selbst niemand gefährlich für ihn ist, hat er erst gemerkt, als es zu spät war.

Verstehen, mißverstehen, ent(ver)stehen, un-verstehen *(1. Oktober 2021)*

Informationen erweitern das Wissen, vor allem aber erweitern und befeuern sie das Denken und den Blick auf die Welt. Dabei gelangt man zu Zweifeln an scheinbaren Wahrheiten und Überzeugungen und begreift zunehmend (über Erkenntnisse und Irrtümer) die Komplexität der Dinge und ihrer Zusammenhänge. Ganz durchschauen wird man sie sicherlich im Leben nicht. Aber was man einmal weiß, kann man nicht mehr aktiv vergessen oder vielmehr „un-wissen“ oder „entwissen“, was man einmal verstanden hat, nicht mehr „ent-verstehen“ oder „un-verstehen“. Weil durch das Verstehen im Kopf und im Herz etwas entstanden ist, was auch mit massiver Desinformation, mit Druck und Gewalt nicht mehr weggeht (zumindest nicht leicht und schnell). Selbst das schlimmste Mißverständnis vergrößert letztlich – wenn man es erkannt hat – das Verstehen. Hierin liegt das (oder ein) Grundproblem der Streitereien und der Abgrenzung zwischen den „Corona-Fraktionen“.

Die Menschen in meinem Bekanntenkreis, mit denen ich über den „Corona“-Komplex spreche, lassen sich grob so einteilen (Obacht – keine belegbare Statistik!): zwei Drittel haben sich mit modRNA behandeln lassen, ein Drittel nicht. In diesen beiden Gruppen gibt es weitere „Fraktionen“, die weniger leicht zu unterscheiden sind. Der größte Teil der „Geimpften“ hat sich spritzen lassen, um wieder arbeiten, reisen und in Kneipen gehen zu können. Ein paar sind so überzeugt und in Sorge, daß sie „Verweigerer“ zu überreden versuchen, sich ebenfalls der Behandlung zu unterziehen. Umgekehrt ist unter den „Ungeimpften“ niemand, der „Geimpfte“ von der Impfung abbringen möchte – was ja auch unsinnig wäre.
Das ist im großen und ganzen kein Problem. Allerdings ist der Graben mittlerweile recht tief: Zwar sind viele der „Geimpften“ der festen Meinung, eine dritte Spritzung werde nicht nötig sein und ihr „Immunitätsnachweis“ gelte für immer. Einige sagen zudem, sie wollten nach den Erfahrungen der ersten beiden Behandlungen so etwas lieber nicht noch einmal machen. Auf der anderen Seite – wo es nach den bisweilen heftigen Auseinandersetzungen bis vor etwa einem Jahr auch noch manch Unentschlossenen gab – ist für die Propaganda nicht mehr viel zu holen: Wer es jetzt noch nicht getan hat, wird es wohl auch nicht mehr tun (Ausnahmen mag es geben, das Bombardement

wird ja zunehmend zermürbend). Dennoch bleibt der Austausch freundlich; ich kenne (soweit ich weiß) keinen „Geimpften", der vor „Ungeimpften" Angst hat, und auch keinen „Ungeimpften", der ernsthaft fürchtet, sich bei „Geimpften" per „Shedding" mit Spike-Proteinen „anzustecken" oder mittels elektronischer Mücken heimlich gechipt zu werden.

Der tiefere Graben betrifft jedoch schon seit längerer Zeit (und ich vermute: bereits lange vor „Corona") die Frage der Information. Nicht alle, aber bei weitem die meisten „Verweigerer" sind ausgesprochen interessiert an Informationen, nicht nur zu Covid-19, sondern Medizin allgemein, aber auch Politik, Medien, Wirtschaft, Geschichte, zu philosophischen, juristischen, sozialen, psychologischen, sprachlichen und anderen Fragen, die oft mit dem „Corona"-Komplex zusammenhängen, manchmal auch nicht. „Impfbefürworter" hingegen zeichnet eine zunehmend hartnäckige und unüberwindbare Informationsverweigerung aus, die sich in vielen Punkten und Fällen zur regelrechten Leugnung von Fakten auswächst. Auch nach eineinhalb Jahren glauben (!) etwa manche immer noch, mittels PCR ließen sich Infektionen oder vermehrungsfähige Viren nachweisen – nur eine von vielen „Fake News", die zu Beginn der Maßnahmen so hartnäckig von Medien und „Faktencheckern" verbreitet wurden, daß sie durch eindeutige Widerlegung auch von offizieller Seite offensichtlich nicht mehr zu „löschen" oder korrigieren sind.

Dazu zählen auch viele Phänomene, die man nur von Bildern kennt und/beziehungsweise nur vage in Erinnerung hat, die sich aber so tief ins Unterbewußtsein eingewurzelt haben, daß sie wie religiöse Glaubensinhalte oder Mythen wirken. So etwa die „Bilder aus Bergamo" oder Wuhan (Menschen, die auf der Straße tot umfallen, Desinfektionsarmeen in Raumanzügen), tabellarische Darstellungen von „exponentiellem Wachstum", Beispielphotos aus Intensivstationen mit intubierten Patienten. Hinzu kommen diffuse – ja, man muß sie so nennen: Verschwörungserzählungen, denen zufolge ein weitgespanntes Netz finsterer Gestalten (vor allem in alternativen Medien) daran arbeitet, die staatliche Ordnung zu untergraben und die redlichen Bemühungen philanthropischer Helden um die Gesundheit der Welt zu stören.

Über die Gründe der Informationsverweigerung kann man nur spekulieren. Man könnte an Verdrängung denken: Da wird zunächst eine ungeheure Gefahr bemerkt, die übermächtig ist; der Untergang ist kaum noch zu verhindern, wenn nicht alle in strengster Disziplin zusammenstehen und in gemeinsamer Selbstkasteiung der Gefahr trotzen. Wer die Frage stellt, ob die Bedrohung wirklich eine so große ist, gefährdet den Zusammenhalt und muß ausgestoßen werden. Zugleich fleht man die Götter um Hilfe an, die erweisen sich als gnädig und schicken einen Segen, der es erlaubt, mittels Kommunion die Gefahr zu bannen. Wer nun wiederum ketzerische Zweifel streut, ob die Kommunion wirksam ist, gefährdet den Erfolg der Kommunion. Folglich muß jeder einzelne

Gläubige solche Zweifel von Grund auf energisch von sich weisen und sie, falls sie in ihm selbst keimen, noch im Keim ersticken.

Möglicher- und verständlicherweise neigen viele Menschen dazu, ein einfaches, wenn nicht simples, jedenfalls insgesamt scheinbar verständliches „Weltbild" vorzuziehen und den chaotischen, kaum oder nicht zu überschauenden Fluß wissenschaftlicher und anderer Erkenntnis, Diskussion, Theorie als bedrohlich zu empfinden. Man wünscht sich Autoritäten und einen gemeinschaftsbildenden Konsens, möchte ohne große Abschweifungen mitgeteilt bekommen, was ist und was man tun muß.

Daraus entsteht folgendes Modell: Ein neuartiges Virus breitet sich aus. Man kann es nur mit einem PCR-Test feststellen. Das Virus ist extrem tödlich. Die Ausbreitung erfolgt (unbegrenzt) exponentiell. Die Menschen erkranken massenweise. Die Kapazitäten des Gesundheitssystems werden davon überfordert. Das einzige Mittel gegen das Virus ist eine Impfung. Solange es noch keine Impfung gibt, muß man die Menschen voneinander isolieren, um Ansteckungen zu verhindern. Wo Isolation nicht möglich ist, verhindern Gesichtsmasken eine Übertragung. Alle, auch gesunde Menschen sind potentielle Überträger. Die Impfstoffe wurden aufgrund der extremen Gefährlichkeit des Virus in Rekordzeit entwickelt. Sie sind wirksam, sicher und haben keine Nebenwirkungen. Langzeitfolgen bei Impfungen gibt es nicht. Um das Virus auszurotten, ist Herdenimmunität nötig, die bei einer Durchimpfung von 55, 65, 75, 85 beziehungsweise 95 Prozent der Bevölkerung erreicht ist. Impfdurchbrüche sind extrem selten, machen es jedoch nötig, die Menschen auch weiterhin zu isolieren und Masken zu tragen. Der Grund für Impfdurchbrüche sind Mutationen des Virus, die solange auftreten, bis alle Menschen geimpft sind und das Virus ausgerottet ist. Menschen, die sich der Impfung verweigern, sind daher gefährlich und müssen aus der Gesellschaft entfernt werden. Dies gilt auch für Menschen, die Zweifel streuen, die Impfmoral schwächen und damit das Erreichen des Endziels in Frage stellen.

Das wirkt auf den ersten Blick insgesamt und in sich (einigermaßen) logisch, obwohl sich viele Prämissen und Dogmen im Laufe der Zeit verändert haben oder aus der Erzählung verschwunden sind – das fällt aufgrund der übergreifenden Stringenz und von Gewöhnungsprozessen nicht auf oder wird ausgeblendet. Darauf hinzuweisen ist ein Zeichen unbegründeter Skepsis, polemischer Nörgelei und mangelnder Solidarität. Die Wissenschaft hat recht, kann sich aber im Einzelfall irren. Der Skeptiker irrt sich generell und kann auch im Einzelfall nicht recht haben.

Die aufgezählten Dogmen lassen sich eines nach dem anderen widerlegen oder zumindest in Frage stellen, in vielen Fällen als schlichter Unfug entlarven. Das Virus ist nicht neuartig. Es läßt sich nicht mit einem PCR-Test nachweisen. Es ist nicht extrem tödlich. Eine unbegrenzte exponentielle Ausbreitung kann es in der Natur nicht geben. Covid-19 ist eine sehr seltene Krankheit. Die Kapazitäten des Gesundheitssystems werden zwar stetig und zügig abgebaut, aber nicht mehr belastet als sonst. (Übrigens wird diese

Überlastung gerne damit gerechtfertigt, daß nicht genug Geld verfügbar sei. Gleichzeitig standen jedoch Milliardenbeträge für PCR-Tests, Propaganda und die Finanzierung der Entwicklung von Impfstoffen zur Verfügung.) Impfung ist nicht das einzige (und zudem kein) Mittel gegen das Virus. Die weitgehende Isolierung macht mehr Menschen krank als alle bekannten Viren. Gesichtsmasken verhindern die Ansteckung mit Atemwegsviren nicht. Gesunde Menschen können kein Virus übertragen. Die Impfstoffe wurden nicht in Rekordzeit entwickelt, vielmehr wurde die übliche Zeit dieser Entwicklung durch Auslassung wesentlicher Test- und Kontrollphasen und durch Abschaffung gesetzlicher Einschränkungen (etwa für gentechnische Behandlungen) verkürzt. Die Impfstoffe sind weder wirksam noch sicher und haben eine außergewöhnliche Vielzahl von Nebenwirkungen; zudem sind sie keine Impfstoffe im üblichen Sinn. Langzeitfolgen von Impfungen sind in vielen Fällen bekannt und dokumentiert. Viren, insbesondere Atemwegsviren, schnell mutierende Viren und solche, die mit Zoonosen in Verbindung stehen, kann man nicht ausrotten. Auch eine Herdenimmunität ist bei solchen Viren mehr als fraglich, auf längere Sicht ausgeschlossen. Impfversagen ist bei Impfungen gegen schnell mutierende Viren nicht selten, sondern häufig (mit zunehmender Tendenz zur kompletten Wirkungslosigkeit). Das Verzögern der Immunisierung gegen saisonale, mutationsfreudige Viren (durch Isolation, Lockdowns, Maskentragen und kaum wirksame Impfungen) begünstigt Mutationen, wirkt also paradox.

Die Gefahr für das gefestigte Weltbild besteht darin, daß es durch eine einzige dieser Erkenntnisse ins Wanken geraten kann (auch weil sie alle in vielerlei Weise miteinander verknüpft sind und dadurch möglicherweise ein Dominoeffekt entsteht). Darum muß jeder Hinweis auf Fakten, die sie plausibel erscheinen lassen oder gar belegen, geleugnet und diffamiert werden („Schwurbelei"). Am besten ist es, Hinweisen und Informationen generell aus dem Weg zu gehen. Weil solche Hinweise selten bis nie von Gläubigen kommen (die an ihrem Glauben zu zweifeln beginnen), sondern meist von Ungläubigen und Zweiflern, kann man sich weiterer Zumutungen erwehren, indem man diese Menschen als Personen insgesamt ablehnt und mit synthetischen, gruppenspezifischen Zuordnungen und Attributen versieht („Querdenker" = „Ketzer" = „Brunnenvergifter").
Es kann die Gemeinschaft der Gläubigen und den Glauben des einzelnen stärken, wenn sich die Gemeindemitglieder gegenseitig der Wahrheit der Dogmen versichern und durch rituelle kollektive Kampagnen (als Shitstorm oder Hexenjagd) gegen Andersdenkende deren Schuld, Gefährlichkeit und Ausgegrenztheit real erfahrbar machen.
Weil kritisch denkende Menschen gerne dazu neigen, nicht nur in bezug auf den „Corona"-Komplex kritisch zu denken, läßt sich die Zuordnung erweitern, verallgemeinern und zugleich verfestigen: Wer nicht an „Corona" glaubt, stellt auch die unangetastete Existenz und Wirkmächtigkeit der (repräsentativen) Demokratie in Frage, neigt zum „Putin-Verstehen", kritisiert die Strategien der „Klimarettung", findet Julian Assange nicht tötenswert, steht dem Wirtschaftswachstum oder gleich generell dem Kapitalis-

mus skeptisch gegenüber, bezweifelt die uneigennützige Menschenfreundlichkeit philanthropischer Milliardäre und ihre Legitimation zur Erteilung von Vorgaben für die Weltpolitik. Er findet die „Grünen" nicht grün, die SPD nicht sozial, die „Linke" nicht links, die CDU/CSU nicht christlich, zweifelt den Freiheitsbegriff der FDP an, und wenn er die AfD als national-neoliberale Kampftruppe generell ablehnt, geschieht dies nur zwecks Tarnung und Täuschung.
Außerdem sieht er überall Gespenster, befürchtet etwa einen Mißbrauch gesammelter Daten sowie deren Konzentration und Verknüpfung in der Hand privater, nicht gesellschaftlich kontrollierter Konzerne, deren grundsätzliche Menschenliebe er ebenfalls anzweifelt. Zur Beschreibung der von ihm vermuteten oder aufgezeigten Entwicklungen bemüht er historische Vergleiche und benutzt Vokabeln wie „totalitär", die nur in Verbindung mit dem Dritten Reich verwendet werden dürfen und somit ein Zeichen von strukturellem Antisemitismus und einer rechtsoffenen Grundhaltung sind.
Mit anderen Worten: Solche Menschen leiden an Verfolgungswahn. Daß sie ihren angeblichen moralischen Grundsätzen in einer sich dynamisch entwickelnden Lage und Gesellschaft treu bleiben, spricht nicht für ein Festhalten an Grundwerten inmitten eines allgemeinen ethisch-moralischen Verfallsprozesses. Sondern umgekehrt: Es ist ein Zeichen der Radikalisierung, weil sich die Lage und die Gesellschaft zwar dynamisch entwickeln, aber stabil bleiben, während der Abweichler eben durch sein bloßes Festhalten an Grundsätzen aktiv „abweicht", sich also von der stabilen, dynamischen Gesellschaft entfernt.

Mir fällt dazu folgendes Bild ein: Ein Kind sitzt im Bus, die Mama steht an der Haltestelle und winkt. Während der Bus anfährt, fragt sich das Kind: Wieso rennt die Mama so schnell davon?
Immerhin: Das Kind fragt sich das.

Die Pandemie der (Un)geimpften (eine Denkaufgabe) *(2. Oktober 2021)*

Was sind die häufigsten „milden" Nebenwirkungen einer mRNA-Behandlung gegen Covid-19?
Richtig: Kopfschmerzen, Fieber, Abgeschlagenheit, Husten, Schnupfen, Gliederschmerzen.

Für welche Erkrankungen sind solche Symptome typisch?
Richtig: Für Erkältungskrankheiten, etwa Covid-19.

Wann treten solche Nebenwirkungen einer mRNA-Behandlung meistens auf?
Richtig: dreißig Sekunden bis 14 Tage nach der Verabreichung.

Wann gilt man offiziell als „geimpft"?

Richtig: 14 Tage nach der zweiten Dosis (bei dem Präparat von Johnson & Johnson 22 Tage nach der einen Dosis).

Kann das heißen, daß ein großer oder der allergrößte Teil der Menschen mit Covid-19-Symptomen zwar bereits eine oder zwei Spritzen erhalten hat, aber offiziell noch als „ungeimpft" gilt?
Richtig.

Was passiert, wenn ein „offiziell Geimpfter" mehr als 14 Tage nach der zweiten bzw. (Johnson & Johnson) einen Spritze Symptome entwickelt?
Richtig: Er gilt automatisch nicht mehr als „geimpft" (laut SchAusnahmV §2).

Wer wird ohne Symptome einer Erkältungskrankheit routine- und regelmäßig einem Schnelltest bzw. PCR-Test unterzogen – das heißt: muß sich einem solchen Test unterziehen, um arbeiten, zur Schule gehen, Gaststätten und Restaurants betreten, Kulturveranstaltungen besuchen zu dürfen?
Richtig: nur Ungeimpfte.

Kann es also „offiziell" eine „Pandemie der Geimpften" überhaupt geben?
Richtig. nein.

Es geht zu Ende geht es? *(6. Oktober 2021)*

Daß es den Bayerischen Verwaltungsgerichtshof (VGH) noch gibt, mag manchen verwundern. Vielleicht gibt es ihn auch wieder, nach einem langen Sommerwintersommerschlaf, der offenbar zumindest milde stimulierende Wirkung hatte: Die vom Bayernführer Söder im März 2020 im Alleingang und ohne Akten, Quellen, Belege oder sonstiges belastbares Material angeordnete Ausgangssperre war nicht nur sinnlos, dumm und unverschämt, sondern laut VGH auch rechtswidrig und unwirksam (also: nichtig). Zudem zeige sich in dem Führerbefehl ein (so die „Welt") höchst „fragwürdiges Menschenbild": Der Söder betrachte seine Untertanen im Prinzip samt und sonders als potentielle Kriminelle und Schädlinge, die sich, wenn man sie nicht wegsperrt, sofort zusammenrotten, „Virenparties" feiern und damit seine sterile „Gesundheit" gefährden.
Wer sich damals und später an die Anordnung des Stubenhockens hielt, ist, nun ja, gelackmeiert. Eine Entschädigung für entgangene Frischluft und den zähneknirschenden Verzicht auf Frühlingsgefühle zwecks „flatten the curve" wird es wohl nicht geben. Schließlich steht man selbst in einem autoritären Staat (dessen totalitäre Auswüchse damals erst im Ansatz erkennbar waren) als Bürger generell unter dem Verdacht der Mündigkeit und ist selber schuld, wenn man den eigenen Hausverstand für eine Verschwörungstheorie hält und sich erkennbar blöden Verordnungen blindgehorsam fügt. Dann kann man nicht hinterher daherkommen und jammern, der böse Führer habe einen

zum Unterwurf verführt. Das ist schließlich dem sein Beruf. Wer ein Schnitzel ißt, sollte vernünftigerweise nicht unbedingt danach dem Metzger Tiermord vorwerfen.
Übrigens sind laut einem Gutachten des Staatsrechtlers Professor Dr. Murswiek auch sämtliche „G"-Regelungen – also 3G, 3G+, 2G, 2hoch2, 1G, 1Ghoch2, 1Ghoch2+ und so weiter und so fort – nicht nur rechts-, sondern verfassungswidrig. „Die Freiheit ist dem Einzelnen nach dem Grundgesetz kraft seiner Menschenwürde garantiert. Er erhält sie nicht erst dann von der Obrigkeit zugeteilt, wenn er beweisen kann, daß er vom Staat definierte Kriterien für seine Ungefährlichkeit erfüllt. Der indirekte Impfzwang, der über 2G und 3G ausgeübt wird, ist unverhältnismäßig, weil er das Selbstbestimmungsrecht der Betroffenen bezüglich ihrer körperlichen Integrität drastisch einschränkt und ihnen potentiell schwerwiegende Lebens- und Gesundheitsrisiken auferlegt. Zu ihrem eigenen Schutz vor COVID-19 darf der Staat die Menschen nicht zwingen. Zum Schutz anderer bedarf es grundsätzlich keines Impfzwangs, weil die Geimpften ja bereits durch die Impfung geschützt sind."
Auch das sagt einem im Grunde der gesunde Menschenverstand. Der panische Unverstand indes sagt, daß die Organisation, die das Gutachten in Auftrag gab, sicherlich „umstritten" ist und das Gutachten folglich – Professor hin oder her – mindestens „krude" sein muß. Warten wir mal ab, was Sebastian Leber vom „Tagesstürmer" und seine neuerdings bei anderen Lokalblättchen aktiven Berufskollegen dazu sagen.

Sicher nichts sagen sie zu dem, was sich in deutschen Kliniken und Arztpraxen tut und wovon man deshalb auch nur aus erster Hand (und völlig ohne „Quellen", weil es sich bei diesen nur um Betroffene handelt) erfährt: Chefärzte und Professoren erglühen vor professionellem Elan, weil infolge der massenhaften „Impfung" von Kindern und Jugendlichen ganz neue Krankheitsbilder zu definieren sind (etwa eine „nie dagewesene" Häufung rätselhafter Blinddarmnekrosen sowie zahlreiche atypische Herzentzündungen, die laut aktueller Ideologie als „mild" bezeichnet werden müssen). Hausärzte brechen zusammen, weil immer mehr Kollegen aus Frustration und Angst aus dem modRNA-Spritzbetrieb aussteigen und die verbliebenen Mitmacher aus Kapazitätsgründen sämtliche Nicht-Impf-Patienten wegschicken müssen (und Meldungen von „Nebenwirkungen" an das Paul-Ehrlich-Institut unterbleiben nicht nur wegen des nicht zu bewältigenden Zeitaufwands, sondern auch aus Furcht vor persönlicher Haftung für die offenbar unerwartet zahlreichen Impfschäden). Das RKI hat sich mal wieder beim Schwindeln erwischen lassen, „räumt ein", daß die Zahl der Fälle von Impfversagen wohl mindestens doppelt so hoch ist wie zunächst gemeldet und weiter steigt, nimmt das aber gelassen, weil sowieso niemand nachfragt. Krankenpfleger verweigern in großer Zahl die Spritzung, weil sie täglich mit eigenen Augen sehen, was dabei herauskommt, und bereiten sich auf eine berufliche Umorientierung vor. Womit sich auch abzeichnet, wer nach zweimal „Corona" diesen Winter als Sündenbock für die alljährliche Überlastung der Kliniken herhalten muß.

Insgesamt ist zu beobachten: ein Rückzugsgefecht aus Angst, Sorge und Reue über den eigenen Übermut. Vielleicht ein typisches Herbstphänomen. Selbst das ständige Verschärfen der Repressalien wirkt verzweifelt.

Küchenpsychologisch betrachtet lassen sich aus der Misere und aus der unbewußten Angst vor der eigentlich längst bekannten und erfahrenen Sinnlosigkeit und Gefährlichkeit der Dynamik drei typische Verhaltensweisen ableiten:
Bemühen um Anschluß: Man möchte unbedingt die, die noch nicht dabei sind, dabei haben. Man ahnt, daß da etwas nicht stimmt, projiziert die Angst aber nicht auf das, was nicht stimmt, sondern auf die Abweichler, weil die offensichtlich nicht „stimmen". Man glaubt also, eine übergreifende Harmonie herstellen zu können, indem man das, was die übergreifende Harmonie zu gefährden scheint, ausmerzt. Analogie: Man baut ein Kartenhaus. Weil bei Etage acht einer flüstert: „Das wird jetzt nichts mehr!", wird es dann tatsächlich nichts. Zum Glück aber hat man Instanzen, die solche Defaitisten von vornherein unschädlich machen. Damit ihnen das gelingt, muß man selbst mithelfen, die Defaitisten unschädlich zu machen. Dann wird das Kartenhaus bis ans Ende des Universums wachsen, solange man nur rechtzeitig und gnadenlos alle weiteren Defaitisten unschädlich macht. Die Elite wird zum Ganzen, das Ganze wird siegen.
Missionarismus aufgrund projizierter Angst: hängt damit zusammen. Man ahnt, daß man mit der Einwilligung in die modRNA-Spritzung einen Fehler gemacht hat, der eventuell richtig schlimme Folgen haben könnte. Und man glaubt, den Folgen des Fehlers entgehen zu können, indem man Skeptiker überredet, mitzumachen. Je mehr Leute mitmachen, desto geringer wird das Risiko für den einzelnen, glaubt man. Zumindest sitzt man – wenn es dann wirklich alle trifft – im selben Boot. Es sitzt keiner mehr drin, der alles besser gewußt hat.
Scham: Man weiß oder ahnt zumindest, daß die Einwilligung in die modRNA-Spritzung schlimme Folgen haben kann, fühlt sich aber den Stellen, die diese Spritzung verordnen, verpflichtet: Freilich ist die Kommunion freiwillig, aber wer sich ihr verweigert, muß die (schlimmen) Folgen tragen. Wenn der Schaden eintritt – und selbst wenn er nicht eintritt – schämt man sich vor denen, die einen gewarnt haben. (Auch) weil man es ja selbst gewußt oder zumindest geahnt hat. Die Scham übrigens wächst mit der Zeit, in der die befürchteten Nachwirkungen nicht eintreten: weil die Angst, je länger sie anhält, immer weiter wächst.
Die anderen müssen zu spüren kriegen, daß sie falsch handeln. Weil man sonst selbst merkt, daß man die anderen quält, um sich vor dieser Erkenntnis zu bewahren.
Dieses Vorgehen folgt einer Spirale: Je weiter man sich hineinsteigert, desto ferner wird man den anderen, desto strenger muß die Gewalt werden, die man über sie bringt. Der schlimmste Feind ist der, der ganz weit draußen am Rande steht und einfach friedlich vor sich hin lebt.

Auf den ersten Blick kann der staatsbürgerlich Naive nicht nachvollziehen, warum in Berlin zur Zeit so viel „verhandelt" und „sondiert" werden muß. Schließlich wollen alle im Bundestag vertretenen Parteien das gleiche: mehr Wachstum, mehr Verkehr, mehr Autos, mehr Energieverbrauch, mehr Beton, mehr soziale Kürzungen, mehr Privatisierung, mehr Profitorientierung, mehr Lobbyismus, mehr Macht für Konzerne und so weiter.

Es geht also um Petitessen, zum Beispiel ein Tempolimit auf Autobahnen, das man seit fünfzig Jahren diskutiert und jederzeit mit einer einfachen Verordnung in zehn Minuten einführen hätte können. Nicht weil die Raserei Menschen tötet, sondern weil solche symbolischen Handlungen (ein Tempolimit zu „fordern") einen gewissen Teil des Wahlviehs emotional ansprechen. Ebenso wie zum Beispiel „Keine Steuererhöhungen!" Vor allem kann man mit medialem Geplänkel um solche „Streitthemen" sehr gut davon ablenken, was wirklich passiert (oder gar passieren sollte).

Von der Wiedereinführung der Grundrechte und einer umfassenden, radikalen Aufarbeitung des „Corona"-Komplexes spricht selbstverständlich kein Mensch. Man gewöhnt sich an vieles, an fast alles, vor allem kollektiv. Wofür, warum, seit wann und bis wann es diese Grundrechte gab, was es mit den sogenannten „Menschenrechten" auf sich hatte und wie es geschehen konnte, daß sie zugunsten einer Profitexplosion der Pharmaindustrie per Handstreich abgeschafft wurden, könnten spätere Generationen irgendwann mal im Geschichtsunterricht diskutieren. Aber erst dann, wenn der vorher-nachher-Vergleich mangels eigener Erfahrung und Erzählungen von Eltern und Großeltern hinfällig ist.

Man wird darüber dann so debattieren und theoretisieren können wie heute beispielsweise über Welterfahrung und die Theorie des Schönen im Mittelalter. Rein akademisch also. Allerdings nur im privaten und höchst esoterischen Bereich, weil es eine akademische Bildung bereits heute kaum noch gibt und in sechzig Jahren nicht einmal mehr als Begriff geben wird. Oder doch, nur bedeutet dieser dann: die Einübung gewisser technischer Fähigkeiten, die für die Wirtschaft von Bedeutung sind und den „Gebildeten" ausbeutbar und arbeitsmarktfähig machen. Also das gleiche wie heute, aber ohne versteckte romantische Konnotationen.

Diese „Gebildeten" werden dann eine Minderheit sein. Die große Mehrheit der Unbrauchbaren, die man unter strengen Bedingungen und absoluter Kontrolle halbwegs mitzieht und alimentiert, darf Drachen steigen lassen, mit Schussern spielen und möglicherweise tatsächlich müßig über verstiegenen Kram wie Demokratietheorien plaudern. Selbstverständlich nur untereinander.

Es könnte aber auch nach dem Great Reset zum Great Krawumms kommen. Das ist angesichts der schier unfaßbaren Idiotie und des alles durchdringenden Dilettantismus der wesentlichen Beteiligten (womit ich keineswegs nur Gestalten wie Baerbock, Lauterbach und Drosten meine, sondern durchaus die ganze Kamarilla, die hinter ihnen

steht und solche Figuren ins Rampenlicht schubst) auch für die nähere Zukunft keineswegs ausgeschlossen.
Wer übrigens meint, „das" sei früher auch nicht anders gewesen, sollte sich mal ein paar Bundestagsdebatten aus den fünfziger oder sechziger Jahren durchlesen. (Es gibt so etwas kaum im Internet, aber gedruckt in Büchern.) Da sprechen Menschen eines gänzlich anderen Typs von Dingen und Begriffen, die uns heute so viel sagen wie die paulinische Metapher oder Hegels Dictum, das Schöne sei „die Idee als unmittelbare Einheit des Begriffs und seiner Realität, jedoch die Idee, insofern diese ihre Einheit unmittelbar in sinnlichem und realistischem Scheinen da ist". Man muß damit nicht einverstanden sein, aber was man nicht begreift, das kann man nicht denken.
Und darum ist es den Führern unserer Zeit ganz offenbar zu tun: das Denken aus der Welt zu bringen zugunsten des Funktionierens. Das sich ganz automatisch auf immer niedrigerem Niveau in immer engeren Kreisen dreht.

Um den Eingang noch mal zu suchen: Es gab auch einmal ein Bundesverfassungsgericht. Gott hab es selig, so es ihn gibt.

Fliegt auseinander, klappt zusammen *(14. Oktober 2021)*

Das Herziehen über die „Mainstreammedien" wird einem viel zu leicht gemacht. Es ist ja wahrscheinlich so, daß niemand gerne über Blätter, Hefte und Sender schimpft, mit denen man früher mal aufgewachsen ist und sich ein (auch politisches) Bewußtsein gebildet hat. Da muß schon eine gehörige Portion Enttäuschung, Frustration, Fassungslosigkeit und Zorn im Spiel sein, wenn man sich so weit entfernt.

Ich selbst besitze Mappen mit angegilbten Artikeln aus der „Süddeutschen Zeitung", aus FAZ und taz, „Zeit" und „Woche", gar „Spiegel", „Stern", „Playboy" und manch anderer Publikation, die man heute noch oder erst recht mit Staunen lesen kann: So was wurde hierzulande mal gedruckt! Von „Konkret" und „Sounds" zu schweigen. Das gilt sogar fürs traditionell verblödende Fernsehen, das auch mal anders konnte – da braucht man sich nur die nach wie vor großartige „Scheibenwischer"-Folge zum 11. September 2001 anschauen und versuchen, sich vorzustellen, so etwas liefe heute auf einem öffentlich-rechtlichen Sender (oder überhaupt im Fernsehen). Um Gottes Willen!

Das gilt auch für frühere Erscheinungen, etwa Günter Gaus' Fernsehgesprächsreihen „Zur Person" und „Zu Protokoll": Dem durchaus konservativen Gaus gelang es in den verstaubkleisterten sechziger Jahren, unter anderem mit Hannah Arendt, Franz Josef Strauß, Herbert Wehner, Walter Hallstein, Rudi Dutschke, Martin Niemöller, Hermann-Josef Abs vor Kameras zu sprechen, also mit buchstäblich „diversen" Persönlichkeiten von notorischen Altnazis und transatlantischen Atomkriegern bis hinüber zum gewendeten Ex- und studentisch-revolutionären Jungkommunisten. Zwar nie gemeinsam, wie das bei heutigen Plapperrunden üblich ist, in denen aber dann halt (umgerechnet) nur noch exaltierte Radikalrudimente von Strauß, Abs und Hallstein sitzen und so tun, als wären sie uneins. Während Wehner öffentlich beschimpft, Arendt von „Experten" als irre diagnostiziert und Dutschkes Internetkanäle samt Bankkonten gelöscht werden. Ebenso wie die von Gaus selber.

Was insgesamt so sinnvoll ist wie eine vor einiger Zeit vom Bayerischen Rundfunk ausgestrahlte Propaganda-Diskussion, von der es hieß, es werde das Goldene Kalb (nicht etwa „die Impfung", die ist ja längst selbstverständlich, sondern der unerläßliche oder nur dringend nötige Impfzwang) ausführlich diskutiert. Passiert ist dann dies: Jeanne Rubner verkündete, „die Impfung" sei unbedingt notwendig. Sie müsse zwangsweise durchgesetzt werden, Propaganda genüge nicht. Jan Zimmermann hielt energisch dagegen: Die Impfung sei unbedingt notwendig und ein Segen! Sie müsse aber mit Propaganda durchgesetzt werden; Zwang solle erst erfolgen, wenn die Propaganda nicht wirksam genug sei. Da sitzt der Bundesbürger da und staunt, welche kontroverse Standpunkte und was für ein Meinungsspektrum unser öffentlich-rechtlicher Rundfunk zuläßt. Leben wir nicht im Paradies?

Doch, wir sind weit gekommen. Wer's nicht glaubt, lese gerne einmal die Geschichte des Lebens und Wirkens von Galileo Galilei, notfalls auch auf dem Wikipedia-Blog, der zu diesem Thema erstaunlich informiert und informativ ist. Na gut, so erstaunlich auch wieder nicht – es geht ja weder um die Interessen der Pharmaindustrie noch um die der Philanthropokratie.

Um die ging es übrigens auch nicht, als die „Süddeutsche Zeitung" im Juli 1973 gegen damalige „Querdenker" hetzte:

Die hießen damals noch nicht so, auch nicht „Impfleugner" und „Verschwörungsbürger" oder so, sondern „Wochenend-Hippies", „Gammler", „Pop-Fans" und „langhaarige Hasch-Konsumenten". War irgendwie lustiger, aber im Grunde doch das gleiche.

Um die (die Mafia der Pharma- und Philanthro-Milliardäre) geht es jedoch in der Gegenwart. Die zeichnet sich in der Blase der „offiziellen" Politik derzeit dadurch aus, daß sie mir keinerlei Interesse zu entlocken vermag, weil da offenbar sämtliche Narrative und Dogmen in so atemraubendem Tempo zusammenklappen und auseinanderfliegen, daß man gar nicht mehr zuschauen mag. Spahn und Wieler setzen Covid-19 mit der Grippe gleich (weil sie neuerdings für ihre Auftraggeber noch schnell Reklame für Grippeimpfungen machen sollen), was vor drei Wochen noch schlimmste Querketzerei war, werden aber nicht von Youtube gelöscht. Das RKI lügt sich mit seinen „Zahlen" um Kopf und Kragen. Söder bricht Gesetze und Verfassung und schweigt, die „Opposition" schweigt, Merkel schweigt, Lauterbach quasselt gegen Lauterbach, und Drosten steht ganz offenbar kurz vor dem Betonschuh und pfeift drauf. Was soll man zu diesem Affentheater noch sagen? Offensichtlich ist dem „Corona"-Laden ganz plötzlich die Führung abhanden gekommen, und jetzt schaut jeder, daß er sich so schnell wie möglich über die grüne Grenze nach Chile oder Paraguay absetzt.

Nicht ganz, aber punktuell im einzelnen: Laut Robert-Koch-Institut (RKI) und Statistischem Bundesamt hat Deutschland in der ersten Oktoberwoche endlich das erreicht, wonach die „Corona"-Hysteriker und ihre Hirten seit eineinhalb Jahren gieren: die Herdenimmunität.

Das steht da selbstverständlich nicht, aber es läßt sich leicht errechnen, wenn man beider Angaben kompiliert: Laut RKI sind etwa 80 Prozent der volljährigen Deutschen doppelt gespritzt, laut Statistischem Bundesamt 36,1 Prozent der (etwa 14 Millionen) minderjährigen. Bei 83 Millionen Deutschen ergibt sich daraus eine „Impfquote" von etwas über 72 Prozent. Das Statistische Bundesamt gibt als Grenze der „Herdenimmunität" 70 Prozent an.

Man mag einwenden: Moment! Laut Statistischem Bundesamt haben wir die 70 Prozent aber noch gar nicht erreicht! Das ist wahr. Vielleicht mag man sich dort nicht so vorbehaltlos auf windige Telephonumfragen verlassen wie beim RKI, wo offenbar eine ganze Menge Leute auf recht heißen Öfen sitzen und angesichts des anscheinend drohenden (oder wenigstens befürchteten) Erwachens der deutschen Justiz arg bemüht sind, sehr schnell ihren Hals aus der Schlinge zu ziehen.

Auch Herr Spahn übrigens („So können wir draußen auf AHA-Regeln und medizinische Schutzmasken verzichten! Das gibt uns zusätzliche Sicherheit für Herbst und Winter. Wir wollen mit Umsicht und Vorsicht Schritt für Schritt zurück in Freiheit und Normalität!"), obwohl's dem ja egal sein könnte: Strafmildernd wirkt derartiges Gequatsche über „Papierdinge" und keine weiteren (!) Maßnahmen ganz bestimmt nicht, und den Dreck zusammenkehren muß dann ja (mutmaßlich) Herr Lauterbach.

So oder so redet der Spahn den üblichen Quark. Es läßt sich nämlich leicht ausrechnen, wie hoch im Frühjahr, wenn „wir" seinen Worten zufolge „zur Normalität zurückkehren" sollen, die „Impfquote" sein wird: über den Daumen gepeilt zwischen 1 Prozent und 6 Prozent. Weil der „Impfschutz" in den drei Monaten nach der Spritzung steil abfällt und nach sechs Monaten so gut wie verschwunden ist. Das heißt: Wer sich heute zum zweiten Mal spritzen hat lassen, ist am 7. April wieder ungeimpft und darf sich dann mit dem dritten oder vierten „Booster" die nächste Ladung „Nebenwirkungen" verpassen lassen. Außer wir fressen uns alle ganz schnell ganz fett. Aber wahrscheinlich hilft das auch nichts.

Die „Süddeutsche Zeitung" titelt derweil: „Langsames Impfen bremst Aufschwung", was möglicherweise der „Titanic" ein paar Leser und dem Kölner 2G-Karneval ein paar Jecken abspenstig macht, ansonsten aber so irrsinnig ist, daß man gar nicht mehr darauf hinweisen mag: Günter Gaus hat mal für eine Zeitung geschrieben, die ebenfalls „Süddeutsche Zeitung“ hieß. Daß es sich um dasselbe Blatt handelt, ist eine ziemlich billige Verschwörungstheorie (wie üblich ohne Verschwörung).

Eine simple Rechnung *(16. Oktober 2021)*

Eine Herdenimmunität – das sollte inzwischen eigentlich jeder wissen – kann es bei einer Atemwegserkrankung nicht geben. Wenn man grundsätzlich akzeptiert, daß eine modRNA-Spritzung das Risiko einer schweren Erkrankung mindert (was zur Zeit mangels Erhebung, Nachforschung und statistischer Beobachtung allerdings vollkommen unbekannt ist), lautet die entscheidende Frage: Hat die genmedizinische Behandlung auch einen Nutzen für die Gesellschaft? Die gängige Antwort: Ja, weil dadurch eine Überlastung des Gesundheitssystems vermieden wird.

Akzeptiert man auch diese Folgerung (für die es ebenfalls keinerlei Beleg gibt), schließt sich die nächste Frage logisch an: Wie viele Menschen muß man behandeln, um diese Überlastung zu vermeiden? Um hierauf eine Antwort zu finden, muß man vergleichen und eine vergleichbare Zeit finden, in der es nicht zu einer Überlastung des Gesundheitssystems kam. Im Frühjahr, Sommer und Herbst 2020 zum Beispiel drohte eine solche Überlastung zu keinem Zeitpunkt. Sie wurde auch von den damit Befaßten nie befürchtet, im Gegenteil: Es gelang in dieser Zeit, das Gesundheitssystem zu „verschlanken“, Intensivbetten abzubauen und Krankenhäuser zu schließen, ohne daß dies irgendwelche schädlichen Folgen gehabt hätte.

Die „Impfquote“ lag damals – mitten in einer angeblichen „Pandemie“ – bei null Prozent. Die Antwort lautet also: Um eine Überlastung des Gesundheitssystems zu vermeiden, braucht Deutschland eine „Impfquote“ von (mindestens) null Prozent. Man sollte meinen, das könnten „wir“ hinkriegen.

Die Toten kommen! (und das Geld!) *(21. Oktober 2021)*

ÜBERSTERBLICHKEIT war einer der wichtigsten Fetische der „Panik-20“-Sekte – neben „exponentiellem Wachstum“, „Fallzahlen“, „R-Wert“ und „Inzidenz“. Bei diesen vieren wußte man von Anfang an, daß es sich um Humbug und psychologische Kriegsführung mit billigsten Mitteln (und Erfolg) handelte (und handelt). Beim Sterben aber ist das so eine Sache: Zwar ist jedem klar, daß es sich bei den „Coronatoten“ größtenteils um Lockdownopfer und an anderen Ursachen Verstorbene handelt, aber tot ist tot, und nichts macht bessere Propaganda als der Tod.

Seitdem eindeutig klar ist, daß es 2020 keine Übersterblichkeit gab (sondern das Gegenteil, um 2,4 Prozent), ist es um den Fetisch ruhig geworden. Im Frühjahr versuchten ein

Z ZEIT ONLINE
@zeitonline

Niemand weiß genau, wie viele Menschen in Deutschland gegen #Corona geimpft sind. Auf jeden Fall sind es zu wenige.

paar Faktenfinder und andere Pharmasklaven noch, den Ochsen zu melken, indem sie unter Weglassung der wichtigsten Parameter (u. a. der demographischen Entwicklung) irgendwelche Kurven in die Leitmedien bretterten. Die waren aber schneller entlarvt, als die Druckerschwärze trocknen und die Internetzensur löschen konnte, und so verfuhr man wie heutzutage üblich: Man tilgte den Begriff aus der offiziellen Umgangssprache und plapperte fortan lieber von „Long-Covid" und „Krankenhausampeln".

Pech, daß es nun im Jahr 2021 doch eine Übersterblichkeit gibt, und zwar eine so deutliche (im September circa 10 Prozent), daß sie sich nicht mal medial wegretuschieren läßt. Oder eben doch: Man schweigt und plappert weiterhin von „Long-Covid" und „Krankenhausampeln" und holt notfalls sogar die „Inzidenz" noch mal aus der Mottenkiste.

Warum sterben heuer so viele Menschen? Wer das weiß, darf es gerne sagen; ich weiß es nicht. Erstaunlich ist allerdings, daß vornehmlich dort mehr – und zwar viel mehr – Menschen als erwartet sterben, wo besonders viele modRNA-Wirkstoffe verspritzt werden. Sollten die nicht ursprünglich das Gegenteil bewirken? Sollten die nicht dafür sorgen, daß man zum Zwecke der „Global Public-Private Partnership"-Profitmaximierung das Krankheitssystem in Ländern wie Deutschland noch weiter entkernen, „privatisieren", „verschlanken" und ruinieren kann? Was läuft da falsch?

Oder war das so geplant, mit irgendwelchen perfiden Hintergedanken? Eher nicht, vermutlich. Dafür sind die Mächtigen und ihre Handlanger in diesen Tagen zu emsig, wirr und chaotisch damit beschäftigt, Vergeltung zu üben und zugleich am Scherbenhaufen herumzukehren. Drum mußte der durch wiederholte Unbotsamkeit auffällig gewordene „Bild"-Chef Reichelt sehr überstürzt seinen Posten bei Deutschlands schlimmstem Brüllorgan räumen, das vermutlich nun zügig auf „Corona"-Linie gebracht werden soll.

Warum Reichelt (von dem man persönlich halten mag, was man will – ich kenne ihn nicht) abgeräumt wurde, ist schwer zu erklären. Bekannt ist, daß er keinen Blödsinn mit einer angeblichen Doktorarbeit getrieben hat, in keine hochkriminellen Cum-ex-Geschäfte verwickelt war, nie mit illegalen „Maskendeals" Millionen abgesahnt hat, kein Schmiergeld von der zwielichtigen KI-Klitsche „Augustus Intelligence" (deren Boß sinnigerweise am Sonntag bei einem mysteriösen Hubschrauberabsturz für immer verstummte) eingesackt und auch keine einzige Million mit „Corona-Tests" gemacht hat. Nein, das Bürscherl hat noch nicht mal Zahlen von Intensivbetten, „Fällen", Impfraten oder sonst was gefälscht oder falsche Zahlen verbreitet und zumindest in dieser Hinsicht weder gelogen noch betrogen. Er hat zudem – man mag es kaum glauben! – offenbar weder das Grundgesetz noch die Charta der Menschenrechte noch auch nur das Strafgesetz gebrochen, niemanden zu medizinischen Experimenten gezwungen und keinen umgebracht. Sondern: er „konnte monatelangen Recherchen“ zufolge „Privates und Berufliches nicht trennen“, zumindest nicht immer. „Heißa! Bild deckt auf!“ möchte man jauchzen.

„Bild“ deckt hingegen nicht auf, was sonst so läuft, wenn Menschen „Privates und Berufliches nicht trennen“ können oder mögen. Zum Beispiel ein (neben Philipp Amthor) weiterer mutmaßlich krimineller „Zuarbeiter“ der oben genannten Geldabräumfirma Augustus Intelligence des leider unter rätselhaften Umständen noch vor „Aufklärung“ der diversen „Deals“ verhubschrauberten Wolfgang Haupt: ein Minister nämlich, der laut Amtsbezeichnung für „Verkehr“ zuständig ist, was ja an sich schon für eine Überschneidung von Beruf und Bett spricht.
Da muß man jetzt ein bisserl ausholen: Scheuers Vorgänger Peter Ramsauer hatte bis 2012 eine Dame namens Julia Reuss als „Referentin“ in selbigem Ministerium sitzen. Was sie da „referiert“ hat, wissen wir nicht. Was in diesem dubiosen Ministerium an Sauereien in den letzten fünf oder zehn Jahren oder überhaupt so gelaufen ist, wissen wir auch höchstens molekular. Jedenfalls wechselte Frau Reuss dann zum Privatunternehmen Deutsche Bahn und „vertrat“ diesen einst durch Raubprivatisierung entstandenen Logistikkonzern als „Beauftragte“ in Frankreich („gut bezahlt“, wie man hört). Als Scheuer das Ministerium übernahm, kehrte sie dorthin zurück – in eine „Stabsstelle für urbane Mobilität“ (was es nicht alles gibt!). Und wurde nach nur drei Monaten in den Staatsdienst verbeamtet (fragen Sie mal einen Lehrer, wie lange so was heutzutage dauert und ob es überhaupt geht!). Und zischte dann wieder ab, und zwar direkt ins Kanzleramt, wo sie das Büro der „Digitalministerin“ Dorothee Bär leitete, die unter anderem für die Regulierung und Überwachung von Internetmonopolisten wie Facebook „zuständig“ sein soll. Nach zwei Jahren hatte sie dort offenbar genug Digitales gelernt und aussondiert: Ende Februar wechselte sie erneut von Staat zu privat und wirkt jetzt als Lobbyistin für den Zensurgiganten Facebook (offizielle Berufsbezeichnung: „Public-Policy-Direktorin für Zentraleuropa“). Da sitzt jetzt also eine aus Steuergeld bezahlte, unkündbare und mit reichlich Pensionsanspruch versehene Siebenunddreißigjährige in Zentraleuropa herum und macht „Public Policy“ (nein, da steht nicht „Pubic Policy“) für einen Moloch, der einem Explosionsmilliardär gehört, der ganz bestimmt keinen Amtseid auf die Bundesrepublik Deutschland abgelegt hat. Sie soll den „Austausch mit politischen Entscheidungsträgern“ organisieren. (Nein, da steht nicht: „den Austausch von politischen Entscheidungsträgern“.)
Ist ja alles nicht so schlimm. Man muß ja was machen aus dem, was man so aufschnappt und mitnimmt, gelt, vor allem wenn man als Frau im Haifischbecken der Politpsychopathen herumzappelt, gelt. Drum beschloß Frau Reuss im August 2021, Berufliches und Privates nicht etwa zu trennen, sondern zu vermählen, und heiratete den Pseudo-PhDr. Andreas Scheuer. Da bleibt dem Herrn Reichelt mit seinen kleinen Trinkgeldaffären der Mund offen stehen, gelt?

Wer fragt, wie so was (vom Anfang her) geht, fragt naiv. Selbstverständlich entstammt Frau Reuss einem „Junge Führer"-Programm einer Weltbeherrschungssekte, in diesem Fall nicht den „Young Global Leaders" des World Economic Forum (dem wir Baerbock, Spahn, Sebastian Kurz, Merkel, Macron, Trudeau und diverse andere „Gestalter" des wirtschaftsfaschistischen Projekts verdanken), sondern den „Young Leaders" der berüchtigten „Atlantikbrücke", über deren Funktion als Machtpol der deutschen Mainstreammedien schon lange vor „Corona" viel gesagt wurde.[74]

Eine kleine Auswahl weiterer „Junger Führer" dieser atomwaffengesicherten „Brücke": Mathias Döpfner (vgl. Reichelt), Hubertus Heil (vgl. eine deutsche „Arbeiterpartei"), Eckart von Klaeden (vgl. Merkel), Karl Theodor Guttenberg (vgl. Scheuer), Thomas Oppermann (vgl. „Was mit Corona-Dissidenten passieren kann"), Friedbert Pflüger (vgl. Berufliches/Privates), Jens Spahn (doppelt hält besser), Cem Özdemir (vgl. privat/beruflich), Thomas de Maziere (vgl. NSU usw.), Elmar Theveßen (vgl. Terrorislam), Kai Diekmann (vgl. Reichelt), Wolfgang Ischinger (vgl. Münchner Kriegskonferenz), Tanit Koch (vgl. Reichelt). Reichelt selbst war offenbar nie dabei, lud aber immerhin 2018 eine Abordnung der faschistoiden Jungführer zum Gespräch über anstehende Herausforderungen und Bedrängungen der Imperiumsmacht ins Springerhaus.

Es gibt übrigens noch andere „Young Leaders", nämlich eine rechtsradikale GmbH, die vor einigen Jahren der gerade komplett zur Berufsarmee für Angriffskriege umgebauten Bundeswehr helfen sollte, Nachwuchsführer zu finden. Das hat hiermit aber sicherlich nichts zu tun.

Das erwähnte World Economic Forum hat derweil mal wieder etwas verfügt: nämlich daß Menschenrechte schon recht chic sind, aber keine große Bedeutung haben, weil es nun mal das fundamentalste „Recht" aller Menschen ist, vor Covid-19 „geschützt" zu werden:

> Some argue COVID-19 vaccine mandates are human rights violations. Not really, say experts on actual human rights violations.
>
> In fact, some point to the more fundamental right of everyone to be protected from COVID-19 – particularly as the Delta variant continues to proliferate primarily among the unvaccinated.

Zu den weniger wichtigen Menschenrechten zählt auch das altmodische Recht auf Leben. Laut dem aktuellen RKI-Wochenbericht sind inzwischen mehr als vierzig Prozent der „Coronatoten" doppelt „geimpft" (aber halt noch nicht dreimal). Die vielen, die nur einmal „geimpft" sind oder vor Ablauf von vierzehn Tagen nach der Zweitspritzung verstarben, sind in dieser Zahl nicht enthalten, weil sie im Zweifelsfall als „Coronatote" gelten – schließlich sind die Symptome bei Krankheit und Impfung weit-

[74] An dieser Stelle sei auf ein diesbezügliches Video aus der ZDF-Sendung „Die Anstalt" hingewiesen, das zum Zeitpunkt der Drucklegung leider auf allen bekannten Kanälen von der Zensur gelöscht wurde, aber vielleicht irgendwann wieder auftaucht.

gehend identisch. Und sowieso: weiß kein Mensch, wieso heuer so viele Menschen sterben, siehe oben.

Und zum Schluß noch was mit Geld, weil wir ja ständig erklärt bekommen, daß unser Krankheitssystem in so schlechtem Zustand ist, weil kein Geld da ist, um fehlendes Personal einzustellen und vorhandenes Personal menschenwürdig zu bezahlen. Nein, dieses Geld ist halt einfach nicht da. Daß Jens Spahn und sein Ministerium allein im Jahr 2020 ungefähr siebentausend Millionen Euro Steuergeld für vollkommen nutzlose Plastikmasken zum Fenster hinausgeschmissen haben, die jetzt in Feldern, Wäldern und Weltmeeren herumschwirren, hat damit selbstverständlich nicht das geringste zu tun.

Hingegen hofft das Braunschweiger Unternehmen CORAT Therapeutics GmbH auf lächerliche hundert Millionen, die es mit einem Medikament gegen Covid-19 „erwirtschaften“ (also aus Steuergeldern bezahlt haben) möchte. Leider geht die Entwicklung nicht recht voran: Der Laden bräuchte vierhundert Probanden, um sein Zeug zu testen. Dummerweise gibt es aber offenbar nicht so viele Covid-19-Kranke in Deutschland, drum sucht man jetzt in Vietnam, Rußland und der Ukraine.
Solche Suchereien konnte sich die illustre Firma Curevac sparen. Die hat aus Steuergeldern 450 Millionen Euro geschenkt bekommen (plus u. a. 45 Millionen von Bill Gates). Für die Entwicklung eines Impfstoffs, der nun, nach bald zwei Jahren, wegen „Wirkungslosigkeit“ offiziell zurückgezogen wurde. Das Geld: bleibt im Haus. Es gibt ja noch was zu tun!

Was wohl die Zufallstheoretiker („Es gibt keine Verschwörungen!“) aus all dem machen? Ich muß gestehen: Manchmal beneide ich sie um ihr Desinteresse und ihre Dummheit. Aber nicht oft.

(Nachtrag am 30. Oktober zu dem „mysteriösen“ Hubschrauberabsturz, der den Chef von Augustus Intelligence rechtzeitig von der Bildfläche entfernte: Inzwischen gibt es tatsächlich „Hinweise“ auf ein Attentat. Die Erwähnung des „arabischen Akzents“ eines angeblichen Drohanrufers läßt vermuten, daß die Sache ungeklärt bleiben wird.)

Das Grundgesetz als Gummiball *(26. Oktober 2021)*

Mit den Gesetzen ist das so eine Sache. Einerseits finden es die meisten von uns meistens recht angenehm und vernünftig, daß es welche gibt und daß sich die meisten Leute meistens dran halten. Weil das tägliche Leben sonst ziemlich ungemütlich wäre, wenn man zum Beispiel morgens zum Bäcker ginge und ein paar Brezen bestellt und das Geld hinlegt und der Bäcker sagt: „Danke für das Geld, aber ich habe plötzlich keine Lust mehr, Ihnen Brezen zu geben, weil ich sie lieber behalten mag. Statt dessen werde ich jetzt meinen Brotschieber holen und Ihnen mal so richtig den Hintern versohlen, weil das bestimmt Spaß macht, ho ho!“

Andererseits wandelt auf Erden kaum ein Mensch, dem es im Hergang seiner Lebzeit gelungen wäre, sich immer an alle Gesetze und Vorschriften zu halten. Das fängt (spätestens) damit an, daß man als vorjugendlicher Mittelstürmer mangels Zielwasser das sowieso zu leichte Gummigelumpe über den Zaun schießt und verbotenermaßen selbigen überklettern oder unten durchschlüpfen muß, um in den Parkplatz oder das Nachbargrundstück einzubrechen und das Spielgerät zurückzuholen. Ein anständiges Räuber-und-Schandi-Szenario ist ohne Bruch bürgerlicher und hausmeisterlicher Regeln ebensowenig denkbar wie die meisten anderen Kinderunternehmungen, später kommen Vergehen wie Unterschleif, unentschuldigtes Fernbleiben vom Unterricht, die Fälschung entsprechender Dokumente, Beleidigung von Respektspersonen, die Stiftung von Bagatellbränden, Mülldiebstahl, Vandalismus, Nichtachtung von Verkehrsregeln, exzessives Lärmen und der Genuß illegaler Pflanzen oder gar deren Anbau hinzu.
Zudem gibt es so einige Gesetze, die ein ziemlicher Schmarrn sind beziehungsweise so wirr, konfus und wild verschachtelt, daß sie kein Mensch je verstanden hat oder verstehen könnte. Das fängt mit den Steuern an und endet beim Infektionsschutzgesetz, das alle paar Wochen umgeschrieben wird, ohne daß es die Umschreiber ganz gelesen hätten, und dessen inhaltliche Logik deswegen inzwischen einem jahrzehntelang wild wuchernden Brombeergestrüpp ähnelt – mit dem Unterschied, daß das Brombeergestrüpp an sich eine Logik hat, die allerdings in dem Moment belanglos wird, wo man unbedacht hineinstapft, um Stunden später zerschunden und blutüberströmt wieder herauszukriechen.
Das Beispiel war zufällig, weil aktuell. Tatsächlich gibt es vom Bauen bis zum Sparen, vom Sellerieanbau bis zur Mofafrisur, vom Bankraub bis zu Hausstaub, vom Frühjahrsputz bis zum Datenschutz, vom Renteneintrittsalter bis zum Fassadengestalter, vom Laub- bis zum Posaunenbläser, vom Beton bis zum Schulgong, von der Erziehung bis zur Beziehung (m/w oder wie auch immer) jede Menge Gesetze und Regelungen, derer sich Schlitzohren rückhaltlos bedienen können, um armen, aufrichtigen Würstchen die Haut über den Zipfel zu ziehen (o ja, es gibt auch sprachliche Sünden), und die wahrscheinlich irgendwann mal aus redlichem Anlaß entstanden sind, damit aber noch so viel zu tun haben wie ein Glas Brombeermarmelade mit dem armen Kerl in der Notaufnahme, der beim Versuch, heimlich (und gesetzeswidrig) Wasser zu lassen, von dessen mütterlichem Gestrüpp erfaßt worden ist.
Mittendrin in dem legalistischen Ungewitter (von dem manch einer mutmaßt, es sei in Deutschland besonders schlimm, weil der Deutsche nun mal ein Deutscher ist) ragt indes ein Leuchtturm, dessen durchdringende Vernunft und Eleganz fast makellos wirkt: das Grundgesetz und insbesondere die in den Artikeln 1 bis 19 festgeschriebenen Grundrechte, die jedem Menschen quasi angeboren sind und (anders als in den meisten Verfassungen) absichtlich allen anderen Artikeln vorangestellt sind. Durch diese Rechte, so könnte man sagen, wird der Mensch erst zum Mensch und unterscheidet

sich zum Beispiel von Getreide, Obstbaum und Schlachtvieh, denen zwar wohlwollende Behandlung zugebilligt wird, die sich aber nicht auf ein Recht auf körperliche Unversehrtheit, Versammlungsfreiheit, freie Berufswahl oder Freizügigkeit im gesamten Bundesgebiet berufen können.

Obwohl kaum eine Verfassung auf diesem Planeten so oft geändert wurde wie das Grundgesetz, blieben die Grundrechte im wesentlichen erhalten und wurden selbst mit dem „Corona"-Ausnahmezustand offiziell lediglich „eingeschränkt" und nicht aufgehoben. Daß dies so ist und sie dem Deutschen so wichtig sind, liegt daran, daß es zuvor anders war: Da konnte sich der Staat gegen den Menschen so ziemlich alles herausnehmen und erlauben, was schließlich in der totalen, historisch einzigartigen Katastrophe endete.

Die CSU und die von ihr geführte bayerische Landesregierung stimmten übrigens gegen das Grundgesetz, fügten sich aber letztlich in dessen Gültigkeit. Wie gültig es war, bekam der Verteidigungsminister und Oberste Demokrator Franz Josef Strauß zu spüren, als er 1962 die Pressefreiheit in die Tonne treten zu können glaubte und wegen eines Artikels die halbe „Spiegel"-Redaktion ins Gefängnis sperren ließ. Da tobte die Republik, Konrad Adenauer flog seine Regierung um die Ohren, und Strauß' Führerkarriere stockte vier Jahre lang. Schon zuvor war der ehemalige Offizier für wehrgeistige Führung so unzimperlich mit Gesetzen umgegangen (und tat dies auch weiterhin), daß die Berichte über seine Affären ganze Regale füllen. Aber bei der Verfassung und den Grundrechten hört der Spaß halt auf.

Um so befremdlicher mag es wirken, daß nun dem Strauß-Apostel und aktuellen irdischen Statthalter Söder bescheinigt wurde, er habe Recht und Grundgesetz gebrochen, indem er im Frühjahr 2020 nicht etwa eine halbe Redaktion, sondern eine ganze Bevölkerung einsperren ließ (und zur Begründung nicht einmal eine einzige Akte vorlegen konnte) – und kaum ein Hahn und schon gar kein Leit- und Massenmedium danach krähte oder auch nur ein Zeigefingerlein erhob.

Woran liegt das? Ist der Bürger von seinem Regierungspersonal inzwischen so viel gewohnt, daß ihm derlei Sperenzchen kaum noch bemerkenswerter erscheinen als ein über den Zaun gekickter Gummiball? Oder ist er so von Söders aufrichtiger Menschenliebe und Gutherzigkeit überzeugt, daß er ihm vom Hühnerdiebstahl bis zum Postkutschenraub alles durchgehen läßt, weil es ja nur zu seinem besten geschieht? Beides wäre höchst bedenklich und zugleich, nun ja, irgendwie auch nachvollziehbar, leider.

Furcht aus Hoffnung aus Furcht *(30. Oktober 2021)*

Was und wer ist eigentlich „geimpft"? Klingt wie eine blöde Frage: Geimpft ist, wer geimpft ist, oder? Also wer zwei „Dosen" beziehungsweise eine „Dose" (J&J) erhalten und die folgenden vierzehn Tage überlebt hat, oder?

Stimmt aber nicht. Wer seine Dosen „verabreicht" bekommen hat und in den zwei Wochen danach nicht erkrankt oder gestorben ist, gilt zwar erst mal als „vollständig" geimpft – aber das gibt sich mit der Zeit. In Israel und den USA ist man ein paar Wochen oder Monate später ohne dritte beziehungsweise vierte beziehungsweise bald beliebig häufige „Auffrischimpfung" eben nicht mehr „vollständig", sondern nur noch geimpft, was dann nichts mehr bedeutet, vor allem keine Gewährung von Menschenrechten. Oder höchstens befristet, bei „Auffrischung".
In Deutschland ist die Frist momentan noch 360 beziehungsweise 270 (J&J) Tage. Ohne Gewähr allerdings, weil sich die Erkenntnisse ja jeden Tag ändern und die Drittimpfung inzwischen für jeden über sechzig dringend empfohlen wird. Vorläufig ohne Sanktionen – das heißt: Der Digitalpaß, der Zugang zum sozialen Leben gewährt, erlischt nicht automatisch, sondern wahrscheinlich erst bei weiterer Verweigerung des „Boosterns". Und dann des „Booster-Boosterns" oder „Nachboosterns" oder wie auch immer das in ein paar Wochen heißen wird.
Möglicherweise bastelt inzwischen auch schon jemand an einem Test, mit dem man per PCR feststellen kann, ob der „Booster" noch wirkt oder überhaupt oder seit wann. Es gibt ja in der medizinischen „Forschung" kaum etwas, wofür keine Millionen oder Milliarden da wären, wenn es der Volksgesundheit dient.

So oder so: ist das verwirrend. Wie wir inzwischen wissen, ist die oberste Regel für faschistische und überhaupt totalitäre Regimes, daß das beherrschte Volk ununterbrochen verwirrt und verängstigt werden muß. Schaut gut aus. In ein paar Monaten wird niemand mehr wissen, wer „vollständig geimpft" ist und was der Begriff überhaupt bedeutet. „Vollständig geimpft" wird man dann nicht mehr sein können. Sondern höchstens momentan „geboostert" gegen diverse „Mutanten". Vielleicht aber auch schon nicht mehr oder nicht gegen die aktuell wichtigen.
Und sowieso sind die sogenannten „Impfnachweise", mit denen sich brave Mitläufer derzeit noch Zugang zum sozialen Konsumleben verschaffen können, vielleicht in ein paar Tagen schon nichts mehr wert.
Übrigens gibt es für den „Booster" keine allgemeine Empfehlung für Kinder und Erwachsene von der STIKO, was vor ein paar Monaten ja so wahnsinnig wichtig und umstritten war. Jetzt gibt es zwar eine „Genehmigung" von der EMA (die alles genehmigt, was von der Pharmaindustrie kommt, weil sie die Pharmaindustrie IST), aber auch das ist eigentlich so was von egal: Nämlich handelt es sich bei dieser „Genehmigung" laut Bundesregierung lediglich um ein „Marketinginstrument".

Es gab vor einiger Zeit den populistischen Vergleich mit dem Sicherheitsgurt im Auto. Dabei ging es darum, daß die ersten Geimpften „an oder mit" Covid-19 starben oder ins Krankenhaus kamen und ein paar aufmüpfige Ketzer meinten, dann könne man sich das (zuvor angeblich neunundneunzigprozentig wirksame) Impfen ja gleich sparen.

Da marschierten die Trolle auf und tönten: „Im Auto schnallst du dich ja auch an, obwohl der Gurt bei einem Unfall keinen hundertprozentigen Schutz vor dem Tod bietet!"

Freilich. Aber wenn einer in München ins Auto steigt und nach Hamburg fahren will und ungefähr in Erding nicht mehr genau weiß, ob der Gurt jetzt eigentlich noch da ist oder nicht oder nur so ausschaut oder aus Zeitungspapier besteht … dann wird das verwirrend. Andererseits mag der eine oder andere Hornochse meinen: Ha! Ich bin dank meinem Gurt unsterblich! Ich kann mit dreihundert Sachen und geschlossenen Augen auf der linken Spur nach Hamburg brettern!

Es ist im Grunde bemerkenswert, wie viele Prominente (von Tony Marshall bis Julian Nagelsmann, von Celine Dion bis Edmund Stoiber) derzeit „an Corona erkranken", obwohl sie „vollständig geimpft" sind. Es ist bemerkenswert, weil es offenbar niemand bemerkt und weil auch niemand fragt: Sind die überhaupt noch „vollständig geimpft"? Kann man das jemals sein? Wahrscheinlich ist die Antwort zu beängstigend: Nein, das kann man nicht und wird man nie können. Oder frühestens dann, wenn die Pharmaprofiteure vor lauter Profit geplatzt sind und der Laden zusammenklappt und die ganze Wahnmaschine sich in Schrott oder besser Luft auflöst.
Es wird so schnell nicht denkbar sein, daß sich die Menschen auf die schlichte Erkenntnis einigen: Die modRNA-Spritzungen bewirken in bezug auf Erkältungskrankheiten nichts oder so gut wie nichts. Sie haben aber eklatante Schädigungen zur Folge, um die wir uns viel lieber kümmern sollten. Wird das überhaupt je denkbar sein? Vielleicht ja: Wenn der oben genannte Fall eintritt.

Aber wann? Victor Klemperer schrieb am 28. August 1933 folgendes in sein Tagebuch: „Ich darf und darf den Mut nicht sinken lassen, das Volk macht das nicht lange mit." Man darf dabei an den letzten Herbst und „Corona-Fatigue" denken (ohne etwas zu „vergleichen"). Diese eigentümliche Erkrankung wird mittlerweile wohl unter „Long Covid" verrechnet.
Am 9. November 1933 berichtet Klemperer von einem notdürftig befreundeten jüdischen Ehepaar, das sich „schweren Herzens" ebenso wie der Zentralverein jüdischer Staatsbürger entschlossen habe, beim „Plebiszit" am 12. November mit Ja für den Austritt Deutschlands aus dem Völkerbund und die Einheitsliste der NSDAP zu stimmen. Zwei Tage nach dem Kreuz(chen)gang vermerkt er ratlos die „Nachricht aus London, man bewundere dort besonders, daß sogar in den Konzentrationslagern überwiegend mit Ja gestimmt wurde". Man darf dabei an eine enthirnte Geheimdienst-Antifa oder an was auch immer denken (ohne … siehe oben).

Die tobenden Propagandahetzer der Leitmedien fordern derzeit Berufsverbot, Erpressung und am besten öffentliche peinliche Traktur für einen Fußballspieler des FC Bayern, der es gewagt hat, auf die Frage eines „Sky"-Inquisitors hin zu gestehen, er sei

noch ungeimpft, wegen unklarer Langzeitfolgen. Sofort überstürzten sich die öffentlich-rechtlichen und regierungsamtlichen Religionswächter, im Stil eines Free-Jazz-Orchesters in sämtliche Kanäle zu trompeten, es gebe bei Impfungen überhaupt keine Langzeitfolgen und könne sie generell auch gar nicht geben.
Das Bundesministerium für Gesundheit sieht das noch ein bißchen anders, aber das interessiert erstens niemanden mehr so wirklich, und außerdem sieht das BMG bekanntermaßen generell sehr wenig und wirr.

Markus Söder
@Markus_Soeder

Der @Landtag_Bayern hat die Verfassungsmedaille in Gold verliehen als Anerkennung für Verdienste um die Verfassung. Es war immer eine große Ehre, an Demokratie, Gerechtigkeit und Freiheit in Bayern mitzuwirken. Das bestärkt im Einsatz für unser schönes Land und seine Menschen.

12:39 · 06 Mai 21 · Twitter for iPhone

nordbayern

Ausgangssperre rechtswidrig: "Nun ist es amtlich - Söder hat die Verfassung gebrochen"

von Manuel Kugler 7.10.2021, 15:53 Uhr

Schweigt bislang: Markus Söder.
© Matthias Balk, dpa

„Experten" wissen so was sowieso besser: Bei einer „Langzeitfolge" handelt es sich eben „nicht um eine Folge, die erst lange Zeit nach der Impfung auftritt, sondern eine, die erst lange Zeit später damit in Verbindung gebracht wird". Das ist freilich etwas ganz anderes. Eine Leberzirrhose ist folglich keineswegs die Langzeitfolge eines dreißigjährigen Vollrausches, wenn sie erst zehn Jahre später auftritt, sondern nur dann, wenn sie erst zehn Jahre später ursächlich mit dem Dauerbesäufnis in Verbindung gebracht wird. Da jubelt der Sophist.

Bill Gates, seit einiger Zeit größter Eigentümer von Agrarland (mindestens) in den USA, lud sich und die wichtigsten Bankchefs der Welt kürzlich in den Amtssitz des britischen Premiers Boris Johnson ein, um das weitere Vorantreiben des Great Reset darzulegen. Von den nichtalternativen Leitmedien berichtete darüber ausführlich nur der „Guardian" – und zwar über die Speisenfolge.

Menschen, die sich für „Zukunft" interessieren (zumindest die nähere), sei der demnächst zu erwartende „annual letter" von Bill Gates zur Lektüre empfohlen. Im Unterschied zu anderen Vorausschauen handelt es sich dabei nämlich nicht um eine Progno-

se, sondern um Absichtserklärung und Handlungsanweisung. Schließlich ist der Mann von Beruf nicht „Zukunftsforscher“ oder so was, sondern psychopathisches Einzelkind und Weltführer.
Wenn wir den Untergang der Zivilisation in zehn Jahren als Langzeitfolge seines global-neofeudalen Wirkens identifizieren wollen, müssen wir diesen Untergang allerdings schon jetzt diagnostizieren und erst dann richtig „zuordnen“. Sonst gilt's nicht.

„Wir versprechen aus Hoffnung und halten aus Furcht.“ (La Rochefoucauld)

Die Weltregierung der 2/3G *(2. November 2021)*

Vor einem Jahr wurde uns allen systematisch eingehämmert: Es gibt noch keine Impfung gegen die Todesseuche Covid-19. Wie heftig die „Welle“ verlaufen wird, hängt vom Verhalten der Menschen ab. Wenn sie sich vernünftig verhalten, dann kann die Virusausbreitung besser verhindert und eine Überlastung der Kliniken vermieden werden. Verhalten sich die Menschen bei diesen hohen Inzidenzen aber so, als wäre die Pandemie vorbei, dann kann der Winter sehr ungemütlich werden – und wir alle haben es gemeinsam in der Hand, dies zu verhindern – mit AHA+L und Testen.
Heute sind etwa zwei Drittel der deutschen Bevölkerung „geimpft“. Daher sagt die Präsidentin der Deutschen Gesellschaft für Immunologie, Christine Falk: „Wie heftig die Welle verlaufen wird, hängt vom Verhalten der Geimpften ab. Werden sie sich trotz ihrer Impfung vernünftig verhalten, dann kann die Virusausbreitung besser verhindert und eine Überlastung der Kliniken vermieden werden. Verhalten sich Geimpfte bei diesen hohen Inzidenzen aber so, als wäre die Pandemie vorbei, dann kann der Winter sehr ungemütlich werden – und wir alle haben es gemeinsam in der Hand, dies zu verhindern – mit Impfen, AHA+L und Testen.“
(Ich schlage übrigens vor, für die „2G“/„3G“-usw.-Gesellschaft die Abkürzung „2/3G“ einzuführen. Darin spiegelt und dokumentiert sich dann auch der Aspekt des Bevölkerungsanteils: zwei Drittel. Eine treffende Bezeichnung für den ausgegrenzten Rest fehlt noch, vielleicht fällt jemandem etwas ein?)
Die Kliniken, dies zur Erinnerung, waren weder 2020 noch 2021 jemals in Gefahr „überlastet“ zu werden (trotz gezieltem Abbau von Kapazitäten und Personal).
Wie nennt man das, was da passiert?
Man könnte es kognitive Dissonanz nennen. Oder Dummheit. Oder Blindheit. Oder gezielte Verblödung samt ihren Resultaten. Vielleicht nennen wir es am besten: gezielte Verblödung, die aufgrund von Dummheit und Blindheit die kognitive Dissonanz erträglich macht.
So oder so geht es im Grunde um eine simple Gleichung, bei der einige Variablen schleichend, stillschweigend und stetig verändert werden oder sich verändern: Sanktionen + Wohlverhalten = Schutz der Kliniken vor Überlastung. Unter „Wohlverhalten“

summierte man vor einem Jahr „AHA+L+Testen“, heute erweitert zu „AHA+L+Testen+Impfen“. Unter den Sanktionen finden sich wahlweise Ausgangssperren, Kontaktverbote, Maskenzwang, Test- und Impfpflicht (direkt und indirekt), wirtschaftlicher Druck, finanzielle Bestrafung, Ausgrenzung und Markierung, Entzug diverser Grund- und Menschenrechte etc., die von den Herrschern je nach behaupteter Tageslage und Laune verfügt, „justiert“, „gelockert“ bzw. „gestrafft“, ergänzt und erweitert werden, immer mit der Maßgabe, daß eine Verläßlichkeit nicht eintreten darf. Die Gleichung als ganze läßt sich also beliebig erweitern. Man kann den Variablen auf der linken Seite problemlos Bratwürste, Lotteriegewinne, Schutzhaft, Prügelstrafen, Einkaufsgutscheine für Bekleidungsdiscounter und alles mögliche andere beifügen. Die rechte Seite bleibt immer gleich und absolut rein fiktiv.

Ein Ende der Dynamik, die durch die Gleichung in Gang gesetzt wurde und zugleich deren Geltung als unbestreitbares, einzig gültiges gesellschaftliches Grundprinzip sichert, ist im Rahmen des dadurch definierten Systems ausgeschlossen und nicht einmal denkbar. Weil es sich nicht um einen Zustand, sondern um eine (selbstverstärkende) Dynamik handelt, nimmt der durch sie erzeugte Druck auf die Betroffenen (die gesamte Bevölkerung als Individuen) ständig zu. Episodische „Lockerungen“ sorgen dafür, daß die Zunahme des Drucks weitgehend unbemerkt bleibt. Man meint, es sei alles beim alten oder „ganz normal“ oder die Lage „bessere“ sich gar insgesamt.

Am 22. Oktober hätte der 1993 verstorbene Herbert Gruhl seinen 100. Geburtstag gefeiert. Soweit ich das beurteilen kann, hat davon und dazu so gut wie niemand etwas bemerkt. (Ein vierminütiger, launig-abfälliger Radiobeitrag von Jochen Grabler darf als Ausnahme den Eindruck bestätigen.)

Gruhl war CDU-Politiker. Er fiel bereits 1970 mit seiner ersten Bundestagsrede dadurch auf, daß er die „Umweltvorsorge“ in den Mittelpunkt seiner Arbeit stellte. Den Begriff „Umweltschutz“ gab es noch nicht, er wurde laut Brockhaus wohl um diese Zeit und möglicherweise nicht ohne Einfluß von Gruhls Wirken aus dem Englischen „environmental protection“ übernommen. Allerdings geht der Gedanke der „Vorsorge“ über den „Schutz“ hinaus und zumindest teilweise in eine andere, nicht weniger problematische Richtung. Die zunächst rasant wachsende Popularität des „Umweltschutzes“ mag darauf zurückzuführen sein, daß sich auf diesem Feld einer saturierten Wachstumsindustrie neue Profitquellen und zugleich Möglichkeiten zur Begeisterung der Konsumenten eröffneten.

Vor knapp einem halben Jahrhundert (1975) veröffentlichte Gruhl sein Buch „Ein Planet wird geplündert – die Schreckensbilanz unserer Politik“, das solchen Interessen einen Stock in die Speichen warf. Statt Wege zu eröffnen, durch „Schutz“-Produkte das Wachstum weiter anzukurbeln, stellte er die Ideologie des Wachstums als solche in den Mittelpunkt der Kritik. Industrie und Kapital reagierten empört und aggressiv; allerdings war deren Medienmacht aufgrund eines um und nach „1968“ aufgeblühten in-

vestigativen und kritischen Journalismus' damals nicht nur nicht (wie heute) total, sondern so beschränkt, daß Gruhls Buch zum Bestseller wurde und eine ganze Generation prägte.
Politisch allerdings lagen die Machtverhältnisse anders. Gruhl – seit 1970 durchaus konservativer Sprecher der CDU-Fraktion „für Umweltfragen", Gegner der Atomenergie und Vorsitzender des 1975 gegründeten Bundes für Umwelt- und Naturschutz Deutschland (BUND) – wurde zunächst innerhalb, dann aus der CDU hinaus gemobbt, gründete 1978 die „Grüne Aktion Zukunft" (GAZ) und war somit der erste „grüne" Bundestagsabgeordnete (weil er sein Mandat behielt). 1979 war er mit Petra Kelly Spitzenkandidat der „Sonstigen politischen Vereinigung Die Grünen" zur Europawahl, im Januar 1980 Mitgründer der Partei „Die Grünen". Als die neue Partei zusehends von „U-Booten" der diversen Machtkomplexe (von militärisch-industriell bis finanziell-digital-pharmazeutisch) unterwandert und in Richtung „Realpolitik" geschoben wurde, geriet Gruhl wegen seiner antimaterialistischen Einstellung ins Abseits. 1981 trat er (und mit ihm ein Drittel der Mitglieder) aus der Partei aus und gründete 1982 die ÖDP mit, der er den Slogan „Weniger ist mehr" verordnete und aus der er Ende 1990 dann auch wieder ausstieg. Davor und hinterher gab es immer wieder Versuche, ihn unter anderem als Rassisten zu „entlarven", denen er mit vielerlei mißverständlichen Äußerungen Nahrung lieferte.
Gruhls sturköpfiger Pessimismus und seine Weigerung, den grundsätzlichen Widerspruch zwischen der Notwendigkeit des sofortigen Endes von wirtschaftlichem Wachstum und dem religiösen Glauben an „grünes Wachstum" zu ignorieren, ließen ihn in Zeiten, da es nicht mehr die Wahl zwischen Wachstum und Nichtwachstum, sondern nur noch zwischen unterschiedlichen Auslegungen des ehernen Wachstumsdogmas gab, aus der Debatte verschwinden.
Einen aufmerksamen Leser fand sein ansonsten meistenteils vergessenes Buch „Ein Planet wird geplündert" jedoch offenbar in Klaus Schwab, dem Führer oder vielmehr Großadministrator des „World Economic Forum" (WEF), das 1987 aus dem „European Management Forum" hervorging und sich zu einer inoffiziellen, keinerlei demokratischen Kontroll- und sonstigen Verfahren unterworfenen Weltregierung entwickelte. Heute, da das WEF praktisch alle internationalen bis regionalen politischen und wirtschaftlichen Vorgänge unhinterfragt steuert und bestimmt, lohnt es sich, mal wieder Gruhls Buch aufzuschlagen und sich zu fragen, was er da wohl gemeint und (möglicherweise unbewußt) angestoßen hat.

Interessant ist hierbei und -für (nicht nur, aber auch) das Thema „Weltregierung". In einer solchen sieht Gruhl – wie viele vor ihm in anderer Hinsicht, vor allem aber nach ihm in dieser Hinsicht – die einzige denkbare Lösung für das Grundproblem: „Um die weltweite Umkehr zu gewährleisten, müßte eine Weltregierung geschaffen werden." Daß ein Gott, der eine solche Instanz „schaffen" könnte, möglicherweise nicht zur

Hand ist, mag Herbert Gruhl nicht bedacht haben, indes: „Die Weltregierung wäre in der Tat nur dann wirksam, wenn sie mit allen Machtmitteln ausgestattet wäre, die den Vereinten Nationen fehlen. (…) Wenn eine Weltregierung die Probleme dieser Erde lösen wollte, müßte das in der Tat zu der ‚verwalteten Welt' führen, von der Max Horkheimer spricht. Klaus Müller drückt das so aus: ‚Wir werden um des Überlebens willen in der nahen Zukunft dieser Weltzeit in einen Engpaß technisch-wissenschaftlicher Lebensorganisation auf allen Sektoren unserer Wirklichkeit eintreten, wie ihn die Geschichte der Menschheit bisher nicht gekannt hat.' (…) Wenn es einer Weltregierung gelänge, die Güter unter allen Menschen gleichmäßig zu verteilen und ihre Anweisungen überall durchzusetzen, dann wäre damit automatisch auch der Weltfriede erreicht. (…) Wenn eine Weltregierung Erfolg haben soll, dann muß sie alle Materialen ausnahmslos zuteilen. Protest dagegen kann sie nicht dulden, sonst scheitert sie sofort. Wenn sich die Erde immer dichter füllt, müssen die Menschen zwangsläufig organisiert werden wie ein Ameisenhaufen oder ein Bienenstock. Das führt zu weniger Freiheit, und das ist ganz natürlich."

Herbert Gruhl hielt diese Entwicklung übrigens für unmöglich und nicht wünschenswert; er fand die Vorstellung „furchtbar schaurig". Andere sahen und sehen das anders. Fünfzig Jahre und mehrere Komplettwenden und ideologische Purzelbäume nicht nur einer Partei später ist die stetige, zwischendurch (etwa 2020) auch explosionsartige Akkumulation von Macht und Kapital in den Händen einer winzigen Klasse an dem Punkt angelangt, an dem der schaurige Alptraum danach drängt, in die Welt geboren zu werden und sie total und endgültig zu übernehmen. Leider sieht die Weltregierung genau so aus, wie man das befürchten mußte: Es ist eine Clique von Wahnsinnigen, Eugenikern, Megalomanen, Riesenbabies, Verhaltensgestörten, Psycho- und Soziopathen, die das angeraffte Weltvermögen verwenden, um zehntausende Satelliten ins All zu schießen und das „Bewußtsein der Menschheit" auf dem Mars zu bewahren, Milliarden Menschen zu gesteuerten und überwachten Automaten umzufunktionieren, deren privates „Glück" in ein „Metaversum" ausgelagert wird, das gesamte Leben per Gentechnik, Digitalisierung und Monetarisierung in einen rasenden Supermarkt zu verwandeln und als Puppenspieler dieses irrsinnigen Leisure-Infernos noch mehr Vermögen anzuraffen.

Mag sein, daß diese Entwicklung einem Naturgesetz geschuldet ist. Es ist jedoch auch denkbar, daß dieses Naturgesetz ein paar Paragraphen enthält, die zu begreifen die technokratische „Intelligenz" (zumal die der verrückten Führer und ihrer „wissenschaftlichen" Hofnarren) um ein paar Dimensionen zu gering ausgefaltet ist. Eine der vielleicht entscheidenden Fragen hat auch Herbert Gruhl zu stellen vergessen: Wer organisiert eigentlich einen Ameisenhaufen?

Zurück auf den Boden und zum Anfang: Verhielten sich Geimpfte und Ungeimpfte aber so, als gäbe es diese Unterscheidung gar nicht und als wäre die Pandemie vorbei und als gäbe es all die Schreihälse, die etwas anderes behaupten, und ihre dystopische Weltregierung ebenfalls nicht, dann könnte der Winter sehr gemütlich werden, und nicht nur der Winter. Wäre vielleicht ein Gedanke.

Bürgerkrieg ohne „Rechtsgrundlage"? *(6. November 2021)*

Söder hat's gewußt. Als vor ein paar Wochen – ist es schon Wochen her? – die Idee aufkam, die niemals anderswo als auf Papier existierende „epidemische Notlage von nationaler Tragweite" im November aufzuheben, klingelten bei dem bayerischen Autokraten die Alarmglocken: „Wenn das Aus komme, ‚gibt es de facto keine Rechtsgrundlage mehr – egal für was. Weder für das Testen in der Schule noch für Masken noch für ganz normale Ideen wie 3G plus, oder 2G oder 3G', sagte er im Bayerischen Rundfunk."
Da hat er irgendwie schon recht, aber nur zum Teil. Die Absetzung der „epidemischen Notlage" vom Spielplan des Diktaturtheaters wäre möglicherweise wirklich ein oder das „Aus" für ihn und seine Komplizen. Eine „Rechtsgrundlage" auf Papier gäbe es zwar nach wie vor – vielleicht sogar für die Terrormaßnahmen gegen Kinder; da wird halt schnell ein neues Gesetz gebastelt, das für derartige Verbrechen gar keine „Lage" als Voraussetzung braucht. Jedenfalls aber gäbe es eine Rechtsgrundlage für andere Dinge, etwa ein friedliches soziales Leben: zum Beispiel das Grundgesetz, das man nach dem „Aus" für die Irrenjunta wahrscheinlich bloß einfach wieder für gültig erklären bräuchte.
Für „ganz normale Ideen", um Untertanen zu quälen und zu drangsalieren und ihnen ihr Leben zu versauen, gäbe es dann indes tatsächlich keine Rechtsgrundlage mehr. Die gibt es aber genau genommen jetzt auch nicht: Jede einzelne dieser menschenverachtenden „Ideen" verstößt gegen die Verfassung und die Menschenrechte; insbesondere verstoßen sie gegen Artikel 1 der Verfassung, den Söder selbst dann nicht außer Kraft setzen dürfte, wenn er als Autokrat für die gesamte Republik zuständig wäre.
Das heißt: Er kann es selbstverständlich doch. Weil solche wie er und ihre Befehlshaber alles können, solange sie niemand hindert.

Damit das nicht passiert, werden in den letzten Tagen die „Inzidenzen" mit einer Gewalt hochgetestet, die ebenso beispiellos ist wie die völlig entfesselte Hetze, die aus sämtlichen Leitmedien herausschießt wie Tränengasbrühe aus Wasserwerfern. Was muß mit Menschen, mit angeblich ausgebildeten (und im Rahmen ihrer Ausbildung mit dem Pressekodex vertraut gemachten) Journalisten geschehen, daß sie derart die Kontrolle verlieren und sich in fanatische Brüllaffen verwandeln, wie man sie in Deutschland seit 1945 nicht mehr erlebt hat?

Einer neuen Studie zufolge waren übrigens die Atomkraftgegner an Tschernobyl und Fukushima schuld.

Einer privaten Erhebung zufolge, für die es keine Statistik braucht, sind derzeit in meinem privaten Umfeld alle nicht modRNA-Behandelten bumperlgesund, während sich ein gefühltes Viertel der Behandelten mit leichten bis schweren, akuten bis hartnäckigen Erkältungen herumschlägt. Manche davon lassen sich dann auch noch „auf Corona testen" und begeben sich freiwillig zwei Wochen in Hausarrest. Bei einigen habe ich den Verdacht, daß sie Angst vor dem „Boostern" haben und sich mittels Positivtestung über die nächsten sechs Monate retten möchten. Andere sollen sich vielleicht nur mal richtig auskurieren, was verständlich wäre, vor allem mental.

Zwischenfrage: Was ist eigentlich aus der „Herdenimmunität" geworden? Hat davon in letzter Zeit jemand mal was gehört?

Der „Corona"-Kult ist mit einiger Sicherheit die dunkelste Religion, die die Menschheit je heimgesucht hat. Das mag anmaßend klingen, gab es doch den Nazismus, der die Schwärze der menschlichen Seelenlosigkeit deutlicher zu Tage treten ließ als alles vor ihm. Aber in dem absoluten Nichts, der totalen Leere der eskalierenden Raserei, die damals vonstatten ging und in Bergen und Schluchten von totem Fleisch und Blut endete und erstickt wurde, gab es doch bis in die letzten Augenblicke hinein die Gestalt des Messias – die häßliche, böse Fratze des Führers, der sein Volk mit grellgrünem Licht erfüllte, indem er den „Allmächtigen" anrief oder notfalls zu verkörpern sich bemühte (Victor Klemperer berichtet von Ehrlichen, die noch nach Mai 1945 beschämt gestanden, immer noch „an ihn" zu glauben).
„Corona" hat Führer, mehrere sogar, aber „Licht" (was auch immer man als solches empfinden mag) geht von ihnen nicht aus. Die Banalität des Bösen hat bei Klaus Schwab, Bill Gates und ihren Konsorten nicht einmal etwas dunkel Strahlendes (sieht man vom Glamoureffekt mancher „Twitter"-Auftritte eines Musk oder Bezos, Schwabs bizarr klingonenartiger Maskerade oder der verblassenden Erinnerung an den Mythus des vom Krebs zerfressenen Steve Jobs ab). Sie sind einfach nur banal, deswegen aber nicht weniger böse, auch wenn ihr Furor vordergründig diskreter erscheint.
Nicht vergessen sollte man die Kultphilosophen, deren Sentenzen den Weg ins Licht der Düsternis weisen oder wenigstens pflastern. „Pragmatismus ist nicht das Gegenteil von Perfektionismus, sondern der Weg dorthin", sprach (dokumentiert von einem fanatischen Jünger) vor einem Vierteljahr Ugur Şahin, Gründer und Hauptprofiteur der Firma Biontech und als solcher binnen Monaten in die Kaste der milliardenschweren Weltkönige aufgestiegen. Die Weisheit, die dem rückständigen Menschen absurd widersinnig erscheint, folgt einem Denkmodell, das weitere Weisheiten zwingend nach sich zieht, etwa „Demokratie ist nicht das Gegenteil von Diktatur, sondern der Weg dorthin" und „Friede ist nicht das Gegenteil von Krieg, sondern der Weg dorthin".
Möglicherweise ist der krumme Gedanke auch keine Weisheit, sondern ein Zauberspruch. Der Biontech-Laden nämlich ist es gelungen, sozusagen die gesamte Betriebs-

wirtschaftslehre auf den Kopf zu stellen: Von jedem einzelnen Euro, den die vor einem Jahr noch produktlos dahindümpelnde Firma mit ihrem einzigen Produkt (einer zweifelhaften, offenbar weitgehend wirkungslosen gentechnischen Brühe) einnimmt, sind 80 Cent reiner Gewinn. Andere Branchen, deren Führern es gelungen ist, mit einem Reingewinn von drei oder fünf Cent pro Euro ungeheuer reich zu werden, schlackern da bloß noch mit den Ohren, zumal sie ja erstens erst mal etwas investieren und zweitens ihre Produkte dann auch noch auf dem „Markt" durchsetzen mußten. Beides erledigten im Falle Biontech die Führer selbst: die Gates-Stiftung, das World Economic Forum und die ihnen untergebenen Regierungen. „Ein Traum", wie man heute sagt.
Um die Magie weiterwirken und die Milliarden nach dem Schachbrettsystem ins Unendliche wachsen zu lassen, sind zwei Dinge nötig: Die Konsumenten müssen erstens erhalten bleiben. Niemand darf mit einem Zweit- oder (aktuell) Drittstich davonkommen, es muß zunächst jedes halbe Jahr und dann in immer kürzeren Abständen gespritzt werden. Und damit nicht auffällt, was das für Schäden und Verheerungen nach sich zieht, darf es keine „Kontrollgruppe" geben. Es müssen ausnahmslos alle gespritzt werden. Dann kann man die Folgen auf eine „anhaltende Pandemie" und immer neue „Varianten" schieben, gegen die – eben – immer neue Spritzungen erforderlich sind.
Daher begann am 4. November offiziell die Kampagne zur Durchsetzung einer „Impfpflicht" für die gesamte deutsche Bevölkerung, die zuvor (was immer verdächtig ist) lautstark und ausdrücklich „ausgeschlossen" wurde, um sie dann um so erforderlicher erscheinen zu lassen. Und zwar zunächst unscheinbar: Eine „Umfrage", meldete der Volksempfänger, habe „ergeben", daß 57 Prozent der Befragten eine solche Zwangsspritzung befürworten. Was und wer da von wem gefragt wurde, erfuhr man wohlweislich nicht. In den folgenden Tagen „mehrten" sich die „Stimmen" irgendwelcher Politiker, die eine „Impfpflicht" für „denkbar" hielten oder es zumindest „angebracht" fanden, darüber „zu sprechen". Man darf also davon ausgehen, daß es dazu kommt.

Man kann wohl auch davon ausgehen, daß so ziemlich jedem klar ist, was diese „Impfpflicht" bedeutet: Bürgerkrieg. Was allerdings „Bürgerkrieg" bedeutet, ist offenbar noch nicht jedem klar. Mir übrigens auch nicht. Lassen wir uns überraschen.

Das Narrativ stirbt langsam (aber sicher) *(7. November 2021)*

Können Personen, die vollständig geimpft sind, das Virus weiterhin übertragen? Das Robert-Koch-Institut sagt:

„Aus Public-Health-Sicht erscheint durch die Impfung das Risiko einer Virusübertragung in dem Maß reduziert, daß Geimpfte bei der Epidemiologie der Erkrankung keine wesentliche Rolle mehr spielen."

Das ist gut! Dann können wir den Geimpften ja über diverse 2/3G-Regelungen eine Art von simulierten Grundrechten gewähren!

Aber oh! Das Robert-Koch-Institut sagte das bis vor ein paar Tagen. Jetzt sagt es das auf einmal nicht mehr! Jetzt heißt es:

„In der Summe ist das Risiko, daß Menschen trotz Impfung PCR-positiv werden und das Virus übertragen, auch unter der Deltavariante deutlich vermindert. Es muß jedoch davon ausgegangen werden, daß Menschen nach Kontakt mit SARS-CoV-2 trotz Impfung PCR-positiv werden und dabei auch infektiöse Viren ausscheiden. Dabei können diese Menschen entweder Symptome einer Erkrankung (die zumeist eher milde verläuft) oder überhaupt keine Symptome entwickeln. Zudem läßt der Impfschutz über die Zeit nach und die Wahrscheinlichkeit, trotz Impfung PCR-positiv zu werden, nimmt zu. Das Risiko, das Virus möglicherweise auch unbemerkt an andere Menschen zu übertragen, muß durch das Einhalten der Infektionsschutzmaßnahmen zusätzlich reduziert werden. Daher empfiehlt die Ständige Impfkommission (STIKO) auch nach Impfung die allgemein empfohlenen Schutzmaßnahmen (Alltagsmasken, Hygieneregeln, Abstandhalten, Lüften) weiterhin einzuhalten.

„Deutlich vermindert"? Wie deutlich? So deutlich, daß es dazu eine „Studie" oder „Quelle" gibt? Wo findet man diese „Studie" oder „Quelle"? Von welcher „Summe" ist die Rede? Und was ist mit „Public Health"? und neuen Varianten? Was heißt aktuell überhaupt „vollständig geimpft"? Zweimal? Dreimal? Regelmäßig vor höchstens drei Wochen? Seit wann sind Viren „infektiös"? Oder: gibt es auch nichtinfektiöse Viren? Wen interessiert es überhaupt, ob er „PCR-positiv" „wird"? Was heißt „in der Summe"? In welcher „Summe"? Kann es sein, daß das ganze Geschwätz ein einziger verhobelter Scheißdreck ist? Und was sagt Sturmbannführerin Buyx zu solchen Querdenkereien?[75]

Und egal wie man diese Fragen oder auch nur eine davon beantwortet, bleiben diese offen: Wie kann man unter diesen Gesichtspunkten die derzeit gültigen 2/3-G-Sanktionen bzw. -Gnaden auch nur fünf Minuten lang weiter gelten lassen? Droht da nicht ein epidemischer „Ausbruch" unvorstellbaren Ausmaßes? Und werden es sich die Getauften gefallen lassen, plötzlich wieder wie Heiden behandelt zu werden?

Oder lesen die zuständigen Befehlshaber die offenbar ständig mutierenden Mitteilungen des RKI sowieso überhaupt nicht mehr?

---

[75] Wer die entsprechende RKI-Webseite heute aufsucht, findet dort nur den Hinweis: „Diese Seite gibt es nicht." Was eine simple Lösung ist, auf die man eigentlich damals schon hätte kommen können.

Drei Punkte für die Tyrannei *(11. November 2021)*

Mark Seibert
@markseibert

Für die Ungeimpften muss die Luft dünner werden. Damit meine ich nicht die Sache mit dem Schlauch im Hals. Sondern: Keine Gastro, keine Bahn, keine Freizeiteinrichtung, kein Museum, kein Theater, kein Kino, keinen Flug, kein Weihnachtsmarkt.

7:49 nachm. · 6. Nov. 2021 aus Berlin, Deutschland

506 492 Diesen Tweet teilen

Woher kommt der haltlose, maßlose, offenbar durch nichts zu bändigende und innerhalb von Tagen förmlich explodierende Haß auf „Ungeimpfte"? Hier ist eine unfachliche Deutung: Die Masse der Mitläufer und Gläubigen und selbst der nur halbwegs Überzeugten hat so fest an das Versprechen der Herrscher geglaubt, nach dem „Zweitstich" werde alles wieder ganz normal, daß es sie in Raserei versetzt, daß nun der „Drittstich" (und nach Weihnachten der „Viertstich") folgen soll. Mit sämtlichen „Nebenwirkungen", also mindestens einer dreitägigen „Corona"-Erkrankung. Weil vor sehr seltener zufälliger Krankheit nun mal nur absichtliche Krankheit schützt.

Zugleich aber glauben und vertrauen sie ihren Führern nach wie vor so bedingungslos und unverbrüchlich, daß diese Führer auf gar keinen Fall schuld daran sein können, daß sie schon wieder ihr Wort brechen müssen. Schuld muß jemand anderer sein. Da spricht dann die Logik der Ideologie – die Ideologik sozusagen: Schuld sind immer die Außenseiter, die Abweichler, die die Sammlung des Volks zur unitären Gemeinschaftsfaust verhindern, die die Natur bezwingen könnte. Wenn Menschen krank werden, sind die Gesunden schuld. Wenn „Geimpfte" positiv getestet werden oder eine Erkältung kriegen, sind die „Ungeimpften" schuld. Und daß nicht alle richtig deutsch können, ist die Schuld der Ausländer.

Wie gesagt: Die Führer können dafür nichts. Die „Pandemie" zwingt sie, die Abweichler auszusondern, zu sanktionieren, zu quälen und letztlich aus dem Volkskörper hinauszumerzen, weil sie den Volkskörper beschädigen und seine Endgesundung verhindern.

Daß die „Geimpften" dank der 2/3G-Apartheid in allen „ansteckungsrelevanten" Bereichen und Zonen (Vergnügung, Fun, Party) ja längst unter sich sind, reicht nicht aus. Schließlich werden immer noch „Geimpfte" krank, und daran können nur „Ungeimpfte" schuld sein. Also muß man die abgesonderten „Ungeimpften" noch weiter absondern und noch mehr strafen. Zu ihrem eigenen Schutz, außerdem. Aufopferungsvoll.

Das erinnert an einen Mann, dessen Wasserhahn im Bad tropft. Er dreht den Wasserhahn in der Küche ab – vergeblich: Der Wasserhahn im Bad tropft immer noch. Er dreht den Küchenhaupthahn zu. Nützt nichts. Also holt er eine Zange, schraubt den Küchenwasserhahn ab und wieder an, was auch nichts hilft, schraubt ihn ganz ab, steckt Korken in die Leitung, holt den Vorschlaghammer und schlägt die gesamte Küche zu Klump.

Und immer noch tropft der Wasserhahn im Bad. Von dem Lärm ist seine Frau erwacht, trifft den entfesselten Berserker in seinem Zerstörungswerk in der Küche an und sagt

erschrocken: „Aber der Wasserhahn im Bad tropft doch schon immer. Macht doch nichts!"
Und der Wütende hebt den Vorschlaghammer, erschlägt seine Frau und will hinterher von nichts etwas gewußt haben. Es sei ihm „so passiert".

Damit der Gesellschaft als ganzer nicht noch mehr „so passiert", wäre es vielleicht ganz hilfreich, sich zu sammeln und zu besinnen. Aber kann das gehen, solange rechtsradikale Einpeitscher wie Anetta Kahane uns bei jeder Gelegenheit als nicht gewählte Autoritätsdarsteller erklären, daß Rassismus das Gegenteil von dem ist, was Rassismus ist? Kann das gehen, wenn dieselben Hetzbrüllappen jedes nur denkbare antisemitische Klischee anderen überstülpen?
Ich wüßte es gerne. Derweil: geht der Haß weiter und tobt sich aus. Vorläufig nur in oder auf den Hetz- und Aufwiegelungsplattformen der „sozialen Medien". Drücken wir die Daumen, daß es dabei bleibt. Einer der schlimmsten Hetzprediger hat vor ungefähr einem Jahr schon mal die Theorie ins Spiel gebracht, man könne Coronaviren auch über die Klolüftung im ganzen Haus verbreiten. Da sind noch Flanken der Diskriminierung und Herabwürdigung offen, von denen Joseph Goebbels nicht einmal geträumt hätte: Wer unisoliert scheißt, tötet seinen Nachbarn!
Ein offensichtlich ins tiefste rechtsextreme Milieu abgerutschter ehemaliger Ärztevorsitzender plappert derweil zwei Tage vor dem 9. November – umgeben von Gesinnungsgenossen wie Söder, Buyx und Göring-Eckardt – in Millionen Fernsehgeräte hinein etwas von einer „Tyrannei der Ungeimpften". Hätte er vor ein paar Jahren von einer „Tyrannei der Flüchtlinge" gesprochen, wäre ihm eine Verurteilung wegen Volksverhetzung sicher und verdient gewesen. Jetzt darf man das halt, zumindest beim neuen Abschaum. Dazu ließe sich vieles sagen, dessen ich müde bin.

Wer glaubt, den bekehrten Ketzern würden ihre Sünden vergeben, kennt die Geschichte der Religionen und die Geisteshaltung heutiger Sektierer nicht oder nicht gut genug:
So ist das mit der „Tyrannei" im modernen Jargon: Sie geht immer von den Opfern aus, und tyrannisiert werden immer die Täter und ihre Mitläufer. Die – und weitestgehend nur die – werden dann sauer und beschimpfen die Opfer. Man könnte das umdrehen, die Mitläufer als unsolidarische Egoisten und Dummköpfe bezeichnen, weil sie sich vor lauter Angst massenweise experimentelle modRNA-Brühe in den Kreislauf pumpen lassen und die Kosten für die Behandlung und die Linderung der Nach- und Nebenwirkungen der Allgemeinheit aufbürden. Weil sie sich strikt weigern, zumindest ein paar grundlegende Informationen einzuholen über das, was sie da tun. Weil sie hinterher mit ihren Schlaganfällen, Herzinfarkten und sonstigen Impfschäden die Intensivstationen füllen und das Gesundheitssystem belasten.
Das übrigens weiß nicht nur das RKI, sondern sogar der Herr Söder, dem in einem Interview mit dem Bayerischen Rundfunk herausrutschte, auf den Intensivstationen gebe

es eine Konkurrenz zwischen „ungeimpften“ Covid-19-Erkrankten (von denen man nicht weiß, an was sie tatsächlich leiden) und „geimpften“ Patienten mit Schlaganfall und Herzinfarkt (bei denen man nicht weiß, ob das von der Impfung kommt). Sicher nur ein Versehen. Und außerdem ist es laut RKI reiner Zufall, daß die Zahl der Herzinfarkte und Schlaganfälle seit Beginn der Massenspritzungen regelrecht explodiert ist.

Das (explodieren) tut inzwischen auch die Zahl der Fälle „rätselhafter“ Herzkrankheiten bei Fußballern, und neuerdings fällt das so stark auf, daß zumindest der Sportjournalismus wenigstens punktuell nicht mehr an dem Phänomen vorbeikommt. Selbstverständlich ohne die modRNA-Spritzungen auch nur in einem Nebensatz zu erwähnen. Statt dessen wird behauptet, es gebe „unterschiedliche Auslöser“. Was sicher nicht ganz falsch ist. Es gibt ja auch für Unfälle betrunkener Autofahrer die unterschiedlichsten „Auslöser“: von der brennenden Zigarette, die einem versehentlich ins Hemd fällt, bis zum Kind, das seinem Ball nachrennt und das man im Suff zu spät sieht. Die Ursache ähnelt sich jedoch, außer bei Tabuthemen: Da gibt es keine Ursache, nur „Auslöser“.

Welche Ursachen der angeheizte und aufgepeitschte Haß auf „Ungeimpfte“ hat, bleibt, wie eingangs gesagt, der Deutung (und der Spekulation) überlassen, vorläufig. Einen Hinweis könnte indes ein Twitter-Beitrag aus Österreich liefern: „Wie ich soeben aus einer absolut zuverlässigen Quelle erfahren habe, wurden gestern die Mitglieder der Krisensitzung von den beigezogenen Experten darüber informiert, daß die 4. Welle nicht mehr aufzuhalten ist, da der Spikeschutz auf breiter Basis versagt. Vor allem Astra, Johnson, Moderna, aber auch Pfizer haben katastrophale Daten, die nicht mehr verleugnet werden können. Auch die Wirkung des 3. Stichs ist sehr begrenzt, es gibt in der Steiermark und Wien bereits die ersten Cluster unter Dreifachbehandelten. Weiters wurden Zahlen präsentiert, daß nur mehr 5% der Menschen zum Stich erpreßt werden können und daß nur 30% bereit sind, den 3. Stich in absehbarer Zeit zu holen. Die Experten wurden gefragt, welche Strategien nun als Option zur Verfügung stehen & die Antwort lautete: halbwegs kontrollierte Durchseuchung. Wörtlich hat dann einer der verzweifelten Teilnehmer in der Diskussion gesagt: ‚Wenn das rauskommt, jagen sie uns zum Teufel.‘ Die Regierung hat dann den aus Wien kommenden Vorschlag präsentiert, die Situation durch – wieder wörtlich – ‚Fokussierung auf die Ungeimpften‘ zu entspannen. Die Landeshauptmänner haben ohne zu zögern den Vorschlag aufgegriffen.“

Übrigens sagt man nicht mehr „Stich“, zumindest in Österreich, so wie man (was mich bereits vor einigen Tagen wunderte) nicht mehr „Herdenimmunität“ sagt. Die Sprache, das wissen wir, ist stetigem Wandel und manchmal auch strengen Regelungen unterworfen.

Finale in der Pathologie: Nachdem in einem Pflegeheim in Norderstedtacht „geimpfte“ Insassen mit einem positiven Test verstorben sind, eröffnete die Staatsanwaltschaft Kiel ein „Todesermittlungsverfahren“. Festgestellt werden soll nicht etwa, wie es sein kann,

daß 68 Heimbewohner und 22 Mitarbeiter trotz „Impfung“ positiv getestet wurden. Sondern ob am Tod der Toten „ungeimpfte“ Mitarbeiter schuld sein könnten. Schließlich hat die Impfung (laut Facebook und Lauterbach) keine Nebenwirkungen und ist aber absolut wirksam – außer man wird von kriminellen „Ungeimpften“ (die zwar getestet sind, aber was heißt das schon?) angesteckt!
Zugleich berichtet die Leitung der Pathologie einer deutschen Universitätsklinik, es lägen derzeit zwanzig bis dreißig Leichen auf den Obduktionstischen, alle kurz nach dem „Booster“ plötzlich verstorben. Und zwar an Covid-19. Das ist nichts besonderes, möglicherweise wurden auch sie von kriminellen „Ungeimpften“ vorsätzlich angesteckt. Interessant ist aber, daß die Toten auch nach zehn Tagen in der Kühlschublade noch „überirdisch hohe Virenlasten“ in sich trugen. Wofür die „Ungeimpften“ garantiert nichts können. Ein Fall für Sherlock Holmes.

Fassen wir noch einmal zusammen und merken wir uns das einfach: In der Erkältungssaison im Winter 2019/20 und im Winter 2020/21 gab es nicht mehr Atemwegserkrankungen als in den Jahren zuvor. Sondern eher weniger. 2021/22 scheint sich daran wenig zu ändern. Daß die Zahl der Menschen, die an anderen Dingen erkranken (vom Herz über die Nerven bis zum Krebs), seit Frühjahr 2021 beängstigend ansteigt, während gleichzeitig die Kapazitäten des kapitalismusbedingt maroden „Gesundheitssystems“ zügig abgebaut wurden und weiterhin werden, hat nichts mit einem Coronavirus zu tun. Punkt.
Sondern möglicherweise (!) mit einer „Impfung“ und denen, die daran „verdienen“ und zur Sicherung ihrer Profite alle politischen Register ziehen. Punkt.
Und auch dafür: können „Ungeimpfte“ nichts. Die leben einfach, wie Menschen das halt tun. Dritter Punkt.

Der Müll der Tage *(17. November 2021)*

Angesichts des eklatanten Kränkelns und Wegsterbens von Fußball- und anderen Sportprofis und der wehrkraftzersetzenden Weigerung einiger Querkicker, ihr Herz für medizinische Pfuschexperimente zur Verfügung zu stellen, wäre es vielleicht keine schlechte Idee, dem Vorbild einer schwedischen Popfirma[76] zu folgen und den ganzen Ligaladen auf virtuell umzustellen. Immerhin könnten dann auch Paul Breitner und Uli Hoeneß wieder mitspielen (und müßten sich nicht öffentlich äußern, zu was auch immer). Von Schorsch Metzger und Gerd Müller zu schweigen.

Ein Ehepaar Anfang siebzig wackelt in sehr langsamem Schritt am Rande des Hohenzollernplatzes dahin und betrachtet mißmutig das Geschehen. Die Frau, etwas verwachsen und übergewichtig, die Hände auf dem Rücken, verharrt kurz und blickt miß-

[76] Gemeint ist die Gruppe Abba, die damals ein „Comeback“ als virtuelle Avatare „feierte“.

trauisch auf eine Gruppe deutlich ausländischer Arbeiter in orangener Montur, die am Brunnen Brotzeit machen. Im Weitergehen sagt sie sehr gehässig mehr zu sich selbst als zu ihrem Mann: „Ob *de* alle g'impft san, woaß i ned. Des sag i dir *scho*!"

In den Köpfen vieler Gleichgültiger und schockgelähmter Mitläufer scheint sich inmitten der totalitären Umwälzung der Gedanke festgesetzt zu haben: „Wenn wir alle mitmachen, wird es nicht so schlimm." Das ist ein fataler Irrtum, ebenso wie die Annahme, der Ausnahmezustand werde irgendwann einfach verfliegen wie ein Nebel und Demokratie und Freiheit seien eine Art Urzustand der Natur, der sich ganz von selbst einstelle.
Der Irrtum endet immer im grundlegenden Teufelskreis, der zum Beispiel so funktioniert: „Wir müssen mehr testen, um die Inzidenz zu vernichten! Wenn wir mehr testen, steigt die Inzidenz! Dann müssen wir noch mehr testen!"

Es ist andersrum: Tyrannei, Despotismus, Diktatur und Feudalismus verlangen einen ganz schönen Aufwand und einige Anstrengung zu ihrer Durchsetzung und Aufrechterhaltung. Angesichts der Steuerungsmöglichkeiten und der schier unerschöpflichen Mittel, die dafür zur Verfügung stehen, fällt die Umsetzung aber wesentlich, ja unvergleichlich leichter als die Durchsetzung von Freiheit und Demokratie gegen einen stählernen, omnipräsent angelegten Machtblock durch widerstreitende, nicht organisierte Massen von hilflosen Einzelnen, die sich als „Masse" nicht empfinden können und denen ihr Status als Minderheit beständig eingehämmert wird.
Es ist aber auch noch mal andersrum: Die Dynamik von Hetze, Eskalation, Haß und (früher oder später) Gewalt ist selbstverstärkend, und ihre Attraktivität ist historisch bewiesen. Um sie zu bremsen, müßte man sich aufraffen und dagegen vorgehen (beginnend bei sich selbst). Das tut man aber nicht. Es wird schon gut- oder vergehen.
Für Verweigerung und Widerstand gibt es keine App und noch nicht einmal eine Gebrauchsanleitung. Gäbe es sie, wären Verweigerung und Widerstand sinnlos.

Volker Bouffier, angeblich „Ministerpräsident": „Wer sich nicht impfen läßt, sorgt dafür, daß Millionen Menschen an anderer Stelle in ihrer Freiheit beeinträchtigt werden." Das nennt man wohl Maximalschuld. Allerdings hat Herr Bouffier ein paar entscheidende Wörter vergessen: „... sorgt dafür, daß Millionen Menschen von Verbrechern wie mir in ihrer Freiheit beeinträchtigt werden." Früher gab es mal einen ähnlichen Witz: Abonnieren Sie unser Heft, sonst erschießen wir diesen Hund! Auf die einfachste und logischste Reaktion (Das ist Erpressung! Deshalb nehmen wir euch die Pistole und den Hund weg!) kommt man in der momentanen Angst um das Leben des Tiers nicht.
Stephan Weil, ebenfalls angeblich „Ministerpräsident": „Wir haben etwa zwanzig Prozent der Erwachsenen, die sich derzeit nicht impfen lassen wollen, und diese zwanzig Prozent der Erwachsenen reichen aus, eine ganze Gesellschaft, also die restlichen achtzig Prozent plus die Kinder, die wirklich in Angst und Schrecken zu versetzen. Und

daß man das nicht durchgehen lassen kann und daß das Konsequenzen haben muß, das liegt auf der Hand, und das wird glaube ich auch die ganzen nächsten Wochen, und beginnt mit dieser Woche, bestimmen, denn da wird es sehr klare Grenzen geben."
Daß Minderheiten die Mehrheit „tyrannisieren" und „in Angst und Schrecken" versetzen, ist eine Denkfigur von historischer Bedeutung. Zu empfehlen ist hierzu die Lektüre eines Aufsatzes von Professor Johannes Stark, in dem vehement die „politische Unterjochung", „wirtschaftliche Ausbeutung" und „unerbittliche Verfolgung" einer Mehrheit durch eine böse Minderheit angeprangert wird. Er erschien im November 1930 in den „Nationalsozialistischen Monatsheften" (Heft 8). Im Titel kommt das Wort „Verjudung" vor, deshalb zitiere ich Stark noch weniger gern als Bouffier und Weil (nämlich gar nicht). Die historische Parallele ist mit der Hand zu greifen, aber das bringt uns nicht weiter.
Interessant ist aber auch, was Herr Weil unter „der ganzen Gesellschaft" versteht: Die zwanzig Prozent Verweigerer gehören für ihn offensichtlich nicht (mehr) dazu, sind also in Gedanken bereits aus der Gesellschaft (oder treffender: Volksgemeinschaft) verstoßen und entfernt.

Herr Montgomery, Urheber des Bonmots von der „Tyrannei der Ungeimpften", spricht (oder schreibt) übrigens auch von deren „Impfdefätismus". Womit wir wieder bei der Wehrkraftzersetzung wären und im Kriegs- und Nazijargon bleiben, wie sich das gehört. Die Mitglieder welcher Widerstandsgruppe unter anderem wegen Wehrkraftzersetzung und des Propagierens defätistischer Gedanken zum Tode verurteilt wurden, erwähnen wir lieber nicht, zumal Herr Montgomery davon sicher noch nie gehört hat.

By the way: „Durchbruch" is the new „Fall". Anders gesagt: „Fälle" gab es vormals weniger als jetzt „Durchbrüche". Wenn's nur so wäre. Es ist aber nur ein einziges Versagen auf der ganzen Linie.

Auf einem begrenzten Planeten (selbst wenn er um zwei, drei weitere Planeten oder eine ganze Galaxis erweitert wird) kann es kein unbegrenzt exponentielles Wachstum geben. Initiativen wie „One Health", die darauf abzielen, sämtliche Menschen, Nutztiere, Haustiere und sogar Wildtiere und Pflanzen regelmäßigen „Impfungen" zu unterziehen, um Profite zu generieren und Kontrolle zu erlangen, stoßen notwendigerweise an Grenzen, die nicht unüberwindbar sind – so wie ein Mensch essen kann, so viel er will: Er wird vielleicht zehn Zentner, möglicherweise zwanzig, eines Tages (mit „medizinischer" Unterstützung) vielleicht auch dreißig auf die Waage bringen, aber niemals zehntausend. Das gilt entsprechend für die Pharmaindustrie.

Reizvoll erscheint mir aber der Gedanke, daß die vorletzte aller Impfkampagnen sich auf Bakterien richten könnte, die vor Viren geschützt werden müssen, weil sonst eine katastrophale Pandemie droht und die Genlandwirtschaft des Monopolkonzerns „Gates Food“ und somit die zentral gelenkte Ernährung der gesamten Menschheit gefährdet. Als nächstes wären dann die Viren selbst mit dem Impfen dran, und spätestens da wird es absurd.

„Mama, was ist das Dunkle da vorn?“
„Das, mein Kind, ist die Zukunft.“
„O je! Kann man dagegen nichts unternehmen?“
„Man schon. Wir nicht.“
„Mama, wieso kann man gegen das Dunkle nichts unternehmen?“
„Weil es sowieso kommt.“
„Was machen wir denn dann?“
„Wir machen mit, so gut wir können. Dann wird es irgendwann besser.“
„Mama, ist das nicht dumm, bei etwas mitzumachen, gegen das wir lieber etwas unternehmen sollten?“
„Ja, aber es geht halt nicht anders.“
„Wer sagt das denn?“
„Pst! Das fragt man nicht!“

Daß ein mittelfränkisches Dorf den Buß- und Bettag weiterhin als Feiertag begeht und die Geschäfte geschlossen sind, deutet der Propagandasender „BR24“ zum „eintägigen Lockdown“ um, der auch dazu genutzt werde, über weitere „Impfkampagnen und die Bekämpfung der Pandemie“ nachzudenken. Ist der Blödsinn erst einmal im Hirn, kennt seine Absurdität anscheinend keine Grenzen und freien Tage mehr. Sollte dauerhaftes exponentielles Wachstum doch möglich sein?

Offenbar vollkommen durchgedreht ist der seit langem verdächtige „Soziologe“ Heinz Bude, der in der Berliner Zeitung folgendes von sich geben läßt: „Das Corona-Leugnertum ist für mich ein Phänomen unserer Zeit. Ich frage mich seitdem, wohin mit dem Irrsinn, den es offenbar in der Gesellschaft gibt. Früher hat die Religion den Irrsinn absorbiert, dann die Kunst, und jetzt versagt die Wissenschaft bei der Entzauberung von Verschwörungstheorien.“
Ja, das ist nur deswegen kein wirrer Gedankengang, weil ein Gedanke darin gar nicht vorkommt. Der Interviewer indes paßt sich dem Wahn kongenial an: „Inzwischen gibt es flehentliche Aufrufe zu einer Rückkehr zur Vernunft. Gibt es diese eine Vernunft überhaupt?“
„Die Vernunft“, vermutet Bude, „ist was anderes als der Verstand. Der Verstand sagt einem, dass man nicht an zwei Orten gleichzeitig sein kann. Die Vernunft stellt die Frage nach dem Sinn einer Welt, in der viele Menschen den Verstand verlieren.“ Ein seltener Moment aufmerksamer Selbstbeobachtung.

„Der Philosoph Peter Sloterdijk“ – wer sonst, wo man schon mal am Schwurbeln ist – „hat unlängst gemutmaßt, der Staat streife nun die Samthandschuhe ab. Hat sich die

Rolle des Staates in der Pandemie verändert?“ mutmaßt der Fragenheini weiter. Mutmaßlich hat ihm Bude zuvor einen Zettel mit Stichwörtern in die Hand gedrückt („Können Sie lesen? Gut!“), weil er so keine Wörter und Zeitungszeilen verschwenden muß, um seine zentrale totalitäre Botschaft ins Volk zu pumpen:
„Auf jeden Fall. Die Staatsbedürftigkeit der Gesellschaft ist nicht mehr von der Hand zu weisen. Mario Draghi hat als italienischer Ministerpräsident daraus die Konsequenz einer strengen Verhaltensregulierung zum Nachteil der Ungeimpften gezogen, was offenbar, wenn man auf die Inzidenzen in Italien schaut, zum Wohl der Leute ist.“
(Noch nicht mal bei der folgenden Frage merkt der notdürftig als „Der Soziologe“ verkleidete Faschist etwas. Oder vielmehr: Er merkt es ja, aber er gibt sich keine Mühe mehr, seine Gesinnung und Weltanschauung mitzuverkleiden.)
„Sie haben sich intensiv mit gesellschaftlichen Angstgefühlen auseinandergesetzt, zugleich aber in einer frühen Corona-Phase an einem Papier der Bundesregierung mitgewirkt, das durchaus auf gesellschaftliche Angst gesetzt hat. Ein Widerspruch?“ Selbstverständlich nicht, dummes Fragenbürscherl! Wenn man den Auftrag hat, eine ganze Gesellschaft (siehe oben) in Angst und Schrecken zu versetzen, damit sie unterworfen und umgemodelt werden kann, schadet es nicht, sich zuvor mit dem Thema auseinanderzusetzen.
„Nein“, bellt daher der Bude. „Die Bilder aus Bergamo haben seinerzeit keinen Zweifel daran gelassen, wie ernst die Lage ist und daß gehandelt werden muß. Wir haben nur einen Vorschlag unterbreitet, was zu tun ist.“
Daß die „Bilder aus Bergamo“ – abgesehen von einigen schnell als Fake entlarvten – erst veröffentlicht wurden, als das berüchtigte und infame „Panikpapier“ bereits in Arbeit war, sagt Bude selbstverständlich nicht. Muß er auch nicht, schließlich hielt Frau Merkel ihre ebenso infame „Panikansprache“ am 18. März 2020 ja ebenfalls einige Stunden bevor das berüchtigte „Lastwagenvideo“ aus Bergamo entstand. Als hätte sie's geahnt. Realität biegt sich, wenn die Lötflamme des Glaubens brennt.

„Jede Organisation menschlicher Einzelwesen setzt eine gewisse Summe gemeinsamer Auffassungen und gleichmäßig gesehener Interessen voraus.“
(„Hitler-Worte“, NS-Monatshefte 32, November 1932, Seite 486)

Völlig durchgedreht ist offenbar auch eine österreichische „Zeitung“: „Geimpfte Opfer der vierten Corona-Welle sind nämlich in vielen Bereichen der Gesellschaft zu finden. Zum Beispiel Gastronomen, die um Weihnachtsfeiern umfallen [sic!]. Oder Hoteliers, die nach der aktuellen Reisewarnung um ihre deutschen Gäste bangen. Und natürlich Ärzte und Pflegepersonal, die aufgrund der unterirdischen Impfrate von 65 Prozent immer öfter ins Burnout schlittern.“
Oder habe ich da eine satirische Absicht überlesen? Eher nicht. In dem zitierten Artikel geht es nämlich um einen „renommierten“ Wiener Anwalt, der „Sammelklagen“ im

Namen von „Geimpften" einreichen möchte, um „Verweigerer" und „Leugner" sowie den österreichischen Staat für Verdienstausfälle der Umgefallenen, Bangenden und Schlitternden zur Rechenschaft zu ziehen:
„Aber nicht nur der Staat – also Bund und Länder – steht auf der ‚Abschussliste' des Anwalts, sondern in gleichem Ausmaß Volksverhetzer. ‚Wir wollen jene zur Verantwortung ziehen, die entgegen wissenschaftlichen Grundlagen Ängste gegen die Impfung schüren und Falschnachrichten darüber verbreiten', so Breiteneder. Daher soll gegen bekannte oder auch weniger bekannte Personen demnächst Strafanzeige eingebracht werden." Mir fällt zu so etwas kein Kommentar mehr ein.

Lothar Wieler behauptet auf der Bundespressekonferenz am 12. November, eine relative Risikoreduktion von 60 Prozent (die die modRNA-Spritzungen noch haben sollen) bedeute, daß „sechs von zehn vor Ansteckung geschützt sind". So geht's, wenn man jemanden nach etwas fragt, wovon er keine Ahnung hat: Dann stellt sich heraus, daß er keine Ahnung hat. Maßgeblich ist nach wie vor die absolute Risikoreduktion, die bei Biontech/Pfizer laut Zulassungsstudie etwa 0,8 Prozent beträgt. Das heißt: Vor Ansteckung ist niemand geschützt, vor einem etwas weniger milden Verlauf sind acht von tausend geschützt. Oder waren es, angeblich, damals, als die relative Reduktion noch auf fast 100 Prozent über den Daumen gepeilt wurde.
Daß die modRNA-Behandlung medizinisch (positiv) nicht viel bewirkt, war also von Anfang an klar. Daher betonte die Reklame ja in erster Linie, die „Impfung" schütze vor dem dauerhaften Verlust von Grundrechten, und mit ihr könnten sich die „Geimpften" gewisse „Freiheiten" verschaffen. Leider stellt sich nun heraus, daß diese absurde Hoffnung ebenso vergeblich war. Daß dies das grundsätzlich blinde Vertrauen der Fanatiker in ihre Führer beschädigen könnte, ist nicht zu erwarten.
Schließlich „wissen" diese Führer ganz genau, daß die Spritzung keine späteren Schäden nach sich ziehen wird, wußten aber vor ein paar Wochen noch nicht, daß die minimale eventuelle Schutzwirkung (gegen weniger „milden Verlauf") nur ein paar Wochen lang anhält. Schließlich „wußten" sie schon so allerhand und wußten schon so allerhand nicht. Das macht nichts. Der Glaube ist unverbrüchlich.
Erinnern wir uns daher an den „dreiwöchigen Brückenlockdown", der laut Frau Merkel vor ziemlich genau einem Jahr „die Normalität bringen" sollte. Wer hat's geglaubt?

Was man nicht sieht, das gibt es nicht (und das haben wir auch nie behauptet!)
(20. November 2021)

Wichtige Informationen der Bundesregierung! „Fakten gegen Falschmeldungen zur Corona-Schutzimpfung" (Stand: 17. November 2021)

Die Version vom 19. November sieht fast gleich aus, abgesehen von einer Kleinigkeit. Hier sind beide Versionen:

Alle Corona-Impfstoffe werden sorgfältig geprüft.
Foto: imago images/Johan Nilsson/TT

+ Die Impfung erfolgt freiwillig, die Bundesregierung spricht eine klare Empfehlung aus.
+ Sämtliche in Deutschland zugelassenen Impfstoffe haben alle Test- und Prüfphasen durchlaufen.
+ Die mRNA-Impfstoffe sind für Kinder und Jugendliche ab 12 Jahren sicher und wissenschaftlich geprüft.
+ Nebenwirkungen treten in der Regel in kurzem Abstand zur Impfung auf.
+ Jeder Todesfall, der in einen zeitlichen Zusammenhang mit der Impfung fällt, wird von den zuständigen Behörden geprüft.
+ Auch während der Test- und Prüfphase wurden alle Todesfälle von den Behörden erfasst und geprüft.
+ Sämtliche Impfstoffe wurden auch an Risikopatientinnen und -patienten getestet.
+ Alle Inhaltstoffe der Corona-Schutzimpfung wurden gemeldet und geprüft.

Alle Corona-Impfstoffe werden sorgfältig geprüft.
Foto: imago images/Johan Nilsson/TT

+ Sämtliche in Deutschland zugelassenen Impfstoffe haben alle Test- und Prüfphasen durchlaufen.
+ Die mRNA-Impfstoffe sind für Kinder und Jugendliche ab 12 Jahren sicher und wissenschaftlich geprüft.
+ Nebenwirkungen treten in der Regel in kurzem Abstand zur Impfung auf.
+ Jeder Todesfall, der in einen zeitlichen Zusammenhang mit der Impfung fällt, wird von den zuständigen Behörden geprüft.
+ Auch während der Test- und Prüfphase wurden alle Todesfälle von den Behörden erfasst und geprüft.
+ Sämtliche Impfstoffe wurden auch an Risikopatientinnen und -patienten getestet.
+ Alle Inhaltstoffe der Corona-Schutzimpfung wurden gemeldet und geprüft.

Was fehlt?

Richtig:

+ Die Impfung erfolgt freiwillig, die Bundesregierung spricht eine klare Empfehlung aus.

So ändert sich die Geschichte: kommentarlos.

(Die weiteren, hier nicht abgebildeten „Fakten“ blieben unverändert. Die letzte hier abgebildete Behauptung ist eine Lüge – die Inhaltsstoffe der bei den Spritzungen eingesetzten modRNA-Mixturen sind größtenteils unbekannt und geheim. Auch die übrigen Behauptungen sind Falschinformationen. Aber wen kümmert das noch?)

(Nachtrag: Ein Klick auf das verschwundene Faktum ergab am 17. November noch folgende Präzisierung:)

Die Impfung gegen das Coronavirus ist freiwillig. **Die Behauptung, es werde eine Impfflicht geben, ist falsch.** Es wird jedoch eine starke Impfempfehlung ausgesprochen, um sich nicht nur selbst, sondern die Gemeinschaft zu schützen. Fragen und Antworten zur Corona-Impfung finden Sie hier.

(Nächster Nachtrag, es geht ja nicht anders:) Am 22. November 2021 ist eine neue „Falschmeldung“ hinzugekommen, die ganz oben steht: „Es gibt keine allgemeine Impfpflicht“. Und hier fängt das Lavieren, Rabulieren, Lügen und Manövrieren gleich wieder an: „Die Impfung gegen das Coronavirus ist freiwillig. Die Behauptung, es werde eine Impfpflicht geben, ist falsch. Es wird jedoch eine starke Impfempfehlung ausgesprochen, um sich nicht nur selbst, sondern die Gemeinschaft zu schützen. […] Dies bezieht sich auf eine allgemeine Impfpflicht. Die Bundesländer halten es in Folge der 4.

Welle und der beklagenswert hohen Zahlen bei Neuerkrankungen, behandlungsbedürftigen Fällen und Todesfällen für erforderlich, daß einrichtungsbezogen alle Mitarbeiterinnen und Mitarbeiter in Krankenhäusern und Einrichtungen der Eingliederungshilfe sowie in Alten- und Pflegeheimen und bei mobilen Pflegediensten bei Kontakt zu vulnerablen Personen verpflichtet werden, sich gegen das Cornavirus impfen zu lassen[,] und haben den Bund in der Videoschaltkonferenz der Bundeskanzlerin mit den Regierungschefinnen und Regierungschefs der Länder am 18. November 2021 gebeten, dies schnellstmöglich umzusetzen."

Nun ist die „Empfehlung" also nicht mehr „klar", sondern „stark". Sie wird stärker werden, wetten? Sie wird zum Zwang werden, wetten? Es bleibt dann allerdings weiterhin freiwillig, sich dem Zwang zu unterwerfen. (Und die weiteren unfaßbaren Lügen und Unverschämtheiten, die uns das Regime hier zumutet, sind wir ja schon gewohnt.)

Schweden sterben dreifach (Inder nicht) *(21. November 2021)*

Weil sich das Bundesgesundheitsministerium und die ihm unterstellten Robert-Koch- und Paul-Ehrlich-Institute seit bald zwei Jahren beharrlich weigern, repräsentative Studien zu Covid-19 durchzuführen und etwas anderes als diffusen Zahlensalat und pseudostatistischen Nebel zu produzieren, wissen wir weder, wie viele Menschen im Land irgendwann mal mit SARS-CoV-2 infiziert waren (also immunisiert sind), noch wie viele Geimpfte tatsächlich kurz nach der modRNA-Spritzung sterben – ob das also weniger sind, als statistisch zu erwarten wäre (was für die Behandlung spräche), oder mehr (was ein Argument dagegen wäre).
In Indien ist man da weiter. Dort wurden in einer repräsentativen Untersuchung bei 97 Prozent der Menschen Antikörper festgestellt. Was bei einer „Impfquote" von 28,09 Prozent ganz bestimmt nichts mit den modRNA-Spritzungen zu tun hat – zumal sich da der „wissenschaftliche Konsens" in den letzten Wochen in erstaunlichem Tempo ändert: Zunächst wurde eine „Herdenimmunität" bei 55 Prozent „Durchimpfung" versprochen, dann bei 65 Prozent, dann bei 75, dann bei 85. Dann stellte sich die „Verschwörungstheorie", daß es bei Erkältungskrankheiten und Zoonosen keine „Herdenimmunität" geben kann, als wahr heraus. Deshalb sind nun 150 Prozent nötig (weil eine doppelte „Impfung" keine „vollständige Impfung" mehr ist).
Weil eine Immunität bei Erkältungskrankheiten erfahrungsgemäß ungefähr ein oder zwei Jahre oder länger hält, wenn man mal krank war, die modRNA-Gentherapie aber überhaupt keine Immunität erzeugen kann, sondern das Immunsystem schwächt, dafür aber in den seltenen Fällen einer Erkrankung an dem Virus, das in etwa 6 Prozent der „Fälle" nachgewiesen werden kann, (angeblich) für einen etwas „milderen Verlauf" sorgt, dürfte Indien in seiner nächsten Grippesaison besser dran sein als die Deutschen in der jetzt beginnenden.

In der „laufen“ wie jedes Jahr die Krankenhäuser und Intensivstationen „voll“. Die „Hospitalisierungsrate“ beziehungsweise „7-Tage-Inzidenz Hospitalisierungen“ (die neueste der zwecks Verwirrung eingesetzten Pandemievariablen) beträgt momentan 5,34, was allerorten die Alarmglocken läuten und die Lockdown-Kommandeure auf den Plan treten läßt. Letztes Jahr lag sie an Weihnachten bei etwas über 15, noch im April bei 9. Da, könnte man sagen, kommt was auf uns zu: ein Lockdown bis Pfingsten. Aber das sind wir ja gewohnt, und wer's noch nicht gewohnt ist, wird sich in den nächsten Jahren schon dran gewöhnen.

Wo wir schon beim Zahlensalat sind: Die „Hospitalisierungsrate“ wird von den „Corona“-Sternendeutern gerne mit der „Impfquote“ in direkten Zusammenhang gebracht. In Bayern, heißt es, seien beschämend wenige „geimpft“, während es im hohen Norden viel weniger Verweigerer gebe. Kann sein. Die Einzelstaatenstädte mal weggelassen, liegen die Doppelstichquoten zwischen 74,3 Prozent (Saarland) und 57,6 Prozent (Sachsen). Die „Hospitalisierungsrate“ beträgt allerdings im Saarland 3,35, in Sachsen 2,39. Da wird's schon sehr salatig. Spitzenreiter der „Hospitalisierungsrate“ ist jedoch Thüringen („IQ“: 61,8 Prozent) mit 17,55. Spätestens da wird der Zusammenhang arg löchrig.

Gibraltar hat derweil eine wahrhaft traumhafte „Impfquote“ von 121,07 Prozent erreicht (118,18 Prozent Doppelstich). Die „Inzidenz“ liegt dort bei etwas über 1.000. Da könnte man einen anderen Zusammenhang vermuten.

Aber das sind ja alles nur Korrelationen, und wieder mal müssen wir uns daran erinnern, daß Covid-19 eine sehr seltene Krankheit ist, was manche statistischen Vergleiche schon deshalb absurd macht, weil die Zahl der tatsächlichen Fälle so gering ist, daß sie statistisch nicht ins Gewicht fällt.

Zum Beispiel sind in Gibraltar seit Ende Februar (als die ersten „Impfungen“ ihre „Wirkung“ entfalteten) sechs Menschen an/mit Covid-19 gestorben. Zuvor waren es insgesamt 98. Im gleichen Zeitraum des Jahres 2020 (Ende Februar bis 21. November) starb allerdings dort niemand an/mit.

Derzeit indes liegen nur zwei Menschen in Gibraltar mit positivem Test im Krankenhaus. Da jubelt der modRNA-Fanclub: „Na also! Es wirkt!“ Aber auch da muß man wieder umrechnen: Angesichts der Einwohnerzahl von Gibraltar bedeutet das eine „Hospitalisierungsrate“ von 7. Es ist eine Wirrnis, und die entscheidende Frage, die sich aus dem Zahlensalat ergibt, lautet: Besteht ein Zusammenhang zwischen der „Impfung“ und der Verbreitung von Covid-19? Die Antwort ist nach allem, was wir wissen, klar: ein entschiedenes Nein.

Also fragen wir doch mal was anderes: Wie geht es den Menschen nach der modRNA-Spritzung? Dazu gibt es einige Hinweise, die wir alle kennen: Millionen Fälle von schwerwiegenden „Nebenwirkungen“ und „unerwünschten Ereignissen“, zehntausende Todesfälle. Aber schon angesichts der bekannten Dunkelziffern sind solche Zahlen kaum ein echter Anhaltspunkt. Nun gibt es einen solchen, ausgerechnet (mal wieder) aus dem bösen Schweden, das schon bei den Lockdowns und anderen Sanktionen und Züchtigungen nicht richtig mitmachen wollte und damit auch noch besser weggekommen ist als alle anderen europäischen Länder. Und das, was man da erfährt, ist erschreckend und gespenstisch.

Nämlich führten dort Anna und Peter Nordström und Marcel Ballin von der Universität Umea eine Studie mit etwas über vier Millionen Probanden durch, die alle doppelt „geimpft" waren, um festzustellen, ob und wie gut die modRNA-Spritzung vor einer symptomatischen Covid-19-Infektion, vor Hospitalisierung und Tod schützt.

Zur Orientierung: Schweden hat 10,6 Millionen Einwohner, von denen normalerweise zwischen 1. April und Anfang August (dem für die Studie relevanten Zeitraum) innerhalb von zwei Wochen durchschnittlich etwa 3.300 sterben – aus allen möglichen Gründen. Das sind (grob gerechnet) 0,031 Prozent der Gesamtbevölkerung.

Von den doppelt gespritzten Teilnehmern der Studie hingegen starben innerhalb von zwei Wochen nach der „Impfung" 3.939. Das sind etwas mehr als 0,097 Prozent. „Geimpfte" sterben also mehr als dreimal so oft wie nicht „Geimpfte".

Man wird nun einwenden: Es wurden ja weitaus mehr alte als junge Schweden geimpft, und die Alten sterben natürlicherweise häufiger als die Jungen. Aber das Argument führt in die Irre: 3.939 sind nun mal mehr als 3.300. Selbst wenn man annähme, alle Schweden, die zwischen April und August 2021 starben, seien Teil des Studienpersonals von vier Millionen gewesen und es sei von den restlichen 6,6 Millionen Schweden kein einziger gestorben, bleiben 639 pro Doppelwoche übrig, die nicht hätten sterben dürfen, egal ob alt oder jung, krank oder gesund. Das ist eine Übersterblichkeit von gut 19 Prozent. Und zwar allein für die „geimpften" Studienteilnehmer. Rechnet man den Rest der Bevölkerung hinzu – der das natürliche und sonstige Sterben ja nicht vier Monate lang einfach verweigern konnte –, ist sie um ein gutes Stück (mindestens die Hälfte) höher.

Eine Übersterblichkeit gibt es seit dem Sommer übrigens auch in Deutschland. Woher sie kommt, interessiert niemanden. Gleichzeitig kam (und kommt) es zu einer nie dagewesenen Häufung von kardiovaskulären und neurologischen Notfällen. Ob da ein Zusammenhang besteht? Das könnte man untersuchen. Wenn das Bundesgesundheitsministerium das wollte.

Das alles kann Zufall sein, klar. Wenn morgen früh die gesamte Bevölkerung von Bielefeld stirbt und Bielefeld damit zu existieren aufhört, kann das auch Zufall sein. Es könnte aber auch kein Zufall sein. Wir wissen nur eines: eine „Verschwörungstheorie" ist es ganz sicher nicht.

Neue Panik: „Ungeimpfte“ (doch nicht) schuld am Untergang? (eine wahre Geschichte) *(22. November 2021)*

Dies ist (offenbar) passiert: Eine Familie läßt sich vom „Corona“-Fanatismus rückhaltlos mitreißen, von den „großartigen Appellen von Menschen, die an der Front stehen“. Sie isoliert sich bis zum äußersten, pumpt sich mit Panikpropaganda voll, schiebt Überstunden im „Dienst“ für das Volk.

Die Eltern reißen die Kinder aus der Schule (weil dort Terroristen ohne Maske herumlaufen), sperren sie zu Hause ein, rennen bei der ersten Gelegenheit zur modRNA-Verabreichung, schleppen die Kinder zur illegalen „Off-label“-Spritzung und werden trotzdem immer „verzweifelter“, weil der Endsieg einfach nicht eintreten will und der Feind die „vierte Welle“ losdonnern läßt, um Deutschland niederzuwerfen. Tapfer halten sie durch und TUN ALLES.

Dann aber bittet die verräterische Nichte zum Kindergeburtstag! Der ist letztes Jahr kriegsbedingt ausgefallen, die Kinder sind „isoliert und traurig“, ihre Kampfmoral ist bedroht, zudem hat die defaitistische Oma (die aus dem Heim geholt und ebenfalls zu Hause eingesperrt wurde) Angst, den nächsten Kindergeburtstag nicht mehr zu erleben. Was tun?

Lucie_Schwarzer @lucie_schwarzer · 12. Nov. ···
Antwort an @lucie_schwarzer
#Eigenverantwortung wir isolieren uns, nehmen unsere 86 jährige pflegebedürftige demente Mutter auf, die nicht mit der #Pandemie klarkommt. Wir lassen unsere Kinder wann immer es geht zu Hause. #ProtectTheKids wir engagieren uns, machen im Dienst Überstunden und setzen uns 2/x

2 24 436

Lucie_Schwarzer @lucie_schwarzer · 12. Nov. ···
Dem Gemeinwohl zu liebe erheblichen Gefahren aus. Wir bemühen uns um #offlabel Impfung für unsere Kinder (Risiko), schaffen das mit großartiger Unterstützung von selbstlosen Menschen hier @rosaVered @Lenri1720 @DerToCra sogar. Unsere Kinder wurden vor 2 Wo erstgeimpft. Wir 3/x

1 18 433

Die Eltern überlegen krampfhaft, zermartern sich das Hirn. Die „Inzidenzen“ sind „un erträglich“ hoch (man hört sie regelrecht sirren!), die Neuinfektionen „explodieren“ (bumm!), der Feind steht vor den Stadttoren! Vielleicht ist alles schon verloren!

Man beschließt, es zu wagen. Heimlich – um nicht von Nachbarn beobachtet und verpfiffen zu werden – schleicht sich die Familie aus dem Bunker und sucht die Wohnstatt der Nichte auf. Die 1G-plus-Mega-Sicherheitsmaßnahmen sind immens und scheinbar lückenlos: Alle Erwachsenen sind komplett durchgespritzt und „mega vorsichtig“. Die Kinder werden im Vorfeld noch strenger isoliert, jede Person intensivst getestet, alle fünf Minuten gurgelt die gesamte Brigade mit Desinfektionsmitteln und sprüht sich Algovir in die Nasen. Niemand berührt sich, gesprochen wird nur mit zwei Meter Abstand, trotz Eiseskälte bleiben Fenster und Türen geöffnet. Oma stöhnt und friert; aber sie freut sich, die Kinder ein letztes Mal sehen zu dürfen, während draußen die Bomben fallen und aus dem Radio Frontberichte, aktuelle Zahlen und Lauterbachparolen schallen. Als die „Feier" absolviert ist, schleicht man im Schutz der Verdunkelung zurück in die jeweiligen Bunker.

Aber ach! Bitter ist die Strafe für den Ungehorsam, mit dem man in einem Augenblick der Schwäche den tapferen „Corona"-Truppen an der Front den Dolch in den Rücken gerammt hat! Und bitter ist die Reue, als anderntags ein Mitglied der Riege „K1" (bitte googeln) ist und Symptome erleidet! Ist es möglich, daß der kleine Ausrutscher so unerbittlich bestraft wird? Die Delinquentin muß (weil doppelt gespritzt) um den Test betteln, den man ihr zunächst verweigert, um die schöne Statistik nicht zu beschädigen – und der Test ist positiv! O weh und ach!

So nimmt das Unheil seinen Lauf: Die Oma wird wieder in staatliche Einzelhaft gesperrt, das Amt verlangt sofortige Denunziation der Mitverschwörer. Und schuld ist man ja selbst – sie hätten sich ja einsperren können, die dummen, unsolidarischen Volksgenossen!

Aber da meldet sich der patriotische Geist wie einst das „Lenor"-Gewissen: Schuld seid nicht ihr an Deutschlands Untergang! Der droht nur deshalb, „WEIL Querdenker, Querdeppen und unbedarfte geimpfte keinerlei Grenzen mehr annehmen"! Sondern wild und nackt durch die Gaue tanzen, sich in Aerosolen wälzen, zügellos und sittenlos Orgien der Verkommenheit feiern, durch und durch beschmutzt und verdorben! So wie dereinst, als Deutschland schon einmal der Übermacht der Feinde erlag und in den Abgrund stürzte, weil üble Elemente seine Moral zersetzten!

Und so nahm das Heil seinen Lauf.

Man möge mir Spott, Sarkasmus und Häme verzeihen. Ich weiß, daß diese Menschen eigentlich Mitleid verdienen – vor allem die Kinder, die dem haltlosen Wahn der Eltern offenbar hilflos ausgeliefert sind und dadurch in einem Maß geschädigt werden, das man sich gar nicht ausmalen mag. Es gab einmal Zeiten, als derartige Sekten (die allerdings meist größer waren) von Staatsmacht und Polizei ausgehoben, die Kinder befreit und die Verantwortlichen vor Gericht gestellt wurden. Die sind offenbar vorbei. Vielleicht sind die Zellen des Irrsinns zu klein, vielleicht sind es zu viele, vielleicht beides.

Ich muß gestehen – und ich meine das ehrlich: Ich schäme mich für diese Leute, und sie tun mir wirklich leid. Aber wie ich ihnen helfen könnte, weiß ich momentan nicht mehr.

(Zur Verdeutlichung von Ausmaß und Tragweite des Problems und zur mahnenden Dokumentation für spätere Geggenwarten folgt hier der gesamte „Austausch" als Transkript. Zum Schutz der Teilnehmer wurden die Namen verändert. Rechtschreibung und Grammatik wurden aus Respekt und Höflichkeit behutsam der deutschen Sprache angepaßt.)

12. November 2020:

L.S.

#TyranneiDerUngeimpften ich habe keine Reichweite und deshalb nutze ich das hier als therapeutisches Schreiben. Ihr wollt etwas zur **#SpaltungDerGesellschaft** hören? Ok: seit 1,5 Jahren halten wir als **#Schattenfamilien** uns nicht nur an alle Regeln, nein wir halten uns an

#Eigenverantwortung wir isolieren uns, nehmen unsere 86jährige pflegebedürftige demente Mutter auf, die nicht mit der **#Pandemie** klarkommt. Wir lassen unsere Kinder wann immer es geht zu Hause. **#ProtectTheKids** wir engagieren uns, machen im Dienst Überstunden und setzen uns

Dem Gemeinwohl zuliebe erheblichen Gefahren aus. Wir bemühen uns um **#offlabel** Impfung für unsere Kinder (Risiko), schaffen das mit großartiger Unterstützung von selbstlosen Menschen hier @rosaVered @Lenri1720 @DerToCra sogar. Unsere Kinder wurden vor 2 Wo erstgeimpft. Wir

Informieren uns, sind besorgt, verfolgen die großartigen Appelle / Aufklärungen / Wertungen von Menschen, die an der Front stehen @Anaesthet1 @Chrissip81 @DrC-Werner @narkosedoc @Frau Stahlhut etc. Unsere Vorsicht wechselt in Sorge, in Angst und in Verzweiflung. Wir entscheiden

Die Kinder bis zur 2. Impfung + 10tg aus der Schule zu nehmen um nicht vom Fall der **#Maskenpflicht** in der Schule getroffen zu werden. Dann steht Kindergeburtstag

Der Nichte an. Letztes Jahr schon ausgefallen. Oma hat Angst den nächsten nicht mehr zu erleben. Kinder sind isoliert und traurig. Wir überlegen, wägen ab. Die **#Inzidenz** ist unerträglich hoch. Die **#Neuinfektionen** explodieren. Wir entscheiden uns es zu wagen. Kleiner Kreis

#1G+. Nur geimpfte Erwachsene, die mega vorsichtig sind. ALLE machen vorher einen Test. Es wird gelüftet, Abstand gehalten, Algovir-Nasenspray, gegurgelt … einfach alles was man so tun kann … wir kamen uns schon vor wie irre … aber es war ein schönes Gefühl. Oma konnte seit

Ewiger Zeit ihre Enkel wieder sehen. Alle teilnehmenden Kinder sind ja in Isolation gewesen. Und jetzt? Eine Erwachsene wird einen Tag später informiert, daß sie K1 ist. Am nächsten Tag Symptome. Muß um einen Test betteln, weil doppelt geimpft. PCR – positiv. Ich möchte 🔥

Meine Mutter (3fach geimpft) ist wieder im Pflegeheim als wir den Anruf bekommen. Wird dort jetzt isoliert. **#Gesundheitsamt** fordert Liste an, kündigt aber an, es dauert ein paar Tage. Wir sind nicht **#muetend** – wir sind ja selbst schuld, hätten uns ja einsperren können. WEIL

#Querdenker #Querdeppen und unbedarfte Geimpfte und Genesene keinerlei Grenzen mehr annehmen. Die **#VierteWelle** durchs Land rauscht. **#Karneval** Und **#Katastrophenfall** – **#solidarität** Fehlanzeige. Was bleibt ist das Einsperren, das Vermeiden, das paranoide Isolieren der

Menschen, die in Sorge sind. Angst haben vor **#LongCovid #LongCovidKids #Triage** und berechtigtem **#Pflexit**. Wegen der **#Eigenverantwortung** wegen Unfähigkeit der **#Regierung** dem grenzenlosen **#Regierungsversagen #MAGS_NRW #HendrikWuest** und all den anderen Verantwortlichen in

Politik und Regierung. Wegen der **#volksverarschung** die uns weismachen will mit **#2g** und **#3g** wäre hier irgendwas zu retten. Wir sind ein gutes Beispiel. 2 von den geimpften und 1 ungeimpftes **#u12** Kind haben Symptome. Wir noch nicht. Aber wir fahren gleich zum PCR-Test.

Wir können uns bei der Dynamik nicht schützen. Nicht wenn wir psychisch gesund bleiben wollen – nicht wenn wir uns nicht im Keller einsperren wollen. **#harterLockdownJetzt #NotbremseJETZT** Es bringt alles nix. Auch das Schreiben bringt keine Erleichterung.

Ich empfinde nur noch Wut und Haß auf euch – **#Impfgegner #Impfverweigerer** auf euch Deppen die **#Karneval** feiern. **#Impfpflichtjetzt** sonst werden wir nichts in den Griff kriegen. NIX. Und jetzt fahren wir zum PCR. Danke fürs Lesen, wer es bis hierhin geschafft hat. 🔥🍀

Und sollte irgendein **#COVIDIOT** das hier nutzen um zu erklären „impfen bringt nix“ dann soll ihn beim Scheißen der Blitz treffen

Ich danke euch allen für die Reichweite, fürs Daumendrücken, für eure moralische Unterstützung, fürs Folgen. Das tut mir gut uns läßt mich den Tag überstehen. **#EsReichtJetzt #NotbremseJETZT #FürUns #Schattenfamilien #schuetztdiekinder #KinderdurchseuchungStoppen #ImpftEuch**

K.A. #TruppeKinderschutz
Oh man, ich fühle das! Bei uns sehr ähnlich aber bisher „Gott sei Dank“ verschont geblieben. Auch wenn man selbst geimpft ist, ist die Anspannung die Familie zu schützen so groß. **#Politikversagen** auf ganzer Linie. Ich drück euch unbekannterweise ganz fest die Daumen.

A.Z.

Du beschreibst im groben unser Leben seit Pandemie Beginn. Und wer fängt sich trotzdem das Virus samt Long Covid ein? Klar, ich. Falls ein Impfgegner hier auftaucht, helfe ich dir beim Blitze schleudern.

F.O.S.

Es bleibt nur noch zu sagen #ImpftEuchIhrHonks

M.

Ich drücke auch die Daumen, dass es bei den Kindern vielleicht doch nur eine Erkältung ist und der PCR negativ bleibt. Deine Gefühle kann ich sehr gut nachempfinden. Diese ständige Sorge und Anspannung. Macht einen völlig mürbe.

X.

Die Politik hat vor uns Vernünftigen keine Angst, weil wir noch keinen erschossen haben, weil wir auf Demos keine Bildjournalisten anspucken und ganz generell kein rabiater Pöbel sind. Müßte man glatt mal überdenken 🤛😁

L.S.

Manchmal hab ich solche Überlegungen. Heut morgen hätte ich echt mit Tomaten + Eiern schmeißen können … in meiner Phantasie könnte manchmal alles 🔥 und ich renn eskalierend durch die Straßen. Und ich hatte mein bisheriges Leben wirklich noch nie solche Gedanken 🙈 **#esReichtJetzt**

H.H.

Vorschlag für die Trends:
#BoostertAlle
#BoosterFürJeden
#BoosterFürWillige
#FuerUns
#FürUns
Auch wenn es erst 3-5 Monate nach der **#Zweitimpfung** ist, **#boostern**! Ich war jetzt 18 Monate **#solidarisch**, das erwarte ich jetzt vom **#Staat**!

13. November:

L.S.

So, der Test für mich und meine beiden Kinder ist negativ. Gott sei Dank. 🍀 danke fürs ✊ Meine Schwestern und Familien warten immer noch, auch gestern früh getestet worden. Labore scheinen schon wieder am Limit zu sein. Gesundheitsamt hat sich immer noch nicht gemeldet. 🙈

B.A.

Ich hab so Angst vor der Hochzeit heute. 32 Leute + andere Gäste des Lokals. Bin Trauzeugin. 2G plus Tests für alle. Dennoch. Eigentlich will ich nicht. Verantwortungslos, jetzt zu feiern. Kann man im Sommer nachholen. Aber nein. Es muß dieses Datum sein. Dieses Jahr.

D.S.

Ja, genau das. Ich halte es auch kaum noch aus

I.P.

Es bricht mir das Herz, das zu lesen 😱 alles Liebe für euch alle ❤️❤️❤️

J.F.

Bahnhof. Der RE kommt gleich. Viele Wartende benutzen die Maske als Kinnwärmer. Ich entferne mich diskret und leise.

E.

Ja es ist so schlimm wie du schreibst … Vielleicht sollte man im TV wieder die Bergamo Bilder zeigen … damit es auch der Letzte noch begreift 😱😱😱😱😱😱😱😱😱😱

14. November:

I.A. ist zum 3. Mal geimpft

Ich leide mit Ihnen, wenn ich Ihren Tweet lese. Und ich plädiere für eine sofortige Impfpflicht. Und hier zum Trost ein Zitat sinngemäß (Einstein): „Der meiste Streß ist der ständige Umgang mit Idioten.“ Viel Glück weiterhin.

Ums Abseits kommt man nicht herum *(26. November 2021)*

Sämtliche an das US-amerikanische Sammelsystem für Impfschäden (VAE RS) gemeldeten Todesfälle infolge einer Covid-19-mRNA-Behandlung wurden durch 5 Prozent der gelieferten Stoffe verursacht. Das gilt wohl auch für einen Teil der vielen Millionen anderen schweren Schädigungen durch die Massenspritzungen. Die Nummern der Chargen sind offenbar bekannt. Da möchte man meinen, das sei Glück im Unglück: Ärzte und Impfzentren müßten nun die Betroffenen (die noch leben) kontaktieren und zur Untersuchung und (falls möglich) Behandlung einbestellen beziehungsweise aufsuchen. Zudem müßte es in sämtlichen Arztpraxen und Spritzbuden deutlich sichtbare Aushänge geben, ähnlich wie bei Rückrufaktionen in Supermärkten, wenn zum Beispiel Glassplitter in Marmelade oder (zu viel) Gift in Wurstkonserven gefunden werden. In so schwerwiegenden Fällen wären Durchsagen in Radio und Fernsehen sowie Hinweise in Zeitungen und im Internet sicherlich angebracht.

Ob das geschieht, ist schwer zu sagen – ich weiß es nicht. Es ginge wohl mit einer Flut von Entschädigungsforderungen durch die Opfer des Experiments einher. Möglich, daß manchen Beteiligten daran nicht gelegen ist.
Zudem könnte, wenn so etwas zu bekannt wird, die „Impfwilligkeit" weiter abnehmen. Schon jetzt sinkt offenbar die Lust der bereits doppelt Gespritzten, ein drittes Mal die Tortur der „Nebenwirkungen" und eine zu dieser Jahreszeit nicht unbedingt wünschenswerte weitere Drosselung ihrer Immunabwehr hinzunehmen, um wieder ein paar Wochen lang (eventuell und angeblich) vor einer Erkältung und dem statistisch verschwindend geringen Risiko einer schwereren Atemwegserkrankung geschützt zu sein – was die ersten beiden „Verabreichungen" ganz offensichtlich nicht geleistet haben.
Dann, spricht die totalitäre Macht, muß man die Leute eben zwingen. Der Tierarzt und weltweit mächtig vernetzte Pharmalobbyist Lothar Wieler diktierte dem Kampfblatt „Die Zeit" das folgende ins Mikrophon: „Ich bin nicht der Ansicht, daß man es jedem ohne Not ermöglichen sollte, um diese Impfung herumzukommen." Das heißt: Schlupflöcher für Volksschädlinge schließen! So wie man das bei Steuerverbrechern ja seit vielen Jahren so erfolgreich tut – weshalb man diese auch so gerne als „Sünder" verniedlicht. Der „Impfsünder" hingegen ist Schädling, Verweigerer und höchstens in sehr gut gelaunten Momenten ein „Muffel".
„Viele Menschen", hetzt Wieler weiter, „begründen ihr Ungeimpftsein mit ihrem Recht auf Freiheit. Aber diese Freiheit hört in dem Moment auf, wenn sie Einschränkungen für den geimpften Teil der Gesellschaft bedeutet, der noch dazu deutlich größer ist."
Da könnte man fragen, ob es nicht umgekehrt ist: Die meisten Menschen begründen ihre Teilnahme an dem genmedizinischen Experiment mit der Hoffnung auf Freiheit. Aber diese Freiheit hört in dem Moment auf, wenn sie eine möglicherweise schädliche oder gar tödliche Zwangsbehandlung für den nicht „geimpften" Teil der Gesellschaft bedeutet, auch wenn dieser in der Minderheit ist. Der Gedanke ist aber auch so herum nicht (ganz) korrekt; er wäre es nur, wenn Freiheit etwas wäre, das man sich erkaufen kann, und die Einschränkungen tatsächlich mit einer medizinischen Gefahr begründbar wären.
Das sind sie ganz offensichtlich nicht. Zwar nimmt auch diesen Herbst – wie jedes Jahr mit der Erkältungssaison – die Belastung des Gesundheitswesens zu. Das ist aber erstens nur deswegen ein Problem, weil dieses Gesundheitswesen seit vielen Jahren gezielt und rücksichtslos beschädigt und „verschlankt" wird. Zweitens war die Auslastung zum Beispiel der vielbeschworenen Intensivstationen im Jahr 2020 historisch gering, weshalb sie auch noch weiter abgebaut wurden. Und drittens liegt diese Auslastung in diesem Herbst noch einmal unter der von 2020. Nicht viel, aber deutlich.
Weiterhin wäre zu fragen, ob die Knappheiten auf und um Intensivstationen nicht vielleicht auch den paradoxen Grund haben, daß zu viele Patienten dorthin verlegt werden, weil sich das nun mal mehr lohnt als eine „normale" ärztliche Versorgung.

Und ob es schlau ist, Menschen, die eine beginnende Erkältung spüren und sich in Panik auf einen beliebigen Erreger testen lassen, in Quarantäne zu schicken, bis sie richtig (und womöglich gefährlich) krank sind, und sie dann ohne Umweg ins Intensivmedizinsystem einzuspeisen. Neben weiteren Interessen, die wenig mit „Gesundheit", aber manches mit „System" zu tun haben.
Zudem muß man auch mal fragen, welche Krankheiten überhaupt auf Intensivstationen behandelt werden. Atemwegserkrankungen sind das offenbar nur zu einem kleinen Teil. Von den Atemwegserkrankungen wiederum machen Covid-19-Fälle ebenfalls nur einen kleinen Teil aus. Blieben die aus (zum Beispiel infolge einer supererfolgreichen „Impfkampagne" und einer superwirksamen „Impfung"), fiele das so gut wie nicht auf. Einen weitaus größeren Teil nämlich bilden Herz-Kreislauf- und neurologische Erkrankungen, bei denen in diesem Jahr (seit dem späten Frühling) ein nie dagewesener Anstieg zu verzeichnen ist. Leider dürfen wir nicht erfahren, ob die Patienten auf den Intensivstationen „geimpft" sind und ihr Leiden möglicherweise durch die Spritzung verursacht wurde.
Statt dessen testet man (offenbar vor allem „Ungeimpfte") wie wild auf SARS-CoV-2 – mit einem hierfür ungeeigneten Test, aber das ist Schnee von gestern. Und definiert dann etwa ein Opfer eines Autounfalls, das mit positivem Test auf der Intensivstation liegt, zum „ungeimpften Covid-19-Fall" um. Wie nennt man ein solches Vorgehen gleich wieder?

„Lassen Sie sich impfen! Es geht um Ihre Gesundheit, und es geht um die Zukunft Ihres Landes!" (F. W. Steinmeier, „Präsident")

Ein Propagandamedium, benannt nach und hervorgegangen aus der „Marke" „T-Online", die einst in einem der frechsten Raubzüge der kapitalistischen Geschichte aus der Bundespost hervorging, meldet am 21. November eine Sensation: „Eine Studie aus Großbritannien" gebe „erste Hinweise" darauf, weshalb so wenige Menschen an Covid-19 erkranken. „Die Wissenschaftler (...) stellten fest, daß in 20 der Blutproben der Wert bestimmter T-Zellen erhöht war. ‚Ich habe so etwas noch nie gesehen. Es ist wirklich überraschend, daß die T-Zellen eine Infektion so schnell kontrollieren können', wird Shane Crotty, Immunologe am La Jolla Institute for Immunology in Kalifornien, (...) bei ‚Nature' zitiert. Es scheint, so berichtet auch NTV, als könnte das Immunsystem dieser Menschen das Virus bekämpfen, noch bevor es sich festsetzen und im Körper vermehren kann. Als Grund für diese schnelle Abwehr vermuten die Wissenschaftler die T-Zellen, auch bekannt als Gedächtniszellen. Möglicherweise sei das Immunsystem der Betroffenen bereits auf eine neue Krankheit vorbereitet gewesen, erklärt Leo Swadling vom University College London, der an der Studie beteiligt war, laut BBC. Den Wissenschaftlern zufolge seien die T-Zellen in der Lage, den Komplex aus mehreren Virus-Proteinen zu erkennen und zu bekämpfen, so daß das Virus sich

nicht mehr vermehren kann. Grundsätzlich wehrt unser Immunsystem das Coronavirus auf zwei Arten ab: über die Antikörper und mit Hilfe der T-Zellen. Antikörper neutralisieren das Virus, bevor es eine Zelle infiziert, und T-Zellen zerstören befallene Zellen im Körper und regen so die Bildung neuer Antikörper an. Weil die T-Zellen nicht nur im Blut der Nicht-Infizierten gefunden wurden, sondern auch in Proben, die bereits vor der Pandemie entnommen wurden, kamen die Wissenschaftler zu einer Vermutung: Es sei denkbar, daß diese T-Zellen bereits vor der Pandemie im Körper entstanden sind, wenn Infektionen mit einem der vier bekannten Coronaviren stattgefunden haben. Durch die frühere Infektion, die meist nur eine Erkältung ausgelöst hat, könnte es zu einer Kreuzimmunität gekommen sein."
Wozu das ausführliche Zitat? Weil genau das, was da als „neu" berichtet wird, seit Februar 2020 bekannt ist. Oder bekannt sein könnte: Damals und in den Wochen und Monaten danach berichteten (teilweise wörtlich) Wissenschaftler genau das gleiche, unter anderem ein bekannter Lungenfacharzt, der daraufhin ebenso wie viele Kollegen gebrandmarkt, diffamiert, mit „Faktenchecks" teilweise eigens gegründeter Agenturen bombardiert und bis heute nicht rehabilitiert wurde, obwohl sich seitdem eine seiner „wirren Thesen" nach der anderen als richtig erwies (lediglich der Pharmapedia-Blog hat davon nichts mitbekommen).[77] Wie nennt man einen solchen Vorgang gleich wieder?

„Wie läßt sich die vierte Coronawelle brechen? Das ist die große Frage, die über allem schwebt." (BR24, „Nachrichtensender")

„Am Ende", meint Herr Wieler – ohne zu verraten, welches „Ende" er meint –, „geht es nicht darum, die Menschen zu bestrafen, sondern sie zu schützen, auch vor sich selbst." Wie man das bei Extremsportlern, Autofahrern, Schnapstrinkern, Spiel-, Sex- und Fernsehsüchtigen, überarbeiteten Streßopfern, Bergsteigern und Eisschwimmern, Narzißten, Karrieristen, Tablettenschluckern, Fast-food-Fressern, übergewichtigen Sofakartoffeln, übergeschnappten Tierärzten und allen möglichen anderen Selbstschädigern seit vielen Jahren erfolgreich tut. Oder vielmehr nicht tut, weil ein wie auch immer gearteter demokratischer und selbst pseudodemokratischer Staat dazu kein Recht haben kann und darf.

Und eigentlich ist das alles Schnee von gestern. Die Gläubigen halten sich Augen und Ohren zu, plärren ihre immer gleichen Parolen und Beschimpfungen ins elektronisch-soziale Blinkergetue und fühlen sich stark in der Angst. Wenn ihnen zwischendurch jemand erklärt, daß zum Beispiel Lockdowns sinnlos, kontraproduktiv und schädlich sind, halten sie kurz inne, justieren etwas im Pawlow-Hirn und brüllen: „Zahlen! schnellen hoch! Also Lockdown! Wir müssen die Pandemie besiegen!" Das wird sich, fürchte ich, nicht mehr ändern lassen. Erkenntnisse haben den Nachteil, daß sie in dogmatische

[77] Sein Name ist Wolfgang Wodarg.

Glaubensmodelle so wenig hineinpassen wie ein Pflasterstein in die Löcher eines Billardtischs. Um mit ihnen zurechtzukommen, müßte man den Spielaufbau ändern.

Manchmal gelingt das. Zum Beispiel glauben heute nur noch wenige Menschen, daß die Erde eine Scheibe ist, um die Sonne, Mond und Sterne in geringem Abstand herumkreisen, oder daß ansteckende Krankheiten durch Miasmen oder sinistre Zaubersprüche besenreitender Frauen verursacht werden. Es hat allerdings ganz schön lange gedauert, bis sich andere Ansichten durchsetzten, und gelingen konnte das letztlich nur, weil das Glaubenssystem, aus dem die Dogmen hervorgegangen waren, in einer Reihe von Rückkoppelungen selbst löcherig wurde.

Die Hoffnung jedoch, es werde sich mit dem Untergang des alten geschlossenen Wahnsystems und der Befreiung des Geistes sozusagen automatisch die Klarheit von Beobachtung und nüchterner Erkenntnis durchsetzen, trifft offenbar auf einen Grundzug der menschlichen Natur, der das Wesen individuell und kollektiv in den Dogmatismus treibt, weil nur er die Sicherheit fester Vorgaben bietet. Man vegetiert lieber in der Hölle, wo die Vorgaben streng sind und das Vegetieren lückenlos steuern, als sich der Ungewißheit des offenen Denkens auszusetzen, daß auch die Gefahr birgt, eigene Irrtümer und Grausigkeiten vor Augen zu führen.

Alles Schnee von gestern. Die dunkle Epoche, die düstere Welt, in die wir gerade hineinmarschieren, als „neues Mittelalter" zu bezeichnen, mag ein Behelf sein. Vielleicht finden wir bald einen anderen Begriff, vielleicht auch nicht. Nicht einmal das aber ist sonderlich wichtig.

Ziehen wir uns zurück. Erinnern wir uns an die irgendwie schönen Zeiten, in denen wir aufgewachsen und großgeworden sind, versuchen wir uns der Kreuzungen zu entsinnen, an denen wir, ohne es zu bemerken, abgebogen sind oder in eine Richtung gestoßen wurden. Fragen wir uns, wie es geschehen konnte, daß wir in der Gesellschaft der Pandemie gelandet sind, weshalb es so scheint, als bestünde die Weltgeschichte (oder zumindest die Geschichte des „Westens") aus einer lückenlosen Folge einander ablösender Angstwellen.

Vielleicht fällt uns dann ein, was wir ändern müssen. Oder zumindest: wie es uns gelingen kann, im dritten „Corona"-Jahr endlich den Hysteriehirten und Paniktreibern einen Schritt voraus zu sein. Oder einen oder zwei oder drei Schritte zur Seite zu treten, ins Abseits, wo vielleicht das richtige Leben ist.

Hühner in Hongkong *(28. November 2021)*

Es drohte ein bisserl die letzte Luft rauszufurzen aus dem „Corona"-Theater in den letzten Tagen. Der Eindruck, der sich aufdrängte, ließe sich in meiner Vorstellung so beschreiben: Eine riesige Bühne mit einer mindestens nürnbergmäßigen Licht-und-Schall-Inszenierung. Das Führungspersonal als geschlossene Riege auf der Bühne, ge-

plärrt wird abwechselnd und gegenseitig eskalierend. Am Rand der Bühne stehen stramm die Truppen der Jünger und Schergen, um so strammer, je flammender das Gebrüll der Führer wird.
Aber irgendwie ist da ein Ungleichgewicht. Drunten nämlich, vor der Bühne, wird die Stimmung zwar exponentiell hysterischer, kreischen die Hin- und Mitgerissenen in exponentieller Rückkoppelung die Parolen mit, die die Führer schreien. Aber die Ränder dünnen aus. Da werden immer mehr halbwegs Überzeugte langsam müde, sind nur noch minimal überzeugt, und es wächst die Menge derer, deren Haltung erschlafft, die einfach nur in der Wiese sitzen, Picknick machen, sich nicht mehr scheren um die Beschwörungen des dräuenden Weltuntergangs.
Irgendwie ein schönes Bild, in dem irgendwie Nürnberger Parteitage langsam hineinschmelzen in ein Idealbild (!) von Woodstock (oder so). Es mag sein, daß so etwas passieren kann. Je nach Auslegung ist es der DDR vielleicht passiert, obgleich man deren Führung bei aller biographiebedingten Paranoia, aller Verzweiflung, Verhornheit und altersstarrsinnigen Realitätsfremde zugestehen muß, daß sie den Abgrund der Bösartigkeit, in dem die modernen Cyberführer nisten, nicht mal geahnt hätten. (Was wir allerdings nicht so genau wissen. Was hätte Erich Mielke über Facebook gedacht?)

In der (sogenannten) Realität läßt noch wenig auf ein solches Zerbröseln des eskalierenden Getöses hoffen. Da werden die Sündenböcke eifrig weiter beschimpft und bedroht – zunehmend lauter, brutaler und hemmungsloser, je drängender sich die Erkenntnis aufdrängt, daß man hereingelegt, verarscht, belogen, mißbraucht worden ist. Das darf man nicht einsehen, weil man damit zugeben müßte, reingefallen zu sein auf einen ziemlich billigen Trick, dessen Folgen man nun ausbaden und sich dafür womöglich noch von „Querdenkern“ auslachen lassen muß.
Drum stürzt man sich erst recht auf die Brunnenvergifter. Der Gedankengang, mit dem man es heutzutage allen Ernstes in ein „Nachrichtenmagazin“ hineinschafft, geht ungefähr so (Achtung! Ganz grob vereinfacht!): Okay, „Corona“ (2019/20) war eine weitgehend normale Grippewelle. „Alpha“ (2020/21) war auch eine weitgehend normale Grippewelle, und „Delta“ (2021/22) ist ebenfalls eine weitgehend normale Grippewelle, ein bißchen harmloser vielleicht. Aber normale Grippewellen darf es nicht mehr geben, weil das Gesundheitssystem einem natürlichen Wandel unterworfen ist: Die Krankenhausbetten werden immer weniger, und Gott gab uns die Impfung, die messianische Aufhebung aller Übel, die uns von Krankheit endgültig erlöst, so daß wir gar kein Gesundheitssystem mehr brauchen (außer für die paar Kleinigkeiten neben „Delta“, die aber keine große Rolle spielen)!
Aber hoppla: Jetzt stellt sich heraus, daß die Impfung gar nicht wirklich wirkt und andererseits ziemlich schlimme Folgen hat. Plötzlich werden die geschrumpften Krankenhäuser mit „Nebenwirkungen“ überflutet, die man nur mit freizügigsten Methoden und

halsbrecherischen Manövern irgendwie „Delta“ in die Schuhe schieben kann, was viele Leute nicht mehr so richtig glauben mögen.
Und dazu bohrt auch noch langsam der Gewissenswurm im egoistischen Selbstpudding: Was habe ich da bloß getan? Was blüht mir in drei, fünf, zehn, zwanzig Jahren, bloß weil ich mich von der allgemeinen Raserei mitreißen ließ und alle Bedenken als Ketzerei über Bord geworfen habe? Und was habe ich anderen angetan, indem ich bedenkenlos mitgebrüllt habe und mitmarschiert bin? (Na gut, dieser Gedanke spielt keine große Rolle. „Solidarität“ heißt für Fanatiker: „Schützt mich! Dann schütze ich mich selber auch!“)
Da müssen Schuldige her, und das sind immer die, die nicht mitlaufen, und niemals die, die den Schmarrn, wegen dem man überhaupt losgelaufen ist, in die Welt gebracht haben. Drum sind daran, daß das Virus nicht so gefährlich ist, die Impfung aber schon und noch dazu sinnlos, die schuld, die sich nicht impfen lassen. Dafür muß die Denke einen Umweg machen: Niemand hat je behauptet, daß die Impfung gegen das Virus wirkt! Aber sie bringt Freiheit, und die bringt sie nur, wenn alle mitmachen!

Blödsinn, klar. Aber das erkläre man mal einer hysterisierten Masse in Panik. Wer sich neben eine Herde Hühner stellt und eine Kanone abfeuert und dann, wenn alle losgackern und losflattern, ein einzelnes Huhn diskursiv überzeugen möchte, das sei doch bloß ein Böller gewesen, hofft vergeblich: Das Huhn hat den Knall schließlich selbst gehört und kann hundert Mithühner als Zeugen heranziehen, um zu beweisen, daß es nötig ist, loszugackern und loszuflattern.
Mit Hühnern könnte man vielleicht noch argumentieren, weil die im Grunde nicht dumm sind und weder Zeitung lesen noch das Fernseh für echt halten. Auf dem Hühnerhof gockelt zwar auch der Gockel Marc-Bolan-mäßig herum und fühlt sich super, aber wenn die Körnerstreuung kommt, läßt er den Hühnern den Vortritt und begnügt sich mit dem Rest. Täte er das nicht, bekäme er ganz schön was zu hören, und weil er das weiß, gibt es auf dem Hühnerhof keine Gates’, Bezos’, Spahns und Söders. Noch nicht mal einen Lauterbach, weil dessen Dauergekrähe ihn sehr schnell in die Bratraine führen würde.

Hühner lassen sich gerne mal aufscheuchen und zum Narren halten, aber wenn es ernst wird, wissen sie im Normalfall, was los ist. Der Mensch hingegen fällt auf die dümmsten Sperenzchen nicht nur rein, sondern er tut das immer wieder und um so überzeugter und vehementer, je öfter er schon auf denselben Trick reingefallen ist.
Zum Beispiel kommt jetzt, wo „Delta“ für Panik nicht mehr richtig reicht und nur noch die holzköpfigsten Apostel mitlaufen und partout nicht wahrhaben mögen, daß „Inzidenzen“ Quatsch sind und in den Krankenhäusern noch weniger Atemwegserkrankte liegen als letztes Jahr, Gott sei Dank „Omikron“ daher.
Damit wird die ganze Tragödie endgültig zur Farce. Weil nun schon wieder erklärt werden muß, warum „Omikron“ noch schlimmer ist als „Delta“, und weil dafür niemand

auch nur ein neues Kriterium finden kann: „noch ansteckender" ist alles, was man vorzuweisen hat. Das wird die ungefähr 82,9 Millionen Deutschen, die von „Delta" außer Tests, Panikmeldungen und Lockdowns nichts mitbekommen haben und sich langsam fragen, wo denn eigentlich die Horror-Epidemie bleibt, die uns seit zwei Jahren versprochen wird, ganz sicher überzeugen!
Oder kann sich jemand erinnern, in den letzten zehn Monaten inmitten all der „plötzlichen und unerwarteten" Jungherzkranken einen echten, möglichst prominenten Covid-Fall (unter siebzig, Normalgewicht) gesehen zu haben, abgesehen von dem einen oder anderen Sportler, der dann murrend, aber gesund oder leicht erkältet zu Hause saß und keine Prämien scheffeln durfte? Offenbar hält man es entweder nicht mehr für nötig, uns diese tragischen Exempel vorzuführen, oder man findet keine mehr.
Mag sein. Wir amüsieren uns derweil darüber, wie hübsch das „Omikron"-Strohfeuer den ganzen Quark an Unlogik und Absudität noch mal aufrührt:
Am vorgestrigen Freitag kam die erste Meldung aus Südafrika: neue Variante! noch ansteckender! Abends waren die ersten („geimpften") Fälle schon in Belgien und Israel gelandet, wo man dringend Argumente für die Viertspritzung braucht, die angesichts der galoppierenden „Nebenwirkungen" nicht mehr so populär sein könnte.
Gestern vormittag dann Alarm bei uns: ein Fall in Hessen (selbstverständlich doppelt geimpft)! Abends: zwei Fälle in Bayern! Söder fordert „maximale Schutzmaßnahmen"!
(Kann sich eigentlich noch jemand an „Lambda", „Iota" und andere Varianten erinnern? Waren die jemals im Radio? Hat Söder da je „Schutzmaßnahmen" gefordert? War wohl grad nicht so wichtig.)
(Ach so, und was ist eigentlich aus der „Südafrika-Variante" von 2020 geworden, die vor genau einem Jahr hochgekocht wurde, um „Wellenbrecher"- und sonstige Lockdowns zu rechtfertigen, und von der es dann im Januar kleinlaut hieß, sie sei „wohl doch nicht tödlicher"? Hühner hätte man damit vielleicht auch noch reingelegt, aber jedes Jahr derselbe Schmarrn geht nur bei Menschen.)

Aber damit geht's ja erst los. Nämlich steht sofort die Frage im Raum: Hilft die Impfung (die an der längst ausgestorbenen Urversion ausprobiert wurde, schon da nicht half und selbst dann, wenn sie je geholfen hätte, seit mindestens einem Jahr überholt wäre) noch? Aber freilich, läßt der Propagandasender BR24 einen Virologen sprechen. Schließlich gebe es ja die T-Zellen-Immunität, die werde schon wirken, weil sie ja viele Abschnitte des Virus erkennen könne.
Fragt noch jemand, wieso T-Zellen-Immunität plötzlich was mit Impfungen zu tun haben soll? Wo doch T-Zellen-Immunität vor vier Wochen noch als übelste Ketzerei der Wodarg-Sekte galt? Wo doch das Virus angeblich total neu ist und es eine T-Zellen-Immunität folglich gar nicht geben kann (außer für die Wodarg-Sekte)? Wo doch die „Impfung" in bezug auf T-Zellen rein gar nichts bewirkt (außer sie zu schwächen)? Wo doch die „Impfung" nur auf einen einzigen Abschnitt des Virus geeicht ist? Wo all das,

was da im Minutentakt aus dem Radio quillt, durch und durch und absolut reinster Bullshit, pseudowissenschaftliches Gebrabbel und (sorry) Geschwurbel ist, selbst wenn zwischendurch mal ein richtiger Satz hineingeschnitten ist, der dafür aber aus sämtlichen Zusammenhängen gerissen werden mußte?

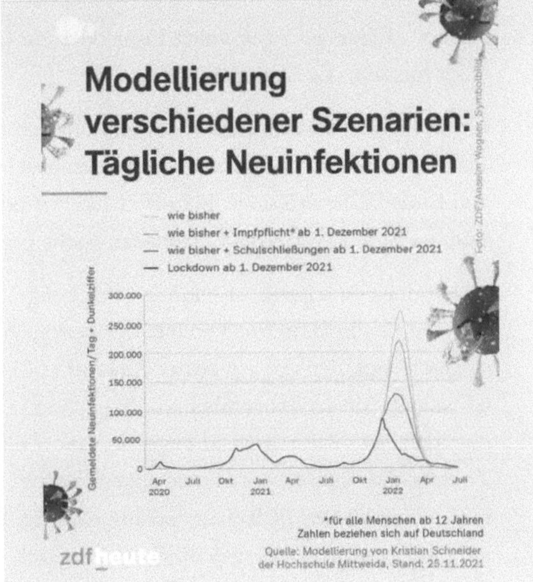

Und mitten im Getöse steht der Oberkasper Montgomery und fordert, „daß man dem Virus keine Chancen zur Mutation geben dürfe. Jede nur mögliche Infektion müsse verhindert werden."

Fragt sich noch jemand, wie man Viren effektiver zur Mutation anstacheln könnte als durch „Impfungen" mitten in der Saison? Und seit wann man weiß, daß Atemwegsviren ständig mutieren und deswegen auch die sowieso nutzlose Grippeimpfung jedes Jahr verändert, umgebaut und erneuert werden muß und trotzdem wirkungslos bleibt, während gegen Coronaviren, die noch viel schneller mutieren (vor allem eben infolge von „Impfungen") jahrelang die gleiche Genbrühe helfen soll?

Montgomery „rechnet bereits mit einer Verdoppelung der Corona-Inzidenz in Deutschland innerhalb der nächsten zehn Tage. ‚In der Nikolauswoche könnten wir Inzidenzen zwischen 700 und 800 haben', sagte der Mediziner." Der übrigens früher mal Radiologe war und von Erkältungen so viel versteht wie ein Zahnarzt von eingewachsenen Zehennägeln. Der offenbar auch nicht mitgekriegt hat, daß die „Inzidenz" als Schwurbelzahl eigentlich längst entlarvt und aus dem Rennen ist. Deshalb fordert der offenbar in jedem Fachgebiet schimmerlose Röntgenopa, Weihnachtsmärkte bundesweit zu verbieten. Weil die Leute sonst, wenn sie in München keinen Glühwein kriegen, halt nach Dresden fahren, um dort unter freiem Himmel alle anzustecken.

> Auch bezeichnete er Wagenknechts Aussage „Geimpfte haben die gleiche Viruslast wie Ungeimpfte, wenn sie infiziert sind" als missverständlich. Die ersten sechs Monate nach der Immunisierung habe ein Geimpfter zunächst ein sehr viel geringeres Risiko, sich zu infizieren. „Wenn er sich doch infiziert, hat er eine ähnlich hohe Viruslast, aber diese Viren sind nicht so lebendig, also weniger ansteckend", sagte Lauterbach.
>
> Außerdem sei die Person nur drei statt sieben Tage infektiös. Das alles mache einen großen Unterschied. „Sie schützen nicht nur sich, sondern auch andere."

Und selbstverständlich darf der Großmeister des ahnungslosen Geschwafels nicht fehlen: Lauterbach warnt, „die Variante scheine für Geimpfte und Ungeimpfte gefährlich zu sein“. Ohne auch nur einen Flyer oder ein Graffito als Beleg vorweisen zu können (oder müssen). Es ist zum Schreien.

Wo wir schon bei den Deja-vus sind, kommen tatsächlich auch noch die „Modellierer“ aus ihren Löchern und versuchen uns den gleichen Käse zu verkaufen wie Anfang 2020 und Ende 2020, weil sie wohl hoffen, daß wir noch vergeßlicher seien als wir tatsächlich sind. Es ist nur notdürftig auszuhalten (siehe gegenüber oben links).

Kaum noch zu toppen ist endlich Hongkong: „Laut Angaben der Hongkonger Regierung wurde die Omikron-Variante des Coronavirus von einem Reisenden aus Südafrika eingeschleppt, der sich seit seiner Ankunft am 11. November in einem Quarantäne-Hotel befand. Am 13. November wurde er dann positiv getestet. Es wird davon ausgegangen, daß der Mann trotz strenger Isolation einen 62jährigen im gegenüberliegenden Zimmer des Quarantäne-Hotels angesteckt hat. Dieser wurde am 18. November während seines vierten PCR-Tests positiv getestet. In beiden Fällen wurde bei einer späteren Genomsequenzierung deutlich, daß sie sich mit der Omikron-Variante des Coronavirus infiziert hatten. Einer Stellungnahme der Hongkonger Regierung zufolge soll der Einreisende aus Südafrika möglicherweise keinen ausreichenden Mundschutz getragen haben, als er seine Hoteltür beim Entgegennehmen von Essensbestellungen geöffnet habe. Dies sei womöglich der Grund für die Infektion trotz Quarantäne-Isolation.“

Es erscheint mir immer denkbarer, daß das ganze „Corona“-Theater doch eine Art von (selbst-)entlarvender Komödie ist. Zumindest die letzte Meldung riecht so deutlich nach einer eskalierten Version von Mel Brooks und Monty Python, daß sich wahrscheinlich sogar Lothar Wieler ein Lachen nicht verkneifen könnte, wenn ihm das nicht von seinem vorgesetzten Bundeswehrgeneral verboten wäre.

Ich bin gespannt, wann wir uns lachen trauen. Und ob die, die vor lauter Raserei nicht mal mehr bemerken, daß sie vor sich selbst davonlaufen, eines Tages mitlachen können, wenn sie vor den Trümmern ihres Wahns stehen. Es wäre zu wünschen.

„Pandemie der Ungeimpften“? Das geht auch ohne Impfung! *(29. November 2021)*

Was passiert eigentlich, wenn man in einer Epidemie (oder Pandemie) zum „Schutz der Bevölkerung“ gar keine richtigen Impfstoffe verspritzt, sondern lediglich lauwarmes Salzwasser?

Die Frage klingt absurd, die Antwort ist erstaunlich: Es kommt zu einer „Pandemie der Ungeimpften“ – und zwar zu ziemlich genau der gleichen, wie wir sie derzeit (angeblich) erleben. Dabei ist es auch ganz egal, ob die Pandemie eher schlimm ausfällt oder eher harmlos oder der Erreger überhaupt nicht existiert (was hiermit ausdrücklich nicht behauptet sei).

Schuld an diesem scheinbar paradoxen Ergebnis ist nicht etwa die Pandemie selbst, auch nicht die (nutzlose) Impfung – und schon gar nicht die Ungeimpften oder die Geimpften. Sondern das international übliche Meldesystem, das selbst dann automatisch eine „Pandemie der Ungeimpften" erzeugen muß, wenn die Impfung mehr Schaden als Nutzen anrichtet. Festgestellt haben das die Professoren Norman Fenton und Martin Neil von der Queen Mary University of London in ihrer Arbeit „Is vaccine efficacy a statistical illusion?" („Ist die Effektivität von Impfstoffen eine statistische Illusion?"). Und nachrechnen können es selbst blutige mathematische Amateure mit einer simplen Excel-Tabelle.

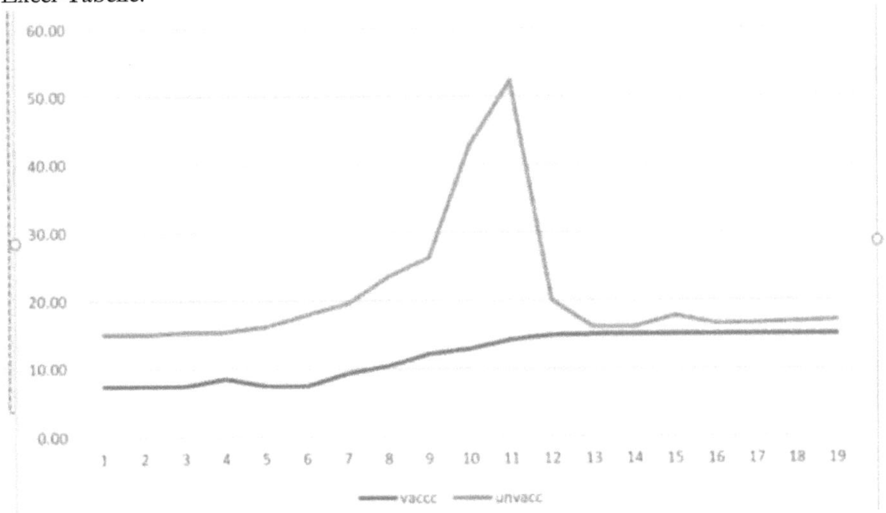

Es genügt der amtliche Meldeverzug für Sterbefälle von einer Woche, schon wird aus dem natürlicherweise gleichen Anteil verstorbener Geimpfter und Ungeimpfter ein massiver Unterschied:
Dem Modell lag eine Bevölkerung von einer Million Menschen zugrunde, von denen jede Woche statistisch durchschnittlich 150 das Zeitliche segnen. Rechnet man jede Woche aktuell und pünktlich ab, sind also unter den Geimpften wie unter den Ungeimpften jeweils 15 von 100.000 Menschen gestorben.

Nimmt man jedoch einen Meldeverzug von einer Woche an (was für das Robert-Koch-Institut höchst erstrebenswert wäre), ändern sich die Zahlen aufgrund der steigenden Impfrate massiv. Zu Beginn der Impfkampagne besteht die Gruppe der Geimpften aus genau null Personen. In der ersten Woche werden 5.000 Menschen geimpft, von denen einer stirbt. Die Ungeimpften hingegen sind anfangs eine Million, nach einer Woche nur noch 995.000, von denen in der ersten Woche 149 sterben. Die Sterberate beträgt in beiden Gruppen 0,015 Prozent.

Das bleibt auch so bis zum Ende der Impfkampagne: Nach 20 Wochen sind 990.174 Menschen geimpft, 6.980 bleiben unbelehrbar, 2.846 sind tot. (Die etwas krummen

Zahlen ergeben sich aus notwendigen Kommastellen, weil halt leider nicht 0,75 beziehungsweise 149,25 Menschen sterben können.) Und in jeder einzelnen der zwanzig Wochen sind (mit notwendigen Rundungen) 0,015 Prozent der Geimpften und der Ungeimpften gestorben – 15 pro 100.000.

Von einer Wirkung der Impfung ist in dieser reellen Berechnung nichts zu bemerken, von einer „Epidemie" oder „Pandemie" ebensowenig. Weder bei den Geimpften noch bei den Ungeimpften.

Meldet man die Todesfälle hingegen mit einer Woche Verzögerung (was für das RKI wie gesagt ein Traumziel wäre), sieht die Sache komplett anders aus. Nun beträgt die Sterberate der Geimpften in der ersten „Meldewoche" nur noch die Hälfte, also 7,5, bei den Ungeimpften hingegen 15,08 von 100.000 – und zwar mit rasant steigender Tendenz: In Woche 12 „sterben" von den Ungeimpften 52,51 pro 100.000, bei den Geimpften zwar auch schon wieder 14,24, aber der Unterschied ist offensichtlich himmelweit! (Er schrumpft zumindest optisch ein bißchen, wenn man in traditionelle Prozente umrechnet, aber optische Täuschungen gehören zum Geschäft der medizinischen Statistik nun mal dazu.)

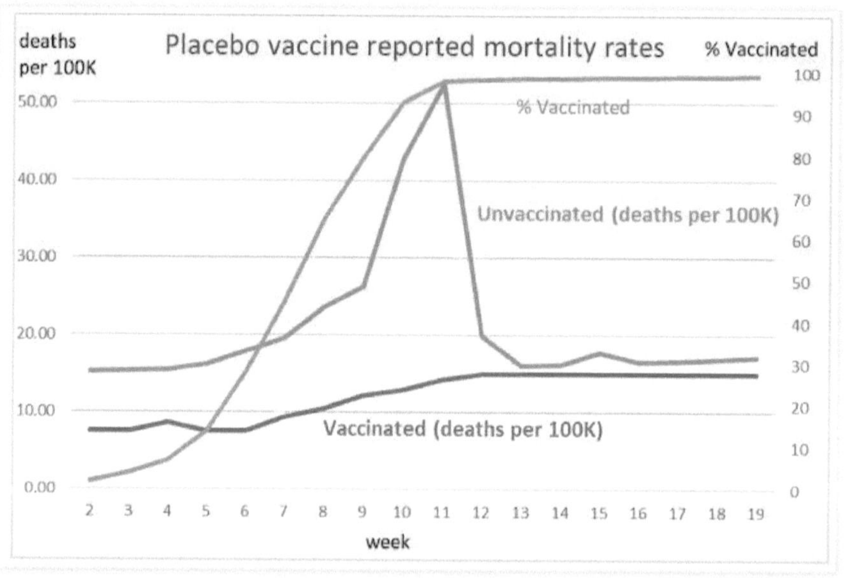

Figure 1 Reported weekly mortality rates vaccinated against unvaccinated

Danach stürzt die Differenz stark ab (ungeimpft: 20, geimpft: 14,93) und pendelt sich langsam ein, aber sie bleibt bis zum Ende bestehen. Um den plötzlichen Einbruch zu vertuschen, könnte man nötigenfalls ab Woche 13 eine „Booster"-Kampagne lostreten und den Geimpften einen weiteren Schuß Salzwasser verabreichen …

Die beiden Professoren machten übrigens eine Gegenprobe: Sie nahmen die tatsächlich gemeldeten Zahlen aller Engländer zwischen 60 und 69 Jahren, die 2021 bislang an etwas anderem als Covid-19 verstarben, und teilten auch diese auf in geimpfte und ungeimpfte. Das Ergebnis ist etwas weniger deutlich (weil mit den Ungenauigkeiten und Unwägbarkeiten der Realität behaftet), aber dennoch deutlich genug:

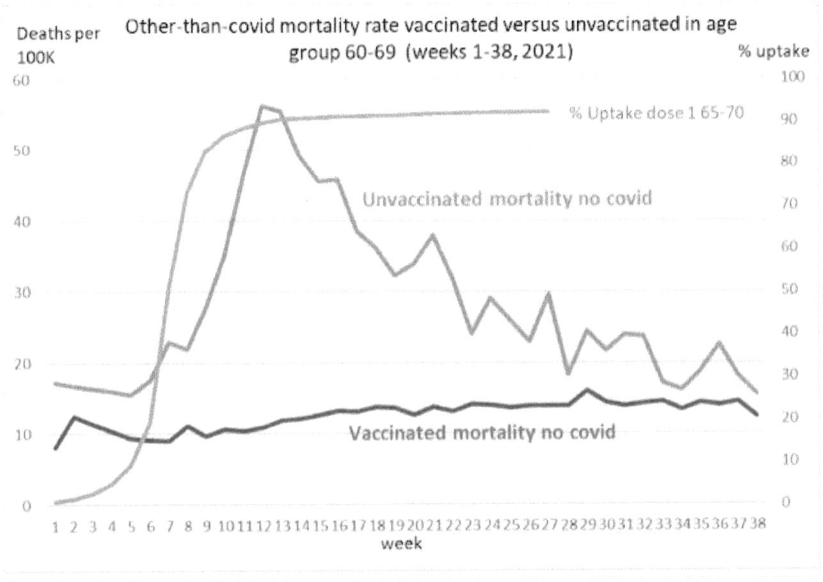

Figure 2 Reported weekly other-than covid mortality rates for vaccinated versus unvaccinated for 60-69 age group for weeks 1-38 2021

Wie gesagt: Keiner dieser Menschen starb an oder mit Covid-19 – die Rate müßte demnach in beiden Gruppen exakt gleich sein. Ist sie aber nicht.

Als letztes Rechenbeispiel verwenden Fenton und Neil einen Impfstoff, der zwar keine positive Wirkung hat, dafür aber giftig ist, so daß von den Geimpften pro Woche 2 Menschen mehr pro 100.000 sterben als unter den Ungeimpften, also 17 gegen 15. Der Effekt ist fast derselbe (die alte Rechnung sehen wir links, die neue rechts):

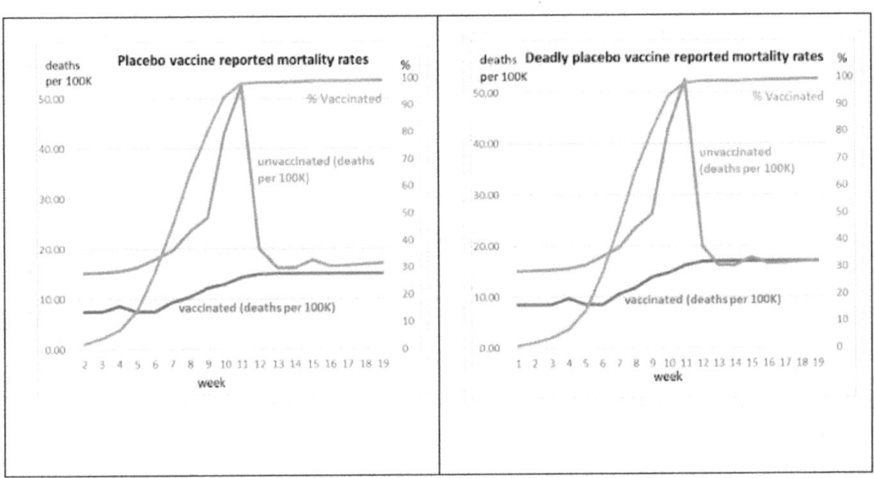

Figure 3 Reported weekly mortality rates vaccinated against unvaccinated for 'placebo' scenario and 'deadly placebo' scenarios

Allerdings sinkt mit einem giftigen Impfstoff die Sterberate der Ungeimpften in Woche 14 knapp unter die der Geimpften. Da wäre ein „Booster" dann wohl doch dringend nötig …

Salvatorische Klausel: Das ganze Modell ist selbstverständlich nur ein Gedankenspiel, irgendeine Ähnlichkeit oder Übereinstimmung mit der Realität wäre rein zufällig … etwa was den sprunghaften Anstieg der „Impfdurchbrüche" ab Woche 13 angeht:

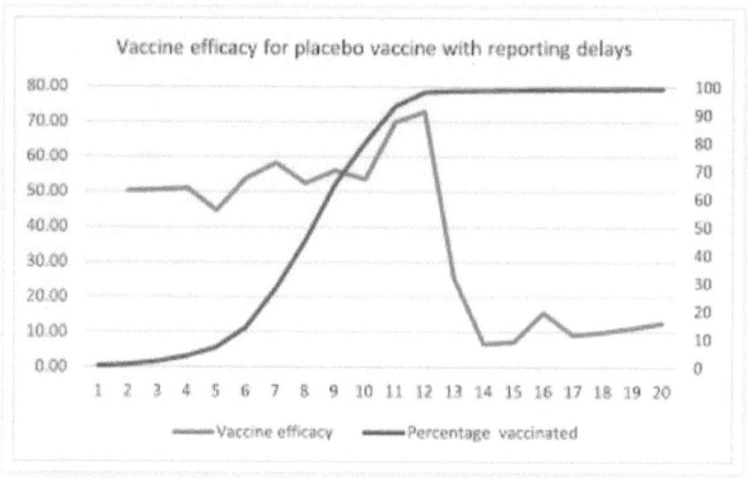

Figure 4 Reported vaccine efficacy rates equivalent for placebo vaccine

Oder die tatsächlich vom RKI gemeldeten Zahlen und Raten für Deutschland:

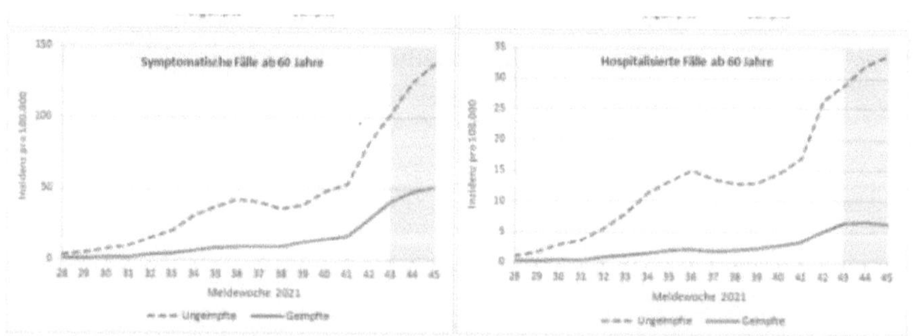

Abbildung 17: Inzidenz vollständig geimpfter und ungeimpfter symptomatischer und hospitalisierter COVID-19-Fälle pro 100.000 nach Altersgruppen, Impfstatus und Meldewoche (Datenstand 23.11.2021). Bitte die unterschiedliche Skalierung der y-Achsen beachten.

(Eine notwendige Anmerkung: Wer diese Berechnungen und Graphiken heranziehen möchte, um zu „beweisen", es gebe „kein Virus", die Impfung sei wirkungslos oder irgendetwas in diese Richtungen, sei dringend daran erinnert, daß es sich um eine Modellierung handelt, mit der man logischerweise rein gar nichts beweisen kann und deren Autoren ein derartiges Ansinnen weit von sich weisen.)

Erst der Bürger, dann der Russe oder andersrum? *(1. Dezember 2021)*

Die hübsche Märchengeschichte, die Bundeswehr werde derzeit deshalb mobilisiert (vorläufig nur 12.000 oder 18.000 Mann), weil in den Krankenhäusern ein solcher Notstand herrsche und die Soldaten ein bißchen mit anpacken sollten, war wohl ein eher kurzlebiger „urbaner Mythos". Der „designierte" neue Bundeshampelmann Scholz ist ins neue Amt noch gar nicht befördert, da gibt er es schon wieder ab und installiert eine sozusagen „demokratisch" ermächtigte Militärjunta:

Olaf Scholz
@OlafScholz
Regierungsvertreter*in aus Deutschland

Wir müssen Dinge anders machen. Deshalb wird General Breuer künftig den #Krisenstab im Kanzleramt leiten. Ich bin ihm dankbar, denn wir müssen bis Ende 2021 bis zu 30 Millionen Bürger*innen impfen - die größte Operation, die seit langer Zeit gemeistert werden musste. (1/4)

10:47 nachm. · 30. Nov. 2021 · Twitter Web App

157 Retweets 180 Zitierte Tweets 1.522 „Gefällt mir"-Angaben

Eine solche „Operation" läßt sich nun mal nur mit militärischen Mitteln „meistern", zumal ja nicht nur 30 Millionen Zwangsspritzungen in Scholz' „Agenda 21" offenbar fest vorgesehen sind, sondern noch einiges weitere, was wir zum großen Teil schon kennen, was wir nun aber wohl so richtig kennenlernen sollen:

Olaf Scholz @OlafScholz · 18 Std.
Regierungsvertreter*in aus Deutschland
Antwort an @OlafScholz
Es gibt viele weitere Maßnahmen, die wir ergreifen müssen: flächendeckend #2G, auch für Gaststätten, Freizeitveranstaltungen und den Handel. Wir werden private Kontakte einschränken müssen, sodass #Ungeimpfte sich nur noch mit wenigen Personen treffen können. (2/4)

94 27 461

Ist es eine normale menschliche Reaktion, daß man einem dermaßen unverschämten Kerl, der dann auch noch mit dem dummen Geschwätz vom „besonderen Schutz" daherkommt, eine Watschn verpassen möchte, daß es ihn drei Tage im Kreis dreht und bis nach Milbertshofen die Fensterscheiben klirren? Ist es eine normale menschliche Reaktion, wenn man Menschen, die so etwas anerkennend benicken, gut finden oder gar beklatschen, nicht in seinem Bekanntenkreis haben möchte? Oder geht es nur mir so?

Die frechste, geradezu bodenlose Lüge, die folgt, fällt da eigentlich gar nicht mehr groß ins Gewicht:

Olaf Scholz @OlafScholz · 18 Std. ...

Regierungsvertreter*in aus Deutschland

Wir beschränken Großveranstaltungen, und stellen sicher, dass bei hohen Inzidenzen Clubs und Diskotheken nicht mehr betrieben werden. Wir brauchen die #Impfpflicht jetzt dort, wo Menschen besonders geschützt werden müssen, in Alten- und Pflegeheimen, in Krankenhäusern. (3/4)

109 36 684

Nein, Herr Scholz. Wir sind in dieser Lage, weil Sie und Ihresgleichen uns hineinmanövriert haben – ob versehentlich, aus Dummheit oder mit kriminellem Vorsatz, spielt

Olaf Scholz @OlafScholz · 18 Std. ...

Regierungsvertreter*in aus Deutschland

Wir sind in dieser Lage, weil nicht genug Menschen geimpft sind. Deshalb ist es richtig, dass die Abgeordneten im #Bundestag nach ihrem Gewissen über eine #Impfpflicht entscheiden, ab dem Zeitpunkt, bei dem jeder, der sich jetzt impfen lässt, eine Zweitimpfung erhalten hat. (4/4)

759 99 862

dabei keine Rolle – und weil Ihnen und Ihresgleichen seit zwei Jahren nichts besseres einfällt, als Feuer mit Benzin zu löschen und Menschen zu quälen, zu drangsalieren, aufzuscheuchen, in Panik zu versetzen, aufzuhetzen und töten zu lassen (ja, auch das!), weil Sie entweder aus der Spirale ihrer blöden Fehler nicht mehr herauskommen oder weil man Ihnen das befohlen hat und Sie nicht anders können. Unser Beitrag dazu bestand lediglich darin, daß wir uns nicht genug gewehrt haben.

Eine allgemeine Impfpflicht bedeutet nicht weniger als einen Bürgerkrieg von oben. Ob Herr Scholz das weiß, ist angesichts seines offensichtlich vollkommenen Mangels an gesellschaftspolitischer Ahnung schwer zu sagen. Sein neuer Kommandeur weiß es mit Sicherheit. Sonst hätte er ja seinen Job nicht. Der General weiß außerdem auf jeden Fall besser als wir Zivilisten, was ein solcher Bürgerkrieg bedeutet und wie man ihn führt.

Eines ist aber sicher, und das wissen wir alle: Die Bundesrepublik Deutschland, die wir (egal in welcher Form) kannten, wird es nicht mehr geben.

Mehr muß man im Grunde auch nicht wissen. Vor allem sollte man nicht zu viel darüber nachgrübeln oder gar Pläne schmieden, weil das zwecklos ist und die Aufmerksamkeit von dem ablenkt, was geschieht. Und von dem, was geschieht, haben wir uns in den letzten (nicht nur) zwei Jahren so intensiv und durchgehend

...Darwin, in Reinform! Survival of the fittest! Wenn bei manchen Spezies die Population zu groß wird, geschehen Dinge, die erst einmal irrational erscheinen, am Ende aber die Population auf ein gesundes Maß reduziert. DAS geht mir immer wieder durch den Kopf, wenn ich das Verhalten von Querdenkern und sonstigen Schwurbler beobachte. Außer, daß das sehr traurig stimmt, sind sie, wie Lemminge, nicht von ihrem Untergang abzubringen. Ich glaube auch nicht, dass das Gros derer wieder integrierbar ist. Corona ist hier nur der Katalysator der das schon kochende "Elend" zur Eruption gebracht hat.

Gefällt mir · Antworten · 8 Std. 3

ablenken lassen, daß es geschehen konnte.

Wir arbeiten uns ständig an Dingen ab, die dann, wenn der Schwindel klar wird, schon wieder Schnee von gestern sind. Testpflicht – Lockdown – „Lockerung“ – nie wieder Lockdown – nächster Lockdown – verlängerter Lockdown – weiter und weiter verlängerter Lockdown – „Bundesnotbremse“ – „Inzidenz“ – „Impfung“ – 3G – 2G – 2G-plus – Impfpaß – Auffrischungsimpfung – Impfpflicht – neue Variante – dauerhafter Impfzwang – bei jedem dieser Details war im Grunde von Anfang an klar, daß und wie es „kommt“ (also befohlen wird). Nun streiten wir gerade nicht mehr darüber, ob eine Impfpflicht „kommt“ (weil das schon befohlen ist), und gerade noch darüber, ob das „Impfzertifikat“ zwölf, neun oder sechs Monate als Zugangsberechtigung für die Welt gültig sein soll. Auch diese Debatte ist aber längst überholt. Diesmal gibt sich der niedersächsische „Ministerpräsident“ Weil als Vorprescher her: „Auch wenn kein Politiker das gerne tut: Wir müssen die Menschen wohl auch zu regelmäßigen Auffrischungsimpfungen verpflichten.“ Die „Begründung“ ist so hanebüchen wie gewohnt: „Mit der Omikron-Variante des Coronavirus gebe es eine neue Lage, sagte er der Hannoverschen Allgemeinen Zeitung.“
Von dieser Variante ist zwar bekannt, daß sie offenbar so gut wie ausschließlich „vollständig Geimpfte“ befällt und absolut harmlos ist. Aber das muß man ja nur durch ausgiebiges Gequassel ausblenden: „Erste Untersuchungen zeigen, daß vor allem Booster-Impfungen auch gegen diese Mutation eine gute Wirkung entfalten können. Deshalb ist spätestens jetzt eine allgemeine Impfpflicht unabdingbar. Wir müssen den Impfdruck unbedingt erhöhen.“ Wie üblich: absoluter Bullshit, Wort für Wort. Und absolut effektiv.
Es lohnt sich eigentlich gar nicht, im einzelnen darauf einzugehen: „Erste Untersuchungen“? Welche denn, und wie sollten die das nach wenigen Tagen „zeigen“, zumal eben alle „Verdachtsfälle“ „vollständig geimpft“ sind? „Vor allem Booster-Impfungen“? Wieso gerade die und nicht die erste und zweite Spritzung? Ist das jetzt doch eine andere Brühe? Oder will hier nur jemand einen Ladenhüter loswerden? Gibt es Menschen, die so blöd sind, darauf hereinzufallen? Und so weiter.
Aber wie gesagt: Es wirkt. Schon werden wie jeden Tag „die Rufe lauter“ und „mehren sich die Stimmen“, vor allem die von Oberkommandeur Söder. Was er heute fordert? Egal, das gleiche wie gestern, nur: mehr.

Das kann eine Militärregierung unter einem Bundeswehrgeneral vielleicht nicht lauter, aber ohne Söder. Diese unter dem Arbeitstitel „Krisenstab“ beschlossene neue Exekutivjunta ist dem Bayernführer deswegen nicht ganz so recht, egal wie „hohe Meriten“ der General hat – schließlich könne er „keine Befehle an die Kommunen ausgeben“ (wieso eigentlich nicht?). Lieber wäre ihm ein neuer Gesundheitsminister, den dann wieder er herumkommandieren kann.

Derweil fordert ein Bochumer Arzt einen Lockdown ausschließlich für „Geimpfte", weil die 90 Prozent der positiv getesteten Patienten in seiner Praxis ausmachen und überhaupt ganz schlimme, verantwortungslose Virenschleudern seien. Da weiß ich nun auch nicht mehr, ob man lachen oder weinen oder sich die Haare raufen sollte. Oder alles gleichzeitig.

„Die Ungeimpften sind nach wie vor diejenigen, die am meisten zum Impfgeschehen beitragen." (Lothar Wieler laut „Tagesschau"; zu seiner Ehrenrettung sei gesagt, daß das Zitat mal wieder ein Fake war)

„Ich gebe Ihnen mein Wort: Es wird in dieser Pandemie keine Impfpflicht geben. Hören Sie endlich auf, anderes zu behaupten!" (Jens Spahn, 18. November 2020)

„Es könnte zu einer Ansage kommen: Stellt euch darauf ein, 2G, geimpft oder genesen, und zwar auffrischgeimpft dann ab einem Punkt x, gilt mindestens mal das ganze Jahr 2022. Wenn du irgendwie mehr tun willst als dein Rathaus oder deinen Supermarkt besuchen, dann mußt du geimpft sein. Wir sehen ja alle, was los ist in diesem Land, weil elf Millionen Erwachsene sich haben noch nicht überzeugen lassen. Und darunter leiden jetzt alle." (Jens Spahn, 27. November 2021)) *(Anmerkung: Das Zitat ist verfälscht, siehe den folgenden Eintrag.)*

Aber all das, selbst diese letzte (?) Unverschämtheit des alten „Gesundheitsministers", mit der er seinem Untertanenpöbel, der ihm nicht mal mehr ein „Sie" wert ist, sozusagen noch mal in den Arsch tritt und gleichzeitig den Mittelfinger zeigt, ist wiederum: nur Ablenkung.

Worum es möglicherweise in Wirklichkeit auch geht, verrät die britische Times ins allgemeine Schweigen der deutschen Leitmedien hinein: um Bereitschaft „in the event of war with Russia".

Einschränkung: Man erfährt ja davon, nur irgendwie anders: Da ist es stets und immer dräuender der böse Russe, der uns bedroht, indem er sich seiner eigenen Grenze immer mehr nähert (angeblich), und zwar von innen her. Weil er damit immer näher an die NATO heranrückt, die ihrerseits schon immer am selben Fleck verharrt und sich noch nie einen Millimeter nach Osten „erweitert" hat, also vormarschiert ist.

https://www.sueddeutsche.de › Politik › Ukraine
Vor Nato-Treffen: Ukraine warnt vor russischem Einmarsch
vor 1 Tag — An der Grenze zu **Russland** stünden 115 000 **russische** Soldaten. **Russland** könnte versuchen, die Grenzen in Europa "mit Gewalt neu zu ziehen".

https://www.zdf.de › Nachrichten › Politik
Nato sorgt sich vor Invasion: Ukraine: Was plant Russland?
vor 1 Tag — **Russland** konzentriert erneut Truppen an der Grenze zur **Ukraine** – die **Nato** ist in Alarmbereitschaft. Experten halten einen Angriff für ...

https://www.zeit.de › Politik › News
Ukraine : Nato aktiviert Krisenmodus nach russischen ...
vor 19 Stunden — Außenminister Heiko Maas und sein amerikanischer Kollege Antony Blinken warnen **Russland** vor einem Angriff auf die **Ukraine**. Die **Nato** behält ...

https://www.tagesspiegel.de › Politik
Nato-Staaten warnen Russland vor Angriff auf Ukraine - Politik
vor 18 Stunden — Mit Argwohn betrachtet die **Nato russische** Truppenbewegungen an der Grenze zur **Ukraine**. **Russlands** Staatschef Putin wiederum sieht sein Land ...

https://www.faz.net › Nachrichten bei faz.net › Politik
Nato-Treffen: Blinken warnt Russland vor Angriff auf die Ukraine
vor 23 Stunden — Eine **russische** Aggression an der Ostflanke der **Nato** – das schließt auch die **Ukraine** ein – würde ernste Konsequenzen haben, sagte der...

Das ist jetzt so eine typische Frage, die gerne mal am Beginn eines Krieges steht und hinterher meist von den Siegern, aber selten vollständig beantwortet wird: Wer hat angefangen?

Obacht – „dpa“-Fälschung (korrigiert)! *(2. Dezember)*

Etwas wegzulassen, kann eine Fälschung sein. Das gilt insbesondere für zentrale Punkte in Aussagen, die Politiker machen.
Gestern bin auch ich mal wieder Opfer einer solchen Fälschung geworden, eingefädelt von der „Nachrichtenagentur“ dpa („deutsche Presseagentur“). Weil ich in diesem Fall nicht nur Opfer, sondern (per Weiterverbreitung) auch Täter war, muß ich das richtigstellen.

In meinen gestrigen „peripheren Notaten“ wurde Jens Spahn wie folgt zitiert:
„Es könnte zu einer Ansage kommen: Stellt euch darauf ein, 2G, geimpft oder genesen, und zwar auffrischgeimpft dann ab einem Punkt x, gilt mindestens mal das ganze Jahr 2022. Wenn du irgendwie mehr tun willst als dein Rathaus oder deinen Supermarkt besuchen, dann mußt du geimpft sein. Wir sehen ja alle, was los ist in diesem Land, weil elf Millionen Erwachsene sich haben noch nicht überzeugen lassen. Und darunter leiden jetzt alle.“

Dieses Zitat ist verfälscht, es fehlt ein wesentlicher Teil, ein anderer wurde verändert.
Die Passage lautet im Original so:
„(…) Und ich find: Einfach mal die Ansage: Liebe Leute, das Jahr 2022 wird eins sein – und zwar egal wie gering die Inzidenz ist: Stellt euch drauf ein, 2G, geimpft oder genesen (…)“
Hier ist nicht mehr die Rede davon, daß es zu einer „Ansage“ „kommen könnte“, sondern es heißt in bestem Halbstarkenjargon: „Einfach mal die Ansage“.
Und zwar: „egal wie gering die Inzidenz ist“. Die Frage, was die „Corona“-Sanktionen mit einer gesundheitlichen (gar „epidemischen“) Lage zu tun haben könnten, ist damit beantwortet: nichts.
Die vorsätzlich verfälschte dpa-Version dieser Unverschämtheit findet man bei Google übrigens mit einer einfachen Suche etwa 34.000mal – außer bei der „Tagesschau“ auch bei Spiegel, Pro7, Sat1, RTL, „Tagesspiegel“, „taz“, „Redaktionsnetzwerk Deutschland“, RT, Südwest-Presse, Passauer Neue Nachrichten, BZ, Bayreuther Tagblatt, Frankfurter Rundschau, Münsterlandzeitung, Kölnische Rundschau, Westfalen-Blatt, Allgäuer Zeitung und so weiter und so fort.
An Absurdität kaum noch zu übertreffen ist, daß selbst das (in Sachen „Corona“ gelegentlich vorsichtig aufmüpfige) Springerblatt „Die Welt“ das verfälschte Zitat abdruckt. Von deren eigenem Internetkanal stammt nämlich das Originalinterview mit dem Originalzitat.

Ach so, und wenn man bei Google das Original sucht, findet man das auch, und zwar fünfmal: je einmal auf Telegram, Twitter, Facebook und in einem offenbar versehentlich noch nicht gelöschten Kommentar unter einem Artikel des Nordkuriers.

Grund und Recht (ein Ausflug ins Lexikon) *(3. Dezember 2021)*

In einem Lexikon von 1937 findet sich folgender Eintrag zum Stichwort „Grundrechte“:

„Verfassungsbestimmungen zur Sicherung bestimmter Rechte des einzelnen (…). Solche Rechte waren eines der Ziele des im 18. Jahrh. einsetzenden Kampfes gegen Bedrückung durch Fürstenwillkür (…). Der Grundgedanke, daß der einzelne unentziehbare Rechte gegenüber dem Staat habe, wurzelt im Geiste der Aufklärung und der Franz. Revolution; er trägt den Keim zu individualistischer Überspannung in sich, die den Bestand des Staates gefährden kann. Im Deutschen Reich seit 1933 (…) nationalsoz. Volksgemeinschaft (…), das Reich beruht auf Gefolgschaftstreue, Pflicht und Opfer. Neben Achtung und Schutz der Rechte der Einzelpersönlichkeit treten die Pflichten des einzelnen gegenüber der Gemeinschaft. Der einzelne hat nur solange Rechte, wie er seine Pflichten gegenüber der Gesamtheit des Volkes erfüllt.“

Der Gedanke, daß das Recht des einzelnen zugunsten des Volkskörpers zurückzutreten hat oder vielmehr gar nicht erst entsteht, ist ein Kernelement des Faschismus und des Nationalsozialismus. Er ist jedoch – wie so vieles – keine Erfindung dieser Ideologien. Die „individualistische Überspannung“ ist ein älteres Motiv.

1914 zum Beispiel war in der Zeitschrift „Bühne & Welt“ zu lesen: „(D)er unterliegende Individualismus trägt den Keim des Unterliegens in sich selber. Er ist krankhafter Art, in seiner blinden Überspannung todgeweiht von Anfang an.“

Die Idee ist die gleiche: Wer sich der Einverleibung in den Volkskörper widersetzt, ist selbst dem Untergang geweiht; vor allem aber beschädigt er durch seine Verweigerung den Volkskörper und trägt zu dessen Untergang bei.

Im Volks-Brockhaus („Deutsches Sach- und Sprachwörterbuch für Schule und Haus“) von 1939 ist zu lesen:

„Grundrechte, durch Verfassungsbestimmungen gesicherte Rechte des einzelnen, in die der Staat grundsätzlich nicht eingreifen darf, z. B. das Briefgeheimnis, die persönliche Unverletzlichkeit. Die G. sind im 18. Jahrhundert in der Auseinandersetzung des politischen Bürgertums mit dem absoluten Staat aufgestellt worden und sollten dem einzelnen einen gegen Eingriffe der Staatsgewalt geschützten Bereich gewährleisten. Im nationalsozialist. Staat ist das Volk der höchste politische Wert und damit ein Gegensatz zwischen den Notwendigkeiten des Volkes und der Staatsgewalt ausgeschlossen.

Der Schutz der Rechte des einzelnen beruht nicht mehr auf starren Verfassungsvorschriften, sondern auf dem Treue- und Gefolgschaftsverhältnis, in dem Führung und Volk zueinander stehen. Die Rechte des einzelnen finden ihre Grenzen an den Belangen des Volksganzen."

Das „Bundesverfassungsgericht" schreibt am 30. November 2021 zur Rechtfertigung des Verfassungsbruchs durch die „Bundesnotbremse" im Frühjahr: „Die beanstandeten Ausgangs- und Kontaktbeschränkungen waren Bestandteile eines Schutzkonzepts des Gesetzgebers. Dieses diente in seiner Gesamtheit dem Lebens- und Gesundheitsschutz sowie der Aufrechterhaltung eines funktionsfähigen Gesundheitssystems als überragend wichtigen Gemeinwohlbelangen."

Der geschäftsführende „Kanzleramtschef" Helge Braun forderte unmittelbar nach diesem erwartbaren und erwarteten Kotau des ehemaligen Verfassungsgerichts eine sofortige neue „Bundesnotbremse", „die bundesweit nach einheitlichen und für die Bürger nachvollziehbaren Regeln funktioniert". Er vergaß hinzuzufügen, daß diese Regeln aufgrund von willkürlichem Zahlenhokuspokus täglich bis stündlich geändert werden müssen, um die „Nachvollziehbarkeit" darauf zu reduzieren, daß der ehemalige „Bürger" zu tun hat, was ihm die Führer per Radio befehlen. Vielleicht ging dieser Teil von Brauns Ansage auch lediglich im Geschmetter des Bayernkommandeurs unter:

Das „Urteil" (oder sagen wir: der Spruch) der gehorsamen Karlsruher Schar ist selbstverständlich kein „Skandal" (wie der ehemalige SPD-Abgeordnete Florian Post meint), und es stellt der Bundesregierung auch keinen „Freifahrtschein" aus (wie ein Berliner Rechtsanwalt „kritisiert"). Weil sie den längst hat, und zwar von den zuständigen Instanzen, nicht von irgendwelchen Plapperern in Roben. Sondern dieser Spruch ist ein historisches Verbrechen.

Zurück ins Lexikon. Im Brockhaus von 1892 lesen wir:

„Grundrechte, in der polit. Bewegung von 1848 Bezeichnung der Rechte und Freiheiten der Staatsbürger, die man als die Grundlage und Vorbedingung eines freiern Zustandes des allgemeinen Staats= oder Volkslebens ansehen zu müssen glaubte, also ungefähr dasselbe, was die Engländer in ihrer Magna Charta, ihrer Petition of rights und Bill of rights besitzen, die Franzosen in ihrer ersten Revolution ‚Allgemeine Menschenrechte' (Droits de l'homme) nannten, die Nordamerikaner in ihrer Declaration of independence als einen wesentlichen Teil in ihre Bundesverfassung aufnahmen und was teilweise schon fast alle neuern Verfassungen des europ. Festlandes enthielten. Alle 1848 neu entstehenden Verfassungen und Verfassungsentwürfe deutscher Staaten enthielten sogenannte G.
Am wichtigsten waren die von der Deutschen Nationalversammlung zu Frankfurt beschlossenen und 21. Dez. 1848 von der Centralgewalt als Reichsgesetz verkündeten G.

des deutschen Volks. Die wichtigsten derselben wurden später in der Mehrzahl der deutschen Einzelstaaten als Gesetz anerkannt. Nachdem der frühere Bundestag wieder ins Leben getreten war, hob er durch einen Beschluß vom 23. Aug. 1851 die von der Nationalversammlung dem deutschen Volke erteilten G. förmlich auf und verfügte, daß dieselben allerwärts, wo sie eingeführt, wieder außer Kraft zu setzen, insofern sie aber inzwischen schon in die Landesgesetzgebungen selbst übergegangen, in konservativ=föderativem Sinne zu revidieren seien. Infolge dieses Bundesbeschlusses wurde allmählich in allen deutschen Staaten, wo die Einführung der G. erfolgt war, deren Wiederaufhebung beziehentlich Revision vorgenommen, hier und da mit Zustimmung der Stände, anderwärts ohne diese und zum Teil gegen deren entschiedenen Protest.
Die deutsche Reichsverfassung kennt die Rubrik G. nicht; doch wurden teils durch sie selbst (z. B. Art. 3) und durch ihr nachfolgende Reichsgesetze, teils schon durch norddeutsche Bundesgesetze viele wichtige zu den G. gezählte Rechte allen Angehörigen des Deutschen Reichs eingeräumt (z. B. Gesetz über die Freizügigkeit vom 1. Nov. 1867, Gewerbeordnung vom 21. Juni 1869, Gesetz über Erwerb und Verlust der Staatsangehörigkeit vom 1. Juni 1870 u. s. w.). Die frühere Schwärmerei für G. hat neuerdings in immer weitern Kreisen der nüchternen Erwägung Platz gemacht, daß solche G. nur in der Form einer konkreten Spezialisierung von Rechtssätzen Wert haben, wie dies in der deutschen Reichsgesetzgebung durchgeführt ist."

Man sieht: Die sogenannte deutsche „Revolution" war da schon einige Zeit her. Ein knappes halbes Jahrhundert kann eine „Schwärmerei" schon mal zugunsten „nüchterner Erwägung" dämpfen.

Im sechzehnbändigen Brockhaus von 1884 gibt es den Eintrag „Grundrechte" nicht, dafür unter „Großbritannien" den folgenden Passus:

„Die vielgerühmte Volksfreiheit (das Birthright, Geburtsrecht, der Engländer) beruht vorzugsweise auf der (…) Verantwortlichkeit des Staatsbeamtentums und auf jenem Ineinandergreifen der Gerichtsverfassung mit einem gesetzlich geordneten Selfgovernment. Die von dem großen engl. Juristen Blackstone sog. Grundrechte (Recht der persönlichen Freiheit, Freiheit des Grundeigentums, freies Vereinigungsrecht und Preßfreiheit) bilden keineswegs abstrakte Rechtssätze, wie sie in neuern Verfassungen oft aufgestellt werden, ohne daß man daran denkt, wie diese Rechte mit einer unbeschränkten Polizeigewalt, mit einem ganz unbestimmten Oberaufsichtsrecht des Staats und mit dem hergebrachten System der Verwaltung auf dem Kontinent zusammen bestehen sollen. Die Grundrechte sind vielmehr das Resultat der durch die Gesetzgebung bis in die genauesten Einzelheiten geordneten Gerichts- und Gemeindeverfassungen."

Hingegen weiß das Brockhaussche „Conversations=Lexikon" („Allgemeine deutsche Real-Encyclopädie für die gebildeten Stände, Elfte Auflage in 15 Bänden") von 1866 noch ein bißchen mehr von den kürzlich vorgefallenen „Schwärmereien":

„Grundrechte nannte man in der polit. Bewegung von 1848 diejenigen Rechte und Freiheiten der Staatsbürger […, die folgenden Zeilen sind in der obigen Ausgabe von 1892 wortgleich erhalten geblieben, dann aber geht es etwas anders weiter …] was teilweise schon fast alle neuern Verfassungen des europ. Festlandes enthielten. Daß man an eine solche Feststellung der allgemeinen Rechte zuerst und vor allem Hand anlegte, erklärt sich aus den frühern polit. Zuständen Deutschlands. So enthielten alle 1848 neuentstehenden Verfassungen und Verfassungsentwürfe deutscher Staaten sogenannte G., oder wie man es sonst nannte.

Am wichtigsten waren die von der Deutschen Nationalversammlung zu Frankfurt beschlossenen und 21. Dez. 1848 von der Centralgewalt als Reichsgesetz verkündeten G. des deutschen Volks. Sie wurden in den sämmtlichen deutschen Einzelstaaten mit Ausnahme Österreichs, Preußens, Baierns, Hannovers und einiger der kleinsten als Gesetz anerkannt, zum Theil nicht ohne Kampf zwischen der Volksvertretung und den auf Modificationen einzelner Punkte dringenden Regierungen. Diese G. sollten, wie es in dem Eingange hieß, dem deutschen Volks gewährleistet sein und unter dem Schutze der Reichsgewalt und des Reichsgerichts stehen. Sie sollten den Verfassungen der deutschen Einzelstaaten zur Norm dienen, und keine Verfassung oder Gesetzgebung eines deutschen Einzelstaats sollte dieselben je aufheben oder beschränken können.

Zugleich bestimmte das sie verkündende Reichsgesetz in einer beigefügten Einführungsverordnung, welche von diesen G. ohne weiteres in Kraft zu treten hätten, welche dagegen durch besondere Acte der Specialgesetzgebung ins Leben einzuführen wären.

Die durch die G. allen Deutschen gewährleisteten Rechte waren im wesentlichen folgende: Ein allgemeines deutsches Staatsbürgerrecht, verbunden mit dem Rechte, an jedem Ort des Reichsgebiets sich aufhalten, Liegenschaften erwerben, Gewerbe betreiben und das Bürgerrecht erlangen zu können, überhaupt den Angehörigen des betreffenden Staats gleichgestellt zu sein; die Aufhebung der Strafe des bürgerlichen Todes; Auswanderungsfreiheit und Schutz der Auswandernden seitens des Reichs; Gleichheit vor dem Gesetze mit Aufhebung aller Standesvorrechte und Standesunterschiede; gleiche Wehrpflicht für alle und gleiches Recht aller zu Staatsämtern; Freiheit der Person und Sicherheit gegen willkürliche Verhaftung; Abschaffung der Todes- und der Leibesstrafen; Unverletzlichkeit der Wohnung, des Briefgeheimnisses; Freiheit der Presse, des Glaubens, des Cultus; Selbständigkeit der Religionsgemeinschaften; Civilehe; Freiheit der Wissenschaft und ihrer Lehrer; Unterrichtsfreiheit, aber auch allgemeine Volkserziehung unter Aufsicht und Mithülfe des Staats; Recht der Bitte und Beschwerde sowie Versammlungsrecht; Garantie des Eigenthums und der freien Verfügung darüber, jedoch mit Aufhebung der Fideicommisse und Beschränkung der Liegenschaften in Todter Hand; Beseitigung aller noch bestehenden Reste des Feudalwesens, theils mit, theils ohne Entschädigung; unabhängige und für alle gleiche Rechtspflege sowie öffentlich-mündliches Verfahren; Schwurgerichte in Strafsachen, Entscheidung durch sach-

kundige Richter, soweit thunlich, bei Civilstreitigkeiten; gänzliche Trennung der Verwaltung von der Justiz; freie Gemeinde- und Landesverfassungen; Gleichberechtigung der nichtdeutschen Stämme im Gebrauch ihrer Sprachen; endlich die Zusicherung eines wirksamen Schutzes für jeden deutschen Staatsbürger in der Fremde.
Als nach dem Scheitern des deutschen Verfassungswerks Preußen die Bildung eines Reichs im Wege des Vertrags mit andern deutschen Regierungen unternahm, legte es den Entwurf einer Verfassung vor, in welchem die deutschen G. mit einigen Aenderungen wieder aufgenommen waren. Die Aenderungen betrafen namentlich: den Wegfall der Punkte wegen Abschaffung des Adels, der Todesstrafe, Aufhebung des Jagdrechts auf fremder Flur ohne Entschädigung, sodann beschränkende Bestimmungen in Bezug auf Preß- und Glaubensfreiheit, Petitions- und Vereinsrecht, das Recht der Veräußerung und Zertheilung von Grundeigenthum.
Die octroyirte Verfassung für Preußen vom 5. Dec. 1848 behielt ebenfalls unter dem Titel ‚Rechte der Preußen' die meisten jener Freiheitsgarantien bei, welche die Märzbewegung als allgemeine Forderungen der Zeit proclamirt hatte. Ein großer Theil davon ist seitdem theils mit Zustimmung der Kammern, theils ohne diese auf dem Verordnungswege beseitigt oder wesentlich modificirt worden.
Die allgemeinen deutschen G. wurden in mehreren Ländern, wo man sie angenommen, ins Leben geführt. Anderwärts blieben sie auf dem Papier stehen, oder es ward von manchen Regierungen, je weiter man sich in der Zeit und dem Geiste nach von dem J. 1848 entfernte, offen ausgesprochen, daß man weder verpflichtet noch gesonnen sei, die G. in ihrer ursprünglichen Gestalt durchzuführen."

Eine Regel tritt aus dem bisher Gelesenen deutlich zutage: Grundrechte fallen nicht von Bäumen. Sie werden auch nicht von Herrschern aus einer freundlichen Laune heraus gewährt oder verliehen. Sondern aufgehoben und abgeschafft, sobald man denen nicht rechtzeitig auf die Finger haut. Mit einer einzigen historischen Ausnahme: 1949. Da wurden den Deutschen ihre Grundrechte tatsächlich ohne jegliches Aufbegehren, Fordern und sonstige Drängen einfach so gewährt. Allerdings, wie wir sehen, nicht für lange – mit der ebenfalls ziemlich seltenen Begleiterscheinung, daß ihre erst schleichende, dann handstreichartige Aufhebung diesmal nicht etwa gegen Widerstände, sondern mit Zustimmung und teilweise fanatischem Jubel durchgesetzt wurde. Man möchte meinen: Was man nicht erkämpft hat, das gibt man leichter her. Angeblich gibt es immer noch Menschen, die glauben, die Grundrechte würden eines Tages von selbst wieder eingeführt.

(Salvatorische Klausel: Ich weiß, daß die Grundrechte offiziellem Sprachgebrauch zufolge diesmal nicht abgeschafft, sondern „eingeschränkt" wurden. Allerdings kann man Grundrechte nicht einschränken – schon gar nicht ohne zu erläutern, wo die Schranken im einzelnen liegen und wo und unter welchen Umständen die „beschränkten" Rechte doch noch gelten. Das gleiche gilt für den Vorbehalt, die Abschaffung sei nur „vorübergehend“ geschehen und die Rechte würden wieder „gewährt“, wenn die Verdoppelungszeit länger werde, der R-Wert unter 1 sinke, die Zahl der „Neuinfektionen“ zurückgehe, die „Inzidenz“ einen bestimmten Wert unterschreite, jeder ein „Impfangebot“ erhalten habe, alle Menschen „geimpft“ seien bzw. alle Menschen sich in Abständen von zwölf, neun, sechs oder drei Monaten regelmäßig „boostern“ ließen. Schon die Einführung immer neuer Bedingungen zeigt deutlich, daß eine solche Gnade nie ernsthaft erwogen wurde.)

Der Brockhaus von 1969 unterrichtet so ausführlich über die Grundrechte, daß mir das vollständige Zitat erspart bleiben möge. Immerhin ist die Definition nun wahrlich markig: „Grundrechte, Bürgerrechte, Freiheitsrechte, Menschenrechte, unantastbare und unveräußerl. Rechte auf Freiheit von staatlichem Eingriff und Zwang, die jedem einzelnen kraft seiner menschl. Natur zustehen; sie werden vom Staat nicht verliehen, sondern sind von ihm anzuerkennen und zu gewährleisten.“

Das galt auch und insbesondere für das neu eingeführte „Recht auf Leben und körperliche Unversehrtheit“ (Art. 2 GG), dessen Einführung vor allem darauf zurückging, daß im vorangegangenen deutschen Staat unter anderem in medizinischen Experimenten und Zwangsbehandlungen darauf keinerlei Rücksicht genommen worden war.

Auch dieses Grundrecht ist abgeschafft. Es wird von selbst nicht wiederkehren.

Bayern lügt – Virus tot? *(6. Dezember 2021)*

„Geimpft, genesen oder leider verstorben“ würden wir alle im nächsten Frühjahr sein, so lautete die von den einschlägigen Führern und Propagandisten ins Land gebellte Kampfparole. Der neue Oberführer, der im „Krieg gegen das Virus“ überhaupt gar „keine roten Linien“ mehr kennen will, haute auf den Pudding die Kirsche, indem er das Militär ermächtigte, bis Jahresende dreißig Millionen Spritzungen ins Werk zu setzen. (Der Codename für die Militäraktion mit „bis zu“ 40.000 Soldaten unter General Breuer, dem dann auch die „Regierung“ unterstellt sein wird, lautet übrigens „Operation Sunrise“. Die „bevölkerungskompatibel“ gestalteten Uniformen für den dauerhaften Inlandseinsatz der Militärmaschinerie wurden schon 2018/19 entworfen.)
Dreißig Millionen: Das ist – mit oder ohne Militärregime – eine ganz schöne „Ansage“ (J. Spahn), wenn man mal ein bißchen nachrechnet oder vielmehr über den Daumen peilt (die fürs Rechnen nötigen Zahlen dürfen wir ja weiterhin nicht erfahren):
Nicht „vollständig“ (also zweimal) gespritzt sind momentan etwa 25 bis 35 Millionen Menschen in Deutschland. Die wären mit der Scholzschen Massenzwangsverabreichung auf den ersten Blick schon zu erwischen. Ob das logistisch geht, bleibt fraglich, aber okay – man könnte ja mal ein paar Monate lang sämtliche anderen medizinischen,

zahnmedizinischen und tiermedizinischen Tätigkeiten komplett einstellen und einfach „aus allen Rohren schießen“ (A. Buyx).

Andererseits gäbe das wahrscheinlich ein ganz schönes Geschrei; möglicherweise könnten sich die Vereinten Nationen bemüßigt fühlen, mit Blauhelmtruppen einzugreifen und einen „Regime Change“ herbeizuführen. Simpler wäre es angesichts der zu erwartenden „Impfwilligkeit“, dreißig Millionen Genesene herbeizutesten. Darin haben die Deutschen Übung: In der letzten Woche wurden (wieder mal) so viele PCR-Abstriche getätigt wie noch nie zuvor, nämlich fast 1,97 Millionen, von denen 400.000 positiv ausfielen. Was niemanden groß wundern muß, schließlich ist Grippesaison, und nach wie vor kann der „Drosten-Test“ nicht unterscheiden, ob das, was er da vervielfältigt, ein Stück Abfall von einem ehemaligen Influenza-, Corona- oder sonst einem Virus (oder ganz was anderes) ist. Die echte Corona-Saison wiederum beginnt traditionell erst im Januar. Wenn wir die Zahl der Tests noch mal vervier- oder -fünffachen, könnten wir zum Frühlingsanfang tatsächlich dreißig Millionen „Genesene“ herbeitesten, was den Vorteil hätte, daß davon wenigstens niemand irgendwelche großen „Nebenwirkungen“ und Verkrüppelungen erleidet und womöglich später mal die Bundesrepublik Deutschland verklagt.

Deshalb werden wir in einem **Akt der nationalen Solidarität** gemeinsam dafür sorgen, dass die Infektionszahlen wieder sinken und unser Gesundheitssystem entlastet wird.

Aber so leicht geht's doch nicht. Während wir nämlich dreißig Millionen „Genesene“ herbeitesten, werden gleichzeitig dreißig bis vierzig Millionen „Geimpfte“ wieder zu „Ungeimpften“, weil ihr „Impfschutz“ (laut momentaner Sprachregelung) nach sechs Monaten ungültig ist. In Großbritannien ist man da schon bei drei Monaten. Na gut, die Briten, mag man denken, die übertreiben ja meistens. Das wäre aber das erste Mal, daß sich der bayerische Oberführer die weltweite Führung in Sachen „Härte“ abspenstig machen ließe. Man müßte also noch um ein vielfaches mehr spritzen beziehungsweise testen. Läßt sich sicher machen, kosten tut das ja nicht mehr als Geld.

Offen bleibt die Frage, wie viele Menschen wie lange noch schockgelähmt genug sein werden, um nicht wenigstens mal ein bißchen nachzudenken. Interessant wäre zum Beispiel folgender Gedankengang: Für die bekanntermaßen zwecklose Grippeimpfung wird jedes Jahr ein neuer Impfstoff zusammengebraut, weil die Viren mutieren. Kaum ein Erkältungsvirus mutiert so schnell wie Coronaviren. Wir haben uns dieses Jahr mit einem Zeug spritzen lassen, das mildere Verläufe bei einer (äußerst seltenen) schweren Covid-19-Infektion verspricht. Gegen Covid-20 (Alpha) und Covid-21 (Delta) ist es offensichtlich wirkungslos. Und nun sollen wir uns alle drei oder sechs Monate neue Spritzen mit dem gleichen Zeug verpassen lassen, das dann gegen Covid-22 (Omikron), Covid-23 und so weiter plötzlich wieder hilft?

Nach allem, was man weiß, geht Covid-22 (Omikron) mit folgenden Symptomen einher: ein bis zwei Tage Müdigkeit, Muskelschmerzen. Dagegen soll man sich „impfen" lassen, nur weil der „Tagesstürmer" ein hübsches Horrorbildchen gebastelt hat? Und das auch noch alle drei Monate, mit exponentiell zunehmenden Schäden und „Nebenwirkungen"? Klar, es könnte ja in seltenen Fällen zu „schweren Verläufen" kommen, zum Beispiel indem man sich dazu noch eine bakterielle Lungenentzündung einfängt. Und dagegen hilft die „Impfung" dann? Nein, aber … und so weiter.

Der bayerische Oberführer behauptet derweil stursteif und in Narr(en)ativtreue fest, in den Krankenhäusern und Intensivstationen lägen überwiegend (bis zu „achtzig Prozent") „Ungeimpfte". Das ist gelogen.

Die Lüge geht so: In der Woche, auf die sich Söder bezieht, wurden im Rahmen der oben erwähnten Rekordtestkampagne 9.641 doppelt Gespritzte und 14.652 nicht vor mehr als vierzehn Tagen das zweite Mal Gespritzte (also „Ungeimpfte") als positiv überführt. Das klingt nach einer Mehrheit – aber keineswegs nach 80 Prozent. Allerdings muß man dabei beachten, daß eine ganze Menge Leute als „ungeimpft" gezählt werden: etwa die mit nur einer Impfung, mit einer zu frischen zweiten Impfung und mit Symptomen. Bedenkt man dann noch, daß „Ungeimpfte" sich zwei- bis viermal wöchentlich testen lassen müssen, um auch nur Trambahn fahren oder arbeiten zu dürfen, während „Geimpfte" lediglich dann einen Test brauchen, wenn sie ab und zu mal ein „2Gplus-Lokal" aufsuchen möchten, kippt das Verhältnis schnell um.

Aber der richtig fiese Trick kommt erst noch: Es gab in derselben Woche 57.489 (!) „Positive", deren „Impfstatus nicht bekannt" war. Und die hat man einfach auch noch zu den „Ungeimpften" dazugerechnet. Womit die sich plötzlich vervierfacht haben. Und zwar nicht nur in Bayern, wo man einen solchen Beschiß allerdings unwillkürlich am ehesten erwartet.

Richtig ist: In den Krankenhäusern und (insgesamt ganz normal ausgelasteten) Intensivstationen liegen trotz Grippesaison überwiegend Patienten, die nicht an einer SARI (also einer schweren akuten Atemwegsinfektion) leiden. Unter diesen ohnehin minderheitlichen SARIs machen die Fälle, bei denen SARS-CoV-2 gefunden wurde, derzeit etwa 6 Prozent aus. Ob diese 6 Prozent von einem kleinen Teil tatsächlich wegen SARS-CoV-2 und/oder an Covid erkrankt sind, ist unbekannt, weil niemand danach fragt.

Zwar gibt es tatsächlich viele „Ungeimpfte" im Krankenhaus, die von Beinbruch bis Krebs an allem möglichen leiden und zufällig positiv getestet wurden (was man bei den „Geimpften" meistenteils unterläßt), aber die zu „Covid-Fällen" zu erklären, kann nur einem besonders dreisten Lügner einfallen.

So einem eben wie der bayerischen Staatsregierung, die aus dem verlogenen Kuddelmuddel eine „Inzidenz" von 110 für „Geimpfte" und 1.469 für „Ungeimpfte" herausklamüsert und sich dafür offenbar nicht einmal schämt. Muß man sich für eine solche Regierung schämen?

Vielleicht. Wenn sie das aber trotz Korrektur durch „Focus“ und „Die Welt“ einfach beibehält und noch einmal „klarstellt“, dann versagt die Scham. Dann wäre es Zeit, dieser „Regierung“ klarzumachen, wo sie hingehört.

Von Scham noch nie etwas gehört hat bekanntlich Karl Lauterbach. Dem ist es auch vollkommen wurst, wenn man ihn und seine Konsorten mal wieder beim Lügen erwischt. Schließlich sollte die Lüge ja nur dazu dienen, mehr Unbedarfte an die Spritze zu bringen.
Also ist ein „Totimpfstoff“ notfalls auch dann ein „Totimpfstoff“, wenn er kein „Totimpfstoff“ ist. Wenn ein Mann, der vor kurzem noch behauptete, bei „Geimpften“ seien Viren „weniger lebendig“, und dafür wenigstens noch Spott und Gelächter erntete, so was behauptet, wird's schon wirken.

Das Ende des 95-Prozent-Schwindels *(7. Dezember 2021)*

Wir erinnern uns: Vor knapp einem Jahr begann in Deutschland und anderen Ländern die „Impfkampagne“. Zunächst waren die „Risikogruppen“ dran: Sehr alte, meist kranke Menschen wurden in Senioren- und Pflegeheimen, in Krankenhäusern und auf Palliativstationen von eigens rekrutierten Trupps aufgesucht und massenweise mit modRNA-Spritzen behandelt. Dabei rückte man sozusagen Altersgruppe für Altersgruppe vor, von ganz oben langsam nach unten.
Kurz darauf kam es in einer Vielzahl von Pflege- und anderen Heimen zu „Ausbrüchen“ von Covid. Viele Menschen starben; man rätselte, ob „Impftrupps“, „ungeimpfte“ Besucher oder Personal das Virus eingeschleppt hatte. Der „Konsens der Wissenschaft“ beruhigte das Volk: Betroffen waren fast ausschließlich „Ungeimpfte“. Die wenigen „geimpften“ Opfer, so hieß es, seien so schwer vorerkrankt gewesen, daß ihr Ableben keinesfalls auf die Spritzungen zurückzuführen sei.
Tatsächlich kam es in den Wochen nach dem Start der „Impfkampagne“ nicht nur in Deutschland zu drei auffälligen Wellen von Übersterblichkeiten unter Ungeimpften – zunächst waren hauptsächlich Menschen über 80 betroffen, dann zwischen 70 und 80, dann zwischen 60 und 70. Das sei die „dritte Welle“, erklärte man uns und hatte wieder einmal einen Beleg dafür, wie erbarmungslos und mörderisch das Virus wütete. Und

wie gut die „Impfung“ wirkt: Es starben ja nur die „Ungeimpften“, die „Geimpften“ waren zu 95 Prozent geschützt!

Richtig ist: Ein solcher Anstieg der Sterberate unter Älteren zu Jahresbeginn oder im Frühjahr ist nicht ungewöhnlich. Erstaunlich (um es extrem vorsichtig zu formulieren) ist jedoch, daß drei solche Wellen auftreten, streng getrennt nach Altersgruppen und in unmittelbarem Zusammenhang mit „Impfkampagnen“. Und daß „Geimpfte“ davon nicht (oder nur sehr minimal) betroffen sind.

Was die „Impfung“ und die Einschätzung ihrer Wirksamkeit angeht, wurden dabei indes zwei wesentliche Aspekte nicht beachtet:

Zum einen gilt ein „Impfling“ bis 14 Tage nach der zweiten Spritzung als „ungeimpft“. In dieser Phase ist er wegen der Beeinträchtigung des Immunsystems durch die spritzungsbedingte Immunreaktion sehr anfällig für Infektionen wie Covid.

Zum anderen sind die üblichen, also erwarteten „Nebenwirkungen“ der mRNA-Behandlung (Kopfschmerzen, Fieber, Schwäche, grippeähnliche Symptome) von den angeblich typischen Symptomen einer Covid-Erkrankung so gut nicht zu unterscheiden. Und sie treten größtenteils in den ersten 14 Tagen nach der Spritzung auf und können bei sowieso schwer immungeschädigten, kranken Menschen tödliche Folgen haben.

Wenn man die Kurven der „Impfwellen“ (erste und zweite Verabreichung) und der „Sterbewellen“ der (angeblich) „Ungeimpften“ vergleicht, zeigt sich eine deutliche Korrelation: Erst wird gespritzt, dann erkranken und sterben die „Ungeimpften“. Dann wird das zweite Mal gespritzt, und nun sterben die einmal „Geimpften“ (und zwar in noch größerem Ausmaß).

Das könnte purer Zufall sein. Allerdings zeigt sich die gleiche Korrelation in den einzelnen Altersgruppen: Man spritzt über Achtzigjährige, und schon sterben die über achtzigjährigen „Ungeimpften“. Dann spritzt man Menschen zwischen 70 und 80, und es sterben die „Ungeimpften“ zwischen 70 und 80. Das gleiche folgt bei den Sechzig- bis Siebzigjährigen. Bei den „Geimpften“ hingegen ist keinerlei Übersterblichkeit festzustellen.

Auch das kann reiner Zufall sein, eine Korrelation läßt nicht auf eine Kausalität schließen. Allerdings stellt sich eine Frage quasi von selbst: Wieso sterben kurz nach einer „Impfung“ plötzlich „Ungeimpfte“, die damit doch gar nichts zu tun haben? Und wieso sterben kurz nach der zweiten „Impfung“ plötzlich die erst einmal „Geimpften“?

Die Antwort könnte lauten: weil sie gar nicht „ungeimpft“ beziehungsweise einmal „geimpft“ sind, sondern lediglich ihre zweite Spritzung noch keine zwei Wochen her ist. Diesen Schluß legt eine Arbeit der auf diesen Seiten bereits (zum Thema „Pandemie der Ungeimpften“) zitierten Londoner Professoren Norman Fenton und Martin Neil (u. a.) nahe, die den vielsagenden Titel trägt: „Latest statistics on England mortality data suggest systematic mis-categorisation of vaccine status and uncertain effectiveness of Covid-19 vaccination“ („Jüngste Statistiken zur Sterblichkeit in England deuten auf eine systematisch falsche Zuordnung des Impfstatus und unsichere Wirkung der Covid-19-Impfung hin“).

Ist es denkbar, daß diese haarsträubende Korrelation außer ein paar „Verschwörungstheoretikern", die seit Januar immer wieder auf die rätselhaften „Ausbrüche" hinwiesen, niemandem aufgefallen ist? Wer hat eigentlich die Frist festgelegt, nach der ein gespritzter Mensch als „geimpft" gilt? Ein erster Hinweis könnte sein, daß in den an sich (im Vergleich zu RKI und PEI) wesentlich seriöseren und detaillierteren britischen Statistiken die Kategorie „zweimal geimpft vor weniger als 14 Tagen" auffälligerweise fehlt.
Weitere Indizien finden sich in den sogenannten „Zulassungsstudien" des Herstellers Biontech. Hier muß ein verfälschender Effekt erläutert werden, der den wissenschaftlichen Namen „Survival Bias" trägt und in diesem Fall so funktioniert: Wer in dieser „Studie" mit modRNA behandelt wurde, mußte 14 Tage nach der zweiten Verabreichung überleben, um als „geimpft" in die Auswertung einzugehen. Wer vorher starb (oder aus anderen Gründen, etwa einer schweren Erkrankung, ausschied), flog unbemerkt aus der Statistik.
Im Rahmen der Biontech-„Studie" wurde 17.411 Probanden die modRNA-Spritze verabreicht, 17.511 Probanden erhielten etwas anderes (laut nicht unabhängig überprüftem Studiendesign eine Kochsalzlösung als Placebo, während etwa in der entsprechenden Zulassungsstudie von Astra Zeneca zumindest teilweise ein Meningokokkenimpfstoff zum Einsatz kam; ob die Placebos ähnliche Nanopartikel und Zusatzstoffe wie die modRNA-Substanzen enthielten, ist nicht bekannt; auffällige Reaktionen, die durch Kochsalzlösung nicht erklärbar sind, könnten darauf hinweisen). Von den „Geimpften" zeigten 8 Erkältungssymptome und wurden positiv auf SARS-CoV-2 getestet. In der Kontrollgruppe waren es 162. Das ist ein relativ eindeutiges Ergebnis: Das absolute Risiko einer Erkältung mit positivem Test wurde für alle „Geimpften" durch die „Impfung" um etwa 0,9 Prozent reduziert. Umgerechnet in die nur zu Reklamezwecken gebräuchliche „relative Risikoreduktion" (also lediglich auf die wenigen Erkrankten bezogen) wären das sogar 95 Prozent.
Das gilt aber nur – und wirklich nur – dann, wenn in beiden Gruppen gleich viele (oder keine) Teilnehmer ausscheiden, bis 14 Tage seit der zweiten Spritzung vergangen sind und die Probanden folglich klar und eindeutig als „Geimpfte" und „Ungeimpfte" zu unterscheiden sind. Wer vorher stirbt oder so krank wird, daß er aus Sicherheitsgründen ausscheiden muß, wäre und bliebe ansonsten auch als teilweise oder vollständig „Geimpfter" „ungeimpft".
Das kann das Ergebnis verzerren und verfälschen. Nehmen wir an, im Laufe der Spritzungen und der 14 Tage danach sei es in der „Impfgruppe" zu 300 „Ausfällen" aufgrund heftiger Erkrankungen („Nebenwirkungen") gekommen, in der Kontrollgruppe nur zu 150. Ohne „Survival Bias" hätten wir dann 308 erkrankte „Geimpfte" und 312 erkrankte „Ungeimpfte". Eine Schutzwirkung der „Impfung" wäre nicht mehr festzustellen, weder absolut noch relativ.
Die Wirklichkeit geht – wie oft – noch einen Schritt weiter: In der Biontech-„Studie" wurden innerhalb von 14 Tagen nach der zweiten Spritzung wegen „bedeutender Pro-

tokollabweichungen“ 311 Personen aus der „Impfgruppe“ entfernt, aus der Kontrollgruppe lediglich 61.

Da es sich nicht um eine transparente wissenschaftliche Studie handelt, weiß niemand, um welche „Protokollabweichungen“ es dabei ging. Festzuhalten bleibt: Es gab unter den modRNA-Behandelten fünfmal so viele solche Abweichungen wie unter den nicht mit diesen Stoffen Gespritzten. Wenn es sich in allen Fällen um „Nebenwirkungen“ handelte (die aufgrund der Nanopartikel und unbekannten Zusatzstoffe teilweise auch in der Kontrollgruppe aufgetreten sein könnten), stünden 319 erkrankte modRNA-Probanden 223 erkrankten „Placebo“-Probanden gegenüber.

Was angesichts der immer noch geringen Zahl von insgesamt Erkrankten kein spektakuläres, aber doch ein eindeutiges Ergebnis wäre: Wer mit modRNA behandelt wird, hätte vor Erreichen des Status „geimpft“ ein fast fünfzig Prozent höheres Risiko, zu erkranken, positiv getestet zu werden beziehungsweise zu sterben, als ein „Ungeimpfter“.

Das ist der Extremfall. Wie meist wird sich die Wirklichkeit irgendwo in der Mitte einpendeln, was hieße: Die Impfung schützt nicht im geringsten vor Covid, hat aber „Nebenwirkungen“, die Covid unter Umständen sehr ähnlich sind. Und die – bei vorbelasteten, alten, kranken, immungeschwächten Patienten – tödlich verlaufen können (vor allem wenn man ihnen eine dritte und womöglich vierte Dosis spritzt, wozu es überhaupt keinerlei „Studien“ gibt). An der Biontech-„Zulassungsstudie“ durften solche Patienten vernünftigerweise nicht teilnehmen. Daher sind wir auf die „Real-Life-Studie“ an der Gesamtbevölkerung angewiesen, um diesen Effekt einschätzen zu können. Und zwar am besten anhand der Übersterblichkeit:

Vieles kann auf Zufall beruhen. Eine Korrelation belegt, wie gesagt, keine Kausalität. Die erschreckende Entwicklung der Übersterblichkeit in Deutschland in den letzten Wochen könnte oder sollte aber ein dringender Weckruf an die zuständigen Behörden und Menschen sein, das hier beschriebene Phänomen endlich wenigstens wahrzuneh-

men: In der Kalenderwoche 46 sprang sie auf 20,2 Prozent. Wer angesichts solcher Zahlen immer noch an eine positive, gar segensreiche Wirkung der „Impfung" glaubt, sollte sich auf seinen Geisteszustand untersuchen lassen.
(Anmerkung zur letzten Graphik auf den Hinweis eines Lesers: Der Faktor der demographischen Entwicklung, der insbesondere die Übersterblichkeit im Jahr 2020 relativiert, ist hier nicht berücksichtigt.)
(Hinweis: Eine Passage zur Zusammensetzung der im Rahmen der Studien verwendeten Placebos wurde aus Gründen unklarer Beleglage nachträglich verändert. Ich empfehle zur Studie von Biontech auch den Blog von Uwe Friese und bin für weitere Hinweise zu diesem Thema dankbar.)
(Vielen Dank an Christof Kuhbandner für unerläßliche Hinweise.)

Nazis mit Nazis „vergleichen" *(11. Dezember 2021)*

Wenn man einen Nazi mit einem Nazi „vergleicht", ist das dann eigentlich einer dieser fürchterlich unangemessenen Nazivergleiche, die zur Zeit so fürchterlich verpönt sind (außer sie beziehen sich auf „Querdenker", „Verschwörungsideologen", „Impfleugner", „Maskengegner", vollkommen normale Menschen, die sich auf Grundrechte berufen, und alles, was mit der AfD zu tun hat)?
Es kommt wahrscheinlich darauf an: erstens, wen man da vergleicht, und zweitens, warum man es tut (neudeutsch: mit welcher „Gesinnung"). Zum Beispiel könnte man ohne weiteres Göring mit Goebbels vergleichen und fände viel Vergleichbares, aber wenig Gleiches. Trotzdem waren beide ohne Zweifel Nazis. Um das zu beweisen, wäre der Vergleich wiederum gar nicht nötig; da genügt ein Blick ins Geschichtsbuch. Das ist jedoch nicht immer ganz so leicht – es gibt ja auch Gestalten, die noch nicht in Geschichtsbüchern auftauchen beziehungsweise dies aus gutem Grund auch nie werden.
Ein großer Teil der Figuren zum Beispiel, die derzeit im ehemaligen deutschen Parlament herumsitzen und so tun, als hätten sie schon mal was von Demokratie gehört. Die wissen überwiegend, daß man die (großteils) aus CDU und FDP hervorgegangene neoliberale Partei „Alternative für Deutschland" mit Nazis vergleichen kann, ja muß. Wer das nämlich nicht tut, entfernt sich vom „Konsens" und wird selbst mit Nazis verglichen. Vor allem wenn er einen generellen Nazivergleich mit den Nazis vergleicht; das ist das Schlimmste.

Ich bin kein Freund der AfD, im Gegenteil. Ich habe es mit großem Ärger verfolgt, als die ARD und die neoliberale Propagandasendung „Sabine Christiansen" Ende der Neunziger immer wieder den unerträglichen neoliberalen Dummschwätzer und Kampfprediger Hans-Olaf Henkel seinen Sermon ausbreiten ließ und damit den Boden für die Gründung einer solchen Partei bereitete (der Henkel mit seiner blauroten Nase gleich noch die Farben spendierte). Und ich habe mit Bauchschmerzen zugeschaut, als

eine sogenannte „linke“ Partei nach der anderen der AfD Themen und Wähler hinterherschmiß, indem sie sich immer weiter in einen rechtsextremen, wirtschaftsfaschistischen und konzernglobalistischen „Konsens“ hineintreiben ließen oder freiwillig darin verbarrikadierten.
Daran hat sich nichts geändert außer den politischen „Himmelsrichtungen“. Alles, was in den fünfziger, sechziger, siebziger, achtziger und teilweise noch den neunziger Jahren als links gelten durfte, gilt heute als „rechts“. Und alles, was damals jedem Menschen zuwider war, der auch nur einen Funken emanzipativen Gedankenguts in sich trug und links wenigstens empfand (wenn man die wichtigen Texte schon nicht mehr gelesen hatte), heißt heute „links“. Die Verwirrung ging schon vor zehn Jahren so weit, daß Wirtschaftsfaschisten die CDU und Angela Merkel als „links“ schmähten, weil sie Billiglohnsklaverei und „Multikulti“ in einen Topf warfen. Man findet sich da seitdem nicht mehr leicht zurecht, vor allem wenn man auf das Verwirrspiel der Rechten hereinfällt.
Langer Rede kurzer Sinn: Es ist den herrschenden Mächten in den letzten zwei Jahrzehnten gelungen, sämtliche vernünftigen Ideen als „rechts“ zu diffamieren und sämtliche „wählbaren“ Parteien (zu denen für mich CDU/CSU und FDP noch nie, die SPD seit 1980 nur noch regional, die Grünen seit ihrer Wendung zur neoliberalen Kriegs- und Wachstumspartei und die Linke seit der Unterwanderung durch exakt dieselben Trollarmeen seit langem nicht mehr zähl(t)en) auf den ultrarechten, konzernfaschistischen Konsens des World Economic Forum einzuschwören. Wahlen sind, zumindest auf Bundesebene, seitdem eine reine Farce.

Seit dem Ausrollen der „Corona“-Sanktionen erleben wir eine durch diese Vorgänge vorbereitete und schließlich eingeleitete beschleunigte Transformation nicht nur der gesamten Gesellschaft, der Wirtschaft und der Politik, sondern auch einen beispiellosen geistigen Bürgerkrieg zwischen den Marionetten der handelnden Mächte und denen, die sich dem Raubzug, der kompletten Umstülpung von allem, was wir kennen, widersetzen. Die Motive, weshalb der eine auf dieser Seite mitläuft und den „Great Reset“ gar nicht schnell, totalitär und militärisch genug haben kann, während der andere plötzlich notgedrungen konservativ geworden ist, sich im (fehlgeleiteten) Einzelfall sogar auf eine Nation und deren angeblich revolutionären oder proletarischen Charakter berufen möchte, um irgendeinen Halt zu finden in der Sturmflut des Umsturzes, sind unterschiedlichst und wohl größtenteils aus der Not des Augenblicks entsprungen.
Aber die Verwirrung ist jedenfalls total: Menschen, die sich vor kurzem noch für Freiheitskämpfer hielten, schwingen jetzt flammende Lobeshymnen auf faschistische Ideale und fordern Pogrome gegen Verweigerer und Nichtmitläufer. Während sie mit der linken Hand Infozettel gegen Rassismus verteilen, schmeißen sie mit der rechten Hand Kollegen, ehemalige Freunde und selbst Familienmitglieder in einen großen Kochtopf des gruppenbezogenen Hasses und merken gar nicht, daß sie selbst die Rassisten geworden sind, gegen die sie angeblich immer „eingetreten“ sind.

Die absurden Folgen sind zum Beispiel diese: Jeder vernünftige Mensch müßte eigentlich ein Interesse daran haben, daß weitere totalitäre Maßnahmen des „Corona“-Regimes zumindest nicht „ohne ausreichende Datengrundlage über Wirksamkeit und Nebenwirkungen der ‚Impfung‘“ verfügt werden dürfen. Um im Parlament über weitere Verschärfungen des „Infektionsschutzgesetzes“ wenigstens diskutieren und sie nicht nur als Gesamtfraktion nützlicher Idioten durchwinken zu können, müßte die Bundesregierung notwendige Daten erfassen und bereitstellen.

Pressemitteilung

Soldaten der Bundeswehr unterstützen das Amper-Klinikum

DACHAU | 09.12.2021 | DAH

So in etwa lautet ein Antrag im Bundestag vom 7. Dezember 2021. Daß diesen Antrag die AfD stellen mußte, ist Grund genug, sich in den Boden zu schämen. Daß er von allen anderen Fraktionen in einer lückenlosen Querfront abgelehnt wurde, ist ein solcher Skandal und ein derart eklatanter Selbstmordversuch der deutschen Demokratie, daß dies eines Tages vielleicht doch in Geschichtsbüchern nachzulesen sein wird. Meine Generation hat sich als Teenager verwundert gefragt, wie der deutsche Reichstag 1933 so blöd sein konnte, das Ermächtigungsgesetz zu verabschieden. Heute wundern wir uns über nichts mehr.

Braunschweiger Zeitung, Dezember 2021

(Zur Erinnerung: Der „Freistaat Braunschweig“ verlieh 1932 einem staatenlosen Ex-Österreicher aus Braunau die deutsche Staatsbürgerschaft und sorgte damit für eine enorme Ankurbelung der Nachfrage nach braunen

Hemden. Ja, manches mag Zufall sein.)

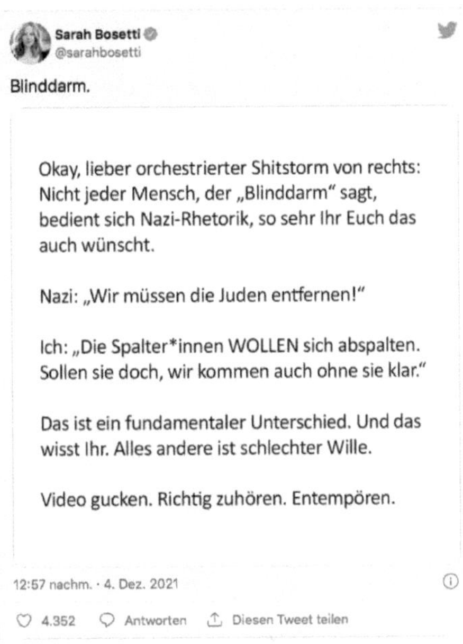
Sarah Bosetti
@sarahbosetti

Blinddarm.

Okay, lieber orchestrierter Shitstorm von rechts: Nicht jeder Mensch, der „Blinddarm" sagt, bedient sich Nazi-Rhetorik, so sehr Ihr Euch das auch wünscht.

Nazi: „Wir müssen die Juden entfernen!"

Ich: „Die Spalter*innen WOLLEN sich abspalten. Sollen sie doch, wir kommen auch ohne sie klar."

Das ist ein fundamentaler Unterschied. Und das wisst Ihr. Alles andere ist schlechter Wille.

Video gucken. Richtig zuhören. Entempören.

12:57 nachm. · 4. Dez. 2021

4.352 Antworten Diesen Tweet teilen

Das ist vielleicht der Fluch der Deutschen: Die (parlamentarische) Demokratie war nie ihre Errungenschaft, nie ihr Ziel und selten ihr Wunsch. Sie wurde ihnen hin und wieder aufgezwungen oder „geschenkt", und das war ihnen irgendwie immer peinlich. Was haben die aufrechten Rechtsdeutschen wenige Jahre nach dem von ihnen angerichteten Weltkrieg und Holocaust gegen harmlose Gewissensdemokraten von Willy Brandt bis Rudi Dutschke gehetzt – nun dürfen sie zufrieden sein: Sie haben mal wieder gewonnen, und die Welt schaut zu, was für ein Wahnsinn ihr diesmal aus der europäischen Mitte erblüht.

Der Rest sind Kleinigkeiten, kaum noch der Rede wert inmitten des rapiden Umwertens aller Werte und Wegfegens aller Hemmschellen. Die wenigen verbliebenen Krankenhäuser werden zu Kasernen, wobei der schon einmal pionierhafte Ortsname „Dachau" niemandem mehr groß auffällt.

In Lüdenscheid wurden laut Pressebericht „die einschlägigen Regeln der Corona-Schutzverordnung erst Mittwoch ‚scharf geschaltet'". Zu diesem Behuf orderte der Manager des „Stern-Centers" 12.000 gelbe Armbänder, um aufrechte Impfdeutsche kennzeichnen und genetisch minderwertiges Volk draußenhalten zu können. Gelbes Bändchen fürs „Stern-Center". Klingelt da noch was? Nein, oder? Da klingelt nichts mehr.

„Wir brauchen eine einrichtungsbezogene Impfpflicht ab März, damit das Weihnachtsfest sicher stattfinden kann." Es hat immerhin einen gewissen Unterhaltungswert, wenn man einen gemeingefährlichen Irren zum Minister ernennt.

Eine besonders sendungsbewußte, für dümmlichen Gesinnungskitsch bekannte „Kabarettistin" meint derweil öffentlich dies: „Wäre die Spaltung der Gesellschaft wirklich etwas so Schlimmes? Sie würde ja nicht in der Mitte auseinanderbrechen, sondern ziemlich weit rechts unten. Und so ein Blinddarm ist ja nicht im strengeren Sinne essentiell für das Überleben des Gesamtkomplexes."
Selbstverständlich hat Sarah Bosetti von deutscher Geschichte keinen Schimmer und deshalb auch nicht damit gerechnet, daß jemand ein Zitat des SS-Arztes Fritz Klein ausgräbt, der an der Rampe des KZ Bergen-Belsen für die Selektion von arbeitsfähigen und zu tötendem Menschenmaterial zuständig war: „Aus Ehrfurcht vor dem menschli-

chen Leben würde ich einen eiternden Blinddarm aus einem kranken Körper entfernen. Der Jude ist der eiternde Blinddarm im Körper der Menschheit."
Man muß so etwas nicht mehr kommentieren, denke ich. Auch nicht Bosettis erbärmlichen Versuch, sich in Goebbels-Manier herauszuwinden (siehe oben).

Der sogenannte Publizist und „No Covid"-Extremist Heinz Bude („Gesellschaft der Angst") plappert derweil in das Mikrophon eines rechtsextremen Podcasters mit „Spiegel"-Vergangenheit hinein: „Klare Kante, klare Richtung. Impfgegner müssen fühlbar Nachteile haben. Und im Grunde kann man sich nicht länger mit denen beschäftigen. Das ist so. Die kann man nicht nach Madagaskar verfrachten. Was soll man machen?"
Kann man nicht nach Madagaskar verfrachten? Ja, so ein Pech. Die Idee hatten nämlich andere auch schon: Die wollten gleich die gesamte jüdische „Rasse" aus Deutschland hinausschaffen und nach Madagaskar „verfrachten", damit sie dort unter Aufsicht verrecke. Zuständig war ein Herr Eichmann. Manche Ideen werden in der Wiederholung nicht origineller. Und selbstverständlich ist auch Herrn Budes Gequatsche genauso wenig eine Volksverhetzung wie das entfesselte Gebrüll eines regierungsamtlich geförderten Idiotenblogs zur öffentlichen Beschimpfung ganz normaler Menschen als „Terroristen".

Hin und wieder möchte man die Gläubigen gerne fragen: Nachdem ihr das alles mitgemacht habt, zwei Jahre lang – Panik, Abstand, Hausarrest, Kulturverbot, Maskenpflicht, Testpflicht, FFP2-Maskenpflicht, Registrierungspflicht, Kontaktverfolgungsapps, Lockdown, noch ein Lockdown, viele Lockdowns, Impfung, zweite Impfung, wieder Maskenpflicht, neue Testpflicht, dritte Impfung, nächster Lockdown, vierte Impfung, dazu die ununterbrochene Beschallung mit Panikmache und Hetze … – ist da eigentlich irgendwann irgendwas, wenigstens kurz, irgendwie besser geworden?
Seid ihr deswegen so wütend, sucht ihr deswegen so dringend einen Sündenbock, den ihr schlachten und opfern könnt, um die göttlichen Mächte endlich zu besänftigen oder wenigstens euer Mütchen zu kühlen und euch abzureagieren, weil ihr so blöd gewesen seid, auf jede neue Versprechung hereinzufallen?
Dann nehmt euch in acht. Ihr seid auf dem direkten Weg in einen sehr finsteren Abgrund. Mag sein, daß ihr einige mitreißen werdet. Aber nicht alle. Nicht die ganze Welt. Und nicht uns. Am Ende: geht ihr alleine unter.
Und wir: werden bald wieder lachen und uns freuen. Was nicht heißt, daß ihr nicht eingeladen wärt. Wenn ihr den Wahnsinn hinter euch und hoffentlich diesmal etwas daraus gelernt habt.

Befreit euch von dem Wahn. Das geht.

Vom Paradoxon zum Paradoxon *(15. Dezember 2021)*

2020 gab es ein „Präventionsparadoxon". Das besagte, daß ein Lockdown „wirkt", auch wenn er überhaupt nichts bewirkt. Weil man schließlich nicht weiß, was passiert wäre, wenn man die wirkungslose Strafmaßnahme nicht befohlen hätte. So wie man, wenn man nicht unter einer Leiter hindurchgeht, auch nie erfährt, was für schreckliche Katastrophen eingetreten wären, wenn man es unvorsichtigerweise doch getan hätte.
Im Herbst 2021 stoßen wir auf ein neues Paradoxon, diesmal eindrücklich zu verfolgen in Österreich: Ein Lockdown bewirkt zwar nichts, wirkt aber selbst dann auf „die Zahlen", wenn er gar nicht stattfindet – also wenn kein Mensch sich daran hält, sondern lieber hunderttausendweise auf die Straßen geht, demonstriert und feiert. Das gilt sogar dann, wenn der Lockdown erst befohlen wird, wenn die Zahlen bereits am Sinken sind.
Gleichzeitig erleben wir ein „Radikalisierungsparadoxon": Die „Reichsbürger", „Schwurbler", „Leugner", „Verschwörungsideologen" und „Querdenker", die derzeit täglich in dutzenden deutschen Klein- und Großstädten spazierengehen (weil Demonstrationen verboten sind), „radikalisieren sich", so erfahren wir aus der amtlichen Propaganda, „immer weiter". Der sächsische Innenminister meint gar: „Sie googeln sich in einen Radikalisierungstunnel."
Auf deutsch heißt das: Sie bleiben so, wie sie sind, und fordern, was sie seit eineinhalb Jahren fordern – eine wie auch immer im einzelnen gestaltete Wiedereinführung von Grundrechten, die ihnen (und der gesamten Bevölkerung) von den herrschenden Instanzen entzogen wurden, unter Berufung auf eine Erkältungskrankheit, von deren (sorry) atemraubender Gefährlichkeit auch nach bald zwei Jahren „Pandemie" nichts zu bemerken ist.

Gefährdet ist durch diese Erkrankung laut offizieller Sprachregelung ja auch nicht der Mensch, sondern das Gesundheitssystem. Weshalb es die herrschenden Instanzen nicht für nötig halten, etwas zu dessen Stärkung zu unternehmen, sondern die Kapazitäten fleißig und stetig weiter abbauen (lassen). Kostet schließlich Geld, so ein Klimbim – Geld, das man für Waffen braucht. Weil, wie man uns seit Wochen viertelstündlich einhämmert, der Russe sich ebenfalls „weiter radikalisiert" und die Ukraine überfallen möchte.
Der Russe „radikalisiert" sich übrigens recht ähnlich wie die „Impfgegner": indem er auf seinem eigenen Territorium Militärübungen durchführt, um sich auf einen Überfall (von außen) vorzubereiten, und die NATO auffordert, einen solchen Überfall gefälligst zu unterlassen. Was immer man von Militärübungen hält (ich halte absolut nichts davon): Wenn die NATO eine solche vor unserem Haus durchführt und mich gleichzeitig warnt, ja nicht aus dem Fenster zu schauen, dann werde ich mißtrauisch. Mag sein, daß dieses Mißtrauen ebenfalls ein Zeichen von „Radikalisierung" ist. Schließlich kann von einer „Radikalisierung" der NATO in den letzten vierzig Jahre keine Rede sein.

Zusammengefaßt: bedeutet „Radikalisierung", an einmal gefaßten Grundsätzen ziemlich stur, wenn auch selbstkritisch festzuhalten, während der Rest der Welt durchdreht und eskalierend verrückt spielt. Was eine gewisse Logik hat, schließlich steckt bekanntlich in „radikal" das Wort „radix" (Wurzel). Wer also im Januar 2021 eine modRNA-Spritzung ablehnte und das heute immer noch tut, der hat sich in diesem Sinne zweifellos radikalisiert. Während die, die damals ein „Angebot" einer einmaligen, freiwilligen „Impfung" versprachen und heute einen Zwang zur mindestens dreimaligen Massenspritzung der gesamten Bevölkerung androhen, sich nicht radikalisiert haben, sondern einfach nur durchgedreht sind und verrückt spielen.

Impfgegnern, die im Februar 1918 Vorwürfe erhoben, auf Basen der US-Armee würden unter Leitung des obersten Sanitätsoffiziers William Gorgas tausende US-Soldaten gefährlichen und tödlichen Impfexperimenten unterzogen, unterstellte man, mit dem deutschen Kaiser zu sympathisieren. Man bezeichnete sie also umgerechnet als „Reichsbürger".

Olaf Scholz am 24. November 2021 im „Heute Journal": „Es darf niemals jemand geben, der sagt, irgendwas geht nicht. Wenn es nötig ist, muß es getan werden. Dazu gehört ja auch zum Beispiel in dem Regime, das jetzt gesetzlich neu scharf gestellt worden ist, die Möglichkeit, Kontaktbeschränkungen zu verhängen, wenn das erforderlich ist. Also da ist ein ganz großes Waffenarsenal, und es geht jetzt darum, es nicht nur zu zeigen, sondern auch zu nutzen, wo es notwendig ist."
Sollen wir das mit der „Radikalisierung" vielleicht doch noch mal diskutieren? Ach nein, lieber nicht.

Um sein Waffenarsenal nicht nur zu zeigen, sondern aus allen Rohren in die Bevölkerung zu feuern, hat der neue Kanzlerdarsteller ein „wissenschaftliches Expertengremium" zusammengestellt, das unter Leitung eines Generals in militärischer Manier die nächsten Sanktionen, Zwangs- und Strafmaßnahmen formulieren soll. Besonders naive Zeitgenossen mögen sich vorab gefragt haben: Wer wird diesem „Gremium" wohl angehören? Weniger Naive werden schon mal Wetten angeboten haben: die gesamte Kamarilla der TV-Schwätzer und -Hetzer – Drosten, Ciesek, Brinkmann, Priesemann, Buyx, Mertens, Wieler, Montgomery, Karagiannidis, Sander, Lauterbach als Vollfront der „Corona"-Paniktröten, Scharfmacher und notorischen Propagandakläffer des faschistischen Gesellschaftsumbau sind unverzichtbar; dazu als „good cop" Hendrik Streeck plus ein paar Abnicksoldaten aus der Provinz und auf jeden Fall kein Immunologe, kein Epidemiologe, kein unabhängiger Allgemeinmediziner, kein Allergologe, kein Kinderarzt, kein Psychiater, Soziologe, Psychologe, Pädagoge, Intensivpfleger, Heimleiter, Gerontologe, kein Bürgerrechtler, kein Ethikspezialist, kein Philosoph, kein unabhängiger Jurist, kein Verfassungsexperte, keinerlei Fachleute für Demokratie, Pressefreiheit, Menschenrechte.

Die Wette ging nur teilweise auf: Montgomery, der im April 2019 für zwei Jahre zum Vorsitzer einer „World Medical Association" (die ganz und gar kein „Weltärztebund" ist) gewählt und trotz längst abgelaufener Amtszeit bislang nicht ersetzt wurde, sitzt daneben auf so vielen korruptionsrelevanten Posten, daß er so und so ständig ins Fernsehen gepusht werden kann, um strukturell rassistische Beschimpfungen und Forderungen auszustoßen, daß man ihn in dem neuen Verein gar nicht mehr wirklich braucht. Lauterbach ist als frisch ernannter Talkshowminister nun auch offiziell für flächendeckende Seuchenpanik zuständig und damit ausgelastet. Der Rest der Unvermeidbaren: sitzt geschlossen drin im „Gremium". Außer Frau Ciesek. Was ist mit der passiert? Hat man sie vergessen?

Ebenfalls nicht in dem „Gremium" sitzt leider ein „Vorbild für viele Menschen". Der bayerische Rundfunk meldete am 12. Dezember 2021 im Viertelstundentakt folgendes: „FC-Bayern Spieler Kimmich bedauert seine Entscheidung, sich nicht gegen Corona impfen zu lassen. Dem ZDF sagte er, dass er sich nun doch zu einer Impfung entschlossen hat. Es sei schwierig für ihn gewesen, seine Ängste und Bedenken zu überwinden. Kimmich hatte eine Debatte ausgelöst, als er im Oktober von seiner Furcht vor Langzeitfolgen erzählte. Experten hatten daraufhin versichert, daß es keine langfristigen Nachwirkungen gibt. Im November erkrankte Kimmich dann an Covid-19 und hat aktuell noch Lungenprobleme. Die neue Bundesforschungsministerin Stark-Watzinger lobte Kimmichs Entschluss zur Impfung. Er sei als Nationalspieler ein Vorbild für viele Menschen, so die FDP-Politikerin auf Twitter."

Dieses „Vorbild für viele Menschen" leistet im Interview tatsächlich eifrig Abbitte für den zwischenzeitlichen Abfall vom rechten Glauben. Allerdings darf man da ruhig genauer hinhören. Zwar „bedauert" Kimmich, daß er sich nicht „früher" spritzen ließ – allerdings nur weil er dann als „Kontaktperson" nicht zu Hausarrest, Spielverzicht und Gehaltskürzung gezwungen worden wäre. Und das mit dem „früher" ist auch relativ relativ: „Jetzt ist es erst mal so, daß ich in ein paar Tagen als genesen gelte. Dieser Status dauert dann eine gewisse Zeit lang an. Wenn das dann empfohlen wird und der Zeitpunkt da ist, dann werde ich mich impfen lassen."

Es kommt also darauf an, wer ihm da was „empfiehlt". So ein „Status" (der Immunität) kann nämlich ziemlich lange anhalten – dokumentiert sind Fälle von Menschen, die wegen einer SARS-Infektion im Jahr 2003 bis heute gegen Covid immun sind. Es könnte einige Jahre dauern, bis die modRNA-Sekte endlich ein Reklamebild von Kimmich mit Spritze im Arm vorzeigen darf. Angesichts des Risikos, sich die erworbene natürliche Immunität mit zwei, drei oder mehr Injektionen ein für allemal kaputtzumachen, sollte der bislang tapfere Mann die Zeit nutzen, um sich zu informieren und abzuwägen. Vielleicht bleibt er dann ein „Vorbild für viele Menschen".

Daß „tz" und „Bild" folgsam melden, Kimmich wolle sich „jetzt" doch „impfen" lassen, ist logischerweise eine der üblichen Propagandalügen. Es sei denn, man meinte das

„lange Jetzt" („The Long Now"), das ein paar Jahrhunderte dauern kann. Radikalisiert, sozusagen.

Zurück zu den Nebensachen, diesmal ebenfalls via BR, wo die Marionetten der Möchtegernweltherrscher mal wieder Gespenster sehen dürfen: „Liverpool: Die G7 haben Rußland im Falle weiterer Aggressionen gegen die Ukraine mit massiven Konsequenzen gedroht. Die britische Außenministerin Truss sprach von einem hohen Preis, der zu zahlen sei. Genauer wurde sie nicht." Wie auch, schließlich gibt und gab es keine solche „Aggressionen", weshalb man sie herbeiphantasieren muß: „Die G7-Außenminister fürchten, daß russische Truppen in die Ukraine einmarschieren könnten. Der Kreml warf dem Westen vor, Rußland international zu dämonisieren. Ein Sprecher erklärte im Fernsehen, Moskau bedrohe niemanden." Nebensachen? Nun ja, das sind wie gesagt die Dinge, für die wir uns eigentlich interessieren sollten.

Statt dessen meldet sich nach Tagen, gar Stunden des öffentlichen Plärrverzichts der nach Lauterbach lauteste „Corona"-Terrorist auch mal wieder zu „Wort": „Als Politiker haben wir die Eigenverantwortung der Menschen, die wir hoch eingeschätzt haben, tatsächlich überschätzt", teilte Markus Söder dem Main-Echo mit. „Ich dachte, daß bei einer potentiell tödlichen Krankheit ein kostenfrei vom Staat verabreichter Impfstoff von allen Menschen angenommen wird." Statt dessen gebe es in Bayern nun eine zu niedrige Impfquote, sagte Söder. „Wir reden uns doch den Mund fusselig, damit sich die Menschen bitte impfen lassen. Aber da hört man dann andere, tiefer liegende Motive, warum dieses Angebot nicht angenommen wird." Also müsse man das Land „eben auf anderen Wegen" schützen – „und auch die schützen, die sich nicht schützen lassen wollen", betonte Söder. „Das ist das eigentliche Paradoxon dieser Zeit."

Daß Herr Söder sauer ist, weil sich ein renitentes Völkchen von Radikalisierten seinen widersinnigen und doofen Befehlen widersetzt, kann man verstehen. Der psychotische Größenwahn, an dem der Mann leidet, darf so etwas nicht akzeptieren. Drum hilft es auch nichts, ihn auf seine Denkfehler hinzuweisen: Keineswegs hat er die „Eigenverantwortung der Menschen" unterschätzt, im Gegenteil – er hat „die Menschen" für blöder und folgsamer gehalten, als sie offenbar sind. Motive, die „tiefer liegen" als trotteliger Kadavergehorsam, mögen dabei eine Rolle spielen. Daß aber ausgerechnet er als Oberdurchgedrehter „das Land schützen" müsse, sollte man ihm ausreden. Schon gar nicht muß er die, „die sich nicht schützen lassen wollen" (weil ihnen nichts droht, wovor ausgerechnet ein Söder sie schützen könnte), vor irgendwas schützen. Man sollte lieber ihn schützen: vor sich selbst und seinem Wahn.

Und das „eigentliche Paradoxon dieser Zeit" ist ganz bestimmt nicht die nachvollziehbare Tatsache, daß Menschen vor diesem Wahn und dem ihn verbreitetenden Brüllaffen ihre Ruhe haben möchten. Sondern – siehe oben.

Ich wüßte noch ein anderes Paradoxon: Die neue Bundestagspräsidentin möchte „Demonstrationen vor den Privatwohnungen von Politikern und Politikern" generell verbieten. So spricht man heute, das ist nicht das Problem. Sondern: Wie viele „Politiker und Politiker" mag es in Deutschland geben? Und wo wohnen die? Woher soll man das im einzelnen wissen? Und woher soll man folglich wissen, vor welchen Häusern man auf gar keinen Fall demonstrieren (also auch nicht spazierengehen) darf (wo doch das Demonstrieren insgesamt sowieso verboten ist)?

Die neueste „Viertelstundenkampagne" (Eskalation durch viertelstündliche Wiederholung des Mantras) übrigens gilt der Nachrichtenplattform Telegram. Ich wage eine Prognose: In einer Woche wird Telegram weitgehend verboten sein. Und nehme Wetten an, was als nächstes unterdrückt werden wird.

Derweil steht die 2020 zugunsten von Covid („Twix") abgeschaffte Grippe („Raider") möglicherweise vor einem Comeback. Der Pharmakonzern Roche möchte Anfang des kommenden Jahres seinen lange angekündigten neuen „Test" einführen, der zwischen den beiden weitgehend identischen Atemwegserkrankungen unterscheiden kann, selbst wenn man sie gar nicht hat. Zugleich bereitet die Sprachregelungsabteilung an mehreren Fronten die „Doppelimpfung" vor: An Covid, ließ Bill Gates verlauten, werde man zukünftig nur noch bei der regelmäßigen „Auffrischung" gegen beide Leiden denken. Das könnte allerdings daran scheitern, daß der neue Test auch die Möglichkeit eröffnet, im Viertelstundentakt eine „Doppelinzidenz" in die Welt zu trompeten. Ob es dann auch möglich sein wird, beide Infektionen gleichzeitig zu haben, ist noch nicht bekannt.

sueddeutsche.de

Sachsen: Corona-Proteste beunruhigen Geheimdienste

In Freiberg verzweifeln viele an den Aufmärschen, die die Gesellschaft bedrohen. Die Radikalisierung beunruhigt auch die Geheimdienste

Keine Diktatur mit Petze-Plinchen? *(18. Dezember 2021)*

Es ist sicher nicht die differenzierteste politische Aktivität, durch Städte zu gehen und „Friede, Freiheit, keine Diktatur!" zu rufen. Daß Demonstrationen notwendigerweise eine Tendenz zur Vereinfachung innewohnt, ist andererseits auch keine ganz neue Erkenntnis. Schon als vor vielen Jahrzehnten in Deutschland gegen den „Atomtod" aufbegehrt wurde, mahnte manch einer an, dies sei ein bißchen unterkomplex (obwohl es diese Modevokabel damals noch nicht gab). Ob Wiederbewaffnung, Notstandsgesetze, Vietnamkrieg, Chileputsch, Pershing II, Atomkraft, Gorleben, Neutronenbombe, Hartz IV oder sonst was – stets ließ sich relativ leicht nachweisen, daß es sich bei den Protestierenden um „Berufsdemonstranten" beziehungsweise „Naive", „Verführte" und solche Menschen handelte, die sich für ganz falsche Ziele „einspannen" ließen (meist die Ziele der Feinde der NATO oder Deutschlands).

Dieses Geschäft erledigten wietenteils die Medien, die stets einschlägige Bilder zeigten und einschlägige Aussagen kolportierten. Die kamen nicht selten von eingeschleusten Provokateuren, mit deren Einsatz es zumindest langfristig gelang, jede einzelne Widerstandsbewegung nach dem zweiten Weltkrieg zu diskreditieren und zum Schweigen zu bringen. Der empörte Impetus floß dann in die gängigen Institutionen (vor allem Parteien), wurde dort umgehend verwässert und löste sich auf.
So auch jetzt und heute. Wer die Zehn- oder Hunderttausenden sind, die auf die Straße gehen, um ihren Unmut über die „Corona"-Sanktionen und die anstehende Zwangsimpfung kundzutun, und was sie wollen, was sie ängstigt, worauf sie hoffen, was sie stört, was sie sich wünschen, interessiert weitestgehend niemanden, solange nur brav ein paar „Störer" sich in die Menge mischen und mitlaufen. Und wenn die mal partout nicht aufzutreiben sind, phantasiert man sie eben herbei; es „weiß" ja jeder, daß sie zumindest dabeisein hätten können. So ist es wohl zu erklären, daß der Oberbürgermeister von Mannheim den tausenden Spaziergängern, die in „seiner" Stadt „Friede, Freiheit, keine Diktatur" riefen, unterstellte, sie wollten „eine Diktatur etablieren". Er hingegen will das nicht, sonst hätte er ja „Unfriede, Unfreiheit, Diktatur!" gerufen, nicht wahr?
Es will ja bekanntlich jeder immer das Gegenteil von dem, was er will oder zu wollen behauptet. Oder so ähnlich.

Völlig ohne jeden Zusammenhang, aber mir zufällig in die Hände geraten ist ein Artikel aus der Zeitung „Bayrische Ostwacht" vom 22. Dezember 1934. Darin wird über einen Anschlag auf das Kaufhaus Krell in Weiden berichtet, bei dem in der Nacht vom 19. auf den 20. Dezember ein Schaufenster eingeschlagen wurde. Unter der Schlagzeile „Provokateure werfen Schaufenster ein" ist zu lesen:
„Es ist sicher, daß man die Tat nicht auf das Konto von uns Nationalsozialisten setzen kann. Man versucht es zwar, wir warnen aber jeden, es zu tun. (...) Es besteht allerdings auch eine andere Möglichkeit – und diese ist nicht so ohne weiteres abzulehnen. Wir sind nahe an der Grenze der Tschechoslowakei, wo hunderte und tausende ‚deutscher' Emigranten leben, die uns natürlich auch mal gern etwas auswischen wollen. Es ist für diese Herrschaften doch sicher ein leichtes, einen guten Freund mit ein paar Markln dazu zu verleiten, daß er ein oder zwei große Steine nimmt und in einem jüdischen Geschäft das Fenster einwirft. Man wird nun sicher wieder überall in den Emigrantenblättern eine neue Sensation lesen können: ‚Jüdisches Kaufhaus von Nazis gestürmt!' (...) Wir lassen uns eine derartige Handlungsweise dunkler Kräfte nicht bieten. Wir werden Mittel und Wege finden, diese Provokateure unschädlich zu machen. Die polizeilichen Ermittlungen werden den Beweis erbringen, daß die Täter nicht Nationalsozialisten waren, sondern Provokateure schlimmster Art. Denn wir haben es wirklich nicht nötig, mit solchen Mitteln zu ‚arbeiten'. So schlimm steht es um uns denn doch noch nicht!"
Das „beweist": nichts. Es zeigt höchstens, wie verworren viele Vorgänge werden, wenn (echte oder, in diesem Falle wahrscheinlicher, imaginierte) Provokateure, V-Männer,

Spitzel und andere Kräfte ins Spiel kommen. Man muß dabei gar nicht an eine deutsche Nazipartei der Nachkriegszeit denken, deren Verbot daran scheiterte, daß sie offenbar fast ausschließlich aus solchen Quertreibern bestand. Man muß auch nicht an den berüchtigten Verfassungsschutzagenten „S-Bahn-Peter“ Urbach denken, der in den sechziger Jahren die linke Szene vor allem in Berlin so monopolistisch mit Molotow-Cocktails, Pistolen, Bomben und ähnlichem Gerät belieferte, daß es ohne ihn und den Verfassungsschutz wahrscheinlich die Kommune 1, kaum aber die RAF und die Bewegung 2. Juni gegeben hätte.

So judenfeindlich sind die Anti-Corona-Demos

Man muß dabei auch nicht an die „Querdenker“ denken, die derzeit ständig überall gesichtet werden, wo jemand Widerspruch gegen die „Corona“-Strafmaßnahmen kundtut. Diese seltsamen Phantome nämlich zeichnen sich offenbar dadurch aus, daß sie sich durch nichts auszeichnen, außer eben daß sie mit irgendwas „mit“ „laufen“ und als Rechtfertigung für Versammlungsverbote herhalten müssen.
Die werden dann wie folgt begründet. In Berlin sollte an diesem Wochenende eine Demonstration stattfinden, deren Veranstalter sich in vorauseilendem Gehorsam eifrig von den „Querdenkern“ distanzierten und abgrenzten und versprachen, sich ausdrücklich an die „Hygienevorschriften“ zu halten, was bedeutete, „Abstand zu halten“, unter freiem Himmel Gesichtsmaskierungen zu tragen und somit ein tausendfaches Signal der Unterwerfung abzugeben.
Verboten wurde die brave Demo trotzdem. Die „Versammlungsbehörde“ (von deren Existenz ich bislang nichts wußte) teilte zunächst mit, sie „plane“ ein Verbot, da man „Anhaltspunkte“ habe, daß „Querdenker“ „planen“, auf die Demo zu kommen. Diese seien „dafür bekannt, sich nicht an die Hygieneauflagen zu halten“. Kurz darauf erging die Untersagungsverfügung.
Und da muß ich nun doch wieder an die „tschechoslowakischen Provokateure“ denken, denen die oberpfälzischen Nazis ihren Vandalismus in die Schuhe schieben wollten, als das noch opportun schien. Was sicher keine legitime Verbindung ist, wenn man bedenkt, daß die „Querdenker“ 2020 in Schwaben entstanden und sich die von ihnen organisierten Demonstrationen und Veranstaltungen durch eine so entschiedene Friedfertigkeit, Gewaltlosigkeit und Harmlosigkeit auszeichneten, daß man sie zunächst in esoterischen Schubladen zu verräumen suchte, bis sich endlich ein paar Freiwillige fanden, die sich mit einer Reichsflagge am Rand der sommerlichen Massendemo in Berlin photographieren ließen. Was man seither in der größeren Öffentlichkeit von „Querdenken 711“ gehört hat, läßt sich in zwei Zeilen zusammenfassen.

Aber das Phantom ist nun in der Welt und muß für alles herhalten, was sich nicht belegen läßt. Die „Süddeutsche Zeitung“ etwa „berichtete“ über die ausgesprochen friedliche Demonstration auf der Ludwigstraße am vergangenen Mittwoch: „3.700 Menschen gehen in München auf die Straße – unter ihnen radikale Impfgegner und Verschwörungsgläubige. Ein beschämendes Schauspiel. Polizei und Stadt dürfen sie nicht einfach gewähren lassen – und Demonstranten aus dem bürgerlichen Lager müssen sich distanzieren."

Da hat jemand sein Handwerk ganz im Sinne der „Bayrischen Ostwacht" gelernt: Mehr Hetze, Beschimpfung und mundschäumende Drohgebärde geht in ein paar Zeilen nicht hinein. Weiter erfahren wir: „Anfangs bleibt es recht friedlich." Wobei „anfangs" bedeutet: während der gesamten Veranstaltung. Dann aber kommen die „Impfpflicht-Gegner", „Pandemieleugner" (die so ganz nebenbei als synonym „geframet" werden) und „Anhänger von Verschwörungsideologien" (wovon nach wie vor niemand sagen kann, was das eigentlich sein soll) ins Spiel: „Doch nach dem offiziellen Ende der Kundgebung eskaliert am Abend die Situation: Die Polizei kann nicht verhindern, daß bis zu 2.000 Corona-Leugner in mehreren zuvor verbotenen Demonstrationszügen Richtung Innenstadt ziehen, Parolen gegen eine ihrer Ansicht nach drohende ‚Diktatur' rufen und dabei eine umgedrehte Deutschlandflagge, ein Reichsbürgersymbol, schwenken."

Ach so, die hätten wir ja fast vergessen: die „Reichsbürger"! die in mehreren „Zügen" durch die Gegend „ziehen" und dabei eine einzige Flagge „schwenken"! und die auch noch „umgedreht"!

(Übrigens wäre die neudeutsch-modische Zahlenangabe „bis zu" auch ein paar Gedanken wert. Ein andermal.)

Ich täte meinen: So viel Haß macht unglaubwürdig. Allerdings sind mir (im Internet) Menschen begegnet, die den Quatsch ganz offensichtlich „glauben" und nachplappern, ohne zu bemerken, was für ein Stuß das schon rein logisch ist. Die sich standhaft und stur weigern, darüber nachzudenken, Informationen, Fakten und abweichende Meinungen auch nur zur Kenntnis zu nehmen. Ich frage mich schon lange, wie es zu dieser psychischen Blockadehaltung kommen kann: daß jemand offenbar freiwillig die Realität vollkommen ausblendet und sich ohne Not in eine Phantasiewelt flüchtet, die doch überhaupt nichts Schönes, Erstrebenswertes oder Angenehmes zu bieten hat, sondern ein Reich des Schreckens ist, bevölkert von Monstren, mordlustigen „Querdenkern" und Horrorgestalten.

Man kann sie nicht beneiden um ihren Verfolgungswahn. Man kann sie aber auch nicht wirklich bemitleiden, weil sie das alles ja freiwillig tun. Und weil es nicht nur bedrohlich, blöd und unheimlich ist, sondern auch richtig gefährlich. Und weil sie es hinterher ganz bestimmt nicht so gemeint haben werden. Wenn überhaupt.

Seltsamerweise muß ich bei dem ganzen Empörungstheater und -gezwitscher an die obskure, leider nirgendwo mehr nachweisbare Geschichte von „Petze-Petze-Plinchen" denken, mit der man ABC-Schülern meiner Generation aus edlen historisch-moralischen Motiven heraus das Denunzieren austreiben wollte, ehe es Anfang der siebziger

Jahre von Lehrern, Direktoren und Hausmeistern als wünschenswerte Tugend wiedereingeführt wurde. Vielleicht bin ich in dieser Hinsicht besonders empfindsam, weil mich der Spruch „Fräulein! Der Michi hat …!“ einige Jahre lang wie ein Fluch begleitete. Wer weiß.
Wie gesagt: „Friede, Freiheit, keine Diktatur!“ zu rufen ist nicht unbedingt komplex, differenziert und zielführend. Ein Viertel der Bevölkerung als „Verschwörungsideologienanhänger, Pandemieleugner, radikale Impfpflichtgegner, Verschwörungsgläubige, Coronaleugner, Reichsbürger, Querdenker, Schwurbler!“ usw. zu beschimpfen, ist aber ganz sicher das Gegenteil einer offenen, konstruktiven, friedlichen Haltung. So kommen wir aus dem Schlamassel ganz sicher nicht hinaus – fragt nach bei der „Bayrischen Ostwacht“.

Wie merkt man, daß man krank ist? *(21. Dezember 2021)*

Markus Söder hat „sich optimistisch gezeigt“. So kennt man den grimmigen Obercoronator eigentlich gar nicht, aber er hat allen Grund: An Weihnachten werde es „keine weiteren Einschränkungen“ geben, kündet er. Woher er das weiß? Ach so, weil er das ja selbst willkürlich bestimmen kann, je nachdem, ob ihm gerade das Schüren der Angst vor der „hochansteckenden Variante“ (die letztes Jahr Delta hieß, diesmal Omikron heißt und nachstes Jahr wahrscheinlich Ypsilon oder auch schon Delta II heißen wird) oder der Jubel seiner erleichterten Untertanen opportuner erscheint. Diesmal wird ein bisserl eingeschmeichelt, zugleich über die Regierung in Berlin gemurrt, die noch nicht im richtigen Corona-Takt tuckert, und danach kommt dann wieder die Pandemiepeitsche zum Einsatz. „Keine weiteren Einschränkungen“ heißt schließlich immer: vorläufig.
Drum fordert Söder im gleichen Atemzug die Wiedereinführung der „epidemischen Notlage von nationaler Tragweite“. Daß es dafür normalerweise vielleicht erst einmal eine Epidemie bräuchte: ist egal. Hat's das letzte Mal ja auch nicht gebraucht. Es sei, sagt Söder, „oberste Vorsicht geboten“. Was das ist? Weiß ich auch nicht.

„Es geht darum, noch mal deutlich zu machen: Jeder Kontakt mit Ungeimpften ist gefährlich!“ (Müller, nun ehemaliger Oberbürgermeister der Stadt Berlin)

Der Landkreis Ebersberg tut etwas, was Markus Söder nicht kann: Er schämt sich gerade ein bißchen. Der Grund: Die „Impfquote“ liegt bei 66,2 Prozent. Wie überall liegen auch hier recht wenige Menschen wegen einer Covid-Erkrankung im Krankenhaus. Selbst wenn man alle positiv getesteten Patienten als „Covid-Fälle“ rechnet, sind es gerade mal 29. Allerdings sind 69 Prozent davon (20 „Fälle“) geimpft. Das ist zwar ganz normal, aber auch ein bißchen peinlich.
„Das verunsichert viele Menschen“, meint der Landkreis, „und läßt manche an der Wirksamkeit der in Europa zugelassenen Corona-Impfstoffe zweifeln. Dabei sind derartige

Wer hier weiterhin von „Spaltung" redet, wird blockiert. Ich meine es Ernst! Es gibt keine Spaltung. Punkt.

12:29 vorm. · 19. Dez. 2021 · Twitter for iPhone

Durchbruchsinfektionen nichts Außergewöhnliches und können bei allen Impfstoffen auftreten.“ Sie könnten, sie tun es aber für gewöhnlich nicht. Bei den Covid-„Impfstoffen“ hingegen tun sie es so oft, daß eine „Wirkung“ nur noch im negativen Bereich feststellbar ist. Vielleicht deshalb gibt es die Vokabeln „Durchbruchsinfektion“ und „Impfdurchbruch“ erst seit 2021.
Allerdings sollte man die Kirche im Dorf lassen: Die „Fälle“ sind ja nur positiv getestet. Und daß das alles mögliche oder nichts bedeuten kann, wissen wir nun auch schon seit mehr als eineinhalb Jahren.
Zusammenfassend könnte man sagen: Derzeit liegen zwar weniger Menschen mit Atemwegserkrankungen im Krankenhaus als letztes Jahr (von 2019/20 ganz zu schweigen; da waren es noch mal viel mehr). Ein paar aber doch. Etwa jeder Zehnte oder Zwölfte davon ist (laut RKI) auch mit SARS-CoV-2 infiziert, neben allen möglichen anderen Erregern. Und weil sich zwei Drittel der Bevölkerung einer experimentellen Gentherapie unterzogen haben, die in dieser Hinsicht nichts bewirkt, erkranken diese genauso oft und genauso leicht beziehungsweise schwer wie die anderen auch. Ist halt Winter.

„Weil eben ein Kontakt zwischen fünfzehn Menschen und einem Ungeimpften bedeutet: Für fünfzehn wird es wirklich riskant.“ (Müller, nun ehemaliger Oberbürgermeister der Stadt Berlin)

Die Hochsaison der Corona- und anderen Grippeviren beginnt bei uns übrigens traditionell im Januar und geht bis Mitte April. Für diesmal haben die Verlautbarungsstellen des selbsternannten Weltgesundheitsministers wie gesagt das Motto „Omikron“ ausgegeben. Diese Coronavirusvariante ist so gefährlich, daß der „Expertenrat“ der südafrikanischen Regierung (in deren Hoheitsgebiet das Ding erstmals entdeckt worden sein soll) dazu rät, auf Kontaktverfolgung und Hausarrest für Kontaktpersonen zu verzichten – das sei Zeitverschwendung, weil man wegen einer leichten Erkältung niemanden einsperren oder verfolgen müsse. Ins Krankenhaus muß dort übrigens wegen (oder dank) Omikron ebenfalls kaum mehr jemand.

Der deutsche „Expertenrat“ hingegen, besetzt mit den seit Beginn der „Pandemie“ notorischen Panikmachern, Oberlobbyisten, Verschärfern und Dauerschwätzern von Brinkmann bis Priesemann und Buyx bis Drosten (und zurück), rät zum genauen Gegenteil: zu „scharfen Einschränkungen“, insbesondere Versammlungsverboten, am besten einem Lockdown (bis Juni, wetten?). Wer von dieser Junta etwas anderes erwartet hat oder sich auch nur wundert, hat offenbar die letzten zwei Jahre nicht aufgepaßt. Die kennen nichts anderes als eine Pawlowsche Reaktion: „Hallo! Da ist ja eine Bevölkerung! Die müssen wir sofort einsperren, damit wir sie … ähem (hüstel) damit sie nicht an einem seltenen Husten stirbt!"

Worum es denen im einzelnen geht, woran sie kassieren, wer sie bezahlt, warum sie von nichts eine Ahnung haben und wie sie in solche Positionen geraten konnten – das sind Fragen, die wahrscheinlich eines Tages Historiker (und Kriminalisten) beschäftigen werden. Wir sollten einsehen, daß wir dagegen nichts tun können – es ist eine offenbar typisch deutsche Dynamik, die hier wirkt und dafür gesorgt hat, daß Deutschland in Sachen totalitärer „Corona"-Strafmaßnahmen inzwischen Vizeweltmeister ist und sogar China überholt hat.

Gescheiter wäre es, das humoristische Potential dieser Theatertruppe zu würdigen. Etwa indem man Ergüsse der „Ethikerin" Buyx einfach mal laut rezitiert. Oder sich beliebige Begriffe und Ausführungen aus den Ergüssen das Staatsvirologen Drosten herauspickt und fragt, was daraus geworden ist (am besten solche aus gelöschten Interviews – als Einstieg empfehle ich das Thema „stille Feiung"). Daraus kann man nämlich sogar etwas lernen (bei Drosten, selbstverständlich nicht bei Buyx – die weiß nichts, kann nichts und versteht nichts, plappert aber rückhaltlos nach, was man ihr vorsagt, und ist deswegen so multifunktional brauchbar).

Das von diesem Gremium faktisch regierte Deutschland hat es wie erwähnt geschafft, Vizeweltmeister in Sachen Covid-Sanktionen zu werden. Lediglich die Republik Fidschi ist (angeblich) noch repressiver.

Ermittelt werden die Punktwertungen, die dieser Weltliga der „Corona"-Verschärfungen zugrunde liegen, von der durch die Gates-Stiftung finanzierten Seite „Our World in Data", gegründet und geleitet von Bill Gates' „Lieblingsökonom" Max Roser, der seine Karriere vor zweiundzwanzig Jahren damit begann, daß er im Rahmen von „Jugend forscht" einen selbstnavigierenden Staubsauger konstruierte. Sein damaliger Kompagnon Philipp Eißfeller machte 2012 von sich reden, indem er mit zwei Kommilitonen eine Flasche Bier in die Stratosphäre schoß.
Wozu man so etwas wissen muß, weiß ich selber nicht. Es trägt vielleicht dazu bei, einen Eindruck vom Zustand unserer Welt zu vermitteln. Vielleicht aber auch nicht.
„Our World in Data", erfuhren wir aus der Laudatio des obskuren Internetpreises „Lovie Award", den die an der Universität Oxford angesiedelte Webseite 2019 errang, vermittle eine Perspektive, „die notwendig ist, um soziale, wirtschaftliche und ökologische Veränderungen herbeizuführen".
In jüngerer Zeit dient die Seite vor allem als Propagandainstrument der Covid-Politik. Sie widmet sich aber in der ihr eigenen Art auch anderen Themen, zum Beispiel dem Schlagwort „Demokratie". Eine solche ist Deutschland laut Tabelle seit 1989, Grenada (zufälliges Beispiel) hingegen schon seit 1983, als die USA nach jahrelanger Planung eines Staatsstreichs und dem Mord an Premierminister Bishop die Insel angriffen, ein-

marschierten und die Regierung stürzten. Die Invasion und der illegale Krieg gegen ein Land, das dem britischen Commonwealth angehörte (weswegen US-Präsident Reagan sogar seine neoliberale Gesinnungsgenossin Thatcher belügen mußte), standen unter dem Motto „Urgent Fury" („dringende Wut"). „Demokratie", lernen wir, hat viele Namen und Gesichter.

Zufällige Beispiele: Tunesien ist laut „Our World in Data" seit 1955 eine Demokratie, die Türkei seit 1982, El Salvador (wo bis 1992 ein mörderischer, von den USA maßgeblich befeuerter Stellvertreterkrieg um ein brutales Militärregime tobte) seit 1983, Rußland hingegen gar nicht.

Die „dritte industrielle Revolution" hatte ihren Kern darin, daß sie den Menschen (oder vielmehr einige wenige Menschen) in die Lage versetzte, die Welt und damit sich selbst (und alle anderen) auf einen Schlag zu vernichten. Indes waren die Gründe, die sich dafür fanden (im wesentlichen: eine angeblich drohende kommunistische Unterjochung), nicht hinreichend. Die „vierte industrielle Revolution", von der die Jünger des „Great Reset" träumen, beruht auf dem Traum einer vermeintlichen „Elite", diese Vernichtung ins Werk zu setzen und ihr gleichzeitig zu entgehen, indem man als eine Art unsterbliche Geistwesen in die Welt der Elektronik entflieht und dort weiterexistiert. Dies dürfte der vermessenste Wahn sein, der im Universum je seine dunkle Blüte getrieben hat. Indes findet sich offenbar niemand, der ihm ernsthaft Einhalt gebieten wollte.

Angstporno zur Kommunion *(26. Dezember 2021)*

So leidlich es ist, vor allem für Laien: Die Medizin kann nicht ganz außer acht bleiben. Schon weil sie als Ausrede für den Zwangsabriß der letzten Reste der Gesellschaft herhalten muß. Aber auch weil dieser Wissenschaft inzwischen einige interessante Erkenntnisse entsprungen sind, was die von den führenden Angstpornographen als Horror der Saison aus dem Sack gezauberte Omikron-Variante angeht.

Damit meine ich selbstverständlich nicht das Junk-Science-Gemunkel von Christian Drosten und seinen bildungsfernen Kollegen aus dem sogenannten „Expertenrat", die von Tuten und Blasen möglicherweise vereinzelt eine Ahnung haben mögen, sie aber nicht äußern dürfen, weil sonst der General einschreitet. Sondern die echte Wissenschaft, die sich mit Forschung und Erkenntnis beschäftigt.

Dieser zufolge ist das Omikron-Virus zumindest anscheinend nicht durch Übertragung von Mensch zu Mensch entstanden (weil sich dann irgendwo Zwischenstufen der weitreichenden Mutationen finden müßten), sondern entweder im Labor oder in tierischen Zwischenwirten (man spricht von Mäusen). In diesem Fall wären die Wahnträume von einer „Ausrottung" des Virus endlich endgültig vom Tisch, auf dem sie sowieso nur in jenen Küchen jemals lagen, wo Narrenhände diesen und die Wände gründlich verschmiert haben. Ebenfalls unwiderlegbar klar wäre, daß die „Pandemie" niemals oder

erst dann ein Ende finden kann, wenn der Begriff erneut offiziös umdefiniert wird (zum Beispiel auf seine bis 2009 geltende Bedeutung) und wieder irgend etwas von einer echten Gefahr enthält.
Im anderen Fall könnte man fragen, was das nun wieder soll: eine Variante zu „züchten" und freizusetzen, die noch mindestens zehnmal harmloser ist als die zuvor kursierende (Delta) und diese nun verdrängt. Dadurch nämlich wird das ganze Straf-, Zwangs- und Verbotstheater endgültig zur Farce. Ist das vielleicht die Botschaft der Leute, die daran beteiligt waren oder das in Auftrag gegeben haben: „Kriegt euch jetzt mal endlich wieder ein, das Ding tut nichts mehr!"? In Verschwörungsspektakeln in Buch und Film erfährt man das meistens irgendwann. In der Realität steht zu befürchten, daß zumindest unsere Politiker zu blöd oder zu verblendet sind, überhaupt was davon mitzukriegen. Oder (in Einzelfällen) zu kriminell, um das „einzuräumen".
Schluß wäre dann freilich auch mit den Rechtfertigungsgründen für die regelmäßigen und massenhaften modRNA-Spritzungen, denn mit Omikron infizieren sich „Geimpfte" offensichtlich wesentlich leichter und häufiger als nicht Behandelte. Aber wenn man sich an so etwas erst einmal gewöhnt hat, gibt man die Gewohnheit nicht so schnell und so leicht wieder auf. Bill Gates, für den die regelmäßige „Verabreichung" in Zukunft so sicher ist wie das Amen in der 2Gplus-Kirche, muß sich also wohl erst mal keine Sorgen machen, daß dieser Profitquell versiegt und die wichtigste Grundlage seiner Führerkults wegbricht. Zur Not findet sich eben eine neue „Pandemie", bei der sich herausstellt, daß „Comirnaty" – o Wunder! – auch gegen sie zu 90 Prozent „wirkt".

Die Frage, wer eigentlich so leben möchte, wie wir derzeit (in stetiger Verschärfung) leben, läßt sich nicht sinnvoll beantworten, weil sie falsch gestellt ist. Ich hoffe, daß niemand so leben will. Zu fragen wäre: Wer will, daß wir so leben? und wozu?

Am 6. Januar jährt sich die merkwürdige Tragikomödie von Washington, bei der sich ein seltsamer Pöbel Zugang zum Kapitol verschaffte oder verschafft bekam, dort johlend durch die Gänge zog und sich photographieren ließ oder photographierte. Die Bundessalbentube Steinmeier nannte das einen „Sturm auf das Herz der Demokratie". Ein geradezu klassisches Mißverständnis. Das „Herz" der Demokratie ist kein streng bewachter Kultort, selbst wenn dort Parlamente sitzen, um Gesetze zu beschließen. Das „Herz" der Demokratie sind die öffentlichen Plätze, die Wirtshäuser, Kneipen und Spelunken, die Biergärten, Trinkhallen und Märkte, wo sich Menschen treffen oder versammeln, verabredet oder zufällig, um zu diskutieren, zu debattieren, ihre Meinung zu sagen, Forderungen zu stellen, zu streiten, einander zuzuhören, sich zu einigen und Kompromisse zu schließen. Deshalb sind solche Versammlungen das Erste und Wichtigste, was verboten werden muß, wenn man daran geht, die Demokratie abzuschaffen.
Was übrigens nicht heißt, daß Versammlungen generell verboten werden müssen. Wenn alle brav das sagen, was alle sagen müssen (wie im deutschen Bundestag und im

bayerischen Landtag), besteht dazu kein Grund, ebenso wie wenn überhaupt niemand etwas sagt und alle brav sind (wie in überfüllten U-Bahnen).

Ist das Herz erst einmal amputiert, existiert die Demokratie höchstens noch als Scheinveranstaltung, als Karneval einer phantasierten, nur in Propaganda und Reklame sichtbaren „Vielfalt", in der sich jeder „verwirklichen" kann und muß, am besten durch Konsumprodukte und anhand von populistisch dauerbearbeiteten „Themen". Den Minderheiten, die sich durch das Cabaret der Eliten verarscht und gedemütigt fühlen, setzt man eigene Scheinthemen vor (vom Fußball bis zum „Asylbewerber"), an denen sie sich abreagieren und austoben sollen, um dann als Beweis dafür herhalten zu können, daß Leute, die man nicht streng an die Kandare nimmt, automatisch zu extremistischen Hooligans werden.

Gestern haben sich Rechtsradikale & "Querdenker" in München zusammengerottet, Polizist:innen und Journalist:innen angegriffen. Diese Leute gefährden durch Impfverweigerung Menschenleben und üben offen Gewalt aus.
Die wehrhafte Demokratie darf das nicht akzeptieren.
#Nulltoleranz

9:23 vorm. · 23. Dez. 2021 · Twitter for Android

Die werden, je hemmungsloser sich die Herrschenden gebärden, logischerweise immer mehr. Mittlerweile sind viele murrende Stimmen einstiger Mitläufer zu vernehmen, denen eine vierte oder fünfte Impfung dann doch etwas zu weit geht oder die sich das mit dem „in die Freiheit zurückimpfen" ein bisserl anders vorgestellt hatten. Es gibt noch immer genug, die so leicht und billig zu manipulieren sind, daß sie steif und fest behaupten, es sei von Anfang an klar gewesen, daß man sich alle sechs oder drei Monate spritzen lassen muß, weil die Impfung nicht besonders gut wirkt und Ansteckungen nicht verhindern kann. Es gibt aber auch immer mehr, die plötzlich bemerken, daß sie zum fünften Mal innerhalb eines Jahres das Gegenteil von dem behaupten sollen, was sie gestern noch behauptet haben. Und daß es grundsätzlich irrsinnig ist, zu glauben, man könne sich „in die Freiheit zurückimpfen".

Für diese Menschen braucht es dann so etwas wie ein „Gesetz zur Förderung der wehrhaften Demokratie", mit dem die Abschaffung der Demokratie institutionell und legislativ gestützt und verankert werden soll. Gerade nachdem sich die Behauptung des neuen Kanzlers, die „Corona"-Verbots- und Strafmaßnahmen würden künftig nicht mehr von einer illegalen Runde hinter verschlossenen Türen verhandelt, sondern im Parlament, wie erwartet als Lüge erwiesen hat, ist es nötig, das Volk stramm im Gleichdenkschritt zu halten. Das gilt noch mehr, wenn man sich ausmalt, was der Radikalextremist und bayerische „Gesundheitsminister" Holetschek so alles androht: „Malus-Regelungen im Bereich der gesetzlichen Krankenversicherung", etwa höhere Krankenkassenbeiträge für Ungeimpfte, eine Beteiligung an den Behandlungskosten oder die Streichung des Krankengeldes. Da könnte sich angesichts des sowieso seit einem Vierteljahrhundert in zunehmender Raserei ablaufenden Sozialabbaus, der Verbote und Sperren und Ausschlüsse doch dem einen oder anderen die Frage aufdrängen, wozu man überhaupt noch Steuern und Sozialabgaben zahlen soll, wenn davon nur noch die Krankheitsindustrie, eine winzige Hochkulturelite und das Militär profitieren.

Der erste deutsche Fernsehsender begrüßte am 22. März 1935 seine „Volksgenossen und Volksgenossinnen" von heute aus betrachtet noch in verkehrter Reihenfolge, die aber leichter auszusprechen und deshalb wohl vom Propagandaminister Goebbels bevorzugt wurde, der noch am 18. Februar 1943 seinen „Volksgenossen und Volksgenossinnen, Parteigenossen und Parteigenossinnen" den „totalen Krieg" empfahl. Seit Einführung der Neo-Gendersprache ist in Reden und Ansprachen meist von „Bürgern und Bürgern", „Kollegen und Kollegen" und so weiter die Rede. Vergangene Woche ergriff eine Ableserin des bayerischen Rundfunks sozusagen den „Staffelstab" (O. Scholz) der Geschlechtergerechtigkeit und sprach von „Politikerinnen und Politikerinnen". Ich fürchte, das wird noch kompliziert.

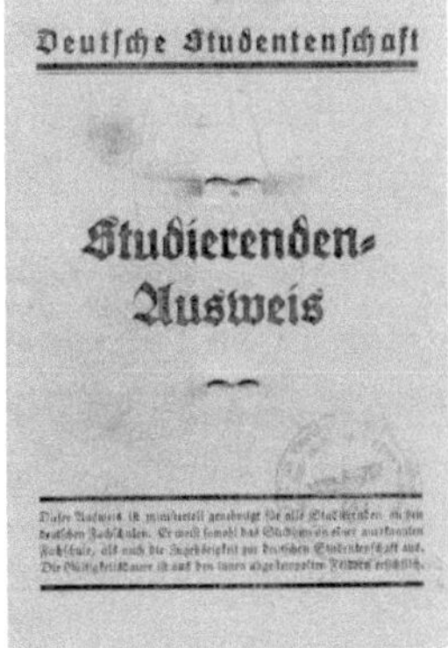

Das Virus hingegen ist ein solches oder ein solcher. Nie eine Frau? Ist das nicht ungendergerecht? Eher nicht. Die Personen (und Institutionen), die uns seit hundert oder zweihundert Jahren ein Massenmassaker nach dem letzten einbrockten, – das waren ja auch irgendwie alles Männer. Sieht man von Galionsterroristinnen von Thatcher über von der Leyen und Merkel bis Buyx ab, gilt das weitreichend bis heute. Kann man sich eine „Pandemie" unter Frau Scholz, Frau Söder, Frau Lauterbach, Frau Gates und Frau Schwab vorstellen? Kann man. Aber soweit es sie überhaupt gibt, kennt man sie ja (mit einer Ausnahme) nicht, mangels Vorsetzung.

Ich nehme das sofort wenigstens teilweise zurück, weil sich insbesondere weibliche Bischöfinnen und andere weibliche Funktionärinnen der deutschen evangelischen Kirche im Vorfeld des Weihnachtsfests geradezu gegenseitig überboten haben mit Forderungen nach und Einschwörungen auf eine „Impfpflicht". Man müsse als Christ „sich impfen lassen und für Impfstoff für unsere Geschwister weltweit sorgen", meint etwa Frau Hofmann aus Kurhessen-Waldeck, weil wir durch „Leichtsinn und Verantwortungslosigkeit" in eine schlimme Situation geraten seien (womit sie selbstverständlich nicht Leichtsinn und Verantwortungslosigkeit derer meint, die durch Lügen, Zwang, Verbote, Hetze und Beschimpfungen drei Viertel einer Bevölkerung dazu getrieben haben, sich experimentelle Medikamente spritzen zu lassen und jetzt auch noch Kinder und Jugendliche dazu pressen wollen – die wiederum Frau Hofmann per Impfung „vor einem weiteren Lockdown bewahren" möchte).

Die EKD-Vorsitzende Annette Kurschus forderte gar noch am Tag vor Heiligabend eine „Impfpflicht" aus „christlicher Nächstenliebe" und bezeichnete „Impfverweigerung" wenigstens indirekt als Gotteslästerung.

Als mildernden Umstand könnte man anführen, daß es sich bei den verantwortungslosen weiblichen Theologinnen ausnahmslos um Angehörige der evangelischen Kirche handelt, die traditionell auf das Sakrament der Erstkommunion und der regelmäßigen Hostien- und somit leiblichen Verabreichung des geopferten Heilands durch den Pfarrer verzichten müssen. Verbirgt sich hinter dem Furor des Spritzenwahns ein dem Penisneid vergleichbarer Oblatenneid? Ich gestehe: die theologischen Hintergründe und Begleitumstände sind mir zu kompliziert. Ich vermute jedoch, daß Kommunion und Abendmahl dem seelischen und körperlichen Heil zuträglicher sind als modRNA-Spritzungen dem Immunsystem.

Seien wir ehrlich: Eine Gefährdung durch die Covid-Krankheit gab es für Menschen unter sechzig nie. Für Menschen über sechzig ist sie überschaubar und entspricht in etwa der Gefährdung durch eine Erkältung. Fast alle „Covid-Toten" waren älter, als sie eigentlich werden „sollten" (was zynisch klingen muß, weil Statistik zynisch ist). Von den sechzig Millionen Menschen in Deutschland, die unter siebzig und also so gut wie nicht betroffen sind, spricht niemand. Selbst dann nicht, wenn sie sich als Vollprofisportler vor Fernsehkameras ans Herz fassen und an einer „Vorerkrankung" sterben. Da streitet man dann nur darüber, ob der Einzelfall noch im erwartbaren Durchschnitt liegt oder nicht. Hat irgendwer eine Ahnung, ob dieses faschistische Denken und Wollen eine andere als eine technokratische Erklärung haben könnte? Etwas, das uns (invertiert) vor der immanenten Apokalypse bewahren könnte?

Was passiert da also? Wieso und wie können ein paar Wahnsinnige das durchsetzen, was die paar Wahnsinnigen derzeit durchsetzen können? Jedermann weiß: Die Krankheit ist egal. Die „Impfung" ist unter Umständen gefährlich. Aber alle rennen hin zum „Impfen". Und das nicht mal nur in Deutschland. Was passiert da?

Es ist (ich wiederhole mich) eine Massenhypnose, die durch massenweisen Intelligenzverlust begünstigt wird. Man glaubt, „Grundrechte" seien so etwas wie staatlich gewährte „Gnaden", die man sich „erimpfen" könne. Also wörtlich: Ich lasse mir dieses Zeug spritzen, und dann darf ich wieder einkaufen. Eine „Impfung" gegen totale Entrechtung oder vielmehr Entzug des konsumistischen Bürgerrechts.

Das kann aber nicht gutgehen. Grundrechte sind Menschenrechte, und Menschenrechte gelten nur so lange, bis sich niemand mehr gegen ihre Abschaffung wehrt. Menschenrechte sind keine Naturgesetze. Gegen die Schwerkraft kann man sich nicht wehren, und kein irrer Herrscher wird sie je abschaffen. Menschenrechte werden erkämpft: von den Unterdrückten gegen die Unterdrücker. Der Gedanke, die Herrscher würden nach dem Abklingen einer „gefühlten" Gefahr, vor der sie ihre Untertanen aus purer Menschenliebe bewahren, diese Menschenrechte einfach so wieder „gewähren", ist vielleicht der dümmste Gedanke der Menschheitsgeschichte.

Die Grundrechte wurden in Deutschland aufgrund einer „epidemischen Lage von nationaler Tragweite“ „eingeschränkt“. Es stand aber nirgendwo zu lesen, welche „Schranken“ dabei gelten sollten. Sie wurden also: abgeschafft. Die „epidemische Lage von nationaler Tragweite“ ist längst auch gesetzgeberisch beseitigt (nachdem sie objektiv nie existierte). Die Grundrechte aber gibt es nicht mehr, und offenbar fällt das auch nach fast zwei Jahren niemandem unangenehm auf.

Vielleicht deshalb prescht mal wieder der bayerische Autokrat vor und fordert die umgehende Wiedereinführung der „epidemischen Lage“. Schließlich sind da noch ein paar Grund- oder wenigstens Rechte übrig, die abgeräumt werden müssen. Jetzt, wo man sich gewöhnt hat, kann das Projekt ja weitergehen.

Was ist mit diesem Land passiert? fragen manche. Nun ja, man wird ehrlich gestehen müssen, daß da nicht viel passiert ist. Wen hätten denn diese „Grundrechte“ je interessiert, solange es genug „Arbeit! Arbeit! Arbeit!“, „Lohn und Brot“, also „Bildzeitung“, Wienerwald und „Tatort“, Netflix, Amazon und Mampfe gab? Was sollen wir denn mit einer „Meinungsfreiheit“, wenn es die nicht in Paprika, Chili, Sour Cream und Apfelblüte oder wenigstens mit einem Lübecker oder Münchner Fahnder gibt?

Man nennt das wohl irgendwie auch Resilienz: daß sich die Gespritzten dadurch auszeichnen, daß sie in langen Schlangen stundenlang anstehen, um ihr digitales Zertifikat scannen und sich testen zu lassen und dann auf einem Weihnachtsmarkt einen Becher Zuckerweinplörre erwerben und „Feed The World“ und „Jingle Bells“ in Technoversion hören zu dürfen. Vielleicht sind die Ungespritzten – die der aktuelle Zeitgeist nun „Impfzwanggegner“ nennt, weil das die aktuelle Kultstufe ist – wirklich verbohrt, esoterisch veranlagt und wissenschaftsfeindlich, weil sie auf so etwas generell keine Lust haben?

So geschieht es, daß allen alles egal ist. So geschieht es, daß die Deutschen den dritten Grippewinter

hintereinander erleben, in dem noch weniger Leute an dieser Grippe schwer erkranken als im letzten Jahr und (um Gottes Willen) im Jahr zuvor. Sie hauen siebzehn Milliarden Euro aus dem Fenster hinaus, um ihr „Gesundheitssystem" vom Torso in ein Skelett zu verwandeln, und merken noch nicht mal, daß sie dafür bezahlen, daß etwas vernichtet wird, was sie vielleicht mal brauchen könnten. Wenn zum Beispiel eine Epidemie daherkommt.

Zu guter Letzt die „Zahlen": 0,00435 Prozent der Menschen in Deutschland kamen in den letzten sieben Tagen mit einem positiven „Corona"-Testergebnis in eine Klinik. Aus welchen Gründen sie ins Krankenhaus mußten, ist unbekannt. Die „Hospitalisierungsinzidenz" liegt demnach bei 4,35 (von 100.000). Vor einem Jahr lag sie bei 15,5, was fast das vierfache, aber ebenfalls nicht nennenswert war. Eine Überlastung des Gesundheitssystems hat es damals laut Bundesregierung zu keinem Zeitpunkt gegeben, sie drohte auch nicht und wurde von niemandem ernsthaft befürchtet. Das ist jetzt genauso. Die üblichen Plärrapostel, die trotzdem wider besseres Wissen so etwas behaupten, haben es letztes Jahr ebenfalls wider besseres Wissen behauptet, wurden dafür aber leider nie zur Rechenschaft gezogen. Sie werden es nächstes Jahr wieder behaupten, wetten?

Und das allerletzte ist „Long Covid": Laut einer Studie der Universität Mainz berichteten mehr als 40 Prozent der nie (!) mit Covid infizierten Befragten im Verlauf der „Pandemie" von „Long Covid"-Symptomen. Schwere Symptome hatten demnach 7,2 Prozent der wissentlich Infizierten, 9,3 Prozent derer, die nicht wußten, daß sie infiziert gewesen sein sollen, und 11,3 Prozent der nicht positiv Getesteten. Das bedeutet (wenn man es ernst nimmt), daß eine Covid-Erkrankung vor „Long Covid" schützt oder zumindest das Risiko von „Long Covid" mindert.

Vorsichtig vorfühlen *(30. Dezember 2021)*

Prognosen sind immer gefährlich, weil man von der Zukunft nichts weiß und die menschliche Dummheit traditionell jedes denkbare Maß überschreitet. Wenn die gesamte „kritische Infrastruktur" (also der Rest öffentlicher Versorgung und Vorsorge, der noch nicht an Profiteure verscherbelt ist) demnächst zusammenbricht, dann liegt das an „Corona". Das heißt: Es liegt daran, daß dumme Herrschende nicht mehr aus dem Wahn herausfinden, in den sie sich verrannt haben, und weiterhin gesunde Menschen ohne Richter zu Hausarrest verurteilen wollen, um mitten in der zweitharmlosesten Erkältungssaison der letzten fünf Jahre (die harmloseste war die letzte) den Anschein aufrechtzuerhalten, es grassiere eine lebensgefährliche Seuche.

Wenn man die Annahme, es gehe dabei um Dummheit, Dickschädeligkeit und entfesselte Ignoranz, nicht teilt, muß man sich ziemlich versteigen, um zu erklären, was damit geprobt, vorbereitet, simuliert oder eingeleitet werden soll. Angesichts des raunenden Radiosenders, der mantramäßig den „russischen Aufmarsch" (in Rußland) beschwört und mitteilt, „immer öfter" sei „von Krieg die Rede", will ich mich daran nicht beteiligen, weil es kaum weniger erfreuliche Gedankengänge gibt.

„Die Bundesregierung will vermeiden, daß es wieder zu Schulschließungen kommt." (BR) Ist es nicht beruhigend, eine Regierung zu haben, die sich den Gewalten der Natur entgegenstellt, wenn dunkle Mächte die Schulen zu schließen trachten?

Dazu paßt die Titelschlagzeile der „Süddeutschen Zeitung" von Heiligabend: „Jetzt schreibt Omikron die Regeln", wird da behauptet. Was Omikron im einzelnen an legislativen, rechtlichen und exekutiven „Maßnahmen" plant (und mit welchem Gehirn), ist mir leider nicht bekannt, weil der darunterstehende Text mit den Worten „Christian Drosten" beginnt und ich Texte, die so beginnen, zur Zeit nicht lesen kann.

Oder höchstens ganz kurze: Dieser Herr Drosten, der sich kürzlich noch (angeblich nach der dritten Spritzung) eine Infektion wünschte, um sein Immunsystem zu trainieren, behauptet nun: „Wer glaubt, durch eine Infektion sein Immunsystem zu trainieren, muß konsequenterweise auch glauben, durch ein Steak seine Verdauung zu trainieren."

Was er damit meint, bleibt unklar: Will er den (uneinholbaren) Lauterbach-Rekord im sich-selbst-Widersprechen brechen? Will er Reklame für Vegetarismus machen? Oder will er am Ende die Sinnhaftigkeit von „Impfungen" (oder gar Impfungen) in Zweifel ziehen? „Corona" bewahre!

Ich persönlich: mag weder Steaks noch Bratwürste und esse generell nicht zu dem Zweck, irgendwas zu trainieren. Indes scheint es mir zur Aufrechterhaltung der Funktionsfähigkeit eines Verdauungssystems tauglicher, etwas zu essen, als sich Nanopartikel mit genetisch manipulierter Ribonukleinsäure in den Oberarmmuskel spritzen zu lassen, damit sie sich im Körper verteilen und Zellen zur Bildung toxischer Proteine veranlassen, die das Verdauungssystem schädigen und für einige Tage oder Wochen die Aufnahme von Nahrung verhindern. So gesehen steht Drostens Äußerung sicherlich unter dem Verdacht der Ketzerei.

Der bayerische Innenminister Herrmann „appelliert“ bekanntlich gerne. Zwar ist seine Leistung auf diesem Gebiet bei weitem nicht mit dem Genre „Lauterbach warnt“ und auch nicht mit der Amateurligavariante „Söder fordert“ vergleichbar. Dennoch kam im Lauf der letzten Monate einiges zusammen: Herrmann appellierte, „Lawinengefahren ernst zu nehmen“, „die neue Nachweispflicht zu beachten“, „in Sicherheitstechnik zu investieren“, „sich an die geltenden Corona-Vorschriften zu halten“, „daheim zu bleiben“ und dies und das, von der Spendenbereitschaft (die keine karitative Polizeitruppe ist) bis zum Alkoholverbot (das „Corona“ „eindämmt“).

Angesichts der im militärischen Belagerungszustand erstickten gestrigen Demonstrationen gegen die „Corona“-Strafmaßnahmen in München „appellierte“ der Minister an Bürgerrechtler, sich an die Gesetze zu halten. Das ist nachvollziehbar und findet grundsätzlich meine Zustimmung. Allerdings sollte dem Minister mal jemand erklären, was der Unterschied zwischen einem Gesetz und einer Verordnung ist. Dafür braucht es keinen Juristen, das lernt(e) man in Bayern in der zehnten Klasse.

Ein Bereitschaftspolizist, der gerne anonym bleiben möchte, faßt das kurz zusammen:

„Die Versammlungsfreiheit ist ein Grundrecht! Eine Verordnung ist ‚nur‘ ein Rechtsakt, der durch die Exekutive erlassen wurde. Eine Verordnung steht in der Normenhierarchie 1 unterhalb von Gesetzen, welche immer durch Parlamente erlassen werden.

Verstöße gegen Verordnungen sind reine Ordnungswidrigkeiten. Die Polizei hat bei Ordnungswidrigkeiten freien Ermessensspielraum. Handlungszwang besteht NUR bei Straftaten (sog. Legalitätsprinzip). Über Ordnungswidrigkeiten kann man auch „hinwegsehen" (sog. Opportunitätsprinzip). Wenn du bei einer Versammlung keine Maske trägst, dann könnte es sein, daß du ordnungswidrig handelst, weil du keine Maskenbefreiung hast. Machen das viele, könnten es ganz viele Ordnungswidrigkeiten sein. Dein Recht auf Versammlungsfreiheit ist aber von so großer Bedeutung, daß die Versammlungsbehörde diesbezüglich in der Regel großzügig ist. Ebenso verhält es sich bei den maximal 1.000 Teilnehmern. In einigen Bundesländern werden die Anmelder angehalten, möglichst nur 1.000 Teilnehmer zuzulassen und dann ggf. einen zweiten Anmelder zu benennen, der 500 Meter entfernt Versammlung Nr. 2 anmeldet und durchführt. Daß das am Ende vollkommen unsinnig ist, wissen wir alle. Genauso ist es mit den 1,5 Metern Abstand, den die Versammlungsteilnehmer einhalten sollen. Bei uns wird das vernünftig kommuniziert über den Anmelder oder über Lautsprecher und fertig. Über die Hessen mit ihren Zollstöcken gab es ja nun geteilte Meinungen ..."

„Aber ich bin weiterhin der festen Überzeugung, daß wir viele Ungeimpfte äh noch erreichen können äh, die nicht etwa aus grundsätzlicher Ablehnung äh des Impfens heraus bisher nicht äh da waren, sondern die einfach äh noch nicht die Gelegenheit ergriffen haben, ähm die die vielleicht noch unsicher waren in bezug auf den Impfstoff, die jetzt doch sehen, daß der Impfstoff an Milliarden von Menschen mittlerweile äh getestet worden ist sozusagen in einem großen Feldversuch auf der ganzen Welt und daß man sich drauf verlassen kann, daß man auch abgesehen von äh kleinen äh Impfnebenwirkungen wie Abgeschlagenheit oder auch" (Interviewer versucht zu unterbrechen) „zwei drei Tagen Schwierigkeiten, daß man auch gut vorankommt."
(Saskia Esken, SPD-„Covidiotin")

Die Transhumanisten möchten unsterblich werden. Und haben nicht bemerkt, daß sie unleblich sind. (Der Grammatikfehler ist in beiden Fällen der gleiche.)

Der bayerische Rundfunk rät im Umgang mit „Corona"-Dissidenten, die zum Beispiel „Zweifel an den Medien" äußern oder die verschwörungsideologische Vokabel „Bill Gates" aussprechen, „Fakten" einfach immer wieder zu wiederholen, wenn zum Beispiel Familienmitglieder sie nicht glauben möchten. Einfach wiederholen. So lange, bis sie dran glauben.

Das empfiehlt im „Gesundheitsmagazin" des Bayerischen Rundfunks eine Ingrid Brodnig, die „österreichische Journalistin" (ohne bekannte gesundheitliche Qualifikation) sein soll, „Unternehmenskommunikation" (also Reklame) „studiert" hat und sich freiberuflich dem Kampf gegen „Verschwörungsmythen" widmet (wovon man offenbar leben kann, wenn man nur genug Radiojobs kriegt).

Ihren Erguß muß ich ausnahmsweise ausführlich zitieren, weil er so wirr, dumm und zugleich in höchstem Maße (selbst)entlarvend das krumme Denken vorführt, das sich selbst bespiegelt, ohne es zu merken:

„Ich würd ihnen empfehlen, mal vorsichtig vorzufühlen und eher das Vieraugengespräch zu suchen nämlich das ist dann in der größeren Familiengruppe. Versuchen Sie eher, in einer privaten Nachricht die Person anzuschreiben und sagen: Du, ich hab gesehen, du hast das gerade gepostet, neulich bin ich auch drüber gestolpert und habe gesehen, das ist eine Falschmeldung, hier findest du die Infos. Warum? Wenn Sie das vor Publikum machen, auch wenn es nur ein paar Menschen sind, ist manchmal die Chance da, daß sich jemand bloßgestellt fühlt. Mein Tip ist immer, möglichst leicht es einer Person zu machen, von etwas Falschem auch wieder runterzusteigen. Es gibt Fälle, wo Leute sagen: Ach ja, stimmt; oder es kann auch passieren, daß jemand sagt: Na ja, du glaubst den Mainstreammedien ja alles. Aber dann wissen Sie auch, das ist eine weitere Information: O je, die Person ist nicht nur verunsichert, die ist schon ziemlich überzeugt, und dann kann man die eigene Diskussionstaktik auch wieder daran anpassen. Auch wenn Sie in manchen Faktenfragen nicht einer Meinung werden, ist es gut, wenn Sie zeigen: Du, wenn du vielleicht wieder sprechen willst, ich bin da. Und was ganz relevant ist: Man kann auch manche unstimmigen Argumente etwas klarer auf den Punkt bringen. Ich geb nur einen Satz, der auch häufig fällt: Na ja, ich kenn ja niemanden, der am Coronavirus gestorben ist. Und das klingt mal sehr beeindruckend, aber das ist anekdotisches Denken, man geht immer von der eigenen Erfahrung aus und erklärt damit die Welt. Ich zum Beispiel, ich kenn auch niemand, der am Coronavirus gestorben ist, aber ich muß Ihnen sagen, ich kenn auch niemanden, der an einem Autounfall gestorben ist, aber ich weiß, Autounfälle sind eine reale Sache. Das heißt, ich würd Ihnen empfehlen, immer wieder versuchen, vor allem auf einer wertschätzenden Ebene dagegenzuhalten. Das Wichtige ist vor allem, daß Leute, die vielleicht auch manche Falschheiten glauben, daß die noch jemanden haben, der für sie da ist, und das ist in der Familie leider etwas, was nicht immer klappt, weil es oft aggressiv wird, weil man selbst dann irgendwann sich fragt: Soll ich den Kontakt abbrechen? Versuchen Sie, die Dynamik des Gesprächs zu ändern. Versuchen Sie nicht immer hart dagegenzusteuern, sondern die Frage ist auch ein sinnvolles rhetorisches Element. Mit der Frage können Sie so ein bißchen das Gespräch lenken. Und sagen: Du, woher hast'n du diese Information? Warum vertraust du gerade dem? Oder: Wie fühlst du dich dabei? Weil mit der Frage können Sie auch die Unstimmigkeiten solcher Erzählungen ein bißchen inspizieren. Sie brauchen dann noch jemand, der ansatzweise bereit ist, sich selbst auch solche Fragen zu stellen. Versuchen Sie mit der Frage zu reagieren, weil die wirkt oft auch freundlicher, und die hat manchmal die Chance, daß jemand auch selbst sich diese Frage dann stellt. Wir sind so ein bißchen, ach, wie das Kaninchen, das vor der Schlange steht und nur noch fixiert ist auf die Schlange, also zum Beispiel auf die

Falschheiten. Und man redet dann eine halbe Stunde, und man sagt: Nein, Bill Gates will nicht Punkt Punkt Punkt, nein, Impfungen sind kein dunkler Plan, um Punkt Punkt Punkt. Und Sie haben dann eigentlich alles besprochen, was falsch ist, aber was manchmal unter den Tisch fällt, ist, was eigentlich richtig ist, das heißt, wenn Sie mit Ihrer Mutter zum Beispiel diskutieren und Sie wissen, die hat auch durchaus Angst vor Impfungen, daß Sie überlegen, was sind denn starke Argumente fürs Impfen? Zum Beispiel daß wir viele Kinderkrankheiten nicht mehr haben, das haben wir Impfungen zu verdanken. Überlegen Sie sich solche starken Argumente, und wiederholen Sie das Richtige. Warum? Erstens verzettelt man sich dann nicht, und zweitens, wenn Sie etwas wiederholen, dann steigt die Wahrscheinlichkeit, daß Leute das glauben, daß sie es für wahr halten. Das nennt man den Wahrheitseffekt, und das ist bei Falschheiten kann das passieren, wenn Leute falsche Erzählungen immer wieder hören, daß sie plausibler klingen, aber auch bei realen Behauptungen, bei Fakten. Drum ist es wichtig, das Wichtige und Richtige auch immer wiederholen. Am Ende geht's natürlich darum, daß Leute Fakten akzeptieren, aber warum klappt das manchmal nicht? Das ist die emotionale Ebene. Verschwörungsmythen, die sind ja nicht inhaltlich so brillant, die sind nicht so clever, daß man sie nicht widerlegen könnte, die greifen nicht auf der inhaltlichen Ebene, sondern auf der emotionalen Ebene. Zum Beispiel zeigt eine Untersuchung des MCI, das ist eine Hochschule in Innsbruck, daß in der Coronakrise eher jene Menschen zum Verschwörungsdenken, zum Glauben an Verschwörungserzählungen neigten, die viel Angst hatten, und man muß davon ausgehen, daß Emotionalisierung, vielleicht auch Verunsicherung ein Einfallstor ist. Das heißt, diese Geschichten sind attraktiv, weil sie zum Beispiel Halt geben, und was Sie da tun können, ist in der Sache widersprechen, aber die Ängste dahinter durchaus ernstnehmen, sagen: Du, mich beunruhigt das auch, die wirtschaftlichen Folgen des Ganzen, ich seh das da ganz gleich wie du. Wenn Sie die Ängste ernstnehmen, dann haben Sie schon mal einen gemeinsamen Boden, und auf diesem gemeinsamen Boden diskutiert es sich dann eher konstruktiv."

Man könnte das „sinnvolle rhetorische Element" der Frage dagegenhalten: Du, Ingrid, woher hast'n du diese Information, daß Bill Gates nicht Punkt Punkt Punkt will? Immerhin: im vorletzten und vorvorletzten und einigen weiteren Sätzen verbergen sich Wahrheiten, die aber bei einer „Autorin" von solcher intellektueller Agilität und Vernageltheit nicht zur Erkenntnis reifen können.

Man nennt das, was Brodnig da beschreibt, „argumentum ad nauseam", man nennt es Indoktrination. Man nennt es Ignoranz, Gesprächsverweigerung und Manipulation. Man nennt es Propaganda und Gehirnwäsche. Es taugt ganz offensichtlich auch zur Autosuggestion und Selbsthypnose. Aber „Diskussion" oder „Gespräch" nennt man das nicht. In einem „Studium" der „Unternehmenskommunikation" wird einem diese grundlegende Tatsache wohl nicht erläutert. (Und selbstverständlich hat es absolut keinen Sinn, derartig manipulierten Menschen irgendwelche Fakten vorzulegen oder Fragen zu stellen oder ihren wirren Erzählungen in der Sache zu widersprechen. Ihre Ängste mag man durchaus ernstnehmen, aber haben oder auch nur teilen – mag man sie nicht.)

Frau Brodnigs „Strategie" entspricht zum Teil aber auch dem klassischen Modell des (schulischen) Lernens. Allerdings gibt es der Neurobiologie zufolge drei Typen von Menschen: Wer nie Probleme mit Autoritäten und (von außen gesteuerten) Lern-, Drill- und Dressurprozessen hatte, wird auch mit den „Corona"-Sanktionen keine bekommen, sondern sich mühelos anpassen, unterordnen und so handeln, wie man es ihm befiehlt. Er wird seine sozialen Kontakte abbauen und auch nicht mehr benötigen usw. Wem es in seinem Leben hingegen schon öfter oder generell nicht gelungen ist, Inkohärenzen durch Unterwerfung und Gehorsam zu lösen, der bekommt Probleme. Man kann etwas, was man gelernt hat (zum Beispiel Mißtrauen gegenüber unlogischen Vorgaben und Befehlen), nicht mehr „ent-lernen". Dann bieten sich zwei Möglichkeiten: Entweder man sucht simple Erklärungen, oder man versucht, die Dinge forschend und erkennend zu durchdringen.

So bilden sich drei Gruppen: Erstens Mitläufer und Fanatiker der geltenden Linie, zweitens ihre nicht weniger fanatischen Gegner, drittens sozusagen „Wissenschaftler", die nicht behaupten können, mehr zu verstehen als das, was sie schon verstanden haben.

Um die Dynamik der Sache voranzutreiben und die Fanatiker nicht zur Ruhe kommen lassen (in der sie nachdenklich werden könnten), braucht es ständig neue Begriffe, weil sich die alten abnutzen. „Impfzwanggegner" ist einer der neuesten – vor vier Wochen gab es so gut wie keinen Menschen, der sich nicht als solcher bezeichnet hätte. Sehr schön auch „frischer Impfschutz" (der einen angeblich ein paar Tage oder Wochen vor einem „schweren Verlauf" schützen könne). Dazu gibt es keine historische Entsprechung, weil Impfen bis Frühjahr 2021 hieß, einen Menschen gegen einen Erreger und eine Krankheit zu immunisieren. Jetzt bedeutet das so etwas ähnliches wie einen Regenmantel aus Klopapier. Gott sei Dank regnet es kaum, möchte man sagen.

Interessant übrigens, daß von den beiden fanatischen Fraktionen nur eine ständig verbal auf- und nachrüstet. Die andere bleibt stur bei ihren Grundrechten, die sie zurückhaben möchte. Ob diese Leute am Ende harmlos(er) sind?

Das Allerwichtigste beim „Argumentieren" „ad nauseam" im Sinne von Frau Brodnig ist: Wenn es nicht hilft, muß man den Kontakt abbrechen, selbst wenn es um die eigenen Eltern, Kinder, Geschwister und andere Verwandte, Freunde etc. geht. Es droht nämlich höchste Gefahr, wenn man versehentlich mal zuhört: Man könnte auf die schiefe Bahn geraten und selbst zum „Corona"-Lästerer oder Impfleugner werden.

Interessant wird aber, was passiert, wenn das „Corona"-Regime zusammenbricht. Verkriechen sich dann die echten Fanatiker, die tatsächlich immer noch Angst vor „Corona“ haben und in ihren Exponentialinfektionstheorien festhängen, für die nächsten drei Monate oder Jahre oder gar für immer in freiwilliger Quarantäne? Oder kommen sie wieder raus, wenn wir ihnen zur Feier der Befreiung ein Bier ausgeben? Man muß sie ja nicht gleich zum Tanzen auffordern.

Kann sich noch jemand an die „Krankenhausampel“ erinnern, die vor ein paar Wochen mit großem Trara eingeführt wurde, um die „Inzidenz“ als Panikindikator zu ersetzen? Wahrscheinlich eher nicht. Inzwischen wurde sie deshalb auch heimlich wieder abgeschafft. Man konnte da zwar ziemlich ausgiebig tricksen, aber so dreist lügen wie mit der „Inzidenz“ konnte man nicht. Die nämlich zeigt weiterhin nur eines an: die Zahl der durchgeführten „Tests“. Die sich zur Freude der Hersteller beliebig steigern läßt, was der Lauterbach denn auch eindringlich fordert.

Ich finde eine solidarische Krankenversicherung eigentlich sehr vernünftig. Ich zahle da ein, seit ich volljährig bin, und habe noch nie groß davon profitiert: Dank sozialdemokratisch/grünen Regierungen muß ich für meine Medikamente und Zahnbehandlungen seit ungefähr zwanzig Jahren meistens in vollem Umfang selbst blechen. Das ist mir auch egal, solange es anscheinend einigermaßen funktioniert (auch wenn ich nicht immer weiß, wofür ich da eigentlich bezahle). Ich bezahle auch gerne zu viel. Die Künstlersozialkasse ist seit vielen Jahren unter Beschuß, weil wirtschaftsfaschistische Kriminelle sie zerschlagen möchten, um mehr Profit aus inkompatiblen Künstlern herausholen oder diese Künstler in die Ausbeutungsmühle hineinpressen zu können.

Mit dem „Corona“-Putsch haben zehn- oder hunderttausende Künstler ihre Versicherung verloren, weil sie nicht mehr genug verdienen, um Mitglied in der Künstlersozialkasse sein zu können. Für die zahlt jetzt niemand mehr, und sie können auch nicht mehr für sich bezahlen; es fällt also eine ganze Bevölkerungsgruppe aus dem „solidarischen“ System heraus, einfach so. Das interessiert niemanden. Wer kann, schwindelt sich auf dem Papier ein angeblich erhofftes Einkommen zusammen und zahlt seine Beiträge aus geliehenem Geld oder den Erträgen von gesammelten Pfandflaschen, um wenigstens noch zum Arzt gehen zu können.

Kann es sein, daß wir da auf etwas zusteuern, was in Grundzügen der Hartz-Affäre ähnelt?

Die Fragen, die zu stellen wären, sind diese: Wozu zahlen Millionen Menschen in ein „solidarisches“ System ein, von dem niemand mehr etwas hat? Wo geht dieses Geld hin? Wer steckt es ein? Wofür haben wir (zum Beispiel) eine sozialdemokratische Partei, wenn sie nicht alles tut, was sie kann, um die Regierung an diesem Verbrechen zu hindern? Ach so, diese Partei ist die Regierung?

Dann sind wir wohl verloren.

Die Frage, wieso wir diese Bande dann nicht einfach davonjagen und uns ein neues System ausdenken, bliebe zu beantworten.

Ein persönliches Schlußwort: Es war mir (auch) im vergehenden Jahr eine große Hilfe und bisweilen Freude, meine spontanen Gedanken an dieser Stelle ablegen zu können, ohne deswegen auf Facebook mit Schimpf, Schrei und Shitstorm behagelt zu werden – was zuvor allzu oft passierte und die therapeutische Wirkung im Keim erstickte. Eine viel größere Freude ist es, daß Menschen diese Zeilen lesen mögen und bisweilen offenbar selbst Freude daran haben. Euch und Ihnen allen und dem Rest der Menschheit und der Welt wünsche ich ein fröhliches, friedliches Hinübergleiten in ein neues Jahr, das hoffentlich schönere Dinge bringt als dieses und in dem ich sehr gerne mehr über andere Dinge als „das eine" schreiben möchte. Vielen Dank und alles Gute!

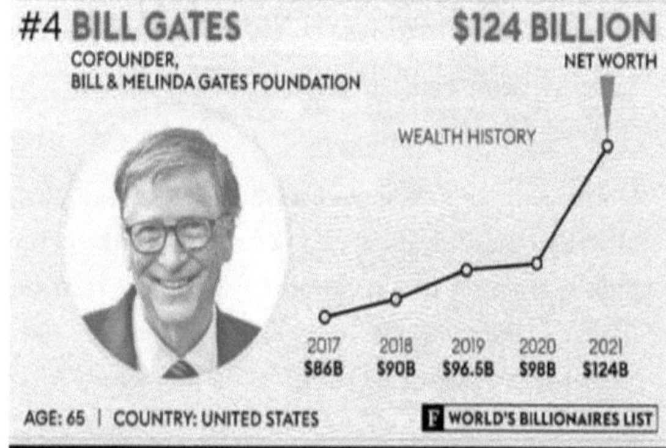

Erstmals veröffentlicht im Februar 2025
serie schatten, München
2. Auflage 2025
Sonderausgabe für den stationären Buchandel

sailersblog.de

Impfaktion im Kuhstall: Hunderte nutzen Angebot in Garrel

weitere Bücher von Michael Sailer:

Eure Armut kotzt mich an Belästigungen 1-100

Taschenbuch, 364 Seiten, ISBN 978-1481905664

Die nackten Idioten Belästigungen 101-200

Taschenbuch, 276 Seiten, ISBN 978-1499293876

Das fliegende Irrenhaus Belästigungen 201-300

Taschenbuch, 312 Seiten, ISBN 978-1499723250

Man ist immer zu gut zu den Blöden Belästigungen 301-400

Taschenbuch, 342 Seiten, ISBN 978-1502322050

Durchs wilde Absurdistan Belästigungen 401-500

Taschenbuch, 342 Seiten, ISBN 978-1979558396

Politik & Erbrechen Belästigungen 501-600

Taschenbuch, 368 Seiten, ISBN 978-8586916808

„Michael Sailer ist ein ganz singuläres komisches, so anarchisches wie anarchistisches Talent." (Titanic)

„Selbst der mit Münchner Verhältnissen oder besser Dubiositäten nicht vertraute Leser muß seine helle Freude an den schonungslosen Bösartigkeiten (das ist ein Synonym für Wahrheiten) haben, mit denen Sailer um sich wirft." (Herbert Rosendorfer)

„Sailers Kolumnen sind allerfeinster Stoff und brauchen sich an Sprachwitz, Beobachtungsgabe und Originalität keineswegs zu verstecken vor den Erzeugnissen bekannterer Kollegen wie Max Goldt oder Wiglaf Droste." (Süddeutsche Zeitung)

Die Verrückten stehen in der Sonne Roman

Broschur, 192 Seiten, ISBN 978-3-929879-80-3

„Sailer wartet immer wieder mit überraschenden Einfällen und effektvollen Variationen auf und hat eben Typen geschaffen, die bei aller krawalligen Überzeichnung das sind, was man heute gern authentisch nennt." (Titanic)

Wegerichs Heft Roman

Broschur, 382 Seiten, ISBN 978-1479236626

„Ein wunderbares Buch, witzig, spannend und zugleich niederschmetternd traurig. Kunstvolle Sprache, perfekter Stil, ein Meisterwerk." (Blätterseiten)

Niemand ist so fremd wie wir Roman

Broschur, 204 Seiten, ISBN 978-8462390463

Schwabinger Krawall

Broschur, 160 Seiten, ISBN 978-3-929879-02-5

Schwabinger Krawall zwei

Broschur, 160 Seiten, ISBN 978-3-929879-01-8

Schwabinger Krawall drei

Broschur, 160 Seiten, ISBN 978-3-929879-81-0

„Viele der Geschichten, in denen das Erbe von Oskar Maria Graf und Karl Valentin zu spüren ist, enden mit einer sachten, auf jeden schalen Effekt verzichtenden Pointe. Das bekommen außer dem Sailer hierzulande höchstens noch acht andere Autoren hin, und sowieso ist in einer einzigen Sailerschen Kolumne mehr über die Welt zu erfahren und mehr von ihr enthalten als in ganzen Lkw-Ladungen voller schon wieder etwas älterer deutscher Jungspund- und unvermindert neuester Jungdamenpopkinderliteratur." (Junge Welt)

Zwo Druffe Szenen aus der Gegenwart

Taschenbuch, 162 Seiten, ISBN 978-1096773474

Der Bub Szenen aus der Gegenwart

Taschenbuch, 166 Seiten, ISBN 978-1670606631

Verlorene Gegenwart Horváth – Kafka - Valentin

Broschur, 268 Seiten, ISBN 978-1091696921

„Eine der besten literaturwissenschaftlichen Arbeiten, die mir je untergekommen sind." (Herbert Rosendorfer)

Hörbuch:

Schwabinger Krawall

1 CD, ISBN 978-3-95614-047-1

„Dieser Autor ist ein Großhumorist und ein erstklassiger Vorleser obendrein. Für Liebhaber krachender Pointen heißt es allerdings Finger weg von dieser CD! Sailer ist nämlich kein Gagschreiber oder Comedian, sondern ein Erzähler alter Schule, einer der irrwitzigsten überhaupt." (Ferdinand Quante, WDR)

„Sailer ist nicht nur ein souveräner Vorleser, sondern auch ein exzellenter Schauspieler, der in selbstgeschriebenen kurzen Familienszenen alle Rollen selber spricht. Diese 17 Miniaturen bieten vor allem eines: Großartige Unterhaltung mit literarischen Qualitäten!" (Bernhard Jugel, BR)

mit Jürgen Roth:

Deep Purple. Die Geschichte einer Band

Erweiterte Neuausgabe, gebunden, 576 Seiten, ISBN 978-3-8544-5251-5